Schweizer Texte – Neue Folge Band 10

Herausgegeben
von Martin Stern, Hellmut Thomke, Peter Utz

Holger Jacob-Friesen

Profile der Aufklärung

Friedrich Nicolai – Isaak Iselin

Briefwechsel (1767–1782)

Edition, Analyse, Kommentar

Verlag Paul Haupt
Bern · Stuttgart · Wien

Publiziert mit Unterstützung der Berta Hess-Cohn Stiftung Basel

Einen Beitrag zur Erarbeitung dieses Bandes
leistete die Gesellschaft für das Gute und Gemeinnützige Basel

Auflage: 500 Exemplare

Bildnachweise für die Abbildungen auf dem Umschlag
(vgl. auch das Abbildungsverzeichnis):

Friedrich Nicolai (links)
Kupferstich von Christian Gottlob Geyser
nach einer Zeichnung von Daniel Chodowiecki

Isaak Iselin (rechts)
Kupferstich von Heinrich Pfenninger
nach einer Zeichnung von Johann Heinrich Lips

Die redaktionelle Betreuung dieses Bandes besorgte Karl Pestalozzi, Basel

Die Deutsche Bibliothek – CIP-Einheitsaufnahme

Jacob-Friesen, Holger :
Profile der Aufklärung: Friedrich Nicolai – Isaak Iselin, Briefwechsel (1767–1782) :
Edition, Analyse, Kommentar / Holger Jacob-Friesen. –
Bern ; Stuttgart ; Wien : Haupt, 1997
(Schweizer Texte ; N.F., Bd. 10)
ISBN 3-258-05649-8

Dieses Papier ist umweltverträglich, weil chlorfrei hergestellt
Printed in Switzerland

Inhaltsverzeichnis

Der Nicolai-Iselin-Briefwechsel

Anhang

Abb.1: Friedrich Nicolai. Kupferstich von Christian Gottlob Geyser nach einer Zeichnung von Daniel Chodowiecki; aus: Neue Bibliothek der schönen Wissenschaften und der freyen Künste 16/1 (1774).

Abb.2: Friedrich Nicolai. Ölgemälde von Anton Graff, 1783. Stadtmuseum Berlin.

Abb.3: Isaak Iselin. Ölgemälde von Anton Hickel, 1784; eigenhändige Wiederholung der Fassung vom Oktober 1781. Historisches Museum Basel.

Abb.4: Isaak Iselin. Kupferstich von Johann David Schleuen nach dem Ölgemälde von Joseph Esperlin, 1757; aus: ADB 7/1 (1768).

Vorwort und Dank

Im Zentrum dieses Buches steht die Edition des umfangreichen und bisher unpublizierten Briefwechsels zwischen dem Berliner Verleger Friedrich Nicolai (1733-1811) und dem Basler Ratsschreiber Isaak Iselin (1728-1782). Die originale Korrespondenz wird fast vollständig, das heißt: zu beiden Teilen und ohne größere Lücken, im Nicolai-Nachlaß der Staatsbibliothek Berlin Preußischer Kulturbesitz (SBPK), aufbewahrt. Die Grundsätze der hier vorgelegten Ausgabe sind in den "Editorischen Vorbemerkungen" (S.143-146) erläutert.
Der ausführliche Darstellungsteil ist gedacht als ein Beitrag zur Nicolai- und zur Iselinforschung, zum Verständnis der Spätaufklärung im deutschen Sprachgebiet sowie zur genaueren Kenntnis der intellektuellen Beziehungen zwischen Deutschland und der Schweiz im 18. Jahrhundert. Weitere Aufschlüsse bieten die Kommentare zu den einzelnen Briefen. Die Korrespondenz berührt sehr unterschiedliche Gebiete: Literatur und Literaturbetrieb, Gesellschaft und Politik, Pädagogik und Wirtschaftstheorie, Theologie und Philosophie. Als Historiker habe ich mich bemüht, möglichst viele Aspekte zu berücksichtigen, wenn ich sie auch nicht alle gleich gewichten konnte.
Der Anhang enthält die Lebensläufe der beiden Korrespondenten, eine Liste der Beiträge Iselins für Nicolais Rezensionszeitschrift "Allgemeine Deutsche Bibliothek" und ein kommentiertes Personenregister.

Von vielen Seiten habe ich Hilfe und Anregungen empfangen. Für wichtige Ratschläge bin ich Herrn Prof.Dr. Ulrich Im Hof (Köniz), Herrn Prof.Dr. Christoph Siegrist (Basel) und meinem verstorbenen Lehrer Prof.Dr. Hans R. Guggisberg dankbar. Ich danke Frau Sigrid Habersaat M.A. (Berlin) für viele Hinweise und die Erlaubnis, ihre Transkription des Nicolai-Zimmermann-Briefwechsels zu benutzen; Frau lic.phil. Sibylle Thali (Basel) für die kritische Durchsicht des Manuskriptes und für die Korrektur der Druckfahnen; Herrn Dipl.-Math. Olaf Dannenberg (Göttingen) für technische Hilfe; den Mitarbeitern der Handschriftenabteilung der SBPK, insbesondere Herrn Dr. Tilo Brandis, Frau Eva Ziesche und Frau Dr. Ingeborg Stolzenberg, für die gewährte Unterstützung sowie der Gesellschaft für das Gute und Gemeinnützige Basel (GGG) für einen Zuschuß zur Erarbeitung dieses Bandes.

Mein besonderer Dank gilt der Berta Hess-Cohn Stiftung Basel für die Übernahme der Druckkosten sowie den Herren Professoren Dr. Karl Pestalozzi und Dr. Martin Stern (beide Basel), die meine Arbeit zur Publikation in der Reihe "Schweizer Texte" vorgeschlagen und mir zahlreiche wertvolle Hinweise gegeben haben.
Dieses Buch wäre nicht zustande gekommen ohne die vielfältige Unterstützung, die ich durch meinen Vater erhalten habe. Ihm und dem Andenken meiner Mutter sei es in Dankbarkeit gewidmet.

Basel, im März 1997 *H. J.-F.*

Profile der Aufklärung - Zum Nicolai-Iselin-Briefwechsel

I. Einleitung

In der Zeit der Aufklärung war der Schattenriß eine besonders beliebte Form des Porträts. Da er von Dilettanten leicht hergestellt werden konnte, war er billig, und man gab dieser Gattung deshalb auch den Namen des sparsamen französischen Finanzministers Etienne de Silhouette. Attraktiv war der Schattenriß aber noch aus einem anderen Grund: Er garantierte ein hohes Maß an Ähnlichkeit. Voraussetzung waren nicht das Talent und die Fertigkeiten eines Bildniskünstlers, sondern eine Lichtquelle, ein Silhouettenrahmen und ein transparentes Papier, auf dem das Schattenbild nachgezeichnet wurde. Auf fast mechanische Weise erzeugte man so ein getreues Abbild der im Profil sitzenden, darzustellenden Person.

Abb.5: Silhouettenleiste; Moses Mendelssohn, Johann Joachim Spalding, Friedrich Eberhard von Rochow, Friedrich Nicolai; aus der französischen Ausgabe von Lavaters Physiognomik 1783.

Wegen dieser Qualitäten bildete die Silhouette eine wichtige anschauliche Grundlage der Physiognomik, die sich im Laufe des 18. Jahrhunderts, vor allem durch Johann Kaspar Lavater, zur Modewissenschaft entwickelte. Prämisse physiognomischer Betrachtung war die Auffassung, es gebe eine Analogie zwischen der körperlichen und charakterlichen Beschaffenheit des Menschen, so daß sich vom Äußeren auf das Innere schließen lasse. Lavater faßte die Profil-

linie als Summe der Individualität auf, sah im Umriß den Ausdruck der Seele. Deswegen analysierte er mittels Silhouetten und anderer Profilbildnisse Stirn, Nase, Mund und Kinn bestimmter Personen, um Schlüsse auf Verstand, Empfindsamkeit, Geschmack, Temperament und Sinnlichkeit zu ziehen.[1]
Ein umfassendes Bild der Aufklärung kann und soll im folgenden nicht gemalt werden. Absicht ist lediglich die Nachzeichnung einzelner Profile, das heißt: eigentümlicher Ausprägungen. Der physiognomische Schattenriß ignoriert bewußt gewisse Aspekte der Gesichts- und Körperbildung. Dennoch - oder gerade dadurch - möchte er charakteristische Züge seines Gegenstandes sichtbar machen. Entsprechendes gilt für diese Arbeit, die sich selektiv und exemplarisch mit der Aufklärung befaßt.

"Aufklärung" war im deutschen Sprachgebiet anfangs ein genuin philosophisches Anliegen, das auf klare und deutliche Begriffe zielte, auf ein freies eigenständiges Denken und eine kritische Prüfung tradierter Meinungen.[2] Mit der Zeit erweiterte sich die Bedeutung. Man bezog den Begriff auf die Theologie, die Naturwissenschaften, die Wissenschaften überhaupt; auf die bürgerliche Verfassung, die Gesetzgebung und die Lebensverhältnisse im allgemeinen. Auch die sittliche Vervollkommnung und die Verbesserung des Geschmacks galten nun als Ziele der Aufklärung. Man verstand Aufklärung nicht mehr nur als individuellen Prozeß (Selbstaufklärung), sondern erhob sie zum gesellschaftlichen Postulat, zur Forderung nach Verwirklichung praktischer Vernunft in allen Lebensbereichen.
Die Universalisierung des Begriffs barg die Gefahr der inhaltlichen Entleerung. Vielfach verkam er zum bloßen Schlagwort. Reaktion auf diese Entwicklung waren die vielen Definitionsversuche während der letzten beiden Jahrzehnte des 18. Jahrhunderts, von denen Kants "Beantwortung der Frage: Was ist Aufklärung?" (1784) der berühmteste ist.[3] Während Kant Aufklärung als emanzipatorischen

---

1 vgl. Lavater, Physiognomische Fragmente (ed. Siegrist 1984), S.152ff. ("Ueber Schattenrisse"). Die beiden auf dem Einband reproduzierten Profilbildnisse Nicolais und Iselins (letzteres seitenverkehrt) sind zwar nicht für Lavaters Physiognomische Fragmente entstanden, gehen jedoch auf Zeichnungen von Daniel Chodowiecki bzw. Johann Heinrich Lips zurück, die wichtigsten künstlerischen Mitarbeiter an diesem Werk. Aus Lavaters Physiognomik stammen die Silhouettenleiste Abb.5 und das Profilbildnis Herders (Abb.14).

2 vgl. Stuke 1972, S.243ff.; Möller 1986, S.11-19; Alt 1996, S.1-14.

3 Kant, Beantwortung der Frage: Was ist Aufklärung? In: ders., Werkausgabe Bd.11 (ed. Weischedel 1968), S.53-61.

Akt (vor allem gegenüber kirchlichen Dogmen) faßte, wollte Mendelssohn den Begriff wieder stärker auf das Philosophisch-Theoretische beschränkt sehen: auf vernünftige Erkenntnis und die Fertigkeit zum vernünftigen Nachdenken.[4] Inzwischen hat sich ein weiter Aufklärungsbegriff durchgesetzt. Die Praxis von der Theorie zu trennen, ist deswegen heute kaum noch möglich, und man wird sagen dürfen: Die Aufklärung war eine intellektuelle Bewegung in praktischer Absicht. Sie propagierte die Mündigkeit des Menschen, förderte sein Heraustreten aus älteren religiösen, intellektuellen, rechtlichen und politischen Bindungen, bekämpfte Vorurteile und Unwissenheit, Aberglauben und Intoleranz, Dogmatismus und Schwärmerei. Ihre Mittel waren freie Diskussion und öffentliche Kritik.[5]

Die Forschung zur Aufklärung im deutschen Sprachgebiet hat sich in den letzten Jahrzehnten außerordentlich entwickelt. Sie hat sich gelöst von der negativen Rezeption, die im 19. und in der ersten Hälfte des 20. Jahrhunderts überwog.[6] Kocka schreibt treffend, daß "die Aufklärung der Romantik zu rationalistisch, den Nationalisten zu kosmopolitisch, den Realpolitikern zu prinzipiell, den Metaphysikern zu seicht und den neuen Mythen des 20. Jahrhunderts als zu bürgerlich und westlich, zu dekadent und kraftlos" erschienen ist.[7] Allerdings gab es auch einzelne Wissenschaftler - meist Theologen oder Philosophen, wie etwa Ernst Troeltsch, Karl Aner oder Ernst Cassirer -, die sich schon früh für eine positive Neubewertung eingesetzt und die Aufklärung als Beginn und Grundlage der Moderne gewürdigt haben.

Mit seiner zweibändigen Dissertation über den jungen Iselin hat Ulrich Im Hof schon 1947 eine bemerkenswerte historische Arbeit vorgelegt, in der das Leben Iselins sorgfältig geschildert und sein Werk vor dem Hintergrund der Zeit analysiert wird. Es ist freilich bezeichnend, daß diese Darstellung ein Kapitel mit dem Titel "Kampf gegen die «Aufklärung»" enthält: Im Hof spricht von "Angrif-

---

4 Mendelssohn, Über die Frage: was heißt aufklären? In: ders., Kleinere Schriften I (ed. Altmann 1981), hier: S.115; vgl. Hinske 1981, passim.

5 Ähnliche Definitionen bei: Hinske 1990, passim; Vierhaus 1995, passim; Schneiders 1995, S.9-12.

6 Einen guten Überblick zur Forschungsgeschichte geben Kopitzsch 1982, S.57-87, und W.Albrecht 1987, passim.

7 Kocka 1989, S.141.

fen Iselins gegen den Geist der Aufklärung"[8] und meint seine Ablehnung von Skeptizismus und Rationalismus, Deismus und Materialismus, Freigeisterei und Auflösung ethischer Normen. Das alles betrachtet die heutige Forschung aber als Extrempositionen der Aufklärung, die von vielen, ja den meisten (gemäßigten) Aufklärern im deutschen Sprachgebiet verurteilt wurden. Im Hofs Einschätzung, die anfänglich noch auf dem verzeichneten Aufklärungsbild des 19. und frühen 20. Jahrhunderts beruhte, hat sich später geändert: In seiner 1967 erschienenen Habilitationsschrift über den reifen Iselin stellt er den Basler Ratsschreiber wie selbstverständlich in den Kontext der (Spät-) Aufklärung, interpretiert ihn als Teil dieser Bewegung.
Die ältere (meist lokale) Geschichtsschreibung hat in Iselin den gutherzigen, aber weltfremden Träumer, den naiven Tugendschwärmer und Philanthropen gesehen. Es ist Im Hofs Verdienst, daß er dieses fehlgehende Urteil durch gründliche Forschung korrigiert und Iselin als das gezeigt hat, was er war: ein willensstarker Realist, ein Politiker mit humanen und humanistischen Grundsätzen, ein kritischer Gelehrter, ein über Basel hinaus bedeutsamer politischer und philosophischer Schriftsteller.[9]

Eine Rehabilitation hat inzwischen auch Nicolai erfahren, dessen Persönlichkeit die Klassiker, Romantiker und Philosophen des Idealismus, so neben anderen Goethe, Schiller, Schlegel, Kant und Fichte, in ihren Schmähschriften zur Karikatur verzerrt hatten: Nicolai, der philiströse Rationalist, der Feind alles Schönen und Neuen. Die ältere Forschung hat sich dem erbarmungslosen Spott meist völlig unkritisch angeschlossen, ihn bisweilen noch potenziert.[10] Auf Heinrich Heine, der - als eigenwilliger Erbe der Aufklärung - seine Stimme mehrfach zur Verteidigung Nicolais erhoben hatte, hörte man nicht.[11]
Mit einer breit angelegten historischen, 1974 publizierten Arbeit hat es Horst Möller unternommen, den Verleger, Publizisten und Geschichtsschreiber Nicolai wieder in sein Recht zu setzen, ihn - ohne apologetische Tendenz - als "Or-

8 Im Hof 1947, S.400; "Gerade Iselin bezeichnet man gern als den Typus eines 'Aufklärers'. Iselin hat aber in dieser Bewegung eine so betonte Sonderstellung, daß wir ihn für einen großen Teil seines Schaffens - vielleicht für den größern - zu denen rechnen müssen, welche die neue Richtung der Gedanken bekämpft haben." Ibidem, S.394f.

9 vgl. hierzu schon Im Hof 1947, S.13ff.

10 vgl. Becker/Brandis/Stolzenberg 1983, S.135-141; Berghahn 1987, passim.

11 vgl. Habermas 1986, S.459f.; Weidl 1989, S.154f.

ganisator, Propagandist und Popularisator der Aufklärung" zu würdigen.[12] In der Folge dieser wichtigen Monographie ist eine Reihe von weiteren Untersuchungen über Nicolai erschienen, auch mehrere Editionen von Briefen und einzelnen Werken, eine 20bändige Reprintausgabe sowie fünf Bände einer kritischen Gesamtausgabe, die auf über 25 Bände angelegt ist.[13]
Die Bewertung Nicolais in den neueren Handbüchern ist deutlich positiver geworden. Bezeichnend für den Urteilswandel ist ein Aufsatz des Literaturkritikers Marcel Reich-Ranicki, in dem dieser die sachlichen und geistreichen Urteile seines Vorläufers Nicolai hervorhebt, seine Deutlichkeit, seinen temperamentvollen Stil und die Vielseitigkeit seines schriftstellerischen Werks. Das höchste Lob steckt jedoch schon im Titel des Essays, denn gemäß diesem ist Nicolai kein Geringerer als "Der Gründer unseres literarischen Lebens."[14] Mag diese Einschätzung auch etwas zu hoch gegriffen sein, so ermuntert sie doch zur weiteren historischen Erforschung von Nicolais Wirken im Dienste der Aufklärung, zu einer eingehenderen Beschäftigung, die nicht bloß negative Vorurteile bestätigen möchte.

Die vorliegende Untersuchung versteht sich als problemgeschichtlich orientierte Deutung des Nicolai-Iselin-Briefwechsels und konzentriert sich, unter Heranziehung anderer Quellen und Ergebnisse der Aufklärungsforschung, auf die folgenden Themenbereiche:
Nach einem Blick auf die Briefkultur des 18. Jahrhunderts mit ihren inneren und äußeren Bedingungen (Kapitel II/1) soll das dialogische Wesen der Aufklärung, das Ideal der diskursiven Wahrheitssuche und seine konkrete Realisierung im Briefwechsel betrachtet und analysiert werden (Kapitel II/2). Ziel und Inhalt von Kapitel II/3 ist es, das Beziehungsgeflecht, in das die beiden Korrespondenten eingebunden sind, näher zu beschreiben und wichtige Personen hervorzuheben, deren Spuren sich im Briefwechsel finden und die Anlaß verschiedener inhaltlicher Erörterungen sind. Dabei sollen auch einige sozialgeschichtliche Überlegungen zu den Trägerschichten der Aufklärung angestellt werden. Kapi-

---

12 Möller 1974; hier: S.30.

13 Hervorgehoben seien: Fabian 1983; Raabe 1983; Becker/Brandis/Stolzenberg 1983; Nicolai, Kritik ist überall, zumal in Deutschland nötig (ed. W.Albrecht 1987); Nicolai, Verlegerbriefe (ed. Fabian/Spieckermann 1988); Nicolai, Sebaldus Nothanker (ed. Witte 1991); Selwyn 1992; Schneider 1995 (hier ein Überblick zur Nicolai-Forschung: S.40-45). Zur Gesamtausgabe vgl. Möller 1981 und Weidl 1989.

14 Reich-Ranicki 1994, S.32.

tel II/4 beschäftigt sich mit den Voraussetzungen und Funktionsweisen der öffentlichen Kommunikation, insbesondere dem Zeitschriften- und Buchmarkt als der zentralen Organisationsbasis der Aufklärung. Da Nicolai und Iselin dabei eine aktive Rolle spielten, waren für sie die Entwicklung der literarischen Öffentlichkeit, die Schwierigkeiten mit der Zensur, mit unberechtigtem Nachdruck etc. ständiger Gesprächsstoff.

Nicolais Bitte um Mitarbeit Iselins an seiner großen Rezensionszeitschrift "Allgemeine Deutsche Bibliothek" (im folgenden abgekürzt: ADB) bildete den Ausgangspunkt des Briefwechsels. Iselin wurde einer der wichtigsten Rezensenten der ADB, und diese Tätigkeit war auch die wesentliche Grundlage seiner dauerhaften und freundschaftlichen Verbindung mit Nicolai. Kapitel III gibt einen Überblick über Iselins zahlreiche Buchkritiken, die zusammengenommen ein nahezu unbekanntes Hauptwerk des Baslers ausmachen.
Die Stellung der Aufklärer zur politischen Ökonomie und zum sozialen Elend ihrer Zeit sind selten untersuchte Themen. Gerade hierzu findet sich aber eine Reihe von Äußerungen in der Nicolai-Iselin-Korrespondenz. Sie sollen aufgegriffen und interpretiert werden, wobei die Wahrnehmung der Hungersnot 1770-1772 (Kapitel IV/1) und die damit zusammenhängende Debatte um die Physiokratie (Kapitel IV/2) im Vordergrund stehen.
Kapitel V befaßt sich mit Johann Kaspar Lavater und seinen religiösen Ansichten sowie deren Rezeption durch Nicolai und Iselin. Dabei werden klassische Gebiete der Aufklärungsforschung gestreift, das Verhältnis von Vernunft und Offenbarung etwa oder - im Hinblick auf den Bekehrstreit Lavaters mit Mendelssohn - die Diskussion über religiöse Toleranz.
Das kurze Kapitel VI schließlich versucht, die geistige Situation zu umreißen, in der sich die Aufklärung gegen Ende der Nicolai-Iselin-Korrespondenz befand.

Aspekte, die die Biographie Nicolais und Iselins betreffen, stehen eher im Hintergrund (vgl. hierzu aber den Stellenkommentar und die tabellarischen Lebensläufe im Anhang). Überhaupt ist weniger ein Beitrag zur "history of intellectuals" beabsichtigt als vielmehr zur "intellectual history", in dem sehr weiten Sinn, den der amerikanische Historiker Robert Darnton dargelegt hat[15]: "Intellectual history" - der deutsche Begriff "Geistesgeschichte" eignet sich nicht als Übersetzung, weil er eine andere Tradition hat - umfaßt nach Darnton die Un-

---

15 Darnton 1990c, S.206f.; vgl. auch ders. 1990d.

tersuchung systematischen Denkens, wie es sich in philosophischen und wissenschaftlichen Traktaten findet (history of ideas), ferner die Untersuchung informellen Denkens, für das beispielsweise Briefe eine herausragende Quelle sind. Integriert in Darntons Konzept von "intellectual history" ist auch "the social history of ideas"; hierzu gehört die Erforschung der Organisations- und Kommunikationsformen geistiger Bewegungen (ein Hauptanliegen der jüngeren Aufklärungsforschung), aber auch die Untersuchung der Trägerschichten und der Breiten- oder Tiefenwirkung von Ideen (z.B. durch die Buch- und Lesergeschichte). Schließlich zählt Darnton zur "intellectual history" gewisse Aspekte der Kulturgeschichte, die Geschichte von Weltanschauungen und kollektiven Mentalitäten.[16]

Diese Arbeit kann nur einige wenige Streiflichter auf die angesprochenen Problemfelder werfen. Sie hält sich daher an das warnende Bonmot, das Nicolai und Iselin in ihrem Briefwechsel mehrfach anführen:

"qui trop embrasse mal étreint".

---

16 Die von Darnton postulierte und in wichtigen Publikationen realisierte Einbindung sozialgeschichtlicher Fragestellungen in die Ideengeschichte und die Geschichte geistiger Bewegungen hat sich seit längerem auch in Europa durchgesetzt. Dies schlägt sich beispielsweise nieder in den Gesamtdarstellungen zur deutschen Aufklärung von Möller 1986 und zur europäischen Aufklärung von Im Hof 1993.

II. Bedingungen, Formen und Wege aufgeklärter Kommunikation

1. Das Jahrhundert des Briefes

Georg Steinhausen hat das 18. Jahrhundert als das "Jahrhundert des Briefes" bezeichnet.[17] Hintergrund dieser Einschätzung ist, daß dieses Medium wohl selten eine derart breite Wertschätzung genoß wie zu dieser Zeit: bei Adel und Bürgertum, Männern und Frauen, mehr oder weniger Gebildeten. Dabei waren die Intentionen der Briefschreiberinnen und Briefschreiber sehr unterschiedlich: Man suchte und pflegte Freundschaften, tauschte Gedanken und Beobachtungen, Empfindungen oder einfach Neuigkeiten aus, übte und verfeinerte seine "Schreibart", vertrieb sich auf angenehme Weise die Zeit. In einer freundschaftlichen Korrespondenz waren die Briefe nicht selten außerordentlich lang und folgten einander in kurzen Abständen. Der Mitteilungsdrang steigerte sich mitunter zu einer wahren Schreibsucht oder, wie Steinhausen es nannte, zu einem "Briefkultus".[18] Daneben gab es aber natürlich auch zahlreiche Briefe offiziellen und geschäftlichen Inhalts.

Der Stil wandelte sich grundlegend. Übertriebene Komplimente und Galanterien, Etikette und barocke Courtoisie gingen zurück. Auch derbe Ausdrücke vermied man. Die Sprache entwickelte sich vom rhetorisch geprägten Repräsentationsmedium zum Kommunikationsmedium.[19] Natürlichkeit und eine aus feiner Bildung fließende reine Sprache waren die neuen Ideale. Gellert, der vielen Zeitgenossen als der Meister der Epistolographie galt, forderte, Briefe sollten deutlich und kurz, leicht und heiter sein. Jedoch wurde Gellert bald von seinen eigenen Grundsätzen überholt; Iselin urteilte: "Gellerts Briefe würden wir nicht unter die besten zählen, sie sind zu gekünstelt."[20]
Eine deutliche Wandlung erlebte der Brief im Sturm und Drang. Derbheit und rhetorische Überschwenglichkeit kehrten in neuer Form zurück. Halbsätze, wilde Ausrufe, gefühlsschwere und exzentrische Formulierungen sowie häufige

---

17 Steinhausen 1891, S.245.
18 ibidem, S.302.
19 vgl. Bödeker 1987a, S.108.
20 ADB 26/1 (1775), S.97 (Rez. Basedow, Elementarwerk).

Superlative und Wiederholungen hielt man für die Sprache des Herzens. Dies alles hatte Lessing nicht gemeint als er riet: "Schreibe, wie du redest, so schreibest du schön."[21] Lessings Briefstil entsprang dem Bedürfnis nach vernünftiger aufgeklärter Kommunikation, das auch der Korrespondenz zwischen Iselin und Nicolai zugrunde liegt.

Nur teilweise wird man Habermas zustimmen können, wenn er feststellt: "Das 18. Jahrhundert wird nicht zufällig zu einem des Briefes; Briefe schreibend entfaltet sich das Individuum in seiner Subjektivität."[22] Sicherlich sind eine gesteigerte Selbstbeobachtung und Selbstdarstellung sowie ein mitfühlendes Interesse für die seelischen Regungen des anderen zeittypisch. Wenn man jedoch die Quelle der Subjektivität - wie Habermas - in der "kleinfamilial-intimen" Privatsphäre sieht[23], den "Seelenbesuch" und die "rein menschlichen" Beziehungen in den Vordergrund stellt, so wird man wohl den Tendenzen der Empfindsamkeit gerecht, nicht jedoch denen der Aufklärung.
Denn für aufgeklärte Briefwechsel scheint die Intimität des "nur Du und ich" gerade nicht charakteristisch zu sein. Der "vernünftige Umgang" ist eher durch Gedankenaustausch sowie den Bezug auf die Gesellschaft und die "wirkliche Welt" gekennzeichnet als durch Selbstbespiegelung und Einfühlung. Zudem wird über die "kleinfamiliale Privatsphäre" nur selten geschrieben. Für die Nicolai-Iselin-Korrespondenz gilt dies in besonderem Maße: So gut wie nichts erfährt man über das häusliche Leben der beiden Briefpartner.

Schon seit Beginn des 18. Jahrhunderts war die Möglichkeit der Briefkommunikation in Mitteleuropa recht hoch entwickelt.[24] Die Taxis'sche Reichspost hatte es vermocht, ihr Monopol relativ erfolgreich durchzusetzen. Einige mächtige Landesherren machten ihr jedoch Konkurrenz. In Brandenburg beispielsweise gab es seit 1646 ein eigenes Briefpostsystem. Die nicht geringen Portogebühren bescherten der Staatskasse erhebliche Gewinne, denn die Post war hier nie verpachtet. In der zweiten Hälfte des 17. Jahrhunderts setzten sich allmählich die Postwagen durch. Die Absender hatten seither eine Wahlmöglichkeit, auf die sich Nicolai bezieht, wenn er von "fahrender" und "reitender Post"

---

21 zit. nach Steinhausen 1891, S.263.
22 Habermas 1990, S.113.
23 ibidem, S.114.
24 vgl. im folgenden vor allem Gerteis 1989a und Joost 1990, S.63-87.

spricht.[25] Die Reitpost war um über ein Drittel schneller als die Fahrpost, aber auch entsprechend teurer: Nicolai nennt die sehr hohe Summe von drei bis vier Talern für schwere Briefe (Nr.52). Das Porto zahlte gewöhnlicherweise der Empfänger. Die Reitpost beförderte in der Regel nur Briefe, keine Pakete. Wollte Nicolai Bücher verschicken, so bemühte er sich darum, daß Geschäftspartner sie mitnahmen. Dadurch sparte er große Kosten, und er revanchierte sich selbstverständlich für solche Gefälligkeiten. Bücher für Iselin (und die dazugehörenden Begleitbriefe) wurden beispielsweise von den Basler Buchhändlern Im Hof, Flick, Thurneysen oder Schweighauser transportiert, die Nicolai regelmäßig auf den Leipziger Messen sah.

Für eine dichte Korrespondenz, gerade über weite Entfernungen hinweg, waren eine rasche Beförderung und besonders Zuverlässigkeit wichtig. Da Nicolai auf jedem Brief, den er erhielt, das Eingangsdatum notierte, sind wir in der Lage, die jeweilige Beförderungsdauer von Basel nach Berlin anzugeben: Im günstigen Fall war ein Brief neun bis zwölf Tage unterwegs (Reitpost), es konnten aber auch 20 und mehr Tage sein, vor allem wohl dann, wenn es sich um schwere Briefe mit für den Druck vorgesehenen Manuskripten handelte, die durch die Fahrpost befördert wurden. Bis zu anderthalb Monate konnte es dauern: Iselins Brief Nr.55 ist am 9. Juni in Liestal datiert. Nicolai erhielt ihn, wie auf der Reproduktion (Abb.21) deutlich zu sehen ist, erst am 23. Juli (und beantwortete ihn am 19. November). Bisweilen kam es vor, daß Briefe ganz verloren gingen. Daraus ergeben sich auch für die Nicolai-Iselin-Korrespondenz einige wenige Lücken.[26]

Die Gefahr der Briefzensur bestand im 18. Jahrhundert in allen deutschen Staaten und auch in der Schweiz.[27] Aber die Postüberwachung war vor der Französischen Revolution keineswegs perfekt und die Zensur insgesamt so selten, daß man nicht von einer besonderen Zurückhaltung Nicolais und Iselins bei der Äußerung kritischer Ansichten auszugehen hat. In Brief Nr.20 mutmaßt Iselin allerdings: "Es muß einer Ihrer Briefe an mich verlohren gegangen oder aufgefangen worden seyn". Gerne wüßte man, wer möglicherweise ein Interesse

---

25 z.B. im Einblattdruck zu Nr.21, in Nr.52 und Nr.90; Iselin bezeichnet die Fahrpost als "schwere Post" (Nr.22).

26 Iselin äußert mehrfach die Vermutung, Briefe oder Pakete Nicolais könnten verlorengegangen sein (Nr.20, 22 und 71); vgl. die "Editorischen Vorbemerkungen".

27 vgl. Steinhausen 1891, S.336, und Joost 1990, S.85f.

daran hatte, den Brief eines preußischen Verlegers an den Basler Ratsschreiber "aufzufangen".[28]
Als 1772 das Siegel eines Briefes von Iselin in Nürnberg erbrochen worden war (ein bloßer Zufall, wie die dortige Buchhandlung Felsecker versicherte), zeigte sich Nicolai darüber sehr ärgerlich und empfahl Iselin, die Briefe künftig nicht mehr über Nürnberg zu schicken (Nr.52); Iselin befürchtete das Bekanntwerden des Inhalts (Nr.53).

Briefe ermöglichten die überregionale Kommunikation und die sprachliche Bewältigung von Erfahrungen, Empfindungen, noch unreifen Gedanken. Sie wirkten der Gefahr intellektueller Vereinzelung entgegen, die viele Aufklärer verspürten, und wurden dadurch "spezifische und integrale Bestandteile aufklärerischer Lebensform."[29] Das drückt sich schon quantitativ aus: Der im Iselin-Nachlaß (Staatsarchiv Basel) erhaltene Briefwechsel hat einen erstaunlichen Umfang; Iselin war sehr schreibfreudig.[30] Noch größer allerdings war die von Nicolai geführte Korrespondenz. Er selbst gab 1774 an, daß er allein in seiner Funktion als Herausgeber der Allgemeinen Deutschen Bibliothek jährlich 300-400 Briefe schreibe (vgl. Nr.69). Über 50 Jahre lang (1759-1811) war Nicolai als Verleger tätig. Errechnet man, um die Gesamtzahl der von Nicolai geschriebenen Briefe zu ermitteln, das Produkt, so erhält man die gewaltige Zahl von 15 000 - 20 000. Diese Schätzung dürfte eher zu vorsichtig als überzogen sein. Denn in Nicolais Nachlaß (Staatsbibliothek Berlin), der nachweislich nicht vollständig erhalten ist, befinden sich noch heute 18 572 Briefe an ihn von über 3000 Absendern.[31] Einen größeren Briefwechsel hatten in jener Zeit wohl nur Lavater und Voltaire.[32] Doch ist es nicht so sehr das Ausmaß des Briefverkehrs, das die Bezeichnung "Jahrhundert des Briefes" rechtfertigt. Vielmehr ist es das große

---

28 Zimmermann bekundete Nicolai gegenüber deutlich sein Mißtrauen bezüglich der Post in der Schweiz und später in Hannover. 1765 schrieb er aus Brugg: "Seyen Sie doch von der Güte mir eine Adresse in Berlin anzuweisen, unter welcher ich Ihnen künftig meine Paquete zuschicken könne. Ich könnte plözlich verrathen werden, wenn man auf unsern Posthäusern schlechterdings sähe, daß ich oft an Sie schreibe." und 1784 aus Hannover: "Daß Sie diesen Brief erhalten haben, bitte ich mir nur mit <u>einer</u> Zeile wissen zu lassen; denn ich traue unserer Post nicht, wenn man an Herrn <u>Nicolai</u> schreibt!" (Transkription S.Habersaat).

29 Bödeker 1987b, S.116.

30 vgl. die Übersichten in Im Hof 1947, S.589-593, und Im Hof 1967, S.262f.

31 vgl. Weidl 1989, S.161f.

32 vgl. Möller 1974, S.38, und Bödeker 1987b, S.136.

inhaltliche Gewicht, das gewisse Korrespondenzen trotz der Vielschreiberei hatten. Der Briefwechsel zwischen Nicolai und Iselin darf hierfür als exemplarisch gelten.

2. "Das Vergnügen mich mit Ihnen zu unterhalten" - Zwei Aufklärer im Dialog

Christian Fürchtegott Gellert hat seinen im 18. Jahrhundert maßgeblichen Traktat über den "guten Geschmack in Briefen" (1751) folgendermaßen eingeleitet: "Das erste, was uns bey einem Briefe einfällt, ist dieses, daß er die Stelle eines Gesprächs vertritt. Dieser Begriff ist der sicherste. Ein Brief ist kein ordentliches Gespräch (...) Aber er vertritt doch die Stelle einer mündlichen Rede, und deswegen muß er sich der Art zu denken und zu reden, die in Gesprächen herrscht, mehr nähern als einer sorgfältigen und geputzten Schreibart."[33]
Der Brief als Gespräch - das ist ein alter Topos, und zwar ein sehr einflußreicher. Er wird nicht nur in der Brieftheorie tradiert, sondern spiegelt sich in den Briefen der Zeit selbst vielfach wider. So schreibt Nicolai, um nur ein Beispiel zu nennen: "Die Unterhaltung mit einem abwesenden Freunde, ist ein sehr großes Vergnügen, deßen man sich theilhaftig machen solte, so oft es möglich ist" (Nr.50). Unterhaltung oder Gespräch - das bedeutete weniger plaudernde Konversation als vielmehr Mitteilung, Gedankenaustausch und Debatte. Das oft bekundete "Vergnügen" bestand in der geistigen Anregung, die das Gespräch bot. Der Dialog war ein Ideal der Aufklärung. Wie Sokrates und sein Kreis wollte man Probleme in lebhafter Rede und Gegenrede einer Lösung näher bringen. Nach dem antiken Vorbild wählte Mendelssohn die Gesprächsform für eines seiner philosophischen Hauptwerke, den "Phädon". Ein Meister in der literarischen Gestaltung von Dialogen war Diderot. Mit ihm bedienten sich viele andere Schriftsteller der Zeit dieses Stilmittels, nicht zuletzt auch Iselin und Nicolai.[34]

Die Aufklärer stellten die kommunikative über die individuelle Wahrheitssuche.[35] Es war das Wechselspiel von Aufklärung und Selbstaufklärung, das sie

---

33 Gellert, Briefe, S.2f.; vgl. Ebrecht/Nörtemann/Schwarz 1990, S.56-98 und S.270-281. Zur selben Zeit hat Mauvillon in Frankreich den Brief als "une conversation par écrit" definiert; vgl. Sousa de Almeida 1992, S.863.

34 Iselin z.B. im "Plutus, oder von den Reichtümern. Ein Gespräch (...)" 1762, Nicolai in seinen "Freuden des jungen Werthers (...) Voran und zuletzt ein Gespräch" 1775.

35 vgl. im folgenden Bödeker 1987a und 1987b, Mettler 1985.

immer wieder zur diskursiven Auseinandersetzung antrieb: Man wollte gleichzeitig überzeugen und lernen, Begriffe und Zusammenhänge gemeinsam einer Klärung zuführen. Kommunikation konnte allerdings nur dann gelingen, wenn geistige Unabhängigkeit und Toleranz als Grundlagen gewährleistet waren sowie ein gewisser Grad an Gleichheit der Grundanschauungen und der sozialen Stellung. Nur dann war es möglich, sich und seine Ideen am andern zu erproben oder - umgekehrt - den andern und sein Denken an sich zu erproben. Das vernünftige Gespräch ist nicht nur ein wichtiger Inhalt der Aufklärer-Freundschaft. Es ist, so scheint es, geradezu ihre Definition.[36]

Die intime, lebhafte und für alle Beteiligten höchst produktive Dreierfreundschaft zwischen Lessing, Mendelssohn und Nicolai ist in die Literaturgeschichte eingegangen.[37] Lessing, von der Schrift "Briefe über den itzigen Zustand der schönen Wissenschaften in Deutschland" des 21jährigen Nicolai beeindruckt, hatte Ende 1754 dessen Bekanntschaft gesucht. Durch Lessing war Nicolai dann wenig später in nähere Verbindung mit Mendelssohn gekommen. Nicolai hat ihre Art des Disputierens 1806 beschrieben. Sie ist idealtypisch zu nennen, auch wenn sich in der Rückschau manches verklärt haben mag: "Von allen aufgeworfenen Fragen ward beständig das Dafür und Dawider von Einem oder Andern der Unterredenden aufgenommen, niemal aber darauf ausgegangen, Einen zur Meinung des Andern schlechterdings zu bekehren; sondern jeder blieb selbständig, ging nur aus dem freundschaftlichen Dispute vorurtheilsfreier und mit helleren und bestimmteren Ideen nach Hause."[38]

Nicolai hat sich schon in seiner gegen die Kantianer gerichteten Verteidigungsschrift "Ueber meine gelehrte Bildung" (1799) zu der mit Lessing und Mendels-

---

36 vgl. Schneiders 1995 s.v. "Freundschaft"; Barner (1991) zeigt, wie in den Vorstellungen von aufgeklärter Freundschaft gewisse althumanistische Motive und "Rituale der Freundschaftswerbung" weiterleben (S.41f.). Er beschreibt ferner die beiden Pole - universelle Menschenfreundschaft und schwärmerische Individualfreundschaft - zwischen denen sich der ganze Reichtum freundschaftlicher Beziehungen im 18. Jahrhundert entfaltete. Übrigens hatten viele im nachhinein hochstilisierte Korrespondenzen (Barner nennt den Goethe-Schiller-Briefwechsel als Beispiel) durchaus ihren geschäftlichen Nebenzweck. Dies trifft auch für die Nicolai-Iselin-Korrespondenz zu (Mitarbeit Iselins an der ADB, Verkauf der "Ephemeriden" etc.).

37 vgl. etwa Engel 1983, Wolfgang Albrechts Nachwort in: Lessing, Briefe die neueste Literatur betreffend. Leipzig 1987, S.480-522, und Luserke 1993.

38 Christ. Fr. Nicolai's Bildniss und Selbstbiographie, hrsg. von M.S.Lowe. Berlin 1806; vgl. Daunicht 1971, S.69-77; hier: S.70.

sohn gepflegten Weise des Nachdenkens und Argumentierens geäußert.[39] Er habe damals gelernt, sich in die Denkungsart anderer zu versetzen und Widerspruch nicht nur zu ertragen, sondern ihn zur Berichtigung und Weiterentwicklung der eigenen Ideen zu nutzen sowie Einseitigkeit zu vermeiden. Die Abneigung gegen starres Systemdenken sei bei Lessing damals dadurch zum Ausdruck gekommen, daß "er im Disputiren die Art hatte, entweder die schwächste Partie zu nehmen, oder wenn jemand das Dafür vortrug, sogleich mit seltnem Scharfsinne das Dawider aufzusuchen."[40] Dies konnte durchaus etwas Spielerisches haben. Auch in der schriftlichen Korrespondenz, wenn Lessing nicht in Berlin war, übte man den Rollenwechsel - und damit geistige Beweglichkeit. So schrieb Nicolai 1757 an Lessing: "Es ist nun mal schon so eingeführt, daß Herr Moses Ihre Briefe an mich beantwortet, ich aber Ihre Briefe an Herrn Moses; und so mag es auch jetzt seyn."[41] Kritik, jedoch nicht aus purer "Liebe zum Widersprechen", Vielseitigkeit und Offenheit im Denken, aber nicht der Mangel einer eigenen Meinung, waren Grundlagen des lebhaften mündlichen oder schriftlichen Gesprächs. Das skeptische Fragen hatte man von Bayle gelernt, den philosophischen "Blick in die wirkliche Welt"[42] von Shaftesbury.

Daß sich der Freundschaftsbegriff der Aufklärung eng an ihr dialogisches Wesen band, läßt sich an den Anreden im Nicolai-Iselin-Briefwechsel zeigen. Sehr höflich und formell sind sie in den ersten sechs Briefen gehalten: "Hochedelgebohrner Insonders hochzuehrender Herr". Schon Nicolais dritter Brief (Nr.7), ziemlich genau vier Monate nach der Kontaktanbahnung geschrieben, beginnt mit "Hochedelgebohrner Herr und verehrungswürdiger Freund". Iselin repliziert: "Hochedelgebohrner Herr, schätzbarster Freund." Inzwischen war die Mitarbeit Iselins an Nicolais Allgemeiner Deutscher Bibliothek vereinbart worden und eine längere Fortsetzung der Korrespondenz somit vorauszusehen. Über einige Themen gemeinsamen Interesses hatte man bereits Meinungen ausgetauscht, Nicolai hatte Iselin mit seinem Nachruf auf Thomas Abbt beschenkt,

---

39 Nicolai, "Ueber meine gelehrte Bildung", vor allem S.40-43 (ed. Košenina 1995, S.462ff.); vgl. auch Nicolais Nekrolog auf Mendelssohn in ADB 65/2, 1786 (ed. Košenina 1995, S.38f.).

40 Nicolai, "Ueber meine gelehrte Bildung", S.41f. (ed. Košenina 1995, S.463).

41 Nicolai an Lessing, 23.8.1757, in: Gotthold Ephraim Lessing, Sämtliche Schriften; hrsg. von Karl Lachmann, 3. Aufl. von Franz Muncker Bd.19 (Briefe an Lessing). Leipzig 1904, S.107.

42 Nicolai, "Ueber meine gelehrte Bildung", S.43 (ed. Košenina 1995, S.464).

wofür ihm Iselin dankte, indem er diese kleine Schrift durchaus kritisch würdigte. Der aufgeklärte Diskurs war also in Gang gekommen. Zwar wechseln nun noch einige Zeit die eher distanzierte und die freundschaftliche Anrede einander ab, doch 1769 fällt das "Hochedelgebohren" endgültig weg, und die Anrede "Herr und Freund" setzt sich durch.
In der Folge sind die in Anrede und Schlußformel gewährten Freundschaftsepitheta Indikatoren für die Vertiefung des Dialogs. Das anfängliche "werther" bzw. "schätzbarer Herr und Freund" wird schon bald zum Superlativ gesteigert: "werthester" bzw. "schätzbarster Herr und Freund". In den Jahren 1772 bis 1773 - der Briefwechsel hatte seit 1770 einen erstaunlichen Umfang und große Intensität erreicht (siehe vor allem die Briefe Nr.37-50) - fiel die Anrede "Herr" weg und die beiden Briefpartner sprachen sich nun einfach mit "mein bester" oder "mein würdigster Freund" an.
Eine noch engere Verbundenheit fühlten Nicolai und Iselin durch ihre übereinstimmende Ablehnung der aufkommenden Geniebewegung. Man bediente sich nun der Anrede "mein theuerster Freund"; ab 1776 begann das intimere "liebster Freund" vorzuwiegen. Dies ließ sich kaum noch steigern, denn das von den Stürmern und Drängern praktizierte Duzen lehnten nahezu alle Aufklärer ab.[43]
Die erste (und einzige) Zusammenkunft von Nicolai und Iselin fand erst 1781 in Basel statt - nach 14 Jahren der Korrespondenz und knapp ein Jahr vor Iselins Tod. Nichts zeigt so deutlich wie diese Tatsache, daß sich eine Freundschaft unter Aufklärern allein auf das vernünftige Gespräch gründen und durch Raisonnement schrittweise vertiefen ließ. Die persönliche Begegnung mochte die Sympathien verstärken, war aber nicht wesentliche Voraussetzung der Freundschaft.

Für die typisch aufklärerische Art des Argumentierens, durch die der Nicolai-Iselin-Briefwechsel geprägt ist, sei nun ein Beispiel gegeben: In seinem Brief vom 13. Juli 1771 (Nr.41) formuliert Iselin im Zusammenhang der Debatte um Handelsbeschränkungen und -verbote folgende Überzeugung: "Wenn wir die ganze menschliche Gesellschaft wie wir sollen als eine einzige Bürgerschaft ansehen: so werden wir ohne weiters allen diesen menschenfeindlichen Grundsät-

---

43 Basedow machte den Versuch, mit Iselin durch das "Du" in vertrauteren Umgang zu kommen. Da dieser jedoch darauf nicht entsprechend reagierte, kehrte Basedow zum "Sie" zurück; vgl. z.B. Basedows Brief an Iselin vom 6.12.1774 (Basedows Ausgewählte Schriften, ed. Göring 1880, S.499); Im Hof 1967, S.228.

zen entsagen welche den Vortheil eines Volkes von demselben eines andern trennen." Auf dieses aus dem Rahmen der konkreten Erörterungen fallende physiokratisch-kosmopolitische Credo Iselins antwortete Nicolai umgehend, am 23. Juli 1771 (Nr.42). Zunächst greift er Iselins Gedanken zustimmend auf: "Es ist eine sehr schöne, sehr angenehme Idee, die ganze Menschheit als eine einzige Familie zu betrachten." Diese Zustimmung ist allerdings nur scheinbar, zumindest gilt sie, wie aus dem folgenden Einwand deutlich wird, bloß in bestimmter Hinsicht: "Aber leider möchte dis nur eine schöne Idee seyn! Die Menschen haben sich in Eigennutz Ehrgeiz Aberglauben dermaßen verwickelt, daß sie nicht mehr eine einzige Familie sind, sondern sie nur alzusehr getrennt!" Kleidet Nicolai den ersten Teil seines Widerspruchs noch in die Form des Konjunktivs, so setzt er im zweiten Teil seinen Realismus der Iselin'schen Forderung bestimmt entgegen; er reduziert sie damit auf eine Utopie oder Vision. Sehr typisch ist der folgende Satz, denn er supponiert einen Einwurf Iselins: "Sie werden sagen, also muß der Zweck des philosophischen Gesetzgebers dahingehen, sie näher zusammenzubringen!" Es wiederholt sich nun der gleiche Ablauf. Zunächst wiederum Zustimmung: "Dis wünsche ich auch!" Dann folgt erneut eine deutliche Einschränkung: "Aber nie werden die Menschen so sehr gleichgestimmet werden, daß nicht zwischen ihnen Privat-Intereße vorwalten solte." Es schließt sich, auch das ist bezeichnend, die Übertragung des Problems (nämlich: wie hoch müssen die politisch-ökonomischen Schranken zwischen Völkern sein?) auf eine niedrigere soziale Ebene an: "Wenn eine Familie sich ausbreitet, wenn jeder Sohn eines einzigen Vaters, wieder ein Hausvater wird, so kann jeder, ob er gleich den andern brüderlich liebet, dennoch, wenn sein Intereße dem Intereße des andern, gerade ent[ge]genstehet jenes vorziehen." Nachdem Nicolai damit eine geradezu anthropologische Aussage gemacht hat, fühlt er sich vorbereitet, auf die höchst akute Streitfrage der Kornhandelsfreiheit einzugehen.

Das angeführte Beispiel ist in mehrerer Hinsicht aussagekräftig: es zeigt *in nuce* die Verflechtung von wirtschafts- und politiktheoretischen Auffassungen mit philosophischen Überlegungen und praktischen Erfahrungen. Ferner wird das Bemühen deutlich, Widerspruch und Zustimmung, Beifall und Kritik in einer gewissen Balance zu halten. Vor allem aber läßt sich an ihm die dialektische Struktur einer aufgeklärten Debatte demonstrieren. Der supponierte Einwand, den man sogleich wieder zu entkräften sucht (Prokatalepse), ist ein rhetorisches

Mittel, dessen sich Nicolai und Iselin vielfach bedienen.[44] Der auf Erkenntnisgewinn angelegte Austausch von pro und contra, These und Antithese, Argument und Gegenargument, den der Briefwechsel im Ganzen darstellt, spiegelt sich im einzelnen Brief. Die Erwartung dessen, was der andere erwidern könnte, prägt somit schon die Formulierung der eigenen Ansichten.

Wenn das Stilideal Gellerts die Natürlichkeit war und die Aufklärer sich dem anschlossen; wenn sie die prätentiöse und gekünstelte Schreibart kritisierten und "Simplicität" (vgl. Nr.4) anmahnten, so hieß das nicht, daß ihre Schriften und Briefe farb- und humorlos gewesen wären oder daß in ihnen sprachlicher Schmuck und rhetorische Figuren gefehlt hätten. Der Briefstil war, wie schon im Humanismus, an antiken Vorbildern geschult, die Natürlichkeit im Grunde artifiziell.[45] Allerdings bemühte man sich, die Rhetorik nicht zum Selbstzweck werden zu lassen, sondern sie in den Dienst des Raisonnements zu stellen.

In Brief Nr.46 entwickelt und verteidigt Iselin die "Lehre von der Nutzbarkeit der Concurrenz", muß aber feststellen: "Hier ist Stoff für ganze Bücher und nicht für Briefe allein". Iselin spricht damit die Grenzen des Mediums Brief an: Man muß seine Ansichten auf zwei oder drei, höchstens vielleicht vier Briefbogen unterbringen. Den Zwang zur prägnanten Kürze kann man aber auch als Vorteil sehen, und er zeigt sich hier auf exemplarische Weise: In acht Argumenten faßt Iselin seine Meinung thesenartig zusammen. Unverbunden reiht er sie aneinander. Dieses additive Verfahren unterstreicht er auch optisch, indem er (fast) jedem Argument einen eigenen Absatz zugesteht. Besondere Eindringlichkeit erreicht er aber dadurch, daß er alle acht Thesen in die Form der rhetorischen Frage kleidet. Dies klingt verbindlicher als ein apodiktisch formulierter Aussagesatz und hat dennoch den Effekt pointierter Nachdrücklichkeit.

---

44 Ein weiteres Beispiel findet sich in Brief Nr.39, in dem Nicolai mit drei eingeschobenen Fragen Argumente Iselins aus dem Geist der Physiokratie antizipiert und danach widerlegt: "Sie werden sagen: Wozu Manufacturen? wozu große Kriegsheere? wozu ungeheuer große Städte? Aber liebster Freund, die Frage ist nicht sie abzuschaffen; dis ist nicht möglich. Sondern wenn sie bleiben sollen, möglichst für die Bedürfniße des Volkes zu sorgen."

45 vgl. Sousa de Almeida 1992, S.864f. Aufschlußreich in dieser Hinsicht ist eine Studie von Ulrich Joost, in der die Briefe Lichtenbergs einer gründlichen sprachlichen Analyse unterzogen werden: Joost 1990, passim.

Nicht immer untermauert Iselin seine Überzeugung durch eine solche Vielzahl von Argumenten. Bisweilen begnügt er sich mit einer kurzen und treffenden, mitunter auch humorvollen Bemerkung. In Brief Nr.52 verteidigt Nicolai die Steuerform der Akzise, die vor allem in Preußen praktiziert wurde, folgendermaßen: "Die Accise (Fehler in manchem Detail abgerechnet, die man abhelfen kann) ist meines Erachtens die angemeßenste Auflage für alle monarchische Staaten. Derjenige der zu einer Kopfsteuer oder andern Auflage selbst mit votirt, bezahlt die schwerste Abgabe gern. Der aber, der bey Auflegung einer Abgabe nicht gefragt wird, gibt die am liebsten, die er fast gar nicht merkt, und die unmerklichste Abgabe ist gewiß die Accise."
Iselin antwortet darauf in Brief Nr.53: "Freylich ist die Accise die unmerklichste Abgabe. Aber wer mir mein Geld auf die unmerklichste Weise aus der Tasche in kleinen Theilen herauslocket, der nimmt mir nicht allemal am wenigsten." Iselin lehnt die Akzise ab, weil sie eine Einschränkung der Handelsfreiheit bedeutet, die er für einen Teil der "natürlichen Ordnung" ansieht. Jedoch bringt er dies hier nicht in grundsätzlicher Form zum Ausdruck. Vielmehr greift er unter ironischer Zustimmung einen Aspekt Nicolais auf ("Freylich ist die Accise die unmerklichste Abgabe"), um anschließend, in einer humorvollen Wendung, die Akzise in die Nähe von Taschenspielertricks zu rücken. Sehr richtig stellt er damit fest, daß eine indirekt erhobene Steuer nicht weniger belastend sein muß als eine direkte.

Eine besondere Stellung nimmt das Thema Literatur im Dialog zwischen Iselin und Nicolai ein. Oft tauschen sich beide über neuerschienene Werke und die literarische Welt aus, wobei an einigen Stellen der Esprit geübter "Kunstrichter" aufblitzt: 1776 beispielsweise, als sich der Sturm und Drang auf einem Höhepunkt befindet und Goethe, Herder, Stolberg, Lenz - aber auch Wieland - sich in Weimar aufhalten, formuliert Nicolai folgendes Bonmot: "Was Sie über den jetzigen Zustand in Weimar sagen, trifft vollkommen mit meiner Meinung überein. Es ist in dieser kleinen Schale zu vieler Arrack, als daß der Punsch gut werden könte" (Nr.83).
Typisch ist, daß die Kritik an einzelnen Schriften verbunden wird mit der Beurteilung ihrer Autoren. Man erörtert ihre Lebensumstände und ihren Charakter, unterzieht sie einer intellektuellen und moralischen Bewertung. Da diese aber in den gedruckten Anzeigen weitgehend zurückgehalten wird, bilden Briefe eine wichtige komplementäre Quelle zu den zeitgenössischen Rezensionen. Wie sehr sich Literaturkritik und Literatenkritik verflechten können, zeigt sich in der

Nicolai-Iselin-Korrespondenz vor allem in Hinblick auf Lavater, Goethe und Wieland.

Ebenso genau wie Wielands neueste Werke (Agathon, Idris, Sokrates mainomenos, Beyträge zur geheimen Geschichte des menschlichen Verstandes und Herzens, Der goldne Spiegel, Teutscher Merkur...) beobachteten und beurteilten Nicolai und Iselin seinen gesellschaftlichen Umgang. Dies beginnt in Brief Nr.21, in dem Nicolai schreibt: "Wieland trauet Kl.[otz] u. seinen Anhängern, mehr als er solte. Mich und viele wundert es daß Wieland seinen Idris, dem Prof. Riedel in Erfurt zugeeignet hat, einem Manne von dem man in hiesigen Gegenden, keine so vorzügliche Begriffe hat. Ich befürchte W. läßt sich durch diese Leute zu weit führen, er kennet sie nicht genug."

Abb.6: Christoph Martin Wieland. Radierung von Christian Gottlob Geyser nach einem Gemälde von Heinrich Füger; aus: Almanach der deutschen Musen auf das Jahr 1773.

Die Freundschaft zwischen Wieland, Riedel[46] und Klotz (gegen den Lessing so heftig gestritten hat)[47] ist seit diesem Brief für über vier Jahre ein ständiges Thema der Korrespondenz. Das Interesse für diesen Gegenstand ist einerseits durch den hohen schriftstellerischen Rang Wielands begründet, den Nicolai und Iselin gleichermaßen erkannten und anerkannten, andererseits durch die große Bedeutung, die man freundschaftlichem Umgang und Dialog beimaß. Jedoch beobachtete man in diesem Fall gerade keinen günstigen, sondern im Gegenteil einen schlechten Einfluß. Wielands Beziehungen zu Klotz, vor allem aber zu Riedel, beruhten nach Ansicht der beiden Briefpartner auf falschen Grundsätzen: Nicolai und Iselin zeichnen hier das Gegenbild aufgeklärter Freundschaft.

Nicolai stellt Riedel, den er persönlich kannte, als oberflächlich und ruhmsüchtig, als seicht und dünkelhaft, als zügellos und intrigant dar (Nr.25, 27). Iselin wünscht Wieland statt Riedels Freundschaft den "vertrauten Umgang" mit Mendelssohn und Spalding (Nr.26). Als er Nicolai seine Rezension der "Dialoge des Diogenes von Sinope" (Sokrates mainomenos) sendet, schreibt er im Begleitbrief: "Ich sehe disen Mann [sc. Wieland] für das schönste und glücklichste und allgemeinste Genie Deutschlandes an, und es thut mir in der Seele weh ihn sich selbst so ernidrigen zu sehen. O Riedel, Riedel wenn ich an deiner Stelle wäre so wollte ich anders mit meinem Freunde reden" (Nr.34). Anders reden meinte kritisch reden, sich offen und ehrlich die Meinung sagen. Nicolai vermutet, "daß sich W. von dem beständigen Weihrauch, den ihm R. anzündet, benebeln läßet" (Nr.35). Die Metapher des Weihrauchs dürfte Nicolai dabei sehr bewußt gewählt haben, spielt sie doch auf das katholische Ambiente an, in dem

---

46 Der Freundschaft zwischen Wieland und Riedel hat Rita Terras einen Aufsatz gewidmet, in dem sie auf differenzierte Weise den Gründen für die beiderseitige Anziehung nachgeht und auch die Verdienste des vielgeschmähten Riedel vorsichtig würdigt: Terras 1984, passim. Zur ersten Orientierung vgl. auch ADBiogr. Bd.28 (1889), S.521-523.

47 Lessings "Briefe, antiquarischen Inhalts", die in zwei Bänden 1768 und 1769 in Nicolais Verlag erschienen, sind eine Polemik gegen den Philologen und Altertumskundler Klotz (der zweite Teil enthält zudem scharfe Angriffe auf Riedel). Lessing und Nicolai, deren Briefwechsel in jener Zeit voll ist mit Bemerkungen über die "Klotzischen Händel", bekämpften nicht nur die wissenschaftliche Stellung, die der Hallenser Professor errungen bzw. sich angemaßt hatte. Sie sahen in Klotz auch einen Konkurrenten, der auf ihre ureigensten Gebiete, die Literaturkritik und das Zeitschriftenwesen, vorgedrungen war; vgl. Wilfried Barner, Autorität und Anmaßung. Über Lessings polemische Strategien, vornehmlich im antiquarischen Streit. In: Mauser/Saße 1993, S.15-37; zu Klotz vgl. auch ADBiogr. Bd.16 (1882), S.228-231.

sich Wieland und Riedel als Professoren an der kurmainzischen Universität Erfurt bewegten. Katholizismus aber war den protestantischen Aufklärern gleichbedeutend mit hierarchischer Erstarrung, mit Unmündigkeit, mit mangelnder Fähigkeit und fehlendem Willen zur Kritik.

Wielands Selbstzufriedenheit und Empfänglichkeit für Lobhudelei ("nie anders als in dem Tone der Bewunderung" Nr.37; "ungebundenes Lob" Nr.52) bedeuten die Verabschiedung vom mühsamen und notwendigen Weg der Vervollkommnung. Perfektibilität war nicht nur ein Grundstein des aufgeklärten Optimismus, sondern ständiges Gebot - und dieses mußte auch für Wieland gelten![48]

Das Jahrhundert des Briefes ist, wie schon betont, durch vielerlei Arten von Briefen geprägt. Diejenigen der Aufklärer bilden nur einen Teil, die von der Empfindsamkeit durchglühten einen anderen. Freilich haben sich Aufklärung und Empfindsamkeit wechselweise beeinflußt, sie sind mithin nicht als reine Gegensätze zu verstehen.

Ein Zeugnis hierfür ist der vorletzte Brief Nicolais an Iselin (Nr.145), geschrieben nach ihrem persönlichen Zusammentreffen in Basel. Es mag sich lohnen, einen mit rhetorischen Figuren stark durchsetzten und in seiner Gefühlsbetonung für Nicolai eher untypischen Absatz zu analysieren: "Ich bin nun, mein theuerster Freund, seit 14 Tagen zu Hause, und denke nun auf das große Gemälde meiner Reise zurück." Einer sachlichen Mitteilung und der Anrede schließt sich die Metapher des Gemäldes an. Darauf folgen ein vergleichendes Bild: "Es ist wie ein Traum" und eine dreigliedrige, auf "so viel" beruhende Anapher: "so viele vortrefliche Männer gesehen zu haben, so viel Städte, so viel merkwürdige Gegenstände der Natur erblickt zu haben." Der nächste überleitende Absatz nimmt einerseits das Bild des Traums wieder auf und vertieft es: "Doch das Ganze dieses süßen Traums schwebt immer vor mir", andererseits bereitet er die Klimax vom Allgemeinen zum Besonderen - Nicolais Begegnung mit Iselin - vor: "und so wie ich mich der einzelnen Theile erinnere, so wird auch dabey alles in mir lebhafft." Dann kommemoriert Nicolai die Zusammenkunft, wobei er - um die Wirkung zu steigern - eine erneute Anrede einschiebt: "So geht es mir besonders, mein theuerster Freund, wenn ich mich der glücklichen Tage erinnere, die ich in Ihrer Gesellschaft zugebracht habe." Darauf be-

---

48 Ende 1772 nahm man befriedigt den Bruch der Freundschaft zwischen Wieland und Riedel zur Kenntnis (Nr.52); Klotz war bereits ein Jahr zuvor gestorben (Nr.49, 50). Nicolais Roman Sebaldus Nothanker war seiner ursprünglichen Intention nach eine Satire auf Klotz (vgl. Nr.56); Riedel tritt darin als "Rambold" auf.

dient sich Nicolai erneut einer symmetrischen Konstruktion; der Parallelismus beruht auf dem doppelten "Könnte ich". Besondere Eindringlichkeit wird durch die Form des Ausrufs erzielt: "Könnte ich sie noch einmahl zurückbringen! Könnte ich Hofnung haben Sie wiederholt zu sehen!" Der Absatz endet mit dem lapidaren "Doch dieß ist vergeblich" und dem empfindsam-resignativen "Ich muß mich mit dem Andenken vergnügen."
So als sei ihm das gefühlsträchtige rhetorische Pathos selbst unangenehm gewesen, fährt Nicolai im nächsten Absatz vollkommen nüchtern fort: "Mich dünkt, ich hätte Ihnen gesagt, daß ich die Geburts- und Sterbelisten seit 10 oder 20 Jahren von Basel gern haben wollte." Es ist frappierend, wie rasch und übergangslos der Aufklärer hier von den sehnsüchtigen Empfindungen zur faktensammelnden Nachbereitung seiner Reise kommt. In Nicolais monumentaler Reisebeschreibung, die 1783-1796 in 12 Bänden erschien[49], wird deutlich, daß ihm die Innenerfahrungen weniger wichtig waren als die Außenerfahrungen; die Selbstdarstellung tritt hinter der Weltdarstellung zurück. Die Absicht von Nicolais beispielloser Periegese war nicht ein Gefühls-, sondern ein Ideentransfer. Und von dieser Grundhaltung lebt auch sein Briefwechsel mit Iselin.

Es ist ein Anliegen der neueren Forschung, Aufklärung verstärkt als Kommunikationsprozeß zu verstehen und zu beschreiben.[50] Dies bedeutet Ergänzung und Revision mancher Ergebnisse der älteren Ideengeschichte. Denn indem man die Aufklärung eher als Erkenntnisweise und weniger als Erkenntnisfundus begreift, lockert und dynamisiert sich die Vorstellung von ihr. Es bleibt ein Desiderat der historisch-empirischen Forschung, das weiterhin zu konkretisieren, was Ernst Cassirer in seiner "Philosophie der Aufklärung" bereits unübertrefflich theoretisch formuliert hat: "Die Vernunft ist weit weniger ein solcher Besitz [sc. von "eingeborenen Ideen"] als sie eine bestimmte Form des Erwerbs ist. Sie ist nicht das Ärar, nicht die Schatzkammer des Geistes, in der die Wahrheit, gleich einer geprägten Münze, wohlverwahrt liegt; sie ist vielmehr die geistige Grund- und Urkraft, die zur Entdeckung der Wahrheit und ihrer Bestimmung und Sicherung hinführt (...) Das gesamte 18. Jahrhundert faßt die Vernunft in diesem Sinne. Es nimmt sie nicht so wohl als einen festen Gehalt von Erkenntnissen, von Prinzipien, von Wahrheiten als vielmehr als eine Energie; als eine Kraft, die nur in ihrer Ausübung und Auswirkung völlig begriffen werden kann.

---

49 vgl. die Erläuterungen zu Nr.145.
50 vgl. hierzu Bödeker 1987a.

Was sie ist und was sie vermag, das läßt sich niemals vollständig an ihren Resultaten, sondern vielmehr an ihrer Funktion ermessen."[51]

3. "Eine Art von kleiner Republik" - Das Kommunikationsnetz

"Die Briefe und Memoiren der Aufklärung enthüllen eine dichtes Gewirr, ein Kreuz und Quer der persönlichen und literarischen Verbindungen."[52] Mit diesen Worten beschrieb Georg Lukács ein Phänomen, für das in der Fachliteratur immer neue Metaphern aufgeboten werden. Meist spricht man heute von einem für die Aufklärung typischen "Kommunikationsnetz" oder bezeichnet es als "kommunikatives Kraftfeld" mit "komplexer Dynamik".[53] Die Beobachtung, daß die Aufklärer intensiv damit beschäftigt waren, Beziehungen zu knüpfen, aufrecht zu erhalten, bisweilen auch zu lösen, Freundschaften zu pflegen und zu nutzen ist zweifelsohne richtig. Aber das Dickicht - das "dichte Gewirr" - ist so undurchdringlich nicht, daß man es im Einzelfall nicht erkunden könnte. Die Mühe, die damit verbunden ist, wird belohnt durch eine nähere Einsicht in spezifische Diskurszusammenhänge. Untersucht man einzelne Beziehungskontexte aufgeklärter Kommunikation, so fällt es einem leichter, den Weg zwischen Skylla und Charybdis der Aufklärungsforschung zu finden: nämlich zwischen der zu starken Individualisierung, die nur auf die großen Denker mit ihren originären Ideen fixiert ist, und der zu starken Pauschalisierung, die auf eine für alle Phasen und Länder gültige Vorstellung von Aufklärung abzielt.

Der Rahmen, in dem sich der aufgeklärte Diskurs vollzog, wurde von den Zeitgenossen oft als "République des Lettres"[54], als "Gelehrtenrepublik" bezeichnet. Die Stelle aus einem Brief Nicolais an Gerstenberg 1765 ist nur ein Beleg unter vielen: "Die besten Köpfe in Deutschland machen der weiten Entlegenheit ohnerachtet, zusammen eine Art von kleiner Republik aus."[55]

---

51 Cassirer 1932, S.15f.

52 Lukács 1980, S.115.

53 Jüttner/Schlobach 1992, S.IX; zu den "Netzen" der Freundschaft vgl. auch Barner 1991, bes. S.34ff.

54 Die "Nouvelles de la République des Lettres" von Pierre Bayle (ab 1684) trugen sehr zur Durchsetzung des Begriffs bei; vgl. Barner 1991, S.39.

55 Nicolai, Verlegerbriefe (ed. Fabian/Spieckermann 1988), S.32.

Der Begriff der Republik drückt das Gefühl der Verbundenheit aus, impliziert aber auch die Abgrenzung gegen die Ungebildeten. Außerdem transportiert er das Ideal der Öffentlichkeit (publicum) und suggeriert politischen Einfluß. Über das innere Leben in diesem imaginierten Staat der Gelehrten scheint der Begriff der Republik auszusagen, daß die Bürger miteinander von gleich zu gleich, ohne hierarchische Barrieren und ständische Abhängigkeiten verkehren. In der ADB hat es Nicolai 1769 so formuliert: "Die gelehrte Republik ist eine vollkommene Demokratie. Ein jeder Bürger derselben hat das Recht seine Stimme zu geben, und das frey zu sagen, was er zum gemeinen Besten für nöthig oder nützlich hält."[56] Der "Freistaat" (das Synonym für Republik im 18. Jahrhundert) ist allerdings nicht durch Regellosigkeit gekennzeichnet, und Parteibildung schließt er keineswegs aus. Eher das Gegenteil ist der Fall: Er begünstigt sie sogar.

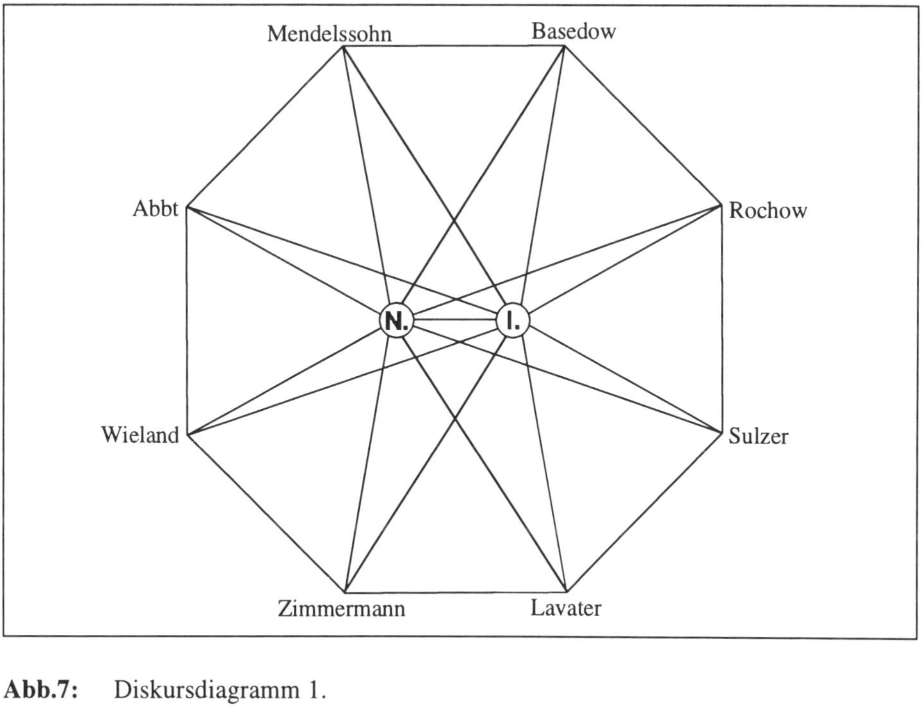

Abb.7: Diskursdiagramm 1.

56 ADB 10/2 (1769), S.104.

Die Nicolai-Iselin-Korrespondenz ist ein Teil des großen Kommunikationsnetzes der Aufklärung. Um die komplexen Zusammenhänge besser fassen zu können, sollen sie hier, vereinfacht, in einer geometrischen Figur dargestellt werden (Abb.7): In der Mitte die für uns zentralen Korrespondenten Nicolai und Iselin; um sie herum acht Personen, von denen in ihrem Briefwechsel besonders viel und intensiv die Rede ist: Moses Mendelssohn, Johann Bernhard Basedow, Friedrich Eberhard von Rochow, Johann Georg Sulzer, Johann Kaspar Lavater, Johann Georg Zimmermann, Christoph Martin Wieland und Thomas Abbt. Sie markieren die Eckpunkte eines regelmäßigen Achtecks; die Verbindungslinien, die für persönliche Beziehungen stehen, bilden einen netzartigen Stern aus. Dieses "Diskursoktogon", wie es genannt werden soll, mag als anschauliche Hilfe bei der weiteren Analyse dienen.

Bezeichnend ist bereits der Beginn, die "Anknüpfung" der Korrespondenz: Nicolai kennt und schätzt Iselin, wie er sagt, "schon lange" als "berühmten Schriftsteller" deutscher Sprache. Er möchte ihn deshalb zur Mitarbeit an der ADB ermuntern und einen Band dieser Zeitschrift mit Iselins Bildnis schmükken (Abb.4). Es ist zum einen also die gelehrte Leistung des Basler Ratsschreibers, die Nicolai als Grund der Kontaktaufnahme angibt. Aber es kommt ein zweiter Punkt hinzu: "Ihre Correspondenz mit meinem liebsten Freunde Moses, die er mir gewöhnlicher Weise mitgetheilet hat, hat meine Hochachtung noch verstärket" (Nr.1). Nicolai konnte sich auf einen gemeinsamen Freund berufen: Moses Mendelssohn. Denn seit 1762 stand Iselin im Briefwechsel mit dem Berliner Philosophen.[57] Indem sich Nicolai an Iselin wendet, schließt sich ein erster kleiner Kommunikationskreislauf, zu dem auch Johann Georg Zimmermann, der in Brugg wirkende Arzt und philosophische Schriftsteller, gehört: Den Verfasser der Schrift "Vom Nationalstolz" (1758) hatte Nicolai 1765 als Rezensent für die ADB gewinnen können.[58] Mit Iselin war Zimmermann seit der gemeinsamen Studienzeit in Göttingen (1747) befreundet.[59]

---

57 vgl. Engel 1994b und Im Hof 1994, passim.

58 vgl. Zimmermann an Nicolai, 11.12.1765 (ed. Bodemann 1878, S.295).

59 Im Hof 1947, S.57f.

Abb.8: Johann Georg Zimmermann. Kupferstich von Johann Rudolf Holzhalb; aus: ADB 9/1 (1769).

Daß Mendelssohn seinem Freund Nicolai die von Iselin empfangenen Briefe "mitgetheilet", das heißt: zu lesen gegeben hat (ohne daß Mendelssohn dies Iselin jemals gesagt hätte), scheint nicht ungewöhnlich gewesen zu sein. Nicolai spricht ja auch ganz offen davon. Wenn Nicolai 1770 über Wielands Freundschaft zu Riedel schreibt: "In diesen Mann setzt W. ein ungemeßenes Vertrauen, er nennt ihn selbst in einem Privatschreiben an Weiße sein ander Ich" (Nr.35), so erhellt daraus, daß die Briefe jener Zeit im heutigen Sinne durchaus nicht privat waren. Christian Felix Weisse, eng mit Wieland verbunden[60], hatte offenbar keine Bedenken, gewisse persönliche Mitteilungen Wielands, an Nicolai

---

60 vgl. z.B. Wielands Vorrede zum "Idris" (1768).

- mit dem er ebenfalls befreundet war[61] - weiterzugeben. Nicolai wiederum hat es Iselin (mit Quellenangabe) übermittelt - nach heutigem Verständnis vielleicht eine Indiskretion, für die Zeitgenossen jedoch ein legitimer Vorgang der Informationsübertragung. Briefe waren im 18. Jahrhundert halböffentlich. Ihr Inhalt konnte teilweise oder ganz an Dritte mitgeteilt werden. So wie Bücher von Hand zu Hand wanderten, so taten es bisweilen auch Briefe. Wenn gewisse Briefpassagen mit den Wendungen *sub rosa sit dictum* (Nr.25), *sub sigillo silentii* (Nr.45) oder "Dieses alles, ist nur für Sie gesagt" (Nr.90) versehen wurden, so zeigt das nur, daß man es mit Verschwiegenheit ansonsten nicht so streng hielt.

Abb.9: Thomas Abbt. Kupferstich von Johann David Schleuen; aus Nicolais "Ehrengedächtnis Herrn Thomas Abbt", 1767.

61 Weisse hatte 1759 Nicolais Zeitschrift "Bibliothek der schönen Wissenschaften und der freyen Künste" übernommen; vgl. Möller 1974, S.198.

Neben Mendelssohn und Zimmermann zählte auch Thomas Abbt zu den gemeinsamen Bekannten Nicolais und Iselins schon vor Beginn der Korrespondenz. Der hochbegabte junge Schriftsteller, durch seine beiden (in Nicolais Verlag erschienenen) Werke "Vom Tode für das Vaterland" (1761) und "Vom Verdienste" (1765) zu frühem Ansehen gelangt[62], war 1761 als Nachfolger Lessings zum wichtigen Mitarbeiter Nicolais und Mendelssohns bei ihrer kritischen Zeitschrift "Briefe die neueste Litteratur betreffend" geworden (vgl. Nr.45) und stand seither, obgleich nur kurz in Berlin wohnend, mit ihnen in engem Kontakt. Nicolai und Mendelssohn gaben ihre Briefwechsel mit Abbt als Teil seiner postum erschienenen Werkausgabe heraus[63]: Ein weiterer Beleg für die Wertschätzung der Gattung Brief in jener Zeit und jenen Kreisen. Mit Iselin teilte Abbt das Interesse für die politische Philosophie. 1763 hatten sich beide - Abbt machte damals eine Reise durch die Schweiz - persönlich kennengelernt und standen seither in Briefkontakt.[64]

Abbt bildet im "Diskursoktogon" insofern einen Sonderfall als er schon vor Beginn des Nicolai-Iselin-Briefwechsels gestorben ist (vgl. Nr.1). Jedoch blieben er und seine Ideen ein ständiges Thema, bedingt durch das von Nicolai verfaßte Ehrengedächtnis, durch Herders Werk über Abbt (s.u.) sowie durch die bei Nicolai erscheinenden "Vermischten Werke" Abbts, deren erster Teil von Iselin für die ADB rezensiert wurde.[65]

Der Winterthurer Johann Georg Sulzer ist wohl der prominenteste unter den damals in Berlin lebenden Schweizer Gelehrten, von denen hier nur noch der Basler Johann Bernhard Merian und der St. Galler Jakob Wegelin genannt seien (Euler hingegen hatte Berlin 1766 verlassen und war nach St. Petersburg zurückgekehrt). Sie alle waren Mitglieder der königlichen Akademie der Wissenschaften. Daneben zählte auch der aus Basel stammende Hofbuchdrucker Decker zur Schweizer "Kolonie" in Berlin.[66]

---

62 zu Abbt vgl. Bödeker 1981 und 1989, Batscha 1989, NDBiogr. Bd.1.

63 vgl. Nr.30 und 43 (mit Erläuterungen).

64 Die Briefe Iselins an Abbt wurden 1976 von Frison ediert.

65 vgl. die Rezensionsliste im Anhang und die Erläuterungen zu Nr.21 und 26. Durch Iselins Vermittlung konnte auch ein wichtiger Aufsatz Abbts ("Finden sich dergleichen Vorurteile, die Ehrerbietung verdienen...?") in dessen "Vermischte Werke" aufgenommen werden: vgl. die Erläuterungen zu Nr.18.

66 vgl. Fontius/Holzhey 1996, passim.

Abb.10: Johann Georg Sulzer. Kupferstich von Daniel Berger nach einem Gemälde von Anton Graff, 1779; aus Nicolais Porträtsammlung.

Sulzer hat sich als Philosoph, insbesondere als Ästhetiker einen Namen gemacht[67], weniger bekannt ist, daß er sich - ganz im Sinne der Aufklärung - auch um die Verbesserung der Pädagogik bemüht hat. In Nicolais Verlag erschienen 1768 seine "Vorübungen zur Beförderung der Aufmerksamkeit und des Nachdenkens", ein Lesebuch für Kinder, das bis ins 19. Jahrhundert hinein erfolgreich war und mehrfach wiederaufgelegt wurde.[68] Fast gleichzeitig erschien

---

67 vgl. ADBiogr. Bd.37; Steffen Dietzsch, Johann Georg Sulzer. In: Förster 1989, S.265-273, sowie die Aufsätze von H.E.Bödeker und A.Gerhard in Fontius/Holzhey 1996.

68 Raabe 1983, S.29; Nicolai gab 1809, zusammen mit Merian, Sulzers Autobiographie heraus: vgl. Raabe 1983, S.120.

1768 Iselins "Sammlung dem Nutzen und Vergnügen der Jugend geheiliget", ein ganz ähnliches Werk, jedoch für jüngere Kinder.[69]

Sulzer nahm eine Mittlerstellung zwischen der eng an den König gebundenen Akademie und den bürgerlichen, nicht-höfischen Aufklärern in Berlin ein. Er war es, der 1771 Moses Mendelssohn zum Mitglied der Akademie vorschlug.[70] Zwar wurde Mendelssohn tatsächlich gewählt, Friedrich II. jedoch verhinderte die Aufnahme, indem er die Wahl nicht bestätigte. Dieser Vorfall beleuchtet schlaglichtartig die Grenzen der sonst so sehr gerühmten Toleranz Friedrichs. Religiöse Indifferenz war schon damals kein Gegensatz zu antijüdischen Ressentiments.

Zu seinen Schweizer Landsleuten Lavater, Zimmermann und Iselin unterhielt Sulzer freundschaftliche Beziehungen. An Zimmermanns Krankenbett schrieb er seine Grüße eigenhändig unter einen Brief Nicolais an Iselin (Nr.42).

In keiner Geschichte der Pädagogik fehlen die Namen Rochows und Basedows. Da die Aufklärung den Menschen für erziehungsfähig und erziehungsbedürftig hielt, war Erziehung - und zwar nicht nur die von Kindern - für sie ein zentrales Anliegen; mehr noch: Die Begriffe Aufklärung und Erziehung konnten geradezu als synonym angesehen werden. "Aufklärung ist ein pädagogischer Prozeß und Pädagogik ist ein aufklärerischer Prozeß"[71]: Das Ziel war zugleich der Weg. Man forderte und förderte selbständiges Denken statt unreflektierter Autoritätsgläubigkeit, praktische Lebenseinstellung statt Realitätsferne. Der Endzweck war nicht so sehr - wie dann verstärkt im 19. Jahrhundert - die freie Bildung und Entfaltung des Einzelnen, sondern der nützliche Dienst am Gemeinwesen. "Glückseligkeit", eines der häufigen Schlagworte der Zeit, dachte man stets kollektiv, nicht individuell. Der als notwendig erkannte Wandel der Gesellschaft setzte, nach Auffassung der Aufklärer, die Erziehung des Menschen zum vernunftgeleiteten und industriösen Bürger voraus.

---

69 vgl. die Briefe Nr.18-20 und den kleinen Vergleich zwischen Sulzers und Iselins Werk, den Nicolai in Nr.21 anstellt.

70 Altmann 1973, S.264f.; M.Albrecht 1986, S.21 und S.112; Schoeps 1989, S.77f., sowie Engel 1994a, S.54ff.

71 Herrmann 1987a, S.54; einen Forschungsüberblick zum Erziehungs- und Bildungswesen der Aufklärung bietet W.Albrecht 1987, S.100-111.

Abb.11: Johann Bernhard Basedow. Radierung von Daniel Chodowiecki; aus: ADB 21/1 (1774).

Für den Wandel und die Weiterentwicklung von Lehrinhalten und Lehrmethoden waren die Erziehungsschriften und -projekte Basedows außerordentlich wichtig.[72] Sie wurden von der ganzen Gelehrtenrepublik genau verfolgt. Iselin wurde - neben Lavater - zu einem der wichtigsten frühen Förderer Basedows.[73] 1776 erhielt er sogar den Ruf, als Leiter ans Philanthropin, Basedows Reformschule in Dessau, zu kommen, lehnte diesen jedoch ab. Daß Iselin nie in das seit Rousseaus "Emile" vielfach schwärmerische Erziehungsfieber geriet, sondern stets problembewußt und kritisch abwägend blieb, zeigt am deutlichsten seine 60seitige Rezension von Basedows "Elementarwerk" in der ADB. Auch Nicolai

72 zu Basedow vgl. Herrmann 1993, S.105-109, und NDBiogr Bd.1 (mit älterer Lit.).

73 vgl. Keller 1885b und Im Hof 1967, S.163-178.

nahm regen Anteil an der Entwicklung der "philanthropischen" Pädagogik. Er versuchte, im Streit zwischen Basedow und Schlözer zu vermitteln, besuchte 1776 das Dessauer Schauexamen und korrespondierte mit Campe, der nach der Absage Iselins Kurator der Schule wurde.[74]
Die Diskussion über Basedow zieht sich wie ein roter Faden durch den ganzen Nicolai-Iselin-Briefwechsel, vergleichbar nur der Debatte über Lavater. In der Beurteilung Basedows mischen sich Bewunderung und Skepsis (vgl. z.B. Nr.48 und 50). Beide Briefpartner erkannten, daß Basedows Bedeutung eher in seiner bewußtseinsbildenden Kraft lag ("...er bricht die Bahn, er bringt die Gemüther in Gährung..."; Nr.27) als in seinen praktischen Experimenten. Denn das Philanthropin in Dessau entwickelte sich, gemessen an den anfänglichen Hoffnungen, enttäuschend: Die Schule war eine Projektionsfläche aufgeklärter Erziehungsideale und ein Kampfplatz widerstreitender pädagogischer Konzepte, reifte aber nie zu einer gut funktionierenden und weithin leuchtenden Musteranstalt.[75]

Anders lag der Fall bei Friedrich Eberhard von Rochow, dem Initiator der Landschulreform in Preußen.[76] Nicht nur seine Schriften, auch seine Schulgründungen waren von anhaltendem Erfolg gekrönt. Rochow war Basedow freundschaftlich verbunden und betrachtete ihn als Vorbild, jedoch war für ihn Erziehung in viel stärkerem Maße ein soziales Anliegen. Während der Hungerjahre 1770-72 waren dem Gutsherrn Rochow das bittere Elend und der geringe Ausbildungsstand der Landbevölkerung unmittelbar deutlich geworden. Zwischen beidem - sozialer Not und Mangel an Erziehung (bzw. Aufklärung) - sah er einen direkten Zusammenhang. Auf diesen Erfahrungen und Einsichten beruht sein "Versuch eines Schulbuchs für Kinder der Landleute oder Unterricht

---

74 vgl. die Erläuterungen zu Nr.47, 83 und 90-92. Nicolais "außerordentliche Bedeutung für die Ausbreitung der pädagogischen Aufklärung" zu zeigen, ist das erklärte Anliegen des Aufsatzes von Hanno Schmitt 1995. Allerdings bleiben die Ergebnisse dürftig. Die einzigen neuen Aspekte gewinnt Schmitt aus den Briefen Nicolais an Iselin, wobei die vier zitierten Passagen haarsträubend transkribiert sind. Kein einziger Satz ist korrekt wiedergegeben: Dem Autor unterlaufen grobe Fehllesungen und falsche Datierungen; verschiedene Auslassungen wirken sich sinnentstellend aus.

75 Zum Philanthropin, insbesondere unter der Leitung Campes 1776/77, hat Niedermeier drei Studien vorgelegt, in denen er die zu dieser Zeit ausgetragenen Konflikte zwischen Aufklärern und "Genies" schildert und analysiert: Niedermeier 1995a, 1995b und 1996.

76 Zu Rochow vgl. Leschinsky 1981, Keck 1995 und Böning 1995, bes. S.96-102.

für Lehrer in niedern und Landschulen", der 1772 in Nicolais Verlag erschien.[77] Nicolai machte das Buch Iselin zum Geschenk, und dieser zeigte sich sofort begeistert (Nr.55). Iselin, der zuvor die "Erziehung der Jugend" als seine "Lieblingswissenschaft" bezeichnet hatte (Nr.48), lobte Rochows Werk in Superlativen und plädierte dafür, es auch für Kinder anderer Stände zu gebrauchen. Er verwende es nun, schrieb Iselin, bei der Erziehung eines seiner eigenen Kinder.

Rochows Reformansatz war kühn. Er zielte auf ungeteilte Aufklärung, eine Aufklärung ohne Standesgrenzen, und er stieß damit auf Widerstand. Der preußische Minister Karl Abraham von Zedlitz, der Rochows Projekte grundsätzlich unterstützte, kritisierte ihn 1776: "Wenn der Bauer von allem den Grund einsehen will (...) - er wird mit Widerwillen gehorchen, und wenn er's verhindern kann, gar nicht."[78] Energisch trat Iselin gegen solche Meinungen auf, die die Exklusivität aufklärerischer Erziehung befürworteten. An Nicolai schrieb er: "Wenn es [sc. Rochows Schulbuch] aber nur ein Werk für den Landmann wäre so würde es mir schon unendlich schätzbar seyn, denn immer habe ich den Gedanken verabscheuet welchen Herr Wieland in dem goldnen Spiegel aufgewärmet hat, daß der Bauer nicht nöthig habe sorgfältig unterrichtet zu werden" (Nr.55).

Etwa gleichzeitig mit der Eröffnung von Basedows Philanthropin errichtete Rochow 1774 das erste Schulhaus auf seinem Gut in Reckahn (bei Brandenburg). Iselin erkundigte sich: "Wie geht es mit des verehrungswürdigen Hrn von Rochow auf seinen Gütern veranstalteten Unterrichte?" (Nr.62), und Nicolai konnte guten Fortgang melden. Zwei Jahre später vermittelte er, auf Betreiben Iselins, den direkten Kontakt zu Rochow.[79] Iselin wünschte sich für seine Zeitschrift "Ephemeriden der Menschheit" einen Aufsatz Rochows, der im März 1777 tatsächlich erscheinen konnte. Rochow beschreibt darin die Entstehung

77 vgl. Raabe 1983, S.55; hier auch die späteren von Nicolai verlegten Werke. 60 Briefe Rochows an Nicolai finden sich in der Edition von Jonas 1885.

78 Zedlitz an Rochow, 5.12.1776, zit. nach Fertig 1991, S.79; vgl. Herrmann 1987a, S.51. Als Folge eines gehobenen Bildungsniveaus befürchtete die Obrigkeit nicht nur Ungehorsam, sondern auch eine Aufweichung des Sozialgefüges. In diesem Sinne schrieb Friedrich d.Gr. an seinen Minister: "(...) sonsten ist es auf dem platten Lande genug, wenn sie ein bisgen lesen und schreiben lernen, wissen sie aber zu viel, so laufen sie in die Städte und wollen Secretairs und so was werden"; Friedrich d.Gr. an Zedlitz, 5.9.1779, zit. nach Fertig 1991, S.47.

79 vgl. Nr.87 und 88. Die Briefe Rochows an Iselin publizierte Keller 1885.

seiner Schule und legt seine pädagogischen Grundsätze dar.[80] Der Aufsatz dürfte auf die Zustimmung eines anderen, noch jungen Pädagogen gestoßen sein, den Iselin etwa zur selben Zeit kennenlernte: Johann Heinrich Pestalozzi. Pestalozzi hat Iselin gegenüber seine große Affinität zu Rochows Ideen bekundet, aber auch "wesentliche Verschiedenheiten im Plan" gesehen; 1780 schrieb er an seinen Basler Mentor: "ich will ins Volk ohne Anstalten, durch Erleüchtung zerstreuter, verstendiger Hausväter und Hausmütter würken, und er [sc. Rochow] durch Schulen. Bydes aber ist gut, nur daß der erste Weg für mich der einzige mügliche, er hingegen auch für den zweiten Kreffte hat."[81] Iselin war mithin so etwas wie die Schnittstelle zwischen einer mehr häuslich-privat und einer mehr schulisch-öffentlich orientierten Erziehungsreform. Wie Nicolai sorgte er dafür, daß das Kommunikationsnetz immer dichter geknüpft wurde. Mittel- und unmittelbar wurde durch die "sociabilité épistolaire" eine kaum übersehbare Zahl von Personen miteinander bekannt.[82]

Rochow nahm verschiedene Anregungen Iselins dankbar auf und konnte dessen Beifall sicher sein, wenn er betonte: "Wo noch gezweifelt wird, ob der gesunde Menschen Verstand nicht ein Privilegium gewißer Stände nur sey, oder vielmehr bezweifelt wird, daß man den gemeinen Mann den Gebrauch seiner Seelen Kräfte lehren dürfe - da ist es freylich finster, und wird's noch lange bleiben."[83] In einem Brief an Iselin von 1779 fiel dann Rochows Bekenntnis zur Volksaufklärung noch deutlicher aus. Er behaupte, schrieb Rochow (der inzwischen vier Landschulen betrieb), "daß, da die Summa des Volks im Staat, sich zur Summa der Vornehmen (die sich aus bekannten Gründen ohnehin schwerer beßern laßen) verhält, wie 9 zu 1; der Staat durch die Aufklärung der 9/10 zu christlicher Sittlichkeit mehr, als durch alle Anstalten das 1/10tel nehmlich die vornehmern Stände zu bessern gewinnen müsse."[84]

Dieses Zitat widerlegt zwei verbreitete Klischees. Erstens zeigt es, daß die Aufklärung so elitär nicht war, daß sie den Blick für neun Zehntel des Volkes verloren hätte. Zweitens macht es die Nähe von "Aufklärung zum richtigen Denken",

---

80 Ephemeriden 1777/3, S.74-85; vgl. die Erläuterungen zu Nr.85.

81 Pestalozzi an Iselin, 29.9.1780 (ed. Dejung/Stettbacher 1949, S.96).

82 Ein postumes Zeugnis für Iselins Mittlerstellung ist Rochows "Ode auf Isaak Iselins Tod", die im Dezember 1782 in Pestalozzis "Schweizerblatt" erschien (Nr.52, S.417-422; auch in: Ephemeriden 1783/2, S.129-133).

83 Rochow an Iselin, 4.10.1777 (ed. Keller 1885, S.476f.).

84 Rochow an Iselin, 6.12.1779 (ed. Keller 1885, S.480).

die Rochow im Satz zuvor gefordert hatte, und "Aufklärung zu christlicher Sittlichkeit" deutlich: Die Aufklärung - und für die deutsche Aufklärung gilt dies ganz besonders - war also weder atheistisch noch rationalistisch. Vernunft und christliche Moral wirkten zusammen.

Friedrich Eberhard von Rochow ist das Beispiel eines aufgeklärten Adligen, der - in ständigem Austausch mit bürgerlichen Aufklärern - für die Verbesserung der sozialen Lage des "gemeinen Mannes" arbeitete. Es zeigt, daß die marxistische These von der Aufklärung als "Emanzipationsideologie des Bürgertums"[85] undifferenziert und selbst ideologisch ist. Kossoks Feststellung "Was sich post festum als bürgerlicher Klassenanspruch entpuppte, galt seinen Protagonisten als allgemeinmenschliche Emanzipation"[86] ist wohl in mehrerer Hinsicht verfehlt: Weder gehörten alle Aufklärer zum Bürgertum, noch waren alle Bürger (oder auch nur ihre Mehrheit) der Aufklärung zugetan; weder bildete das Bürgertum damals eine sozio-ökonomisch klar umreißbare "Klasse", noch war die Aufklärung ein verbrämtes Klassen- (oder auch nur Standes-) Interesse.[87] Zwar war die Aufklärung in starkem Maße durch bürgerliche Werte geprägt und wurde vornehmlich von Angehörigen des Bürgertums getragen, doch wirkten auch einzelne Vertreter der anderen Stände an ihr mit. Nicht nur ihrem Anspruch, sondern ihrem tätigen Willen nach war sie ständetranszendierend - Rochows pädagogische Unternehmungen mögen dies belegen.

Von zwei wichtigen "Knoten" des Kommunikationsnetzes war bereits kurz die Rede: von Wieland und Lavater. Wielands Briefwechsel mit Iselin und Nicolai ist veröffentlicht.[88] Man kann dort dem gespannten Verhältnis des Dichters zu seinen ihn streng beurteilenden "Kunstrichtern" nachgehen. Zu Zimmermann und Sulzer unterhielt Wieland, der ja einige Jahre in der Schweiz gelebt hatte[89], eine freundschaftliche Korrespondenz; mit Lavater tauschte er seit 1768 Briefe. Auch mit Mendelssohn stand er zeitweilig in Verbindung.[90]

85 Kossok 1992, S.41.

86 ibidem, S. 45.

87 Dies hat u.a. Horst Möller deutlich gemacht: Möller 1994, passim. Über den Strukturwandel von der Stände- zur Klassengesellschaft vgl. Wehler 1987, S.133-139.

88 in der Gesamtausgabe von Wielands Briefwechsel, hrsg. von H.W.Seiffert; vgl. v.a. die Bde. 1, 4 und 5.

89 1754-59 in Zürich, 1759-60 in Bern; vgl. Brender 1990, S.26-36.

90 vgl. Renate Schostak: Wieland und Lavater. Diss. Freiburg i.Br. 1964 bzw. M.Albrecht 1986, S.125.

Lavater war ein Genie der Kommunikation. Sein Briefwechsel war unvorstellbar groß und die Postgebühren verschlangen fast die Hälfte seines Einkommens. Zwischen 400 und 600 Briefe konnten zur Beantwortung auf seinem Schreibtisch liegen.[91] So erstaunt es kaum, daß Lavater mit fast allen Personen des "Diskursoktogons" (Abb.7) in Verbindung stand. Besonders herzliche Beziehungen unterhielt er zu Zimmermann. Zeugnis hierfür ist Lavaters vierteiliges Werk "Aussichten in die Ewigkeit", das in die Form von Briefen an Zimmermann gefaßt ist. Zimmermann hatte auch wesentlichen Anteil an der Entstehung von Lavaters "Physiognomik".

Zusammen mit Sulzer war Lavater 1763, im Anschluß an die Zürcher Grebel-Affäre (s.u. Kapitel V), von der Schweiz nach Berlin gereist. Dort hat er damals auch Mendelssohn und Nicolai kennengelernt.[92] Mit Iselin verband ihn das Engagement für Basedows Elementarwerk und die gemeinsame Mitgliedschaft in der Helvetischen Gesellschaft.[93]

Von dem problematischen Verhältnis Lavaters zu Mendelssohn wird noch die Rede sein. Nur soviel sei bereits hier gesagt: Lavaters Versuch, den jüdischen Philosophen zum Christentum zu bekehren, hatte 1769/70 ein publizistisches Nachspiel zur Folge und bewirkte eine besondere Spannung des Kommunikationsnetzes. An den Reaktionen Nicolais, Iselins und Zimmermanns kann man exemplarisch beobachten, wie sich das ganze Geflecht verzog, sobald es an einer Seite gespannt wurde. Bewegte sich ein Knoten aus seiner Position, so verschoben sich - weil alle mit allen in Verbindung waren - auch die anderen Knüpfstellen.

Kam es bis hierher darauf an, das "Kreuz und Quer" (Lukács), dessen Teil der Nicolai-Iselin-Briefwechsel ist, zu beschreiben und anzudeuten, wie das Interesse für bestimmte Themen auf der Bekanntschaft mit gewissen Personen beruhte und umgekehrt, so soll das "Diskursoktogon" nun unter anderen Aspekten beleuchtet werden: Jede der zehn genannten Personen repräsentiert ein soziales und kulturelles Milieu.[94] Fragt man nach Geburtsort und Geburtsjahr, sozialer Herkunft und sozialer Stellung, Ausbildung, Wohnort(en) und Konfession der einzelnen, so ergibt sich in der Addition so etwas wie der "gesellschaftliche

---

91 vgl. Weigelt 1991, S.31 und 120.
92 ibidem, S.10.
93 vgl. Fischer 1912 (zum Verhältnis von Basedow und Lavater); Im Hof 1967, S.34-37 und 172f.
94 vgl. Bödeker 1987b; hier bes. S.134.

Ort" des Briefwechsels. Mit aller Vorsicht - wegen der einigermaßen willkürlich erfolgten Auswahl - könnte man auch von einem "sozialen Mikrokosmos" der Aufklärung sprechen.
Iselin wurde 1728 geboren, Nicolai 1733. Zimmermann (*1728) war mit Iselin, Wieland (*1733) mit Nicolai gleichaltrig. In der dazwischen liegenden Spanne kam Mendelssohn (*1729) zur Welt. Älter waren Sulzer (*1720) und Basedow (*1724); jünger Rochow (*1734), Abbt (*1738) und Lavater (*1741). Zwischen dem Ältesten (Sulzer) und dem jüngsten (Lavater) bestand also ein Altersunterschied von gut zwanzig Jahren. Scheinbar war dies die maximale Altersdifferenz für dauerhafte freundschaftliche Verbindungen. Zwar sind sowohl Iselin als auch Nicolai zum Beispiel mit Albrecht von Haller (*1708) und mit Christoph Kaufmann (*1751) persönlich in Kontakt gekommen[95], doch war der gelehrte Berner wohl zu alt, der genialische Winterthurer zu jung, um an unserem Diskursnetz wirklich teilzuhaben: Auch die Geistesgeschichte kennt Generationen.
Untersucht man die Geburtsorte, so stellt man fest, daß nur zwei Personen einen gemeinsamen Geburtsort haben: Nicolai und Rochow kamen beide in Berlin zur Welt. Vier der Beteiligten waren gebürtige Eidgenossen: der Basler Iselin, der Zürcher Lavater, Zimmermann aus dem damals bernischen Brugg und Sulzer aus der Zürcher Landstadt Winterthur. Aus einer süddeutschen Reichsstadt kamen der Ulmer Abbt und der Biberacher Wieland. Basedow wurde in der Hansestadt Hamburg, Mendelssohn in der anhaltischen Residenzstadt Dessau geboren. Es läßt sich somit zweierlei festhalten: Nahezu alle am aufgeklärten Diskurs Beteiligten kamen aus einem städtischen Kontext, auch wenn die Städte bisweilen sehr klein waren wie Biberach (das damals 3200 Einwohner hatte), Brugg oder Dessau. Ihre Herkunftsorte aber lagen im ganzen deutschen Sprachgebiet verstreut: Vom äußersten Norden bis ganz in den Süden.[96]
Weitere Aufschlüsse bietet ein Blick auf die Berufe oder die soziale Stellung der Väter.[97] Die Väter von Abbt und Basedow waren Perückenmacher, diejenigen Sulzers und Zimmermanns Ratsherren. Lavaters Vater praktizierte als Arzt, derjenige Wielands wirkte als Pfarrer. Iselin und Nicolai kamen aus kaufmänni-

---

95 vgl. Nr.97 und 107; Im Hof 1947, S.70-73; Im Hof 1967, S.71f.

96 Merkwürdigerweise spielten die Sprachgrenzen eine große Rolle. Ein so universal denkender Mann wie Lessing hatte keinen Briefkontakt ins fremdsprachige Ausland; vgl. Bödeker 1987b, S.134.

97 Eine ähnliche Zusammenstellung auf breiterer Basis bietet Gerth 1976, S.87 (Anm.6).

schem Milieu. Außerhalb des eigentlichen Bürgertums stand der Vater Moses Mendelssohns durch seine jüdische Religionszugehörigkeit (er war Schreiber und Lehrer der jüdischen Gemeinde). Rochow war Adliger; sein Vater bekleidete den hohen Posten eines preußischen Staatsministers.

Noch interessanter sind die Wohnorte und Berufe der Beteiligten selbst: Nur Nicolai, Iselin und Lavater wirkten nahezu ihr ganzes Leben an ihrem Geburtsort. Sulzer und Mendelssohn fanden ihre zweite Heimat in Berlin, Zimmermann die seine in Hannover; Rochow pendelte zwischen Halberstadt, wo er eine Domherrenstelle innehatte, und seinen Gütern im Brandenburgischen. Noch mobiler waren Wieland (Biberach, Zürich, Bern, Erfurt, Weimar), Basedow (Soroe/Seeland, Altona, Dessau, Magdeburg) und Abbt (Halle, Berlin, Frankfurt/O., Rinteln, Bückeburg).

Außer Mendelssohn, Nicolai und Rochow verfügten alle über eine reguläre akademische Bildung. Seine große geistige Nähe zu Mendelssohn erklärte Nicolai unter anderem damit, daß sie beide im Grunde Autodidakten waren und daß sie als Kaufleute ihr Brot verdienten, also - wie Nicolai meinte - der "wirklichen Welt" besonders nahe waren.[98] Sulzer und Basedow arbeiteten als Lehrer, Zimmermann als Arzt, Lavater als Pfarrer; Rochow war, wie erwähnt, Guts- und Domherr, Abbt Universitätsprofessor. Es ist bezeichnend, daß Abbt seine Professur ebenso gerne aufgab wie Wieland: Abbt wurde Hof- und Regierungsrat in Bückeburg, Wieland verließ die Universität Erfurt, um Prinzenerzieher in Weimar zu werden. Der Beruf des Professors genoß bei vielen Aufklärern kein hohes Ansehen; man verband mit ihm weltferne Studierstubengelehrsamkeit. Den Geschäftsmann Nicolai kennzeichnete eine dezidiert anti-akademische Einstellung, die sicherlich auch, aber nicht nur, individuell zu deuten ist. Sie spricht schon aus seinem Urteil "Die Erfurter Universität, bestehet aus dummen katholischen Profeßoren" (Nr.25). Deutlicher wird sie aber in seiner Charakterisierung des Göttinger Historikers Schlözer, den Nicolai grundsätzlich sehr schätzte, und der auch Mitarbeiter der ADB gewesen ist. Schlözer sei, schreibt Nicolai aus Anlaß der Fehde Schlözers mit Basedow "ein gelehrter und einsichtsvoller, und soweit ich ihn kenne, auch ein rechtschafner Mann. Nur ist er ein hypochondrischer Thor, der mit seinen gelbsichtigen Augen alles gelb erblickt, und wenn er vielleicht von Natur in manchen Sachen kurzsichtig ist,

98 vgl. Göckingk 1820, S.18.

durch seinen Stand als ein Profeßor auf Universitäten noch kurzsichtiger gemacht worden ist" (Nr.50).[99]
Iselin wäre gern in Basel Professor geworden, gelangte auch für verschiedene Lehrstühle in die engere Wahl.[100] Aber das Losglück war ihm nie günstig. So schlug er die politische Laufbahn ein und wurde Ratsschreiber, also Beamter. Er gehörte damit (in der Terminologie der neueren Sozialgeschichte) zur bürgerlichen Verwaltungs- oder "Funktionselite"[101], die eine wichtige Trägerschicht der Aufklärung war und in der hier getroffenen Auswahl unterrepräsentiert sein dürfte.[102]

Das soziale Substrat der Aufklärung war also vielfältig. Es dominierte das gehobene Bürgertum: akademische Berufe, Kaufleute, Beamte. Auch eine Reihe von Geistlichen nahm am Diskurs der Aufklärung teil: Neben Lavater wären hier etwa Spalding, Eberhard, Lüdke und Herder zu nennen. Allerdings ist in den Curricula verschiedener Aufklärer eine Abwendung von Theologie und Kirche festzustellen: Abbt hat sein Theologiestudium abgebrochen. Basedow und Sulzer waren ausgebildete Theologen (Sulzer war 1741 sogar zum Geistlichen ordiniert worden); beide zogen es jedoch vor, in weltlichen Berufen zu arbeiten. Hinzu kamen einige Adlige, wie zum Beispiel die mit Nicolai befreundeten Freiherrn Rochow und Knigge.
Sehr einheitlich hingegen war das Kommunikationsnetz in zweierlei Hinsicht: Geschlecht und Konfession. Lediglich von einigen wenigen Frauen lesen wir im Briefwechsel: meist Fürstinnen oder Ehefrauen bekannter Gelehrter. Nur eine einzige Frau wird wegen ihrer schriftstellerischen Leistung erwähnt: die Dichterin Anna Louisa Karsch[103], die in äußerst dürftigen Verhältnissen in einem brandenburgischen Dorf an der Grenze zu Niederschlesien aufgewachsen war und sich mit ihren Gelegenheitsgedichten in die gebildeten Kreise emporge-

---

99 Im "Ehrengedächtniß Herrn Thomas Abbt" schrieb Nicolai 1767: "Eine kurze Erfahrung hatte ihn [sc. Abbt] gelehrt, daß die Lage eines Universitätsprofessors, wenn man beständig darin verharret, nicht zuträglich ist, um die Welt von verschiedenen Seiten kennen zu lernen (...)"; Nicolai, Gedächtnisschriften (ed. Košenina 1995), S.24.

100 Im Hof 1947, S.118ff.

101 vgl. van Dülmen 1986, S.11 und S.125f.

102 Zu ihr zählten beispielsweise Möser, Schlosser, Dohm und Schlettwein, in seiner Anfangszeit als Biberacher Kanzleidirektor auch Wieland.

103 vgl. Becker-Cantarino 1993, passim.

schrieben hatte. Aber ebenso schnell wie ihr sozialer Aufstieg erfolgte ihr Abstieg, wie man in Nicolais Brief Nr.17 nachlesen kann.
Nicht nur Frauen, auch Katholiken sucht man im engeren Diskurszusammenhang Nicolais und Iselins vergeblich. Zwar unterhielten beide durchaus Verbindungen zur katholischen Aufklärung in Deutschland, Österreich und der Schweiz, aber sie waren insgesamt gesehen doch peripher.[104] So große Distanz die Aufklärung bisweilen zur Kirche wahrte: überkonfessionell war sie deswegen noch lange nicht. Die Kritik Iselins und Nicolais am Katholizismus fiel immer noch etwas schärfer aus als diejenige an der protestantischen Orthodoxie.

Trotz unterschiedlicher sozialer Herkunft und Stellung gehörten alle angesprochenen Personen doch zu einer sozialen Gruppe: der "République des Lettres". Eintritt in die Gelehrtenrepublik erhielt man nicht (wie noch im 17. Jahrhundert) durch einen bestimmten Beruf, sondern durch die Profilierung als Schriftsteller. "Jetztlebende durch Schriften bekannte Gelehrte" nennt Nicolai bezeichnenderweise einen Anhang seiner Berlin-Beschreibung; dazu gehörten auch einige Kaufleute und viele Beamte. Vierhaus hat eine sozialhistorische Ein- und Abgrenzung versucht: "In der älteren ständisch strukturierten Gesellschaft kein 'Stand' im eigentlichen Sinne, in der bürgerlich-kapitalistischen Klassengesellschaft keine eigene Klasse, sondern eine Schicht mit eher ständischen Verhaltensweisen, haben die Gebildeten hier wie dort einen Sonderstatus beansprucht und tatsächlich eingenommen."[105]
Zu den Gemeinschaft stiftenden Verhaltensweisen der Gebildeten mag man den Brauch zählen, seinen Freunden die eigenen Werke und sein Bildnis zu schenken. Regelmäßig verehrten sich Nicolai und Iselin ihre neuesten Schriften. Als Nicolai einen kurz vorher entstandenen, ihn selbst darstellenden Porträtstich (Abb.1) an den Basler Freund sandte, antwortete dieser: "Ich danke Ihnen sehr für Ihr Bild, das neben Lavater, Basedow, Zimmermann, Abbt unter meinen besten Freunden stehen wird" (Nr.65). In vielen Gelehrtenstuben entstanden auf

---

104 Veröffentlicht sind Nicolais Briefwechsel mit dem (zum Katholizismus konvertierten) österreichischen Staatsrat Tobias Philipp Frhr. von Gebler in Wien (hrsg. von Richard Maria Werner. Berlin 1888) und mit Abt Martin Gerbert von St. Blasien (hrsg. von Georg Pfeilschifter. München 1935) sowie Iselins Korrespondenz mit Felix Balthasar (hrsg. von Ferdinand Schwarz 1925). Über Nicolais Verhältnis zur katholischen Aufklärung: Möller 1974, S.115-120; zu Iselin: Im Hof 1967, S.190-197; vgl. auch unten Kapitel III (Iselin als Rezensent der ADB).

105 Vierhaus 1987f, S.168.

diese Weise kleine Ahnengalerien oder "Freundschaftstempel", in denen nicht Bluts-, sondern geistige Verwandtschaft den inneren Zusammenhalt darstellte. Diese Sammlungen sind gleichsam eine kollektive Physiognomie der deutschen Gelehrtenrepublik.[106]

Abb.12: Johann August Eberhard. Radierung von Daniel Chodowiecki, 1778; aus Nicolais Porträtsammlung (auch in: ADB 37/1, 1779).

---

[106] Am berühmtesten sind die großen Ölporträtsammlungen von Gleim in Halberstadt und Reich in Leipzig geworden. Nicolais Sammlung von Gelehrtenbildnissen umfaßte 6800 Kupferstiche mehrerer Jahrhunderte; vgl. Gustav Parthey, Jugenderinnerungen; hrsg. von Ernst Friedel. Berlin 1907, S.7, und Neubert 1992, passim; Nicolais Silhouettensammlung gehört heute zum Bestand des Düsseldorfer Goethemuseums. An Herder schrieb Nicolai am 18.3.1773: "Ich thue bey dieser Gelegenheit, eine Bitte, die ich schon oft habe thun wollen, nämlich um *Ihr Bildniß*; ich will es copiren laßen und in meinem Studierzimmer setzen, das ich sogut, als *Gleim* sein Speisezimmer, den *Tempel der Musen* nennen könnte, weil die Bildniße und Kupferstiche aller guten deutschen Schriftsteller, die ich habe auffinden können, darin hängen." (ed. Hoffmann 1887, S.98).

Selbstverständlich war das Kommunikationsnetz nicht so geschlossen-zirkulär wie es durch das "Diskursoktogon" (Abb.7) den Anschein haben könnte. Vielmehr war es sehr offen; ständig versuchte man es auszuweiten. Man bezog sich nicht nur auf gemeinsame Freunde, sondern auch auf Personen, von denen man wünschte, daß sie zu gemeinsamen Freunden würden. Dies konnte gelingen oder mißlingen: sehr positiv reagierte Iselin, als Nicolai ihm Johann August Eberhards "Neue Apologie des Sokrates" und Rochows "Schulbuch" sandte. Eberhards Ansichten zur Seligkeit der Heiden und seine persönlichen Lebensumstände wurden zum Thema des Briefwechsels; insbesondere die Ablehnung Eberhards als Prediger in Charlottenburg: Die Gemeinde warf ihm seine freigeistigen - jedenfalls unorthodoxen - Überzeugungen vor.[107] Von der begeisterten Aufnahme Rochows durch Iselin war bereits die Rede.

Aber auch das Gegenteil kam vor: 1774/75 versuchte Nicolai, Iselin für die Ideen des Osnabrücker Staatsmannes und aufgeklärten Schriftstellers Justus Möser zu gewinnen.[108] Nicolai, der mit Möser in engem freundschaftlichem Kontakt stand und nach dessen Tod sein erster Biograph wurde, verlegte zu jener Zeit den ersten Band von Mösers gesammelten Aufsätzen[109] und schenkte ihn Iselin mit den erwartungsvollen Worten: "Ich habe Ihnen auch von Leipzig Mösers patriot[ische] Phantasien zugesendet, wie gefällt Ihnen der Mann?" (Nr.69). Überraschenderweise fiel Iselins Urteil ausgesprochen negativ aus: "Die patriotischen Phantasien haben mir gar nicht gefallen. Ich kenne kein Buch wo mehr Witz mit weniger Genie und mehr Scharfsinn mit weniger Gründlichkeit sich beysammen fände" (Nr.73). Im Grunde waren sich Iselin und Möser in mancherlei Hinsicht ähnlich: Beide waren gute Juristen, die in ihrem heimatlichen Kleinstaat zu maßgeblichen politischen Ämtern aufgestiegen waren und im Geist der Aufklärung pragmatische Reformen anstrebten. Beide waren durch ihre Schriften zu politischen, historischen, ökonomischen und philosophischen Themen zu überregionaler Bekanntheit gelangt. Und dennoch konnte der Autor

---

107 vgl. Nr.50ff. und die Erläuterungen zu Nr.56.

108 Zu Möser vgl. Knudsen 1986, v.a. S.1-30; Karl H.L.Welker, Justus Möser: supporter and opponent of the Enlightenment. In: Transactions of the Eighth International Congress on the Enlightenment. Oxford 1992, S.489-493; "Patriotische Phantasien": Justus Möser, 1720-1794, Aufklärer in der Ständegesellschaft. Ausst.-Kat. Osnabrück 1994.

109 Insgesamt 4 Bde. (1775-1786); vgl. Raabe 1983, S.50. Auch Mösers historisches Hauptwerk, die "Osnabrückische Geschichte", erschien bei Nicolai. 48 Briefe aus der Korrespondenz zwischen Nicolai und Möser (1764-1792) sind gedruckt in: Justus Möser. Briefwechsel; bearb. von William F.Sheldon u.a. Hannover 1992.

der "Patriotischen Träume" mit dem Autor der "Patriotischen Phantasien" nichts anfangen. Iselins Kritik an Möser, der Vorwurf eines oberflächlichen Esprits, fiel deutlich aus, und Möser war in der Folge nicht mehr Thema des Briefwechsels.

Wie sich verschiedenste Kommunikationssysteme überlappen konnten, zeigt Abb.13. In diesem winkelartigen Diagramm sind auf der linken Seite einige Vertreter der Berliner Aufklärung angeordnet: Dohm, Eberhard, Nicolai, Mendelssohn, Spalding; auf der rechten Seite herausragende Repräsentanten der Geniebewegung: Lenz, Kaufmann, Goethe, dessen Schwager Schlosser; schließlich auch Herder, der hier jedoch bewußt eine Eckposition hat:

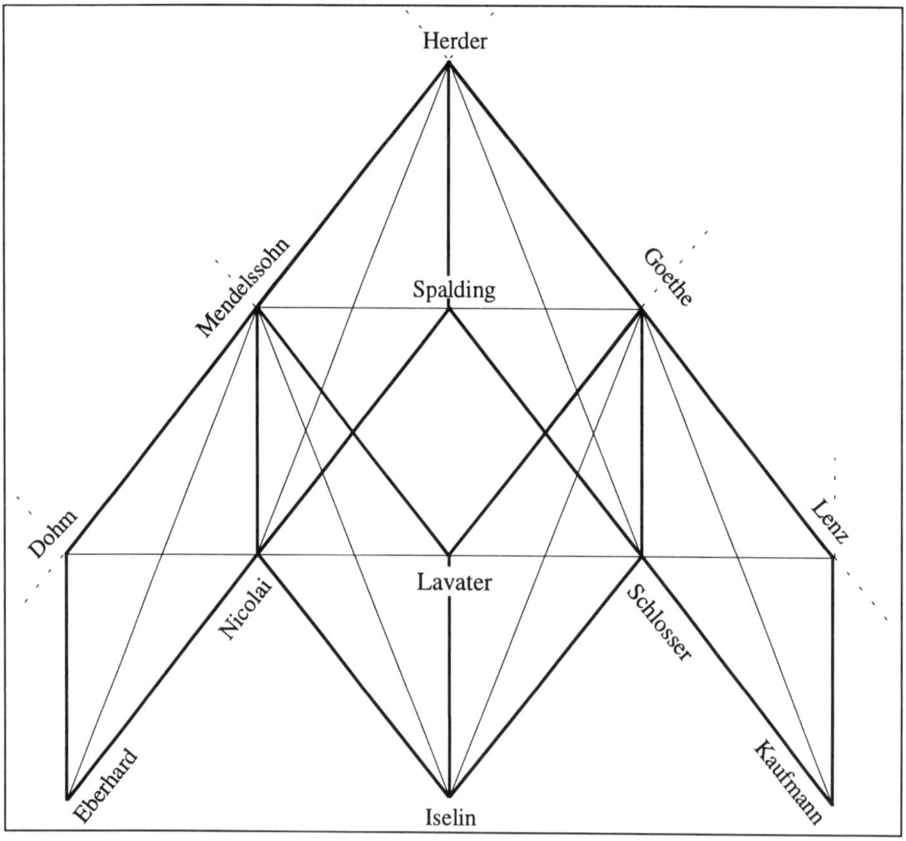

Abb.13: Diskursdiagramm 2.

Herder hatte in seiner Rigaer Zeit zwei Werke publiziert, die den jungen Geistlichen - obgleich sie anonym erschienen waren - in der gelehrten Welt sofort bekannt machten: Mit seinen "Fragmenten über die neuere deutsche Literatur" (1766) knüpfte Herder - durchaus kritisch - an Lessings, Mendelssohns, Nicolais und Abbts "Briefe die neueste Litteratur betreffend" an. Nicolai war sehr angetan von Herders Erstling und bemühte sich noch im selben Jahr, ihn als Mitarbeiter der ADB zu gewinnen.[110] Tatsächlich sagte Herder zu und lieferte in den folgenden Jahren einige wichtige Rezensionen, die das herausragende Niveau der Zeitschrift mitbegründeten.

Auch Herders zweite selbständige Veröffentlichung, "Über Thomas Abbts Schriften. Torso von einem Denkmal, an seinem Grabe errichtet" (1768), mußte sofort Nicolais und auch Iselins Aufmerksamkeit auf sich ziehen, betraf sie doch den gemeinsamen Freund Abbt. In der Forschung ist bisher nicht recht wahrgenommen worden, daß die ADB-Rezension dieser Schrift von Iselin stammt[111], der seine Anzeige mit folgenden Worten an Nicolai übersandte: "Ich weiß nicht wie Sie mit derselben von dem Torso zufriden seyn werden. Obgleich der Verfasser derselben [sic] Ihr Freund ist: so habe ich doch geglaubet ich müsse ihn scharf beurtheilen. Denn wenn diser Mann den Fehlern seiner Schreibart, die ihm gar zu wohl gefallen entsaget und wenn er die großen Keime von Genie die in seiner Seele liget nicht durch Affectation ersticket so kann er einer unsrer größten Schriftsteller werden" (Nr.32).

Iselin hat von Beginn an das außergewöhnliche Talent Herders erkannt und gleichzeitig deutlich gespürt, daß Herder einen Weg einschlug, der von der Aufklärung abführte. Was Iselin an Abbt besonders geschätzt hatte, nämlich daß er ein "Schriftsteller für die Menschheit", ein "Philosoph des gemeinen Mannes" war[112], vermißte er an Herder. Er sah in Herder "gleichsam zwo Seelen"[113]: Einerseits ist er ihm "ein ganz besonderes Genie. Vielleicht das einzige in Deutschland, welches im Stande wäre uns Abbten zu ersetzen." Andererseits kritisiert er die "Menge dunkler gekünstelter und weit hergesuchter Einfälle."

---

110 Zum Verhältnis von Herder und Nicolai vgl. Herders Briefwechsel mit Nicolai (ed. Hoffmann 1887); Sommerfeld 1921, S.158-211; Wetzels 1990, passim; vier wichtige Briefe auch in: Nicolai, Verlegerbriefe (ed. Fabian/Spieckermann 1988).

111 ADB Anhang zu 1-12 (1771), S.626-630; zuletzt wurde diese Rezension irrtümlich Mendelssohn zugeschrieben: vgl. den Kommentar zu Brief Nr.26.

112 ADB Anhang zu 1-12 (1771), S.629.

113 ibidem, S.627; die beiden folgenden Zitate ibidem, S.626 und 627.

Abb.14: Johann Gottfried Herder. Kupferstich von Johann Heinrich Lips, um 1774; aus Lavaters "Physiognomischen Fragmenten" Bd.3, 1777.

Iselin hat, vielleicht noch vor Nicolai, den Beginn des Sturm und Drang erahnt. 1774 ging die Freundschaft zwischen Nicolai und Herder in die Brüche. Die Gegensätze zwischen der neuen literarischen Bewegung, deren Protagonist Herder zusammen mit Goethe war, und der Aufklärung waren unüberbrückbar geworden.[114] 1774 erschienen drei wichtige Werke des inzwischen in Bückeburg tätigen Herder: 1) "Auch eine Philosophie der Geschichte zur Bildung der

114 vgl. hierzu auch unten Kapitel VI.

Menschheit". Dieses Buch war ein "wuchtiger Angriff"[115] auf Iselins "Geschichte der Menschheit" und andere geschichtsphilosophische Entwürfe der Aufklärung. Vor allem wendet sich Herder gegen die - auch von Iselin vertretene - optimistische Auffassung vom permanenten Zuwachs an Glückseligkeit in einer historischen Entwicklung, deren notwendiges Ziel (*telos*) die Humanität ist. 2) Die Genesis-Deutung "Älteste Urkunde des Menschengeschlechts", Herders Bekenntnis zum Offenbarungsglauben und zugleich eine Polemik gegen die als gefühllos empfundene rationale Bibelauslegung. Vor allem der kryptischen Form wegen lehnten Nicolai und Iselin diese Abhandlung scharf ab.[116] 3) Die Schrift "An Prediger. Fünfzehn Provinzialblätter". Dabei handelt es sich um eine Widerlegung von Spaldings Buch "Über die Nutzbarkeit des Predigtamtes" (1772).[117] Spalding, der bedeutendste der Berliner Neologen[118], hatte in seinem Werk homiletische Regeln im Sinne der Aufklärung entwickelt. Der Zweck einer Predigt, so hatte er hervorgehoben, sei vor allem die moralische Besserung der Zuhörer. Iselin, der sich bei Nicolai nach dem Verfasser der anonym erschienenen Schrift erkundigte, zeigte sich sehr angetan (Nr.54). Nicolai gefiel es zwar, daß Spalding den Prediger vornehmlich als "Lehrer der praktischen Tugend" sah (genau dagegen wandte sich Herder!), kritisierte jedoch, Spalding hebe zu sehr die Würde des Predigers hervor. Die Einfachheit

115 Im Hof 1967, S.97. Hans Adler resümiert: "Den naiven Optimismus Iselins, daß die Geschichte der Menschheit der Prozeß der Vervollkommnung des Menschen sei, lehnt Herder ebenso grundsätzlich ab, wie dessen und Voltaires dogmatisches Verhältnis zur Vergangenheit als einer defizitären Vorstufe der Gegenwart"; Hans Adler, Die Prägnanz des Dunklen. Gnoseologie, Ästhetik, Geschichtsphilosophie bei Johann Gottfried Herder. Hamburg 1990, S.168; vgl. die kritische Analyse des Iselin'schen Geschichtsdenkens ibidem, S.151-157.

116 Iselin spricht, in bewußter Anspielung auf Herders Thema und Begrifflichkeit, von "lauter Finsterniß", "hieroglyphischer Weisheit" (Nr.65) und bekennt: "Bey diesem letzten Werke verliehre ich gar alles mein Latein" (Nr.66). Genauso deutlich lehnte Nicolai Herders Buch ab, sowohl inhaltlich als auch sprachlich (Nr.64 und 67). - "The discourse of rational argumentation, and the discourse of metaphorical evocation" (Wetzels 1990, S.88) zeigten sich als unvereinbar; vgl. Mercks Brief an Nicolai vom 28.8.1774 (ed. Wagner 1847, S.105) und Gerhard Sauder, Zur Rezeption von Herders Schrift "Aelteste Urkunde des Menschengeschlechts". In: Bückeburger Gespräche über Johann Gottfried Herder 1988, hrsg. von Brigitte Poschmann. Rinteln 1989, S.268-291.

117 vgl. Gericke 1989, S.97f.

118 vgl. Dieter Potschke, Johann Joachim Spalding. In: Gerd Heinrich (Hrsg.), Berlinische Lebensbilder. Bd.5: Theologen. Berlin 1990, S.147-159; Karl Eibl, Johann Joachim Spalding (1714-1804). In: Aufklärung 9 (1996) H.2, S.139f.

eines Sokrates schien Nicolai das angemessene Leitbild (Nr.56). Was Herder attackierte, ging Nicolai im Grunde noch nicht weit genug, nämlich die Akzentsetzung auf die gesellschaftlich relevante Ethik. Herders "Ausfall auf Spaldingen" bezeichnete Nicolai denn auch als "sehr unwürdig" (Nr.67).

Abb.15: Johann Wolfgang Goethe. Radierung von Daniel Chodowiecki nach einer Zeichnung von Georg Melchior Kraus; aus: ADB 29/1 (1776).

Durch solche Entwicklungen bekam das Kommunikationsnetz immer mehr Risse (Abb.13): Zwischen Spalding und Herder tat sich eine Kluft auf. Lavater war eng mit Herder und Goethe verbunden, Iselin hielt sich zu den Berlinern. Mehr betrübt als amüsiert, jedenfalls scharfsinnig, schrieb Zimmermann an

Nicolai "Was macht der liebenswürdige Eberhardt, Feind meines Freundes Herder? und der vortrefliche Spalding dessen Feind Freund Herder seyn soll? Können Sie, lieber Nicolai, doch wirklich ohne Lachen an den Hobbesianischen Zustand der Republik denken, von der Sie der Kantzler sind?"[119] Was Zimmermann hier mit dem Hinweis auf Hobbes meint, ist klar: den "bellum omnium contra omnes". In der Tat mußte man gerade um 1775 den Eindruck haben, jeder kämpfe gegen jeden - Wieland gegen Nicolai, Nicolai gegen Goethe und Goethe gegen Wieland[120]; Lavater gegen Nicolai, Nicolai gegen Herder und Herder gegen Basedow. Wie Zimmermann, so fand auch Johann Heinrich Merck den friedlosen Zustand der Gelehrtenrepublik bedenklich. Doch ist seine Einschätzung gewiß nicht zutreffend, wenn er die Streitigkeiten auf reine Mißverständnisse zurückführt, die durch Briefverkehr entstünden, sich bei persönlicher Begegnung hingegen auflösen ließen: "Ich habe nun *Nicolai* und *Basedow* und *Lavater* und *Herder* gesehen, Leute, die wenn sie **24** Stunden beysammen wären, sich alle anerkännten, und als Brüder um ihrer Talente, um ihrer Zwecke willen lieben und verehren würden, und so können sie sich nicht verstehen, *weil sie an einander schreiben müssen.*"[121] Wie divergent die Stoßrichtungen der Aufklärer und der "Genies" waren, das hat Merck, der zwischen beiden Bewegungen stand, zweifellos deutlich unterschätzt oder mit Absicht heruntergespielt.

Abgesehen von dieser Frontstellung waren die Zwistigkeiten aber auch ganz allgemein der Ausdruck eines gewachsenen kritischen Bewußtseins. Unendlich viele kleine und größere Scharmützel prägten die damalige literarische Welt. Blättert man in der ADB als einem treuen Spiegel des damaligen Buchmarktes, so fällt die große Zahl der Streitschriften auf. Viele Werke zogen eine Widerlegung nach sich und diese wiederum die Widerlegung der Widerlegung. Das konnte durchaus der Wahrheitsfindung dienen im Sinne einer Verlagerung des

---

119 14.1.1776; Transkription S.Habersaat. Nicolai hat zu dieser Stelle an den Rand geschrieben: "O Ja!".

120 Wielands Fehde mit Nicolai 1775 hatte sich daran entzündet, daß sich Wieland in den ADB-Rezensionen seiner Werke (deren wichtigste von Iselin stammten!) ungerecht beurteilt fühlte (vgl. Nr.75ff. sowie die Erläuterungen zu Nr.75 und 79). Kurz zuvor war Nicolais Satire auf das Werther-Fieber erschienen, die Goethe als persönlichen Angriff auffaßte (Nr.70-75; Erläuterungen zu Nr.70 und 71). Etwa gleichzeitig ließ Goethe seine Farce "Götter, Helden und Wieland" drucken, die wiederum von Nicolai in der ADB kritisiert wurde (vgl. die Erläuterung zu Nr.79).

121 Merck an Nicolai, 28.8.1774 (ed. Wagner 1847, S.106f.).

vernünftigen Gesprächs auf eine öffentliche Ebene. Nicht selten jedoch wurde die sachliche Gegnerschaft zur persönlichen Feindschaft, der Disput zur Fehde, die mit allen Mitteln geführt wurde. Lessings elf "Anti-Goeze"-Schriften (1778), die durch ihre glänzende Polemik zur Weltliteratur gehören, sind hierfür beispielhaft.[122]

Die aufklärerische Fehde ist das Komplement zur aufklärerischen Freundschaft. Das eine ist ohne das andere kaum zu denken. Je erbitterter man die literarischen Auseinandersetzungen führte, desto mehr suchte man auch den Rückhalt bei Freunden. In ihrer Dynamik von actio und reactio waren sich Freundschaft und Fehde strukturell ähnlich, beide brauchten das Gegenüber. Die "République des Lettres" befand sich dadurch in ständiger Bewegung. Aufklärung setzte voraus, daß man sich um sie bemühte, um sie rang und, wenn nötig, für sie kämpfte. In diesem Sinne schrieb Nicolai 1772 an Johannes (von) Müller: "Die Streitigkeiten sind ein sehr verdrießliches, aber ein nothwendiges Übel".[123]

4. "Des Bücherschreibens wird leider! immer mehr" - Der literarische Betrieb

Das 18. Jahrhundert war eine Zeit der sich verdichtenden Kommunikation. Der Austausch der Meinungen intensivierte sich, wie bereits gesehen, auf der Ebene des persönlichen Kontakts von einzelnen Individuen. Man suchte das Gespräch, mündlich (auch auf Reisen) oder mittels Briefen. Institutionalisiert wurde die Kommunikation durch die zahlreichen Sozietäten, die seit der zweiten Hälfte des 17. Jahrhunderts überall in Europa aus dem Boden schossen: die Sprachgesellschaften und Akademien, die gelehrten, ökonomischen, moralisch-patriotischen Gesellschaften, die Freimaurerorden und Geheimbünde, die Lesegesellschaften und literarischen Freundschaftszirkel, die gemeinnützigen Vereine, die Salons und die politischen Klubs.[124] Iselin und Nicolai nahmen an den vielfältigen Formen diskursiver und sozialer Integration, die das "gesellige Jahrhundert" bot, aktiv Anteil: Iselin gründete schon als Student eine literarische Gesellschaft und wurde dann später, 1760, zum Mitbegründer der für die Schweiz so bedeu-

---

122 vgl. Mauser/Saße 1993.

123 Nicolai, Verlegerbriefe (ed. Fabian/Spieckermann 1988), S.78.

124 vgl. Im Hof 1982 (unter besonderer Berücksichtigung der Schweiz) und van Dülmen 1986, passim.

tenden "Helvetischen Gesellschaft". 1777 hob er die noch heute bestehende "Gesellschaft zur Aufmunterung und Beförderung des Guten und Gemeinnützigen" (GGG), die sozialpolitisch orientierte Basler Sektion der Helvetischen Gesellschaft, aus der Taufe.[125]

Nicolai war 55 Jahre lang Mitglied des "Montagsclubs" in Berlin, in den er 1756 von Lessing eingeführt worden war, und gehörte zur geheimen Berliner "Mittwochsgesellschaft", die von 1783-1798 bestand. In ihr versammelten sich die Häupter der Berliner Aufklärung sowie hochrangige Beamte zur Verständigung über wichtige Fragen der Staats- und Gesellschaftsreform. Vor allem in ihrer Anfangsphase hatte die Mittwochsgesellschaft erheblichen Einfluß auf die preußische Politik.[126]

Neben der privaten bzw. halböffentlichen Kommunikation in Briefwechseln und Gesellschaften war ein dritter Bereich, die öffentliche Kommunikation in Büchern und Zeitschriften, von Bedeutung. So wie Gellert den Brief als schriftliches Gespräch auffaßt, so definiert Knigge auch die Publizistik als Dialog: "Schriftstellerey ist also öffentliche Mittheilung der Gedanken; gedruckte Unterhaltung; laute Rede, an Jeden im Publico gerichtet, der sie hören will; Gespräch mit der Lesewelt"[127]. Der aufgeklärte Schriftsteller schreibt mit Blick auf die Öffentlichkeit, seine Gelehrsamkeit erhält durch Kommunikation überhaupt erst ihren Sinn. "Aufklärung benötigte das gedruckte Wort: Der Buchmarkt bildete aus diesem Grunde die allgemeinste und zentrale Organisationsbasis der Aufklärung, den Marktplatz der Ideen und Meinungen."[128]

---

125 vgl. Im Hof 1947, S.35ff. und S.238-258; Im Hof 1967, S.33-55; Im Hof/de Capitani 1983, passim; Erne 1988, S.35-40, 206-210, 258-264. Iselin war auch Mitglied der "Patriotischen Gesellschaft" in Bern und der "Société des Philantropes" in Straßburg, deren Präsident der von Iselin sehr geschätzte Johannes v.Türckheim (vgl. Nr.78) war und der auch Jean-Rodolphe Frey und Peter Ochs angehörten; vgl. Jürgen Voss, Die Straßburger "Société des Philantropes" und ihre Mitglieder im Jahre 1777. In: ders., Deutsch-französische Beziehungen im Spannungsfeld von Absolutismus, Aufklärung und Revolution. Bonn 1992, S.121-138.

126 vgl. Möller 1974, S.229-245; Günter Birtsch, Die Berliner Mittwochsgesellschaft. In: Hans Erich Bödeker und Ulrich Herrmann (Hrsg.), Über den Prozeß der Aufklärung in Deutschland im 18. Jahrhundert. Göttingen 1987, S.94-112 (mit älterer Lit.); Rudolf Vierhaus, Friedrich Nicolai und die Berliner Gesellschaft. In: Fabian 1983, S.87-98.

127 Adolph Freiherr Knigge, Über Schriftsteller und Schriftstellerey (1793). In: ders., Ausgewählte Werke in zehn Bänden; hrsg. von Wolfgang Fenner. Bd.4 Hannover 1992, S.141.

128 Möller 1986, S.268.

Die Lesefähigkeit nahm während des 18. Jahrhunderts stark zu, vor allem in der zweiten Jahrhunderthälfte.[129] Obgleich der lesende Teil der Bevölkerung noch immer in der Minderheit war und die Stadtbürger gewiß das Gros der Leserschaft bildeten, so stimmt die Vorstellung vom illiteraten Volk für die Zeit der Spätaufklärung sicherlich nicht mehr.

Auch die Buchproduktion stieg gewaltig an, wobei dies vor allem auf die deutschsprachigen Werke zurückging; der Anteil der lateinischen Bücher sank rapide.[130] Das Gesamtangebot an Büchern betrug um 1780 rund 15 000 Titel.[131] Pro Jahr kamen etwa 2000 neue Werke auf den Markt. Bis zum Ende des Jahrhunderts verdoppelte sich diese Zahl noch einmal.[132]
Daß die Zahl der Neuerscheinungen so stark wuchs, erklärt sich einerseits durch die Erweiterung des Lesepublikums, andererseits aber auch durch die Veränderung der Lesegewohnheiten. Die intensive Wiederholungslektüre der frühen Neuzeit, das häufige Lesen immer derselben wenigen Bücher, wandelte sich zur extensiven Lektüre des jeweils Aktuellen. Iselins Neugier: "Melden Sie mir welches die besten Erscheinungen in unsrer Litteratur sind welche diese Messe sich gezeiget haben" (Nr.6), ist also durchaus symptomatisch. Die Lesegesellschaften waren eine Konsequenz dieses Bedürfnisses, der dynamischen Literaturentwicklung auf den Fersen zu bleiben. Viele Menschen wurden durch sie überhaupt erst in die Lage versetzt, literarisch "à jour" zu sein.

Zeitgenossen sprachen von einer "Bücher-" oder "Lesesucht", und Friedrich Schlegel prägte 1798 den Begriff von der "Leserevolution".[133] Jedoch ist eine differenzierte Sicht nötig. Thomas Abbt hat folgende Rechnung angestellt: "Setzt zwanzig Millionen Menschen für Deutschland. Die witzigste Schrift unter uns hat kaum achtzig tausend Leser. Also ist ein solches Publikum der 250ste Theil von Deutschland, und die sogenannten nützlichsten Wochenschriften sind immer 19 Millionen und 920 tausend Deutschen unbekannt."[134] Viele Aufklärer leiteten aus dieser Tatsache die Notwendigkeit ab, größere Le-

---

129 Lesefähigkeit um 1770 (bezogen auf Mitteleuropa): 15%; um 1800: 25% - nach Kiesel/ Münch 1977, S.162.

130 1740: 27,7%; 1780: 17,3%; 1800: 4% - nach Möller 1986, S.273.

131 Kiesel/Münch 1977, S.181.

132 ibidem.

133 Möller 1986, S.271; vgl. hierzu kritisch: Darnton 1990a, S.165f.

134 Abbt, Vom Verdienste (2. Aufl. 1768), S.255.

serschichten zu erschließen, um - mit Koselleck zu sprechen - den "Resonanzboden der Öffentlichkeit"[135] zu erweitern. Abbt forderte "für das Publikum ausgearbeitete" Bücher; gut verständliche Schriften also, die "dem Publikum nützen".[136] Diesem Anspruch fühlten sich sowohl Nicolai wie Iselin verpflichtet. Beide wollten mit ihren Schriften in die Breite wirken, um auf diese Weise dazu beizutragen, der Aufklärung ein solides Fundament zu legen. Man darf Iselin glauben, wenn er Nicolai gegenüber sein schriftstellerisches Ethos folgendermaßen formuliert: "gut schreiben, schreiben was andern nützen wird und es auf eine Art schreiben wie es andern am meisten nützen kann, ist meine einzige Absicht" (Nr.36).

Schon manchen Zeitgenossen war bewußt, daß das gewaltige Anschwellen des Buchmarktes gegen Ende des 18. Jahrhunderts nicht per se ein Indiz für den Fortschritt der Aufklärung war. Unter ihnen war Nicolai, der im zweiten Teil seines Romans "Sebaldus Nothanker" eine besonders eingehende und scharfe Kritik des literarischen Betriebs geliefert hat[137]: "Wie die Menschen klüger weiser und beßer werden sollen? Ich wette daran haben neun Zehentheile der Schriftsteller, deren Werke die Meße zur Meße machen nicht gedacht."[138] Die meisten Schriftsteller hätten, so läßt Nicolai den erfahrenen "Magister" im Gespräch mit Sebaldus sagen, keineswegs die Absicht, dem menschlichen Geschlecht zu nutzen. Sie seien vielmehr von Ruhmsucht getrieben, wollten sich ein Amt erschreiben, sich durch Dedikationen bei wichtigen Persönlichkeiten einschmeicheln oder schrieben schlicht für das Honorar. Vielfach sei das Bücherschreiben zum bloßen Gewerbe verkommen und insbesondere Übersetzungen würden fabrikmäßig hergestellt, ohne jede kritische Auswahl und philologische Sorgfalt. Die "unsägliche Menge von Büchern"[139] sei zum überwiegenden Teil schlecht. Das bestätigt auch Nicolais alter ego, der Buchhändler Hieronymus: Viele Schriftsteller zielten lediglich auf den "Geschmack des großen Haufens"[140] und produzierten triviale Werke, die "ihre Leser nicht um einen Daumbreit höher hinaufheben".[141] Auf der anderen Seite grenzten sich die "wahren

---

135 Einleitung zum Lexikon "Geschichtliche Grundbegriffe"; Bd.1 Stuttgart 1972, S.XV.
136 Abbt, Vom Verdienste (2. Aufl. 1768), S.255.
137 vgl. im folgenden Nicolai, Nothanker (ed. Witte 1991), S.59-115.
138 ibidem, S.64.
139 ibidem, S.67.
140 ibidem, S.83.
141 ibidem, S.87.

Gelehrten" vom Publikum völlig ab und bezögen sich, anders als in Frankreich und England, bloß auf ihresgleichen: "Dieses gelehrte Völkchen von Lehrern und Lernenden, das etwa 20 000 Menschen stark ist, verachtet die übrigen 20 Millionen Menschen, die außer ihnen deutsch reden so herzlich, daß es sich nicht die Mühe nimmt für sie zu schreiben."[142] Man müsse die Notwendigkeit erkennen, "das schon entdeckte gemeinnützig zu machen".[143]

Nicolai spricht in seinem Roman die angespannte finanzielle Lage vieler, oft junger Schriftsteller an, die in der Erwartung eines Amtes dem Verhungern nahe seien, wenn sie nicht von einem Erbe leben könnten.[144] In der Tat war es für viele Gelehrte jener Zeit äußerst schwierig, eine Anstellung zu finden. Die begehrten Ämter bei Staat und Kirche gab es in verhältnismäßig geringer Zahl, einige Gelehrte schlugen sich als Hauslehrer mehr schlecht als recht durch. Auch Geistliche waren betroffen: In Zürich beispielsweise kamen 1768 auf 246 amtierende Pfarrer 147 Exspektanten.[145] Das daraus resultierende oft jahrelange Warten auf eine Pfarrstelle - Lavater machte diese Erfahrung - wurde vielfach zu einer schweren finanziellen und psychischen Belastung.

Im Briefwechsel zwischen Nicolai und Iselin ist von drei Personen die Rede, die man wohl zu dieser - nicht kleinen - sozialen Gruppe des "akademischen Proletariats"[146] rechnen kann und die zeigen, daß Bildung und Besitz durchaus keine feste Einheit bildeten. Iselin berichtet von einem gewissen Ritter Bibiena, "blutarm" und "recht bedauernswürdig", der sich damals in Basel als Hauslehrer und Übersetzer aufhielt: "Diser elende Tropf lebet nun hier in der äussersten Dürftigkeit und kriechet in der elendesten Ernidrigung derer ein Mann von Talenten fähig ist" (Nr.12). Iselin, immer auch praktischer Philanthrop, verwendete sich bei Nicolai für Bibiena, indem er dessen Tüchtigkeit als Französisch-Lehrer lobte und die Frage anschloß: "Könnten Sie ihn in Berlin nicht brauchen? Ich wünschte sehr etwas beyzutragen, um ihn aus seiner Nidrigkeit ziehen zu helfen" (Nr.12).

In ähnlicher Weise bemühte sich Iselin um Johann Georg Philipp Thiele, einen jungen Pädagogen und Schriftsteller, der durch die Schließung des Philanthropins in Marschlins arbeitslos geworden war. Wieder schrieb Iselin, der dem

142 ibidem, S.87.
143 ibidem, S.89.
144 ibidem, S.78.
145 vgl. Weigelt 1991, S.11.
146 Vierhaus 1987e, S.171.

Bündner Schulprojekt unter Leitung seines Freundes Ulysses von Salis sehr nahe gestanden hatte[147], an Nicolai: "Könnten Sie ihn [sc. Thiele] nicht gebrauchen oder ihm irgendwo eine Stelle verschaffen. In der Schweiz ist der Mann nicht brauchbar, und doch thut es einem in der Seele weh einen Mann v. Gaben dem Mangel ausgesetzet zu sehen" (Nr.98).

Auch Johann Georg Maier war ein von Iselin geförderter Pädagoge, dazu ein Mann mit bewegter Biographie[148]: Maier hieß eigentlich Leonhard Gruber, war Benediktinermönch in Bayern gewesen, aus dem Kloster ausgetreten, Weltpriester und Professor in Salzburg geworden. Er hatte in Wien an der Reform des Schulwesens mitgewirkt, war aber in Folge undurchsichtiger Ränke abgelöst worden. Nachdem er schon lange eine Affinität zu den Ideen der protestantischen Aufklärung verspürt hatte, konvertierte er zum reformierten Glauben, begab sich auf eine große Reise und heiratete. Da er von einer bayerischen und vor allem einer österreichischen Pension finanziell abhängig war, hielt er Konversion und Heirat geheim und zog mit seiner Frau unter dem Pseudonym Maier nach Hanau. Dort arbeitete er, in sehr bescheidenen Verhältnissen lebend, als Hauslehrer. 1779 plante er einen Umzug nach Berlin. Iselin half ihm, indem er den Kontakt zu Nicolai vermittelte und Maiers (bzw. Grubers) "Grundriß der nötigsten pädagogischen Kenntnisse für Väter, Lehrer und Hofmeister" (Basel 1780) herausgab. Nicolai übte an diesem Buch verhaltene Kritik (Nr.133). Iselins Antwort hierauf ist überraschend und wirft ein bezeichnendes Licht auf den damaligen literarischen Betrieb: "Freylich ist sein letztes Buch nicht wohl gerathen. Ich habe in Betrachtung seiner Umstände, um ihn dem Verleger nachdrücklich zu empfehlen, mich als Herausgeber genannt. Es war dem guten Manne damals um zwelf Louis d'or zu thun und nicht um Ruhm. Wenn er schon bey seiner dermaligen Dunkelheit nicht sagen konnte, wie der große Corneille, *je suis soul de gloire*, so konnte er doch wie dieser sagen *je suis affamé d'argent*. In einigen Jahren würde er villeicht zwelf Louis d'or geben das Buch nicht geschrieben zu haben. Und wenn es mir so leicht wäre zwelf Louis d'or hinzugeben als eine Vorrede von vier Seiten zu schreiben, so hätte ich sie villeicht auch lieber gegeben" (Nr.137).

---

147 vgl. die Erläuterung zu Nr.71 und Im Hof 1967, S.165-169.

148 vgl. Maiers "Bekenntnisbrief" an Iselin vom 26.8.1779 (Staatsarchiv Basel-Stadt PA 98; 38, S.227-234); Nicolais Auskünfte über Maier/Gruber in einem Brief an Meusel von 1809, gedruckt in: J.G.Meusel (Hrsg.), Vermischte Nachrichten und Bemerkungen historischen und litterarischen Inhalts. Erlangen 1816, S.130-135; vgl. auch die Erläuterungen zu Nr.119, 125, 133 und 145.

Man kann sich leicht vorstellen, daß Geldnot nicht nur gute Bücher hervorbrachte. Es ist aber daran zu erinnern, daß unter Iselins Obhut damals ein bedeutendes Werk der pädagogischen Literatur geschrieben wurde, das seine Entstehung ebenfalls dem finanziellen Engpaß seines Verfassers verdankt: Pestalozzis Roman "Lienhard und Gertrud", dessen erster Teil 1781 erschien.[149] Dieses erste Hauptwerk Pestalozzis trägt den Untertitel "Ein Buch für das Volk" und es war populär - im doppelten Sinne: Zum einen hatte es Pestalozzi - an Rochow anknüpfend - in Form und Inhalt bewußt für das "gemeine Volk" konzipiert. Zum anderen wurde der Roman ein großer Verkaufserfolg, wenn auch zweifelhaft bleibt, ob der Anteil der Landleute unter seiner Leserschaft sehr beträchtlich war.

Daß Bücher mit sozialkritischem und reformerischem Ansatz hohe Auflagen erzielen konnten, dafür ist Nicolais "Sebaldus Nothanker" ein weiterer Beleg. Dieser Roman war eines der erfolgreichsten Bücher der Aufklärung überhaupt. 12 000 Exemplare wurden in vier Auflagen gedruckt; hinzu kamen mehrere unberechtigte Nachdrucke sowie die Übersetzungen ins Englische, Französische, Holländische, Schwedische und Dänische.[150] Bedenkt man, daß jedes Exemplar etwa zwanzig Leser hatte (ein Erfahrungswert, den man bei Abbt, aber auch in der neueren Forschungsliteratur findet[151]), so wird man davon ausgehen dürfen, daß über eine Viertel Million Menschen Leben und Meinungen Nothankers damals zur Kenntnis genommen haben. Unter ihnen war übrigens der "Arme Mann im Toggenburg" Ulrich Bräker, der, als er an einem Julisonntag des Jahres 1783 unter Zahnschmerzen litt, Ablenkung bei der Lektüre suchte und danach in sein Tagebuch notierte: "hate ein schönes Büchel von Nothanker zulesen".[152]

---

149 Die wichtigste Quelle für die Entstehung des Romans sind Pestalozzis Briefe an Iselin: ed. Dejung/Stettbacher 1949, S.95ff., mit Kommentar S.455; vgl. Peter Stadler, Pestalozzi. Geschichtliche Biographie. Bd.1 Zürich 1988, S.205-232.

150 vgl. Möller 1974, S.84, und Möller 1986, S.275. Nur wenige Bücher der Aufklärung übertrafen die Verkaufszahlen des Sebaldus Nothanker. Zu ihnen zählte Rochows pädagogisches Lesebuch "Der Kinderfreund" (1776), von dem innerhalb weniger Jahre sogar 100 000 Exemplare verkauft wurden; Wehler 1987, S.305.

151 Abbt, Vom Verdienste (2. Aufl. 1768), S.255; Wehler 1987, S.305. Bücher wurden im 18. Jahrhundert sehr häufig privat verliehen. Hinzu kamen die Lesegesellschaften und der mitunter rasche Weiterverkauf.

152 Chronik Ulrich Bräker. Auf der Grundlage der Tagebücher 1770-1798; hrsg. von Christian Holliger u.a. Bern 1985, S.241 (Eintrag vom 6.7.1783).

Iselin war von Nicolais Roman sehr angetan.[153] In einem Brief an Nicolai, in dem er sich für den ihm als Geschenk übersandten ersten Band bedankt, hebt er nicht die ästhetischen Qualitäten des "vortrefflichen Sebaldus" hervor, nicht die Originalität der Einfälle, die Handlung oder den Stil. Er würdigt den Roman nicht als literarisches Kunstwerk, sondern streicht - und das eben ist höchstes Lob - die präsumtive Gemeinnützigkeit und volksaufklärerische Wirkung heraus, die Abraham Gotthelf Kästner in den Göttingischen Gelehrten Anzeigen bezweifelt hatte: "Sie könnten mich für einen Schmeichler ansehn wenn ich Ihnen alles sagte was ich bey der Lesung dises Werkes empfunden habe. Ich erwarte davon den ausgebreitetsten Nutzen, denn ich kann nicht begreifen was der Göttingische Beurtheiler damit will, wenn er sagt es werden nur Gelehrte es lesen. Ich sehe im Gegentheile voraus daß es viele Ungelehrte lesen und daß solche daraus vieles lehrnen werden, welches den Gelehrten nicht gelegen seyn wird daß es die Laien wissen" (Nr.55). Mit den Gelehrten, die die Laien lieber dumm halten wollen, dürfte Iselin in erster Linie die orthodoxe Geistlichkeit meinen, gegen die sich auch die meisten satirischen Spitzen in Nicolais Roman richten.

Bücher haben eine doppelte Existenz: als Ware und als Geist.[154] Daß es mit letzterem vielfach nicht weit her war, wurde bereits angesprochen und kommt in Nicolais der Bibel entlehnten Stoßseufzer "Des Bücherschreibens wird leider! immer mehr"[155] deutlich zum Ausdruck. Auch von den Umständen, die die Eigenschaft des Buches als Ware mit sich bringt, ist im Briefwechsel zwischen Nicolai und Iselin viel die Rede.

Der Buchhandel erlebte im 18. Jahrhundert einen tiefgreifenden Wandel[156]: Leipzig löste Frankfurt am Main als führender Messeplatz im deutschen Sprachgebiet ab und wurde dadurch zur "Stapelstadt gelehrter Kenntnisse"[157],

---

153 vgl. Nr.55 (mit Erläuterungen), 57, 62; zu Bd.2: Nr.76; zu Bd.3: Nr.84 (Schilderung der häuslichen Szene, wie Iselins Kinder die schönsten Stellen aus dem Nothanker vorlesen) und 93 (mit kritischen Bemerkungen).

154 Fontius 1992, S.139; dieser Aspekt ist von Robert Darnton immer wieder untersucht und betont worden, vgl. z.B. Darnton 1990a, S.107ff.

155 vgl. Nr.118 mit Erläuterung.

156 vgl. hierzu und im folgenden Göpfert 1974, passim; Kiesel/Münch 1977, S.123-132, sowie Rosenstrauch 1986 und 1990, passim.

157 Nicolai, Nothanker (ed. Witte 1991), S.63. Nicolai besuchte regelmäßig die beiden Leipziger Messen: die Ostermesse und - etwas weniger bedeutend - die Michaelismesse im Herbst.

der Netto- oder Bargeldhandel setzte sich gegen den Tauschhandel durch[158], der Typus des reinen Verlegers (mitunter auch Verleger-Sortimenters) gewann die Oberhand über den älteren Typus des Drucker-Verlegers, und der Kampf gegen den unberechtigten Nachdruck wurde in der zweiten Jahrhunderthälfte mit großer Härte und zunehmendem Erfolg geführt. Bis zur Mitte des Jahrhunderts hatte man den Nachdruck noch als Kavaliersdelikt betrachtet. Dies änderte sich spätestens 1765 mit Gründung der "Buchhandlungsgesellschaft", die, unter Führung des Leipziger Verlegers Philipp Erasmus Reich, dem Nachdruck entschieden entgegentrat, ihn freilich nur zurückdrängen, aber nicht beseitigen konnte.
Auch Nicolai suchte auf vielerlei Weisen gegen den Nachdruck vorzugehen: Mit Iselins Erlaubnis machte er einen Zusatz zu dessen Rezension von Lavaters "Schweizerliedern" und rügte darin den Berner Verleger Ludwig Walthard für seine Nachdrucke.[159] 1774 bat er Iselin um Intervention beim Basler Verleger Flick, der angekündigt hatte, das von Nicolai verlegte Kommunionsbuch Lüdkes nachzudrucken (Nr.69). Umgekehrt wurde Nicolai sofort tätig, als in Leipzig ein nicht autorisierter Nachdruck von Iselins "Ephemeriden der Menschheit" bevorstand[160]: Er protestierte gegen die Erteilung des kursächsischen Privilegs für den Nachdruck, wandte sich an den einflußreichen Minister von Gutschmid und informierte Iselin. Der Nachdruck war aber nicht mehr zu verhindern und brachte die ohnehin knapp kalkulierten "Ephemeriden" in große finanzielle Schwierigkeiten. Ende 1778 mußte das Erscheinen vorläufig eingestellt werden. Daß es möglich war, die "Ephemeriden" in Leipzig nachzudrucken, zeigt die Lücken des bekannten kurfürstlich-sächsischen Mandats vom 18.12.1773. Durch diese Verordnung sollten die Nachdrucke und deren Vertrieb auf der Messe unterbunden werden; Privilegien wollte man nur an Verleger ausgeben, die eine Vereinbarung mit dem oder den Autoren vorweisen konnten. Wirksam geschützt wurden aber nur solche Verleger, die in Sachsen drucken ließen. Dies war wohl auch der wesentliche Grund für Iselins Entscheidung, den Verlag der "Ephemeriden" zu wechseln: Ab 1780 erschienen sie nicht mehr bei Schweighauser in Basel, sondern bei Weygand in Leipzig.

---

158 vgl. Nr.115 mit Erläuterung.

159 ADB 11/2 (1770), S.250; vgl. Nicolais Brief Nr.9 (mit Erläuterung) und Iselins Brief Nr.10.

160 vgl. Nr.102 und Nr.103, jeweils mit Erläuterungen. Etwa gleichzeitig hat Nicolai mit Bahrdts Nachdruck der theologischen ADB-Rezensionen zu kämpfen: Nr.105 mit Erläuterung.

Nicolai hat später durch ein ausführliches Gutachten entscheidend dazu beigetragen, daß die Eigentumsrechte der Schriftsteller an ihren Werken und vor allem die Rechte der Originalverleger im Preußischen Allgemeinen Landrecht kodifiziert wurden.[161]

Ein die Aufklärung existenziell betreffendes Anliegen war die Forderung nach "Preßfreiheit".[162] Denn sehr wesentlich war es eine gelehrte Öffentlichkeit, die Öffentlichkeit des gedruckten und gelesenen Wortes, in der und durch die sich Aufklärung entfaltete. Nur wenn die Möglichkeit des Publizierens ohne größere Beschränkung blieb, konnte sich das Licht der Vernunft weiter verbreiten. So unterschiedlich sich die Aufklärung in den verschiedenen Ländern Europas ausprägte - der Kampf mit der Zensur verband doch alle ihre nationalen und regionalen Spielarten, weil das Problem gesamteuropäisch war.[163] Auch Nicolai und Iselin betraf es unmittelbar.
Iselin befürchtete 1768, einige Stellen der neuen Auflage seiner "Träume" könnten "der schweizerischen Censur misfallen" (Nr.18), und fragte deshalb bei Nicolai an, ob er den Verlag übernehmen wolle. Da die zweibändige Aufsatzsammlung, die weder religionskritische noch besonders brisante politische Äußerungen enthielt, die Zensur wider Erwarten doch unbehelligt passierte, konnte sie schließlich wie die vorangegangenen Auflagen in Zürich erscheinen. Auch die ADB wurde von der Zürcher Zensur mit Argwohn betrachtet.[164]

Gegen Ende der siebziger Jahre machten Nicolai verschiedene Zensurfälle zu schaffen. Thomas Amory's Roman "The Life of John Buncle", den Nicolai 1778 in deutscher Übersetzung herausbrachte, war - wie er selbst meinte - "ganz voller freymüthiger Theologie"[165] und wurde vom Reichshofrat in Wien, der ober-

---

161 Nicolais Gutachten von 1790 wurde publiziert und kommentiert von Robert Voigtländer, Das Verlagsrecht im Preußischen Landrecht und der Einfluß von Friedrich Nicolai darauf. In: Archiv für Geschichte des Deutschen Buchhandels 20 (1898), S.4-66.

162 vgl. Möller 1974, S.208-225.

163 vgl. Im Hof 1993, S.134ff. und, speziell zu Deutschland, Kiesel/Münch 1977, S.104-123.

164 Zimmermann schreibt am 11.3.1767 an Nicolai: "Die deutsche Bibliothek wäre in Zürich verboten worden, wenn man T.III. P.II. p.298 nicht umgedruckt hätte"; Transkription S.Habersaat. Zimmermann bezieht sich auf eine von ihm selbst verfaßte kurze Rezension, die eine scharfe Bemerkung zur politischen Lage in Zürich enthält (ADB 3/2, 1766, S.297f.).

165 Nicolai an Gebler, 9.5.1778. In: Nicolai, Verlegerbriefe (ed. Fabian/Spieckermann 1988), S.126; zum "Johann Bunkel" vgl. die Erläuterungen zu Nr.96, 114, 116 und 117.

sten Zensurbehörde des Reiches, sofort für "gotteslästerlich" erklärt und verboten. Die allgemeine politische Lage, durch den im Bayerischen Erbfolgekrieg wieder aufgebrochenen scharfen Gegensatz zwischen Österreich und Preußen eben damals äußerst gespannt, hatte erheblichen Einfluß auf den literarischen Betrieb. Nicolais Bemerkung: "Es wäre ein wahres Unglück für die deutsche Litteratur, wenn das Haus Oesterreich in Deutschland mehrern Einflus bekäme" (Nr.114) macht dies deutlich. Über die verschärfte Zensur aufgebracht, schrieb Nicolai an Gebler: "man dünkt sich würklich zweyhundert Jahre zurück."[166]
Ende 1777 war bereits die ADB in Österreich verboten worden.[167] Das war für Nicolai insofern leicht zu verschmerzen, als der Absatz der ADB in Österreich gering war. Nicolai mußte jedoch fürchten, daß der Reichshofrat das kaiserliche Privileg zurückziehen und den Verkauf im ganzen Reich verbieten würde. Als Verleger und Aufklärer verfolgte er nun eine doppelte Strategie: In einem Rundschreiben vom November 1778 riet er seinen Rezensenten zu einer vorsichtigen Selbstzensur, vor allem in theologischen Fragen: "Die Wahrheit kann doch gesagt werden, wenn man sich auch allzu starker Ausdrücke enthält" (Nr.114). Knapp zwei Jahre später geißelte er dann das Verhalten der Wiener Zensurbehörde in einer langen und äußerst scharf formulierten Vorrede zur ADB.[168]
Iselin, dessen "Vermischte Schriften" in Österreich ebenso auf dem Index standen wie seine "Geschichte der Menschheit", zeigte sich von den Zensurfällen nicht überrascht: "Was Ihnen in Wien begegnet ist sonderbar und ist es nicht. Denn die Tyranney der dortigen Censur ist bekannt" (Nr.111). Kritisch-abgeklärt meinte er, die Restriktionen lägen "in den Grundsätzen der Catholicität und auch der meisten übrigen herrschenden Kirchen" (Nr.116) begründet. Daß die Zensur nicht bloß ein Problem zwischen den Konfessionen war - Iselin deutet es an -, bestätigte sich 1794, als die ADB sogar in ihrer protestantischen Heimat Preußen als "gefährliches Buch gegen die christliche Religion" verboten wurde.[169]

---

166 Nicolai an Gebler, 9.5.1778. In: Nicolai, Verlegerbriefe (ed. Fabian/Spieckermann 1988), S.126.

167 vgl. die Erläuterungen zu Nr.111. Zu erwähnen ist auch die Zensur der ADB Anfang 1777 im kurmainzischen Erfurt, wo die Zeitschrift vorübergehend gedruckt wurde: s. die Erläuterungen zu Nr.97.

168 Ein längeres Zitat aus dieser Vorrede findet sich in den Erläuterungen zu Nr.111.

169 vgl. Möller 1974, S.212-214.

Seit Thomasius bildeten volkssprachliche Zeitschriften ein zentrales Medium der deutschen Aufklärung.[170] Sie trugen wesentlich zur Kommunikation unter den Gelehrten bei, bildeten eine intellektuelle Verbindung entfernt liegender Regionen, dienten der öffentlichen Wahrheitsfindung und verbreiteten gelehrtes Wissen. Vermittlung unter den verschiedenen Wissenschaften sowie zwischen den Wissenschaften und einem großen Publikum, dies bezweckten sowohl Nicolai wie Iselin mit ihren Zeitschriften. Dabei standen in der ADB gelehrte Kritik und Raisonnement im Vordergrund, während die "Ephemeriden der Menschheit" eher die Popularisierung des als gut und richtig Erachteten betrieben.[171]
Welch wesentlichen Anteil Zeitschriften an der Bildung einer literarischen Öffentlichkeit hatten, zeigt die große Zahl ihrer Gründungen: Zwischen 1761 und 1770 erschienen 410 neue Zeitschriften (darunter 1765 die ADB), zwischen 1771 und 1780 wurden sogar 718 Zeitschriften gegründet (1776 die "Ephemeriden") - eine Zahl, die aber im folgenden Jahrzehnt mit 1225 Neugründungen noch einmal deutlich übertroffen wurde.[172] Wenn Habermas von der "Produktivkraft Kommunikation" spricht, so hat das, schon im Hinblick auf die Zeitschriften, seine Berechtigung.[173]

Die Zeitschriften der Aufklärung waren nicht so sehr durch die Bezugnahme auf Tagesereignisse gekennzeichnet als durch einen literarischen Journalismus, in dem Fragen der Gesellschaft, der Politik, der Moral, der Ästhetik, der Gelehrsamkeit etc. auf einer allgemeinen, über der Tagesaktualität liegenden Ebene diskutiert wurden.[174] Viele Herausgeber, wie etwa Iselin, Wieland, Weisse und Boie, waren zugleich als philosophische Schriftsteller oder Dichter tätig. Ob ihre Anliegen nun mehr unterhaltender oder poetischer, belehrender oder kritischer Art waren - Zeitschriften trugen wesentlich zum Strukturwandel der Öffentlichkeit bei, wie ihn Habermas beschrieben hat: zur Ablösung der älteren, streng hierarchisierten "repräsentativen Öffentlichkeit" durch eine bildungsbürgerliche, kulturraisonnierende, diskursive "literarische Öffentlichkeit", die dann

---

170 vgl. hierzu Raabe 1974 und Martens 1974, passim.
171 Hierzu äußert sich Iselin in seinem Brief an Nicolai vom 16.3.1776 (Nr.82).
172 Die quantitativen Angaben bei Bödeker 1987a, S.105.
173 Habermas 1990, S.36ff.
174 vgl. Martens 1974, S.97f.

den Boden bereitete für eine zunehmend "politische Öffentlichkeit".[175] Diese zweite Stufe, nämlich die wachsende Politisierung, ließe sich im Briefwechsel zwischen Nicolai und Iselin zum Beispiel an der Diskussion um die Zürcher Affären Ende der siebziger Jahre aufzeigen, die auch in der ADB und den "Ephemeriden" ihren publizistischen Niederschlag fanden: die angebliche Vergiftung des Nachtmahlweins 1776, die Konflikte um die Verlängerung des Soldbündnisses mit Frankreich 1777 und die Hinrichtung Johann Heinrich Wasers 1780.[176]

Doch schon der erste Schritt in dem von Habermas entwickelten Modell, die Entstehung einer lesenden und kritisch disputierenden literarischen Öffentlichkeit, stellte einen "großartigen soziokulturellen Mobilisierungsprozeß"[177] dar. Ein bezeichnendes Phänomen des Übergangs sind die anonymen Leserbriefe. Sie bezeugen einerseits die wachsende Fähigkeit und den wachsenden Willen, Gelesenes kritisch zu reflektieren. Andererseits verraten sie die große Scheu, sich öffentlich und namentlich zu exponieren, aber auch die mangelnde Bereitschaft, sich im Rahmen einer vernünftigen Debatte zu halten, das heißt sachlich zu bleiben - sine ira et studio. In Nicolais Nachlaß befinden sich noch 133 dieser absenderlosen Schreiben, die sich mit Kritik, freundlichen und weniger freundlichen Mahnungen oder wüsten Beschimpfungen und Drohungen an den Verleger und Herausgeber der ADB richten. Nicolai hat einige besonders krasse Beispiele auf die Plattform der Öffentlichkeit gehoben, indem er sie in der ADB publizierte und damit seine maskierten Kritiker desavouierte.[178]

Auch Iselin war Adressat anonymer Post, obwohl seine Stellung im literarischen Betrieb nicht ganz so herausgehoben war wie diejenige Nicolais. Im Juli 1768 meldet Iselin an Nicolai, er habe "vor einiger Zeit einen namenlosen Brief von Zürich bekommen, in welchem ich beschuldiget werde das Lob der allg. Bibliothek erbettelt oder erkaufet zu haben. (...) Es ist eine erbärmliche Sache um die Eyfersucht" (Nr.18). Das anonyme Schreiben scheint im Original verloren zu sein, aber es ist eine Abschrift Iselins erhalten, die er seinem Freund,

---

175 Habermas 1990, v.a. S.11-160; hierzu kritisch: La Vopa 1992, v.a. S.98-116; zur Schweiz: Würgler 1996.

176 vgl. insbesondere Nicolais Brief Nr.130 (mit ausführlichen Erläuterungen) sowie Nr.117, 120, 122, 132, 133.

177 Wehler 1987, S.303.

178 ADB 8/2 (1769), S.326-334; vgl. auch Weidl 1989, S.162-164.

dem Zürcher Stadtschreiber Salomon Hirzel, sandte.[179] Der Schmähbrief sei nun kurz unter die Lupe genommen.

Der Anonymus, der sich selbst als Zürcher bezeichnet, bezieht sich zunächst auf Iselins Verhalten bei der jüngsten Versammlung der Helvetischen Gesellschaft in Schinznach. Iselin sei hier mit großer Überheblichkeit aufgetreten, die einerseits in einer typisch baslerischen Arroganz - insbesondere gegenüber den Zürchern! - begründet sei, andererseits in seinem persönlichen Eigendünkel. Der Briefschreiber fährt dann fort: "Aber sagen sie mir doch wie und worauf sind sie auf diese so ausserordentliche und unabsehbare Höhe gestiegen. Gewiß durch ihre Schriften und sonderheitlich durch ihre Geschichte der Menschheit... ich hab sie gelesen und gefunden daß dasjenige so sie aus andern Büchern zusammengeraffet haben, noch so ziemlich gut ausgelesen ist; aber ihre eigene Arbeit kennet man gar wohl, sonderheitlich im Anfang des Werks siht man daß die Metaphysik gar nicht ihre Sache ist, aber ein beinhartes Jurnal [sic] hat sie doch gelobt! - gut - ists nicht etwa erschlichenes Lob gewesen? Stehen sie nicht immer in einem Briefwechsel mit den Authoren desselben? und villeicht sind noch andre mechanische Mittel gebraucht worden."
Iselins "Geschichte der Menschheit" sei völlig überflüssig, vor allem wenn man bedenke, daß es zu diesem Thema bereits die viel besseren Arbeiten von Jens Kraft und Adam Ferguson gebe.[180] Formal lasse Iselins Werk ohnehin zu wünschen übrig: "denn auch ihr Stile hat nichts angenehmes, es ist immer der gleiche Thon darinn, der gähnen macht. So, so, so und wider so oft zwanzig mal in einem blat; und doch sind dise verächtlichen Züricher noch immer so gefällig,

179 Staatsarchiv Basel-Stadt PA 98; 60, S.355-357. Der anonyme Brief ist auf den 29.6.1768 datiert. Am 6. Juli schrieb Iselin an Salomon Hirzel: "Letzten Sonntags erhielt ich einen namenlosen Brief von dem hier eine Abschrift beyligt und der mich recht herzlich zu lachen gemacht hat. Ich denke er werde bey Ihnen die gleiche Wirkung machen. Ich kann mir nicht vorstellen wer der Urheber davon ist"; Staatsarchiv Basel-Stadt PA 98; 60, S.353. Lavater, den der Anonymus als Adressat einer möglichen Antwort Iselins genannt hatte, distanzierte sich in einem Brief an Iselin (10.7.1768) deutlich von dem - wie er betonte - auch ihm nicht bekannten Verfasser, dessen Betragen "lächerlich und hämisch", "abgeschmackt" und "niederträchtig" sei: ed. Keller 1892, S.148ff.; hier auch Ausschnitte aus Briefen Zimmermanns an Iselin und Iselins an Lavater zu dieser Angelegenheit (S.148, Anm.1).

180 Jens Kraft: "Kurze Geschichte der vornehmlichen Einrichtungen, Sitten und Meinungen der wilden Völker" (1760); Adam Ferguson: "An Essay on the History of Civil Society" (1766); vgl. hierzu Im Hof 1967, S.88 und 94.

daß sie alles was sie noch bisher zu schreiben und zu schmieren für gut befunden gedruckt haben."

Der anonyme Brief ist in mancherlei Hinsicht aufschlußreich: Ein gebildeter oder doch zumindest halbgebildeter Zürcher aus dem Umkreis der Helvetischen Gesellschaft verfolgt die Regungen der literarischen Öffentlichkeit, wagt sich aber nur halb in diese hinaus. Er liest Iselins "Geschichte der Menschheit" und die Besprechung dieses Werks, kennt auch die geschichtsphilosophischen Entwürfe Krafts und Fergusons. Er übt Kritik, aber er will dafür nicht mit seinem Namen einstehen, sich gar einer Gegenkritik stellen; er greift an und macht sich gleichzeitig durch die Verschleierung seiner Identität unangreifbar. Diese Haltung deutet auf die vielen Reservate des Arkanums in der sich ausbreitenden Kultur der Öffentlichkeit.[181]

Darüberhinaus zeigt der Brief, welchen Einfluß und welchen Ruf die ADB damals hatte. Denn daß mit dem "beinharten Jurnal" die ADB gemeint ist, davon geht Iselin so selbstverständlich aus (Nr.18 und 20), daß wir daran nicht zweifeln müssen. In der Tat war die "Geschichte der Menschheit" in der ADB etwa ein Jahr zuvor äußerst positiv besprochen worden. Kein Geringerer als Moses Mendelssohn ist Verfasser dieser Rezension gewesen.[182] Das hat der Anonymus kaum wissen können, denn die ADB-Artikel waren ja ebenfalls anonym. Doch lag er mit seiner Vermutung, Iselin stehe im Briefwechsel mit den Autoren der ADB, erstaunlich richtig. Das Kommunikationsnetz lag eben, zumindest in Teilen, offen zutage.

Nicolai übrigens hat Iselin, der zu einem der wichtigsten Mitarbeiter seines "beinharten" Journals werden sollte, folgendermaßen zugesprochen: "Der Zürchische Briefschreiber, wenn er [sich] wundert, daß Sie in der d. Bibl. gerühmet werden, muß nicht wißen, wie sehr Ihre Schrifften und Talente, in ganz Deutschland geschätzet [werden]. Setzen Sie sich immer über den Neid Ihrer lieben Eidgenoßen weg. Republikaner pflegen, sobald sich ein Bürger durch große Talente hervorthut, gern den Ostracismus zu üben" (Nr.19).

---

181 Die Diskussion um "Aufklärung und Geheimnis" hat sich vor allem an Kosellecks Buch "Kritik und Krise" entzündet: "Koselleck made it [sc. the secret] the paradigmatic symptom of the Enlightenment's pathology" (La Vopa 1992, S.85); vgl. auch Möller 1974, S.226ff. ("Die Dialektik von Öffentlichkeitsforderung und Arkanpraxis").

182 ADB 4/2 (1767), S.233-242; vgl. Nicolais Brief an Iselin Nr.4 (mit Erläuterung).

III. "diables d'extraits pour ces berlinois" - Iselin als Rezensent der Allgemeinen Deutschen Bibliothek

Als Nicolai 1765 seine Rezensionszeitschrift "Allgemeine Deutsche Bibliothek" begründete, gab er ihr ein neuartiges Konzept: Die ADB sollte zum Spiegel und Motor der gesamten deutschsprachigen Literatur werden. Ihr Anspruch war zum einen enzyklopädisch, indem er sich auf alle Wissensbereiche erstreckte, zum anderen kritisch. Denn die besprochenen Bücher sollten nicht bloß angezeigt oder referiert, sondern beurteilt werden. Ziel war die Bewertung jeder Schrift auf der Grundlage sachlichen Raisonnements. Nicolai forderte eine gründliche und nachvollziehbare, freimütige und vor allem unparteiische Kritik. Das hieß: Gefälligkeitsrezensionen sollten ebenso ausgeschlossen sein wie persönliche Polemik.[183]

Nicolais erklärtes Vorbild war die englische Zeitschrift "monthly review" (1749-1845).[184] In Deutschland gab es vor der ADB kein Äquivalent, kein Rezensionsorgan, das gleichermaßen umfassend und kritisch gewesen wäre. Die gesteckten Ziele waren so ehrgeizig, daß sie nur annähernd zu erreichen waren: In der ADB sind daher nie sämtliche deutschen Neuerscheinungen besprochen worden, und auch die publizierten Rezensionen waren durchaus nicht immer auf dem angestrebten höchsten Niveau. Doch 1778 durfte Nicolai zu Recht sagen: "Was die Bibl. betrifft, so halte ich mich an Voltairen - *pour faire un oeuvre parfait il faudroit se donner au diable et voilà ce que je n'ai pas fait*, ob ich gleich oft ziemlich nahe dabey bin. Im Ganzen hoffe ich doch, soll die Bibl. ein Journal seyn, dergleichen noch keins gewesen ist."[185]

Mit einer Auflage von 2000-2500 Exemplaren gehörte die ADB zu den vielverkauften Periodika ihrer Zeit. Ihrem Verleger Nicolai brachte sie ein stattliches Vermögen ein. Als Herausgeber der ADB erlangte Nicolai eine eminente Stellung im literarischen Leben und wurde, wie Zimmermann ihn halb scherz-, halb

---

183 Zur ADB vgl. Selwyn 1992, S.157-216; van der Laan 1995 und Schneider 1995, passim.

184 vgl. Nicolai, Verlegerbriefe (ed. Fabian/Spieckermann 1988), S.24f.

185 Brief Nicolais an Höpfner vom 22.12.1778 (ed. Wagner 1847, S.160).

ernsthaft nannte, als "Patriarch der Journalisten in Deutschland"[186] angesehen. Nicolai, an solche metaphorischen Titel gewöhnt, spielte seine Rolle üblicherweise herunter. 1810, ein knappes Jahr vor seinem Tod, schrieb er an Karl August Böttiger: "Übrigens bin ich keinesweges der Hohepriester im Tempel der Litteratur sondern allenfalls der vieljährige Küster deßelben, welcher die Schlößer treulich bewahret, und hin und wieder die Wechsler und ander Volk welches den heiligen Opferheerd entheiligte, herausgetrieben hat."[187] Wie man Nicolai auch immer nennen möchte: Patriarch, Hohepriester oder Küster, er hatte die Schlüsselgewalt im Tempel der deutschen Literatur. Rund vierzig Jahre erschien seine wichtigste Zeitschrift, die ADB (1765-1806; ab 1793 unter dem Namen "Neue Allgemeine Deutsche Bibliothek"). Während dieser Zeit wurden in 256 Bänden von über 400 Mitarbeitern rund 60 000 Bücher besprochen.[188]

Die Bedeutung der ADB ist schon von vielen Zeitgenossen hervorgehoben worden. Wieland schrieb 1773 an Friedrich Heinrich Jacobi: "Die deutsche Bibliothek halte ich für ein Institut, wofür man dem Herausgeber von Kaisers und Reichs wegen danken sollte, und beinahe alles, was einen Kopf in Deutschland hat, denkt wenigstens, daß es das beste Journal sey, das wir haben, und daß es viel Gutes stifte."[189] Daß Wieland zwei Jahre später so heftig gegen die ADB polemisierte, unterstreicht deren Rang eher als daß es ihn schmälert. Der jüngere Mirabeau bemerkte 1788: "Cet ouvrage, qui a fait époque dans la littérature allemande, s'annonça par un ton de liberté et d'impartialité inconnu jusqu'alors. (...) M. Nicolaï mérite les hommages de tous ceux qui pensent, pour avoir conçu ce grand ouvrage, pour en avoir choisi les coopérateurs comme il a fait, pour leur avoir fourni les moyens d'y concourir utilement. (...) En un mot, cet immense recueil de critique a produit dans la littérature allemande la révolution la plus salutaire. Il a eu une foule de contradicteurs, et cela aussi a été un grand

---

186 Zimmermann an Nicolai, 14.1.1776 (Transkription S.Habersaat).

187 Nicolai an Böttiger, 31.5.1810 (ed. Maurach 1996, S.73).

188 Eine "äußere" Geschichte der ADB bietet das Standardwerk von Ost 1928; hier auch alle genannten quantitativen Angaben. Ute Schneider hat die Gesamtzahl der Rezensionen, die von Ost auf 80 000 geschätzt wurde, auf 60 000 herunterkorrigiert (Schneider 1995, S.12). Zur Entwicklung der ADB vgl. auch die Einleitung von Eva J. Engel in: Mendelssohn, Rezensionsartikel in Allgemeine deutsche Bibliothek (ed. Engel 1991), S.VII-XLIV.

189 vgl. die Erläuterungen zu Nr.56 und Nr.75.

avantage."[190] Und Johann Erich Biester schrieb über die ADB: "Nun erst erfuhr Deutschland, was überall literarisch in ihm vorging; es lernte sich selbst kennen, und kam eben dadurch in nähere Verbindung mit sich selbst."[191]

Auch in der Forschung ist vielfach darauf hingewiesen worden, wie wichtig die ADB für die deutsche Aufklärung gewesen ist. Ernst Troeltsch formulierte vor 100 Jahren: "Unter dem Schutze des Regiments Friedrichs II. (...) bildete sich die mit Lessing verbündete Berliner Gruppe der Aufklärung, deren Häupter Nicolai und Mendelssohn waren und deren Organ die 'Allgemeine deutsche Bibliothek' bildete, das Centrum der Aufklärung von praktisch-verständigem Charakter und spezifisch-berlinischem Geiste."[192] Wenn man eine nüchterne, kritische und praxisbezogene Grundhaltung als "berlinischen Geist" bezeichnen möchte, so war die ADB sicherlich von ihm durchdrungen. Allerdings lebte nur ein Bruchteil der Mitarbeiter in Berlin. Auch lag es gerade im Konzept der ADB, lokale Vereinzelung und Engstirnigkeit zu überwinden. Nicolais ehrgeizige Absicht spricht aus einem Brief an Zimmermann: "Die in Deutschland so sehr zerstreute Gelehrsamkeit hat einen Vereinigungspunkt nöthig, und hiezu habe ich die Deutsche Bibliothek ersehen."[193] Deutschland - und die Schweiz ist in diesem Punkt vergleichbar - war nicht nur hauptstadtlos und von zahlreichen politischen Grenzen durchzogen, es war auch geistig-kulturell zersplittert. Dieser Zersplitterung sollten Zeitschriften wie die ADB und Iselins "Ephemeriden" entgegenwirken.[194]

---

190 Honoré Gabriel Riqueti, Comte de Mirabeau: De la monarchie prussienne sous Frédéric le Grand. Bd.5 London 1788, S.181f.

191 Aus der Denkschrift Biesters auf Nicolai, hier zitiert nach Göckingk 1820, S.33.

192 Troeltsch 1897, S.237. In seiner "Deutschen Gesellschaftsgeschichte" faßt Hans-Ulrich Wehler treffend die Haupt-Stoßrichtungen und die Wirkung der ADB zusammen: "Ihr [sc. der ADB] unerschrockener Kampf gegen den Aberglauben, alle Arten von Mystizismus und Muckertum, nicht zuletzt gegen die religiösen Orthodoxien der Jesuiten und Altlutheraner verschaffte ihr eine weite Resonanz, die in den deutschen Frühliberalismus oberhalb der Maingrenze spürbar hineingewirkt hat"; Wehler 1987, S.310.

193 13.8.1765 (ed. Bodemann 1878, S.294); auch in: Nicolai, Verlegerbriefe (ed. Fabian/Spieckermann 1988), S.34f.

194 Iselin schreibt 1776 im Vorwort seiner "Ephemeriden der Menschheit" (1776/1, S.3): "Ebenso erwünschlich soll es jedem unter ihnen [sc. wahren Menschenfreunden] seyn auch von Versuchen, von Vorschlägen, von Unternehmungen belehret zu werden, welche andre an verschiednen Orten zum Besten ihrer Mitbürger und des ganzen menschlichen Geschlechtes entwerfen. Was an einem Orte nur ein Einfall seyn kann, kann an einem andern, wo die Gemüther reifer sind, eine Thatsache werden."

Nicht so sehr berlinisch als vielmehr norddeutsch war die dezidiert protestantische Haltung der ADB. Ihre Autoren und ihr Herausgeber Nicolai sahen die Katholiken als großenteils rückständig und besonders aufklärungsbedürftig an. Die Dogmatik und die hierarchische Struktur der Kirche standen dabei im Brennpunkt der Kritik, aber auch für katholische Frömmigkeitsformen und den katholischen Glauben jenseits der Dogmen fehlte tieferes Verständnis. Das protestantische Überlegenheitsgefühl, das nicht frei von Vorurteilen war, kommt in einem Brief Nicolais an Iselin vom 26.12.1769 deutlich zum Ausdruck (Nr.30).

Isaak Iselin ist der wichtigste und fleißigste Schweizer Mitarbeiter der ADB gewesen.[195] Von 1768 bis 1780, in der besten Zeit der "Bibliothek", hat er auf rund 450 Druckseiten fast einhundert Schriften angezeigt.[196]
Auf Nicolais Anfrage im Januar 1767, mit der der Briefwechsel beginnt, reagierte Iselin positiv, aber durchaus noch zurückhaltend (Nr.2). Zwar hatte er schon seit mehreren Jahren Sympathien für die Berliner Aufklärung, insbesondere die Gruppe um Nicolai und Mendelssohn gehegt. Davon zeugt seine Korrespondenz mit letzterem, und Abbt fand diese Haltung bei einem Besuch in Basel 1763 bestätigt.[197] Doch wollte er sich wegen seiner ihn stark belastenden Amtsgeschäfte zu nichts verpflichten. Allmählich aber fand Iselin an der Rezensententätigkeit Gefallen und widmete ihr viel Zeit. Ein Beispiel für die Sorgfalt, die er auf seine Buchkritiken verwendete, ist die Besprechung von Cornelius van Pauws Werk "Recherches philosophiques sur les Américains". An ihr hat Iselin, wie er in seinem Tagebuch notierte, neun Tage lang gearbeitet: Am 12., 13., 15., 16., 17., 19., 20. und 21.11.1769; am 23.11. schrieb er: "Die Anzeige der recherches sur les Américains beendiget."[198] Die Arbeit an den Rezensionen nahm Iselin zeitweilig so sehr in Anspruch, daß sein Freund Jean-Rodolphe

---

195 Neben Iselin waren auch Johann Georg Zimmermann aus Brugg, Johannes (v.) Müller aus Schaffhausen und später Heinrich Korrodi aus Zürich für die ADB tätig.

196 vgl. die Liste im Anhang. Im Hofs Aufstellung (Im Hof 1967, S.260) ist weder vollständig - er nennt lediglich 19 Artikel - noch völlig korrekt: Die Rezension zu Johann August Eberhards "Neuer Apologie des Sokrates" stammt nicht von Iselin, der das Buch freilich aufmerksam gelesen hat, wie aus seinem Tagebuch und seinen Briefen an Nicolai hervorgeht. Verfasser der Besprechung war vielmehr Johann Heinrich Merck, der in jener Zeit die Sigle Kl. (in Fraktur) hatte; vgl. Parthey 1842.

197 vgl. die Erläuterung zu Nr.43.

198 Staatsarchiv Basel-Stadt PA 98; 13, S.438-443; die Rezension ist abgedruckt in ADB 12/1 (1770).

Frey fürchtete, diese zusätzliche Anstrengung könne Iselins ohnehin schwache Gesundheit weiter beeinträchtigen. Deshalb schimpfte Frey 1772 in einem Brief an den gerade schwerkranken Freund auf die "diables d'extraits pour ces berlinois".[199]

Bezüglich des Konzeptes der ADB äußerte Iselin 1769 ähnliche Bedenken wie etwas früher schon Herder (vgl. Nr.29 mit Erläuterung). Es sei besser, ausgewählte Bücher vorzustellen, als den ganzen Messekatalog zu rezensieren. Schließlich ließ er sich aber von Nicolai überzeugen, daß es gut sei, ein umfassendes Bild von der deutschen Literatur mit allen ihren Licht- und Schattenseiten zu geben. Iselin steigerte seine Tätigkeit für die ADB im Laufe der Jahre und erwarb sich dabei eine journalistische Routine, die ihm dann für die Herausgabe seiner eigenen Zeitschrift sehr nützlich war. Mit den ab 1776 erscheinenden "Ephemeriden der Menschheit", die auch Rezensionen enthielten, endete Iselins Arbeit für die ADB nicht, nahm aber doch sehr deutlich ab.

Iselins Rezensionen bestechen durch ihre Klarheit, ihre Prägnanz, ihre Anschaulichkeit und ihre abwägende, oft strenge, aber nie überzogene Bewertung. Nicolai hob hervor, sie enthielten nicht "kahle Auszüge, oder gemeine Urtheile", sondern seien für "denkende Köpfe" geschrieben (Nr.30).
Zum Prüfstein für Iselins Unparteilichkeit wurde 1772 die Besprechung von Hallers politischem Roman "Usong", der alles andere als ein Meisterstück war. Seit seiner Jugend hatte Iselin Albrecht von Haller als großen Dichter verehrt, ihn als "deutschen Pope" bezeichnet und mit Hallers Devise "Wer frey darf denken, denket wohl" seine Briefe gesiegelt.[200] Während seines Studiums in Göttingen war er auch in nähere Bekanntschaft mit dem berühmten Professor gekommen. Daraus erklären sich die Skrupel, die Iselin hatte, Hallers Roman scharf zu bewerten. Doch aus Iselins Brief, in dem er Nicolai seine Bedenken mitteilt (Nr.49), spricht auch sein Wille, "ohne Umschweif die Wahrheit" zu sagen, sachlich begründete Kritik nicht aus persönlicher Rücksichtnahme zu unterdrücken. Diese unbestechliche Haltung war ganz im Sinne Nicolais. Das Lob für die Usong-Rezension unterstreicht dies: "Manches haben Sie mir aus dem Herzen geschrieben. D[er] Hr v. Haller wird böse werden, aber wer kann dafür"

---

199 14.10.1772; vgl. Im Hof 1967, S.60 und Anm.16.
200 vgl. Im Hof 1947, S.70ff.

(Nr.52). Auch dritten gegenüber bezeichnete er Iselins Besprechung als "sehr gerecht".[201]

Haller hat die Rezension tatsächlich zu schaffen gemacht. Auch bemühte er sich, ihren Verfasser zu erraten: Fälschlicherweise hielt er Franz Michael Leuchsenring für den Autor.[202] Als einige Zeit später sein zweiter Staatsroman "Alfred, König der Angelsachsen" erschien, versuchte Haller, schlechter Kritik auf privaten Wegen vorzubeugen, wie Nicolai Iselin mitteilt: Haller habe sich an Sulzer gewandt, damit sich dieser bei Nicolai für eine positivere Aufnahme einsetze. Nicolai aber ließ sich nicht beeindrucken: "Wir sind der Wahrheit noch mehr schuldig, als der Achtung für den Herrn von Haller. Also sagen Sie Ihr Urtheil unpartheyisch. Indessen überlaße ich Ihnen, in wie fern Sie aus Achtung für einen sonst verdienten Mann, Ihr Urtheil mildern wollen. - Seinen Recensenten, kennt er gewiß nicht" (Nr.58).

Nicolai beruhigt Iselin hier über seine Anonymität. Und in der Tat konnte er dic Namen seiner Mitarbeiter meist erfolgreich geheimhalten. Die Kritik spielte sich im Lichte der Öffentlichkeit ab, der Kritiker selbst aber blieb im Dunkel. Das war nicht nur allgemein üblich, sondern ein von Nicolai engagiert vertretenes Prinzip. Er sah darin die Grundlage einer offenen Bewertung, frei von Schmeichelei und unangebrachten Respektbekundungen. Dabei ist zu bedenken, daß eine über die reine Inhaltsangabe hinausgehende Literaturkritik noch nicht sehr alt war und Standesschranken eine freie Kommunikation behinderten. Die Anonymität ermöglichte es, daß Kritik als "great equalizer" wirken konnte, wie es James van der Laan formuliert hat: "It treats all writers the same whether prince, pastor, professor, or unknown poet. In that sense, criticism is democratic."[203] Das Inkognito mag aus heutiger Sicht unaufgeklärt wirken, aber es war, mit Habermas zu sprechen, die "zum Selbstschutz verschleierte Vernunft"[204].

Iselins Rezensionen sind von sehr unterschiedlicher Länge. Einige füllen bloß wenige Zeilen, andere sind außerordentlich lang, wie z.B. der sehr wichtige Artikel über vier im Hungerjahr 1771 erschienene Schriften zu Fragen der Getrei-

---

201 an Joh.(v.)Müller, 16.3.1773; in: Nicolai, Verlegerbriefe (ed. Fabian/Spieckermann 1988), S.95.

202 vgl. Briefwechsel zwischen Albrecht von Haller und Eberhard Friedrich von Gemmingen; hrsg. von Hermann Fischer. Tübingen 1899, S.56.

203 van der Laan 1995, S.105.

204 Habermas 1990, S.96.

dehandelspolitik[205]: Auf über 50 Seiten entwickelt Iselin in grundsätzlicher Weise seine Auffassung von der Notwendigkeit eines freien Kornhandels und die damit zusammenhängenden Probleme der Agrar- und Versorgungspolitik. Die vier besprochenen Werke bilden eigentlich nur den Ausgangspunkt für sehr selbständige Überlegungen Iselins.

Diese Rezension zeigt zweierlei deutlich: Zum einen, daß die ADB kein ephemeres Journal war, sondern eher - wie der Name "Bibliothek" schon andeutet - ein auf Dauer angelegtes Kompendium.[206] Natürlich wollte die ADB aktuell sein, aber es lag ebenso in ihrer Absicht, die in Neuerscheinungen enthaltenen Anregungen in bleibende Erkenntnis zu überführen. Daß Nicolai alle paar Jahre Registerbände zur ADB erscheinen ließ, unterstreicht diese Intention.

Zum anderen ist Iselins Artikel ein Zeugnis für die Offenheit der ADB und ihres Herausgebers. Denn die Anregung zu dieser Rezension kam von Nicolai, obwohl er mit Iselins physiokratischen Auffassungen keineswegs einverstanden war (Nr.47). Die Frage der freien Ein- und Ausfuhr von Getreide hatten die beiden Brieffreunde zuvor intensiv und kontrovers diskutiert, ohne eine Einigung erzielen zu können. Allerdings hat Nicolai nicht in allen Bereichen divergierenden Auffassungen so bewußt Raum gegeben wie hier. Auf den Gebieten der Theologie und der Philosophie war Nicolai, wie Pamela E. Selwyn deutlich gemacht hat, weniger geneigt, abweichende Positionen zu tolerieren, als in den Bereichen der Wirtschaft oder auch der Naturwissenschaften.[207]

Es gibt ein schönes Zeugnis für die Rezeption der ADB-Artikel Iselins, einen Brief des Breslauer Philosophen Christian Garve an Nicolai vom 27.3.1773.[208] Zunächst äußert sich Garve darin kritisch über die Rezension von Wielands "Goldnem Spiegel" - ohne Iselin als Autor zu erraten; dann aber schreibt er von besagtem Getreideschriften-Aufsatz, der im selben Band der ADB abgedruckt war: "Iselins (denn der ist es gewiß) Kritik über die Bücher vom Kornhandel gefällt mir besser als sein neulich herausgekommenes Tracktat von der wirtschaftlichen Ordnung, der nichts als ein Auszug aus den Ökonomisten ist, auf deren

---

205 erschienen in zwei Teilen: ADB 18/2 und 19/1 (1773). Die besprochenen Werke stammen von Reimarus, Scharnweber, Fischer und einem nicht zu ermittelnden Anonymus.

206 Darauf hat Pamela E. Selwyn hingewiesen: Selwyn 1992, S.163.

207 vgl. Selwyn 1992, S.171ff. Ute Schneider hat am Beispiel des Phlogiston-Streits (Chemie) gezeigt, daß die ADB-Rezensenten untereinander sehr uneins sein konnten: Schneider 1995, S.144f.

208 Nicolai, Briefwechsel mit Garve (ed. Schulz 1974, S.253f.).

Sätze er schwört. Und da scheint mir vieles noch lange nicht von allen Seyten beleuchtet zu seyn."[209] Daß Iselin in diesem Fall von Garve erfolgreich entlarvt wurde, zeigt die Überschaubarkeit der Gelehrtenrepublik und Iselins markante Position darin.

In seinen ADB-Artikeln spiegeln sich Iselins vielfältige Interessen und Anliegen. Der Bogen spannt sich von der Belletristik (Romane, Gedichtbände, Liedsammlungen etc.) zur Wirtschaftstheorie, von der Sozial- und Kulturphilosophie zur Pädagogik, von der Geschichte zur Ethnologie. Ein besonderes Augenmerk Iselins gilt der politischen Literatur; Helvetica und Schriften zur katholischen Aufklärung treten hinzu. Der weite Horizont seiner Bildung und seiner Aufmerksamkeit macht Iselin zu einem typischen Vertreter der Aufklärung, die das Ideal des Polyhistors noch nicht aus dem Auge verloren hatte. Iselins Gelehrsamkeit war ähnlich umfassend wie das Konzept der ADB, die sich freilich, besonders in späteren Jahren, einer zunehmenden Konkurrenz von Fachzeitschriften gegenübersah. Zusammengehalten wurden die verschiedenen Bereiche durch eine anthropozentrische Grundhaltung. Sie war kennzeichnend für die aufgeklärte Popularphilosophie. Die Philosophie, verstanden als "Weltweisheit" oder "scientia practica" (Thomasius)[210] bildete den verbindenden Rahmen.

Es gehörte zu Iselins geistiger Disposition, den Blick immer auch über die Landes-, Kultur-, und Sprachgrenzen hinweg schweifen zu lassen. So galt seine Aufmerksamkeit der italienischen Aufklärung ebenso wie der französischen Physiokratie oder der schottischen Moralphilosophie. Dies soll im folgenden am Beispiel seiner ADB-Rezensionen demonstriert werden.

Die Anzeige von Carlo Antonio Pilatis berühmtem Buch "Di una riforma d'Italia" (1767) schrieb Iselin unverlangt, und Nicolai ließ sie drucken, obwohl die Rezension eines fremdsprachigen Buches eigentlich nicht in das Konzept der ADB paßte.[211] Pilati, 1733 in Tassulo geboren, war Professor für Zivilrecht in Trient gewesen. Wegen der dort herrschenden geistigen Enge und der Zensur

209 Die französischen Physiokraten nannte man damals meist "Oekonomisten"; das "Tracktat" ist Iselins "Versuch über die gesellige Ordnung" (Basel 1772). Garve interessierte sich sehr für Wirtschaftsfragen. 1794 kam seine gute deutsche Übersetzung von Adam Smiths "Wealth of Nations" heraus; vgl. Winkel 1986, S.92.

210 vgl. Schneiders 1992, S.7; zur Popularphilosophie: Holzhey 1989.

211 ADB 6/2 (1768), S.142-162.

hatte er seinen Lehrstuhl aufgegeben, war nach Den Haag gereist und anschließend nach Chur übergesiedelt, von wo aus er die Umgestaltung seines Heimatlandes propagieren wollte.[212] In seiner "Riforma" schlug er scharfe antiklerikale und antikuriale Töne an.[213] Er forderte eine starke Reduzierung der Geistlichkeit, die Aufhebung der Klöster, das Verbot der Heiligenviten und der Kirchenväter-Schriften sowie Toleranz und die Abschaffung der Inquisition. Der Papst solle, so Pilati, bloß Bischof von Rom sein und keine Gewalt über andere Kirchen und Staaten haben. Iselin referiert diese Forderungen mit grundsätzlicher Zustimmung, scheint aber doch gewisse Bedenken zu signalisieren, wenn er sie mit denjenigen des "furchtbaren Febronius" vergleicht.[214]

Iselin bewertet die konkreten Vorstöße nicht im einzelnen, doch meint man sein Einverständnis herauszuhören, wenn er Pilatis Mahnung an den Papst, sich seiner Pflichten als Landesherr zu erinnern, wiedergibt. Der Papst solle sich um die Förderung von Landwirtschaft, Gewerbe und Handel kümmern, für gerechtere Preise, Verminderung der Abgaben, Ruhe und Ordnung sorgen, gegen Nepotismus, Verschwendung und Üppigkeit (insbesondere in Kirchen und Klöstern) vorgehen. Das römische Volk wünsche "sich die Blüthe, die Emsigkeit, den Wohlstand der protestantischen Staaten"[215] und dringe zudem "auf eine größere Gleichheit der Stände. Es will weder zu reiche noch zu arme Bürger. (...) Jene kaufen die öffentliche Freyheit, diese verkaufen sie".[216] Eine klar formulierte Forderung und eine bemerkenswerte Einsicht. Italien habe eine Verbesserung der allgemeinen Denkungsart, der Sitten, aber auch der Gesetze nötig, eine Reform von unten und von oben. Die Notwendigkeit gerade auch der letzteren unterstreicht Iselin mit seiner rhetorischen Frage: "Sollte Italien nicht mehrere

---

212 Zu Pilati vgl. Meta von Salis-Marschlins: Ein genialer Abenteurer. In: 68. Jahresber. der hist.-antiqu. Ges. von Graubünden (1938/39), S.124-160; Im Hof 1967, S.190f. und die "Bibliografia Pilatiana (1765-1984) a cura di Luciano Borrelli e Antonio di Seclì." In: Annali dell'istituto storico italo-germanico in Trento XI (1985), S.293-477.

213 Venturi charakterisiert das Buch so: "Era la solenne, sofferta, accorata affermazione della necessità d'una riforma insieme morale e politica, religiosa e pratica delle istituzioni, delle idee, degli italiani"; Venturi 1973, S.1046.

214 Der Trierer Weihbischof Johannes Nikolaus von Hontheim (1701-1790) hatte 1763 unter dem Pseudonym Justinus Febronius ebenfalls die Zurückdrängung des päpstlichen Primats und eine größere Selbständigkeit der Bischöfe jedes Landes verlangt und damit die Bewegung des "Febronianismus" ausgelöst; vgl. Möller 1986, S.95f.

215 ADB 6/2 (1768), S.151.

216 ibidem, S.152.

Firmians besitzen?"[217] - Sie bezieht sich auf den leitenden Minister und bedeutenden Reformer im Herzogtum Mailand, Carl Graf von Firmian (1718-1782).

In seinen privaten und öffentlichen Äußerungen hob Iselin immer wieder die geistige und moralische, die wirtschaftliche und politische Überlegenheit der protestantischen gegenüber den katholischen Ländern hervor, und er durfte dabei auf Nicolais Zustimmung rechnen. Italien sei bisher, so Iselin in einem Brief an Nicolai, "der Hauptsitz des Aberglaubens, der Unordnung und allem sittlichen Übel gewesen" (Nr.6). Etwas milder formuliert er es in seiner Buchbesprechung und öffnet gleichzeitig eine politische Perspektive: In Italien habe bislang der "philosophische Geist" gefehlt, "welcher in unserm Jahrhunderte über die Staatskunst ein gutthätiges Licht auszubreiten angefangen hat."[218] Die Verbesserungsvorschläge und Beobachtungen Pilatis seien in Frankreich, in England und im protestantischen (!) Deutschland längst bekannt, in Italien jedoch auch wohl den besten Köpfen neu. Nun wende sich in Italien vieles zum Guten. Beweise dafür seien "das Werk von den Strafen und von den Verbrechen" und "das Kaffeehaus".

Damit gibt Iselin den Hinweis auf zwei andere herausragende Publikationen der italienischen Aufklärung: Cesare Beccarias "Dei delitti e delle pene" (1764) hatte Iselin Anfang 1766 gelesen.[219] Dieses Buch, mit dem sich Beccaria gegen die Todesstrafe und die Folter wandte, ist ein Meilenstein der Strafrechtsliteratur und war gleichzeitig, in den Worten von Franco Venturi, "la prima evidente prova che la primavera dei lumi era giunta ormai anche per l'Italia".[220] Es beeindruckte Iselin, wenn er auch nicht alles neu fand. An Abbt schrieb er: "Der Mann [sc. Beccaria] redt an das Herz - er machet zum Schutze der Unschuld und zum Besten der Menschheit die feinsten Triebräder desselben rege."[221]
"Il Caffè" ("Das Kaffeehaus") war die Zeitschrift der "Accademia dei Pugni" (1764-66), der "colonia milanese dei lumi"[222], die sich um Pietro Verri und

---

217 ibidem, S.154.
218 ibidem, S.143.
219 Im Hof 1967, S.319 (Anm.40).
220 Venturi 1973, S.1041 und 1039.
221 Iselin an Abbt, 6.6.1766 (ed. Frison 1976, S.267). Auch in Briefen an Frey und Mendelssohn äußerte sich Iselin sehr angetan von Beccaria und seinem Werk; vgl. Im Hof 1967, S.237, und Venturi 1973, S.1079f.
222 Venturi 1973, S.1041; vgl. auch Im Hof 1993, S.137.

Beccaria sammelte. Obwohl nur zwei Bände erschienen, erregte "Il Caffè" mit seinen Artikeln zu literarischen, historischen, naturwissenschaftlichen, wirtschaftlichen und sozialen Problemen europäisches Aufsehen. Iselin gehörte zu den frühen Rezipienten nördlich der Alpen, noch bevor das Werk in deutscher Übersetzung erschien (Zürich 1769). 1767 machte er Nicolai damit bekannt, der sich auch sofort interessiert zeigte.[223]

1769 hat Iselin die deutsche Übersetzung von Pilatis "Riflessioni di un italiano" in der ADB besprochen.[224] Er referiert Pilatis Polemik gegen die Machtgier der Geistlichkeit und hebt die Angriffe auf die Hierarchie in der katholischen Kirche hervor. Daß dies nach Iselins Auffassung ein relevantes Thema auch für die Schweiz war, macht die Rezension von "De Helvetiorum juribus circa sacra", einer Schrift seines Luzerner Freundes Felix Balthasar, deutlich.[225]

Seit der Zeit des Humanismus war die Schweiz ein wichtiger Umschlagplatz für die Ideen und Bücher gewesen, die aus Italien kamen und sich dann nach Norden ausbreiteten. Diese Funktion hatte die Schweiz auch im 18. Jahrhundert. In der Romandie (Genf und Lausanne) wurden die französischen Übersetzungen von Werken der italienischen Aufklärung angefertigt und gedruckt, in der deutschsprachigen Schweiz (Zürich und Chur) die deutschen. Viele Schweizer, unter ihnen Ulysses von Salis und Johann Georg Zimmermann, trugen zur Bekanntmachung der Ideen Pilatis, Beccarias, Verris u.a. bei. Auch Iselin hatte durch seine Sprachkenntnisse, seine weitgefächerten Interessen und sein publizistisches Engagement daran Anteil, daß die Schweiz eine "geistige Mittlerin" blieb und den Titel "Helvetia Mediatrix" verdiente.[226]

---

223 vgl. Nr.5 mit Erläuterung; ferner Nr.7, 10, 12 und 13.

224 ADB 10/2 (1769).

225 ADB 11/1 (1770). Der umfangreiche Briefwechsel zwischen Iselin und Balthasar, dessen Schwerpunkt auf den frühen 60er Jahren liegt, ist 1925 von Ferdinand Schwarz publiziert worden. In der für unseren Zusammenhang besonders wichtigen Zeit von 1767-1772 haben die beiden aber gar nicht und danach nur noch sporadisch miteinander korrespondiert.

226 Die Formel "Helvetia Mediatrix" geht auf Fritz Ernst zurück. Holzhey und Zurbuchen haben sie als "Mythos" bezeichnet, jedoch nicht deutlich machen können, was sie daran auszusetzen haben; vgl. Fritz Ernst, Helvetia Mediatrix. Zürich 1939; Holzhey/ Zurbuchen 1993, S.303.

Die von Iselin in seinen ADB-Rezensionen geleistete Vermittlungsarbeit bezog sich nicht nur auf italienische, sondern mehr noch auf französische Ideen und Werke, insbesondere die Theorie der Pariser Ökonomisten: Die Physiokratie oder, wie man damals übersetzte, "natürliche Ordnung" war Thema einer Reihe wichtiger ADB-Artikel Iselins von 1773 bis 1775. Bereits in der 1770 veröffentlichten Rezension zu Hofstedes Streitschrift gegen Marmontel deutet sich eine physiokratische Tendenz an, wenn Iselin betont, der Feldbau sei - ungleich stärker als der Handel - "die Quelle der wahren Reichthümer".[227] In der Kritik zu Wielands "Goldnem Spiegel" weist er ausdrücklich auf die "Schriften der französischen Oekonomisten" hin.[228] Und in einem anderen Artikel nennt er ihre Namen: "Der Doctor Quesnay, der Marquis von Mirabeau, Herr du Pont".[229]

Iselin war kein dogmatischer Physiokrat. Seine Rezension von Schlettweins "Die wichtigste Angelegenheit für das ganze Publikum" zeigt das deutlich.[230] Johann August Schlettwein, den man den deutschen "Hauptphysiokraten" genannt hat und der 1776 von Iselin nach Basel gezogen wurde[231], hatte behauptet, Manufakturen könnten ein Land nicht bereichern, da sie Produkte lediglich umformten; ebensowenig der Handel, der nicht mehr sei als eine Vertauschung von Waren. Sie trügen beide nicht zur Vermehrung der Güter bei. Iselin stand der "seit Colberts Zeiten üblichen Finanzwissenschaft"[232] - wir sprechen vom "Colbertismus" - mit ihrer Fixierung auf den Exporthandel und ihrer einseitigen Förderung der Manufakturen ebenso ablehnend gegenüber wie Schlettwein. Jedoch wendet er gegen diesen ein, daß erst der Handel - das heißt: die Gelegenheit zum Tausch - eine Ware zum Reichtum mache. Handel stimuliere die Produktivität. Im übrigen könne die Weiterverarbeitung fremder Produkte ein Volk durchaus reicher machen.

Auch an Hans Caspar Hirzel, dem Zürcher Stadtarzt und Entdecker des "philosophischen Bauers" Jakob Gujer ("Kleinjogg"), kritisiert Iselin den physiokratischen Rigorismus. Die Landwirtschaft sei, so Iselin, vielleicht die "vornehmste

---

227 ADB 13/2 (1770).

228 ADB 18/2 (1773), hier: S.359.

229 ADB 20/2 (1773), S.448 (Rez. Schlettwein); vgl. zum folgenden auch Kapitel IV/2.

230 ADB 20/2 (1773) und ADB 21/2 (1774).

231 vgl. Gerteis 1989, S.105f., und Im Hof 1967, S.120f.; grundsätzlich zu Schlettwein: Braunreuther 1955/56, S.17-30.

232 ADB 20/2 (1773), S.455.

oder erste", aber nicht die "einzige Quelle einer wahren und dauerhaften Glückseeligkeit eines Staates".[233]
Wie Schlettwein befürwortete Iselin Handelsfreiheit, meinte aber, daß sie sich nicht naturrechtlich herleiten lasse; ihre Legitimation beruhe vielmehr auf ihrer ökonomischen Vernünftigkeit.
Schlettweins Einteilung der Menschheit in zwei Klassen, "Hervorbringer" und "Verbraucher", die eine Vereinfachung des Drei-Klassen-Schemas in Quesnays "tableau économique" darstellt, hält Iselin für ungünstig, weil die Hervorbringer auch Verbraucher seien. Dem Grundsatz, ausschließlich den "Hervorbringern" eine Steuer aufzuerlegen (die französischen Physiokraten sprachen vom "impôt unique"), könne er - so Iselin - nur mit Einschränkung zustimmen. Zwar sei es richtig, Einnahmen und nicht Ausgaben (oder den Verbrauch, wie bei der Akzise) zu besteuern. Jedoch sei es oftmals nicht ausreichend, wenn nur auf landwirtschaftlichen Gewinn (den "reinen Ertrag" oder "produit net") Abgaben gezahlt werden müßten. Ein Handelsstaat ohne größere Agrarproduktion (Iselin wird an Basel gedacht haben) sei erst dann in der Lage, seinen Aufgaben nachzukommen, wenn auch der Handelsgewinn besteuert werde.

Iselins Schlettwein-Kritik ist nicht nur deswegen bemerkenswert, weil sie Auffassungsdifferenzen unter den Physiokraten deutlich macht, sondern auch, weil sie ein Echo hatte: Die kleine Schrift "Briefe an eine Freundin über einige Gegenstände der natürlichen Ordnung der Politik", die 1775 anonym in Wien erschien, ist eine Widerlegung eben jener Rezension.[234] Schlettweins Ansichten werden in ihr gegen den ADB-Rezensenten - also, wie wir heute wissen, Iselin - verteidigt. Diese Streitschrift ist ein Indiz für die öffentliche Resonanz der Iselin'schen Artikel, die eben mehr enthielten als "kahle Auszüge, oder gemeine Urtheile" (Nr.30).

Besonders gilt das auch für Iselins Besprechung der deutschen Übersetzung von Adam Smiths bahnbrechendem Werk "Inquiry into the Nature and Causes of the Wealth of Nations" (1776).[235] Diese Übersetzung war von Johann Friedrich Schiller, einem Vetter des Dichters, der in London wohnte und als Agent für

---

233 ADB 27/1 (1775), S.302.
234 Der Autor der Schrift war nicht zu ermitteln. Sie wurde vom Rostocker Hofrat Witte in der ADB besprochen: ADB 32/1 (1777), S.240-245. Witte nimmt Iselins Rezension in Schutz.
235 ADB 31/2 (1777) und 38/1 (1779).

den Leipziger Verlag Weidmann und Reich tätig war, angefertigt worden.[236] Sie gilt allgemein als sehr schlecht und wird für die schleppende Smith-Rezeption in Deutschland mitverantwortlich gemacht. Ihr erster Teil erschien bereits 1776, also noch im selben Jahr wie das Original; der zweite Teil kam 1778 heraus.

In seinem Brief vom 11.4.1777 (Nr.95) schreibt Iselin an Nicolai, Smiths Werk sei von äußerster Wichtigkeit. In seine Begeisterung mischt sich aber auch Kritik. Einerseits nennt er das Buch "eklektisch" und meint das in dem selben positiven Sinne wie Diderot, der 1755 in der Encyclopédie formulierte: "Der Eklektiker ist ein Philosoph, der es wagt, selbst zu denken"[237]. Iselin streicht heraus, Smith sei ein Mann, "der gar zu keiner Schule geschworen hat". Die große geistige Unabhängigkeit, die Iselin damit Smith zuerkennt, schränkt er andererseits gleich wieder ein: Er könne nämlich nicht leiden, so Iselin, "daß ein Mann die Leute gar nicht nennt, die entweder seine Lehrer und Vorgänger gewesen sind, oder die mit ihm Wahrheit gesucht und gefunden haben".

Es ist nicht schwierig zu erraten, wen Iselin als heimliche Vorbilder und Mitstreiter Smiths ansieht: Die Pariser Ökonomisten um François Quesnay. Smith hatte diese bei seinem zweieinhalbjährigen Aufenthalt in Frankreich (1764-1766) persönlich kennengelernt und ihre Theorie rezipiert, dabei allerdings auch Distanz gewahrt.[238]
Erst im zweiten Teil seines "Wealth of Nations" (Buch IV, Kapitel 9), den Iselin 1777 noch nicht gelesen hatte, nahm Smith auf das physiokratische System Bezug und setzte sich deutlich von ihm ab.[239] Iselin spielt das in seiner Rezension 1779 als "blosse Logomachie" herunter und meint: "Die Oekonomisten und er, denken im Grunde gleich."[240] Nur in der Lehre von den Steuern wichen sie voneinander ab.

---

236 vgl. Rosenstrauch 1986, S.71.
237 zit. nach Schneiders 1995, S.93, s.v. "Eklektik".
238 vgl. Ian Ross, The Physiocrats and Adam Smith. In: Blaug 1991, S.208-220; Streminger 1989, S.73. Smith, Wohlstand der Nationen (ed. Recktenwald 1978); Einl. des Hrsg. S.XXIVff. - Übrigens beabsichtigte Smith ursprünglich, sein Werk Quesnay zu widmen; dieser starb aber vorher.
239 Smith, Wohlstand der Nationen (ed. Recktenwald 1978), S.560-583, v.a. S.570-575.
240 ADB 38/1 (1779), S.299.

Dieser Einschätzung wird man kaum zustimmen können. Der zentrale physiokratische Grundsatz, die Urproduktion - Landwirtschaft, Bergbau, Fischfang etc. - sei die einzige Quelle des Wohlstands eines Landes, wird von Smith abgelehnt. Scharf kritisiert er die Auffassung, daß man allein die Werktätigen jener Bereiche "produktiv" nennen könne, Handwerker und Kaufleute hingegen volkswirtschaftlich "steril" seien. Der Überbewertung des Gewerbes durch Colbert und seine Nachahmer stehe, so Smith, dessen Unterbewertung durch die Physiokraten gegenüber. Iselins Harmonisierungsversuch ist angesichts solcher Kritik nicht recht überzeugend, obwohl Smith den Ökonomisten zugesteht, ihr System sei "with all its imperfections the nearest approximation to the truth that has yet been published upon the subject of political oeconomy."[241] Den Physiokraten und Smith gemeinsam ist immerhin die Gegnerschaft zum Colbertismus bzw. Merkantilismus.[242]

Der Merkantilismus - Iselin spricht vom "Handlungs-" oder "Monopoliensystem" - war sicherlich kein geschlossenes Lehrgebäude, sondern ein Konglomerat vieler verschiedener Vorstellungen. Dies wird leicht verdeckt, wenn seine Gegner, zu denen auch Iselin zählte, ihn pauschal als "das herrschende System von Europa"[243] bezeichnen. Für viele Merkantilisten verbindend, so viel läßt sich jedoch sagen, war die Vorstellung, der Wohlstand eines Volkes sei allein abhängig von einer aktiven Handelsbilanz. Sie versuchten deshalb den Außenhandel so zu lenken, daß die Ausfuhr (z.B. von teuren Manufakturwaren) die Einfuhr (z.B. von Rohstoffen) übertraf. Auf diese Weise wollte man fremdes Geld ins Land ziehen.[244]

Smith hielt demgegenüber den Binnenhandel für ebenso wichtig wie den Außenhandel. Der Nationalreichtum bestehe nicht in Gold- und Silberschätzen, sondern in Verbrauchsgütern; und Thesaurierung dürfe nicht der Zweck der "Industrie" sein. Auch sei die Auffassung ganz falsch, ein Staat könne nur dann

---

241 zit. nach Häufle 1978, S.19; vgl. Smith, Wohlstand der Nationen (ed. Recktenwald 1978), S.574.

242 Auch die Annahme einer "natürlichen Ordnung" bzw. "natürlichen Freiheit" in der Wirtschaft zählt zu den Gemeinsamkeiten zwischen Smith und den Physiokraten. Mit dem Merkantilismus setzt sich Smith in Buch IV intensiv auseinander: Smith, Wohlstand der Nationen (ed. Recktenwald 1978), S.347-559.

243 ADB 38/1 (1779), S.299.

244 vgl. z.B. Friedrich d.Gr., Politisches Testament 1752 (ed. Most 1974), S.34.

gewinnen, wenn gleichzeitig ein anderer verliere[245]: "Der gröste Vortheil einer Nation ist, daß alle andere Nationen reich sind." Es sei ökonomisch nicht sinnvoll, die Nachbarn schwächen zu wollen. Man solle sich vielmehr um eine größere Effektivität der Arbeit (durch Arbeitsteilung, Maschinen etc.) bemühen; denn - so Smiths zentrale Einsicht in den Worten Iselins: "Auf die Arbeit gründet sich der ganze Wohlstand der Menschen."[246]

Ganz besonders stimmt der "wirtschaftsliberale" Iselin mit Smith in seinem Ruf nach freier Konkurrenz und Aufhebung aller Handelsschranken überein. Der Staat solle auf dirigistische Eingriffe in den Wirtschaftsablauf, wie Zölle, Prämien, Privilegien, Monopole etc., verzichten. Freihandel müsse für alle gelten[247]; auch - und hiermit bekommt die Argumentation eine aktuelle politische Richtung - den Kolonien solle er zugestanden werden. Iselin schildert Smiths Sympathie für die Forderungen der Kolonien (nicht zuletzt in der Frage der Besteuerung) und schließt mit dem Ausruf: "Gesegnet sey der Britte, der so gerecht und so weise denket!"[248]

Iselins ökonomische Ideen beruhten ebenso auf moralphilosophischen Grundsätzen wie diejenigen Smiths. Die Verzahnung ökonomischer, ethischer und politischer Fragestellungen (aber auch die Fülle empirischer Beobachtungen) im "Wealth of Nations" mußten Iselin imponieren. Bewußt setzte er an den Anfang seiner Rezension die Feststellung: "Die sittliche und politische Vollkommenheit sind auf das engeste mit der wirthschaftlichen verbunden."[249]

Neben Johann Georg Feder in Göttingen, im 18. Jahrhundert ein wichtiges Einfallstor britischer Kultur und Wissenschaft, war Iselin im deutschen Sprachgebiet wohl der erste, der die Bedeutung von Smiths "Wealth of Nations" öffent-

---

245 zu dieser Vorstellung vgl. Bürgin 1993, S.290-298; das folgende Zitat in: ADB 38/1 (1779), S.298.

246 ADB 31/2 (1777), S.588.

247 Durch die "Internationalisierung der Arbeitsteilung" (Streminger 1989, S.96), die eine Folge des Freihandels ist, wird - nach Smith - nicht nur die Produktivität und der Wohlstand aller gesteigert. Auch die Gefahr von Handelskriegen vermindert sich. Der Handel, der in merkantilistischer Zeit "eine verdeckte Form der Kriegsführung" war (Bürgin 1993, S.291), wird zum Garanten des Weltfriedens.

248 ADB 38/1 (1779), S.303.

249 ADB 31/2 (1777), S.587. Verbindend war wohl nicht zuletzt, daß Smith (wie Iselin) die Bedeutung einer von der Kirche unabhängigen Erziehung hervorhob.

lich darlegte.[250] Man mag ihn in der Tradition Beat Ludwig von Muralts sehen, der dem Kontinent - noch vor Voltaire - England als große Kulturnation nahe gebracht hat; oder in der Tradition Hallers, der in seinen Gedichten den Ruhm englischer Wissenschaft, vor allem Newtons, verbreitete.[251] Und man wird ihn auch hier wieder einen Repräsentanten der "Helvetia Mediatrix" nennen dürfen.[252] Allerdings war dem Engagement Iselins für die Ideen Smiths nur ein begrenzter Erfolg beschieden; denn bis 1794 - in diesem Jahr erscheint die zweite, diesmal von Garve veranstaltete deutsche Übersetzung - "bleibt es eine kleine stille Gemeinde einsichtiger Verehrer, die sich mit Smith beschäftigt."[253]

Bereits 1766 war Smiths "Wealth of Nations" in einem bedeutenden Werk seines Freundes Adam Ferguson angekündigt worden, dem "Essay on the History of Civil Society"[254], der Iselin seit 1768 in der deutschen Übersetzung bekannt war. Nach Thema und Anlage ist Fergusons "Essay" mit Iselins "Geschichte der Menschheit" engstens verwandt: Ferguson betreibt wie Iselin eine neue philosophische Geschichtsschreibung mit besonderer Betonung ethischer Gesichtspunkte. Fania Oz-Salzberger hat die Ansichten beider einer vergleichenden Analyse unterzogen und dabei auch eingehend Iselins Ferguson-Rezension beleuchtet, die 1770 in der ADB erschien.[255] Sie würdigt Iselin als "Ferguson's first interpreter in the German language and a sympathetic and fair-minded reader"[256], hebt aber auch die Differenzen hervor: Während Iselin einen historischen Determinismus vertritt und an eine unaufhaltsame Höherentwicklung der Menschheit glaubt, enthält Fergusons Geschichtsbild die Möglichkeit dauerhaften Rückschritts. Iselins eudämonistische Teleologie wird von Ferguson nicht geteilt. Zu diesem grundlegenden Unterschied kommt ein zweiter hinzu:

---

250 vgl. Winkel 1986, S.90f., und Klingenberg 1992. - Übrigens erkannte auch Nicolai den hohen Wert des Werkes; vgl. Nr.97.

251 vgl. Holzhey/Zurbuchen 1993, S.303-305; vgl. auch U.P.Jauch Staffelbach: "Un Suisse qui sait penser". Die Reisebriefe des Beat Ludwig von Muralt. In: Neue Zürcher Zeitung 27./28.3.1993, S.69f.; Haller, Gedichte (ed. Elschenbroich 1965), S.23-52.

252 Iselin richtete seine Aufmerksamkeit nicht nur auf Italien, Frankreich, die Niederlande und Großbritannien. Ihn interessierten beispielsweise auch Ansätze der spanischen Aufklärung; in seinen "Ephemeriden" beschäftigte er sich insbesondere mit den ökonomischen Ideen des Grafen von Campomanes; vgl. Guggisberg 1986, S.15ff.

253 Winkel 1986, S.92.

254 Ferguson (ed. Batscha/Medick 1988), S.287; vgl. Im Hof 1967, S.94f.

255 ADB 11/1 (1770), S.153-168; Oz-Salzberger 1995, S.169-189.

256 Oz-Salzberger 1995, S.185.

Ferguson schreibt Konflikten eine positive soziale und politische Rolle zu. Auseinandersetzungen, auch bewaffneter Art, sind integrale Bestandteile einer funktionierenden Gesellschaft. Sie sind nach Fergusons Auffasssung geradezu ein Katalysator der Tugend. Dies war für den friedfertigen Moralisten Iselin nur schwer zu akzeptieren.

Es ist nun interessant zu beobachten, wie Iselin in seiner ADB-Besprechung auf diese Punkte reagiert: Die Unterschiede in der Beurteilung historischer Entwicklung erwähnt er nur am Rande, scheint an einigen Stellen sogar zu suggerieren, Ferguson vertrete einen ähnlichen Fortschrittsoptimismus wie er selbst (wobei er als Autor der "Geschichte der Menschheit", die auch gar nicht erwähnt ist, natürlich anonym bleibt). Auf Fergusons Konflikttheorie geht Iselin zwar mehrfach kritisch ein, deutet sie aber schließlich ganz in seinem Sinne um: "Im Grunde ist sein Hauptsystem richtig (...). Indessen könnte man durch die Art, wie er sich ausdrucket, auf die Gedanken verfallen, als ob er nur politische Trennungen, Factionen, Stürme, für die bequemen Mittel hielte, die Tugend in der Wirksamkeit zu erhalten. - Aber wir glauben, er wolle nichts anders sagen, als daß bey der natürlichen Verschiedenheit der menschlichen Meynungen, jeder die seine soll, ohne Scheu, äussern, und ohne Furcht vertheydigen."[257] Fergusons ungewöhnliche Bewertung von Konflikten, daß nämlich Streitigkeiten, Zwietracht, Unruhen und Krieg notwendig sind und positive moralische Folgen haben können, wird von Iselin in ein Plädoyer für Meinungsfreiheit umgebogen.[258] Iselins Versuch, Smith zum Physiokraten zu machen, hat also hier bereits eine gewisse Parallele: Er spielt wesentliche Differenzen herunter oder legt divergierende Theorieansätze in seinem Sinne aus. Insofern verdeckt das hohe Lob, das Iselin Ferguson und Smith spendet, einen Teil der Eigenarten ihrer Werke.

Zu den Themen, die mehrere Rezensionen Iselins durchziehen, ihn intensiv oder am Rande immer wieder beschäftigen, gehört die Bevölkerungspolitik. Iselin vertrat dabei eine andere Auffassung als Nicolai, der ihm am 23.7.1771 schrieb: "Bey allem diesem Schaden, scheinet mir der Nutzen der Manufacturen doch überwiegend. Bloß der Zuwachs der Population, solte sie einem Menschenfreunde empfelen. So viele Tausende mehr, die Gott erkennen und lieben können" (Nr.42). Nicolai bedient sich hier der Sprache der Neologen: Spalding

---

257 ADB 11/1 (1770), S.164.

258 vgl. hierzu Oz-Salzberger 1995, die eine leicht andere Einschätzung gibt: S.183ff.

hatte geschrieben, es sei die Bestimmung des Menschen "das Wahre und Gute [d.h.: Gott] zu erkennen und zu lieben".[259] Das Argument aber ist merkantilistisch und entspricht ganz der preußischen Politik unter Friedrich II. Dieser hatte sich in seinem "Politischen Testament" von 1752 - und später immer wieder - nachdrücklich für die "Ermunterung der Manufakturen" eingesetzt, unter anderem mit der Begründung "man bevölkert die Städte und gewinnt neue Untertanen. Die Untertanen aber sind der wahre Reichtum der Fürsten."[260] Die sogenannte "Peuplierung" war ein zentraler Inhalt preußischer Politik schon seit dem "Großen Kurfürsten" und der Aufnahme der Hugenotten nach 1685. Friedrich II. versuchte, diese aktive Bevölkerungspolitik durch innenpolitische Maßnahmen zu ergänzen und zu verstärken.[261]

Im kleinen Stadtstaat Basel praktizierte man hingegen das genaue Gegenteil, denn seit 1718 galt hier ein sehr restriktives Bürgerrecht. Iselin setzte sich als politischer Beamter wiederholt und entschieden, jedoch letztlich erfolglos für dessen Lockerung ein. Im "Geist der Ausschließung" sah er einen drückenden Hemmschuh für die Basler Wirtschaft (vgl. Nr.146 mit Erläuterung). Die merkantilistische Peuplierungspolitik lehnte er aber nicht weniger ab, wie mehrere seiner ADB-Rezensionen zeigen:
In der Beurteilung von Wielands "Goldnem Spiegel" kritisiert Iselin, daß in diesem Roman die "Bevölkerung" (d.h.: die Bevölkerungszunahme) mehrfach als "erste Absicht einer weisen Staatsverwaltung" hervorgehoben wird. Demgegenüber betont Iselin, das Hauptziel müsse die Hervorbringung von Nahrungsmitteln sein, deren Überfluß dann eine Vermehrung der Bevölkerung nach sich ziehen werde. Man dürfe also die Bevölkerung "nicht als die Ursach, sondern als die Würkung des öffentlichen Wohlstandes ansehen."[262] Sie sei nicht mehr und nicht weniger als ein politisches Barometer. Durch Gesetze solle man sie weder fördern noch hemmen.
Seinen großen Getreideschriften-Aufsatz im selben Band der ADB beginnt Iselin mit der Feststellung: "Die Nahrung ist die erste und die allgemeinste Be-

259 zit. nach Gericke 1989, S.96.
260 Friedrich d.Gr., Politisches Testament 1752 (ed. Most 1974), S.9.
261 vgl. K.H.Kaufhold in: Mieck 1993, S.536; ders. in: Schlenke 1991, S.78ff.; Möller 1974, S.255ff.
262 ADB 18/2 (1773), S.360.

dürfniß des menschlichen Geschlechtes."[263] Die Bevölkerung sei "eine natürliche und unausbleibliche Folge, nicht aber die Quelle des Wohlstandes."[264]

In der Schlettwein-Rezension formuliert er eine Einsicht, die sich - so banal sie scheinen mag - auch im 20. Jahrhundert noch nicht überall durchgesetzt hat: "So bald auf der ganzen Erde oder in irgend einem Lande mehr Menschen sind, als ernähret werden können: so bald ist die Bevölkerung kein Vortheil mehr."[265] Die unbedachte Förderung des Bevölkerungswachstums sei "Quelle vieles Elendes".

Iselin wurde nicht müde, diese seine Ansicht zu vertreten. 1775 schrieb er in der ADB: "Die starke Bevölkerung von Paris, von London, von Neapolis machet diese Städte gewiß nicht glücklich (...) Wo Wohlstand ist, muß nothwendig Bevölkerung seyn; nicht aber ist allemal nothwendig Wohlstand wo Bevölkerung ist."[266]

Auch in diesem Punkt war François Quesnay Iselins spiritus rector. Indem er sich gegen Mirabeaus "L'ami des hommes" wandte, hatte Quesnay gefordert: "Qu'on soit moins attentif à l'augmentation de la population qu'à l'accroissement des revenus."[267] Mirabeau übrigens ließ sich - und darauf weist Iselin lobend hin[268] - von Quesnay überzeugen und brach öffentlich mit seinen alten Ansichten.

Die Demographie entwickelte sich im 18. Jahrhundert zu einer Wissenschaft. Nicolai hat sich um sie durch seine aufwendigen bevölkerungsstatistischen Forschungen verdient gemacht. Unter Anwendung der Methoden von Süßmilch untersuchte er bemerkenswert gründlich die Bevölkerungsentwicklung Berlins seit dem 16. Jahrhundert und ihre Ursachen.[269] Auch in seiner großen Reisebeschreibung legte Nicolai besonderen Wert auf Bevölkerungsstatistiken. Durch diese empirischen Untersuchungen kam Nicolai zu dem Schluß, daß eine politisch herbeigeführte Bevölkerungsvermehrung (großzügige Aufnahme oder

263 ibidem, S.363.
264 ibidem, S.363f.
265 ADB 20/2 (1773), S.450.
266 Rez. zu: "Untersuchung ob die Erziehung für das erste Grundgesetz aller Staaten angenommen werden könne?" In: ADB 23/2 (1775), hier: S.593.
267 Quesnay, Oeuvres (ed. Oncken 1888), S.336; vgl. Leupold 1943, S.27.
268 ADB 23/2 (1775), S.590.
269 Nicolai, Beschreibung der königlichen Residenzstädte Berlin und Potsdam (ed. Spriewald 1995, S.209-260).

Anwerbung von Gewerbetreibenden, Förderung der Manufakturen etc.) Wohlstand und Nahrung nach sich ziehen konnte, und er befürwortete deshalb die merkantilistische preußische "Peuplierung".[270]
Iselin setzte den Akzent als Anhänger der Physiokraten anders: Er sah in der Steigerung der Subsistenzmittel, also vor allem dem Bodenertrag, den Schlüssel jeglichen Bevölkerungswachstums.[271] Jede staatliche Bevölkerungspolitik, sei sie nun restriktiv (wie in Basel) oder aktiv (wie in Preußen) mußte er aus diesem Grund für schädlich, günstigenfalls für überflüssig halten.

Iselins Rezensionen sind fast so vielfältig wie die Aufklärung selbst: Er tritt für die "Würde der vernünftigsten Religion"[272] ein, wendet sich aber auch gegen Voltaires "Intoleranz wider die Geistlichkeit".[273] Er lobt Lavaters Wirken für einen schweizerischen Patriotismus und warnt gleichzeitig vor nationaler Überheblichkeit.[274] Er setzt sich für eine Pädagogik im Sinne Basedows ein, die kindgerecht und gründlich, die spielerisch und lebensnah, die überkonfessionell und methodisch durchdacht ist.[275]
Er hebt hervor, "die Rechte der Fürsten" seien bloß "Folgen ihrer Pflichten"[276] und propagiert damit eine gegen das "Gottesgnadentum" gerichtete funktionalistische Herrscherauffassung. Nicht weniger entschieden äußert sich Iselin gegen die politischen Gleichheitsvorstellungen in Rousseaus "contract social".[277]

Cornelius van Pauws grob abwertende Charakterisierung der Indianer als "schlechte Menschenart", als schwach, feige, niederträchtig, ungesittet, abergläubisch, polygam, kannibalisch und grausam, kritisiert Iselin mit den Worten:

---

270 vgl. Möller 1974, S.277f. und S.325ff.

271 vgl. auch Mattmüller 1982, der Iselins Auffassung mit seinen Erfahrungen aus der Hungersnot 1770/71 erklärt (S.283-285).

272 ADB 11/2 (1770), S.262 (Rez. Spalding).

273 ADB 11/2 (1770), S.361 (Rez. "Hilär").

274 ADB 11/2 (1770), S.246f. (Rez. "Schweitzerlieder"). Simon beurteilt die Schweizerlieder als "schwülstige Identifikationspoesie" und sieht in ihnen das Resultat eines "säkularisierten Pietismus": Simon 1982, S.252f.; vgl. auch Ulrich Im Hof, Lavater als Patriot. In: Pestalozzi/Weigelt 1994, S.300-316. Lavater hat sich selbst sehr bald von seinen "Kriegsliedern" distanziert: Weigelt 1991, S.90f.

275 ADB 9/2 (1769)= Schreiben an die Helv. Ges.; ADB 12/1 (1770)= Rez. Abbt; ADB 26/1 (1775)= Rez. "Elementarwerk".

276 ADB 26/1 (1775), S.78 (Rez. "Elementarwerk").

277 ADB 4/2 (1767), S.326 ("Brief aus der Schweiz").

"Wir können uns die Nordamerikaner nicht ganz so unfähig und so feig vorstellen, als er sie uns abmahlet".[278] Wie vorurteilsbeladen van Pauws Darstellung ist, beweist Iselin, indem er Beispiele für die große Naturkenntnis und Kunstfertigkeit der Indianer anführt. Auch weist er van Pauws "Stichelreden wider die christliche Religion und wider das jüdische Volk"[279] zurück.

Scharf wendet sich Iselin gegen Hofstedes Auffassung, daß allen Heiden - auch den tugendhaften Männern des Altertums - die ewige Seligkeit versagt bleibe, und spricht von "kaltblütigen Verdammungen".[280]

Hingegen begrüßt er Gottlieb Walthers Versuch, die Schweizergeschichte an wichtigen Stellen "aufzuheitern" und zu entmythologisieren[281], und er mißt die Werke der Tscharner-Brüder an seinem Ideal einer "kritischen und philosophischen" Historiographie.[282]

Mehrfach wendet sich Iselin gegen Luxusgesetze, ein Anliegen, das aus der Basler Situation heraus verständlich wird.[283] Denn in Basel galten puritanisch anmutende Vorschriften, die in der sogenannten "Reformationsordnung" niedergelegt waren. Es zeigt seine sozialethische Grundhaltung, wenn Iselin nachdrücklich feststellt, es sei wichtiger, den Wohlstand gerechter zu verteilen und insbesondere die Bauern an ihm teilhaben zu lassen als den repräsentativen Gebrauch von Reichtum in den Städten zu unterdrücken.[284]

Und doch spürt man in einigen Rezensionen Iselins noch einen Hauch reformatorischer Sittenstrenge. So etwa, wenn er - wiederholt - moralische Bedenken gegen amourös-laszive Passagen in Wielands Werken äußert.[285] Sie mögen

---

278 ADB 12/1 (1770), S.136 (Rez. van Pauw).

279 ibidem, S.139.

280 ADB 13/2 (1770), S.608; vgl. Nicolais Brief Nr.35 mit Erläuterung und Nicolai, Nothanker (ed. Witte 1991), S.330-335.

281 ADB 12/1 (1770) und ADB Anhang zu 1-12/2 (1771).

282 ADB Anhang zu 1-12/2 (1771); hier: S.757.

283 vgl. z.B. ADB 21/2 (1774), S.438 (Rez. Schlettwein); zu den Basler Aufwandgesetzen vgl. die Darstellung von Peter Ochs, Geschichte der Stadt und Landschaft Basel Bd.7, 1821, S.641-655.

284 vgl. ADB 11/2 (1770), S.358-360 (Rez. "Versuch über den Luxus"); ADB 18/2 (1773), S.354-359 (Rez. "Goldner Spiegel"); ibidem, S.467 (Rez. "Usong"); ADB 19/1 (1773), S.14 (Rez. Vier Getreideschriften); vgl. auch Nicolais Briefe Nr.42, 45, 52, 56, 59.

285 ADB 6/1 (1768), S.191 ("Agathon"); ADB 13/2 (1770), S.602 ("Sokrates"); ADB 18/2 (1773), S.351 ("Goldner Spiegel"). Den Vorwurf der "Schlüpfrigkeit" erhoben auch Haller u.v.a. (vgl. Brender 1990, S.49 und Anm.91); vgl. auch Nicolais Briefe Nr.21, 27, 35, 50, 52.

nach unserem Empfinden (und verglichen mit der Freizügigkeit des französischen Rokoko) prüde wirken. Aber Frivolität galt als Ausdruck höfischer Dekadenz, und schon deshalb wurde sie von den bürgerlichen Aufklärern abgelehnt.

Die Aufzählung der Themen und Aspekte könnte noch lange fortgesetzt werden. Hier sei nur noch auf ein letztes, aber zentrales Anliegen Iselins hingewiesen: die "Schreibart". Viele seiner Rezensionen enden mit einer Beurteilung des Stils; Fachliteratur unterzieht er ebenso einer sprachlichen Bewertung wie Belletristik. Er kritisiert, wenn ein Autor sich seiner Meinung nach zu wortreich ausdrückt, zu lange Sätze bildet, zu viele Fremdwörter benutzt; er bemängelt "schielende Ausdrücke" und Fehler in der Grammatik. An einer Stelle entfährt ihm der Ausruf "Wie übellautend!"[286] Doch spendet er auch Beifall. An der Schreibart in Schlettweins physiokratischer Schrift "Die wichtigste Angelegenheit..." sei, so Iselin, zwar einiges auszusetzen; er finde sie aber "meistens stark, oft warm und einnehmend, überhaupt einfältig und ungeschmückt und also im Ganzen gut."[287]
Nur eine gepflegte, einfache und korrekte Sprache konnte Medium der Aufklärung sein. Sie war unabdingbar für gutes Raisonnement und deshalb auch ständiges Thema der Aufklärung - seit ihren Anfängen bis in ihre späteren Phasen. In diesen Diskurszusammenhang spielen die Briefe zu Beginn der Nicolai-Iselin-Korrespondenz hinein (Nr.2 und 4-7). Iselin zeigte sich in seinem ersten Brief an Nicolai sehr unzufrieden mit seinem eigenen Stil, und auch Nicolai rang um eine "ungekünstelte" Schreibart.[288] Nicolais Vorbild in dieser Hinsicht war sein Freund Moses Mendelssohn. In seiner Jugend hatte sich dieser Deutsch als Fremdsprache aneignen müssen (seine Muttersprache war Jiddisch)[289], sich dann aber zu einem der besten Stilisten der deutschen Aufklärung entwickelt. Von Mendelssohns "Phädon" schreibt Nicolai: "Was mir an diesem Buche unterandern gefällt ist die ungemeine Simplicität des Stils, davon man in Deutschland kaum ein Beispiel hat" (Nr.4). Mendelssohn setze der Neigung vieler

[286] ADB 22/2 (1774), S.324 (Rez. Haller, "Alfred").

[287] ADB 20/2 (1773), S.461f.

[288] In seinem ersten Artikel für die ADB ("Brief aus der Schweiz" 4/2, 1767) beklagt Iselin - anonym - den Stil einiger Schweizer Schriftsteller. Unter diesen nennt er auch sich selber, wobei er Nicolai gegenüber versichert: "das Sündenbekenntniß das mich selbst angehet ist gewiß kein bloßes Compliment" (Nr.2).

[289] vgl. Nicolai, Nekrolog auf Moses Mendelssohn. In: Nicolai, Gedächtnisschriften und philosophische Abhandlungen (ed. Košenina 1995), S.39; Schoeps 1989, S.12f.

Schriftsteller zu Manierismen, Anspielungen, dunklen Metaphern "einen Damm entgegen". Mendelssohn selbst unterstrich die Bedeutung der Sprache in seinem berühmten Aufsatz "Über die Frage: was heißt aufklären?" (1784): "Ueberhaupt ist die Sprache eines Volks die beste Anzeige seiner Bildung, der Kultur sowohl als der Aufklärung, der Ausdehnung sowohl als der Stärke nach."[290]

---

290 Mendelssohn, Kleinere Schriften I (ed. Altmann 1981), S.116

IV. Wirtschaftskrise und Wirtschaftstheorie

1. "Das Elend übersteigt in der That allen Glauben" - Die Hungersnot 1770-1772

Ulrich Bräker, der "Arme Mann im Toggenburg", hat in seiner Autobiographie die Entstehung und den Verlauf der großen Hungerkrise zu Beginn der siebziger Jahre des 18. Jahrhunderts beschrieben.[291] Bräker spricht von dem kalten und langen Winter 1769/70, dem folgenden nassen Sommer und der äußerst dürftigen Ernte. Er beklagt die große Knappheit an Brotgetreide und konstatiert, der Mangel werde durch die Spekulation der "politischen Kornjuden", die skrupellosen Händler, Bäcker und Müller noch verschärft. In düsteren Farben malt er auch die Situation der Heimindustrie. Das Spinnen und Weben von Baumwolle, notwendiger Nebenverdienst der Toggenburger Bauern, brachte nur noch sehr wenig ein. Bräker schildert eindringlich, wie das sinkende Einkommen bei gleichzeitig steigenden Getreidepreisen ihn selbst mit seiner Familie und alle anderen, die schon in normalen Zeiten am Rande des Existenzminimums lebten, in eine verzweifelte Lage trieb: Den harten Winter 1770/71 ("der schauervollste, den ich erlebt habe") überstand er, indem er erhebliche Schulden aufnahm, die ihn für viele Jahre belasten sollten. Andere fanden keinen Kredit und versuchten, ihren Hunger durch Notnahrung (Wurzeln, Gräser, Pferde-, Katzen- und Hundefleisch etc.) zu stillen; viele starben. Die Kartoffel war zwar seit Mitte des Jahrhunderts verbreitet, stellte aber noch keinen ausreichenden Ersatz für Brotgetreide dar.
Auch die Ernte 1771 brachte kaum Entspannung. Dem Hunger folgten - ursächlich mit ihm verbunden - Epidemien. Im Toggenburg brachte die "rote Ruhr" vielen den Tod. Zwei von fünf Kindern Bräkers wurden 1772 "Raub des großen Würgers". Auch er selbst erkrankte schwer, konnte sich aber wieder erholen.

Bräker hatte, wie seine Lebensbeschreibung zeigt, Einblick in die Komplexität der unmittelbaren Ursachen der Hungersnot, zu denen nicht nur das Klima, sondern auch private Spekulation, die Konjunkturkrise der Protoindustrie und politische Umstände, wie zum Beispiel Getreidesperren, zählten. Doch waren diese

291 Bräker, Lebensgeschichte (ed. Günther 1965), S.162-170.

verschiedenen Ursachen für ihn wiederum erklärungsbedürftig. Er suchte nach der Letztbegründung und fand sie im Willen Gottes. In seinem Tagebuch hat Bräker die von ihm beobachteten "Warnungszeichen" Gottes notiert: einen blutroten Himmel, Erdbeben und Hagel, Kometen mit langem Schweif in Rutenform. Und er folgert: "Der Mißbrauch der Gaben Gottes, allerhand Üppigkeit, Hofart und Pracht hat sehr überhand genommen in den wohlfeilen und gesegneten Zeiten. Daher ist Gott genötigt worden, uns zu zeigen, von wem und woher wir alle guten Gaben haben."[292]

Diese (herkömmliche) Deutung kontrastiert zur Art, wie Nicolai und Iselin auf die Krise reagierten. Weder die Aufklärer noch Bräker schoben die Schuld einfach auf die mißgünstige Fortuna oder ein abstraktes unglückliches Schicksal, sondern sahen Ursachen der Hungersnot im Verhalten der Menschen. Doch während die gebildeten Bürger eine rationale Debatte über die ökonomischen Rahmenbedingungen und die Möglichkeiten einer wirtschaftspolitischen Reform führten, artikulierte der arme Mann auf dem Lande sein quälendes Bewußtsein menschlicher Sündhaftigkeit. Die eine Art der Wahrnehmung und Deutung wurde durch die andere nicht einfach abgelöst; beide bestanden vielmehr nebeneinander. Bräker selbst hat diese Differenzen sehr deutlich gesehen. In sein Tagebuch schrieb er Ende 1770: "Obwohl es von vielen, allermeist aber von den Gelehrten verneinet wird, daß dergleichen Zeichen am Himmel nichts bedüten, so sollte man doch glauben, sie mußten jetzt etwan nachsinnen und von ihrer Meinung abstehen und glauben, daß es ja Gott frei stehe, uns seine Strafen vorher zu verkündigen und am Himmel zu zeigen."[293]

Die Hungersnot 1770-1772 betraf weite Teile Europas.[294] Außerordentlich groß war die Not in den gewerblich durchsetzten Kleinbauerngebieten, insbesondere dort, wo Meeresküste und Wasserstraßen fern waren. Mattmüller hat für die Basler Landschaft nachgewiesen, daß es eine massive Übersterblichkeit nur in den Heimarbeitergemeinden (die ihren Unterhalt hauptsächlich durch Seidenbandweberei bestritten) gegeben hat.[295] Hier kumulierten sich, wie anderswo, Industrie- und Agrarkrise. In Appenzell, einem Kanton ohne obrigkeitliche Vor-

---

292 vgl. Bräker, Tagebuch (ed. Voellmy 1941); hier: S.41.

293 ibidem; vgl. auch Holger Böning, Ulrich Bräker. Der Arme Mann aus dem Toggenburg. Leben, Werk und Zeitgeschichte. Königstein/Ts. 1985, S.80-85.

294 vgl. hier und im folgenden Abel 1986, S.46-61, und Medick 1985, passim.

295 Mattmüller 1982, S.280f.

ratshaltung, stieg der Weizenpreis im Jahr 1770 um 600-700%.[296] Das war mitnichten der europäische Spitzenwert. Im Erzgebirge, wo Bergbau, Klöppelei und Posamentiererei die Haupterwerbszweige bildeten, zahlte man im Frühjahr 1770 für den Scheffel Korn 1 Taler 4 Groschen; zwei Jahre später 14 Taler.[297]

Verglichen mit solchen Steigerungen ist die Preisentwicklung in Basel und Berlin moderat gewesen. Diese soll hier kurz beleuchtet werden, um einen Eindruck von dem unmittelbaren Erfahrungshintergrund Iselins und Nicolais zu gewinnen.

Ein direkter Vergleich zwischen den Getreidepreisen in Basel und Berlin wird durch mehrere Faktoren erschwert: Die unterschiedlichen Währungen und Maße lassen sich nicht ohne weiteres auf einander beziehen. Hinzu kommt, daß die Weizensorten und -qualitäten nicht kompatibel sind.[298] In einer Tabelle (Abb.16) sind die absoluten November-Werte nach Skalweit und Mattmüller für 10 Jahre nebeneinander gestellt[299] (1 Reichstaler = 24 Groschen; 1 Pfund = 20 Schillinge). Im Diagramm darunter, das auf diesen Werten beruht, wird die Basler mit der Berliner Preisentwicklung verglichen. Die Preise des Jahres 1766, die als normal bewertet werden dürfen, sind dabei mit 100% angesetzt.

Folgendes ist zu beobachten: 1767 und 1768 gibt es keine größeren Abweichungen von 1766. Dann aber entwickeln sich die Preise in Basel und Berlin unterschiedlich; 1769 geht der Preis in Berlin zurück, während er in Basel bereits geringfügig ansteigt. Dann folgt das Jahr 1770 mit seiner großen Mißernte; der Weizenpreis steigt in Basel auf einen für das 18. Jahrhundert absoluten Höhepunkt - auf über 250%, verglichen mit 1766. Im folgenden Jahr entspannt sich die Lage in Basel nur leicht. In Berlin gibt es insgesamt gesehen eine deutlich geringere Steigerung. Hier wird der höchste Wert erst 1771 erreicht; er bleibt unter der 200%-Marke. Dies ist sicherlich als Erfolg der preußischen Getreidepolitik zu werten. 1772 ist für beide Städte ein Rückgang bei immer noch erhöhtem Preis festzustellen. Eine Normalisierung tritt erst wieder 1773 ein.

---

296 Stolz 1977, S.115.

297 Langer 1963, S.360.

298 Das Brotgetreide bildete die wichtigste Ernährungsbasis jener Zeit, wobei dem Roggen noch höhere Bedeutung zukam als dem Weizen. Die Preise der beiden Getreidearten entwickelten sich aber etwa parallel (Der Roggenpreis unterhalb des Weizenpreises).

299 Skalweit 1931b, S.650-653; Mattmüller 1982, S.272. Der November war ein Durchschnittsmonat. Die höchsten Preise wurden immer in den Monaten vor der Ernte erzielt, die niedrigsten kurz danach.

Jahr	Berlin (nach Skalweit 1931) Berliner Scheffel Rthl.	Gr.	Basel (nach Mattmüller 1982) Sack Dinkel Pfund	Schillinge
Nov. 1766	1	14	10	5
Nov. 1767	1	14	10	13
Nov. 1768	1	20	10	13
Nov. 1769	1	5	11	15
Nov. 1770	2	6	25	17
Nov. 1771	2	22	22	13
Nov. 1772	2	14	15	15
Nov. 1773	1	18	12	7
Nov. 1774	1	17	11	
Nov. 1775	1	15	9	8

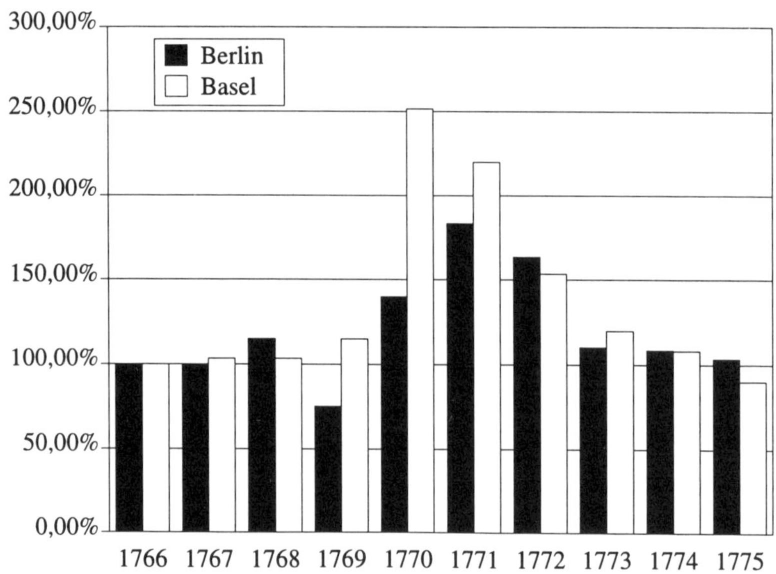

Abb.16: Entwicklung der Weizenpreise in Berlin und Basel 1766-1775.

Was erfahren wir aus dem Nicolai-Iselin-Briefwechsel über die Zeit der großen Teuerung? Ende Juli 1770 äußerte Iselin den Wunsch, Nicolai möge ihm doch die Berliner Weizenpreise mitteilen und ihm melden, wie die Ernte ausgefallen sei (Nr.36). Nicolai kam dem nach und legte darüberhinaus auf mehreren Seiten die Funktionsweise der preußischen "Kornpolicey", die er als "vortrefflich" ansah, dar (Nr.37).
Ziel der "Kornpolicey" war es, eine Balance zwischen dem Interesse der Landwirte einerseits, demjenigen der Gewerbetreibenden, Lohnarbeiter, Soldaten, Gelehrten, Armen etc. andererseits herzustellen, das heißt den Getreidepreis nicht zu niedrig und nicht zu hoch werden zu lassen. Für Roggen liege der Idealpreis, so Nicolai, bei einem Reichstaler pro Scheffel. Eine Schwankung von etwa 4 Groschen nach unten und nach oben werde hingenommen. Falle der Preis unter 20 Groschen, so kaufe der Staat Getreide für seine Magazine an und erlaube einen stärkeren Export ins Ausland, der normalerweise verboten bzw. genehmigungspflichtig war. Steige der Preis über 1 Reichstaler 3-4 Groschen, so verkaufe der König den Bäckern das Korn unter dem Marktpreis, meistens zum Mittelpreis von einem Reichstaler. Dadurch werde die Verteuerung des Brotes verhindert.[300] Der Marktpreis aber werde nicht direkt reguliert. Für andere Getreideprodukte als Brot (nämlich Puder, Kraftmehl und Branntwein) könne der Preis ruhig hoch sein.
Die Magazine seien, so Nicolai, unter König Friedrich Wilhelm (I.) für die Armee angelegt worden[301], dann habe man den Nutzen für das ganze Land eingesehen. Jetzt gebe es in allen großen Städten und Festungen Magazine. Nicolai stellt befriedigt fest: "Durch sie ist eine Hungersnoth unmöglich" (Nr.37). Der Erfolg zeige sich in diesem Jahr (1770): Der Kornpreis sei schnell angestiegen (von 16 Groschen zu Pfingsten auf 1 Taler 13 Groschen im Oktober), der Brotpreis hingegen verändere sich in Berlin kaum.

Daß das preußische System keine vollständige Sicherheit bot, muß Nicolai im folgenden selbst einräumen, wenn er von den panikartigen Hamsterkäufen berichtet, die das (sich später als falsch herausstellende) Gerücht einer Brotpreis-

---

300 Man muß bedenken, daß damals allein Brot über 40% der gesamten Lebenshaltungskosten ausmachen konnte! Vgl. Abel 1986, S.15.

301 Nicolai lobt Friedrich Wilhelm - wir kennen ihn fast nur unter dem Beinamen "Soldatenkönig" - im selben Brief (Nr.37) auch für seine Verwaltungsreformen. Gustav Schmoller hat ihn wegen dieser Leistungen im administrativen Bereich den "inneren" König Preußens genannt; vgl. Schlenke 1991, S.141.

erhöhung zum 1. November ausgelöst hat.[302] Nicolai schätzt, daß die befürchtete Verteuerung des Brotes etwa 30 000 Menschen in Berlin - fast ein Viertel der Gesamtbevölkerung (!)[303] - in große Sorge versetzt habe. "Ich habe Arme gesprochen, die ihre Freude nicht bergen konten, und die mich rührten, indem sie ihre gehabte Furcht u. nunmehrige Ruhe erzählten" (Nr.37). Nicolai gibt zu, daß "manche *Individua* u. sonderlich kleine Städte in entlegenen Provinzen, die wenig Ackerbau haben, gelitten haben". Die preußische Getreidepolitik sei aber im ganzen vortrefflich, vor allem, wenn man sie mit Frankreich (das "izt Hungers stirbt") oder Thüringen (das eine "wirkliche Hungersnoth" habe) vergleiche. Iselin teilte Nicolais Begeisterung in dieser Hinsicht gar nicht. Daß die Handarbeiter zitterten und bebten, wenn eine Brotpreiserhöhung anstehe, sei Zeichen eines armen Landes, meinte er (vgl. Nr.38).

Um Iselin von den schädlichen Folgen einer freien, durch den Staat gänzlich unkontrollierten Getreideausfuhr zu überzeugen, berichtet Nicolai mehrfach über die Entwicklung der Hungersnot in Sachsen und Thüringen.
Im November 1771 führt Nicolai das Beispiel des Erfurter Bürgermeisters Siegmund Leberecht Hadelich an, der auch Professor an der dortigen Universität war. Hadelich habe am Anfang des Jahres in den Erfurtischen Intelligenzblättern eine Abhandlung veröffentlicht, in der er den allgemeinen Nutzen der Kornausfuhr behauptet und berechnet habe. Das wahre Motiv sei aber wohl sein privater Profit gewesen, denn er handle und spekuliere mit Getreide. Infolgedessen habe schon im Juli großer Mangel geherrscht. Wegen der Brotknappheit sei es zu einem Aufruhr mit mehreren Toten gekommen (Nr.47).
Hadelich hatte mit 135 Maltern Getreide spekuliert, die er - nachdem er sie in Erfurt nicht teuer genug hatte losschlagen können - an Nürnberger Händler verkaufte.[304] Das war bei der akuten Notlage ein klarer Verstoß gegen die Regeln

302 Der Brotpreis wurde monatlich taxiert.

303 In Brief Nr.42 gibt Nicolai - sicher zuverlässig - die Einwohnerzahl Berlins mit 126 000 an.

304 Die Informationen über Hadelich und den Tumult 1771 verdanke ich der freundlichen Mitteilung von Dr. Walter Blaha, Stadtarchiv Erfurt; vgl. auch Brief Nr.52, in dem Nicolai noch einmal auf den Fall Hadelich zurückkommt, und die Erläuterungen zu Nr.47.

der "moral economy" und führte zum Aufruhr[305]: Bei dem Tumult vom 11.7.1771 stürmten aufgebrachte Bürger das Rathaus und das Haus des Bürgermeisters. Hadelich konnte, in einem Heuwagen versteckt, aus der Stadt fliehen.

In seinem Brief vom 12.6.1772 (Nr.50) nimmt Nicolai besonders auf Sachsen Bezug. Die Lage, in der sich dieses Land befinde, sei für ihn der Beweis, daß eine völlig freie Ausfuhr schädlich sei. Denn Sachsen, das (wie Thüringen) reich an Getreide sei, habe vor der mißlungenen Ernte 1771 große Mengen an Korn ins Ausland verkauft. Dabei hätten die Grundsätze der Physiokraten, propagiert von der Leipziger Ökonomischen Gesellschaft, eine große Rolle gespielt. Folge seien eine starke Teuerung und Hunger gewesen. "Durch den hohen Kornpreiß gingen alle Manufacturen zu Grunde, besonders die Spitzenklöppeleyen im Erzgebürge, wo wegen Mangel des Ackerbaues, (da der Boden alzu felsicht ist) fast alles vom Bergbau, Garnspinnen und Spitzenklöppeley lebt."
Sachsen habe daraufhin die gleiche Menge an Getreide einkaufen müssen, die es vorher verkauft habe - nur für mehr als den doppelten Preis. Friedrich II. habe "wider seine sonstige politische Principia, aus Menschlichkeit, die ihm wirklich Ehre macht, bey dem großen Elend in Sachsen, die Durchfuhr des Getraides nach Sachsen [über Elbe und Oder] erlaubt."[306] Doch hätten auch hierbei noch pommersche Kaufleute ihren Profit gesucht und damit die Menschenliebe ihres eigenen Landesherrn hintertrieben: Durch rechtzeitige Anmietung aller verfügbaren Lastkähne hätten sie die sächsischen Kommissionäre gezwun-

305 Der Begriff der "moral economy" geht auf einen Aufsatz von Edward P. Thompson zurück: The Moral Economy of the English Crowd in the 18th Century. In: Past and Present 50 (1971), S.76-136; vgl. auch Louise A. Tilly, The Food Riot as a Form of Political Conflict in France. In: The Journal of Interdisciplinary History 2 (1971), S.23-57. Seit diesen Publikationen ist das Interesse der historischen Forschung für "food riots" gestiegen. Der Erfurter Aufruhr aber, in dessen Folge mindestens sechs Streitschriften (davon zwei aus der Feder Hadelichs) erschienen sind, hat noch keine wissenschaftliche Darstellung erfahren. Schmidts Feststellung, es habe in Deutschland - gerade auch in der Subsistenzkrise 1770-72 - so gut wie keine Teuerungskrawalle gegeben, erscheint voreilig: Georg Schmidt, Die frühneuzeitlichen Hungerrevolten. Soziale Konflikte und Wirtschaftspolitik im Alten Reich. In: Zeitschrift für historische Forschung 18 (1991), S.257-280.

306 Es handelte sich um 80 000 Scheffel Getreide. Nicolai berichtet über diesen Vorfall auch in seinen "Anekdoten von König Friedrich II." (1788), S.XIVf.

gen, sie mit dem Zwischenhandel zu betrauen. Dadurch sei die rettende Lieferung um Monate verzögert und der Preis erheblich erhöht worden.
Nicolai bilanziert: "Das Elend übersteigt in der That allen Glauben. Im Erzgebürge sind seit Anfange dieses Jahres aller löblichen Anstalten ohngeachtet, an 23 000 Menschen, an Hunger Elend und dadurch verursachten Krankheiten gestorben. Die Übergebliebenen sehen Leichen ähnlicher als Lebenden, so daß ihr Anblick das hartherzigste Herz erweichen möchte." Nicolai dürfte keineswegs übertrieben haben. Nach neueren Schätzungen betrug die Zahl der Hungertoten im Erzgebirge für das gesamte Jahr 1772 mindestens 50 000.[307] Auch andere Regionen waren betroffen. Durch Tod und Auswanderung verlor Sachsen rund 100 000 Menschen.[308]

Nicolai konnte als Augenzeuge sprechen. Denn auch während der Krisenzeit reiste er zweimal im Jahr zur Messe nach Leipzig. Dabei beobachtete er die durch den Hunger ausgelöste Migration: Vom Landesinneren an die Elbe, wo die Versorgung noch am besten war, und von Sachsen ins benachbarte Preußen. Nicolai schließt seinen Bericht mit dem Hinweis auf eine wahrhaft tragische Situation. Vielerorts mußte entschieden werden, wem die Lebensmittel, die nicht für alle reichten, zugeteilt werden sollten: "Dahingegen ist es, (Gott weis mir stehen die Haare dabey zu Berge da ich es schreibe) im Erzgebürge so weit gekommen, daß man verzweifelt, die alten Leute erhalten zu können, und sich nun bemühet hauptsächlich Jünglingen und Kindern Brod zu geben, damit sie noch künftig dem Staate nützen können. Die Alten muß man verhungern laßen, weil man es nicht ändern kann" (Nr.50).

Nicolai und Iselin waren sich einig, daß die Hungersnot, ihr Ausmaß, ihre unterschiedliche Auswirkung auf benachbarte Regionen und soziale Gruppen nicht allein aus den bösen Launen des Wetters herzuleiten waren. Den Willen Gottes sucht man in ihrer Argumentation vergeblich. Von der menschlichen Mitverantwortung, dem großen Einfluß politischer Strukturen und konkreter Entscheidungen waren sie überzeugt. In der Benennung und Bewertung ursächlicher Faktoren gingen ihre Meinungen aber, wie sich aus dem folgenden ergeben wird, weit auseinander.

---

307 So Langer 1963, S.361; vgl. die erschütternden Selbstzeugnisse ibidem, S.361-367.
308 vgl. Skalweit 1931a, S.7.

2. "Der Zwang kann nur alles zu Grunde richten" - Die Debatte um die Physiokratie

"Also heute zum letztenmale vom reinen Ertrage", schrieb Nicolai im November 1772 an Iselin (Nr.52) und wollte damit den Schlußpunkt unter eine Debatte setzen, in der die beiden Brieffreunde keine Einigkeit erzielen konnten, weil sie, wie Nicolai selbst feststellte, von zu verschiedenen Prämissen und Erfahrungen ausgingen. Gemeint ist die Diskussion um die Physiokratie, deren Herzstück die Lehre vom "reinen Ertrag" (produit net) war.[309]

Iselins Wandel vom skeptischen Leser der physiokratischen Werke zum überzeugten "Ökonomisten" kann man in seinen Briefen an Nicolai sehr schön verfolgen. Er vollzog sich innerhalb eines Jahres: Im Februar 1770 lesen wir zum ersten Mal von Quesnay, "den seine Schüler nur den Confucius von Europa nennen" (Nr.32). Iselin bezeichnet die Ökonomisten als eine "merkwürdige Secte" und bekennt: "Ich bin noch nicht überzeuget daß diese Männer so viel neues entdecket haben als sie versprechen aber daß sie die verehrungswürdigsten Absichten haben bin ich gewiß." Er beklagt sich über ihre dunkle Schreibart und scherzt: "sie hätten jemand nöthig der sie ins Französische übersetzete." In Briefen vom März und April 1770 (Nr.33 und 34) hebt Iselin das von Du Pont herausgegebene Sammelwerk "Physiocratie" und die Zeitschrift "Ephémérides du citoyen" hervor und meint, die "parisischen Economisten" verdienten Achtung, obwohl man ihnen nicht ganz zu Unrecht Scharlatanerie, Dunkelheit und Enthusiasmus vorwerfe.
Im Juli fordert er Nicolai auf, die "Ephémérides" in Berlin bekannt zu machen (Nr.36), und im Dezember zeigt sich Iselin als unbedingter Anhänger der Physiokraten: "Ich hege gegen dieselben nicht nur Hochachtung, sondern Bewunderung und Verehrung" (Nr.38). Zusammen mit Basedow seien sie in seinen Augen "unter allen unsern Zeitgenossen die größten Wohlthäter des menschlichen Geschlechtes." In seinem "Versuch über die gesellige Ordnung" (1772) bezeichnet Iselin die "Lehre von dem reinen Ertrage" sogar als die wichtigste Entdeckung, die jemals auf dem Gebiet der Wirtschaft gemacht worden sei, und setzt die Bedeutung Quesnays mit derjenigen Newtons gleich.[310]

---

309 Zu Quesnay und zur physiokratischen Lehre vgl. Lüthy 1959; Hinrichs 1971; Häufle 1978; Blaich 1981; Blaug 1991; Brandt 1992; Gömmel/Klump 1994.

310 Iselin, Versuch über die gesellige Ordnung, S.V.

Nicolai war zunächst mit den physiokratischen Schriften, wie er zugab, wenig vertraut. Bezeichnenderweise spricht er von den "Ephemerides d'un [sic] citoyen" (Nr.37). Erst Ende 1771 hat er dieses Periodikum, das Sprachrohr der Physiokraten, gelesen (vgl. Nr.47). Allmählich eignete er sich dann aber, auch aus Schlettweins und Iselins Werken, Grundlagen der Theorie an.

Man wird im Briefwechsel keine systematische Auseinandersetzung über die Physiokratie, die "natürliche Ordnung", suchen. Es sind, wie das im Charakter der Quelle liegt, eher Einzelprobleme, die - oft recht unzusammenhängend - erörtert werden. Fragen, die die herrschende Hungersnot aufwarf, stehen dabei zunächst im Vordergrund, vor allem die Getreidepolitik.
"Rendez, rendez donc la liberté naturelle dont le commerce des blés doit jouir" rief Mercier de la Rivière 1770 aus.[311] Dies war eine Kampfansage an eine als paternalistisch empfundene Politik, wie sie auch in Preußen betrieben wurde. Sie ruhte dort, wie bereits angesprochen, auf zwei Säulen: der Vorratshaltung durch staatliche Magazine und der Außenhandelsregulierung durch ein bewegliches Spiel von Einfuhr- und Ausfuhrbeschränkungen.[312] Iselin lehnte diesen Protektionismus im Gegensatz zu Nicolai ab und bemerkt: "Es ist Zwang dabey, und also Ungerechtigkeit" (Nr.38). Die Ungerechtigkeit lag für Iselin darin, daß die Landwirte in teuren Zeiten um ihren verdienten Gewinn gebracht wurden. Doch ging es ihm nicht bloß um das Wohlergehen der Bauern (das freilich auch!). Entscheidend war für ihn der Zusammenhang von Gewinnanreiz und Produktivität. Die Steigerung der Produktion lag im Interesse der Allgemeinheit und ließ sich nur erzielen, wenn sie sich für den Erzeuger lohnte. Iselin argumentiert, daß jedes Ausfuhrverbot den Bauern "die Lust zum Feldbau benehmen, und also die Hervorbringung der Nahrungsmittel, zum Nachtheile unserer Mitbürger selbst, und des ganzen menschlichen Geschlechts vermindern wird."[313]

Energisch trat Iselin für eine freie Preisbildung ein und wandte sich dagegen, daß man den Getreidepreis auf Kosten der Bauern dadurch niedrig hielt, daß man ihnen den Export verwehrte. Allerdings wollte Iselin auch nicht in den

---

311 zit. nach Bürger/Leithäuser 1976, S.369.

312 Die Beschränkungen betrafen allerdings nur die mittleren Provinzen Preußens (Kurmark, Neumark, Altmark, Magdeburg, Pommern und Schlesien). In den rheinisch-westfälischen Landesteilen und in Ostpreußen herrschte Freihandel.

313 ADB 18/2 (1773), S.373 (Rez. Vier Getreideschriften).

Verdacht geraten, daß er über die teilweise explosionsartig gestiegenen Preise während der Hungerkrise Genugtuung empfinde: "Die Vertheidiger der Freyheit sagen nicht, die Theurung sey kein Uebel; sie sagen nur, ein verhältnisweise mäßig hoher Preis sey für die Aufmunterung der Landwirthschaft nützlich."[314] Ausfuhr- und Einfuhrsperren waren nach Iselins Ansicht ein schweres Hemmnis für die Landwirtschaft. Zu einer wirklichen Blüte könne sie erst bei freiem Getreidehandel gelangen. Wäre das rechtzeitig erkannt worden, so hätten sich - das war Iselins Überzeugung - die Mißernten weniger verheerend ausgewirkt: "Wir sind weit entfernet zu behaupten, daß der freye Getreidehandel die Theurung gänzlich verhütet haben würde, welche in dem Jahr 1770 und 1771 so viele Länder gedrücket hat. Er würde sie nur vermindert haben (...)."[315]

In Preußen wurde die Regulierung der Brotpreise als aktive Sozialpolitik verstanden. Durch die Erhaltung eines stabilen Preises für das Hauptnahrungsmittel sollte den vielen Armen Sicherheit gegeben werden. Iselin hielt diesen Weg für falsch, weil man dadurch zu Lasten der Landwirte nicht nur die Bedürftigen unterstützte, sondern auch, wie er Nicolai eingehend darlegte (vgl. Nr.44), die wohlhabenden Leute. Er hielt es für gerechter, den Armen unmittelbar - nicht mittelbar über den Preis - zu helfen.

In der Zeit des akuten Getreidemangels wurde vielerorts höchst kontrovers über Vor- und Nachteile der "Fruchtsperre" diskutiert, so auch in Baden und in Basel. Der physiokratisch gesinnte badische Markgraf Karl Friedrich bekannte sich im September 1770 zum Freihandel, gab diese Haltung jedoch auf Druck der Beamtenschaft, der Bevölkerung und benachbarter Staaten zwei Monate später auf.[316] Ebenfalls im September 1770 - auf dem Höhepunkt der Krise - konnte Iselin in Basel durchsetzen, daß der Getreidehandel gänzlich liberalisiert wurde.[317] Iselins Hauptargument in dieser besonderen Situation war, daß man dem Basler Getreidemarkt schade, wenn man die Ausfuhr verbiete, weil dann nicht nur die auswärtigen Käufer, sondern auch die auswärtigen Verkäufer

314 ADB 22/1 (1774), S.153 (Rez. Barkhausen).

315 ADB 18/2 (1773), S.378 (Rez. Vier Getreideschriften).

316 vgl. Zimmermann 1987, S.106ff.; zu den physiokratischen Experimenten in Baden vgl. die Erläuterungen zu Nr.54.

317 vgl. Mattmüller 1982, S.285-289. Zur Revision der Basler Getreideordnung 1770: Im Hof 1967, S.121 u. Anm.43, 44. Zum Auswanderungsproblem: ibidem, S.115f. u. Anm.52. Weitere Quellen zur Teuerungskrise: ibidem, S.304 (Anm.13).

wegblieben. Dadurch werde kein Korn mehr zugeführt, und es komme zu einer Teuerung. Diese Meinung vertrat er noch 1774 in der ADB.[318] Doch Iselins Erfolg war nicht von Dauer: Wie in Baden, so wurde auch in Basel schon bald wieder die Ausfuhrsperre eingeführt (3.1.1771). Es erwies sich, daß die physiokratischen Grundsätze kein Mittel der Krisenbewältigung waren. Selbst in der wohlhabenden und verkehrsmäßig günstig gelegenen Handelsstadt Basel konnte sich der Freihandel nicht durchsetzen.

So umstritten wie die Handelsschranken waren auch die staatlichen Magazine. In Deutschland schlossen sich Autoren wie Reimarus und Scharnweber der scharfen physiokratischen Kritik an den öffentlichen Vorratshäusern an. Iselin nahm in dieser Frage eine vermittelnde Stellung ein: In einem Brief an Nicolai sprach er von den "ungeheuern Kosten" der Magazine, die durch Abgaben der "desto mehr gepreßten Unterthanen" aufgebracht würden (Nr.38), und im Grunde war er mit den Ökonomisten einig, daß Magazine als interventionistisches Instrument des Staates nicht in das Idealbild einer freien Wirtschaft paßten. Jedoch gab er Nicolai gegenüber zu, "daß landesherrliche Getraidmagazine noch zur Zeit wenigstens, in allen Ländern nöthig sind" (Nr.38; vgl. auch Nr.41, 44). Angesichts von Sperren, Krieg, Epidemien etc. sah er ihren Nutzen ein. Die Vorratshäuser in Genf, Bern, Basel und anderen schweizerischen Kantonen hätten, so schrieb er in der ADB, das Elend vieler Menschen abgewendet.[319] In einer anderen Rezension mahnte er hingegen, der Verkauf von öffentlichem Getreide unterhalb des Marktpreises müsse mit aller Vorsicht erfolgen, damit man die Einfuhr nicht abschrecke und den "Hang zum Betteln und zum Müßiggange" nicht stärke.[320]

Nicolai teilte solche Vorbehalte nicht. In mehreren Briefen unterstrich er die wichtige soziale Funktion der Magazine (Nr.37, 39, 47, 52). Insbesondere die Kosten ließ er als Gegenargument nicht gelten: "Welch eine gerechtere Ursach, könte eine Nation wohl haben, eine Nationalschuld zu machen, als um ihre Bürger vor Hungers Noth zu bewahren?" (Nr.39). Es ist eine Tatsache, daß Preußen die Hungersnot 1770-72 von den europäischen Großmächten am besten meisterte. Das war nicht zuletzt ein Verdienst der friderizianischen Magazinwirt-

318 "Ein Markt, wo man wenig Käufer hoffet, wird nicht leicht der Sammelplatz vieler Verkäufer und vieler Waaren werden." (ADB 22/1, 1774; S.153. Rez. Barkhausen).

319 ADB 22/1 (1774), S.155 (Rez. Barkhausen).

320 ADB 19/1 (1773), S.3-7 (Rez. Scharnweber).

schaft, und Nicolai weist zu Recht auf ihren Erfolg hin.[321] Was er allerdings nur ganz am Rande andeutet: Sie beruhte nicht unwesentlich auf der "staatsegoistischen Ausnutzung Polens als preußische Kornkammer" (Skalweit).[322] Ohne das billige Getreide aus dem vom mächtigen Nachbarn Preußen abhängigen Polen wäre die öffentliche Vorratshaltung zumindest in dem gehabten Ausmaß nicht möglich gewesen.

Die Forderung der Physiokraten nach einem freien Getreidehandel war Teil der Forderung nach Handelsfreiheit überhaupt. Dazu gehörte die Vorstellung vom marktregulierten Preis auf der Grundlage von Angebot und Nachfrage. Quesnay hatte gefordert: "Qu'on maintienne l'entière liberté de commerce; car la police du commerce intérieur et extérieur la plus sûre, la plus exacte, la plus profitable à la nation et à l'etat, consiste dans la pleine liberté de la concurrence."[323] Iselin knüpft hieran an, wenn er Nicolai die "Lehre von der Nutzbarkeit der Concurrenz" nahezubringen versucht. Für ihn war es das Recht jedes Bürgers, "daß er alles was er zu kaufen hat so wohlfeil kaufe als es ohne Zwang seyn kann und daß er alles was er zu verkaufen hat so theuer verkaufe als er es ohne Zwang thun kann" (Nr.51).[324]
Der Staat sollte nach physiokratischer Auffassung so wenig wie möglich in den ökonomischen Prozeß eingreifen, jedoch (wirtschaftliche) Freiheit und Eigentum garantieren. Für die ADB formulierte Iselin: "Alles aber kann nicht anders recht gedeyhen, als in so fern es die Frucht der Freyheit ist. Der Zwang kann nur alles zu Grunde richten."[325]

---

321 Noch 1788 schreibt Nicolai in seinen "Anekdoten von König Friedrich II.", S.XIII: "Meine Ueberzeugung von der Weisheit seiner Regierung ward zuerst sehr lebhaft, als nach diesen sieben für Berlin so drückenden Friedensjahren, in den Jahren 1771 und 1772 eine allgemeine Theurung in Deutschland, und dadurch an vielen Orten Hungersnoth entstand. Damals ward hingegen in unserm Lande, dem man von Natur sehr wenig Hülfsmittel zutraut, und von dem man damals allgemein glaubte, es sey durch Krieg und vermehrte Abgaben ganz ausgesogen, zur allgemeinen nothdürftigen Verpflegung bis in die kleinsten Städte Rath geschaft; so daß das Elend bey uns, obgleich sehr groß, dennoch bey weitem nicht so schrecklich war, als in vielen andern blühender scheinenden Ländern."

322 Skalweit 1931a, S.11.

323 Quesnay, Oeuvres (ed. Oncken 1888), S.336.

324 So fast wörtlich auch in: Iselin, Versuch über die gesellige Ordnung, S.62; vgl. ibidem, S.53ff.; zur Wert- und Preislehre der deutschen Physiokraten vgl. Blaich 1983, S.31-34.

325 ADB 19/1 (1773), S.14 (Rez. Vier Getreideschriften).

Bereits 1773 führte Iselin als "größtes Grundgesetz der politischen Wirtschaft" die Forderung Vincent de Gournays an, die bis heute eine Devise des Wirtschaftsliberalismus ist: "laissez faire et laissez passer."[326]

Die Physiokraten gaben der Landwirtschaft den Vorrang vor allen anderen ökonomischen Bereichen. Die starke Förderung der Manufakturen durch die merkantilistischen Staaten, ihre Begünstigung durch Monopole und Schutzzölle, war ihnen ein Dorn im Auge. Regelmäßig polemisierten die Ökonomisten deshalb gegen die Manufakturen. Nicolai versuchte, Iselin von den Vorteilen der Manufakturpolitik, die in Preußen mit besonderem Nachdruck betrieben wurde, zu überzeugen, und wies auf das Beispiel Berlins hin (Nr.42): Noch vor 100 Jahren hätten drei Viertel der damals 14 000 Berliner ihre dürren Äcker bestellt. Dann habe man Manufakturen eingeführt, die die Ernährungsgrundlage für die zehnfache Bevölkerungszahl geschaffen hätten. Nun, 1771, lebten 126 000 Menschen in Berlin.[327] Durch die Manufakturen habe man die Abhängigkeit von anderen Staaten abgebaut und sich einen gewissen Wohlstand erwirtschaftet, der einen sehr positiven Einfluß auch auf die Entwicklung von Künsten und Wissenschaften gehabt habe.
Nicolai hat in seinem Brief überzeugend den durch die Manufakturen bewirkten Modernisierungsschub beschrieben, der aus dem Ackerbürgerstädtchen Berlin eine dynamische Großstadt gemacht hatte. Iselin verschloß sich dieser Argumentation nicht und gab den Vorteil der Manufakturen zu, wenngleich er sich gegen wettbewerbsschädliche Privilegien und Handelsrestriktionen aussprach. "Sie sehen hieraus, mein werthester Freund! daß wenn ich sage man müsse den Wohlstand eines Landes auf den Ackerbau und nicht auf Manufacturen gründen, ich weit entfernet sey die Manufacturen auszuschliessen. Ich bin im Gegentheile überzeuget daß dise unumgänglich nöthig sind und daß ohne dieselben der Landbau bald zu Grunde gehen und alle Völker bald wider Araber werden müssten" (Nr.44). Das war eine Ebene, auf der sich Nicolai und Iselin einigen konnten, zumal Nicolai konzedierte, daß der Ackerbau "Grund der Glückseligkeit jedes Staats" (Nr.45) - also eine notwendige, wenn auch nicht hinreichende Bedingung für Wohlstand sei. Er gab Iselin und den Ökonomisten Recht, daß man die "Liebe zu Manufacturen", insbesondere zu Luxusmanufakturen, und auch die Handelseinschränkungen zu weit treibe (vgl. Nr.52).

---

326 ADB 18/2 (1773), S.361 (Rez. "Goldner Spiegel"); vgl. Brandt 1992, S.79.

327 Zum Vergleich: Im Jahr 1779 hatte Basel - nach Peter Ochs - 15 040 Einwohner (Ochs 1821, S.66); vgl. Burckhardt 1942, S.80.

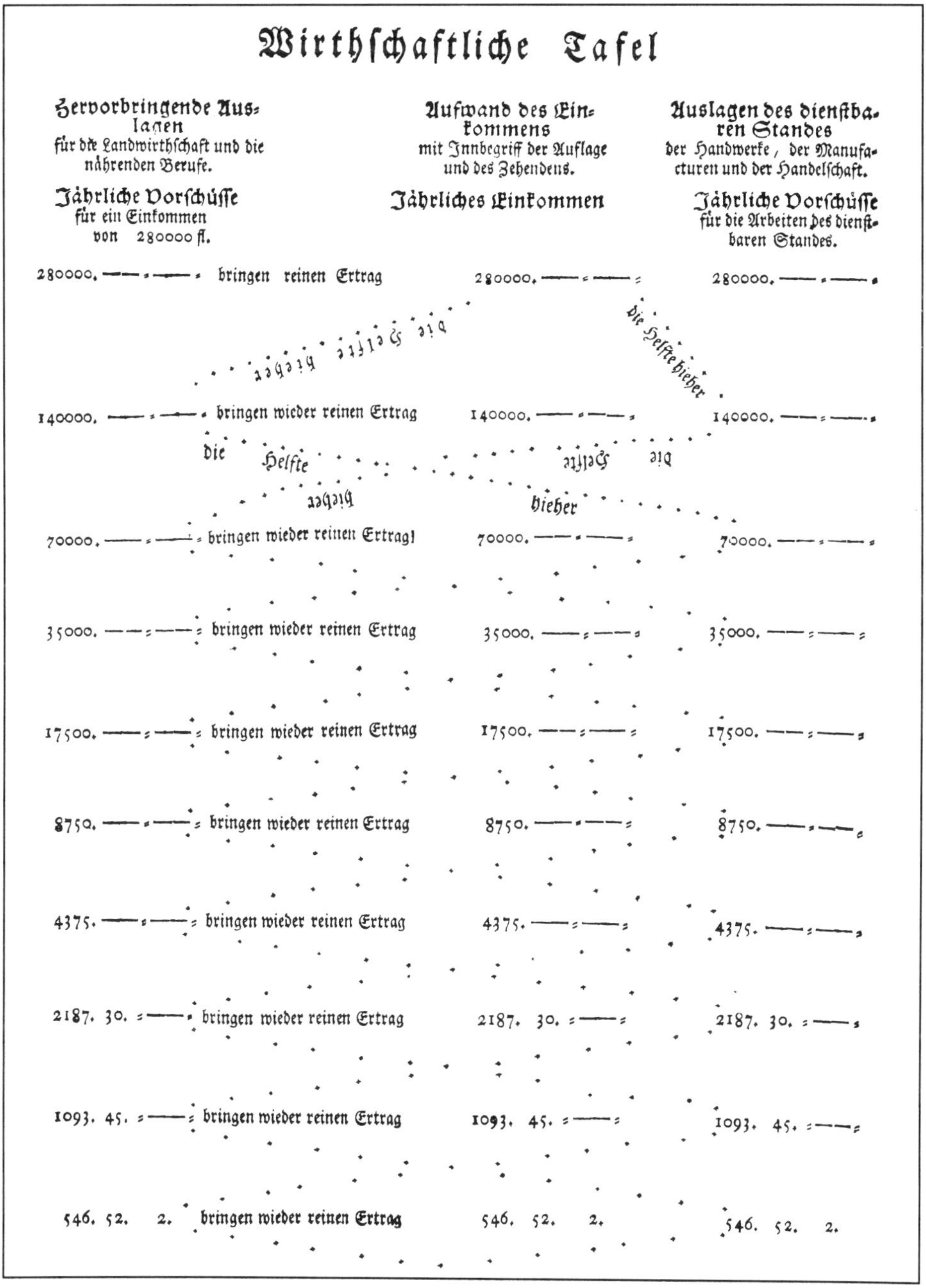

Abb.17: Wirtschaftliche Tafel aus Iselins "Versuch über die gesellige Ordnung", 1772 (Ausschnitt).

Während die Unterschiede in der Beurteilung der Manufakturpolitik also graduelller Art waren, blieben die Fronten in der Frage einer freien Getreideausfuhr unverrückbar. Nicolai anerkannte die Grundsätze der Ökonomisten als "menschenfreundlich" (Nr.39, 42, 50, 52), konnte sie jedoch nicht als allgemein und uneingeschränkt gültig akzeptieren, schon gar nicht - wie Iselin - als "wahre Gesetze der Natur" (Nr.44). Immer wieder pochte er darauf, man müsse den Zustand jedes Landes gesondert erwägen. Was in einem Land oder Gebiet richtig sei, könne in einem anderen ganz verkehrt sein. Deutliche Vorbehalte äußerte er gegenüber den theoretischen Grundlagen der Physiokratie, auf die sich die Diskussion der beiden Brieffreunde konzentrierte, nachdem sich die Hungerkrise etwas entspannt hatte.

In den Briefen Nr.52 und 56 setzt sich Nicolai mit der "Wirthschaftlichen Tafel" auseinander, die Iselin im Anhang seines "Versuchs über die gesellige Ordnung" 1772 publiziert hatte (Abb.17). Diese Tafel lehnt sich eng an Quesnays berühmtes "tableau économique" von 1758 an, jenes Zick-Zack-Diagramm, das die grundlegenden physiokratischen Ansichten zur sozialen und ökonomischen Ordnung enthält.[328] Das "tableau" ist ein Gesellschafts- und Wirtschaftsmodell zugleich. Es präsentiert einerseits drei ökonomisch definierte "Klassen": die "classe productive" (Pächter und Bauern), die "classe des propriétaires" (Grundeigentümer; die herrschende Schicht, die über den gesamten nationalen Reinertrag verfügt) und die "classe stérile" (Gewerbetreibende und Kaufleute). Das Modell zeigt andererseits den wirtschaftlichen Reproduktionsprozeß: Die Erzeugung des "produit net" durch die "classe productive" und den dadurch in Gang gesetzten Geldkreislauf, an dessen Ende die Reproduktion der "avances annuelles", des jährlichen Betriebskapitals steht. Das "tableau économique" war die erste makroökonomische Darstellung des Wirtschaftskreislaufs und bildete damit wohl die bedeutendste theoretische Leistung der Physiokratie.[329]

Es war eine der Grundannahmen des "tableau", daß ein Reinertrag (Nettoprodukt, Mehrwert, Surplus) allein durch die "produktive" Klasse erwirtschaftet wird; und der Wachstumsprozeß folglich von dem für die Landwirtschaft auf-

---

328 Marguerite Kuczynski hat das "Tableau économique" zweimal ediert: als selbständige Faksimile-Ausgabe mit deutscher Übersetzung, Berlin 1965, und - nur deutsch, aber mit Varianten und Anmerkungen - in: François Quesnay, Ökonomische Schriften, Bd.I/1 Berlin 1971, S.337-448; vgl. auch Bürgin 1993, S.327-357, und Lüthy 1959, S.12ff.

329 vgl. Blaich 1983, S.10, und ders. 1981, S.88.

gewendeten Kapital abhängig ist.[330] In seinem "Versuch" hat Iselin diesen Zusammenhang mit einigen Fallbeispielen illustriert.[331] Überhaupt versuchte er, seinen Lesern Quesnays Theorie-Konzentrat praxisnah darzulegen und dadurch anschaulich zu machen. Seinen Berliner Brieffreund überzeugte er jedoch nicht: Nicolai bemängelt, daß sich die Menschen nicht in dermaßen "abgeschnittene Claßen" einteilen ließen. Die meisten Menschen gehörten in mehr als eine der genannten Kategorien: in die "hervorbringende", "verzehrende", "dienstbare" oder "handelnde" Klasse. Zudem seien ein Schlosser, ein Posamentierer, ein Kupferstecher, sogar ein Gelehrter genauso "Hervorbringer" wie ein Landwirt oder ein Bergmann.[332] Nicolai wendet sich damit gegen den physiokratischen Produktivitätsbegriff, einen Kernpunkt der ganzen Theorie.

Ein weiterer Einwurf Nicolais betraf die Quantifizierung des "reinen Ertrages". Er halte "alle Berechnungen dieser Art, alle ökonomische Tafeln" für "algemein falsch" (Nr.52). Man müsse Lage und Verfassung jedes Landes für sich betrachten. Damit hatte Nicolai gewiß nicht unrecht, aber er verkannte die eigentliche Absicht des "tableau"; in seinem Antwortbrief weist Iselin ihn darauf hin: Von Land zu Land und von Zeit zu Zeit seien die Verhältnisse verschieden. Die ökonomische Tafel sei aber ein Modell, "eine Idealvorstellung welche begreiflich machen soll daß die Handelschaft und die Manufacturen nicht anders bestehen können als in so ferne die Landwirthschaft blühet und daß wie mehr diese, so wie es durch das dermalige Übergewicht der Handelschaft und der Manufacturen geschiehet, zurückgehet, die Manufacturen und die Handelschaft und damit die Einkünfte der Staaten nothwendig sich vermindern müssen" (Nr.53). Die eigentliche Aussage von "tableau" bzw. "Tafel" war: Die Volkswirtschaft ist auf Gedeih und Verderb vom Agrarsektor abhängig. Die Zahlen waren austauschbar; in seinem "Versuch" hatte Iselin das durchaus schon betont.[333]

---

330 In Iselins "Versuch über die gesellige Ordnung" heißt es: "Der reine Ertrag der Landwirtschaft ist also der größte Vortheil der menschlichen Gesellschaft und die vornehmste Absicht der politischen Oekonomie" (S.9). Neben der Landwirtschaft galten den Physiokraten auch Forstwirtschaft, Fischfang und Bergbau als "produktiv"; vgl. Lüthy 1959, S.14.

331 Iselin, Versuch über die gesellige Ordnung, S.78-87.

332 vgl. Nr.52 und Nr.56, wo Nicolai die "gelehrten Productionen" hervorstreicht.

333 Iselin, Versuch über die gesellige Ordnung, S.76.

Nicolai sah das physiokratische System nicht als geeignet an, die akuten Probleme zu lösen. Der theoretische Überbau blieb ihm fremd, die praktischen Konsequenzen hielt er für undurchführbar oder schädlich: Freihandel, Alleinsteuer (impôt unique), marktregulierter Brotpreis, Reduzierung oder Abschaffung der Getreidemagazine, Aufgabe der merkantilistischen Manufaktur- und Handelspolitik etc. Zwar bildete die Physiokratie auch 1773 und 1774 noch ein Thema der Diskussion zwischen Nicolai und Iselin. Jedoch blieben die Argumente im wesentlichen dieselben, und eine Annäherung der Positionen fand nicht statt (vgl. v.a. Nr.53-59, 65).[334] Iselin hat Nicolai nicht zu Unrecht vorgeworfen, er habe das "System der Ökonomisten" nicht genug durchdacht (z.B. Nr.53). Im Grunde wollte Nicolai sich wohl gar nicht auf die tieferen Zusammenhänge der Theorie einlassen, denn er sah die Physiokratie, wie er ausdrücklich schrieb, als "Mode" an (Nr.59). In dieser Beurteilung stimmte er übrigens völlig mit Voltaire überein.[335]

Iselins und Nicolais Kontroverse erinnert an die Debatte, die etwas früher in Frankreich geführt wurde und die dort die Gruppe der Enzyklopädisten in zwei Lager spaltete: Am 19. Juli 1764 war das berühmte Dekret über den Kornhandel erlassen worden. Seither genossen die Getreidehändler, Quesnays Forderungen gemäß, für ihre Geschäfte vollkommene Freiheit.[336] Während und nach der Hungersnot 1768 wurden diese Prinzipien wieder zunehmend in Frage gestellt, am gründlichsten vom Abbé Ferdinando Galiani. In seinen "Dialogues sur le commerce des blés", Anfang 1770 von Diderot herausgegeben, legte Galiani dar, daß sich der freie Kornhandel und der optimistische Glaube an eine natürliche Harmonie gerade in einer Notsituation fatal auswirken mußten. Ökonomischer Liberalismus nutze in Mangelzeiten nur den ohnehin Vermögenden.[337]

---

334 Themen am Rande der Physiokratie-Debatte waren: die Aufhebung des Allmendbesitzes ("Gemeinheiten"), Vor- und Nachteile der Akzise und die (ablehnende) Haltung der Ökonomisten gegenüber den stehenden Heeren der absolutistischen Staaten.

335 vgl. Häufle 1978, S.8, und Lüthy 1959, S.7.

336 Nach einer Welle von Hungerrevolten wurde das Dekret im Spätherbst des Krisenjahres 1770 durch den Finanzminister Abbé Terray aufgehoben. Turgot stellte den freien Kornhandel 1774 wieder her.

337 vgl. hier und im folgenden Marco Minerbi, Diderot, Galiani e la polemica sulla fisiocrazia (1767-1771). In: Studi storici. Rivista trimestrale dell'istituto Gramsci XIV (1973), S.147-184; Pierre Lepape, Denis Diderot. Eine Biographie. Frankfurt a.M. 1994, S.340-350. Iselin hat später die deutsche Übersetzung der "Dialogues" von Galiani kritisch rezensiert: Ephemeriden der Menschheit 1778/9, S.56-62.

Diderot bekräftigte diese Auffassung in seiner "Apologie de Galiani", in der er seinen Freund gegen Angriffe Morellets und anderer verteidigte, die aber unveröffentlicht blieb. Diderot hat darin, ähnlich wie Nicolai, den Nutzen von Manufakturen und die wichtige Rolle des Staates hervorgehoben. Der physiokratische Freihandel zementiere den Gegensatz von reich und arm. Nur der Staat könne die verschiedenen Egoismen im Interesse der Allgemeinheit steuern und soziale Ungerechtigkeit ausgleichen. Der politische Liberale Diderot sah die Gefahren des ökonomischen Liberalismus und lehnte die Physiokratie deshalb, im Unterschied etwa zu d'Alembert, als ideologisches Konstrukt ab.

Während Iselin die Positionen Quesnays und Turgots vertrat, bewegte sich Nicolai auf der Argumentationslinie Diderots, wenn er auch von dessen ökonomischen Ansichten wenig gewußt haben dürfte und stets das Beispiel Preußens vor Augen hatte. Nicht nur sein soziales Gewissen rebellierte gegen die Physiokratie. In deutlichen Worten hat sich Nicolai auch gegen gewisse politische Auffassungen gewandt, die Iselin von den Physiokraten übernommen hatte und die Nicolai als rückschrittlich erkannte. Denn so liberal die ökonomische Theorie der Physiokraten war, so antiliberal-absolutistisch war ihre Staatstheorie.[338]

Die Physiokratie nimmt in der Ideengeschichte des 18. Jahrhunderts eine besondere Position ein. Eine pauschale Zuordnung zu anderen Geistesströmungen ist deswegen nicht sinnvoll. Braunreuthers auf das deutsche Sprachgebiet bezogene These: "Der Physiokratismus ist der polit-ökonomische Ausdruck der 'Sturm-und-Drang'-Bewegung"[339] besagt wenig und hinkt zudem: Iselin ist - als führender Vertreter der Physiokratie und entschiedener Gegner des Sturm und Drang - ein Gegenbeispiel. Auch Aufklärung und Physiokratie lassen sich nicht ohne weiteres zur Deckung bringen.[340] Zwar gehören Quesnay und seine Schüler zum Umkreis der Enzyklopädisten, und die physiokratische Naturrechtsphilosophie, mit der die ökonomische Theorie unterfüttert war, enthält aufgeklärte Elemente. Dennoch haben viele Aufklärer die Physiokratie abgelehnt. Der tiefere Grund für diese Ablehnung mag, von wichtigen Einzelpunkten abgesehen, das generelle Mißtrauen vieler Aufklärer gegen den "esprit de

---

338 vgl. Nicolais Brief Nr.52 mit den ausführlichen Erläuterungen.

339 Braunreuther 1955/56, S.16.

340 vgl. Bürger in: Bürger/Leithäuser 1976, S.357ff. Vgl. hingegen Valjavec: "Eine andere Lehre, die der Physiokraten, ist ganz und gar ein Kind der Aufklärung." (Valjavec 1961, S.205) und Häufle, der die Physiokraten dem "gemäßigten Flügel der Aufklärungsbewegung" zurechnet (Häufle 1978, S.31).

système" gewesen sein.[341] Das physiokratische Systemdenken war dem Wissenschaftsverständnis und Weltbild der Aufklärung eher fremd. Nicolai hat das sehr deutlich in einem späten Aufsatz von 1809 formuliert: Wahrheit erweise sich in der Erfahrung, so Nicolai, nicht in politisch-ökonomischen Modellen, "worauf man in unserm so systemsüchtigen theoretisch-weisen Deutschlande so übermäßigen Werth zu setzen pfleget; komme nun auch die Theorie aus England oder aus Frankreich, von den Physiokraten oder Antiphysiokraten (...)."[342] Um den Wohlstand eines Landes zu vermehren, dürfe man sich nicht nach einem vorgefaßten System richten, weil dieses zwangsläufig zu viele Aspekte der Realität ignoriere. Vielmehr müsse man sich eingehend mit den jeweils spezifischen Umständen auseinandersetzen.

In Nicolais und Iselins Debatte über ökonomische Fragen zeigt sich ein fundamentaler Unterschied im intellektuellen Profil der beiden Brieffreunde: Iselin war in viel stärkerem Maße Systematiker als Nicolai. Das würde sich auch im Vergleich ihrer historischen Arbeiten erweisen: Nicolais empirischer, an vielerlei Einzelfragen orientierter Geschichtsforschung und Geschichtsschreibung stand Iselins Versuch gegenüber, die Weltgeschichte unter einem einzigen bestimmenden Gesichtspunkt zusammenzufassen und historischen Wandel innerhalb eines philosophischen Systems zu erklären.[343] Beide standen fest auf dem Boden der Aufklärung. Doch während Iselin kritisches Denken innerhalb von Systemen zu verwirklichen suchte, wird Nicolais Haltung am besten durch ein Bonmot Shaftesburys charakterisiert: "The most ingenious way of becoming foolish, is by a system."[344]

---

341 vgl. hierzu Cassirer 1932, S.6ff.

342 Friedrich Nicolai, Einführung der Akzise in Berlin (=Berlinische Nachlese XXXI). In: Neue Berlinische Monatsschrift Bd.21 (1809), S.180-191; hier: S.189. Jonathan Knudsen hat die Bedeutung der hier zum Ausdruck kommenden Haltung besonders für Nicolais philosophische Fehden gezeigt: "Nicolai says explicitly against Kant and the Kantians that the real world can never be comprehended systematically (...) Whoever adopts a single system as the truth remains 'onesided'."; Knudsen 1982, S.90. Knudsen stützt sich in seiner Aussage vor allem auf: Nicolai, Ueber meine gelehrte Bildung, S.27f. (ed. Košenina 1995, S.456 Anm.4).

343 Über Nicolai als Geschichtsschreiber (Berlin- und Friedrich-Forschungen, Geschichte der Freimaurerei, der Perücken etc.) vgl. Möller 1974, S.322-517; zu Iselins "Geschichte der Menschheit": Im Hof 1967, S.77-100.

344 zit. nach K.H.Schwabe, Bemerkungen zur Wirkung Shaftesburys auf C.M.Wieland. In: Thomas Höhle (Hrsg.), Wieland-Kolloquium Halberstadt 1983. Halle 1985, S.186.

V. "Träumereyen einer erhitzten Einbildungskraft" - Die Diskussion über Lavater

Johann Kaspar Lavater zählt ohne Zweifel zu den bemerkenswertesten Gestalten des 18. Jahrhunderts. Er war ein unkonventioneller Geistlicher, ein umtriebiger Gelehrter, eine charismatische Persönlichkeit, eine europäische Berühmtheit und ein Stein des Anstoßes. Klaren Zuordnungen widersetzt er sich: Er war kein Altorthodoxer und nicht eigentlich ein Pietist. Seine chiliastische Christologie, die ganz auf konkrete religiöse Erfahrungen gerichtet war, lag abseits der üblichen theologischen Positionen. Man mag Lavater einen Stürmer und Dränger nennen; er war es wohl schon vor Herder und Goethe, mit denen er enge Freundschaft schloß, ohne jemals ihr Epigone zu werden. Durch seine christozentrische Haltung wahrte er in der Geniebewegung seine Eigenständigkeit und blieb insofern auch unter Individualisten ein Individualist. Das Licht der Aufklärung brach sich in ihm auf merkwürdige Weise. In vielen Punkten war er durch sie geprägt, in seinem Glauben an die Perfektibilität des Menschen etwa, in seinem Engagement für die Reformpädagogik Basedows, in seinem Drang nach umfassender Kommunikation oder in seiner oftmals aufblitzenden Fähigkeit zu kritischem Raisonnement. Doch stand er in weiten Teilen seines Lebens in Opposition zur Aufklärung, so daß man zu einem Paradoxon greifen muß, um ihn zu charakterisieren: Er war ein aufgeklärter Antiaufklärer.[345]

Lavaters Hang zum Okkulten und sein religiöser Eifer trugen ihm die entschiedene Gegnerschaft Nicolais ein.[346] Diese zeigt sich beispielsweise in einem Brief an Iselin vom 12.6.1769, in dem sich Nicolai kritisch über den zweiten Band von Lavaters "Aussichten in die Ewigkeit" äußert. Freilich ist sein Urteil noch ambivalent; er unterscheidet zwischen Werk und Autor: "Hr. Lavater verwirret sich in seinem 2ten Theile immer mehr in hypothetische Grillen, die ihn endlich zu einer wahren Schwärmerey führen müßen. Ich beklage es und wundere mich, daß ein guter Kopf und ein rechtschaffenes Herz für solchen Abwegen nicht sicher stellen können. Die Meinung des Hrn L. von der Krafft des Gebets, ist mir an einem sonst so verständigen Manne ganz unbegreiflich. Er hat

345 Zu Lavaters Denken und Wirken vgl. Wernle Bd.3, S.221-284, Weigelt 1991 und Pestalozzi/Weigelt 1994, passim.

346 Zum Verhältnis zwischen Nicolai und Lavater: Sommerfeld 1921, S.211-240.

an Herrn Spalding geschrieben: Er sey unwidersprechlich überzeugt, daß wenn er 11 Tage lang im Fasten und der reinesten Andacht ohne den geringsten Nachlaß verharren könte, so wolte er durch die Krafft seines Gebets Moses Mendelssohnen ganz gewiß bekehren. Hr Moses lächelte darüber und sagte mir, wenn das anginge, so solte Herr Lavater, vor einigen Jahren, den tyrannischen Landvogt bey Zürch lieber bekehret, als vor dem Rathe verklagt haben" (Nr.25).
Die gelassene Reaktion Mendelssohns, die Nicolai hier referiert, läßt nichts ahnen von dem schwerwiegenden Konflikt, den Lavaters öffentlicher Bekehrungsversuch gut zwei Monate später auslösen sollte. Mendelssohn entledigt sich der Zumutung, indem er in humorvoller Weise auf die heroische Jugendtat Lavaters anspielt:
1762 hatte der zwanzigjährige Lavater, zusammen mit Johann Heinrich Füßli, den ehemaligen Landvogt von Grüningen, Felix Grebel, der Korruption beschuldigt[347]: zunächst in einem anonymen persönlichen Schreiben, dann öffentlich in dem gedruckten Traktat "Der ungerechte Landvogd". Das war ein mutiges Unternehmen, denn Grebel war nicht nur Mitglied des großen Rats in Zürich, sondern auch Schwiegersohn des Bürgermeisters. Eine amtliche Untersuchung ergab, daß die Vorwürfe berechtigt waren. Lavaters jugendliches Aufbegehren war Ausdruck eines generellen Unbehagens an der gesellschaftlichen und politischen Verkrustung des "Ancien Régime". Bodmer nannte die aufsehenerregende Aktion seines Schülers "ein hinreißendes Exempel des Patriotismus".
Als Theologe vertrat Lavater zunächst eine "milde Aufklärung", die einen vernünftigen Gottesglauben propagierte und die Ethik als das Wesentliche der Religion ansah. Dann aber vollzog sich bei ihm eine theologische Wende, die ihn auf ganz andere Bahnen führte. Seit etwa 1768 "wurde für ihn Christus zum alles beherrschenden Zentrum seines Denkens und Wirkens".[348] Gleichzeitig entwickelte sich in ihm die Überzeugung, der Gläubige könne durch inständiges Gebet göttliche Kräfte freisetzen. Christus sei Urbild und Keim des Menschen, so Lavaters Auffassung. Wer die *imitatio Christi* ernst nehme, der erlange sogar die Macht, Wunder zu tun.
Lavater entwickelte solche Gedanken schon im ersten Band seiner "Aussichten in die Ewigkeit" (1768), der von Iselin verhalten positiv (Nr.20), von Nicolai jedoch schroff ablehnend beurteilt wurde: Lavater habe eine "unbegreifliche

---

347 vgl. hier und im folgenden Weigelt 1991, S.8ff.
348 ibidem, S.14.

Neigung zur Schwärmerey", seine Ideen seien "Träumereyen einer erhitzten Einbildungskraft", schrieb er an Iselin (Nr.21).
Die "Aussichten in die Ewigkeit" - sie sind in Form von Briefen abgefaßt, deren Adressat der mit Lavater eng verbundene Zimmermann ist - enthalten Lavaters eschatologische Vorstellungen und bringen seine apokalyptische Naherwartung zum Ausdruck. Er schildert darin das Leben und die gesellschaftlichen Zustände im angeblich kurz bevorstehenden "1000jährigen Reich Christi auf Erden" dermaßen detailliert, daß man die Ausführungen "Lavaters Utopie" nennen kann.[349] Der kompromißlose Aufklärer Nicolai hat sie, was nicht überrascht, als "hypothetische Grillen" kritisiert (Nr.25; zu Bd.2 der "Aussichten"); mehr noch: Er hat sie in die Nähe "einer wahren Schwärmerey" gerückt und damit als antiaufklärerisch gebrandmarkt. Schwärmerei - das war einer der Begriffe, mit denen die Aufklärer ihre Gegner zusammenfassend etikettierten; eine "Kampfidee" (Hinske)[350], die alles Widervernünftige, Gefühlsselige, Subjektivistische bezeichnete. Bei den häufigen Erwähnungen Lavaters in Nicolais Briefen der folgenden Jahre und Jahrzehnte fehlt das Epitheton "Schwärmer" nur selten. Lavater hat dieses Verdikt selbstverständlich nie akzeptiert.[351]

Was Nicolai nicht wußte: Iselin stand zu dieser Zeit (1769) in regem Briefkontakt mit Lavater. Ihre Korrespondenz erlaubt Einblicke in die Gedankenwelt Lavaters, von der sich Iselin - zunehmend deutlich – distanzierte.[352]
Lavater bekräftigte in den Briefen an Iselin seine Überzeugung, daß jeder durch Glauben und Gebet übernatürliche Kräfte zur Ausbreitung des Guten erlangen könne. Er erwarte "sinnliche Beweise" der unsichtbaren Seligkeit als "Vorbelohnung des Glaubens". Allerdings sei er, schrieb Lavater Anfang September 1769, noch nicht in der Lage, Wunder zu "rufen". Nur eine Woche später wagte er den Versuch: Durch flehentliches Gebet wollte er seinen verstorbenen Freund Felix Heß ins Leben zurückholen. Mit einem chiffrierten Text, den er an seine

---

349 So der Titel eines Aufsatzes von Karl Pestalozzi, der sich mit den "Aussichten in die Ewigkeit" befaßt: Pestalozzi 1975, passim.

350 Hinske 1988, passim, und ders. 1990, v.a. S.84.

351 In seinen "Unveränderten Fragmenten aus dem Tagebuche eines Beobachters seiner Selbst" (1773) fragt sich Lavater "...woher es komme, daß so viele aufgeklärte Köpfe sich meiner schämen, aus Furcht für Schwärmer angesehen zu werden, ungeachtet ich glaube, behaupten zu dürfen, daß die Schwärmerey keinen unversöhnlicheren Feind habe als mich"; zit. nach Gerhard Ebeling, Genie des Herzens unter dem genius saeculi - J.C.Lavater als Theologe. In: Pestalozzi/Weigelt 1994, S.23-60, hier: Anm.123.

352 vgl. die Teiledition von Keller 1892.

Bekannten - unter ihnen Iselin - schickte, kündigte Lavater die Totenerweckung an.[353]

Sein Mißerfolg entmutigte ihn nicht, im Gegenteil: Geradezu täglich erfahre er, so Lavater, die Kraft seines Gebets bei der Bibelexegese: "Wenn ich einen wichtigen Spruch der Schrift nicht verstehe und keine als gezwungene Auslegungen davon finde, so bitte ich Gott um Licht, und laße im Gebet nicht nach, bis ich den Sinn dieser Stelle zuverläßig weiß, so zuverläßig, daß kein Zweifel mehr übrig bleiben kann."[354] Das Gebet war für Lavater also der Weg, ein Wissen ohne Zweifel zu erlangen. Indem er sich auf göttliche Erleuchtung berief, entzog er sich einer rationalen Debatte. Der Aufklärer Iselin betonte demgegenüber gerade seine Zweifel und meinte trocken: "Ich glaube noch nicht, daß ich die Wahrheit gefunden habe und Sie glauben es vielleicht zu früh."[355] Lavater ließ sich nicht beirren: "Seyen Sie guten Muthes. Ich werde bald siegen. Machen Sie sich durch stilles Nachdenken, tiefdringendes Gebeth, Dehmut und Menschenliebe bereit, die Wahrheit anzunehmen, die Ihnen vielleicht bey wenigen Monaten entgegenstralen wird."[356] Dies war eine Geisteshaltung, in der Toleranz nur einen sehr beschränkten Platz haben konnte: Lavater riet Demut an und wähnte sich im Besitz der Wahrheit.

Die Endzeit, wie sie in der Offenbarung Johannis 20f. dargestellt ist, bildet den perspektivischen Fluchtpunkt in Lavaters religiösem Denken. Auf sie bezieht er sich auch in seinen Briefen an Iselin. Mit Christi Wiederkunft breche ein tausendjähriges Reich an, bei dessen Ende der Satan keine Macht haben, es keine Ungläubigen und Heiden mehr geben werde, so seine Überzeugung. Während des Millenniums würden sich die zwölf Apostel "mit Anstalten zur Bekehrung und Beseligung frommer Israeliten" beschäftigen, schrieb er im ersten Band der "Aussichten".[357] Vor dem Hintergrund des tausendjährigen Reiches, zu dessen Herbeiführung Lavater aktiv beitragen wollte, erschien ihm religiöser Pluralismus als unvollkommener Zustand. Die Mission zum Christentum hielt er - als Vorbereitung auf das Reich des Messias - schon im Diesseits für gerechtfertigt,

353 Der gedruckte Zettel in Geheimschrift ist auf den 11.9.1769 datiert (ed. Keller 1892, S.159); vgl. Weigelt 1991, S.16.

354 Lavater an Iselin, 21.10.1769 (ed. Keller 1892, S.163).

355 Iselin an Lavater, 24.10.1769 (ed. Keller 1892, S.160).

356 Lavater an Iselin, 8.11.1769 (ed. Keller 1892, S.164).

357 [Johann Kaspar Lavater], Aussichten in die Ewigkeit, in Briefen an Herrn Joh. Georg Zimmermann. Bd.1 Zürich 1768, S.220 (8. Brief).

ja unbedingt wünschbar. Für ihn war sie ein Akt der Menschenliebe; denn: "Es ist eine von den Grundwahrheiten der Offenbarung: Niemand kömmt zum Vater denn nur durch Jesum (...) Es sollen alle einst durch Jesum selig werden."[358]

Daß das Christentum die notwendige Bedingung für die ewige Seligkeit sei, das war Lavaters feste Überzeugung. Wer nicht Christus diene, diene dem Satan.[359] Iselin war über diese Absolutsetzung des Christentums und die Verdammung aller Nichtchristen einigermaßen entsetzt. Seine Haltung stand zur Position Lavaters in diametralem Gegensatz. Im Antwortbrief weist der humanistisch gesinnte Basler auf den "wohlthätigen" Titus, den "tugendhaften" Mark Aurel, den "redlichen" Trajan, den "erleuchteten" Sokrates, aber auch den "weisen" Confucius hin. Sie alle seien keine Christen gewesen. Überhaupt habe sich seit der Schöpfung der Großteil der Menschen nicht zum Christentum bekannt. Müsse man sie deswegen als Diener Satans ansehen? Iselin zieht den logischen Schluß: "Welch ein mächtiges Wesen ist nicht Satan in Ihrem System und wie klein ist Gott."[360]

Die Existenz eines Teufels paßte nicht in Iselins Weltbild: Ganz im Sinne aufgeklärter Allegorese deutete er den biblischen Satan als "ein Bild unter welchem die Schrift das Übel vorstellet."[361] Anders Lavater: Er glaubte an Satan, den mächtigen Widersacher Gottes, den Versucher Christi in der Wüste, von dem in der Bibel die Rede ist.[362] Er hielt die Bibel für "göttlich wahr" in allen ihren

---

358 Lavater an Iselin, 6.12.1769 (ed. Keller 1892, S.168f.); der mittlere Teil des Zitats in Anlehnung an Joh.14,6.

359 Lavater an Iselin, 21.11.1769 (ed. Keller 1892, S.165).

360 Iselin an Lavater, undatierte Antwort auf Lavaters Brief vom 21.11.1769 (ed. Keller 1892, S.172). Lavaters Argumentation ist nicht frei von Widersprüchen. Von Iselins scharfem Protest offenbar beeindruckt, stellt er sich in seinem Brief vom 6.12.1769 wieder auf die Seite der Aufklärung, wenn er Christentum und Tugendhaftigkeit nahezu gleichsetzt: "Wer recht thut, der ist aus Gott, und dient Christo. Wer aus Gott ist, an dem hat Satan nichts zu gewinnen. Wenn Socrates und Antonin tugendhaft waren, so hatte Satan nichts an ihnen." (ed. Keller 1892, S.171). Eine solche Haltung macht Mission unnötig.

361 Iselin an Lavater, undatierte Antwort auf Lavaters Brief vom 21.11.1769 (ed. Keller 1892, S.171).

362 Auf Iselins Kritik: "Ihr System vom Satan würde ich, wenn es aus den Händen eines Voltaire gekommen wäre, für eine Satyre über die Bibel gehalten haben" replizierte Lavater: "Ist nicht unwidersprechlich in der Schrift die Rede von einem Geist, der ein Widersacher Gottes, des Menschen, der Wahrheit, der Tugend, und dabey sehr mächtig

Teilen und Einzelheiten. Niemals hätte er sich mit einem Aufklärer wie Nicolai einigen können, der in seinem "Sebaldus Nothanker" schrieb: "Man setzet immer die *Vernunft* der *Offenbarung* entgegen (...) Ich hoffe aber, es sey niemand jetzt mehr so einfältig, sich einzubilden, Gott habe die heiligen Bücher ganz unmittelbar, und übernatürlich, *eingehaucht*. Es sind Bücher, welche zu *schreiben*, hat müssen *Vernunft* angewendet werden, und zum *Lesen* und *Verstehen* derselben, gehört auch *Vernunft*."[363]
Man vergleiche damit Lavaters Auffassung, wie sie in seinem Brief an Iselin vom 6.12.1769 deutlich wird: "Wenn Sie die wirklichen Aussprüche der Offenbarung nicht annehmen wollen, sobald sie Ihrer Vernunft, das ist ihren bisherigen Begriffen zuwider sind, so nehmen sie die *Offenbarung* nicht an. *Offenbarung* setzt Sachen voraus, die der *natürliche* Mensch nicht ausfindig machen - und wie Paulus sagt, nicht begreifen kann. Nur das aus der Offenbarung herausnehmen, was uns anständig ist, wahrlich, das heißt nicht *glauben*."[364]

Es mag sich lohnen, bei diesen konträren Auffassungen einen Augenblick zu verweilen und sie in einen größeren Kontext zu stellen. Denn das Verhältnis von Vernunft und Offenbarung war ein Kernproblem der theologischen Aufklärung, ja der Aufklärung überhaupt. Drei Positionen lassen sich grundsätzlich voneinander unterscheiden: Man betrachtete die Offenbarung entweder (1.) als vernünftig oder zumindest teilweise mit der Vernunft vereinbar, (2.) als widervernünftig oder (3.) als übervernünftig.

Im deutschen Sprachgebiet neigten nahezu alle aufgeklärten Theologen, die meist innerhalb der Kirche wirkten, zur erstgenannten Variante. Sie strebten nach einer rationalisierten Deutung der Offenbarung. Sie akzeptierten die Historizität der Bibel und versuchten, im Anschluß an Wolff, die Übereinstimmung ihrer wesentlichen Inhalte mit der Vernunft zu zeigen. Iselin beruft sich Lavater gegenüber ausdrücklich auf die Neologen Spalding und Jerusalem, die für diese Position stehen.

Die zweite Variante, also die Einschätzung der Bibel als eine Sammlung von Mythen, die der Vernunft konträr und deshalb abzulehnen, allenfalls als histori-

---

ist?"; Iselin an Lavater, undatierte Antwort auf Lavaters Brief vom 21.11.1769, und Lavater an Iselin, 6.12.1769 (ed. Keller 1892, S.171 bzw. 167).

363 Nicolai, Nothanker Bd.3, 1776 (ed. Witte 1991, S.354).

364 (ed. Keller 1892, S.167).

sche Quelle zu rezipieren sei, findet sich im deutschen Sprachgebiet so gut wie nicht. Radikale Positionen, Materialismus und Atheismus, wie sie in Frankreich d'Holbach, Helvétius und de La Mettrie, mit Einschränkung auch Diderot und Voltaire vertraten, lehnte man ab. In Brief Nr.52 beklagt Nicolai "die ärgste Freigeisterey und theoretische Atheisterey" in Frankreich[365], wo man beim "Système de la Nature"[366] Trost suche, Helvétius für den tiefsinnigsten Philosophen halte, weder an die Unsterblichkeit der Seele noch an einen wirkenden Gott glaube.[367]

Lavater vertrat die dritte Variante. Die Bibel stehe, so meinten er und viele andere, höher als die menschliche Vernunft. Sie sei kein philosophisches System, an das man allein die Maßstäbe der Logik und des gesunden Menschenverstandes halten könne. Das Übernatürliche und Wunderbare verschließe sich dem normalen Verstehen und müsse geglaubt werden. Lavater nahm die Bibel wörtlich, betonte immer wieder, man müsse ihren Literalsinn akzeptieren. Gleichzeitig hatte er einen ganz und gar persönlichen Zugang zur Bibel, entwickelte auf ihrer Grundlage eine utopische, endzeitlich orientierte Geschichtstheologie, die in vielem auf höchst spekulative Weise über das in der Bibel Gesagte hinausging. Lavaters Hermeneutik war somit bibelgestützt und eigenständig, in ihr verbanden sich Biblizismus und Subjektivismus.[368]

---

365 Schlimmer noch sei es, so Nicolai, in Österreich und Bayern. Diese merkwürdige Feststellung deutet auf einen latenten Antikatholizismus, der später seinen deutlichen Ausdruck in Nicolais großer Reisebeschreibung fand.

366 So der Titel eines 1770 anonym erschienenen Buches. Sein Verfasser war, was Nicolai nicht wußte, d'Holbach; vgl. den Kommentar zu Nr.52.

367 Hingegen bekennt Nicolai seine Sympathie für die "reine natürliche Religion" der englischen Deisten Bolingbroke, Hume, Tindal und Toland (Nr.52; vgl. die Erläuterung ebendort). In einem Brief an Joh.(v.)Müller vom 16.3.1773 bezeichnet er Rousseau, Voltaire und Bolingbroke als "aufrichtige Theisten, die eine reine natürliche Religion lieben, durch die das Menschl. Geschlecht, glücklich werden kann" (Nicolai, Verlegerbriefe, ed. Fabian/Spieckermann 1988, S.95). An Schlözer schreibt Nicolai am 20.8.1772, zur "natürlichen Religion" gehörten für ihn der Glaube an einen Schöpfer und Erhalter, an die Vorsehung und an die Unsterblichkeit der Seele. Sehr kritisch, ja ablehnend, äußert er sich im selben Brief über die "offenbarte Religion": Der Glaube könne sich nicht allein auf ein Buch gründen, das voller Widersprüche sei oder widersprüchliche Auslegungen ermögliche (ed. Sommerfeld 1921, S.346f.). Im allgemeinen neigte Nicolai - wie Iselin - der Neologie zu. Zeitweise aber war seine religiöse Haltung durch eine deutliche Tendenz zum Deismus geprägt; vgl. Möller 1974, S.94.

368 vgl. Wernle Bd.3, S.275, und Pestalozzi 1975, S.288.

Die starke Unterhöhlung des Bibelglaubens schien viele Theologen der Zeit zu einem nur noch schwach christlich angehauchten Deismus zu führen, und das Christentum drohte zur reinen Vernunftreligion reduziert oder zur Moralphilosophie verwässert zu werden. Lavaters religiöse Anschauungen sind als kritische Reaktion auf diese Säkularisierungstendenz der Aufklärung zu verstehen, ohne daß ihnen jedoch das orthodoxe Festhalten an alten Dogmen zugrunde läge. Seiner Originalität war sich Lavater bewußt. Gegenüber Iselin betonte er die "unendliche Entferntheit meiner Theologie von der herrschenden."[369]

In seinem oben zitierten Brief an Iselin vom Juni 1769 berichtet Nicolai, Lavater habe behauptet, er könne Moses Mendelssohn durch intensives elftägiges Gebet bekehren. Man würde dies als bloße Anekdote werten, wenn Lavater nicht kurze Zeit später tatsächlich einen Bekehrungsversuch unternommen hätte, der, zusammen mit dem sich anschließenden publizistischen Wortwechsel, als "Lavater-Mendelssohn-Streit" bekannt ist. Diese Kontroverse legt - obwohl die beiden unmittelbar Beteiligten nicht müde wurden, sich ihrer gegenseitigen Hochachtung zu versichern - tiefere ideologische und gesellschaftliche Brüche offen als manche schärfer geführte öffentliche Fehde jener Zeit. Im Nicolai-Iselin-Briefwechsel finden sich einige Reflexe dieses Streits.[370]

Anfang 1769 erschien Charles Bonnets "Palingénésie philosophique, ou Idées sur l'Etat futur des êtres vivants". Lavater war von diesem Werk des Genfer Naturforschers und Philosophen tief beeindruckt und fertigte sofort eine Teilübersetzung an, die er mit dem folgenden, von Bonnet so gewünschten Titel zum Druck beförderte: "Herrn Carl Bonnets philosophische Untersuchung der Beweise für das Christentum." Es war weniger das Buch selbst, das sofort öffentliches Aufsehen erregte, auch nicht Lavaters Kommentar, sondern die Widmung an Moses Mendelssohn, den berühmten Philosophen, den Lavater 1763 persönlich kennengelernt hatte. Lavater ließ sie zusammen mit einem kurzen Zueignungsschreiben dem Werk gedruckt voransetzen.

---

369 Lavater an Iselin, 4.11.1769 (ed. Keller 1892, S.156).

370 Alle Texte Lavaters und Mendelssohns sind ediert in: Mendelssohn, Schriften zum Judentum I (ed. Rawidowicz 1930), S.1-64; vgl. die gute und ausführliche Einleitung von Simon Rawidowicz ibidem, S.XI-LXXX (Lavater bestritt übrigens, behauptet zu haben, er könne Mendelssohn bekehren, wenn er elf Tage heiligenmäßig lebe; ibidem, S.332); ferner: Altmann 1973, S.194-263.

Die Tatsache, daß hier eine christliche Apologie einem gläubigen Juden gewidmet wurde, war merkwürdig genug. Unerhört aber war die Alternative, vor die Mendelssohn durch Lavater gestellt wurde, nämlich die Schrift "öffentlich zu widerlegen, wofern Sie die *wesentlichen* Argumentationen, womit die Thatsachen des Christenthums unterstützt sind, nicht richtig finden: Dafern Sie aber dieselben richtig finden, zu thun, was Klugheit, Wahrheitsliebe, Redlichkeit Sie thun heissen; - was *Socrates* gethan hätte, wenn er diese Schrift gelesen, und unwiderleglich gefunden hätte."[371]

In diesem letzten Satz lag die Aufforderung zu konvertieren. Die These, Lavater habe Mendelssohn nicht bekehren wollen, ihm sei es lediglich um die besondere Unsterblichkeitsvorstellung Bonnets gegangen[372], vermag nicht zu überzeugen. In der Widmung ist von Unsterblichkeit nicht die Rede, wohl aber von den "*wesentlichen* Argumentationen, womit die Thatsachen des Christenthums unterstützt sind". In Bonnets Buch bildet die Unsterblichkeitsfrage ja auch nur einen Teilaspekt.

Für Mendelssohn selbst und für viele Zeitgenossen, deren Reaktion man kennt, war die Sache eindeutig. Bonnet mißbilligte das Zueignungsschreiben, das sein "Schüler" und Übersetzer Lavater dem Buch vorangesetzt hatte, ohne ihn zu fragen. Empört schrieb er an Lavater: "Si vous m'aviés communiqué votre *Dédicace* avant que de l'imprimer, je vous aurois fait observer, qu'il ne me paroissoit pas convenable de dédier à un *Juif*, un Livre calculé uniquement pour les *Incredules* nés dans le sein de notre Eglize. Je vous aurois dit encore, (...) qu'il ne falloit pas mettre cet excellent Juif dans l'épineuse alternative de *refuter* le Livre ou de *se convertir* (...)."[373] Danach wandte sich Bonnet auch an Mendelssohn. Über Lavaters Widmung schrieb er: "Je l'ai désapprouvée en entier & pour le fond & pour la forme."[374]

Nun wäre es immerhin denkbar, daß Lavater von aller Welt, Freund und Feind, mißverstanden worden ist. In einem Brief an Lüdke hat er seine Bekehrabsicht jedoch selbst zugegeben und zu erklären versucht: "Ihnen ins Herz hineingesagt: Ich hätte die Zuschrift an Moses weggelaßen, wenn ich nicht geglaubt

---

371 Lavater, Zueignungsschreiben (ed. Rawidowicz 1930), S.3.

372 So die Auffassung von Gisela Luginbühl-Weber, "...zu thun, ...was Sokrates gethan hätte": Lavater, Mendelssohn und Bonnet über die Unsterblichkeit. In: Pestalozzi/Weigelt 1994, S.114-148, bes. S.125 und S.131.

373 Bonnet an Lavater, von Bonnet selbst zitiert in einem Brief an Mendelssohn vom 12.1.1770. In: Mendelssohn, Schriften zum Judentum I (ed. Rawidowicz 1930), S.306.

374 Bonnet an Mendelssohn, 12.1.1770; ibidem, S.305.

hätte, daß er zu den philosophischen Juden gehörte, von denen mir H. Sp.[alding] schrieb, daß sie überhaupt sich gegen das Christenthum neigten, wenn es unitarisch wäre! Froh, dachte ich, werden diese Leüthe seyn, wenn sie öffentlich aufgefodert werden; wenn ihnen mit ihren Rabbinen zu brechen, eine goldene Brüke gebaut wird. Ich muß es nicht wiederhohlen, daß Sie das ja keiner Seele sagen."[375]

Abb.18: Johann Kaspar Lavater. Silhouette aus Nicolais Sammlung. Goethe-Museum Düsseldorf.

375 Lavater an Lüdke, 10.2.1770; ibidem, S.327. Altmann hat, wobei er sich auch auf diesen Brief stützte, Spalding als den eigentlich Verantwortlichen für die Affäre bezeichnet: "The seriousness with which the Berlin theologians of the Enlightenment debated among themselves on the chances of Mendelssohn's conversion could not fail to impress itself upon Lavater's enthusiastic mind. It planted the seed of the challenge that he presented to Mendelssohn in 1769. Spalding, in particular, bore the ultimate responsibility for this step. (...) the true adversary was not the enthusiastic Swiss deacon but the phalanx of the Berlin Enlightenment theology led by Spalding." Altmann 1973, S.203.

Es wurde bereits dargelegt, daß die Mission und insbesondere die Judenbekehrung einen festen Platz in Lavaters chiliastischem Denken hatten. Sie lagen in der Konsequenz seiner "verabsolutierten Christologie"[376]. Durch den großen Widerstand, auf den er im Rahmen seiner Kontroverse mit Mendelssohn stieß, ließ er sich keineswegs beirren. Etwa ein Jahr nach der Affäre, am 12.3.1771, konnte Lavater die Predigt bei einer spektakulären Judentaufe im Zürcher

Abb.19: Moses Mendelssohn. Silhouette aus Nicolais Sammlung. Goethe-Museum Düsseldorf.

Fraumünster halten. Unter dem Titel "Rede bey der Taufe zweyer Berlinischen Israeliten so durch Veranlassung der Lavater und Mendelsohnischen Streitschriften zum wahren Christenthum übergetreten" ließ er sie drucken. Lavaters spezifischer Messianismus trifft sich darin mit der traditionellen antijüdischen

376 Pestalozzi 1984, S.295.

Argumentation der Kirche: Die Juden seien die Mörder des Heilands und noch immer "Feinde des Kreuzes und der Herrlichkeit Christi"[377]. Mit leidenschaftlichem Redeschwung wendet sich Lavater an alle Juden der Welt und fordert sie auf, von ihrem "jüdischen Unglauben"[378] zu lassen: "Und was ist nun, o ihr meine Theuresten, der Schluß aus diesem allem? - Dies ist der grosse, der unwiderlegliche Schluß: Und ach Gott! daß er, wie ein zerschmetternder Blitz die Herzen aller unter allen Völkern zerstreuten Israeliten träfe! Der grosse Schluß: So wisse nun alles Haus Israel sicherlich, daß Gott diesen Jesum, welchen sie gekreuzigt haben, zum Herrn und Meßias gemacht, und aufs feyerlichste dafür erklärt hat! (...) Eilet zu dem, den Euere Väter durchstochen haben! (...) Thut Buße, und werde euer ein jeder getauft auf den Namen Jesus Messias."[379]

Es war diese Predigt Lavaters, die eine scharfe Satire Lichtenbergs hervorrief, betitelt: "Timorus, das ist Vertheydigung zweyer Israeliten, die durch die Kräftigkeit der Lavaterischen Beweisgründe und der Göttingischen Mettwürste bewogen, den wahren Glauben angenommen haben". Den Druck dieses Werkes, das erst 1773 anonym in Berlin erschien, hat übrigens Nicolai vermittelt, der sich deshalb zu Recht als "Hebamme des Timorus" fühlte.[380]
Die Dedikation der Bonnet-Übersetzung ist auf den 25. August 1769 datiert, am 4. September sandte Lavater das soeben aus der Presse gekommene Werk an Mendelssohn. Noch am selben Tag schickte er einen Bogen mit der Widmung, die in den Schweizer Exemplaren des Buches fehlte, an Iselin. Dieser reagierte prompt: "Hüten Sie sich vor dem Fanaticismus. Mir ist immer bang für Ihre erhabenen Talente."[381] Es zeigt Lavaters Naivität, wenn er schreibt, er verstehe den Zusammenhang zwischen seiner "Dedication an Moses" und Iselins Warnung vor Fanatismus nicht.[382]

377 Lavater, Rede bey der Taufe (...); nach der Ausgabe Güstrow 1773, S.XLIII.
378 ibidem, S.XL.
379 ibidem, S.XXIf., XXVI, XXVII.
380 vgl. Brigitte Erker, Eine "glückliche Relation". Friedrich Nicolai und Lichtenberg. In: Lichtenberg-Jahrbuch 1992, S.122-131; Ulrich Joost, Über Nicolai, Boie und die Druckgeschichte des "Timorus", ibidem, S.132-138; ferner: Ohage 1992 und Engel 1994c, passim.
381 Iselin an Lavater, 10.9.1769 (ed. Keller 1892, S.155).
382 Lavater an Iselin, 4.11.1769 (ed. Keller 1892, S.156).

Aus Nicolais Brief an Iselin vom 14. November (Nr.28) spricht seine Empörung über die Anmaßung Lavaters, von Mendelssohn gegen dessen Willen (der Lavater bekannt gewesen sein mußte) eine öffentliche Erklärung über Glaubensfragen zu verlangen. Mendelssohn halte Bonnets Buch für sehr mittelmäßig und werde es in seiner Entgegnung auf Lavater nur beiläufig untersuchen. Iselins Antwort zeigt, daß er Nicolais Meinung im Grunde teilte. Gleichzeitig versuchte er aber, mäßigend auf diesen einzuwirken, indem er Lavater vorsichtig in Schutz nahm: "Freylich ist die Aufforderung H.[errn] L.[avaters] an Hn Moses ganz besonders. Aber H. Lavater überredet sich aufrichtig daß er die Wahrheit suche, und in disem Falle ist er zu entschuldigen. Diser Mann macht mich in allen meinen Begriffen irre, und ich fürchte er werde mehr Ungläubige als Gläubige machen. Aber eine grosse und edle Seele besitzet er gewiß" (Nr.29). Nicolai konzedierte, Lavater habe gute Absichten gehabt, sei aber ein "Schwärmer". Wenn Iselin etwas dazu beitragen könne "Hrn Lavater zu bewegen, daß Er nicht weiter in Hrn Moses dringt" (Nr.30), so tue er ein gutes Werk. Ein öffentlicher Religionsstreit, dem Mendelssohn ohnehin sehr abgeneigt sei, müsse schon deshalb verhindert werden, weil in ihm sonst "die orthodoxen Dummköpfe" die, so Nicolai an anderer Stelle, "noch fast allenthalben, im Besitze der höchsten Macht und der einträglichsten Stellen" seien (Nr.77), "ein neues Geschrey" (Nr.30) erhöben. Die ruhige Untersuchung der Wahrheit werde dadurch nur gestört. Im übrigen müsse man die Lage erwägen, in der sich Mendelssohn befinde.

Die Lage Mendelssohns - er war ein juristisch und sozial benachteiligter Jude - mußte Lavaters Ansinnen zu einem Dilemma werden lassen. Die prekäre Alternative wird von Zimmermann in einem Brief an Nicolai vom 30.12.1769, in dem er sich in scharfer Form von seinem Freund Lavater distanziert, beschrieben: Mendelssohn habe es gewiß "nicht verdienet daß man ihn in die höchst unangenehme Situation setze, entweder seinen Glaubensgenossen verdächtig zu werden, oder etwas nachtheiliges wieder die christliche Religion zu sagen."[383] Lavaters öffentliche Herausforderung einfach zu ignorieren, war für Mendelssohn kaum möglich; auch ein Schweigen wäre interpretiert worden: als Affront oder als Zugeständnis.

---

383 Transkription S.Habersaat.

Der Vorfall versetzte das Kommunikationsnetz der Aufklärung in erhebliche Schwingungen. An einigen Stellen, so zwischen Nicolai und Lavater, war es dem Zerreißen nahe. Nicolais unbedingte Parteinahme für Mendelssohn wurde von Lessing geteilt. Am 2.1.1770 schrieb er an Nicolai: "Was macht unser Moses? Ich betaure ihn, daß er von einem Menschen so compromittiret wird, von dem er sich seine Freundschaft nicht hätte sollen erschleichen laßen. Lavater ist ein Schwärmer, als nur einer des Tollhauses werth gewesen. Er macht schon kein Geheimniß mehr daraus, daß er Wunder thun kann, zu Folge seiner Meinung, daß die Wundergabe das Kennzeichen eines wahren Xsten sey."[384]

Inzwischen war in Nicolais Verlag Mendelssohns "Schreiben an den Herrn Diaconus Lavater zu Zürich" erschienen (es trägt die Jahreszahl 1770; Nicolai schickte es Iselin jedoch schon Ende Dezember 1769; vgl. Nr.30).[385] In ihm bringt Mendelssohn sein Befremden über Lavaters Schritt - konziliant in der Form, aber deutlich im Inhalt - zum Ausdruck und bekennt sich nachdrücklich zu seinem jüdischen Glauben. Er hänge ihm nicht aus bloßer Gewohnheit an, sondern sei und bleibe von den wesentlichen Inhalten des Judentums fest überzeugt. Mendelssohn hebt hervor, daß sich das Judentum nicht als allein seligmachende Religion begreife und deshalb auch keine Mission kenne. Der "Geist der Bekehrung"[386] sei dem Judentum zuwider. Jeder Tugendhafte sei Kind der ewigen Seligkeit, welcher Religion er auch zugehöre. Aber nicht nur seine Religion und seine Philosophie hielten ihn davon ab, sich auf Religionsstreitigkeiten einzulassen, sondern auch sein "Stand im bürgerlichen Leben". Er sei Mitglied eines verachteten und unterdrückten Volkes, das überall vom Wohlwollen einer herrschenden Nation abhänge, um Schutz bitten müsse und diesen nirgendwo ohne gewisse Einschränkungen erhalte. In Zürich sei den Juden nicht einmal der Aufenthalt vergönnt. Wie solle er es wagen, die Religion seiner Beschützer anzugreifen? Auf Bonnets Buch geht Mendelssohn kaum ein; er bemerkt nur, mit den angeführten Gründen könne man jede Religion beweisen.

Iselin zeigte sich von Mendelssohns "Schreiben" in Briefen an Nicolai vom Februar und März 1770 (Nr.32 und 33) sehr angetan; sein Urteil über Lavater

---

384 Lessing, Sämtliche Schriften Bd.17, S.310. Eva Engel hat Lessings Editionsprojekte dieser Zeit (Berengar von Tours; Reimarus-Fragmente) mit dem Lavater-Mendelssohn-Streit in Verbindung gebracht: Engel 1994a, S.48-53.

385 Mendelssohn, Schriften zum Judentum I (ed. Rawidowicz 1930), S.5-17.

386 ibidem, S.10.

blieb zwiespältig. Er attestiert ihm das redlichste Herz und sieht ihn gleichzeitig "tief in den Fanaticismus versunken". "Begihrde zu glänzen und Aufsehen zu machen" bezeichnet er als Lavaters treibende Motivationen. Für Lavater war Iselin aber auch weiterhin ein Vertrauensmann, dem er seine Antwort auf Mendelssohns "Schreiben" zur Beurteilung vorlegte.[387] Auch ersuchte er Iselin, ihn bei seinen deutschen Freunden in ein besseres Licht zu setzen "und insonderheit H. Nicolai zu bitten, nicht so leichtgläubig zu seyn, alle Anecdoten, die mich lächerl. machen, so gleich aufzunehmen, u. herumzubieten. Dieß aber nicht als von mir."[388]

Nicolai, der im Dezember 1769 noch gemeint hatte: "Dieser Streit muß meines Erachtens, immer mehr Schaden als Nutzen haben" (Nr.30), urteilte im Februar 1770 ganz anders. Die Kontroverse sei nützlich, weil sie vielen Leuten die Gelegenheit gebe, über wichtige Religionsfragen gründlicher nachzudenken (Nr.31).
Als Nicolai dies schrieb, war der Streit noch nicht zu Ende. Lavater und Mendelssohn konferierten unter Vermittlung von Spalding, Lüdke und Nicolai über das weitere Vorgehen. Dabei kam es zu nicht unerheblichen Komplikationen und Verstimmungen. Schließlich konnte zur Ostermesse 1770 in Nicolais Verlag eine Schrift mit dem Titel "Antwort an den Herrn Moses Mendelssohn zu Berlin von Johann Kaspar Lavater. Nebst einer Nacherinnerung von Moses Mendelssohn" erscheinen, mit der beide Seiten einen Schlußpunkt setzen wollten (vgl. Nicolai an Iselin, Nr.35).[389] Man konnte allerdings nicht verhindern, daß sich der Konflikt in einer Flut von Streitschriften Dritter fortsetzte, die das ganze denkbare Spektrum von Reaktionen bedeckte: Der Frankfurter Advokat Kölbele beispielsweise machte Mendelssohn zur Zielscheibe seines dumpfen Judenhasses, der aufgeklärte Livländer Prediger Hupel hingegen spottete über die Bekehrungssucht vieler Christen und forderte, sie sollten erst einmal die Mißstände und Zersplitterung ihrer eigenen Kirchen beheben.

---

387 Lavater an Iselin, 10.1.1770 (Staatsarchiv Basel-Stadt PA 98, 46; S.65).

388 Lavater an Iselin, 24.2.1770 (Staatsarchiv Basel-Stadt PA 98, 46; S.72). Lavaters Klage, Nicolai verbreite Anekdoten über ihn, war nicht unbegründet: vgl. beispielsweise die Geschichte, die Nicolai von Lavaters Zusammenkunft mit Basedow zu berichten weiß (Nr.67).

389 vgl. Mendelssohn, Schriften zum Judentum I (ed. Rawidowicz 1930), S.23-55; im folgenden die Einleitung ibidem, S.LVI-LXXX.

Lavater hat Mendelssohn in seiner "Antwort" um Verzeihung gebeten, konnte sich aber dennoch nicht versagen, auf die Bekehrung des Paulus hinzuweisen und emphatisch auszurufen: "Wolte Gott, daß Sie ein Christ wären!"[390] Noch in seinen "Physiognomischen Fragmenten" (Bd.1, 1775) schrieb er über Mendelssohns Silhouette: "Ja, ich seh ihn, den Sohn Abrahams, der einst noch mit Plato und Moses - erkennen und anbeten wird, den gekreuzigten Herrn der Herrlichkeit!" Über das Zueignungsschreiben von 1769 hat Eva Engel treffend bemerkt: "Lavater used the terms but not really the language of Enlightenment."[391] Einige Jahre später hatte Lavater auch die aufgeklärte Begrifflichkeit weit hinter sich gelassen.

In seinem Brief an Iselin vom 20.11.1773 kam Nicolai noch einmal auf den nun über drei Jahre zurückliegenden Lavater-Mendelssohn-Streit zu sprechen, dessen Verlauf er in einer (erst postum zu veröffentlichenden) Abhandlung schildern wollte - wozu es jedoch leider nicht gekommen ist. Nicolai verweist auf Lavaters Erwartung des tausendjährigen Reiches als der Grundlage für den Bekehrungsversuch: "er glaubte, Moses sey ein heimlicher Christ, und man müsse ihn nur zwingen zu reden, er möge wollen oder nicht, und also machte er sich kein Gewissen, seiner eingebildeten Revolution wegen, dieses vortreflichen Mannes ganze Gemüthsruhe, und vielleicht dessen zeitliches Glück aufs Spiel zu setzen." Lavaters Hauptfehler seien "Fanatismus und geistlicher Stolz" (Nr.59). Mendelssohns Gemütsruhe und seine Gesundheit hatten in der Tat einen schweren Schlag erfahren. Anfang 1771 wurde Mendelssohn ernstlich krank und erholte sich nur sehr langsam. Auch hierüber erstattete Nicolai Iselin eingehend Bericht (vgl. v.a. Nr.39).

Mendelssohn hat in seinem "Schreiben" an Lavater deutlich von der Diskriminierung der Juden gesprochen. Er selbst verkörperte die geistige Emanzipation in hohem Maße und mußte deshalb die vorenthaltene bürgerliche Emanzipation der Juden besonders schmerzlich empfinden. Friedrich II. setzte zwar die Politik seiner Vorgänger fort, Juden in Preußen zu dulden (seit 1671 war das Niederlassungsverbot aufgehoben), erließ jedoch im "Revidierten General Privilegium"

390 Mendelssohn, Schriften zum Judentum I (ed. Rawidowicz 1930), S.32 bzw. S.36; das folgende Zitat nach Schoeps 1989, S.110.

391 Engel 1994c, S.127.

(1750) eine Reihe von demütigenden Bestimmungen.[392] In seinem "Politischen Testament" von 1752 schrieb er: "Die Juden sind von allen diesen Sekten die gefährlichsten; denn sie schädigen den Handel der Christen und sind für den Staat nicht zu brauchen."[393] Man müsse sie vom Großhandel fernhalten und verhindern, daß sich ihre Kopfzahl vermehre. Bei jeder Unehrlichkeit und "unerlaubtem Profit" sei ihnen der Schutz zu entziehen.

Mendelssohn sah sehr deutlich den Zusammenhang zwischen der politischen Situation und der geistig-kulturellen Entwicklung der Juden. In einem frühen Brief an Iselin von 1762 hat er es so formuliert: "Zwar blühet unter der Regierung eines Friderichs die Freyheit zu denken fast in republikanischer Schönheit; allein Sie wissen, wie wenig Antheil meine Glaubensbrüder an allen Landesfreyheiten zu haben pflegen. Die bürgerliche Unterdrükung, zu welcher uns ein zu sehr eingerissenes Vorurtheil verdamt, liegt wie eine todte Last auf den Schwingen des Geistes, und macht sie unfähig, den hohen Flug des Freygebohrnen jemals zu versuchen."[394]

Dies klingt nach Resignation, doch Mendelssohn wußte: Die bürgerliche und die geistig-kulturelle Lage der Juden standen in einem Wechselverhältnis. Ließ sich an der politischen Lage (vorerst) nichts ändern, so konnte und mußte der Hebel bei der geistigen Emanzipation angesetzt werden. Ihm selbst war es gelungen, eine führende Position in der deutschen Gelehrtenrepublik zu erringen. Es schien, als sei sein Bemühen, die geistige Isolation durch die Synthese von Judentum und Aufklärung zu überwinden, von anhaltendem Erfolg gekrönt. Lavaters öffentlicher Bekehrungsversuch bedeutete einen herben Rückschlag in diesem Bemühen.

Marianne Awerbuch hat in einer scharfen Analyse auf gewisse Widersprüche in Mendelssohns Religionsphilosophie hingewiesen. So seien der Auserwähltheitsanspruch Israels (den er nicht preisgebe) und die Exklusivität der mosai-

---

392 vgl. Ribbe 1992, v.a. S.12ff. Erst 1812 wurden die Juden durch das Emanzipationsedikt zu preußischen Staatsbürgern. Ihre rechtliche Ausnahmestellung war damit weitgehend aufgehoben.
In der Schweiz wurde dieser Schritt noch später, 1878, vollzogen. Ende des 18. Jahrhunderts waren die beiden Surbtaler Dörfer Lengnau und Endingen die einzigen Orte in der Schweiz, wo sich Juden dauernd niederlassen durften. Beim Landvogt zu Baden mußten teure Schutzbriefe gekauft werden. 1774 gehörten 553 Personen zu den beiden Gemeinden; vgl. Guggenheim 1982, S.21-28.

393 Friedrich d.Gr., Politisches Testament 1752 (ed. Most 1974), S.44; vgl. auch S.35.

394 Mendelssohn an Iselin, 30.5.1762 (ed. Strauss 1974, S.338).

schen Gesetze (die er betone) nicht mit Mendelssohns Grundannahme einer Identität von Judentum und Vernunft vereinbar.[395] Für unseren Zusammenhang ist das nicht entscheidend. Wichtiger ist, daß er die Mannigfaltigkeit der Religionen für das Grundprinzip einer vernünftigen Weltordnung hielt, daß er gegen jeden Universalitätsanspruch einer Religion auftrat, daß er - wie die Aufklärer überhaupt - Proselytenmacherei und den Streit um den "echten Ring" (Lessings Bild im Nathan) ablehnte.
Die Aufklärung sah den Glauben als Privatsache an, die man "lieber dem Gewißen eines jeden überlaßen solte" (Nicolai, Nr.30) und forderte einen gegenüber religiösen Bekenntnissen neutralen Staat.[396] Ihre Toleranzforderung erstreckte sich nicht allein auf die verschiedenen christlichen Konfessionen. Nicolai ließ seinen Sebaldus, im Anschluß an eine mißglückte Judenbekehrung, sagen: "Lassen Sie uns, dem barmherzigen Gotte gleich, der uns alle erträgt, unsre Toleranz nicht nur auf alle Christen, sondern auch auf Juden und alle andern Nichtchristen ausdehnen."[397]

Lavaters Verlangen nach übernatürlichen Erfahrungen war zeitlebens außerordentlich. Im November und Dezember 1769 berichtet er in Briefen an Iselin von einer "Frau im Bielergebiet" (sie hieß Elisabeth Tüscher, war 30 Jahre alt und wurde auch "Wasserliesel" genannt), die über die Fähigkeit verfüge, in einem Glas Wasser die Tätigkeiten und Gemütszustände weit entfernt lebender Personen zu sehen.[398] Er attestierte der Frau "wahre christliche Demuth" und forderte Iselin auf, sie selbst auf die Probe zu stellen, worauf sich dieser tatsächlich einließ. Iselin blieb jedoch auch nach erfolgtem Experiment skeptisch: "Wasserliesel" - die sich für ihre Visionen bezahlen ließ - hatte zwar Richtiges über sein Tun an einem vereinbarten Tag gesagt, war jedoch ganz im Allgemei-

---

395 Awerbuch 1992, passim.

396 vgl. Guggisberg 1984, S.245-253. Nicolais Freund Christian Wilhelm Dohm forderte, daß "der Staat sie alle mit gleich unpartheyischer Liebe umfaßt". Dohms bahnbrechendes Werk "Über die bürgerliche Verbesserung der Juden", das von Mendelssohn wesentlich beeinflußt war, erschien 1781-83 in Nicolais Verlag (2 Bde.); vgl. Heinrich Detering, Christian Wilhelm von Dohm und die Idee der Toleranz. In: Freimark u.a. 1986 sowie Vierhaus 1987e, passim. Der erste Band wurde von Iselin in den "Ephemeriden" (1782/1, S.407f.) besprochen; hierzu kritisch: Möller 1992, S.66ff.; vgl. auch Simon 1996, S.513ff.

397 Nicolai, Nothanker (ed. Witte 1991), S.310.

398 vgl. den Briefwechsel zwischen Lavater und Iselin (ed. Keller 1892), S.164-174; Wernle Bd.3, S.410-413.

nen geblieben. Auch Lavater verlor bald das Interesse, weil ihre Gabe, wie er an Iselin schrieb, nicht Folge ihres Glaubens sei und sie auf entfernte Personen auch nicht einwirken könne.
Es ist nicht erstaunlich, daß "Wasserliesels" Divinationen Lavater nicht dauerhaft befriedigten. Er sehnte sich nach handfesten, religiös motivierten Wundern, weil sie der beste Beweis für die von ihm postulierte Christusähnlichkeit des Menschen gewesen wären. So wurde er 1774/75 zum Anhänger des katholischen Pfarrers, Exorzisten und Wunderheilers Johann Joseph Gaßner in Ellwangen (Bistum Regensburg).[399] Lavater war anfänglich durchaus mißtrauisch, dann aber legte er, zunehmend fasziniert, seine Zweifel ab. Durch sein Eintreten für Gaßner geriet er in einen heftigen publizistischen Streit mit dem aufklärerischen Theologieprofessor Johann Salomo Semler in Halle, der die Existenz des Teufels bestritt und die Krankenheilungen psychologisch erklärte. Die behaupteten Teufelsaustreibungen im Namen Jesu seien Schwindel, so Semler.

Nicolai und Iselin lehnten Lavaters Parteinahme für Gaßner ab (Nr.79, 82, 90). In einem Brief an Zimmermann nannte Nicolai es eine "neuerliche Thorheit, sich des verächtlichen Charlatans Gaßner anzunehmen."[400] Es sei ein Schlag ins Gesicht der gesunden Vernunft.
1777 erschien "Eyn feyner kleyner Almanach", mit dem Nicolai die affektierte Volkstümelei der Stürmer und Dränger parodierte. In der Vorrede traf seine Satire auch Gaßner "welcher dato nach Obersachsen vnderwegs, des +++ Teufels Macht tzu zerstoren" und die "stattlichen Wunderteter ynn der Schweytz", wie die "Wasserprophetynne tzu Byel".[401] Iselin bezieht sich wohl auf diese Stelle, wenn er an Nicolai schreibt: "Für den Volkslieder Allmanach danke ich Ihnen. Ich hätte den Zug wider Lavatern daraus weggewünschet. Seine Excentricitäten sollten [mehr] bedauert als belachet werden. Aber diese Genien machen es zu bunt" (Nr.91). Iselins Urteil über Lavater war nach wie vor ambivalent. Viele seiner Ansichten lehnte er ab, der Mensch Lavater faszinierte ihn: "Ich wünschte daß Sie Lavatern persönlich kennten. Sie würden ihm mehr Gerechtigkeit widerfahren lassen" (Nr.84; vgl. auch Nr.65, 71, 80). Iselin sagte das

399 vgl. Weigelt 1991, S.32-36; Josef Hanauer: Der Teufelsbanner und Wunderheiler Johann Joseph Gaßner (1727-1779). In: Beiträge zur Geschichte des Bistums Regensburg 19 (1985), S.303-545.

400 Nicolai an Zimmermann, 30.5.1775 (ed. Bodemann 1878, S.308).

401 Nicolai, Eyn feyner kleyner Almanach Bd.1, S.31f. Das Buch trägt die Jahreszahl 1777, wurde von Nicolai aber schon Ende 1776 verschickt.

auch als Reaktion auf Nicolais scharfe Bemerkung: "Lavatern möchte ich (unter uns) prophezeyhen, daß er entweder noch in den dümmsten Pietismus, oder in den stumpfesten Unglauben fallen wird. Vielleicht in beide zugleich, welches das schlimmste wäre" (Nr.83).

In den Jahren zuvor hatte Nicolai mit Lavater noch über physiognomische Probleme korrespondiert und dessen Ansätze grundsätzlich positiv beurteilt (vgl. Nr.59, 64, 75).[402] Zunehmend aber stieß ihn die Art ab, wie Lavater in seiner Physiognomik die Vertreter der Genie-Bewegung verherrlichte (vgl. Nr.83 mit Erläuterung) und wie die religiöse Absicht des Werkes immer deutlicher zu Tage trat: Lavater ging es letztlich um die "Anschaubarkeit Gottes im Menschen"[403], um das Aufspüren von Ähnlichkeiten mit Christus, von dessen Aussehen er eine feste Vorstellung hatte. Physiognomik war für Lavater keine zweckfreie und selbständige Wissenschaft, sondern stand im Dienst seiner christozentrischen und philanthropisch gemeinten Theologie. Sie war ihm ein Instrument der Gotteserkenntnis und ein Ausdruck der Christusverehrung. Dies führte um 1777 zum endgültigen Bruch Nicolais mit Lavater. Die Gegnerschaft zu Lavater kommt in Nicolais 1778 veröffentlichter Schrift "Einige Zweifel über die Geschichte der Vergiftung des Nachtmahlweins welche zu Zürich 1776 geschehen seyn soll" ganz unverhüllt zum Ausdruck.[404]

In den achtziger und neunziger Jahren verschärfte sich Nicolais Polemik sogar noch. Neben anderen Aufklärern wie Knigge und Biester kritisierte er Lavaters Enthusiasmus für den animalischen Magnetismus, dessen Verbindung zu Mitgliedern des seit 1773 aufgehobenen Jesuitenordens und dessen intensive Suche nach dem - als Resident Christi - angeblich noch auf Erden weilenden Jünger Johannes.

In seinem letzten Brief an Iselin bezieht sich Nicolai auf eine aktuelle Begebenheit, von der er wohl nicht wußte, daß auch sie mit Lavater zusammenhing: "Ich höre daß Madame Sarrasin in Strasburg völlig curiret worden und ein ganz neues Leben empfangen hat. Es ist sehr gut, wenn Charlatans die Aufsehen machen wollen, reiche Patientinnen haben" (Nr.148). Es handelt sich um die wun-

---

402 Der Briefwechsel Nicolais mit Lavater wurde ausschnittweise ediert von Sommerfeld 1921, S.348-394; vgl. bes. S.353ff.

403 Weigelt 1991, S.97; Lavater, Physiognomische Fragmente (ed. Siegrist 1984), S.7ff. Über diese Fragen diskutierte Nicolai in den Jahren 1775/76 besonders intensiv mit Zimmermann.

404 vgl. die Erläuterung zu Nr.117.

dersame Heilung von Gertrud Sarasin, der Frau des Basler Bandfabrikanten Jakob Sarasin, durch einen der bekanntesten Abenteurer und Betrüger des 18. Jahrhunderts: Giuseppe Balsamo alias Graf Cagliostro.[405] Cagliostro war in den Jahren zuvor alchimisierend, hellsehend, wundertuend und seine mystisch-kryptische Lehre verbreitend durch halb Europa gezogen. Stationen seines ruhelosen Daseins waren London, Den Haag, Venedig, Leipzig, Berlin, Danzig, Königsberg, St. Petersburg und Warschau. 1780 kam er nach Straßburg, im Januar 1781 traf ihn Lavater dort zum ersten Mal. Jakob Sarasin, mit dem Lavater befreundet war, hatte ihn gebeten zu prüfen, ob die Behandlung seiner schwerkranken Frau durch Cagliostro möglich und erfolgversprechend sei. Lavater gab einen grundsätzlich positiven Bescheid, und Gertrud Sarasin begab sich nach Straßburg. Cagliostro gelang es tatsächlich, die offenbar durch starke Depressionen verursachte Krankheit zu heilen. Im Oktober 1781 fuhr Lavater ein zweites Mal zu Cagliostro, ein knappes Jahr später sah er ihn in Sarasins "Weißem Haus" in Basel erneut.

Lavaters Faszination für Cagliostro und sein Glaube an dessen Wunderheilungen hingen mit der Vorstellung zusammen, im Menschen als dem Abbild Gottes - und damit Christi - schlummerten auch die Kräfte Christi. Sie müßten nur geweckt und zur Wirkung gebracht werden. Cagliostro schien ihm zu zeigen, wie das anzustellen sei. In Cagliostro und Gaßner, Mesmer und Puységur, Michel Schüppach[406] und anderen sah Lavater Menschen, die es verstanden, ihre verborgene Christusanlage zu entfalten und nutzbar zu machen. Lavaters Suche nach dem Wunderbaren und Außerordentlichen, die die große Konstante seines Lebens und Wirkens darstellt, gründet in dem Wunsch, Beweise für die angenommene Christusähnlichkeit des Menschen zu sammeln.[407] Selbst seine Begeisterung für Basedow und Herder, besonders aber für Goethe kann man aus dieser Vorstellung herleiten[408]: Lavater hoffte, Goethe realisiere das in ihm liegende Urbild Christus.

An Cagliostro, den er dann einige Jahre später als Schwindler erkannte, fesselte ihn der Zusammenhang von Religion und Magie, der Übergang von der

---

405 vgl. die Erläuterungen zu Nr.148; Kiefer 1991; Weigelt 1991 (S.36f.); Art. "Balsamo" in: Goethe-Handbuch, hrsg. von Alfred Zastran. Bd.1 Stuttgart 1961, col.708-718.

406 vgl. die Erläuterung zu Nr.83.

407 Etwas weniger konkret hat es Horst Weigelt formuliert. Er sieht Lavaters lebenslanges Movens in seinem Wunsch nach "sensitiver Transzendenzerfahrung", nach "Manifestation des Transzendenten in der Immanenz"; Weigelt 1991, z.B. S.83.

408 vgl. hierzu Pestalozzi 1984 und 1994, passim.

menschlichen in die göttliche Welt und umgekehrt. Wenn Cagliostro Christus als den größten Magier bezeichnete, so mußte das vielen, jedoch nicht Lavater, als Blasphemie erscheinen. Er selbst nannte, als Mesmers Lehre vom animalischen Magnetismus Mode wurde, Christus und die Apostel die ersten Magnetiseure. Lavater ging so weit, das Christentum überhaupt zur Magie umzudeuten: "Religion, du höchste Zauberkraft...".[409]

Im letzten Viertel des 18. Jahrhunderts sah sich die aufgeklärte Gelehrtenrepublik mit dem Aufkommen alter und neuer theosophischer, mysteriöser und magischer Erscheinungen konfrontiert: "Das Christentum der Geheimnisse, der Wunder, des Verkehrs mit der Geisterwelt wachte noch einmal auf."[410] Die Hochkonjunktur von Geheimreligion und Geheimmedizin kann als Reaktion auf die Aufklärung verstanden werden. Der Verlust des selbstverständlichen Bibelglaubens hinterließ Lücken, die durch Surrogate, durch Okkultismus und neue Mythen gefüllt wurden.[411] Das ist der Hintergrund für den Erfolg eines Gaßner oder eines Cagliostro. Und auch Lavaters Beschwörung der religiösen "Zauberkraft" antwortet der "Entzauberung der Welt" durch die Aufklärung, der er in jungen Jahren selbst zugewandt war.[412]

---

409 Aus Lavaters Gedicht "Das menschliche Herz" von 1790; zit. nach Wernle Bd.3, S.275.

410 vgl. Wernle Bd.3, S.194-221; hier: S.221.

411 vgl. Gründer 1990, passim; Robert Darnton, Der Mesmerismus und das Ende der Aufklärung in Frankreich. München 1983.

412 In Briefen bemühte sich Campe noch 1785/86, Lavater zur Aufklärung zurückzuführen. Am 25.9.1785 schrieb er, indem er sich bewußt der Sprache des Sturm und Drang bediente (man beachte, wie er vom Sie zum Du wechselt): "(...) im Nahmen der Völker, deren Aufklärung, Ruhe und Glück dadurch gestört werden wird, wollte ich Ihre Hand ergreifen und mit einer menschlichen Träne im Auge Ihnen zurufen: Mann mit der glühenden Einbildungskraft, siehe Dich um und bemerke mit Entsetzen, wie die Führer der Völker und mit ihnen eine ganze unglückliche Heerde, durch die Wärme Deiner ihnen mitgetheilten Gefühle erhitzt und durch das Feuer Deiner Einbildungskraft geblendet, aus dem Sonnenschein der Vernunft in die dunkelen labyrinthischen Thäler des schwärmenden Aberglaubens rennen, allwo die Schwedenborge, Gaßner, Schröpfer, Meßmer, St. Germains, Calliostro's und andere Wölfe in Schafskleidern ihrer warten und sich der Beute freuen, die - ohne es zu wissen - Du ihnen zugeführt hast!" Gegenüber Aufklärern pflegte sich Lavater aufgeklärt zu zeigen. So auch in seiner Antwort auf Campe: "Lieber Warner! Wie haben Sie sich doch, gleich dem sonst so ungläubigen Nicolai das aufheften laßen, daß ich mich von Wölfen in Schafskleidern misbrauchen laße? Seyen Sie ruhig guter Mann - und auch im Punkte meiner nicht so gar leichtgläubig. Sagen Sie jedermann, daß ich kein Verächter der Vernunft sey." Briefe von und an J.H.Campe Bd.1 (ed. Schmitt 1996), S.392f. bzw. S.395.

Nicolai trat entschieden gegen alle Erscheinungsformen des Irrationalismus auf, so auch gegen den "seinsollenden Magiker" Cagliostro. In seinem Verlag gab er die gegen Cagliostro gerichteten Schriften der Zarin Katharina II. und der kurländischen Adligen Elisa von der Recke heraus.[413] Man mag eine gewisse Tragik darin sehen, daß die Aufklärung nun gegen Phänomene kämpfte, die bis zu einem gewissen Grade Konsequenz ihres eigenen Erfolges waren. Die Aufklärung wird Ursache für ihr Gegenteil: das ist das Kennzeichen ihrer späten Phase. Es ist reiner Zufall und dennoch bezeichnend, daß der Briefwechsel zwischen Nicolai und Iselin gerade mit der kritischen Anspielung auf Cagliostro endet.

---

413 vgl. Nicolai, Vorrede zu "Drei Lustspiele..." (ed. Kiefer 1991), und Raabe 1983, S.78.

VI. Die Dämmerung der Aufklärung

Richteten sich bis zu den 70er Jahren des 18. Jahrhunderts die Attacken der Aufklärung hauptsächlich gegen traditionale Kräfte und verkrustete Denkstrukturen, so erwuchs ihr nun unversehens ein neuer Gegner: Am Firmament zog nämlich das "litterarische Ungewitter" (Nr.73) des Sturm und Drang auf. Eine Gruppe junger Schriftsteller und selbsternannter Genies beschwor die schöpferische Kraft leidenschaftlichen Gefühls und polemisierte gegen die Herrschaft der Vernunft: Goethe, Herder, Stolberg, Lenz, Lavater, Kaufmann u.a.

Die Aufklärer, an eine offensive Rolle gewöhnt, sahen sich in die Defensive gedrängt. Daß sie durch die neue Frontstellung außerordentlich irritiert waren, bezeugen die zahlreichen diesbezüglichen Stellen im Nicolai-Iselin-Briefwechsel. Die Metaphern, die Iselin in seinen Briefen für die Geniebewegung benutzt, sind deutlicher Ausdruck dieser Irritation: Wirbel (Nr.82), Nebel (Nr.93), Gärung (Nr.94), Krankheit (Nr.95), Gewölke (Nr.96).

Nicolai nahm die Auseinandersetzung auch öffentlich auf. Seine Parodie "Freuden des jungen Werthers" (1775)[414], die sich weniger gegen Goethes Roman, dessen hohe literarische Qualität Nicolai anerkannte, als gegen das durch ihn ausgelöste Wertherfieber richtete, wurde von Iselin mit großer Zustimmung aufgenommen (vgl. Nr.71). Im Selbstmord sahen die Aufklärer "menschenfeindlichen Muthwillen" und nahmen die ihn latent verherrlichende Darstellung in Goethes Roman mit "lebhaftem Widerwillen" auf.

Nach kirchlicher Auffassung war der Selbstmord ein Sakrileg. Für die Aufklärer aber waren nicht primär religiöse Gründe entscheidend. Sie lehnten den Suizid ab, weil sie in ihm die äußerste Form der sozialen Verweigerung sahen. Wer sich das Leben nahm, entzog sich seiner moralischen Verpflichtung gegenüber der Allgemeinheit.

Die Stürmer und Dränger stellten das Individualrecht über das Recht der Gesellschaft und zersetzten damit das bürgerlich-aufgeklärte Gesellschaftsideal. In den "Träumen eines Menschenfreundes" (1776) verkündete Iselin mit allem Nachdruck: "Der für die Glückseligkeit geschaffene Mensch kann seine Be-

414 Neuedition in: Nicolai, Kritik ist überall, zumal in Deutschland nötig (ed. W.Albrecht 1987), S.7-30; vgl. zu diesem Werk und seiner Rezeption Möller 1974, S.121-133.

stimmung nicht anders erfüllen, als in der Gesellschaft."[415] Es läßt sich kaum ein stärkerer Gegensatz zu dieser Auffassung denken als Herders 1773 formulierte Maxime: "Jeder handle nur ganz aus Sich, nach seinem innersten Karakter; sei sich treu - das ist die ganze Moral."[416]
Die vom Sturm und Drang geforderte individuelle Selbstverwirklichung führte in den Augen der Aufklärer zur sozialen Desintegration; die von Werther vorgelebte extreme Privatisierung hatte für sie eine gefährliche, weil anarchische Tendenz. Das Verhältnis von Individuum und Gesellschaft war wohl der eigentlich trennende Punkt zwischen Aufklärung und Geniebewegung.

Das Aufkommen des Sturm und Drang - der eben mehr war als ein literarisches Phänomen - hatte den Effekt, daß die Aufklärer näher zusammenrückten. 1776 schrieb Iselin an Nicolai: "Mir deucht doch zuletzt die Vernunft räche sich an diesen Leuten die ihrer spotten, indem sie sie verläßt. Wir wollen ihr einmal getreu verbleiben, bester Freund! (...)" (Nr.88). Dieses trutzige Bekenntnis zur Vernunft offenbart die Defensivstellung der Aufklärung seit Mitte der 70er Jahre. Mit einem Mal sahen sich die Aufklärer in der Rolle des Bewahrers, als Verteidiger der ratio gegen eine Schar junger Literaten, die - wie vorher sie selbst - Emanzipation auf ihre Fahnen geschrieben hatten, Emanzipation freilich ganz individuell interpretierten. Diese neue Situation war kennzeichnend für die Spätaufklärung im deutschen Sprachgebiet.

"Leben wir jetzt in einem aufgeklärten Zeitalter?" hat Kant 1784 gefragt und sich gleich selbst geantwortet: "Nein, aber wohl in einem Zeitalter der Aufklärung."[417] Die positive Perspektive, die Kant damit aufzeigte, wurde von Nicolai skeptisch betrachtet. 1788, im Jahr der reaktionären Wöllner'schen Religions- und Zensuredikte in Preußen und angesichts von diversen neu aufkeimenden Irrationalismen, sprach er mit leicht spöttischem Unterton von "diesem vermeinten Jahrhunderte der Aufklärung".[418] Nicolai sah den Boden der Aufklärung wanken. Zu Iselins ungebrochenem Fortschrittsoptimismus meinte er 1781: "Uebrigens sind aber meine Erwartungen nicht so warm wie die Ihrigen" (Nr.133). Iselin ließ sich nicht beirren: "Ich glaube Licht und Wohlwollen neh-

---

415 Iselin, Träume Bd.1, S.19.
416 zit. nach Siegrist 1978, S.7.
417 Kant, Beantwortung der Frage: Was ist Aufklärung? In: ders., Werkausgabe Bd.11 (ed. Weischedel 1968), S.59.
418 Nicolai, Vorrede zu "Drei Lustspiele..." (ed. Kiefer 1991, S.144).

men täglich zu und damit auch der Wohlstand des menschlichen Geschlechtes (...) Die Sonne ist noch weit im Osten. Noch haben wir kaum Morgendämmerung" (Nr.137).[419]

Daß die Aufklärung dämmerte, darüber mochten sich Nicolai und Iselin einigen. Die Frage war nur: Ist es die Morgen- oder die Abenddämmerung?

---

419 Zu Iselins Fortschrittsglauben vgl. die aufschlußreichen Passagen in: ADB 20/2 (1773), S.446f. (Rez. Schlettwein), und ADB 26/1 (1775), S.88f. (Rez. "Elementarwerk"); vgl. auch Wernle Bd.2, S.178-189.

Der Nicolai-Iselin-Briefwechsel

Editorische Vorbemerkungen

Nahezu der gesamte Briefwechsel zwischen Nicolai und Iselin wird in der Staatsbibliothek zu Berlin, Preußischer Kulturbesitz (SBPK) unter der Signatur "Nachlaß Nicolai I, 86" aufbewahrt. Drei Briefe (Nr.137, 143, 146) befinden sich im "Nachlaß Nicolai I, 88", jeweils ein Brief liegt in der Universitätsbibliothek Basel (Nr.2) und im Staatsarchiv Basel-Stadt (Nr.147; hier auch die Quittung zu Nr.87). Unter der Nummer 141a-d sind Dokumente zur persönlichen Begegnung Nicolais und Iselins 1781 in Basel aufgenommen (SBPK, Nachlaß Nicolai II; Universitätsbibliothek und Staatsarchiv Basel). Die genauen Signaturen stehen bei den jeweiligen Nummern.

Die Briefe der Nicolai-Iselin-Korrespondenz im Nicolai-Nachlaß waren ehemals in einem Band des 19. Jahrhunderts gebunden, sind jetzt aber wieder einzeln zu benutzen. Durch das Binden und die Auflösung der Bindung sind an einigen Bögen die Ränder beschädigt. Hieraus ergeben sich kleinere Textverluste, die im folgenden an den betreffenden Stellen angemerkt sind. Andere Beschädigungen des Papiers wurden hauptsächlich durch das Abreißen des Siegels verursacht. Kann das Fehlende zweifelsfrei ergänzt werden, wird es stillschweigend gemacht. Andernfalls stehen die Ergänzungen in eckigen Klammern.

Der Briefwechsel mit Iselin gehört zu den wenigen Korrespondenzen Nicolais, die zu beiden Teilen in seinem Nachlaß erhalten sind. Wann die an Iselin gerichteten Briefe nach Berlin zurückgeschickt wurden, ist nicht bekannt. Und auch über den Grund kann man nur spekulieren: Vielleicht hatte schon Nicolai selbst, einer seiner Erben oder Freunde im Sinn, den Briefwechsel zu publizieren. Zu denken wäre etwa an Nicolais ersten Biographen, Leopold Friedrich Günther von Göckingk, der die Veröffentlichung mehrerer Briefwechsel aus Nicolais Nachlaß geplant hat.[1] Schon 1817 hatte Göckingk Briefe Bretschnei-

---

1 vgl. Göckingk 1820, S.V f.

ders an Nicolai herausgegeben[2]; weitere Editionsprojekte scheint er aber nicht realisiert zu haben.
Möglicherweise war es Göckingk, der einem Schreiber den Auftrag gab, die oft schwierig zu lesenden Briefe Iselins zu kopieren. Auch diese Abschriften werden im Nicolai-Nachlaß aufbewahrt. Sie sind teilweise sehr fehlerhaft, wichtig jedoch in denjenigen Fällen, in denen das Original inzwischen verloren gegangen ist (es handelt sich um die Briefe Nr.3, 13 und 123). Der Kopist der Iselin-Briefe hat auch die gesamte Korrespondenz durchnumeriert. Da seine Numerierung Mängel in der Chronologie und andere Unstimmigkeiten aufweist, ist sie in vorliegender Edition durch eine neue Zählung ersetzt worden.

Auf allen Briefen, die Nicolai erhielt, notierte er sofort das Datum des Empfangs und später das Datum seiner Antwort. Wir sind daher über die sehr unterschiedliche Beförderungsdauer der Briefe von Basel nach Berlin orientiert (vgl. hierzu Kapitel II.1 des darstellenden Teils). Die Erhaltsvermerke sind in der Edition jeweils in eckiger Klammer unter der Datierung der Iselin-Briefe ergänzt. Die Beantwortungsvermerke ermöglichen es, die Vollständigkeit der Nicolai-Briefe zu überprüfen. Danach fehlen folgende Briefe:

- Nicolai an Iselin, 3.12.1771 (Beantwortungsvermerk auf Nr.46)
- Nicolai an Iselin, 10.4.1778 (Beantwortungsvermerke auf Nr.109 und 110)
- Nicolai an Iselin, 20.6.1778 (Beantwortungsvermerke auf Nr.108 und 111)

Der fragmentarische Brief Nicolais Nr.130 ist vermutlich auf den 5.10.1780 zu datieren. Dieses Datum ergibt sich aus den Beantwortungsvermerken der Briefe Nr.119, 128 und 129.
Vielen Briefen Nicolais lagen Einblattdrucke bei, die Nicolai in unregelmäßigen Abständen an alle Mitarbeiter seiner Zeitschrift "Allgemeine Deutsche Bibliothek", so auch an Iselin, versandte. Ihr Hauptzweck war es, die Rezensenten um größere Eile bei der Zusendung der Beiträge zu bitten. Im Nicolai-Iselin-Briefwechsel sind 16 dieser Drucke erhalten, die sich inhaltlich mitunter stark wiederholen. Im folgenden wird deshalb nur der früheste integral wiedergegeben

---

2 Leopold Friedrich Günther von Göckingk (Hrsg.), Reise des Herrn von Bretschneider nach London und Paris nebst Auszügen aus seinen Briefen an Herrn Friedrich Nicolai. Berlin und Stettin 1817. In der Einleitung schreibt Göckingk: "Seit einiger Zeit beschäftige ich mich mit der Durchsicht des litterarischen Nachlasses meines verstorbenen Freundes, Friedrich Nicolai, und dessen Briefwechsels mit vielen deutschen Gelehrten, wovon ich nach und nach Auszüge durch den Druck bekannt machen werde" S.III.

(bei Nr.21), die anderen lediglich vermerkt oder regestartig zusammengefaßt. Hingegen sind die handschriftlichen Zusätze Nicolais vollständig aufgenommen.

In der vorliegenden Edition folgen Orthographie, Interpunktion, Absätze, Unterstreichungen und Hervorhebungen dem Original. Diplomatische Genauigkeit war das Ziel, das freilich nur unvollkommen zu erreichen ist. Nicht selten ist man bei der Transkription auf die Interpretation der bisweilen äußerst flüchtigen Handschriften angewiesen. Jedenfalls sind Grammatik, Rechtschreibung und Zeichensetzung nicht nach unseren heutigen Regeln "normalisiert". So bleiben die sprachlichen Unsicherheiten und Inkonsequenzen nachvollziehbar, die Briefe des 18. Jahrhunderts - auch Gelehrtenbriefe - aufweisen. Es handelt sich um eine Zeit, in der die Normierung der Sprache angestrebt wurde, aber noch nicht Realität war. Der [sic]-Vermerk steht deshalb nur bei besonders ungewöhnlichen bzw. falschen Wörtern oder Formulierungen.

Um die Lesbarkeit zu erhöhen, werden offensichtlich fehlende Wörter ergänzt. Alle Ergänzungen und erläuternden Zusätze des Herausgebers sind in eckige Klammern gesetzt. Geminationsstriche für Doppel-n und -m werden aufgelöst, Dittographien stillschweigend getilgt. Bei nicht lesbaren Stellen wird ein Fragezeichen zwischen Gedankenstrichen gesetzt, bei unsicheren Lesungen ein Fragezeichen in eckigen Klammern. Lateinische Schrift wird kursiv wiedergegeben. Die Edition ist gegenüber den Originalen nicht zeilengetreu; deshalb folgt die Silbentrennung heutigen Regeln.

Randbemerkungen des Absenders werden in den laufenden Text eingefügt. Ein Hinweis wird dann gegeben, wenn der Ort der Einfügung nicht klar ist. Marginalien des Empfängers sind als Fußnote gesetzt, jedoch nur, sofern sie von Bedeutung scheinen. Nicolai pflegte, besonders in späteren Jahren, seine Antwortbriefe durch Marginalien auf den empfangenen Briefen vorzubereiten. Vieles davon ist redundant, da die entsprechenden Briefe Nicolais erhalten sind. Bisweilen zeigen die Randbemerkungen aber eine spontane Reaktion, die im späteren Brief nicht mehr oder gemildert auftaucht. Auch Streichungen sind nur dann vermerkt, wenn sie von inhaltlicher Relevanz sind.

Im Stellenkommentar werden wichtige Zusammenhänge und Hintergründe erläutert, in manchen Fällen ergänzt durch Angaben zu Spezialliteratur und Querverweise auf den darstellenden Teil. Vollständigkeit wurde nicht angestrebt.

Der Anhang enthält tabellarische Lebensläufe Iselins und Nicolais. Daneben finden sich dort folgende Verzeichnisse:

1) Eine Aufstellung sämtlicher Rezensionen Iselins für die Allgemeine Deutsche Bibliothek in der Chronologie ihres Erscheinens. Die rund 100 Werke, die Iselin besprochen hat, sind hier bibliographisch (das heißt mit Angabe von Verfasser, Titel, Ort und Erscheinungsjahr) erfaßt. Sie sind nur in dieser Liste, also nicht im Kommentar nachgewiesen. Um das Auffinden im Text zu erleichtern, sind alle Stellen, in denen Iselins Rezensionen oder die von ihm rezensierten Bücher erwähnt werden, einzeln belegt.

2) Ein Personenregister, das ebenfalls der Entlastung des Kommentars dienen soll: Hierin sind die im Briefwechsel und im Verzeichnis der Rezensionen erwähnten Personen - soweit möglich - mit Lebensdaten und knappen Hinweisen auf ihr Wirken indiziert. Die nur in den Texten des Herausgebers erwähnten Personen sind ebenfalls erfaßt, aber nicht kommentiert.

3) Ein Verzeichnis der im Briefwechsel erwähnten Schriften Iselins und Nicolais mit dem jeweiligen Ort der Erwähnung. Auch diese Werke werden nur hier und nicht im Stellenkommentar aufgeführt.

Von den übrigen Buchtiteln, die in der Korrespondenz - meist nur verkürzt - zitiert werden, sind lediglich diejenigen im Stellenkommentar aufgelöst, die im Kontext von Bedeutung sind. Das heißt vor allem, daß die Bücherlisten, die Nicolai nach Basel geschickt und von denen Iselin einzelne Werke zur Besprechung ausgewählt hat, nicht vollständig bibliographiert werden.
Für die abgekürzt zitierte wissenschaftliche Literatur sei auf das Literaturverzeichnis (S.597ff.) verwiesen, für die zahlreichen Abkürzungen in den Briefen - sofern sie nicht in eckigen Klammern aufgelöst sind - auf die folgende Liste.

Abkürzungsverzeichnis

Verzeichnis häufiger Abkürzungen im Briefwechsel

AdB/allgem. dt. Bibl./d. Bibl. = Allgemeine Deutsche Bibliothek
B. = Band
berl. = berlinisch
brandenb. = brandenburgisch
Ct. = Centner
D. = Doktor
dgl. = dergleichen
d^{o} = dito
E./Eph./Ephem./E.d.M. = Ephemeriden der Menschheit
Ex. = Exemplar(e)
G.d.M. = Geschichte der Menschheit
gg./gr. = Groschen
H/Hr = Herr
HH = Herren
Hn/Hrn = Herrn
K. = König (k. = königlich)
K.v.Pr./K. in Pr. = König von/in Preußen
L./l. = livre (franz. Währungseinheit)
lb. = Pfund; auch für: livre
Leipz./Lpz. = Leipzig
Mich./Michael. = Michaelis (-Messe)
MM = Michaelis-Messe (in Leipzig)
MS/MST/Mspt = Manuskript
N. = Nummer; als Initiale auch für Nicolai
NB = Nota Bene
N.S. = Nachschrift
OM = Ostermesse (in Leipzig)
p. = pagina (Seite); auch für: Prozent
PP = praemissis praemittendis

pp = perge perge (usw.)
P/Pr = Prediger
PS = Postskriptum
Rec./Recens. = Recension
RS = Ratsschreiber
Rthl. = Reichsthaler
s = sou(s)
Sa = Summa
Stk = Stück
Thl = Theil
u. = und
v. = von
V./Verf. = Verfasser
z.E. = zum Exempel
4 = quart (Buchformat)
8 = octav

Abkürzungen des Herausgebers

ADB = Allgemeine Deutsche Bibliothek
eigenh. = eigenhändig
Eph./Ephemeriden = Ephemeriden der Menschheit
erh. = erhalten (das von Nicolai notierte Empfangsdatum eines Briefes)
PS = Postskriptum
SBPK = Staatsbibliothek zu Berlin, Preußischer Kulturbesitz
sc. = scilicet, nämlich

Edition mit Kommentar

[Nr. 1; Nicolai an Iselin]

Herrn Rathschreiber Iselin
in Basel

Berlin d. 9. Jenner 1767.

Hochedelgebohrner
Insonders Hochzuehrender Herr.

Ew. Hochedelgebohrnen, werden vergeben, daß ein Unbekannter es waget, Ihnen die Hochachtung die er für Sie hegt selbst zu erkennen zu geben. Schon lange habe ich Ihre Schrifften mit Bewunderung gelesen, und Ihre Correspondenz mit meinem liebsten Freunde Moses, die er mir gewöhnlicher Weise mitgetheilet hat, hat meine Hochachtung noch verstärket.

Ew. Hochedelgebohrnen, kennen ohnfehlbar, die in meinem Verlage herauskommende algemeine deutsche Bibliothek; Sie werden bemerket haben, daß vor jedem Bande, das Bildniß eines berühmten deutschen Schriftstellers befindlich ist. Ich wünschte sehr Ew. Hochedelgebohrnen Bildniß auch vor diesem Werke zu sehen und bin dahero so frey Sie selbst darum zu ersuchen; ich kan mir leicht vorstellen, was Ihre Bescheidenheit wider diese meine Bitte einwenden wird, aber ich schmeichele mir auch, daß Sie dem Verlangen vieler Liebhaber ihrer Schriften, die Sie aufrichtig hochschätzen, etwas nachgeben werden. Im Grunde ist es doch beßer, daß Sie nach einem wohl getroffenem Gemälde in Kupfer gestochen werden, als wenn es nach einem schlechten Bilde, oder wohl gar aus der Idee geschiehet, so wie es schon andern Schriftstellern gegangen ist. Wolten Sie mir meine Bitte gewähren und Ihr Bildniß etwa, einem nach der nächsten Leipz.[iger] Ostermeße reisenden Kaufmanne oder Buchhändler mitgeben, daß er es in Leipzig mir zustellte, so verspräche ich, es durch eben solche Gelegenheit ohnbeschadet wieder zurückzusenden, und würde Ihnen für diese freundschafftliche Gefälligkeit stets ungemein verbunden bleiben.

Nachdem ich die erste Scham, bey meiner ersten Correspondenz Ew. Hochedelgebohrnen sogleich mit einer Bitte beschwerlich zu fallen, unterdrücket habe, so wage ich eine zweite und wichtigere Bitte: die deutsche Bibliothek, ist bey ihrem sehr weitläufigem Umfange, ein Werk, das seinen Werth bloß durch den Beitritt vieler geschickter Männer erhalten kan; ich lade daher alle Gelehrten zu deren Urtheil ich Zutrauen habe, ein, durch ihre Beyträge dis Werk zu bereichern. Auch an Sie laße ich diese Bitte ergehen: Ich will Ihnen dadurch keine Last auflegen. Etwa hier und dar eine Recension oder ein paar kurze Nachrichten, würden mir schon sehr nützlich seyn, wenn sie von einer so würdigen Hand kämen. Die Bücher dazu, müste ich wohl vorschlagen (damit sie nicht etwa ein anderer schon recensirt hätte) sonst aber machen Sie alle Bedingungen, auch des *Honorarii*, selbst. Männer von Ihren Einsichten sind sehr selten, und es kommen zuweilen Schrifften heraus, die man wohl von einem solchen Manne beurtheilet zu sehen wünschte, wenn aber Ihre Muße nicht zuläßet viel zu machen, so würde ich mit einem Beytrag, so klein er auch wäre, doch zufrieden seyn, weil er immer der Bibl. zur wahren Zierde gereichen würde.

Herr Abbt mein werther mein bester Freund ist leider d. 3 Nov. v.[ergangenen] J.[ahres] zu Bükeburg plötzlich verstorben. Ich weiß, daß Ew. Hochedelgebohrnen ihn hochgeschätzet haben, ich weiß also gewiß, daß Sie den Verlust eines der besten Köpfe die Deutschland seit langer Zeit hervorgebracht hat bedauren werden. Sie haben ihn, wo ich nicht irre auf seiner Reise nach der Schweiz persönlich kennen lernen. Da ich nun itzt beschäfftigt bin, sein Leben zu beschreiben, so würde mir ein großer Dienst geschehen, wenn ich durch Ihre Beihülfe, einige Nachrichten und Anecdoten von dieser schweizerischen Reise erfahren könte. Ich bitte nochmals meine Freiheit zu entschuldigen, und bin mit der ausnehmendesten Hochachtung

Ew. Hochedelgebohrnen

ergebenster Diener

Friedrich Nicolai

[PS]

Herr Moses empfielt sich Ihnen von Herzen. Seinen Phädon, der itzt, in meinem Verlage, unter der Preße ist, hoffe ich Ihnen in der nächsten Ostermeße zuzusenden. Den anliegenden Zettel bitte ich ergebenst, abgeben zu laßen.

Erläuterungen zu Nr.1

- "Correspondenz mit meinem liebsten Freunde Moses": Der Briefwechsel zwischen Iselin und Moses Mendelssohn ist ediert in: Mendelssohn, Briefwechsel I und II,1 (ed. Strauss/Altmann 1974 und 1976); vgl. hierzu Im Hof 1994 und Engel 1994b.

- "algemeine deutsche Bibliothek": Zu der großen, von Nicolai herausgegebenen Rezensionszeitschrift "Allgemeine Deutsche Bibliothek" (ADB), deren Mitarbeiter Iselin wurde, vgl. Kap.III im darstellenden Teil, S.69ff.

- "Bildniß": Iselins Porträt erschien schließlich in ADB 7/1 (1768); vgl. Abb.4.

- "Herr Abbt", "Reise nach der Schweiz": Abbt war 1763 in die Schweiz gereist und hatte in Basel am 2.9. u.a. Iselin besucht. Vgl. Abbt an Mendelssohn, 8.11.1763, in: Mendelssohn, Briefwechsel II, 1 (ed. Altmann 1976), S.20; Nicolais "Ehrengedächtniß Herrn Thomas Abbt", jetzt in: Nicolai, Gedächtnisschriften (ed. Košenina 1995). Zu Abbt vgl. auch den darstellenden Teil, Kap.II/3, S.33.

- "Seinen Phädon": Moses Mendelssohn, Phaedon oder über die Unsterblichkeit der Seele in drey Gesprächen. Berlin (Nicolai) 1767; vgl. hierzu Mendelssohns Briefwechsel mit Iselin in: Mendelssohn, Briefwechsel II,1 (ed. Altmann 1976), S.15, 22, 132, 142ff.; M.Albrecht 1986, S.94-99, bes. S.98 mit Ausschnitten aus einem unveröffentlichten Brief Iselins an Mendelssohn vom Juli/August 1767 über den "Phädon"; Im Hof 1994, S.75ff.

[Nr. 2; Iselin an Nicolai][3]

Basel den 3 Hornungs 1767.
[erh. 13. Febr.]

Wohledelgebohrner
Hochzuehrender Herr

Ich sollte freylich mehr als eine Einwendung gegen das Ansuchen zu machen haben welches Eu. Wohledelgebohrnen auf eine so verbindliche Weise an mich thun. Ich bin mehr als genug überzeuget daß mein Bildniß den Liebhabern der Gelehrsamkeit ganz gleichgiltig seyn soll - und die Ehre des Kupferstiches sollte nur für verdiente Männer vorbehalten seyn. Indessen ist es oft ein eben so großer Stolz eine Ehre auszuschlagen als solcher mit einer lebhaften Begihrde nachzustreben. Ich sage Ihnen also ganz natürlich daß Ihre verbindliche Denkungsart gegen mich mich nicht wenig genihret hat, daß ich Ihnen dafür auf das höflichste danke und daß ich Ihnen mein Gemäl durch Gelegenheit auf nächste Ostermesse nach Leipzig übersenden werde.
Einen ordentlichen Mitarbeiter an der allg. deutschen Bibliothek abzugeben habe ich lange nicht Musse genug. Traurige Beschäftigungen rauben mir fast alle meine Stunden und ersticken in meiner Seele bis auf das letzte Fünkgen von Einbildungskraft und von Genie so jemals darinn geglimmet haben möchte. Nur bisweilen finde ich einige lichte und freye Augenblicke welche ich der Litteratur dem kostbarsten Vergnügen meines Lebens widmen kann. Von solchen werde ich von Zeit zu Zeit gar gerne einige anwenden um bey Anlasse der Anzeige von neuen Büchern gewiße Ideen anzubringen die meinen Landesleuten und villeicht andern jungen Liebhabern der Gelehrsamkeit nicht ganz unnütz seyn dürften.

Ich übersende Ihnen hier einen kleinen Versuch einer solchen Anzeige. Sie werden wohl empfinden daß ich Ursachen gehabt habe dieselbe so einzurichten, daß nicht leicht die Muthmassung auf mich falle solche verfertiget zu haben. Indessen ist dasjenige was ich von der Schreibart meiner Landesleute und von meiner eigenen darin anbringe mein voller Ernst, und das Sündenbekenntniß

3 Original in der Universitätsbibliothek Basel: Autogr.-Slg. Geigy-Hgb. Nr.262; in Berlin nur eine fehlerhafte Abschrift.

das mich selbst angehet ist gewiß kein blosses Compliment. Ich thue was ich kann um meine Schriften von ihren unzählichen Fehlern zu reinigen. Allein dise Arbeit übersteiget meine Kräfte, und ich sehe daß wir Schweizer auswärtige Hilfe dazu nöthig haben. Seit vier Jahren arbeite ich an der Ausbesserung meiner übereilten Geschichte der Menschheit; allein ich finde täglich neue Schwierigkeiten, und sie wird nächste Meße in einer Gestalt erscheinen mit deren ich sehr unzufriden bin. Für meine Träume und für meine übrigen Schriften gedenke ich besser zu sorgen und ich nehme deßhalben meine Zuflucht zu Eu. Wohledelgebohrnen. Ich bin entschlossen meine Versuche von denen ich die Helfte als unnütz und der Verbesserung unfähig verworfen habe mit meinen Träumen zusammenzugiessen, und ein Ganzes daraus zu machen welches ich Sie ersuche in Verlag zu nehmen mit dem Bedinge durch eine geschickte Hand die Schreibart derselben ausbessern zu lassen. Wenn Sie vorher dise Schriften durch jemand wollten durchgehen lassen und mir die Vorschläge der Ausbesserung derselben übersenden: so würden Sie mich noch mehr verbinden. Ich versichere Sie aufrichtig daß keine Critik mir zu scharf ist, und daß ich der erste das Verwerfungsurtheil meines Versuches über die Gesetzgebung so in den Briefen über die neueste Litteratur stehet, auch den in solchen befindlichen Tadel meiner übrigen Versuche unterschrieben habe.

Es hat gewiß niemand den Hn. Abbt mehr bedauert als ich. Ich [Siegelloch; habe] denselben immer unendlich hoch geschätzet. Ich habe nach Bern [und] nach Genf geschrieben um mich in den Stand zu setzen Eu. Wohledelgeb. über seinen Aufenthalt in der Schweiz Nachricht zu ertheilen. Hier hat er nur die H[erre]n Bernoullen [sic; Bernoulli] gesehn die eine große Hochachtung für ihn gefasset hatten. Des Prinzen Ludwig Eugens von Würtenberg fstl. Durchl. [fürstliche Durchlaucht] haben auch Briefe mit demselben gewechselt, und ihn sehr geliebet.

Ich bitte Sie unsern verehrungswürdigen Freund Herrn Moses meiner zärtlichen Ergebenheit zu versichern. Ihre Innlage ist H. Thurneisen zugestellet worden. Ich verharre mit besondrer Hochachtung

Eu Wohledelgebohrnen

Gehorsamer Diener

Iselin

Erläuterungen zu Nr.2

- "Versuch einer solchen Anzeige", "Schreibart meiner Landesleute": Der kleine Aufsatz wurde anonym gedruckt als "Auszug eines Briefes aus der Schweiz" in: ADB 4/2 (1767), S.325-327. Darin stellt Iselin u.a. fest, die Schweizer neigten durch ihre "rohe und übellautende Mundart" zu sprachlichen Fehlern und schlechtem Ausdruck. Es sei zu wünschen, daß ein geschickter Kunstrichter "die Werke eines Bodmers, eines Hirzels, eines Iselins, eines Meyers" einer sorgfältigen stilistischen Kritik unterziehe. Die Schriften Geßners und Zimmermanns hätten hingegen keine Verbesserung nötig.

- "Verwerfungsurtheil meines Versuches über die Gesetzgebung": Moses Mendelssohns (anonyme) Rezension in "Briefe, die neueste Litteratur betreffend" (67. Brief); jetzt in: Mendelssohn, Rezensionsartikel in Briefe, die neueste Litteratur betreffend (ed. Engel 1991). Darin heißt es u.a.: "Ich werde Ihnen von dieser kleinen Schrift wenig zu sagen haben, denn sie enthält wenig neues. (...) Forderungen eines mit den Welthändeln unbekannten Weltweisen, deren Beurtheilung man dem Mann in Geschäften überlassen muß. Herr *Iselin* hat weder durch Beyspiele aus der Geschichte noch durch neue Vorschläge die Möglichkeit seiner Forderungen dargethan..."(S.103). Vgl. Im Hof 1994, S.78f. Für die übrigen im Brief genannten Werke Iselins vgl. das Register.

[Nr. 3; Iselin an Nicolai][4]

Hochwohledelgeborner,
Hochzuehrender Herr,

Ich übersende Ihnen hier die Nachricht, die ich von Genf unsern würdigen Herrn Abbt sel. belangend erhalten habe. Von Bern aus verspreche ich mir sobald keine Antwort. Meine dortigen Freunde sind etwas nachlässig oder vielmehr sie sind mit zu vielen Geschäfften überhäuft. Dieß ist auch der Grund, warum die *societé des citoiens* sich so unwirksam bezeuget. Die meisten Glieder derselben sind aus dieser Stadt, und kurz nach der Errichtung derselben sind die meisten in den [Lücke] Rath befördert und sogleich zu vielen Staatsgeschäfften gebraucht worden. Der Stolz, der Ehrgeiz und der Eigennutz des Republikaners macht ihn meistens die engen Anliegenheiten seines kleinen Staates den wichtigsten Unternehmungen für das allgemeine Wohl vorziehen. Er ist in diesem Stücke, wie in tausend andern, dem Hofmanne vollkommen ähnlich. Wenn er eine Ceremonie besorget, wenn er für die Jagdlust der gn.[ädigen] Herrn gearbeitet, wenn er eine unbeträchtliche Gesandschaft verrichtet hat, die jeder gesunde Mensch eben so gut hätte verstehen können: so meynet er Wunder gethan zu haben, und um solche Aufträge zu bekommen, versäumt er die wesentlichsten Dinge und opfert Ruhe und Vergnügen auf. Wichtigere Arbeiten werden allerwärts sehr wenigen zu Theile, und darum kann ich H. von Haller nicht begreifen, der lieber zu Bern ein Sklave als zu Göttingen Präsident einer ansehnl. Akademie und Canzler einer vortrefflichen Universität seyn will.

Ich habe die Ehre, mit besondrer Hochachtung zu verharren.

Er. Hochwohledelgeb.

Gehorsamster Diener

Iselin.

Basel d. 3 März 1767.

---

4 Nur in Abschrift erhalten. Der originale Briefumschlag ist noch vorhanden; er trägt die Empfangsnotiz Nicolais: "1767. 10 Mart Iselin 19 beantw."

Erläuterungen zu Nr.3

- "*societé des citoiens*": auch "Patriotische Gesellschaft"; von Iselin und Daniel Fellenberg gegründete Sozietät, die von 1762-1766 bestand und ihren Sitz in Bern hatte. Die meisten ihrer Mitglieder gehörten gleichzeitig auch der "Helvetischen Gesellschaft" an. Mendelssohn, Spalding, Zimmermann u.a. waren korrespondierende Mitglieder. Vgl. Erne 1988, S.206-210.

- "kann ich H. von Haller nicht begreifen": Haller hatte Göttingen 1753 verlassen, wo er Professor für Anatomie, Chirurgie und Botanik gewesen war, und das Amt des Rathausammannes in Bern übernommen. Vgl. Albrecht von Haller in Göttingen 1736-1753. Briefe und Selbstzeugnisse, hrsg. von Urs Boschung. Bern 1994.

[Nr. 4; Nicolai an Iselin]

Hrn Rathsschreiber *Iselin*
in Basel

Berlin d. 19 März 1767.

Hochedelgebohrner
Insonders Hochzuehrender Herr

Ew. Hochedelgebohrnen beide angenehme Schreiben vom 3 Hornung, und 3ten März, habe ich richtig erhalten. Wie bin ich Ihnen nicht für die Freundschafft mit der Sie mir alle meine Bitten gewähren [verbunden]. Glauben Sie nicht, daß Ihr Bildniß den Kennern gleichgültig sey. Sie werden von den besten Köpfen unserer Nation verehret, ob man Ihren Namen gleich nicht auf den Titeln Ihrer Schrifften erblicket.

Ich sehe der neuen Auflage der Geschichte der Menschheit mit großer Ungeduld entgegen. Ich habe dieses vortrefliche Werk mit großem Vergnügen durchgelesen. Herr Moses hat die erste Ausgabe in des IV^{n} Bds 2ten Stüke der Bibl. angezeigt. Sobald die Recension abgedrukt ist, so werde ich sie Ihnen in einem Briefe zusenden. In dieses IV^{n} Bds 2ten Stüke wird auch Ihr Brief von der Schinznacher Gesellschafft eingerükt werden.

Ich bitte Sie mir eine gute Gelegenheit anzuzeigen, durch welche ich Ihnen die Fortsetzung der algemeinen deutschen Bibl. zusenden kann. In der Ostermeße würde es vielleicht durch Hrn *Imhoff* oder *Thurneissen* angehen, da aber auch zwischen den Meßen Stücke herauskommen, und ich zwischen den Meßen an diese Herren nichts sende, so müßte man wohl eine andere Gelegenheit ausfündig machen. Correspondiren Sie etwa mit der *Societé typographique* zu Bern?

Den Verlag Ihrer Schriften übernehme ich mit Vergnügen, was die kleinen Verbeßerungen in der Schreibart betrift, die freilich hier beßer als in der Schweiz besorget werden können, so werde ich die größte Sorge dafür tragen. Unser beiderseitiger Freund Hr. Moses der Sie so sehr hochschätzt, wird sich das größte Vergnügen daraus machen das MST [=Manuskript] durchzulesen, und wegen desjenigen, worin er etwa einige Bedenklichkeiten haben könte mit Ihnen zu correspondiren. Dieses vortreflichen Mannes Phädon ist nun meist abgedruckt.

Ich werde Ihnen denselben in der Meße zusenden. Was mir an diesem Buche unterandern gefällt ist die ungemeine *Simplicität* des Stils, davon man in Deutschland kaum ein Beispiel hat. Ich weiß nicht ob sich einige deutsche Schriftsteller durch die Schreibart über die [sic; in den] Briefe üb.[er] d.[ie] Litt.[eratur] haben verführen laßen, aber viele Leute scheinen ordentlich vorauszusetzen daß eine lustige abgebrochene witzige Schreibart die einzige gute Schreibart sey. Einige die es noch weiter treiben, fallen gar auf Anspielungen und dunkle Metaphern. Diesem Verderben setzt Hr. Moses in seinem Phädon der so simpel geschrieben ist, daß einigen Critzlingen die Schreibart beinahe nicht gefallen wird, einen Damm entgegen. Seine Schreibart ist beinahe (aber freilich noch nicht ganz) Xenophontisch. Als wir neulich über diese Materie redeten, sagte er (und ich glaube daß es wahr ist) es werde in seinem ganzen Buche nicht eine einzige Anthitese [sic] seyn.
O Wer doch so schreiben könte! Ich thue diesen Seufzer nicht umsonst; denn ich bin beschäftigt Abbts Leben zu beschreiben. Ich habe vor der Meße nur wenige Zeit dazu, und befürchte, denen denen ich gefallen wolte kein Genüge zu thun.

Wenn ich Ew. Hochedelgebohrnen zum Beytritt zur deutschen Bibliothek aufgefodert habe, so meine ich nicht Ihnen weitläufige Arbeit aufzulegen. Wenn es mir erlaubt ist jede Meße etwa 2 oder 3 Bücher, Ihnen zur Recension vorzuschlagen, so bin ich volkommen zufrieden. Dieses wird Ihnen vielleicht nicht viele Mühe machen, mich aber dennoch, wenn es wichtige Bücher sind, die besondere Einsichten erfodern, aus einer ziemlichen Verlegenheit ziehen.

Itzt eben fällt mir ein, daß ich von des jüngern Hallers Verzeichniß von Schriften die die Schweiz angehen, noch keine Anzeige habe. Dürfte ich Sie wohl bitten eine aufzusetzen. Denn dis Buch kan niemand als ein Schweizer gründlich beurtheilen.

Der Stolz eines monarchischen Unterthanen wird geschmeichelt, wenn ein Republikaner über die Mängel seiner Staatsverfaßung klagt; was Sie schreiben, hat mir Zimmermann schon beinahe *totidem verbis* geschrieben. Gewiß ist es, daß man auch in monarchischen Staaten zumahl in den Preußischen, wo Religionsfreiheit und Freiheit zu denken herrscht, alle Freiheit des Geistes hegen kann, die die Alten nur den Republikanern zugestanden haben. Insbesondere muß ich gestehn, habe ich mich schon manchmal über den Fehler der Bürger kleiner Republiken geärgert den Sie rügen. Aber mein liebster Freund so selten auch ein französischer Tobaks oder Wein *Visitator* hier bey einem Bürger ins Haus tritt, so muß der monarchische Bürger doch in diesem Augenblicke den Bürger eines freyen Staats beneiden. Ich bin mit der ausnehmendesten Hochachtung

Ew. Hochedelgebohrnen

ergebenster Diener

Friedrich Nicolai

Erläuterungen zu Nr.4

- "Herr Moses hat die erste Ausgabe...angezeigt": ADB 4/2 (1767), jetzt in: Mendelssohn, Rezensionsartikel in Allgemeine deutsche Bibliothek (ed. Engel 1991). Darin heißt es: "Wir haben selten in einem Werke von so kleinem Umfange so viele erhabene Ideen, so viel ergötzende Aussichten, und so viel lehrreiche Anmerkungen angetroffen. Philosophie und Kenntniß der Geschichte zeigen sich hier in ihrem Triumphe." (S.66) "Man kann dieses ganze Werk als die gründlichste Widerlegung der *Rousseauschen* Meynungen ansehen." (S.68) "Wir wünschen, daß alle Verehrer der Tugend, alle Freunde der Menschheit, seine Anmerkungen, keine ausgenommen, nicht nur lesen, und wiederlesen; sondern tief in ihr Herz eingraben mögen" (S.70). Vgl. auch den Brief Mendelssohns an Iselin vom 1.6.1766 in: Mendelssohn, Briefwechsel II,1 (ed. Altmann 1976), S.108f.; Im Hof 1994, S.80f.

- "Xenophontisch": An dem griechischen Geschichtsschreiber und Schriftsteller Xenophon (um 430-nach 355 v.Chr.) bewunderte Nicolai "Klarheit, Würde, sanft eindringende Beredsamkeit": Nicolai, Gedächtnisschriften (ed. Košenina 1995), S.154.

- "französischer Tobaks oder Wein *Visitator*": 1766 waren in Preußen eine neue Akzise- und Zollordnung erlassen und staatliche Monopole für Porzellan, Tabak, Kaffee u.a. errichtet worden. Französische Fachleute trieben die Steuern ein und kontrollierten die Einhaltung der neuen Vorschriften (die sog. "Regie", die bei der Bevölkerung sehr unbeliebt war).

[Nr. 5; Iselin an Nicolai]

Basel den 3ten Aprillens 1767.
[erh. 12. Apr.]

Ich beantworte Er. Wohledelgebohrnen werthestes Schreiben kurz und in Eile. Ich wünschete sehr wenn es möglich wäre daß die Anzeige von m[eine]r misrathenen Geschichte der Menschheit bis zu der zweyten Auflage verschoben würde, welche bereits unter der Presse ist. Ich möchte zum mindsten bis zur Erscheinung der zweyten Auflage das Andenken der ersten vertilgen. Wenn alsdann unser verehrungswürdiger Freund auch die bereits fertige Anzeige abdrucken lassen und eine Vergleichung zwischen beyden Auflagen anstellen, und dann eine Prüfung über die vielleicht eiteln Bemühungen übernehmen will welche ich angewandt habe meine Ideen und meine Schreibart zu verbessern so wird er mich sehr verbinden. Wenn aber seine Anzeige bereits abgedruckt ist so lasse ich es mir auch gefallen. Ich kan nicht genug sagen wie sehr ich über mein Werk unzufriden bin. Doch hoffe ich soll es nun eine bessere Gestalt bekommen.

Ich habe in der Italiänischen Wochenschrift *Il Caffè* eine vortreffl[iche] Abhandlung über die Schreibart gelesen. Die Grundsätze sind aus der tieffesten Philosophie hergenommen. Einen Commentar darüber von unserm würdigen Hn Moses möchte ich sehen. Für uns Deutsche wäre eine solche Arbeit höchst nöthig. Dem neuen Phädon sehe ich mit Ungeduld entgegen. Was ich davon gesehen habe, machet mich ausnehmend begiehrig darnach, und ich hoffe da ein Muster einer vortrefflichen Schreibart zu finden. Indessen glaube ich daß ein jedes Weltalter und eine jede Nation nach ihrem besondern Genie eine eigne Grammatik und eine eigne Schreibart nöthig haben. Das Gute muß allerorten den allgemeinen Regeln unterworfen seyn, aber es hat doch in der Ausübung seine Verschiedenheiten. Der Franzose und der Deutsche können die gleiche Wahrheit sagen; aber daß es auf eine andre Weise geschehe das schadet nicht. Die Anzeige von H. Hallers Verzeichnis will ich verfertigen. Hier sind indessen zwo von ganz neuen Schriften. Haben Sie schon eine von den *Revolutions de la Suisse* des H. Philberts? Ich habe die Ehre mit besondrer Hochachtung zu seyn

Er. Wohledelgebohrnen

ergebenster Diener

Iselin.

[PS]

Ich habe die 3 ersten Bände der allg. deutschen Bibliothek und erwarte also nur die folgenden.

Erläuterungen zu Nr.5

- "Il Caffè": Die Zeitschrift der "Accademia dei Pugni" liegt jetzt in einer kritischen Edition vor: "Il Caffè" 1764-1766. A cura di Gianni Francioni e Sergio Romagnoli. Torino 1993. Mit Einleitungsaufsätzen der Herausgeber. Bei der von Iselin erwähnten "Abhandlung über die Schreibart" dürfte es sich um den "Frammento sullo stile" handeln, der von Cesare Beccaria (anonym) verfaßt worden ist (S.277ff.).
- "*Revolutions de la Suisse*": Philbert, L'histoire des révolutions de la haute Allemagne, contres les Ligues et les guerres de la Suisse, 1766.

[Nr. 6; Iselin an Nicolai]

Basel den 4ten Maiens 1767.
[erh. 11. Mai]

Eu. Hochwohledelgeb. werden ohne Zweifel das Schreiben erhalten haben welches ich vor einiger Zeit an Sie nach Berlin abgegeben habe. Ich habe seither die Anzeige des Verzeichnisses des H. von Hallers nicht verfertigen können. Ich übersende Ihnen hingegen beygehend eine von einem ungleich wichtigern Werke welches erst die Presse verläßt, und welches meines Ermessens verdienet bekannt zu werden. Obgleich für die meisten von unsern Landesleuten nichts neues darinn ist: so ist es doch für jeden Freund der Menschheit wichtig und erfreulich zu sehen daß die glückliche Gährung der Geister zum Guten sich auch in dem Lande ausbreitet welches bisher der Hauptsitz des Aberglaubens, der Unordnung und allen sittlichen Übel gewesen ist. Wenn Sie allenfalls von disem Werke Exemplarien verlangen sollten so kann ich Ihnen solche verschaffen. Der Verfasser und der Verleger scheinen ihre guten Gründe zu haben warum sie verborgen zu bleiben wünschen. Ich bitte Sie mein werthester Herr, in diser meiner Anzeige wie in allen andern die Verbesserungen an der Schreibart zu machen welche Sie gut finden werden. Ich habe die von der *Riforma* in grosser Eile unter tausend Zerstreuungen verfertiget die mir kaum erlaubet haben zu denken. Dise Zerstreuungen, welche schon eine Zeit lang dauern und diejenigen vermehren die mir gewöhnlich sind haben mich auch die Übersendung meines Portraits vergessen machen, die ich Ihnen versprochen hatte. Wir müssen solche also auf eine andre Zeit aufschieben. Wenn Sie sich aber entschliessen könnten dasselbe bey dem hiesigen Kupferstecher H. v.Mechel der einige geschickte Leute in Diensten hat, stechen zu lassen so könnte man Ihnen die Blatte [=Platte] zu jeder Zeit gar kommlich zum Abdrucke nach Berlin schicken. Ich bin gewiß daß die Arbeit mindestens so gut ausfallen wird als diejenige die Ihnen Ihr Kupferstecher machet. Ich wende nun alle meine Nebenstunden an der Geschichte der Menschheit eine bessere Gestalt zu geben, und ich habe dazu mehr Hoffnung als von Anfange. Was lebet unser würdiger H. Sulzer, und wo bleibet sein Wörterbuch! Grüssen Sie wenn sie nach Hause kommen, denselben von mir auf das Zärtlichste, wie auch die Herren Moses und Spalding. Sie kennen die Hochachtung von der ich für dise Männer erfüllet bin.

Ohne Zweifel wird das Abbtische Ehrengedächtnis in diser Messe erscheinen. Ich bin sehr begierig dasselbe zu sehen. Melden Sie mir welches die besten Erscheinungen in unsrer Litteratur sind welche diese Messe sich gezeiget haben. Es ist doch etwas besonders daß auch für die Gelehrsamkeit die Messen Zeitpuncte machen müssen. Leben Sie glücklich und vergnügt und seyn Sie der hochachtungsvollen Ergebenheit versichert mit deren ich die Ehre habe zu seyn

Ihr gehorsamer Diener

Iselin

Erläuterungen zu Nr.6

- "sich auch in dem Lande ausbreitet": gemeint ist Italien.
- "kommlich": baseldeutsch für bequem, gelegen, praktisch (eigentlich "kummlig"); vgl. Schweizerisches Idiotikon. Bd.3 Frauenfeld 1895, S.286.
- "H. Sulzer, und wo bleibet sein Wörterbuch": Seit etwa 1761 arbeitete Johann Georg Sulzer an einer lexikalischen Darstellung der Ästhetik. Sie erschien unter dem Titel "Allgemeine Theorie der schönen Künste". Leipzig 1771-1774.

[Nr. 7; Nicolai an Iselin]

Herrn Rathsschreiber Iselin
in Basel

Leipzig d. 11 May. 1767.

Hochedelgebohrner Herr, und verehrungswürdiger Freund

Ew. Hochedelgeb. Schreiben v. 3 Apr. habe ich richtig erhalten. Ich sende Ihnen anbey nebst dem 4ten Bde der Bibl., den Phädon und das Ehrengedächtniß Abbts. Dieses letztere Werk wird Ihre Nachsicht nöthig haben; ich habe kaum 10 Tage zum Schreiben gehabt, weil mich die Vorbereitungen zur Meße trieben. Ist etwas gut dran, so habe ich es der Empfindung zu danken mit der ich schrieb. Sonst habe ich ganz ungekünstelt geschrieben; daher haben die Theile seines Lebens die an sich nicht intereßant sind, durch meine Schreibart nicht können intereßant werden.

Was Sie von der Schreibart sagen, ist volkommen richtig. Sie kann nach den Zeitaltern und den Umständen sehr verschieden [seyn]. Auf die Abhandl. von der Schreibart, in der Wochenschrifft il Caffè machen Sie mich äußerst begierig. Ich wünschte sie zu lesen; Sie würden mich sehr verbinden wenn Sie sie mir verschaffen könten. Ich wolte was es kostet an H. *Imhoff* oder *Thurneisen* bezahlen. Das Buch könte, wenn einer von diesen Herren etwas nach Leipzig schikt, mit dahin abgehen.
Die Recension von Hallers Verzeichniß und von den *revolutions de la Suisse* werde ich mit Verlangen erwarten. Ich bin mit unausgesetzter Hochachtung

Ew. Hochedelgebohrnen

ergebenster Diener
Friedrich Nicolai

[PS 1]
In Eil!
Ich schließe diesen Brief bey des Prinzen v. Würtenberg Durchl. bey dem ich auch den Phädon und das Ehrenged. sende.

[PS 2]

Im Augenblik erhalte ich Ihr angenehmes [Schreiben] v. 4 May; ich bin Ihnen für die Beilagen sehr verbunden. Die Recens.[ion] der *Riforma* gehörte zwar eigentl. nicht i. die deutsche Bibl. Aber wir wollen schon eine Wendung finden, daß sie darin paßen soll. Ihr Bildniß erwarte ich zur Mich.[aelis] Meße. Ich würde den Vorschlag es in Basel stechen zu laßen, annehmen, wenn ich nicht wünschte auch von der Malerey eine Copie zu behalten. Ich habe von *Mecheln* [Lücke] *Portraite* gesehen; was [Eine Zeile durch abgerissenen Rand unleserlich].

[PS 3]

Noch erhalte ich im Augenblike anbey. [sic!]
Ein Exemplar des Phädon solte bey diesem Brief ohnedem beigelegt werden.

[Nr. 8; Iselin an Nicolai]

Basel den 3ten Heum. 1767.
[erh. 11. Juli]

Hochwohledelgebohrner Herr
schätzbarster Freund

Ich muß mich selbst schämen daß ich nicht eher gewahr worden bin daß die deutsche Bibliothek nur für deutsche Schriften bestimmet ist. Indessen ist die *Riforma* auf Reichsboden verfertiget und in einem deutschen Lande gedruckt worden. Sie kann also eine Ausnahme verdienen um desto mehr da der Auszug manchem deutschen [Loch im Papier] nützlich seyn kann. Indessen will ich nicht mehr in diesen Fehler [fallen, und ich] werde deswegen keinen Auszug aus Philberts Schweizergeschichte machen weil dieselbe obwohl von einem Deutschen doch in franz.[ösischer] Sprache verfertiget ist. Hier sind zwo andre Anzeigen. Bey einer neuen Einsicht von H. v. Hallers Verzeichnis fand ich dieselbe keiner weitläuftigern würdig. Die Übersetzung der africanischen Gedanken schien mir eine geschwinde Ahndung zu verdienen obgleich mir solche von einem meiner besten Freunde empfohlen ist. Der H. Pilati sonst ein verehrungswürdiger Mann ist wider einer von d[enen] welche alle Vorurtheile umstürzen möchten um ihre eignen auf den Thron zu [setzen]. Ich bin Ihnen für die gütigst übersandten Schriften verbunden. Abbts, des [Loch; theuren?] Abbts Ehrengedächtniß hat mich und meine Frau ungemein gerühret. Die letztere liset nicht aber sie hat ihn gesehn und eine Hochachtung für ihn gefasset die so groß ist als immer die von seinen Lesern. Darf ich es sagen. In dem Anfange hat mich eines und das andre allzuumständlich gedeucht, weil es Dinge sind die bey den meisten Gelehrten gleich seyn müssen.

Unserm verehrungswürdigen Freunde werde ich nächstens danken. Mein Herz danket ihm mit dem Gefühle so der verdient der uns Unsterblichkeit lehret. Unser Freund Zimmermann ist sehr vergnügt über den Brief aus der Schweiz, er schwört indessen er sey im Schreiben nur ein Empiriker. Es kan seyn aber er ist ein glücklicher Empiriker. Die Geschichte der Menschheit ist auf eine Weise in Ihrer Bibliothek angezeigt darüber ich ganz beschämet bin. Nein - das heisst zu sehr gelobt. Ich wünschte nur daß die zweyte Auflage dises Lob verdienen möchte. Ich kan es aufrichtig sagen daß ich weit mehr Mühe und Zeit zu der

Ausbesserung gebrauche als ich zu der Verfertigung gebraucht habe. Das Caffee will ich trachten Ihnen zu verschaffen. Ich umarme Sie und verbleibe

Ganz der Ihrige

Iselin.

[PS 1]

Herr Lavater machet eine neue Auflage seiner Schweizerlieder.

In dem Ehrengedächtnis unsers verstorbnen Freundes wird von seinem kurzen Aufenthalte in Basel gesprochen als ob solcher dem in Genf und in Lausanne vorgegangen wäre. Es ist aber das Gegentheil. Der Umstand ist unwichtig. Allein oft hat die kleinste Unrichtigkeit Folgen die man nicht vermuthet. Sie denken auch in diser Stelle meiner zu gütig und setzen mich zu Männern bey denen zu stehen ich nicht verdiene.

[PS 2]

Man berichtet mich Herr Wegelin habe auf franz.[ösisch] eine Geschichte der Menschheit geschrieben, und er schreibe so gut französisch als er schlecht deutsch schreibt.

Ich habe neulich unsern Poet Spreng gar zu böse gemachet indem ich gegen ihn behauptete die deutsche Sprache sey die roheste aller Sprachen. Ich führte ihm Stellen aus Gellerts Liedern an die in der That hart waren. Kennen Sie den Mann auch. Ich meyne nicht Gellert, aber Sprengen. Doch ich fange an zu plaudern, und in einem kleinen Briefgen sollte man nicht plaudern - aber *in fugam vacui* darf man es.

Erläuterungen zu Nr.8

- "Unserm verehrungswürdigen Freunde", "Unsterblichkeit": Iselin bezieht sich hier auf Mendelssohn und dessen Werk "Phaedon"; vgl. zu Nr.1.

- "Sie gedenken an diser Stelle meiner zu gütig": Nicolai schreibt in seinem "Ehrengedächtniß Herrn Thomas Abbt": "Er [Abbt] ging von da nach Bern, Solothurn und andere Oerter der Schweiz. In Basel genoß er den Umgang der berühmten Herren Bernoulli, und des vortreflichen Iselin, den er abwesend beständig schon so hochgeschätzt hatte." Nicolai, Gedächtnisschriften (ed. Košenina 1995), S.26.

- "Herr Wegelin habe auf franz. eine Geschichte der Menschheit geschrieben": Iselin könnte sich auf eine Schrift Jakob Wegelins beziehen, die erst 1769 in Berlin veröffentlicht wurde: "Plan raisonné d'une histoire universelle et diplomatique de l'Europe depuis Charlemagne jusqu'à l'an 1740." Sie war als Entwurf für eine großangelegte "Histoire universelle et diplomatique" gedacht; diese erschien ab 1776. In den "Mémoires" der Berliner Akademie publizierte Wegelin 1770ff. fünf Abhandlungen "Sur la philosophie de l'histoire", die an Iselins "Geschichte der Menschheit" anschließen.

[Nr. 9; Nicolai an Iselin]

Hrn Rathsschreiber Iselin in Basel

Berlin d. 28 August 1767.

Hochedelgebohrner Herr
Und sehr schätzbarer Freund

Wenn ich versäumet habe Ihr Schreiben vom 3 Jun. [sic; vielmehr Juli] eher zu beantworten, so ist es bloß meinen vielen Zerstreuungen beizumeßen. Ich danke Ihnen sehr für die übersendete Nachrichten, und werde davon Gebrauch machen. Da die *Riforma* in Zürch gedrukt ist, so muß sie freilich in der Bibl. einen Plaz haben. Bey den Schweizerliedern, will ich mit Ihrer Erlaubniß einen kleinen Zusatz machen. Unter uns gesagt: Mich dünkt H. Lavater hat hier zwar hin und wieder glüklich nachgeahmt, aber es fehlet ihm durchaus das Genie eines Dichters. Ich habe von seinem großen Lehrgedichte über das *Universum* und das Unendliche Stüke gesehen, worüber ich erstaunt bin, weil sie unendlich schlecht waren. Ich kan fast nicht begreifen, wie dieser sonst rechtschaffene Mann dis nicht selbst merkt, auch daß der Plan seines Gedichts zu groß und zu unbestimmt ist *qui trop embrasse mal étreint*. Ich wünschte, daß seine Freunde ihm dieses sagen könten, denn sein Gedicht kan fast unmöglich Beifall finden.

Destomehr verdient Ihre Geschichte der Menschheit; es ist in der Bibl. kein Wort zu viel gesagt! Ich kenne keine unterrichtendere Lectüre kein Buch, das man öfter aus der Hand, und in einer angenehmen Reverie nachdenken muß. Solche Bücher kann man niemals in die Hand nehmen ohne etwas zu lernen.

Herrn *Wegelins* Schreibart gefällt mir französisch so wenig als deutsch. Seine Erklärungen des Ursprungs der Regierungsarten, sind in meinen Augen wirkliche *Visions creuses*.

Mein Leben Abbts ist im Grunde eine Kleinigkeit, bey der ich aber in mancherley Verlegenheit war. Was Ihnen zu umständlich scheint, ist dem Vater lange noch nicht umständlich genug, ja er ist im Ernst böse, daß ich viele seiner Nachrichten weggelaßen. Übrigens freilich hätte ich gern die Beschreibung seiner Schul- und Universitätsjahre ganz weggelaßen, aber muß doch solche *Facta* auch sagen. Mir gefällt es an den französischen *Eloges*, daß man so vielfältig die Kenntniß der Lebensumstände des Helden bey den Lesern voraussetzen muß. Auf den Beifall Ihrer Liebenswürdigen Gemalin bin ich stolz. Dem, der aus der Empfindung seines Herzens schreiben will, kann es der sicherste Beweis seyn, daß er seines Zweks nicht verfehlet, wenn er einem Empfindungsreichen Frauenzimmer gefällt. Vom Phädon wird in kurzem eine neue Auflage mit verschiedenen Veränderungen gemacht werden. Ich empfele mich Ihrer Freundschafft und bin mit größter Hochachtung

Er. Hochedelgeb.

ergebenster

Nicolai

[PS]

Vergeßen Sie nicht, daß Sie mir Ihr Bildniß versprochen haben; seyn Sie so gütig und laßen es mit den *Societé Typographique* Meßgütern nach Leipzig senden.

Anlage bitte durch die Post zu befördern.

Erläuterungen zu Nr.9

- "Bey den Schweizerliedern...kleinen Zusatz": Die Identifizierung von Nicolais Ergänzung fällt nicht schwer. Etwas unvermittelt schließt sie an Iselins inhaltliche Bewertung von Lavaters "Schweizerliedern" an: "Der Druck ist recht schön, und des Verlegers würdig. Hr. Walthard thäte besser, wenn er lauter solche Urstücke druckte, als daß er durch seine Nachdrücke so manchem Buchhändler Unrecht zufüget"; ADB 11/2 (1770), S.250.
- "seinem großen Lehrgedichte über das *Universum* und das Unendliche": Lavater hat sein Lehrgedicht über die Unsterblichkeit, zu dessen Vorbereitung die "Aussichten in die Ewigkeit" (vgl. zu Nr.20) dienen sollten, nicht vollendet. Ausschnitte hatte er bereits im Mai 1766 in der moralischen Wochenschrift "Der Erinnerer" veröffentlicht; vgl. Weigelt 1991, S.82.
- "Wegelins...Erklärungen des Ursprungs der Regierungsarten": Jakob Wegelin, Considérations sur les principes moraux et caractéristiques des gouvernements. Berlin 1766.

[Nr. 10; Iselin an Nicolai]

Liestal im Canton Basel d 24. Herbst. 1767.
[erh. Michaelis-Messe 1767]

Ihr werthestes Schreiben vom 28. des verfl.[ossenen] Monats ist mir erst vor ein paar Tagen hier zugekommen, mein schätzbarster Herr und Freund.
Ich habe nichts dagegen daß Sie einen Zusatz zu der Anzeige der Schweizerlieder machen. Es wird Herrn Lavater sehr nützlich seyn wenn man ihn über die Art in deren er sich den glücklichsten Erfolg versprechen kann aufrichtig belehret. Es ist das Unglück so vieler vortrefflicher Köpfe von Zürich, als an welchen dise Stadt in der That zur Bewunderung fruchtbar ist, daß sie durch eine voreilige Bewunderung dahin gerissen und verdorben werden. Lavater ist ein recht bewunderungswürdiges Genie und er verspricht viel Grosses, wenn er sich reif werden lässt, ehe er sich einbildet vollkommen zu seyn. Von seinen Lehrgedichten habe ich noch nichts gesehen. Wird Herrn Wielands Agathon in ihrer Bibliothek nicht angezeigt werden. Wenn noch niemand dise Arbeit übernommen hat, so will ich mich gern damit beladen. [Ich; Siegelloch] finde neben allerhand Schielendem und auch Falschem so viel Vortref[fliches] in diesem Werke, dass mich die Mühe nicht reuen soll dasselbe zu zerglidern. Hat Herr Moses den weitläufigen Brief empfangen den ich ihm über seinen Phädon geschrieben habe. Ich habe erst gestern das Caffee für Sie bekommen. Das ist gewiß ein vortreffliches Werk das eine Übersetzung verdienet. Ich werde es Ihnen so bald ich wider in die Stadt komme sammt meinem Bildnis übersenden. Ich weis nicht wie die zwey Blättgen wegen der Defecten für die HH Imhof und Thurneisen mir verlohren gegangen sind. Schicken Sie mir dieselben bald wider so können die ermangelnd Bogen mit dem *Caffe* und mit dem Bildnis verreisen. Ich bitte wegen meiner Strudeley ab. Der Brief an Hrn Zimmermann ist richtig abgegangen. Ich habe die Übersetzung des Raubes der Proserpina mit mir auf das Land genommen. Die Abhandlung so derselben vorgesetzt ist habe ich gelesen, aber in der Übersetzung habe ich mich noch nicht weiter gewagt als bis an das andre Buch. Mir deucht mein lieber und würdiger Mitbürger hätte noch viel Nützlichers und Anmuthigers thun können als dises Stück übersetzen. Doch

muß zuletzt jede Arbeit gethan seyn. Ich habe die Ehre mit besondrer Hochachtung zu verharren

meines werthesten Herrn und Freundes

gehorsamer Diener

Iselin

Erläuterungen zu Nr.10

- "Wird Herrn Wielands Agathon": Iselin hatte bereits 1752 den Kontakt mit Wieland gesucht. 1758/59 standen Iselin und Wieland in engerem Austausch und hatten auch später eine sporadische Korrespondenz: Wielands Briefwechsel Bde. 1 und 2 (ed. Seiffert 1963 bzw. 1968). Iselins Agathon-Rezension erschien in ADB 6/1 (1768) und wurde von Wieland in der Vorrede zum "Idris" kritisiert; vgl. zu Nr.21 und Lieselotte E. Kurth-Voigt, Wielands "Geschichte des Agathon": Zur journalistischen Rezeption des Romans. In: Wieland-Studien I (1991), S.9-42, bes. S.21-26.

- "Übersetzung des Raubes der Proserpina": Es konnte nicht ermittelt werden, um was für ein Buch es sich hierbei handelt. Das Tagebuch, in dem Iselin gewöhnlicherweise seine Lektüre vermerkt hat, gibt keinen Aufschluß, weil es gerade im September ein Lücke aufweist.

[Nr. 11; Nicolai an Iselin]

Herrn RS. *Iselin* in Basel

Leipz[ig] d. 20 Oct 1767

Hochedelgebohrner
Insonders hochzuehrender Herr

Ich habe Ihren Brief vom 24 Sept erhalten, mit vielem Vergnügen erbrochen und gelesen; ich schreibe Ihnen so geschwinde wieder, um Sie recht sehr zu bitten die versprochene Recension von Agathon sobald als möglich nach Berlin zu senden. Das Urtheil eines Genies von dem andern ist mir eine erwartenswürdige Sache. Es wäre mir außerdem angenehm, wenn d[em] Hrn Wieland wegen seines Agathon in der Bibliothek bald Gerechtigkeit wiederführe, da er wider die Verf.[asser] der Bibl. etwas eingenommen scheint, wie aus der Vorrede zu dem 8ten Tle [=Theile] seines Shakespears erhellet. Sobald ich also Ihre Recension erhalte, werde ich sie abdrucken laßen.

Auf den *Caffé* bin ich sehr begierig, und auch auf Ihr Bildniß. Sein Sie so gütig beydes mir nach Nürnberg an die *Felseckerische* Buchhandlung zu senden, mit Bitte es an mich weiter zu befördern. Aber vielleicht kan es Hr. *Schweighauser* nach Leipzig mit seinen Sachen gehen laßen. Ich habe an Hn. *Schweighausers* hiesigen *Commissionaire* die Fortsetzung der Bibl. und den 1$^{\underline{ten}}$ Theil von Abbts Werken gegeben, die Sie wohl erhalten werden. Den Betrag des *Caffé* will ich in der Ostermeße an Hrn *Schweighauser* entrichten. Wißen Sie denn einen Weg Bücher aus Italien kommen zu laßen? Es sind bey mir ohngefähr 12 Ital. Bücher bestellt, und niemand will sie kommen laßen. Ich bin in großer Eil aber verh[arre] mit der größten Hochachtung

ganz der Ihrige
Fr.Nicolai

Erläuterungen zu Nr.11

- "Vorrede zu dem 8ten Tle seines Shakespears": Nicolai selbst hatte in ADB 1/1 (1765) den ersten Band von Wielands Shakespeare-Übersetzung besprochen. Er äußerte darin die Meinung, Shakespeare könne kaum adäquat übersetzt und müsse deshalb im Original gelesen werden. Wielands Stil sei "unbiegsam und voller Provincialwörter". Er befürchte, so Nicolai, die Übersetzung werde Gelegenheit "zu vielen schalen Urtheilen über Shakespear, und zu noch schalern Nachahmungen" geben. Wieland verteidigte seine Arbeit im achten und letzten Band der Übersetzung. Gleichzeitig holte er zu einem allgemeinen Schlag gegen seine Kritiker aus, warf ihnen flüchtige, launische und unbegründete Urteile vor und nannte insbesondere "die Verfasser der Bibliothek und der critischen Briefe": Wielands Gesammelte Schriften II/3 (ed. Stadler 1911), S.566-569.

[Nr. 12; Iselin an Nicolai]

Basel d 25. Weinm. 1767.
[erh. 16. Dez.]

Ich übersende Ihnen hiemit mein schätzbarster Herr und Freund mein Bildnis. Da Sie es einmal wollen stechen lassen so bitte ich Sie daß es doch so besorget werde, daß es sauber ausfalle. Sie können darunter setzen lassen Gemalt durch Esperlin 1757. Ich übersende Ihnen zugleich das Caffee von dem ich noch nicht einmal weis was es kostet. Indessen deucht mir daß dises vortreffliche Wochenblatt einer deutschen Übersetzung im höchsten Grade würdig sey. Es ist villeicht an vilen Orten etwas zu tiefsinnig für eine Wochenschrift. Allein diser Tiefsinn ist mit so vielem Reize bekränzet daß er auch den flüchtigsten Lesern die Liebe zum Denken einflössen muß, und dises ist ein Vorzug von einem Buche der insonderheit in Deutschlande sehr wichtig ist. Ich habe disem Päcklein auch ein Exemplar von der *Riforma d'Italia* beygeleget. Dise soll nun von dem blutarmen und recht bedauernswürdigen Ritter Bibiena ins Französische übersetzet werden. Diser elende Tropf lebet nun hier in der äussersten Dürftigkeit und kriechet in der elendesten Ernidrigung derer ein Mann von Talenten fähig ist. Er hat sich freylich durch seine Aufführung sein schlimmes Schicksal zugezogen. Allein nun ist er elend und also bemitleidungswürdig. Er besitzet eine ausnehmend vortreffliche Art die franz. Sprache zu lehren. Könnten Sie ihn in Berlin nicht brauchen? Ich wünschte sehr etwas beyzutragen, um ihn aus seiner Nidrigkeit ziehen zu helfen. Sie werden ohne Zweifel von Herrn Zimmermann nun Antwort erhalten haben. Diser würdige Mann ist gar zu sehr mit Geschäften überhäufet. Der Prinz Ludwig Eugen hat nun die Schweiz für immer verlassen. Man sagt er habe einigen Verdruß zu Lausanne gehabt. Ich werde Hn. Mendelssohn nächstens antworten. Indessen bitte ich Sie demselben meine Empfehlung zu machen. Ich habe die Ehre mit besondrer Hochachtung zu seyn

Meines schätzbarsten Herrn und Freundes
Ergebenster Diener
Iselin

Erläuterungen zu Nr. 12

- "Der Prinz Ludwig Eugen hat nun die Schweiz für immer verlassen": Ludwig Eugen, Prinz (ab 1793 Herzog) von Württemberg, lebte von 1762-1768 in Lausanne, wo er regen Austausch mit aufgeklärten Reformkreisen pflegte. 1765-1767 besuchte er die Versammlungen der Helvetischen Gesellschaft, deren Mitglied er war (vgl. Im Hof/de Capitani 1983). Hier lernte Iselin ihn kennen. 1766 war Ludwig Eugen Mitbegründer der kurzlebigen "Société morale" in Lausanne (vgl. Erne 1988). Iselins Hochachtung für Ludwig Eugen kommt in mehreren Briefen an Abbt zum Ausdruck (ed. Frison 1976), der seinerseits mit dem Prinzen in Verbindung stand.

[Nr. 13; Iselin an Nicolai][5]

Basel d 27 Weinm. 1767.

Ich übersende Ihnen hier besonders mein werthester Herr und Freund, das Caffee, welches bey dem Bildnisse nicht Platz gehabt hat. Sie werden aus dem inliegenden Zettel erfahren, daß dasselbe 4 ^{s} 30 $^{rl[s?]}$[6] gekostet hat.

Ich wußte nicht, daß man es von Zürich her haben konnte, sonst hätte ich nicht nöthig gehabt, mich deßwegen an den H. von Mechel zu wenden. Ich habe diesem Päcklein noch ein Exemplar unsrer Schulordnung beygelegt. So sehr man getrachtet hat, dieselbe mittelmäßig und den niedrigen Begriffen unsrer Leute gemäß einzurichten, so hat man es doch nicht weiter bringen können als daß solche gedruckt, nicht aber daß solche befolget würde. Indessen muß man sich vergebene Arbeiten nicht dauren lassen; sie haben doch immer gute Einflüsse auf die Zukunft. Die Auslage für das Caffee dürfen Sie mir nicht in Gelde ersetzen. Schicken Sie mir sonst etwas Gutes in Büchern dafür, z.E. die neue Auflage von unsers lieben Abbts Schriften oder etwas desgleichen. Ich finde beynahe keine Zeit mehr etwas Vernünftiges zu arbeiten, und ich habe noch gar nichts an der Verbesserung meiner Träume anrühren können. Ich verbleibe mit vollkommenster Hochachtung meines schätzbarsten Herrn und Freundes

gehorsamer Diener

Isaak Iselin

5 Nur in Abschrift erhalten.

6 Hier bestehen offenbar Unsicherheiten beim Kopisten: rote Unterstreichung, Marginalie (4?).

Erläuterungen zu Nr.13

- "ein Exemplar unsrer Schulordnung": Der Stadt Basel Schulordnung, Basel 1766. In der Rezension der ADB wird folgendermaßen darüber geurteilt: "Wir nahmen diese Schulordnung mit vieler Erwartung in die Hand; allein wir fanden diese beym Lesen auf keine Weise befriedigt. (...) Wenn die besten Schulverordnungen, die im Preußischen besonders gefunden werden, von einem Schulmann, der wie ein **Iselin** dächte, gelesen würden und dann eine darauf mit Sorgfalt abgefaßt würde: so müßte dies etwas ganz anderes werden, als hier geliefert ist." ADB 12/1 (1770), S.384f. (ohne Sigle). Iselins Einfluß auf die Inhalte der Basler Schulreform war tatsächlich gering gewesen, die Kritik der ADB stimmte mit seiner eigenen Unzufriedenheit überein; vgl. Im Hof 1967, S.156f.

[Nr. 14; Iselin an Nicolai]

Basel den 5. Winterm. 1767.
[erh. 15. Nov.]

Wohledelgebohrner
Insonders hochzuehrender Herr

Mein Bildnis und das Caffeehaus nebst einigen andern Kleinigkeiten waren eben abgegangen da mir Ihr Schreiben vom 20ten des verflossenen Monats überreichet wurde. Herr Imhof hat mir die verlangten Defecten erst disen Abend überschickt. Da es also in alle Wege zu späth ist so will ich solche Herrn Schweighauser zustellen der Ihnen solche durch Einschlag übermachen wird. Villeicht könnte diser Ihnen Bücher aus Italien verschaffen, und noch besser der hiesige Kupferstecher Hr von Mechel welcher vor kurzer Zeit eine Reise durch ganz Italien gethan hat, und welcher mit Hrn Winkelmann in einem sehr freundschaftlichen Briefwechsel stehet. Herr Füßlin in Zürich ist in dem gleichen Falle. Die Anzeige der Geschichte des Agathon hat mir mehr zu thun gegeben als ich glaubete. Das Dinges [sic] ist ein gar zu selzames Gemische als daß man so leicht damit fertig werden könnte. Ich habe gethan was ich konnte um das Buch in ein vortheilhaftes Licht zu setzen, aber ich durfte doch auch die Fehler desselben nicht verschweigen, und da fürchte ich, H[er]r. W.[ieland] den ich gewiß bewundere werde sehr übel mit mir zufriden seyn, oder vilmehr mit der Bibliothek, denn mich muthmasset er gewiß nicht. H.[err] Z.[immermann] wird den für ihn bestimmten Brief erhalten haben. Ich bin mit besondrer Hochachtung

Ihr Gehorsamster Diener
Iselin

[PS]
Sagen Sie mir doch ob Hr Simonetti so in Göttingen gestanden ist noch lebet und wie er lebet und in welchem Ansehn er stehet. Ich habe viel von dem Manne gelehrnet. Er wurde verfolget, und ich mußte mich mit ihm abwerfen aber sein Andenken ist mir immer noch werth. Ich habe gute Lust ihm zu schreiben. Ich bin zu Ende der Anzeige des Agathon müde geworden abzuschreiben, und ich denke Sie können d. Charakter des Archytas so gut aus dem

Buche abdrucken lassen als aus meiner Abschrift. Hr. Mendelssohn hat mich verführt den Charakter des Archytas vorzüglich auszuwählen, um eine Probe von der Stärke des Hn. W. zu geben.

Erläuterungen zu Nr.14

- "Hr Simonetti so in Göttingen gestanden ist": Zu Iselins Studienzeit an der Georg-August-Universität in Göttingen und seinen dortigen Lehrern vgl. Meister, Helvetiens Berühmte Männer, S.244f., und Ferdinand Schwarz, Isaak Iselin als Student in Göttingen (1747/48). In: Basler Jahrbuch 1916, S.101-193; zu Simonetti: S.151ff.

- "Charakter des Archytas": Weiser Herrscher von Tarent; Figur aus Wielands Roman "Agathon"; vgl. Mendelssohn an Iselin 10.9.1767 in: Mendelssohn, Briefwechsel II,1 (ed. Altmann 1976), S.145.

[Nr. 15; Iselin an Nicolai]

Basel den 17. März 1768.
[erh. 29. März]

Hochwohledelgebohrner und Hochzuehrender Herr

Ich hoffe Er. Hochwohledelgebohrnen werden das Portrait, das Caffee und vor oder nachher einige Anzeigen von mir erhalten haben, obgleich ich seit langem keine Nachricht von Ihnen empfangen habe. Ich werde durch die HH. Orell und Comp. oder durch Hn Schweighauser Ihnen in Leipzig vier Exemplarien von der neuen Auflage der G.[eschichte] d.[er] M.[enschheit] zustellen lassen. Das eine bitte ich Sie für sich selbst zu behalten, das andre Hn Mendelssohn, das dritte Hn Sulzer und das vierte Hn Simonetti in Frankfurt an der Oder in meinem Namen zukommen zu lassen. Ich wünsche daß man mehr Ursache habe mit diser Auflage zufriden zu seyn als mit der erstern. Ich habe mir Mühe gegeben das Werk auszubessern, ich bin aber noch sehr unzufriden damit. Auch ist der Druck sehr schlecht besorget worden, und aussert den angemerkten Druckfehlern sind noch unzählige andre darin. An vielen ist der Corrector Schuld der mich nicht verstanden hat, und der mich oft hat verbessern wollen. Einem geschickten Manne hätte ich dafür aufrichtig gedanket, aber ich hatte keinen Züricher nöthig der die Mängel meines Werkes durch seine Verbesserungen noch vermehrete. Es erscheinet seit einiger Zeit zu Chur ein italiänisches gelehrtes Tagbuch welches bestimmet ist das Licht und die bessern Gesinnungen die sich in andern Ländern ausbreiten auch in Italien zu verpflanzen. Es heißt daß dasselbe in disem Lande nicht übel aufgenommen werde. Wird die Übersetzung von Arrians Epictet nicht durch die Bibliothek bekannt gemachet werden? So mittelmässig die Übersetzung ist, so verdienet doch das Urstück oder vilmehr so ist doch das Urstück ein Werk, dessen Kenntnis allen Freunden der Weisheit und der Tugend unendlich nützlich seyn wird. Wer sind die Verfasser des Lebens Jesu und der Abhandlung über die philosophischen Predigten? Ich möchte den letzten in der Schweiz suchen und ich kan ihn doch nicht finden. Man hat m[eine]r Geschichte der Menschheit zu Wien den Eingang versaget. Sagen Sie mir aufrichtig ob Sie finden daß ich in Verbesserung derselben glücklich gewesen bin oder nicht. Ich verharre mit vollkommner Hochachtung

Er. Hochwohledelgebohrnen

Gehorsamster Diener

Iselin

[PS]

Ich bitte Sie mir durch Hn Schweighauser oder durch eine andre Gelegenheit die Elementarbücher der berlinischen Realschule zu übermachen. Ich werde den Betrag davon durch wen Sie es gut finden werden Ihnen vergüten lassen. Es ist in der Welt gar ein zu grosser Mangel an guten Anfangsgründen in allen Wissenschaften ausser der Mathematik und doch kömmt bey der Jugend so unendlich viel darauf an. Wenn Sie bessere kennen als die von der Realschule: so schicken Sie mir dieselben. Der bey [P...?] gedruckte kurze Begriff hat mir nicht gefallen. Ich möchte etwas wodurch man Anlaß hätte, richtige und helle Begriffe, und zwar nur einen Schattenriß, aber einen, der schon das Vornehmste des Gebäudes in sich faßete der Jugend beyzubringen. Keime die man nur entwickeln, nicht aber die man verbessern muß. Ich umarme Sie mit besondrer Hochachtung.

Erläuterungen zu Nr.15

- "Ein italiänisches gelehrtes Tagbuch": das "giornale letterario", das Carlo Antonio Pilati in seinem Exil in Chur herausgab.
- "die Übersetzung von Arrians Epictet": Arrians Epictet; aus dem Griechischen übersetzt von Johann Georg Schulthess. Zürich 1766.
- "Verfasser des Lebens Jesu und der Abhandlung über die philosophischen Predigten": Bei dem ersten Werk handelt es sich vermutlich um eine Schrift von Johann Jacob Heß: Geschichte der drei letzten Lebensjahre Jesu, Leipzig 1768. Das zweite Werk stammt von Felix Heß: Prüfung der philosophischen und moralischen Predigten, Zürich 1767.
- "Elementarbücher der berlinischen Realschule": Es gehörte zum Programm der 1747 gegründeten Berliner Realschule, den Schülern unmittelbar nützliche Kenntnisse beizubringen. Nicolai selbst hat hier nach eigenen Aussagen sein glücklichstes und lehrreichstes Schuljahr verbracht; vgl. Nicolai, Über meine gelehrte Bildung, S.15-25 (ed. Košenina 1995, S.450-455), und Nicolai, Beschreibung der Königlichen Residenzstädte (ed. Spriewald 1995, S.506f.).

[Nr. 16; Iselin an Nicolai]

Basel den 12. Aprillens 1768
[erh. Ostermesse 1768]

Ich habe Ihnen vor wenigen Wochen geschrieben, mein werthester Herr und Freund! Ich hoffete damals daß ich die Exempl.[are] der Geschichte der M. noch frühe genug erhalten würde um dem Päcklein einige Briefe beylegen zu können. Allein ich bin verspäthet worden und ich muß also diese Briefe durch die Post versenden, und die Freiheit nehmen Sie zu bitten, solche an ihre Bestimmung gelangen zu machen. Sie werden ohne Zweifel neulich einen von Hn Zimmermann erhalten haben. Ich hoffe mein Portrait werde diese Messe auch zurück kommen können, und Hn Abbts Werke werden nun auch fertig seyn. Es ist ein grosser Verlust für die deutsche Litteratur daß diser Mann so frühe dahingeraffet worden ist. Ich habe erst kurz sein Werk vom Verdienste wider gelesen, und dadurch ist mein Schmerz erneuert worden, und insonderheit weil ich gehoffet hätte, daß sein [Loch im Papier] besserndes Genie vieles würde weggeworfen und die großen und herrlichen [Loch; Gedanken?] die unter diesem vielen, ohne Nutzen für die meisten Leser, [Loch; verstreut] liegen würde entwickelt haben. Melden Sie mir doch auch was die Fr. Karschin machet, und durch was für ein ungünstiges Schicksal dises so viel versprechende Genie, auf der Helfte der schönsten Bahn zurückgeblieben ist, obwohl man diese Frage fast allgemein machen und sie also ausdrücken könnte: Warum so viele der blühendsten Genies unter den Deutschen das gleiche Schicksal haben. Wenn ich bey einer Akademie etwas zu sagen hätte, so würde ich eine Preisfrage daraus machen. Eine schickliche Beantwortung derselben sollte für unsre jungen Gelehrten unendlich lehrreich und nützlich werden, und ohne Zweifel würde man darin auch unsern Grossen zeigen wie sehr Mangel des Kenntnisses [sic] und der Liebe des Guten und des Schönen von ihrer Seite an disem Übel Schuld sind. Ich bitte die Mühe ab die ich Ihnen mit beygehnden Einschlüssen verursache und verharre mit besondrer Hochachtung

dero gehorsamer Diener
Iselin

[Nr. 17; Nicolai an Iselin]

Hrn Iselin in Basel

Leipzig d. 12 May 1768.

Hochedelgebohrner
Insonders hochzuehrender Herr

Ich habe verschiedene Schreiben von Ihnen zu beantworten, davon die lezten vom 24 März und 12 April sind. Zuerst muß ich mich bey Ihnen entschuldigen, daß ich Ihr Bildniß noch nicht wiedersende. Der Kupferstich ist wie die Anlage zeiget zwar fertig, aber ich wolte mir das Gemälde gern copiren laßen, um es zu behalten, künftige Meße aber, werde ich es ohnfehlbar absenden. Ich danke Ihnen sehr für die neue Ausgabe Ihrer Geschichte der Menschheit, hier habe ich noch nichts lesen können, aber zu Hause spare ich sie mir zur angenehmsten Sommer *Lectüre*. Alle die andern Exemplarien sollen auch richtig bestellt werden.

Hr Simonetti lebt als Profeßor der Gottesgelahrheit und Prediger zu Frankfurt an der Oder; die Ursachen, warum er zu Göttingen verfolget ward, waren seltsam, so seltsam, daß es fast schwer zu sagen war, ob er schuldig oder unschuldig sey. Fast noch sonderbarer scheint es mir, daß Sie schreiben Sie hätten von diesem Manne vieles gelernet. Ich wäre sehr begierig von Ihnen zu erfahren, worin Sie eigentlich von ihm gelernet haben, und in welcher Verbindung Sie mit ihm gewesen sind.
Der Verfaßer der Abhandl. über die Philos. Predigten ist Hr Felix Heß der kürzlich in Zürich gestorben ist, der Verfaßer der Abhdl. vom falschen Religionseifer aber ist Hr. Lüdke Prediger an der Nicolaikirche zu Berlin. Er arbeitet mit an der deutschen Bibliothek, und ist ein sehr rechtschaffener Mann.

Abbts Werke sind noch nicht weiter heraus. Meine Freunde die den Druk besorgen sollen, sind etwas zu bequem, und ich selbst bin alzu beschäftiget. Auf Ostern 1769. wird wohl der 2te Theil erscheinen.

Frau Karschin lebt in schlechten Umständen. Theils einigermaßen durch die Schuld der Herren Sulzer und Gleim, die im Anfang diese Frau so sehr erhoben, die die geringsten Kleinigkeiten, die aus ihrer sehr flüchtigen Feder kamen, für so göttlich schön ausgaben, daß diese Frau gar von keiner Verbeßerung mehr wißen wolte; Theils einigermaßen durch ihre eigene undelikate Denkungsart. Sie wirft sich auf eine unglaubliche Art weg, drängt sich zu allen Tischen, macht Verse aus dem Stegereife, und sonst nichts, und wird auf viele Art überlästig, daß selbst ihre beste Freunde sich vor ihr verleugnen laßen, wenn sie kommt. Es ist allerdings schade um sie, aber nunmehr ist ihr weiter nicht zu helfen. Ich habe die Ehre mit ausnehmender Hochachtung zu verharren

Ew. Hochedelgeb.

ergebenster Diener

Friedrich Nicolai

[PS 1]

Abbt soll der Gesellschafft der *Citoyens* zu Bern einmahl eine Abhandlung zugesendet haben. Sie würden mich äußerst verbinden, wenn Sie mir eine Abschrifft verschaffen könten. Sie könte auf der fahrenden Post (dis muß ja auf der Adresse stehen) nach Berlin gesant werden.

[PS 2]

Sie bekommen durch Hrn *Schweighauser* des VI B[andes] 2^{s} St[üc]k der Bibl. und die neue Auflage des Phädon. Vergeben Sie, daß ich die Schulbücher der Realschule nicht sende; der Factor derselben war schon weggereiset. Ich werde es aber von Berlin aus besorgen.

[Nr. 18; Iselin an Nicolai]

Basel den 17ten Heum. 1768.
[erh. 29. Juli]

Hochwohledelgebohrner, Hochzuehrender Herr

Ich bin Ihnen für den Phädon und für die Bibliothek die ich richtig erhalten habe höchst verbunden, wie auch für den Kupferstich, der sehr wohl ausgefallen ist. Aber wie mehr ich es bedenke desto mehr finde ich daß dises Bildnis sich sehr übel an den Ort schicket den Sie demselben bestimmen. Ich habe ohnehin vor einiger Zeit einen namenlosen Brief von Zürich bekommen in welchem ich beschuldiget werde das Lob der allg. Bibliothek erbettelt oder erkaufet zu haben. Was wird es nun von dem Kupferstiche heissen. Es ist eine erbärmliche Sache um die Eyfersucht. Ich danke dem Himmel daß ich mich allmählich davon habe frey machen können, und ich kann aufrichtig sagen daß jedes fremde Verdienst in mir die lebhafteste Freude erwecket.

Ich habe bey Hn Simonetti die Logik *privatissime* gehöret, und ich habe aus dessen Umgange vielen Nutzen geschöpfet. Der Handel, den man ihm zu Göttingen erwecket hat nebst einigen kleinen Zänkereyen den Verhältnissen ein Ende gemacht, in denen ich mit demselben gestanden war. Diser Handel aber ist mir immer so geheimnisreich vorgekommen, daß ich noch nichts daraus zu machen weiß. Ich bedaure den Mann, wenn er unschuldig und noch mehr, wenn er schuldig ist, denn ich kann mir nichts traurigers vorstellen als einen Mann von Einsichten der in solche Abscheulichkeiten verfällt.

Ich habe vor mehr als sechs Wochen nach Bern geschrieben, aber wegen Hn. Abbts Abhandlung noch nichts erhalten können. Hr. Wilhelmi, welcher die Papiere der *societé des citoiens* in Verwahrung hat ist gar zu saumseelig. Ich glaube mich zu erinnern H. Abbts Schrift gelesen zu haben. Sie hatte wo ich mich nicht irre die von mir aufgeworfene Frage über die Vorurtheile zum Gegenstande. Sobald ich solche bekomme so werde ich sie Ihnen übermachen.

Man hat mir neulich gesagt, der H. Abt Jerusalem arbeite an einer Übersetzung der *Riforma d'Italia.* H. Pilati der Verf. dieses Werkes hat nun noch ein stärkers in dem gleichen Geschmacke herausgegeben. Er machet auch ein *giornale letterato*, das sehr merkwürdig ist und in Italien viel gutes stiften kann.

Ich habe neulich einen Diebstal an Ihnen begangen. Ohne etwas von den Vorübungen zu wissen welche H. Sulzer bey Ihnen hat drucken lassen, habe ich eine kleine Sammlung in dem gleichen Geschmacke und in der gleichen Absicht aber für jüngere Kinder gemacht. Das Werkgen war bereits abgedruckt, als mir das von H. Sulzer in die Hände fiel. Aber die Vorrede desselben gefiel mir so wohl und schien mir so gemeinnützig zu seyn daß ich sie dem Meinigen vordrucken ließ. Wer ist der Sammler der kleinen Beschäftigungen. Den Verfasser der Lieder für Kinder kannte ich auch nicht da ich meine Vorrede schrieb.

H. Zimmermann ist letzten Mittwoch von hier verreiset der würdige Mann. Er empfiehlt sich Ihnen auf das freundschaftlichste. Unser Abschied war gewiß recht rührend.

Ich bin nun mit dem neuen Mspte [=Manuskripte] der Träume fertig. Es ist beynahe ein neues Werk. Ich habe alle meine andern kleinen Schriften darein gegossen, und mir insonderheit Mühe gegeben die Schreibart zu verbessern. Zu disem Ende will ich es mir noch ein halb dutzend male durchsehen. Ich hoffe nicht ohne Erfolg an disem Werkgen gearbeitet zu haben. Es sind ein paar Stellen darin welche der schweizerischen Censur misfallen könnten. Wenn Sie den Verlag übernehmen wollten so würde es mir sehr lieb seyn. Aber ich muß Ihren Entschluß bald wissen. Ich verlange nichts als daß Sie den Schreiber bezahlen der die Abschrift machen wird und daß Sie mir genug Exemplare für meine Freunde hieherschicken. Belieben Sie dise Anzeige in die Bibliothek einzurücken so hier beygehet. Ich verbleibe mit besondrer Hochachtung

Ihr gehorsamer Diener

Iselin

Erläuterungen zu Nr.18

- "namenlosen Brief von Zürich": vgl. hierzu Kap.II/4 des darstellenden Teils, S.66-68.

- "Hn. Abbts Abhandlung": Abhandlung über die Frage: "Finden sich dergleichen Vorurtheile, die Ehrerbietung verdienen, und die ein guter Bürger öffentlich anzugreifen sich ein Bedenken machen soll?"; gedruckt in: Thomas Abbts vermischte Werke. Vierter Theil, welcher vermischte Aufsätze enthält. Berlin und Stettin (Nicolai) 1780, S.137-188. Hierzu heißt es in einer Anmerkung: "Dieß war die zweyte von vier Preisfragen, welche die Patriotische Gesellschaft zu Basel [vielmehr Bern] auf das Jahr 1763 aufgab." Vgl. auch Im Hof 1947, S.253. Abbt spricht sich in seinem Aufsatz für eine relative Aufklärung aus, das heißt: für eine ständisch abgestufte oder auf die einzelnen Stände zugeschnittene Aufklärung. Man solle Vorurteile nur dann bekämpfen, wenn sie dem gemeinen Besten zuwiderliefen und durch bessere Prinzipien ersetzt werden könnten; vgl. Schneiders 1983, S.237-243. Das von Abbt behandelte Thema wurde für die Aufklärung - insbesondere die deutsche Spätaufklärung - von zentraler Bedeutung. Aus dem vorliegenden Brief geht hervor, daß die Fragestellung 1763 von Iselin formuliert worden ist.

- "Vorübungen ... welche H. Sulzer bey Ihnen hat drucken lassen": Johann Georg Sulzer, Vorübungen zur Beförderung der Aufmerksamkeit und des Nachdenkens. Berlin (Nicolai) 1768.

- "Sammler der kleinen Beschäftigungen", "Lieder für Kinder": Gottfried Benedict Funck, Kleine Beschäftigungen für Kinder. Kopenhagen 1766; Christian Felix Weisse, Lieder für Kinder. Leipzig 1767. Beide Werke sind anonym erschienen.

- "H. Zimmermann ist letzten Mittwoch von hier verreiset": Johann Georg Zimmermann zog 1768 von Brugg nach Hannover um, wo er bis zu seinem Tode als "Königlich Großbrittanischer Leibarzt" wirkte.

[Nr. 19; Nicolai an Iselin]

H. *Iselin* in Basel

Berlin d. 10 Aug. 1768

Hochedelgebohrner
Insonders hochzuehrender Herr

Ihr angenehmes Schreiben vom 17 Jul. habe ich richtig erhalten. Der Zürchische Briefschreiber, wenn er [sich] wundert, daß Sie in der d. Bibl. gerühmet werden, muß nicht wißen, wie sehr Ihre Schrifften und Talente, in ganz Deutschland geschätzet [werden]. Setzen Sie sich immer über den Neid Ihrer lieben Eidgenoßen weg. Republikaner pflegen, sobald sich ein Bürger durch große Talente hervorthut, gern den Ostracismus zu üben.

Ich danke Ihnen für Ihre Bemühung, wegen Abbts Schrifft; kann ich sie durch Ihre Vorsprache erhalten, so wird mir dadurch eine große Gefälligkeit geschehen.

Ihre Träume will ich mit großem Vergnügen in Verlag nehmen; daß ich den Schreiber bezahle, der eine leserliche Abschrift macht, ist wohl das wenigste was ich thun kann. Exemplarien sollen Sie auch haben so viel sie wollen. Ich vermuthe, daß Sie verlangen daß es zur Ostermeße 1769 fertig seyn soll. Ich bitte mir deshalb Nachricht zu geben, und wofern Sie wollen, daß ich es im Michaelmeß *Catalogo* ankündigen soll, so schiken Sie mir bald den Titel, denn im Anfang des *Septembers* muß ich die Titel einsenden.
Wollen Sie Ihr Werk etwa so gedrukt haben wie Abbts Werke? Das Format würde sich denn ohngefähr zu Ihrer Geschichte d. Menschheit schicken.

Daß Hr Jerusalem selbst die *Riforma d'Italia* übersetzen solte, glaube ich kaum, doch könte es seyn, daß dis Werk auf sein Anrathen, in Braunschweig von einem andern übersetzet würde.

Ihre Samlung, die Sie zum Gebrauche der Schulen verfertigt, bin ich sehr begierig zu sehen. Weder ich noch H. Sulzer werden es übel nehmen, daß Sie seine Vorrede vorgesetzet haben. Doch sollen Sie zur Strafe mir ein Exemplar senden, wofern es nicht ein Buchhändler im Verlage hat, der es ohnedem zur Meße bringt. Daß der vortrefliche Zimmermann, in unsere Gegenden kommt, ist mir eine erwünschte Begebenheit. Ich kann nun hoffen ihn einmahl persönlich kennen zu lernen. Sein Bildniß von Holzhalb in Zürich gestochen, wird nächstens vor der Bibl. erscheinen. Ich bin mit der größten Hochachtung

Ew Hochedelgebohrnen

ganz eigner

Nicolai

[PS 1]

Darf ich Sie bitten, folgende in der Ostermeße 1768 herausgekommene Bücher für die deutsche Bibl. zu recensiren:

Ferguson Versuch üb. die Gesch. d. bürgerl. Gesellsch.

Natürl. Gesch. d. Menschl. Geschl. v. Springer übersetzt.

Reflexionen eines Italiäners über die Kirche überhaupt

Spaldings Bestimmung des Menschen. Neue Edit. 1768.

[PS 2]

Darf ich Sie auch an die Recensionen, um die ich Sie vorher gebeten, erinnern. Vergeben Sie meine Importunität; die d. Bibl. gewinnet gar zu viel dabey, wenn Gelehrte von Ihrer Einsicht darin die Feder führen.

[PS 3]

Was hält man in der Schweiz von Klotzen? Wir bekommen nun auch wider meinen Willen in der d. Bibl. Streit mit ihm. Und Leßing schreibt eine Saml. antiquarischer Briefe wider ihn.

Erläuterungen zu Nr.19

- "Ostracismus": Scherbengericht; Abstimmung im alten Athen über die Verbannung eines Bürgers.
- "Zimmermann", "Sein Bildniß": Johann Georg Zimmermanns Porträt ist ADB 9/1 (1769) beigegeben: vgl. Abb.8.
- "Was hält man in der Schweiz von Klotzen?", "Und Leßing schreibt": Zum Streit Nicolais mit Klotz vgl. zu Nr.25; auch das erwähnte Werk Lessings ist gegen Klotz gerichtet: Gotthold Ephraim Lessing, Briefe antiquarischen Inhalts. 2 Bde. Berlin (Nicolai) 1768-1769.

[Nr. 20; Iselin an Nicolai]

Basel d 12ten Herbst. 1768
[erh. Michaelis-Messe]

Hochwohledelgebohrner Hochzuehrender Herr

Beygehend übersende ich Ihnen endlich die Abhandlung die unter allen denen die ich über die Frage von den Vorurtheilen gesehen habe mir am wahrscheinlichsten scheinet aus unsers nie genug bedauerten Freundes Feder geflossen zu seyn. Ich bedaure nur daß dieselbe nicht mehr vollständig hat können zur Hand gebracht werden.

Wegen den Träumen kann ich Ihnen dermalen nichts Zuverlässiges melden. Villeicht werden sie doch noch durch die helvetische Censur durchkommen, und so verhüte ich villeicht einen neuen Tadel des namenlosen Briefschreibers und andrer meiner Mitbürger die mich beschuldigen daß ich das Lob der Bibliothek erbettelt oder erkaufet habe.
H. Klotz ist mir durch einige kleine Werkgen über die Numismatik und zwar zufälliger Weise, durch seinen Tyrtäus und d.[er] g.[leichen] bekannt. Ich schloß daraus daß er ein artiger brauchbarer Litterator wäre. Ob er ein Genie ist das weiß ich nicht. Seine Bibliothek ist mir unbekannt; das weiß ich daß dieselbe in Zürich sehr gerühmet wird.

Es muß einer Ihrer Briefe an mich verlohren gegangen oder aufgefangen worden seyn denn ich habe keinen erhalten durch den Sie mich ersuchet hätten Fäsis Entwurf, Marmontels Belisar etc. anzuzeigen. Ich gehe die künftige Woche für einigc Zeit auf das Land und da hoffe ich einige Anzeigen zu verfertigen. Bisher hatte ich gar vile Geschäfte.

Ich weiß daß die Sprengischen Psalmen in den Anhaltischen Landen eingeführet sind. Nun sind hier etliche tausend Exemplarien davon und dise wären zimlich wohlfeil zu haben. Ich bitte Er. Hochw., mit einem Buchhändler von Cöthen oder von Bernburg zu reden ob er sich damit beladen wollte. Es könnte dadurch den Sprengischen Waisen geholfen werden. Ich weiß wie geneigt Sie sind gute Werke zu thun und daß es also nicht viel Beredtsamkeit brauchet Ihnen dise Sache zu empfehlen.

Wenn es sonst niemand übernommen hat: so will ich auch Tscharners dritten Band der Schweizergeschichte anzeigen. Haben Sie Lavaters Briefe an Zimmermann gesehen. Was halten Sie davon. Ich habe erst einige Briefe gelesen, und nicht wenig Genie daraus gemuthmasset, aber von dem Ganzen kann ich noch nichts sagen, und die Schreibart leuchtet mir nicht durchaus ein. Herr Sulzer und Herr Moses vergessen mich ganz. H. Schweigh.[auser] soll Ihnen ein Exemplar meiner Sammlung zustellen. Sagen Sie mir aufrichtig was Sie davon denken, wie ich aufrichtig sage daß an Ihrer Sammlung mir alles gefällt außer die Auswahl der meisten poetischen Stücke. Ich verharre mit besondrer Hochachtung

Ihr Ergebenster Iselin

[PS 1]
M[ein] Bildnis wird nun ohne Zweifel zurück kommen.

[PS 2]
Was urtheilet man in Deutschlande von Hn Basedows Vorschlag eines Elementarbuches. Wenn auch dises Werk schon nicht mit der größten Vollkommenheit wird ausgeführet werden so verdienet es meines Erachtens doch die Begünstigung aller Wohldenkenden. Ich habe das Vergnügen gehabt dem würdigen Manne zu berichten daß der hiesige Stand für fünf und zwanzig franz. Louis d'or in seine Unternehmung eintritt. Ich habe mein bestes dabey gethan, und ich hoffe das hiesige Beyspiel werde auf andre eidsg.[enössische] Stände einen Einfluß haben. Hier sind zwo Anzeigen die ich eben Zeit gehabt habe zu verfertigen. Dises Packet wird erst den 18ten verreisen.

Erläuterungen zu Nr.20

- "unsers nie genug bedauerten Freundes": Gemeint ist Thomas Abbt; vgl. zu Nr.18.
- "H. Klotz": Die Tyrtaios-Edition von Christian Adolph Klotz erschien in Bremen 1764. Von seinen numismatischen Werken sei herausgegriffen: Beytrag zur Geschichte des Geschmacks und der Kunst aus Münzen. Altenburg 1767.
- "die Sprengischen Psalmen": Die "Neue Übersetzung der Psalmen David's" des 1768 verstorbenen Basler Professors Johann Jakob Spreng war erstmals 1741 in Basel erschienen und erlebte mehrere Neuauflagen, darunter eine 1766 in Bernburg.
- "Lavaters Briefe an Zimmermann": Johann Kaspar Lavater, Aussichten in die Ewigkeit, in Briefen an Herrn Joh. Georg Zimmermann. Bd.1 Zürich 1768.
- "Basedows Vorschlag eines Elementarbuches": Johann Bernhard Basedow, Vorstellung an Menschenfreunde, und vermögende Männer über Schulen, Studien und ihren Einfluß in die öffentliche Wohlfahrt; mit einem Plan eines Elementarbuches der menschlichen Erkänntniß. Hamburg 1768.
- "der hiesige Stand": gemeint ist Basel. In Basedows "Methodenbuch" (1770) ist "Der hochvermögende Stand in Basel" als Unterstützer mit einer Summe von 150 Reichstalern aufgeführt. Zu Iselins Wirken für Basedows pädagogische Schriften und Unternehmungen vgl. Keller 1885b, S.206ff.

[Nr. 21; Nicolai an Iselin]

Hrn RS. Iselin in Basel

Berlin d. 26 Nov 1768

Hochedelgebohrner
Insonders Hochzuehrender Herr

Ich habe Ihr angenehmes Schreiben vom 12ten Herbstmonats richtig erhalten, das fernere Proben Ihrer freundschafftl. Gesinnungen gegen mich enthält. Ich erhielt es in Leipzig mitten im Getümmel der Meße, und ich bin bis dato so beschäftigt gewesen, daß dis der erste freye Augenblick ist, den ich anwenden kann, um mich mit Ihnen zu unterhalten.

Ich danke Ihnen sehr für Ihre Samlung. Sie haben recht, daß in Sulzers Vorüb.[ungen] nicht alle Poesien gut gewählt sind. Theils hat er einen besondern Geschmak in der Dichtkunst, daher kommen die Hexameter pp [perge perge]. Theils hat er wie es scheint, die Poesie nur für die höhern Claßen bestimmt, daher ist zu vieles drin, was eigentlich für die Fähigkeit der Kinder nicht faßlich ist, oder sie nicht intereßiret. Ihre Samlung hat darin einen großen Vorzug. Desgleichen ist der kurze Begriff der Geschichte, auch ein großer Vorzug Ihrer Samlung, nur glaube ich doch, müßte ein Kind ein chronologisches Namenregister im Kopfe haben, um diesen kurzen Begriff ganz zu verstehen.

Herrn Basedow wünscht jedermann, daß sein Unternehmen gelingen möge, wozu dieser Mann auch einen unbeschreiblichen Eifer hat. Inzwischen freilich fürchtet man auch, daß dieser große Enthusiasmus und die Eilfertigkeit mit der er alle seine Sachen betreibt, auch seine gar große Neigung zum Sonderbaren, Ursach seyn werden, daß manche Dinge nicht so ausfallen werden, als man es wünschte. Inzwischen wenn es nur etwas Gutes stiftet, so ist es mit Dank anzunehmen.

Herrn Lavaters Außsichten in die Ewigkeit, habe ich zwar noch nicht ganz gelesen, aber ich muß gestehen, daß ich auch fast nicht weiter lesen mag. Es thut mir wehe, wenn ein Geist, der eine so gute Anlage hat, eine so unbegreifliche Neigung zur Schwärmerey hat. Wenn man einmahl die Träumereyen einer erhitzten Einbildungskrafft, als etwas wahrscheinliches, und endlich als etwas wahres annehmen will, so kann man endlich auf die abentheuerlichste Begriffe gerathen. Der Zustand, den Hr Lavater als etwas besonders ansiehet, worin er wachend allerley Gestalten und ausserordentl. Dinge siehet? - In diesem Zustande befinde ich mich offt, wenn ich zuviel studiret, wenn ich mich sehr stark beweget, viel Musik gehöret habe, sehr vergnügt gewesen bin, oder zu viel Blut habe. Sobald ich aber merke, daß meine Vorstellungen sehr lebhafft werden, sobald ich merke, daß sie eine gewiße Ordnung haben, oder sich sonderlich auf meine vorherige Meditationen beziehen; so nehme ich niederschlagend Pulver, und suche mich ruhig zu halten, und durch mehreres Denken, meine Nerven nicht mehr anzuspannen. Eben dieses sagt Hr Moses auch von sich. Ich wünschte daß es Hr Lavater auch thäte, sonst muß sein Geist oder sein Körper, oder vielleicht beide darunter leiden.

Eben so ists mit Hn L.[avaters] großem Gedichte beschaffen. Ich wünschte, daß ihm wahre Freunde davon abriethen. Ich habe durch einen Zufall ein Blatt gesehen, das noch dazu eine Probe seyn solte, und wirklich unter der Critik war.

In Cöthen ist kein Buchhändler dem man etwas anvertrauen könte; Und zudem sind die Sprengschen Psalmen, so viel ich weiß, schon bey dem deßauischen und andern reform. Gesangbüchern angedrukt, und zum Theil mit einigen Verbeßerungen in der Sprache. Ich beklage, daß ich den Sprengschen Erben also in hiesiger Gegend keinen Absatz zu verschaffen weiß.

Ihr Bildniß werden Sie hoffentlich von Hrn Schweighauser erhalten haben. Hier haben Sie den größten Dank dafür, wie auch für die Übersendung der Abhandl. von Abbt. Sie ist nicht ganz volkommen, aber mir doch, wie alle seine Überbleibsel schätzbar ist [sic].

Wenn Ihre Träume die helvetische Kritik paßiren, so thun Sie beßer, sie dort druken zu laßen, aus den angezeigten Ursachen. Sonst bin ich auch allezeit zu Ihren Diensten.

Was sagen Sie zu dem, was Wieland in der Vorrede zu seinem Idris wider Ihre Recension seines Agathon sagt. Der gute Mann sucht den Recensenten überhaupt gewiß nicht da, wo er ist. W. hat einen alten Groll auf die V.[erfasser] der Litteraturbriefe; diesen blast Hr. Klotz, der seine Absichten darunter hat, an, und mag Hrn W. von den V.[erfassern] der Bibl. sehr unrichtige Begriffe der Bibl. [sic] beybringen. Wieland trauet Kl.[otz] u.[nd] seinen Anhängern, mehr als er solte. Mich und viele wundert es daß Wieland seinen Idris, dem Prof. Riedel in Erfurt zugeeignet hat, einem Manne von dem man in hiesigen Gegenden, keine so vorzügliche Begriffe hat. Ich befürchte W. läßt sich durch diese Leute zu weit führen, er kennet sie nicht genug. Übrigens ist sein Idris meines Erachtens in seiner Art, ein Meisterstück. Ich beklage einen Hang zu wollüstigen Beschreibungen, aber vortrefliche Poesie sind sie.

Nun komme ich auf die deutsche Bibliothek. Sie sind bisher so gütig gewesen, mir einige Beyträge zu senden. Auf anliegendem Zettel sind die Recensionen verzeichnet, die ich zu erhalten wünschte; erlaubt Ihnen Ihre Muße aber nicht alle zu recensiren, so sind die mit + bezeichnete, die, die ich vorzüglich von Ihrer Feder zu erhalten wünschte, Ferguson ist ein wichtiges Werk, und worüber niemand ein sichererer Richter ist als Sie. Die natürl. Geschichte des menschl. Geschlechts, bedeutet, scheinet es eben nicht viel. Aber der Übersetzer Hr Hofr. Springer hat mich um einen einsichtsvollen Richter gebeten. In der Recension über Abbts Werke, laßen Sie gar nicht den Freund sprechen, sondern behandeln Sie ihn mit gänzlicher Unpartheilichkeit.

Überhaupt bitte ich mir gütigst, bald Nachricht aus, ob Sie alle, oder welche von den erbetenen Recensionen Sie bis Ostern zu liefern gedenken. In anliegendem gedruktem Blatte, werden Sie die Ursach ersehen.

Herrn Moses hoffe ich heute noch zu sehen, und ihn zu erinnern daß er an Sie schreiben soll. Leben Sie wohl, mein verehrungswürdiger bester Herr und lieben Sie mich ferner. Ich bin mit unbegränzter Hochachtung

Ew Hochedelgeb.

ergebenster Diener

Fr. Nicolai

[Anlage; von Schreiberhand]

Hr Rathschreiber Iselin in Basel

Reste

Marmontels Belisar.
Monitor Pohlnischer aufs Jahr 1765. 1-39^s Stück
+ Staatsgebäude in 3 Büchern 4 [quart] Leipzig
Versuch über den Luxus, od. Gedanken p.[erge]
Walter Prüfung der Gesch. v. Ausrottung des Zäringischen Stammes
+ Ferguson Versuch über die Gesch. der bürgerl. Gesellschaft
+ Geschichte, natürl. des menschl. Geschlechts übers. v. Springer
Reflexionen eines Italiäners über die Kirche überhaupt
+ Spaldings Bestimmung des Menschen. N.[eue] Aufl.[age] 68.

[ab hier von Nicolais Hand]

Mich Meße 1768.

Hilär von einem Metaphysiker. Leipzig 1768 (soll eine Parodie des Belisars seyn)
+ Historie der Eidgenoßen 3^r Teil 1768.
Insel die glückliche od. Abhandl. von der vernünftigen Regierungsform des wohlthät.[igen] Weltweisen. Frft. 1768.
+ Abbts Werke 1^r Theil (od. vom Verdienste) Die neue Edition 1768 od. eigentl. 1767.
+ - v. Erzieh.[ung] eines jungen Herrn von Stande. 8. Ist eins von Abbts unvolkommnen Werken, das aber doch von Klotz als alzusehr schlecht angegeben worden.

[zu Nr.21; beigelegter Einblattdruck]

**An die
sämtlichen Herren Verfasser
der
allgemeinen deutschen Bibliothek.**

Es ist bloß den Beyträgen vieler verdienstvollen Gelehrten zu danken, daß die allgemeine deutsche Bibliothek bisher hat ununterbrochen fortgesetzt werden können, ihnen ist es zu danken daß dieses Werk sich noch immer in einem Grade von Güte erhält, den vernünftige Leser nicht verkennen. Der Eifer so vieler verdienter Männer verdoppelt den meinigen, um diesem Werke immer mehrere Vollkommenheit zu geben; bloß aus dieser Absicht, wage ich es, **an die sämtlichen Herren Verfasser der allgemeinen deutschen Bibliothek, einige ergebenste Bitten** zu thun. Die meisten betreffen bloß die äußere mechanische Einrichtung dieses Werks, aber wenn sie erfüllet werden, so kann dadurch verschiedenen Unbequemlichkeiten abgeholfen und die ununterbrochene Fortsetzung, desto gewisser erhalten werden. Verschiedene von den Herren Mitarbeitern haben ohnedem schon einiges von dem wirklich geleistet, was ich itzo bitte, andere haben vielleicht gewisse Kleinigkeiten nicht beobachtet, bloß weil sie nicht daran gedacht haben; ich schmeichle mir also, daß sie eine Erinnerung, nicht ungeneigt aufnehmen werden.

1) Wenn ich nach jeder Messe jedem der Herrn Verfasser eine Anzahl Bücher zum Recensiren zuschreibe, so bitte ich ergebenst mir **sobald als immer möglich** zu melden, ob sie die Bücher auch wirklich in etwa **sechs Monaten**, gegen die Zeit der folgenden Messe recensiren wollen; denn weil um diese Zeit wieder eine Anzahl neue Bücher ankommt, so müssen unterdessen schon billig alle Bücher von der vorigen Messe recensiret seyn; geschiehet dieses nicht, so werden viele Reste zurück bleiben, und die Bibliothek wird ferner den Vorwurf verdienen, der ihr bisher, nicht ganz ohne Grund, gemacht worden, daß viele Bücher darin allzuspät recensiret werden. Dazu trägt viel bey, wenn verschiedene der Herren Verfasser, einige Bücher, die sie haben recensiren wollen, entweder ganz vergessen, oder mir erst nach einigen Monaten melden, daß sie sie nicht recensiren wollen oder können. Ich befinde mich dadurch mehrentheils in nicht geringer Verlegenheit: so lange ein Buch schon jemand zugeschrieben ist,

kann ich es nicht einem andern zuschreiben, erfahre ich nun erst nach sechs Monaten daß der Erstere das Buch nicht recensiren will, so ist diese Zeit verlohren; ich kann außerdem wohl nicht sogleich wieder einen andern Recensenten finden, daher vergehen Jahre, ehe manche Recension zum Vorschein kommt. Wenn hingegen alle Herren Mitarbeiter mir nur soviel Recensionen versprechen, als sie bis zur nächsten Messe wirklich liefern können, und das was etwa zu viel ist, mir unverzüglich abschreiben, so wird dadurch viele Zeit gesparet, und alles kann in besserer Ordnung gehalten werden.

2) Würde es wohl nöthig seyn, darauf zu sehen, daß die Recensionen nicht **allzulang** würden, und die längsten nicht über einen gedruckten Bogen einnähmen, denn sonst wird bey der ungeheuren Menge von Schriften die alle Messe herauskommen, die Bibliothek allzuweitläufig. Ich habe mich schon entschließen müssen, jährlich **fünf Stücke** anstatt **vier** herauszugeben, mehrere aber wollte ich auch nicht gern drucken lassen, weil sonst das Werk im Preise allzukostbar werden möchte.

3) Es würde mancher Raum gesparet werden, wenn nur sehr selten von den Büchern **aneinanderhängende Auszüge nach den Capiteln** geliefert würden. Es ist ohnedem bekannt wie leicht dergleichen Auszüge trocken werden und den Leser ermüden, der nebst dem Hauptinhalte des Werkes, hauptsächlich ein bündiges und unpartheyisches Urtheil sucht.

4) Wenn nur Bücher von besonderer Wichtigkeit zu **Recensionen** gewählet und die minder wichtigen nebst den Uebersetzungen nur in **kurzen Nachrichten** angezeigt werden, wird gleichfalls viel Raum ersparet werden. Ich verlange zwar keinesweges den Herren Verfassern die Länge der Recensionen vorzuschreiben, und bescheide mich sehr wohl, daß aus wichtigen Ursachen, Recensionen auch zuweilen, länger als gewöhnlich, seyn können, daß auch minderwichtige dem Recensenten zu weitern Aussichten können Gelegenheit geben, die dem Leser nützlich und angenehm sind u.s.w. Ich rede nur von der allgemeinen Einrichtung, die zu machen ist, damit das Werk nicht allzuweitläufig werde.

5) Jede **Recension** oder **kurze Nachricht** muß unmaßgeblich auf ein besonderes Blatt geschrieben werden; denn sonst, weil alle Recensionen von einer Art nicht nacheinander, oder in einem Stücke können abgedruckt werden, muß ich Abschriften machen lassen, die leicht fehlerhaft seyn, und zu Druckfehlern An-

laß geben könten. Hingegen ist es nicht nöthig, daß die Herren Recensenten, die Recensionen sauber ins Reine schreiben, der erste Entwurf ist vollkommen hinlänglich, obgleich darin etwas corrigirt seyn möchte, wann er sonst nur leserlich und sonderlich die Nomina propria deutlich geschrieben sind.

6) Ein jeder der Herren Recensenten wird gebeten die Druckfehler, die er in seinen Recensionen, oder sonst, findet, mir baldmöglichst anzuzeigen.

7) Vielleicht würde es dienlich seyn in den Recensionen, wann man von dem Verfasser eines Werks redet, das Wort **Herr**, nebst der standesmäßigen Titulatur ganz wegzulassen, und (so wie in den besten engländischen und französischen Journalen geschiehet) bloß zu sagen **der Verfasser**. Einige Recensenten haben dis ohnedem schon gethan; wenn nun in einigen Recensionen, das Wort **Herr** gebraucht und in andern ausgelassen wird, könte es zuweilen das Ansehen haben, als wann es aus besondern Absichten geschehe. Imgleichen, da in vielen Recensionen die Nomina propria groß gedruckt sind, so wird zu mehrerer Gleichheit wohl dienlich seyn, sie im Manuscripte allemal zu unterstreichen.

8) Wenn mir Manuscript gesendet wird, so bitte ich auf die Aufschrift zu setzen **zu druckende Sachen**, und an den Orten wo reitende Posten gehen, auch **mit der fahrenden Post**. Durch diese Vorsicht wird mir viel Postgeld ersparet, weil sonst öfters das Manuscript mit der reitenden Post übersendet, und auf den Postämtern nach der Brieftaxe taxiret wird.

9) *Dissertationen*, einzelne Predigten, Auszüge und Dispositionen von Predigten, ganz kleine Tractätgen, imgleichen alle Journale, dürften wohl zu Ersparung des Raums, in der Bibliothek künftig gar nicht angezeiget werden.

10) Ich bitte die Herren Recensenten sich nicht abhalten zu lassen, die versprochene Recensionen einzusenden, weil sie etwa die von ihnen schon eingesendete Recensionen, noch nicht abgedruckt finden. Es ist durchaus nöthig, daß ich immer zu 2 a 3 Stück Vorrath haben muß, wenn die Fortsetzung ununterbrochen erfolgen soll; und da doch so viel möglich in jedes Stück, Recensionen von aller Art kommen sollen, so muß ich mit derjenigen Art am sparsamsten umgehen, von der ich den wenigsten Vorrath habe.

11) Ich bitte jeden der Herren Recensenten, mir aus der Gegend, in der er sich aufhält, diejenige litterarische Neuigkeiten zu melden, die er etwa für die Bi-

bliothek brauchbar erachtet. Durch eine solche Correspondenz können viele Neuigkeiten in der Bibliothek bekannt gemacht werden, die man sonst erst spät erfährt.

12) Die Angriffe die seit einiger Zeit auf die Bibliothek geschehen sind, sind bekannt genug. Das Publicum siehet es ein, aus was für Ursachen unsere Widersacher so ergrimmt sind. Wenn die Recensenten in der Bibliothek fortfahren, wie bisher, gründliche und unpartheyische Urtheile zu fällen, so wird dis die beste Beantwortung auf so viele zum Theil sehr kahle Beschuldigungen seyn. Meiner Meynung nach, werden wir am besten thun, wenn wir alle diese heftige Angriffe nicht anders als beyläufig erwähnen. Weitläufige Vertheidigungen fallen dem Leser verdrüßlich, wie man dis in andern Journalen siehet, wo des Streitens kein Ende wird. Findet indessen einer oder der andere der Herren Verfasser bey besondern Fällen für gut, sich ausführlich zu verantworten, so werde ich allemal mit Vergnügen eine solche Verantwortung einrücken; in den meisten Fällen aber wird es, glaube ich, am zuträglichsten seyn, ruhig unsern Weg fortzugehen, und uns auf das Urtheil des unpartheyischen Publicum zu verlassen.

[von Nicolais Hand:]

Berlin d. 26 Nov. 1768.
Fr. Nicolai

Erläuterungen zu Nr.21

- "Wieland in der Vorrede zu seinem Idris": Es handelt sich um folgende Stelle: "Die Beobachtung, die der weise Beurtheiler des Agathon in der allgemeinen Bibliothek gemacht hat, daß ich schnell arbeite, ist, mit seiner Erlaubniß, nichts weniger als richtig; wollte der Himmel, daß einige Leute nicht hastiger urtheilten, als ich arbeite." Wielands Gesammelte Schriften I/7 (ed. Mauermann 1911), S.14f.

- "Recension über Abbts Werke": Der erste Band der postumen Werkausgabe von Thomas Abbt (hrsg. von Nicolai) ist die überarbeitete Zweitauflage der Abhandlung "Vom Verdienste". Die Rezension hierzu ist erschienen in ADB 12/2 (1770). Nicht aufrechterhalten läßt sich die Zuschreibung an Moses Mendelssohn: Mendelssohn, Rezensionsartikel in Allgemeine deutsche Bibliothek (ed. Engel 1991), S.146-153. Nicolais Brief an Iselin Nr.25 beweist Iselins Autorschaft. Der Zusatz, den Nicolai nach eigener Aussage anfügte, ist unschwer auszumachen: Es handelt sich wohl um den zweit- und den drittletzten Absatz ("Die Verbesserungen der zwoten Auflage...*Correspondenz* des Herrn Abbts").

[Nr. 22; Iselin an Nicolai]

Basel den [Lücke] Christm. 1768[7]
[erh. 12. Jan. 1769]

Hochwohledelgebohrner, Hochzuehrender Herr

Es muß ein Packet von Ihnen an mich verlohren gegangen seyn. Ich habe niemals eine Nachricht erhalten ob Sie das Caffee so ich Ihnen vor ungefähr einem Jahre übermacht habe zu Handen bekommen haben, und von dem sibenten Bande der Bibliothek habe ich auch noch nichts empfangen. Sie werden villeicht wohl aufgezeichnet haben durch wen mir dise Sachen haben zukommen sollen. Ich hoffe auch Sie werden das Fragment von Hn Abbt das mit einigen Auszügen begleitet war durch die schwere Post erhalten haben. Den ersten Theil des achten B.[andes] der Bibl. hat mir samt dessen Beylagen Hr. Schweighauser sehr richtig eingeliefert. Die antiquarischen Briefe behandeln Gegenstände die ich nicht verstehe, indessen sehe ich schon daß ich solche mit Vergnügen und Nutzen lesen werde, so bald ich Musse dazu finden werde. Die romantischen Briefe hatte ich noch weiter hinausgesetzet. Als ich aber zufälliger Weise ein paar Seiten darin las so konnte ich nicht mehr aufhören. Dise kündigen uns einen deutschen J.J. Rousseau an. Mit Flammenschrift sind sie geschrieben und gedacht mit einem Scharfsinne der sehr selten ist. Die gleiche Liebe für die Paradoxen herrschet in disen Briefen, wie in allen Schriften [durchgestrichen: "v. J.J. Rousseau"] des genferischen Philosophen, und sie wird villeicht auch manchen schwachen Kopf zerrütten und manchen guten Anlaß geben tiefer in manche Wahrheit einzudringen. Indessen bedaure ich daß die Schreibart oft gar zu gekünstelt ist. In disem Stücke treibet es der Verfasser noch gar viel weiter als der sel. Abbt den man doch deshalben so sehr getadelt hat. Über dises scheinet mir der Brief des Amtmannes der ganzen Sammlung sehr unwürdig. Ist es nicht erlaubet zu wissen wer der Verfasser diser Briefe ist. Er hat einmal meine Bewunderung und meine Hochachtung sich in einem hohen Grade erworben und ich glaube kaum daß seine Liebe für das Paradoxe so hartnäckig sey als die von dem ehmaligen Bürger von Genf. Er wird selbst wohl wissen seine Meynungen den von Hn. Jakobi angegebnen Kennzeichen der Wahrheit zu unterwerfen.

---

7 Vermutlich 1.12.1768, wie aus Iselins Tagebuch hervorgeht: "Donnerstags den 1ten. Einen Brief an Hn Nicolai geschrieben"; Staatsarchiv Basel-Stadt PA 98; 13, S.212.

Hier sind einige Auszüge. Ich habe eine Zeitlang nicht viel in diser Art arbeiten können. Ich bitte Sie den von Ferguson mit einem ganz andren Buchstaben zu bezeichnen als die übrigen. Den von Hrn Laroschen dramatischen und andern Gedichten habe ich gemachet aus Fürsorge der würdige junge Mann möchte allzuübel behandelt werden, wenn er in einem schwarzen Augenblick einem scharfen Kunstrichter unter die Hände fiele.

In drey bis vier Wochen hoffe ich Ihnen noch einige andre Anzeigen zu übersenden.

Mein Buchbinder hat mir von dem ersten Bande von Abbts Werken den allg. Titel *Abbts Werke erster Theil*, weggeschmissen. Wenn Sie ungefähr einen solchen übrig haben so werden Sie mich durch desselben Übersendung verbinden.
Ich verharre mit besonderer Hochachtung

Er. Hochwohledelgebohrnen

gehorsamer Diener

Iselin.

[PS]
Lebt Herr Geheimderath Kahle noch und wie gehet es ihm, auch ihn kannte ich in Göttingen. Wenn Sie Anlaß haben ihn zu sehen so grüssen Sie ihn von meinetwegen, so wie auch die HH Mendelssohn Sulzer und Merian.

Erläuterungen zu Nr.22

- "Die antiquarischen Briefe", "Die romantischen Briefe": Lessings "Briefe, antiquarischen Inhalts" (vgl. zu Nr.19) und Leonhard Meister, Sammlung romantischer Briefe. 2 Theile Berlin (Nicolai) 1768. Der Bezug auf Rousseau ("Flammenschrift" und "Scharfsinn") zeugt von der Faszination, die die Schriften des "Bürgers von Genf" nach wie vor auf Iselin ausübten - trotz der gravierenden Meinungsunterschiede, die sich bereits bei der persönlichen Begegnung Iselins mit Rousseau in Paris 1752 angedeutet hatten: vgl. Iselin, Pariser Tagebuch (ed. Schwarz 1919), S.128ff.

- "den von Hn. Jakobi angegebnen Kennzeichen der Wahrheit": nicht ermittelt; Johann Georg Jacobis "Ueber die Wahrheit, nebst einigen Liedern" erschien m.W. erstmals 1771 in Düsseldorf.

[Nr. 23; Iselin an Nicolai]

Basel d. 14. Jänner 1769
[erh. 31. Jan.]

Hochwohledelgebohrner Hochzuehrender Herr.

Ich übersende Ihnen beygehend einige Anzeigen. Die von der neuen Auflage der Bestimmung des Menschen soll in einigen Wochen nachfolgen, und sobald ich Abbts Von Erziehung eines jungen Herrn zu Handen bringen werde, auch die Anzeige davon. Die Staatsgebäude, den Monitor, die natürl. Geschichte der menschl. Gesellschaft, und die glückl. Insel habe ich noch nicht zu Gesichte bekommen können und da ich für drey oder vier Monate genug und zu viel anders zu thun habe so bitte ich die Beurtheilung derselben andern aufzutragen. Mit der Anzeige vom Verdienste werden Sie villeicht schlecht zufriden seyn. Ich bin es selbst. Ich bin eine Zeit lang gar zu sehr zerstreuet gewesen. Ich empfinde gar wohl daß chronologische Tabellen oder Namenregister zu dem kurzen Begriffe der allg. Geschichte unentbehrlich sind und daß der Mangel davon ein grosser Fehler ist. Hn Basedow werden Sie selbst bald in Berlin sehen. Ich unterschreibe Ihr Urtheil über die Aussichten in die Ewigkeit, allein ich hoffe Herr Lavater wird von sich selbst seinen <u>Gesichten</u> entsagen[?]. Ich finde Hn Wieland sehr bescheiden, und seinen Idris sehr schön, aber er, und seine Werke, und die vielen Abwechslungen seiner Art zu dichten, zu empfinden und zu denken ist für mich ein psychologisches Phänomenon das sein Agathon nicht erklären wird, obwohl derselbe solches entschuldigen und glänzend machen soll. Für mich hat es dises Buch nur verdunkelt. Ich habe noch nichts von der Klotzischen Bibliothek gesehen. Man schreibet mir es sey eine günstige Beurtheilung meines Werkes darin. Schmeissen Sie die meinige von Hn Abbts Werke vom Verdienste nur weg, wenn Ihnen solche misfällt. Sie werden mein voriges Packet mit den darin befindlichen Anzeigen empfangen haben. Ich muß mir für einige Monate Musse ausbitten, sodann will ich wider gerne beytragen. Empfehlen Sie mich mit Gelegenheit den HH Moses, Sulzer und Merian. Hr Bernoulli ist noch in Engelland. Ich verharre mit besondrer Hochachtung

Ihr gehorsamer Diener
Iselin

[PS]
Verzeihen Sie mir m.[eine] Sudeley. Ich schreibe in Eile, unter tausend Abhaltungen.

Erläuterungen zu Nr.23

- "Klotzische Bibliothek", "günstige Beurtheilung meines Werkes": Deutsche Bibliothek der schönen Wissenschaften, herausgegeben vom Herrn Geheimdenrath Klotz 2/6 (Halle 1768), S.189-208. Es handelt sich um eine Besprechung der Neuauflage von Iselins "Geschichte der Menschheit" (gez. C.L.). Darin heißt es: "Seine Gemählde sind richtig gezeichnet, durch die Geschichte aufgeklärt, mit Scharfsinnigkeit ausgeführt und von leeren Hirngespinsten befreit. (...) Herr Iselin unterscheidet sich sehr rühmlich von den bloßen Schulweisen, indem er seine Einsichten auf die Glückseligkeit des menschlichen Geschlechts anwendet." Vgl. auch die Rezension in Riedels "Philosophischer Bibliothek" 1/1 (Halle 1768), S.41-45, und 1/3, S.95-117.

[Nr. 24; Iselin an Nicolai]

Basel den 13ten Horn. 1769.
[erh. 25. Febr.]

Sie werden ohne Zweifel, mein werthester Herr und Freund! meine vorigen Briefe erhalten haben. Ich übersende Ihnen hier die Anzeige des kleinen Werkgens von Hn Abbt so Sie mir empfohlen haben. Ich bin eben mit derselben fertig geworden. Vielerley Abhaltungen haben mich genöthigt solche aufzuschieben. Villeicht kömmt sie doch noch frühe genug um in den Band eingerücket zu werden welcher dise Messe erscheinen soll. Ich habe seit kurzem sechs Stücke der Klotzischen Bibliothek durchloffen. Es gefallen mir viele Sachen darinn, aber ich sehe wider einem fruchtlosen kritischen Kriege entgegen. Ich sehe eine Faktion die unter der Anführung einiger guter Köpfe alle Misvergnügten versammeln will um sich an den Verfassern der Litteraturbriefe und der allg. Bibliothek zu rächen. Das aber sollten die Anführer verhüten. Ich wünsche daß in der allg. Bibliothek dise Anfälle verachtet und mit ein paar Scherzen ins Lächerliche gezogen werden ohne daß man sich in einen Kampf einlasse. Dise Leute welche meine philosophischen und politischen Versuche so ernstlich mitgenommen haben, haben doch meine Geschichte der Menschheit Gnade finden lassen. Die neue Auflage meiner Träume wird zeigen daß ich nicht auf den Wink diser Herrn gewartet habe um die Mängel der Versuche zu erkennen, und die Anzeige der G. der Menschheit beweiset daß der Recensent mich oft nicht verstanden hat. Ich erinnere mich daß ich das Werklein über die neue deutsche Litteratur in einem Buchladen gesehen habe, aber was mir davon unter die Augen fiel schien mir Galimathias und ich schmiß das Dings weg. Nun rufen H. Klotzens Recensenten Wunder darüber. Einer meiner Freunde wünschte v. d. Bildnissen die Ihrer Bibliothek vorgesetzt sind Exemplarien zu haben. Sie würden mich sehr verbinden, wenn Sie ihm und mir solche mitzutheilen beliebeten. Den siebenten Band der Bibliothek habe ich nie empfangen.

Ich schliesse diesen Brief in Eile wie ich solchen angefangen habe und bin mit vollkommenster Hochachtung

Ihr gehorsamer Diener
Iselin.

Erläuterungen zu Nr.24

- "Dise Leute welche meine philosophischen und politischen Versuche so ernstlich mitgenommen haben": Deutsche Bibliothek der schönen Wissenschaften 1/4 (1768), S.172-174. Der Rezensent (gez. Dtsch.= F.J.Riedel; frdl. Mitt. von Klaus Schmidt, Göttingen) kritisiert, Iselins "Philosophische und politische Versuche" enthielten bei langweiliger Darbietung lediglich mittelmäßige Gedanken: "Allein bald bin ich eingeschlafen über der weitschweifigen Aengstlichkeit, mit welcher er einen Satz ausführet, den er, ich weiß nicht warum, für unerhört ausgiebt, daß die Tugend der Bürger die Quelle von dem Wohlstand eines Staats sey"; zur Rezension der "Geschichte der Menschheit" vgl. zu Nr.23.

- "Werklein über die neue deutsche Litteratur": Johann Gottfried Herder, Ueber die neuere teutsche Litteratur. 3 Fragmente. Riga 1766/1767; gedacht als "Beilagen zu den Briefen die neueste Litteratur betreffend"; vgl. Brief Nr.25, in dem sich Nicolai eindeutig - und in lobender Weise - auf dieses Werk Herders bezieht.

- "Galimathias": verworrenes Gerede, Geschwätz; aus dem Französischen entlehntes Modewort des 18. Jahrhunderts. Vierzig Jahre später hat der sprachgeschichtlich interessierte Nicolai die Etymologie dieses Ausdrucks untersucht: Friedrich Nicolai, Herleitung der Wörter *Galimafrée* und *Galimatias*. In: Neue Berlinische Monatsschrift 22 (1809), S.190-192.

[Nr. 25; Nicolai an Iselin]

Herrn Rathsschreiber Iselin
in Basel.

Berlin d. 12. Junius 1769.

Hochedelgebohrner
Insonders hochzuehrender Herr, und sehr werther Freund (denn Sie selbst berechtigen mich zu diesem Namen, den ich mit großer Freude annehme.) Ich habe 3 Briefe von Ihnen vor mir liegen. Einen noch vom Christmonat 1768, und die beiden andern vom 14 Jänner und 13 Hornung dieses Jahres. Wie lange habe ich Ihnen nicht schon antworten wollen. Vor der Meße aber, hatte ich beinahe keine Stunde übrig; In Leipzig in der Meße hatte ich mir es vorgenommen, aber es war unmöglich und seit der Meße ist heute der erste Tag, an dem ich in etwas Lufft schöpfe.

Fürs erste sollen Sie den verbindlichsten Dank haben, für die eingesendete Recensionen, die der Bibl. zur wahren Zierde gereichen werden. Nur zu der von Abbts Werken habe ich müßen einen kleinen Zusatz machen, weil die erste Edit. schon in der Bibl. recensiret ist und daher izt hauptsächl. von die Veränderung [sic] der 2ten Ausgabe hätte sollen einige Nachricht gegeben werden.

Auf anliegendem Zettel, sind die Bücher verzeichnet, die ich noch von Ihnen angezeigt wünschte. Die drey unterstrichenen, sind die wichtigsten, und die ich gern bald wünschte abdrucken zu können; die übrigen werden nur einer kurzen Anzeige bedürfen.

Sie würden die Verbindlichkeit die ich schon gegen Sie habe, ungemein vergrößern, wenn Sie mir alle dise Recensionen wenigstens um Michaelis senden wolten. Es sind meist Sachen die schon vor Jahresfrist, und eher hätten sollen recensiret seyn; aber aus Mangel gehöriger Mitarbeiter sind wir ins restiren gekommen. Nun ist meine Hauptsorge, daß ich gegen Michaelis alle die restirenden Recensionen erhalten, und bald abdruken laßen möge, damit inskünfftige die Recensionen in der Bibl. früher erscheinen. Zu Abthuung dieser Reste muß ich schon alle meine Freunde in Contribution setzen, und sie bitten mir ämsig dazu zu helfen. Ist es Ihnen also möglich, von allen diesen Buch Anzeigen zu machen, solten sie auch meist nur kurz seyn, so verpflichten Sie mich auf eine ungemeine Weise. Erlaubet aber Ihre Muße Ihnen nicht so viele Art[ikel], so werden Sie mich doch ungemein verbinden, wenn Sie mich bald benachrichtigen, auf welche Recensionen ich mich ganz gewiß gegen Mich.[aelis] verlaßen könne, damit ich denn sogleich einen andern Recensenten zu finden suchen kan, der mir die Anzeige diesen Sommer noch liefert.

Ich muß mein werthester Herr, zu Ihrer Freundschafft gegen mich und zu Ihrem Eifer für die deutsche Bibl. in der That ein ungemeßenes Zutrauen haben, daß ich Ihnen so viele Arbeit zumuthe ohne daß Sie mir Gelegenheit geben wollen Ihnen eine andere Erkenntlichkeit zu bezeugen, als durch einen herzlichen Dank.

Herrn Basedow haben wir beinahe ein halbes Jahr bey uns gehabt. Er hat die besten Absichten, besitzt auch viele Kenntniße, hat dabey das rechtschaffenste Herz, aber einen Enthusiasmus und einen Hang zur Paradoxie, die man übersehen muß. Dazu kommt, daß er seine Sachen alzugeschwind machen will, wodurch seine Werke etwas leiden. Im übrigen verdienen seine redliche Absichten, die eifrigste Unterstützung, und es freuet mich, daß er in Berlin mehr thätige Unterstützung gefunden hat, als er selbst im Anfange sich zu vermuthen getrauet.

Hr. Lavater verwirret sich in seinem 2ten Theile immer mehr in hypothetische Grillen, die ihn endlich zu einer wahren Schwärmerey führen müßen. Ich beklage es und wundere mich daß ein guter Kopf und ein rechtschaffenes Herz für solchen Abwegen nicht sicher stellen können. Die Meinung des Hrn L. von der Krafft des Gebets, ist mir an einem sonst so verständigen Manne ganz unbegreiflich. Er hat an Herrn Spalding geschrieben: Er sey unwidersprechlich überzeugt, daß wenn er 11 Tage lang im Fasten und der reinesten Andacht ohne den geringsten Nachlaß verharren könte, so wolte er durch die Krafft seines Gebets Moses Mendelssohnen ganz gewiß bekehren. Hr Moses lächelte darüber, und sagte mir, wenn das anginge, so solte Herr Lavater, vor einigen Jahren, den tyrannischen Landvogt bey Zürch lieber bekehret, als vor dem Rathe verklagt haben.

Auf der andern Seite hat Hr Wieland eben (wie Sie richtig bemerken) eben so viel beinahe unbegreifliches. Ich wünsche ihm in Erfurt das beste Glück, aber fast kaum kan ich es erwarten. Die Erfurter Universität, bestehet aus dummen katholischen Profeßoren, und einem Packe von neuaufgeschoßnen Kunstrichtergen, die seichte Gelehrsamkeit mit einem ungemeßnen Stolze und einer zügellosen Lebensart [verbinden]. An ihrer Spitze steht Riedel, ein junger flüchtiger Mensch, der durchaus in der Geschwindigkeit berühmt werden will, und dem kein Mittel dazu zu schlecht ist; ich habe die sichersten Beweise davon. Dieser Mann hat Hn Wielanden dermassen eingenommen, daß er ihn in Briefen sein *alter ego* nennt, und sich ihm ganz in die Arme wirft. Ich kann kaum glauben, daß es möglich sey, daß diese große Freundschafft fortdauren könne, wenn W. seinen Freund persönlich kennen lernen wird. Wieland hat einen alten Zorn wider die Verf. der Litteraturbriefe und diesen hat Klotz und Riedel aus politischen Absichten unterhalten, aber ich kann mir unmöglich vorstellen, daß Wieland an vielen Dingen, die er an seinen neuen Freunden bemerken wird, wenn er ihnen näher ist, kann Gefallen trauen [sic]. Ich kann mir unmöglich vorstellen, daß ein großes Genie, wenn es auch manchmahl die sonderbarsten *Ecarts* haben solte, doch ganz ohne ein gutes Herz seyn könne.

Sie wißen doch, daß W. sein erstes Collegium über Ihre Geschichte der Menschheit lesen wird. Der Einfall ist sonderbar genug, und es ist vielleicht das erstemahl, daß ein Genie das Werk des andern erkläret. Aber im Ernste, dis Collegium zu hören wolte ich viel geben. Aber ich fürchte er wird in Erfurt wenig Nutzen damit schaffen, denn wie sollen junge rohe Studenten, Ihre und Wielands Gedanken faßen.

Ihr Urtheil über die Klotzische Bibl. ist volkommen richtig. Sie haben aber, weil Sie eine unzählige Menge kleiner *Pamphlets* und Recensionen in allerley Zeitungen nicht gelesen haben, sich nicht vorstellen können, wie beschaffen Klotz u. s. Anhänger wirklich sind. Die Vorrede zu des VIII B.[andes] 2ten St[üc]ke der Bibl. und die angehängten Briefe werden Ihnen ein schwachen Vorschmak davon geben. Die Scurrilischen Briefe, die diese Meße herausgekommen sind, sind auch eine Klotzisch - Riedelische Geburt, und zeigen, welcher Niederträchtigkeiten diese Leute fähig sind. Klotz hat wirklich aber durch diese Griffe, die man zu merken anfängt, sein Ansehn meist verlohren, und jedermann verachtet ihn. Riedel nimmt öffentlich die Maske der Unpartheilichkeit, und spielt unter Decke allerhand Intriguen. Ich bin ganz gleichgültig im Grunde dagegen, aber ich finde die ganze Scene, der Würde wahrer Gelehrten ganz unanständig

In den Fragmenten über die deutsche Litteratur ist wirklich, der gekünstelten Schreibart unerachtet, vieles gute. Der V.[erfasser] ist Hr Herder Prediger in

Riga, und dieser ist auch der V. des Torso an Abbts Grabe; darüber ich Ihr Urtheil zu vernehmen begierig bin.

Nochmehr aber wünschte ich Ihr Urtheil über die *Reflexions sur les Americains* zu lesen. Der V. dieses sehr wichtigen aber auch sehr sonderbaren Buches ist Hr *van Pauw* ein holländischer *Canonicus*, der sich eine Weile hier aufgehalten hat. Für Sie muß es sehr intereßant seyn.

Das *Caffè* habe ich richtig erhalten; und den Betrag Hn *Fuisli* [Füssli] auf s. Rechnung gut geschrieben. Eine Recension des Fragments oder Torso v. Abbt habe ich nicht erhalten, aber wohl von s. Werk v. Verdienste u. v. Einrichtung der Studien. Der Haupttitel zu Abbts Werken liegt hierbey. Die Bilder v. d. Bibl. und den VII^ten^ Band der Bibl. will ich Ihnen bey erster Gelegenheit übersenden.

Ich bin höchlich erfreuet, daß Ihnen die Romantischen Briefe nicht mißfallen. Alle Recensenten, die noch dis Buch recensiret haben, halten den *Autor* für einen Narren und ich weiß nicht wofür. Zu gleicher Zeit aber erhalte ich von Ihnen und von Herder aus Riga einen Privatbrief, worin beide den Samen des Genies in diesem Buche entdecken. Nun bin ich überzeugt daß ich mich in meinem vortheilhafften Urtheile davon nicht geirret.

Inzwischen kenne ich den Autor nicht. Vermutlich ist er ein Schweitzer. Ich habe (*Sub Rosa sit Dictum*) das MST. von Herrn *Prof. Myller* allhier, der aus Zürch gebürtig ist, erhalten, und er sagt mir, daß er es aus seinem Vaterlande erhalten habe, ohne mir den Verf. zu nennen. Der V. ist sehr jung, das merkt [man] theils an verschiednen ganz groben Mängeln theils zugleich an seinem ungemeinen Empfindlichen Herzen; Nur eine jugendliche Seele, kan so tiefe Empfindungen haben; Auch seiner Paradoxie siehet man die Jugend an. Aber bey dem allen glaubte Hr Moses und ich so viele Keimen eines guten Verstandes, in dem Büchl. zu finden, daß ich es ohne Bedenken druckte.

Herr Kahle ist bey uns Geheimderfinanzrath, ein Posten der den Rang vor allen Präsidenten der Landescollegien hat, die nicht Minister sind, und die nächste Stufe nach dem wirklichen Staatsminister ist. Er ist eigentlich *Justitiarius* des General *Directorium*, das heißt er hat den Vortrag aller Justizsachen, welche bey diesem höchsten Finanz *Collegium*, das zugleich die höchste Jurisdiction über alle königl. Domainen hat, vorkommen. Ich werde ihn, wenn ich ihn spreche an Sie erinnern.

In welchen Jahren, sind Sie in Göttingen gewesen. Wolte[n] Sie mir wohl einen kleinen Aufsatz v. Ihrem Leben senden. Leben Sie wohl mein werthester Herr, und gönnen Sie [mir] Ihre fernere Gewogenheit. Wenn Sie mich Ihrer Freundschafft würdigen, so ist [es] für mich der beste Beweis, daß ich etwas werth seyn müße, denn *optimis placere* ist immer mein Wunsch gewesen. Ich umarme Sie von Herzen, und bin stets

Ihr ganz ergebener
Fr. Nicolai

[Anlage; von verschiedenen Händen]

Herrn Rathsschreiber Iselin Reste

O.[ster] M.[esse] 1767.
Marmontel Belisar nur kurz
[durchgestrichen:] Monitor der Pohlnische aufs Jahr 1765
[durchgestrichen:] Staatsgebäude in 3 Büchern 4 [quart]

O.M. 1768
[durchgestrichen:] Geschichte natürl. des menschl. Geschlechts übers. v. Springer
Spaldings Bestimmung des Menschen

M.[ichaelis] M.[esse] 1768
[durchgestrichen:] Insel, die glükl. Frft. 68
Ab[b]ts Schrift[en], der Torso v. e. Denkmal Riga 67.
Tscharner Historie der Stadt Bern 2 Thle 1765. 1766.
Walthers Geschichte des Vaterländischen Rechts Bern 1765

O.M. 1769
Fäsi Staats- und Erdbeschreibung Helvetiens 1 bis 4[r] Band. 8 [octav]
Recherches philosophiques sur les americains. 2 Tomes 8. [octav] Berlin 1769.
- ebendaßelbe deutsch 8. [octav] Berlin 1769.

Erläuterungen zu Nr.25

- "Herrn Basedow haben wir beinahe ein halbes Jahr bey uns gehabt": Basedow hatte sich Mitte Dezember 1768 nach Berlin begeben, neben Nicolai auch Mendelssohn, Sulzer, Ramler, Spalding, Sack, Formey, Büsching u.v.a. gesehen und für sein Elementarbuch geworben.

- "Hr. Lavater verwirret sich in seinem 2ten Theile": Johann Kaspar Lavater, Aussichten in die Ewigkeit. Bd.2 Zürich 1769. Lavater hat sich hierin selbst als "eifrigen Chiliasten" bezeichnet; vgl. Pestalozzi 1975, S.287ff.

- "tyrannischen Landvogt": Anspielung auf die Grebel-Affäre in Zürich 1762; vgl. den darstellenden Teil, Kap.V, S.114.

- "Hr Wieland", "Ich wünsche ihm in Erfurt das beste Glück": Im Frühjahr 1769 war Wieland dem Ruf an die kurmainzische (und deshalb katholische) Universität in Erfurt als *Professor philosophiae primarius* gefolgt. Hier lebte er drei Jahre lang, bis September 1772.

- "daß er ihn in Briefen sein *alter ego* nennt": Wie aus Nr.35 hervorgeht, wußte Nicolai von einem solchen Brief Wielands an Weisse. Wahrscheinlich hatte ihm letzterer die besagte Stelle mitgeteilt; Nicolai führt sie auch in Nr.27 und Nr.37 an. Aber nicht nur Dritten, auch Riedel selbst gegenüber hat sich Wieland in der von Nicolai beschriebenen Weise geäußert: "Sie, mein liebster Riedel, sind, glauben Sie mir, was mich am kräftigsten zieht [sc. nach Erfurt], denn Sie hat die Natur und ein Zusammenfluß von tausend selten zusammenkommender Determinationen - zu meinem andern Ich von Ewigkeit her prädeterminirt; mit Ihnen will ich leben und sterben; unsere Freundschaft soll auf die Nachwelt kommen, und die Jetztlebenden in Respekt erhalten -"; 3.2.1769: Wielands Briefwechsel Bd.3 (ed. Seiffert 1975), S.579f. Nicolais Zweifel, "daß diese große Freundschaft fortdauren könne", haben sich recht schnell bestätigt. Schon 1771 kam es zum Bruch; vgl. den darstellenden Teil, Kap.II/2, S.24-26, und Terras 1984.

- "Sie wißen doch, daß W. sein erstes Collegium über Ihre Geschichte der Menschheit lesen wird": Karl August Böttiger schrieb in seinem 1838 postum publizierten Werk "Literarische Zustände und Zeitgenossen": "Wieland las über *Iselin* die Geschichte der Menschheit, widerlegte ihn vier Wochen, dann warf er ihn ganz weg; denn er hatte das Collegium in Erfurt angeschlagen, ohne Iselin selbst genau gelesen zu haben"; vgl. Erhart 1991, S.207f. Die geringe Meinung, die Wieland von Iselins Geschichtsphilosophie hatte, wird besonders deutlich in einem Brief an Zimmermann vom 18.5.1764: "Hr. I. giebt sich in seiner Geschichte der Menschheit die Mine für das menschliche Geschlecht zu schreiben, und schreibt in der That für Knaben und Frauenzimmer. Bey einer etwas genauen *analysi* würde dieser gute wakre liebe Mann, eine ziemlich comische Figur machen. Es ist (um mich eines Shakespearischen Schwungs zu bedienen) in der

That etwas possierliches, in diesen unsern Tagen einen ehrlichen Mann zu sehen, der *in his doublet and hose* ganz gravitätisch dahertritt und euch beweißt, daß die Ursache warum es nicht besser in der Welt geht, der Mangel an Weisheit und Tugend ist. Eine glänzende Entdeckung! und wodurch die Welt viel gebessert wird"; Wielands Briefwechsel Bd.3 (ed. Seiffert 1975), S.269. Wielands Auffassung von geschichtlicher Entwicklung war komplexer und widersprüchlicher als es ein philosophisches System sein kann. Iselins Entwurf mußte ihm deshalb banal vorkommen; vgl. Susanne Wipperfürth, Wielands geschichtsphilosophische Reflexionen. Frankfurt/M. 1995.

- "Die Vorrede zu des VIII B.[andes] 2ten St[üc]ke der Bibl. und die angehängten Briefe": In der Vorrede zu ADB 8/2 (1769), S.13-26 (auch in Nicolai, Sämtliche Werke Bd.4, ed. Mitchell 1991), äußert sich Nicolai ausführlich zu den Vorwürfen, die Klotz in den "Hallischen Zeitungen" und der "Deutschen Bibl. der schönen Wissenschaften" gegen Nicolai und die ADB erhoben hatte. Er legt auch die ehemalige Mitarbeit von Klotz an der ADB detailliert offen. Im Anhang (S.326-334) publiziert Nicolai anonyme Schmähbriefe gegen die ADB.

- "Die Scurrilischen Briefe": Briefe scurrilischen Inhalts: Eine Beylage zur Bibliothek der elenden Scribenten. Erster Theil 1769. Nicolai selbst hat diese "elende Erdichtung" und "pöbelhafte Hohnneckerey" rezensiert: ADB 10/2 (1769); auch in Nicolai, Sämtliche Werke Bd.4 (ed. Mitchell 1991), S.515. Dort heißt es: "Unter dem Namen verschiedner Gelehrten (darunter sich sehr würdige befinden) werden hier eine Menge Briefe erdichtet, worinnen man diese Gelehrten von sich selbst, zum Theil, die lächerlichste und verächtlichste Dinge sagen lässet." Durch diese fingierten Briefe sollten u.a. auch Lessing und Nicolai bloßgestellt werden.

- "von Herder aus Riga einen Privatbrief": vgl. Herder, Briefe Bd.1 (ed. Dobbek/ Arnold 1977), S.136, und Nicolais Brief an Herder (ed. Hoffmann 1887), S.41, in dem er Herder Iselins günstiges Urteil über Meisters "romantische Briefe" mitteilt.

- "*optimis placere*": optimis placere fructus est laboris optimus; vgl. Walther Bd.8 (1983), S.972.

[Nr. 26; Iselin an Nicolai]

Basel den 25 ten Augstm. 1769
[erh. 16. Sept.]

Ich übersende Ihnen hier hochzuehrender Herr und sehr werther Freund! die Anzeige von vier Büchern. Sie sind kurz aber mir deucht Ihre Bibliothek umfasse so viel daß die Recensenten sich nothwendig einschränken müssen. Ich will mich nun an die *recherches sur les Américains* machen. Dise kommen mir besonders wichtig vor, und ich werde dises Buch mit Sorgfalt zum zweyten male durchlesen. Der Torso... soll auch nicht vergessen werden obgleich ich nicht weiß was ich aus dem Dinge machen soll. Der Mann so es geschrieben hat versteiget sich gar zu sehr. Sie sollen beydes gegen Michaelis haben. Vom Belisar habe ich Ihnen schon eine Anzeige geschickt.

Wenn Hr. Wieland schon in Erfurt einige Unannehmlichkeiten auszustehen haben wird: so werden sie doch lange nicht so groß seyn als die denen er entwichen ist, und er wird doch einige Annehmlichkeiten mehr haben. Nur wünschete ich ihm da einen La Rosche. Diesen wird ihm Riedel nicht ersetzen, obgleich ich auch bei Hn. Riedel eine sehr gute Anlage finde. Inzwischen wünschete ich H. Wieland in Berlin und in dem vertrauten Umgange d[er] HH Moses und Spalding. Dise könnten den [Siegelloch] zu dem machen was er seyn kann - zu dem größten Poeten Deutschlandes; denn dazu ist gewiß die Anlage in seinem Genie. Ich nehme Klopstocken nicht aus, denn der ist mehr als Poet, aber darum kann ich ihn auch nicht lesen.

Fragen Sie H. Müller bey seinem Gewissen ob der Verfasser der romantischen Briefe, nicht Meister heisse. Der junge Mann hat Genie, aber er läuft Gefahr, verdorben zu werden wie es vielen guten Zürcherischen Köpfen geschehen ist, denn es ist villeicht keine Stadt in Europa die seit dreissig Jahren so viel gute Köpfe hervorgebracht hat.

Ein kleiner Aufsatz von meinem Leben würde Sie nichts lehren und nichts nützen, und in irgendeiner deutschen Biographie verewiget zu werden, dahin gehet mein Ehrgeiz auch nicht. Wenn ich einmal Musse habe so will ich für meine Söhne meinen Lebenslauf ausführlich schreiben, um ihnen die Fehler zu zeigen die ich in meinen Studien und in meinem Leben begangen, und auch die Vortheile, die ich genossen habe, und um sie zu lehren warum ich nicht ein recht schlimmer oder ein recht guter Mensch geworden bin, denn zu beydem hatte ich von der Natur die Anlage empfangen.

Für Hn Basedow ist seit der Erscheinung meines Briefes schon wider die Summe von etl. und achtzig Neuen Louis d'or in der Schweiz gesammelt worden und dise ist man größtentheils dem Eyfer des Verfassers der Aussichten in die Ewigkeit schuldig. Die neue Auflage meiner Schriften soll nach Michaelis unter die Presse kommen. Es wird aber viles anders und viles gar nicht mehr erscheinen.

Diser Herr Klotz ist eine selzame Erscheinung. Ein sonderbarer Partheygänger in der gelehrten Welt, ein Fischer oder ein Trenk. Wenn aber ein großer General aus ihm wird so betrüge ich mich sehr. Man sollte ihn und seinen Trupp einige wenige ausgenommen in Polen zu den Conföderierten schicken. Er scheinet mir ein Beyspiel zu seyn wie ein guter Kopf durch allzu frühen Ruhm verdorben werden kann. Ich verharre mit vieler Hochschätzung

Ihr Ergebenster Diener

Iselin

Erläuterungen zu Nr.26

- "Der Torso... soll auch nicht vergessen werden": Iselins Rezension zu Herders "Über Thomas Abbts Schriften; der Torso von einem Denkmal, an seinem Grabe errichtet" erschien in ADB Anhang zu 1-12 (1771), S.626-630. Die Zuschreibung an Mendelssohn (Rezensionsartikel in Allgemeine deutsche Bibliothek, ed. Engel 1991, S.141-145) wird durch die in dieser Zeit für Iselin reservierte Sigle K. (Fraktur) und die Briefe Nr.32 und 35 widerlegt; vgl. hierzu auch den darstellenden Teil, Kap.II/3, S.49.

- "warum ich nicht ein recht schlimmer oder ein recht guter Mensch geworden bin": Wenn Iselin an dieser Stelle betont, er habe von der Natur sowohl die Anlage zur Tugend wie die zum Laster empfangen, so verwirft er implizit jene Denkmuster, die dem Menschen eine angeborene ausschließlich negative oder positive Grundhaltung zuschreiben. Der Mensch ist weder von der Erbsünde belastet oder ungerecht geboren (Pascal) noch "naturellement bon" (Rousseau); vgl. Möller 1986, S.74. Zu Iselins Selbsteinschätzung vgl. Im Hof 1947, S.156.

- "Für Hn Basedow ist seit der Erscheinung meines Briefes": Iselin warb öffentlich mit seinem "Schreiben an die Helvetische Gesellschaft" (abgedruckt u.a. in: ADB 9/2, 1769, S.296-303) für Basedow und trieb auch privat Gelder ein. In letzterem übertraf ihn allerdings Lavater tatsächlich; vgl. Keller 1885b, S.213f.

- "ein Fischer oder ein Trenk": Vermutlich bezieht sich Iselin auf Johann Christian Fischer und Friedrich Freiherrn von der Trenck, zwei berühmte Offiziere der Zeit. Der in Stuttgart geborene Fischer hatte in französischen Diensten gestanden und es durch seinen Heldenmut bis zum General gebracht; vgl. ADBiogr. Bd.48. Noch bekannter wurde Trenck, der als junger Mann Ordonnanzoffizier Friedrichs d.Gr. gewesen war, der dann - möglicherweise wegen einer Liebesbeziehung zur Prinzessin Amalie - verhaftet und festgesetzt wurde, fliehen konnte und nach Wien ging. Dort erhielt er eine Stelle als Rittmeister; zeitweise diente er in der russischen Armee. 1754 geriet er erneut in preußische Gefangenschaft und blieb während zehn Jahren in strenger Haft. Sein Schicksal und seine spektakulären (aber mißlungenen) Fluchtversuche erregten Anteilnahme in weiten Teilen Europas; vgl. ADBiogr. Bd.38.

- "in Polen zu den Conföderierten": Iselin spielt auf den Bürgerkrieg in Polen an. Die Konföderation von Bar (1768-1772), ein Zusammenschluß des konservativen Kleinadels, bekämpfte mit Unterstützung verschiedener europäischer Mächte die Vorherrschaft Rußlands in Polen und den durch Rußlands Einfluß gewählten König Stanislaus II. August.

[Nr. 27; Nicolai an Iselin]

H. RS. *Iselin* in Basel.

Leipzig in der Mich. Meße 1769.

Mein sehr werther Herr und Freund

Ich bin in Berlin seit d. 16 Sept. da ich Ihr angenehmes Schreiben vom 25 Aug. erhielt, mit so vieler Arbeit überhäufft gewesen, daß ich erst hier, an einem Orte, wo die Zerstreuung noch stärker ist, an eine Antwort denken kann. Erstlich danke ich Ihnen also für die übersendeten Sachen, und für das Versprechen, die übrigen bald zu liefern. Insbesondere bin ich auf Ihr Urtheil über die *Recherches sur les Americains* höchstbegierig. Es wird itzt in Berlin von eben dem Verfaßer, ein Werk *sur les Chinois* gedrukt, das ebenfalls wichtig seyn soll.
Eine Nachricht vom Belisar, habe ich meines Wißens nicht erhalten. Diese Meße ist eines gewißen Hofstede Wiederlegung des Belisar herausgekommen; bey dieser Gelegenheit, könte der Belisar, kurz mit angezeiget werden.

Daß Hr. Wieland, von Hrn Riedel so sehr eingenommen ist, als er es wirklich ist [, ist] mir unbegreiflich. Riedel hat einen ofnen Kopf, und das ist auch alles. Er hat nichts gründlich studiret, sondern bleibt bey allen Dingen nur an der Oberfläche stehen. Er hat aber sehr frühzeitig einen großen Eigendünkel bekommen, vermöge deßen er seine trivialste Gedanken für sehr wichtig hält, und über jeden herfällt. Um geschwind berühmt zu werden, spielt er wie sein Freund Klotz, tausend Intriguen, schikt Recensionen, aus einer gelehrten Zeitung in die andere, fällt hämisch über jeden her, der etwa ihn nicht genug loben will u.s.w. In seinem Umgange gukt der Student auf allen Seiten heraus, er ist wechselsweise rauh und ungeschmakt. Er besuchte mich vor einiger Zeit in Leipzig. Seine Haare hingen ihm um den Kopf, er war gestiefelt und gespornt, und hatte eine *Courier* Peitsche in der Hand. Sein ganzer Discurs war von einem Studententumult, der in Leipzig kürzlich gewesen war, und den er mit großem Wohlgefallen erzählte, und von einigen unbeträchtlichen Gelehrten Anecdoten. Ich sage es nochmals, ich begreife nicht wie Wieland einen solchen Mann zum vertrautesten Freunde wählen kann. Es ist leicht zu begreifen, daß ein Genie wie Wieland, nicht eben allemahl ein eben so großes Genie zum vertrautem Umgange wählen wird, er kan leicht mit einem Manne von gesundem Verstande, und gutem Herzen, der ihm aber an Geisteskräfften nachzusetzen lieber umgehen; aber daß ein treflicher Kopf, einen wilden ungeschmakten und *inconsequenten* Menschen zum vertrauten Umgange wählet, daß er i[hn] in mehr als einem Briefe sein anderes Ich nennet, das ist immer unbegreiflich.

Sie haben Recht; der Umgang mit Spalding und Moses, könte Wielanden den letzten Strich zur Volkommenheit geben, aber fast befürchte ich, dieser Umgang würde ihm nicht gefallen, weil ihm Riedels Umgang gefällt. Ich wünschte daß sich W. von seinem unglüklichen Hange zu wollüstigen Gemälden abbringen ließe. Demjenigen der seiner Tugend gewiß ist werden sie zwar nicht schaden, aber wie vielen andern schaden sie doch.
Wieland hat eine Tochter; ich möchte ihn wohl fragen, ob sie ihres Vaters Schrifften lesen soll oder nicht. Ich habe zu einer Recension des Idris, die ich von einem andern Recensenten erhielt, Zusätze gemacht, und diese Seite, aber nur ganz gelinde berühret. Ich habe zugleich Ihre Recension des Agathon, darauf er in der Vorrede anspielet, vertheidiget. Ich wünsche, daß ich hierin Ihren Beifall haben möge. Die Recension wird nächstens abgedrukt.

Ich wünschte mir bloß die bekanntesten *facta* Ihres Lebens, wann Sie geboren, wo Sie z.E. studiret, und gereiset zu wißen; wen man so sehr hochschätzet, als ich Sie, von dem wünschte man nähere Nachricht zu haben. Ich bin auch schon auf die Idee gekommen, wie Sie, mein Leben für meine Kinder ganz offenherzig zu beschreiben; ich habe aber nachher überlegt, daß die gänzliche Kenntniß meiner Fehler meinem Sohne, ehe er zu gesetzten Jahren kommt, schädlich seyn könte, sie könte ihn vielleicht gegen seine eignen Jugendfehler nachsehender machen, er könte glauben, er könne ihnen wohl nachhängen, weil man derselben ohngeachtet, bey reifern Jahren, doch noch ein guter Mann werden könne. Dis hat mich bisher abgehalten.

Ihre Anmerkung, daß Sie die Anlage, eben so gut zu einem recht guten, als zu einem recht schlimmen Menschen gehabt, habe ich auch offt von mir selbst gemacht. Jedem dem es nicht ganz an Geisteskräften fehlt, gehet es eben so. Der Dummkopf wird durch sein bloßes Temperament zum guten oder bösen bestimmt. Doch will ich von mir gern gestehen, daß es bei mir selten, bloß die Stärke der Philosophie gewesen die mich zum guten geneigt hat, sondern vielmehr ein glüklicher Zusammenfluß verschiedener Umstände, den ich ohne weiteres Vernünfteln, ein Werk der Vorsehung nennen möchte. Inzwischen wolte ich niemand rathen, sich auf diesen glüklichen Zufall zu verlaßen; eine frühe reife Reflexion über unsern Zustand, ist das sicherste Mittel uns gut zu machen.

Ich habe Ihren Aufsatz wegen des Basedowschen Lehrbuchs der Bibl. einverleibet, weil ich glaube daß er sehr viel beitragen wird, dieses nützliche Unternehmen zu verbreiten. Zwar muß ich gestehen, daß ich nicht völlig so große Erwartung von diesem Werke habe als Sie. Ich glaube fast nicht, daß Hrn B.[asedows] Buch in allen Theilen so ausfallen wird, daß es zu wirklicher Unterweisung der Jugend kann gebraucht werden. Er ist aber auf dem rechten Wege, er bricht die Bahn, er bringt die Gemüther in Gährung, viele werden durch sein Buch zum Nachdenken gebracht werden. Dis ist Nutzen genug, und es ist gut, das Publicum bey einer großen Erwartung zu erhalten, damit den ehrlichen Mann unterstützt, der ohne Unterstützung seine Familie durch dieses *Project* würde unglüklich gemacht haben. Izt aber hoffe ich den besten Erfolg. Denn wenn er aus andern Ländern, nur die Hälfte des Beytrags aproportion erhält, als aus der Schweiz, aus Dännemark und Berlin, so hat er soviel als nöthig ist die Kosten zu bestreiten. Ich umarme Sie mein werther bester Freund und bin von Herzen

der Ihrige
Fr. Nicolai

Erläuterungen zu Nr.27

- "von eben dem Verfaßer, ein Werk *sur les Chinois*": Cornelius de Pauw, Recherches Philosophiques sur les Egyptiens et les Chinois. Amsterdam/Berlin 1773 (eine frühere Auflage konnte nicht nachgewiesen werden). Zu Iselins Rezension der Recherches philosophiques sur les Américains vgl. den Anhang und den darstellenden Teil, Kap.III, S.72 und S.89f.

- "Recension des Idris": ADB 11/1 (1770), S.97-112; mit der doppelten Sigle DS (Fraktur): D (Fraktur) = Buschmann, S (Fraktur) = Nicolai. Der Verfasser der Agathon-Rezension - also Iselin - wird hier folgendermaßen verteidigt: "Dieser Mann, gehöret ausserdem, ich bin es vollkommen überzeugt, unter die wenigen Leute, deren Urtheil über seine Schriften Hr. W. zu erfahren wünscht, und wenn es mir erlaubt wäre, ihm dessen Namen zu sagen, so würde er ihm das Beywort **der Weise**, das er ihm *with a sneer* gibt, ganz gewiß in der ernsthaftesten Bedeutung des Worts beylegen" (S.111). Es ist interessant, daß Nicolai (denn von ihm stammt ja offenbar diese Passage) Wielands Neugierde anstachelt, den Namen seines Rezensenten zu erfahren. Einige Jahre später erbittet sich Wieland dann von Nicolai den Namen des Rezensenten seines "Goldnen Spiegels" - wiederum Iselin. Dies führt zum Bruch Wielands mit Iselin und Nicolai (vgl. Nr. 75). Wenn Nicolai sein Mißfallen über Wielands "unglüklichen Hang zu wollüstigen Gemälden" äußert, so folgt er einer weitverbreiteten Kritik. Von vielen Seiten warf man Wieland vor, seine Schriften seien frivol und moralisch bedenklich, er selbst ein "epicuräischer Sittenverderber"; vgl. Jaumann u.a. 1994, S.194-196.

[Nr. 28; Nicolai an Iselin]

Hrn Rathschreiber *Iselin*
in Basel

Berlin d. 14 Nov 1769.

Mein sehr werther Herr und Freund

Ich beziehe mich auf mein Schreiben, das ich von Leipzig aus, an Sie abgelaßen habe. Ich will Ihnen anbey nur *sub A*. das Verzeichniß der restirenden Recensionen (worunter ich die von den *Recherches sur les Amer*. besonders sehr [sic] begierig erwarte) und *sub B* einige [sic; ein] neues Bücherverzeichnis zum recensiren senden. Das anliegende gedrukte Blatt, zeigt die Ursach an, warum ich die restirende Recensionen gern bald haben möchte, und ich bitte Sie daher auch um Beschleunigung.

Aber mein werthester Freund, geben Sie mir auch nur Gelegenheit, auf irgend eine Art, für die viele Bemühungen, die ich Ihnen verursache dankbar zu seyn. Bis itzt empfange ich bloß Freundschaftsdienste von Ihnen, ohne sie erwiedern zu können.

Vermuthlich haben Sie Hrn Lavaters Auffoderung an Hrn Moses gesehen. Mich dünkt, es ist auf alle Weise indiscret, in jemandes Meinungen tiefer eindringen zu wollen, als er selbst will, und noch indiscreter, öffentlich deshalb eine Erklärung zu verlangen. Inzwischen ist Hr Moses beinahe in die Nothwendigkeit gesetzt zu antworten; ich zweifle aber fast, daß seine Antwort nach Hrn Lavaters und vieler Theologen Geschmak seyn werde. Er wird auch beiläufig Bonnets Buch untersuchen, welches er für ein sehr mittelmäßiges Werk hält.
Ich bedaure recht herzlich, daß ein Mann, der so gute Anlage hat, als Hr Lavater, in solche unerhörte Schwärmerey verfallt; er hält dafür, daß die gläubigen Christen insbesondere die Prediger noch itzt die Gabe Wunder zu thun haben. Er hat an H. Spalding geschrieben, daß wenn er 11 Tage im anhaltenden Gebet verharren könte, so wäre er gewiß, daß er Hrn Moses durch sein Gebet bekehren wolte. Es ist kaum möglich die schwärmerische Einbildungskrafft höher zu treiben. Ich bin mit volkommenster Hochachtung

Ew Hochedelgeb. ergebenster
Nicolai

[zu Nr. 28]

[Einblattdruck "**An die sämtlichen Herren Verfasser der allgemeinen deutschen Bibliothek**", datiert: "Berlin, den 28ten Weinmonats 1769"]

Erläuterungen zu Nr.28

- "Hrn Lavaters Auffoderung an Hrn Moses", "Bonnets Buch": Lavater hatte unmittelbar nach Erscheinen von Charles Bonnets "Palingénésie philosophique" eine Teilübersetzung angefertigt und veröffentlichte diese unter dem Titel "Herrn Carl Bonnets philosophische Untersuchung der Beweise für das Christentum". Das an Mendelssohn gerichtete Zueignungsschreiben löste den sog. Lavater-Mendelssohn-Streit aus; hierzu ausführlich Kap.V des darstellenden Teils, S.120-130.

[Nr. 29; Iselin an Nicolai]

Basel d 24. Wint. 1769.
[erh. 15. Dez.]

Sehr werther Herr und Freund

Die Anzeige der Nachforschungen über die Americaner war eben fertig da ich Ihr letztes Schreiben erhielt. Es war mir aber unmöglich sie kürzer zu machen und ich ließ nur einen Zusatz weg den ich noch im Sinne hatte beyzufügen. Ich hatte mir auch vorgenommen Ihnen meine Gedanken über die Bibliothek zu überschreiben, und nun sehe ich daß Sie Ihre Correspondenten dazu auffordern. Mir deucht Sie sollten dieses Werk mit dem 12ten Bande endigen und an statt einer allg. Bibliothek eine auserlesene geben. Was nutzt es den ganzen Meßcatalogus zu recensieren. Jede Messe erscheinen zwelf bis zwanzig gute oder originale Bücher, welche eine besondre Aufmerksamkeit und eine weitläufige Anzeige, und so viele andre welche eine kurze Empfehlung oder Kritik verdienen. Dise auswählen und davon Nachricht geben würde von einem grössern Nutzen seyn, als alles was erscheinet anzeigen. Aber da müßten drey oder vier bey einander lebende geschickte Männer nach einem Plane arbeiten. Ich erinnere mich vor siben Jahren H. Sulzer einen Entwurf eines solchen Tagebuches hier in Basel gezeiget zu haben. Ich kann aber solchen nicht mehr finden und ich weiß nicht mehr was daraus geworden ist. Wenn ich an einem Orte lebte wie Berlin, Leipzig, Dresden, und wenn ich ein Gelehrter wäre so würde ich Mitarbeiter zu einem solchen Werke suchen.

Sehen Sie recht nach: Ich habe Ihnen bereits die Anzeigen von Tscharners Historie der Stadt Bern, von Walthers Geschichte des vaterl. Rechtes und von H. Fäsis Werke geschicket. Die von dem Torso soll nächstens kommen.

Freylich ist die Aufforderung H.[errn] L.[avaters] an Hn Moses ganz besonders. Aber H. Lavater überredet sich aufrichtig daß er die Wahrheit suche, und in disem Falle ist er zu entschuldigen. Diser Mann macht mich in allen meinen Begriffen irre, und ich fürchte er werde mehr Ungläubige als Gläubige machen. Aber eine grosse und edle Seele besitzet er gewiß.

Ich danke für die sechs Portrait die ich erhalten habe. Aber das so ich am liebsten gehabt hätte war nicht dabey - H. Mendelssohns. Sie hätten mich sehr verbunden wenn Sie mir alle zehne doppelt geschickt hätten.

Die neuen Artikel die ich anzeigen soll, erfordern keine langen Ausarbeitungen. Wenn ich einmal Musse dazu haben werde so will ich Ihnen eine kleine Beschreibung meines Lebens zusenden.
Ich fasse täglich eine bessere Hoffnung von H. Basedows Elementarwerke. Herr Lavater hat zu dem Erfolge der schweizerischen Unterzeichnung weit mehr beygetragen als ich.
Woher kommt es daß der zweyte Theil von H. Abbts Werken so lang zurückbleibt!
Die HH Orell halten mich mit der neuen Auflage meiner Schriften auch länger auf als ich vermuthet hatte. Ich bereue es daß ich mich von denselben so lang habe aufhalten lassen. Ich schreibe deshalben in Beylage vorläufig an Herrn Decker meinen Mitbürger, der hier und bey Ihnen eine Druckerey hat, da es mir sehr bequem wäre meine Schriften hier bey s[eine]r Fr[au] Mutter drucken zu lassen.
Ich habe die Ehre mit vieler Hochachtung zu verharren

Er. Hochwohledelgebohrnen

Gehorsamer Diener

Iselin.

Erläuterungen zu Nr.29

- "meine Gedanken über die Bibliothek": Iselin war nicht der einzige, der Kritik am Konzept der ADB übte: In seinem Werk "Über die neuere deutsche Literatur" (1767) hatte bereits Herder den enzyklopädischen Anspruch der ADB kritisiert ("Auf die Art bildet man unvollkommene Polyhistors, aber keine Pansophen der Literatur...") und dies in einem Privatbrief an Nicolai vom 21.11.1768 bekräftigt: Nicolai solle "das Allgemeine des Plans etwas einziehen" (ed. Dobbek/Arnold 1977, S.111). Nicolai jedoch hielt - mit guten Argumenten - an ihm fest; vgl. auch seinen Brief an Joh.(v.)Müller 12.6.1772: Nicolai, Verlegerbriefe (ed. Fabian/Spieckermann 1988), S.77f.

[Nr. 30; Nicolai an Iselin]

Hrn Iselin

Berlin d. 26 Dec 1769.

Mein sehr werther Herr und Freund

Ihr Schreiben vom 24. Nov. habe ich richtig erhalten. Ich danke Ihnen sehr für die Recens. von den Amerikanern. Da das Buch so wichtig ist, so hat es nichts zu sagen, daß sie etwas ausführlich ist. Ich danke Ihnen für Ihre Anmerkungen über die Bibl. Wenn ich eine ansehnliche Anzahl von Mitarbeitern hier in Berlin zusammen haben könte, so würde ich Ihren Vorschlag eine auserlesene Bibl. herauszugeben, allen andern vorziehen. Da ich aber fast gar niemand hier habe (denn Moses hat nur zu wenig Zeit) so muß ich schon bey meinem vorigem Vorschlage bleiben, und ihn so gut ausführen als mögl. ist. Es würde nicht möglich seyn, eine Auswahl unter den Büchern zu machen, bevor man jedes untersucht hätte. Dis würde durch Correspondenz zu thun sehr große Schwierigkeiten finden. Ich theile daher nur, alle mir bekannte Bücher jede Meße unter die Mitarbeiter aus, und überlaße es ihrer Einsicht, wenn etwa eins oder das andere Buch zu geringfügig wäre recensirt zu werden.

Es hätte auf der andern Seite auch seinen Nutzen, wenn man alles anzeigen könte. Man macht sich nie den rechten Begriff von dem wahren Zustande unserer deutschen Litteratur, wenn man nur nach den besten Büchern urtheilt, die schlechten, die aber noch von dem größten Haufen gelesen werden, gehört mit zum Gemälde, und ich habe gefunden, daß es in gewißen Provinzen für ein großes Verdienst der Bibl. gehalten worden, daß sie gesagt hat, daß manche Bücher schlecht sind. Viele deutsche Provinzen sind noch sehr zurük. In den katholischen Provinzen, hat die deutsche Bibl. einen unendlichen Nutzen, zur Aufklärung der Gemüther. Wahrheiten, die uns längst bekannt sind, sind dorten wichtige Entdekungen. Im Oesterreichischen, ist die AdB. das einzige protestantische theolog. Buch, welches eingeführt und gelesen werden darf, und die Art wie darin über theol. und philos. Sachen geurtheilt wird, muß auf denkende Katholiken, im Gegensatze von dem blinden Gehorsam, den man von Ihnen fodert, eine große Wirkung machen.

Alle Recensenten der Bibl. sind freilich nicht von gleicher Fähigkeit. Ich wünschte nur, daß immer mehr denkende Köpfe unter denselben möchten gefunden werden, die jeder zu Beurtheilung seiner Wißenschafft philosophische Einsichten mitbrächten. Ich bitte Sie daher liebster Freund, Ihre Beyträge fortzusetzen, die eine wahre Zierde der Bibl. sind. Aufsätze dieser Art unterscheiden sich von den übrigen, die nur kahle Auszüge, oder gemeine Urtheile enthalten, auf eine vortheilhaffte Weise, und machen, daß ein *Journal* nicht bloß von Neubegierigen, sondern auch von denkenden Köpfen gern gelesen wird.

Wenn Sie die Nachrichten von Tscharner Walther u. Fäsi schon gesendet haben, so sind sie nur vergeßen worden auszustreichen, vermuthl. weil sie (wie die Rec. v. Belisar) an einer andern Rec. hinten angeschrieben worden, und daher übersehen worden.

Der Torso ist v. H. *Herder*, der um Weisheit zu suchen, sein geistl. Amt in Riga niedergelegt hat, und itzt auf einer Reise in Frankreich ist; ich vermuthe, daß er auf seinem Rükwege über Berlin kommen wird. Er ist ein Mann von vielen Talenten. Seine sonderbare Schreibart, wird er sich hoffentlich, wohl abgewöhnen, wenn er mit Freunden sich wird darüber besprechen können. In Riga hatte er keinen einzigen Menschen um sich. Abbten ging es in Rinteln eben so. Ich merke es alle Tage mehr, wenn man nicht Umgang mit einsichtsvollen Leuten hat, die einem zuweilen widersprechen, so nimmt der Geist gar leicht eine besondere Falte an.

Ihr Urtheil von Hrn Lavater ist das meinige. Er ist ohne Zweifel ein rechtschaffener Mann, der gute Absichten hat. Aber er macht mich, so wie Sie, in allen meinen Begriffen irre. So viel philosophische Einsichten zu haben, und dabey bis auf solchen Grad ein Schwärmer zu seyn, hätte mir ohne dis Beyspiel unmöglich geschienen. Ich sende Ihnen anbey Hrn Moses Schreiben an ihn, weil ich vermuthe, daß Sie es sonst sobald nicht erhalten möchten. Ich bin sehr begierig Ihre Meinung davon zu erfahren. Können Sie etwas beytragen Hrn Lavater zu bewegen, daß Er nicht weiter in Hrn Moses dringt, so thun Sie glaube ich, ein gutes Werk. Dieser Streit muß meines Erachtens, immer mehr Schaden als Nutzen haben. Es müßen dabey nothwendig theologische Lehrsätze untersucht werden, über die man vor der Hand lieber sich öffentl. noch nicht ganz deutlich erklären, sondern sie lieber dem Gewißen eines jeden überlaßen solte. Sonst möchten die orthodoxen Dummköpfe ein neues Geschrey anfangen, und dann wäre die ruhige Untersuchung der Wahrheit aufs Neue gestört. Dazu kommt, daß H. M. vor allen Streitigkeiten und am meisten vor Religionsstreitigkeiten eine sehr grosse Abneigung hat, daher man ihn, zumahl wenn man die Lage erwäget, in der Er sich befindet, billig nicht dazu zwingen sollte.

Der zweite Theil von Abbts Werken ist bloß deswegen solange zurükgeblieben, weil Hr. Moses und ich so sehr mit Geschäften überhäufft sind, daß wir es immer aufgeschoben haben, die MSTe durchzusehen, und auch keinen andern gewußt haben, dem wir es hätten auftragen können. Auf Ostern wird der 2te Thl erscheinen, der Abbts Correspondenz mit Moses u. mir enthält. Die meinige bedeutet nicht viel, zumahl da verschiedene Briefe an ihn, sind verlohren gegangen. Die Briefe aber von und an Moses sind sehr wichtig, sonderlich die von der Bestimmung des Menschen handeln.

Daß Hrn Basedows Elementarbuch einen so glüklichen Fortgang hat, ist mir eine herzliche Freude. Ihr Brief, den ich in die Bibl. eingerükt habe, hat auch in hiesigen Gegenden viele von dem Vorurtheil wider dis Buch befreyet.

Der neuen Ausgabe Ihrer Schrifften sehe ich mit grossem Verlangen entgegen. Wofern der Vorschlag mit Hrn Deker Schwierigkeiten fände, so erbiete ich mich nochmals der Verleger zu seyn, auf Bedingungen die Sie selbst machen, auch wenn es allenfalls in Basel für meine Rechnung gedrukt würde. Ich umarme Sie, und bin mit der größten Hochachtung

Er Hochedelgeb. ergebenster Diener

Friedrich Nicolai

Erläuterungen zu Nr.30

- "H. *Herder*", "auf einer Reise nach Frankreich": vgl. zu Nr.32.
- "Hrn Moses Schreiben an ihn": Schreiben an den Herrn Diaconus Lavater zu Zürich, von Moses Mendelssohn. Berlin und Stettin (Nicolai) 1770.
- "Abbts Correspondenz mit Moses u. mir": Thomas Abbts vermischte Werke. Dritter Theil, welcher einen Theil seiner freundschaftlichen Correspondenz enthält. Berlin und Stettin (Nicolai) 1771. Nachträge zum Briefwechsel Abbts mit Mendelssohn und Nicolai enthält Bd.5 der "Vermischten Werke" (1780).

[Nr. 31; Nicolai an Iselin]

Hrn R.S. *Iselin* in Basel

Berlin d. 12 *Febr* 1770

Mein sehr werther Herr und Freund.

Ich schreibe diesen Brief ausdrüklich, um Sie wegen einer Stelle, die in Ihrer Recension von Fergusons Geschichte zu unleserl.[ich] geschrieben ist, und daher auch in des XI. B.[andes] 1ten St[üc]ke falsch abgedrukt worden. Sie ist auf Ihrem anbey liegenden Originalblatte mit Rothstein umzogen. Ich hoffe Sie werden des XI. Bds. 1s Stk bald von Bern erhalten; sobald dis geschehen, so bitte ich Sie, mir diesen und andere Drukfehler, die Sie etwa finden möchten, mit der Post zu melden, damit ich sie wenigstens anzeigen kan.

Ich sehe den erbetenen Recensionen mit Verlangen entgegen, weil ich alles vor Ostern noch abdrucken laßen will. Ich gebe auf Ostern den XI. und XIIn Bd heraus, worin ich gern alles bis 1769 inclus.[ive] bringen wolte; weil darauf ein algemeines Register über alle XII Bände erfolgen soll. Ist es also mögl. daß Sie mir Anfang Martii alles senden, so verbinden Sie mich. Hofstede ist - ? - Mensch, und verdient nur eine kurze, aber eine nachdrükliche Anzeige.

Sind Sie mit der Art wie ich Sie in XI.I wider Wieland vertheidigt habe, zufrieden. Haben Sie seinen Diogenes schon gelesen? und wollen Sie ihn nicht bald recensiren? Es sind schöne Sachen darin, aber es ist doch meines Erachtens noch lange kein Agathon. Seine Republik gefällt mir gar nicht.

Ich bin sehr begierig Ihre Gedanken, über Moses Schreiben an Lavater zu wißen. Hr. Bonnet hat selbst an Moses geschrieben, und L.[avaters] Schritt sehr gemisbilligt. Dieser Brief und M.[oses'] Antwort, verdienten gedrukt zu werden, aber sie sind nicht fürs Publicum gemacht. Dieser Streit ist wie ich merke jedermann sehr intereßant; und ich schöpfe daraus eine gute Meinung von unserm Publicum, weil daraus erhellet, daß es gegen wichtige Religionswahrheiten, nicht gleichgültig ist. Wenn der Streit mit Hrn L.[avaters] Antwort, geendigt wird, so kan er nützlich seyn, er wird Gelegenheit geben, daß viele Leute über gewiße Materien reifer nachdenken, und doch wird nichts alzu schnell entschieden werden. Ich bin mit volkommenster Hochachtung

Ihr ergebenster

Nicolai

Erläuterungen zu Nr.31

- "Art wie ich Sie in XI.I wider Wieland vertheidigt habe": Es handelt sich um die Rezension zu "Shakespears theatralische Werke, aus dem Englischen übersetzt von Hrn. Wieland" Bde. 6-8; ADB 11/1 (1770), S.51-59. Nicolai greift hierin Iselins Meinung, daß "Hr. W. zuweilen allzugeschwind arbeite", auf, bekräftigt sie und betont das Recht jedes Lesers, ein freimütiges Urteil auch öffentlich zu äußern. Freilich dürfe er dafür keine unbedingte Geltung beanspruchen.

- "Hr. Bonnet hat selbst an Moses geschrieben": Bonnet an Mendelssohn 12.1.1770 (in Mendelssohn, Schriften zum Judentum I, ed. Rawidowicz 1930, S.305-310); dort heißt es über Lavaters Widmung: "Je l'ai désaprouvée en entier & pour le fond & pour la forme". Bonnet erklärt, er habe sich auch Lavater gegenüber von dessen Schritt distanziert und ihm geschrieben "qu'il ne falloit pas mettre cet excellent Juif dans l'épineuse alternative de refuter le Livre ou de se convertir...". Mendelssohn legt in seiner Antwort an Bonnet vom 9.2.1770 (ibidem, S.316-326) ausführlich dar, warum er Wundertaten, wie sie von vielen Völkern und Religionen geglaubt würden (so auch von den Juden), nicht als Beweis für die exklusive Wahrheit einer Religion gelten lassen könne.

[Nr. 32; Iselin an Nicolai]

Basel d. 16 Horn. 1770.
[erh. 12. März]

Ich habe endlich, mein schätzbarer Herr und Freund, Zeit gefunden die Anzeigen zu verfertigen, um die Sie mich ersuchet haben. Nach Ostern hoffe ich ein bisgen mehr Musse zu finden. Ihre Gründe für die Allgemeinheit der Bibliothek haben mich überzeuget daß der Plan gut ist, obwohl es doch zu wünschen wäre daß diejenigen die ihn auszuführen haben beysammen wohneten und von Zeit zu Zeit sich mit einander unterreden könnten. Allein wenn man nicht kann erhalten was das Beste an sich selbst ist so muß man das beste Mögliche nicht verachten. Unter meinen neuen Anzeigen ist eine deren Druck zu beschleunigen ich Sie bitte. Es ist dieselbe von H. Wollebs kleinen Schriften. Es ist mir daran gelegen. Ich weiß nicht wie Sie mit derselben von dem Torso zufriden seyn werden. Obgleich der Verfasser derselben [sic] Ihr Freund ist: so habe ich doch geglaubet ich müsse ihn scharf beurtheilen. Denn wenn diser Mann den Fehlern seiner Schreibart, die ihm gar zu wohl gefallen entsaget und wenn er die großen Keime von Genie die in seiner Seele liget nicht durch Affectation ersticket so kann er einer unsrer größten Schriftsteller werden. Aber wenn er fortfährt wie er angefangen hat so wird er immer unendlich weit zurückbleiben. Ich wünsche daß er einen langen Aufenthalt in Paris mache, und daß er da die Thomas, die Marmontels, die Buffons, die d'Alembert fleissig studiere. Auch wollte ich daß er für die politische Wissenschaft oder für die Philosophie des Bürgers trachtete mit den so genannten Oekonomisten dem Dr. Quesnay, den seine Schüler nur den Confucius von Europa nennen, dem Marquis von Mirabeau, dem Herausgeber der *éphémérides du citoien* und andren Gelehrten von dieser merkwürdigen Secte bekannt zu werden. Ich bin noch nicht überzeuget daß diese Männer so viel neues entdecket haben als sie versprechen aber daß sie die verehrungswürdigsten Absichten haben bin ich gewiß. Sollte H. Herder Schwierigkeiten finden den Zutritt zu ihnen zu erhalten so kann ich durch einen Freund ihm solchen erleichtern. Er muß sich aber vorher die Mühe geben ihre Schriften zu studieren, und er muß sich hüten ihrer Dunkelheit nachzuahmen, denn sie hätten jemand nöthig der sie ins Französische übersetzete.

Herrn Mendelssohns Brief an H. Lavater hat mich recht entzücket und andre redliche Leute mehr. Ich hoffe Hr Lavater werde nun den verehrungswürdigen Israeliten ferner unangetastet lassen. Was er gethan hat hat er gewiß mit dem redlichsten Herzen gethan. Villeicht läßt er noch eine aber so viel mir deucht für H. M. rühmliche und beruhigende Erklärung drucken. Ich besorge der gute H. Lavater sey schon zu tief in den Fanaticismus versunken als daß er mehr daraus gezogen werden könne. Ich habe alles was mir möglich war gethan um ihn zu warnen, allein umsonst.

Ich sehe dem zweyten Bande der Abbtischen Werke mit Ungeduld entgegen.

Ich habe mich endlich wegen meiner Schriften mit den HH Orell etc zu rechte gefunden. Nun werden solche in zwey Bändgen auf Ostern erscheinen. Ich habe mehr als ein Bändgen von meinen verschiedenen Versuchen weggelassen, insonderheit den über die Gesetzgebung welcher in den Litteraturbriefen von H. Abbt so gründlich ist getadelt worden. Ich bin Ihnen für Ihren gütigen Antrag verbunden. Wenn die Erklärung daß Sie das Werkgen in Basel wollten drucken lassen einige Wochen eher eingeloffen wäre: so hätte ich solchen mit dem lebhaftesten Vergnügen angenommen aber er kam zu späthe.

Ich bitte Sie H. Mendelssohn meine zärtliche Empfehlung zu machen. Ihm wird einst, die Nachwelt wenn sie nicht mehr als undankbar ist die Grabschrift des Rabbis Samuels setzen. Der Himmel gebe daß es sehr späth geschehe. Ich verharre mit besondrer Ergebenheit, Meines schätzbarsten Freundes,

Gehorsamer Diener

Iselin

Erläuterungen zu Nr.32

- "Ich wünsche daß er einen langen Aufenthalt in Paris mache": Herder war am 5. Juni 1769 in Riga (mit dem - später nicht eingelösten - Versprechen zurückzukehren) zu seiner großen Reise aufgebrochen und hatte sich spontan entschlossen, Frankreich zu besuchen. Monatelang war er in Nantes gewesen, im November und Dezember in Paris, wo er die führenden Enzyklopädisten kennenlernte. Zum Zeitpunkt dieses Briefes hatte Herder Paris allerdings schon wieder verlassen. Iselins Ratschläge gründen in den Erfahrungen seiner eigenen halbjährigen Parisreise 1752. Schon damals waren die noch junge Encyclopédie sowie die Werke Marmontels und besonders Buffons Iselins bevorzugte Lektüre gewesen: vgl. Iselin, Pariser Tagebuch (ed. Schwarz 1919), passim.

- "mit den so genannten Oekonomisten", "*éphémérides du citoien*": Gemeint sind die Physiokraten ("économistes"), die sich um François Quesnay scharten und die erste geschlossene Schule in der Geschichte der Nationalökonomie bildeten. Die physiokratische Zeitschrift "Ephémérides du citoyen" (1765ff.) wurde zunächst von Nicolas Baudeau, dann von Pierre Samuel Du Pont de Nemours herausgegeben und war Vorbild für Iselins Zeitschrift "Ephemeriden der Menschheit" (1776ff.).

- "so kann ich durch einen Freund": Iselin denkt an den mit ihm eng verbundenen Jean-Rodolphe Frey, einen Basler, der als Offizier in französischen Diensten stand.

- "insonderheit den über die Gesetzgebung welcher in den Litteraturbriefen von H. Abbt so gründlich ist getadelt worden": Nicht Abbt war der Rezensent von Iselins "Versuch über die Gesezgebung" gewesen, sondern Mendelssohn; vgl. zu Nr.2.

- "Grabschrift des Rabbi Samuels": Sie steht in Johann Caspar Ulrichs "Sammlung jüdischer Geschichte", Basel 1769. Iselin zitiert dieses "Baslerische Denkmal" in seiner Rezension zu Ulrichs Werk als "Muster einen schönen Grabschrift": ADB 14/2 (1771), S.600 ("Weinet ihr Leidträger, und ihr Leidträgerinnen über den geehrten und wohlthätigen, den aufrichtigen und wahrhaftigen Mann...").

[Nr. 33; Iselin an Nicolai]

Basel d 25ten Märzens 1770
[erh. 4. Apr.]

Sehr werther Herr und Freund

Ich habe bisher vergebens auf den zehnten und den eilften Theil der Bibliothek gewartet. Ich habe noch von keinem nichts gesehen, und werde also nicht im Stande seyn Ihnen die Verzeichnis [sic] der Druckfehler so sich in meine Anzeigen eingeschlichen haben könnten zu übersenden. Wegen der Stelle in derselben von Ferguson bin ich Ihnen sehr verbunden. Sie muß folgender Weise angebracht werden: "der vierte - doch ich denke es ist besser ich setze solche auf ein besonderes Blatt.

Sie werden meine übrigen Anzeigen schon lang erhalten haben. Ich habe H. Hofstede villeicht zu weitläufig und zu gelinde behandelt. Ich habe seither einsichtsvolle Leute gesprochen welche disen Mann persönlich kennen und welche mir ihn als einen sehr unmoralischen Mann abgeschildert haben. Den Diogenes von H. W.[ieland] habe ich noch nicht gesehn. Die HH Orell haben ihn noch nicht. H. Moses Schreiben wird von jedermann mit Beyfalle und mit Bewunderung aufgenommen. Herr Lavater wird desto mehr getadelt je mehr H. Mendelssohn gepriesen wird. Indessen tadeln viele Leute den vortrefflichen jungen Mann die mit Vergnügen den Fehler begangen haben würden, dessen er sich schuldig gemacht, wenn sie Genie genug dazu gehabt hätten. Die Begihrde zu glänzen und Aufsehn zu machen hat ihn freylich zu weit geführet. Ich habe neulich wider einige Stücke der Klotzischen Bibliothek gesehn. Sie wird immer schlechter. Kennet man in Berlin die *physiocratie*, die *ephémérides du citoien* und andre Schriften der parisischen Economisten. Ungeachtet der Charlatanerie, der Dunkelheit und des Enthusiasmus deren man dise Männer beschuldiget und vielleicht nicht m[it] Unrechte; verdienen sie doch viele Achtung und werden sie villeicht selbst durch ihren Enthusiasmus Nutzen stiften - und haben es auch schon gethan. Ich verharre mit vieler Hochachtung

Ihr gehorsamster Diener
Iselin

Erläuterungen zu Nr.33

- "H. Hofstede": vgl. zu Nr.35.

- "*physiocratie*": Physiocratie, ou Constitution naturelle du gouvernement le plus avantageux au genre humain; 2 Bde. Paris 1768, herausgegeben und kommentiert von Du Pont de Nemours. Es handelt sich um ein Sammelwerk mit Arbeiten von Quesnay, das der sich um ihn bildenden Schule ihren Namen gab: Die "Ökonomisten" wurden fortan auch als "Physiokraten" bezeichnet.

[Nr. 34; Iselin an Nicolai]

Basel d. 7. Aprillens 1770.
[erh. 25. Apr.]

Sie haben mir verdeutet, mein schätzbarer Herr und Freund daß Sie die Anzeige des Diogenes gern sobald möglich hätten. Hier ist dieselbe. Ohne Zweifel werden Herr Riedel und Herr Wieland damit wider nicht gar wohl zufriden seyn. Aber wenn nur Sie mein werthester Herr, und das Publicum es sind. Ich kann nicht begreifen daß ein Mann wie Wieland so oft und so tief sinkt. Ich sehe disen Mann für das schönste und glücklichste und allgemeinste Genie Deutschlandes an, und es thut mir in der Seele weh ihn sich selbst so ernidrigen zu sehen. O Riedel, Riedel wenn ich an deiner Stelle wäre so wollte ich anders mit meinem Freunde reden. Ich habe den X. Band der Bibliothek noch nicht erhalten und auch noch nichts vom eilften. Jenen habe ich von H. Schweighauser begehret und ich habe ihn durchloffen. Ich bin mehr als erstaunt über die Anzeige des Anticriticus und der aus dessen Anlage entstandenen Bewegungen. Welch eine Schande für die deutsche Litteratur. Ich bedauere H. Riedeln aus dem etwas Gutes werden könnte wenn er sich nicht verderbete. Nun sind die Bewegungen über der Lavaterischen Zuschrift auch richtig.
Meine vermischten Schriften werden auf die Messe fertig. Ich bin besser als ehmals, aber doch nicht recht damit zufriden. Kennet man in Berlin die *ephémérides du citoien*, die *physiocratie* etc. Dise verdienen ungeachtet der Dunkelheit, des Enthusiasmus die nachtheilige Begriffe davon erwecken von allen Menschenfreunden durchstudieret zu werden. Ich umarme Sie und H. Moses und verbleibe

Ihr ergebenster
Iselin

Erläuterungen zu Nr.34

- "Anzeige des Anticriticus": ADB 10/2 (1769), auch in Nicolai, Sämtliche Werke Bd.4 (ed. Mitchell 1991), S.501-510. Nicolais Rezension enthält grundsätzliche Überlegungen zur Funktion des kritischen Journalismus in Deutschland und polemische Seitenhiebe auf die "Klotzische Schule".

[Nr. 35; Nicolai an Iselin]

Hrn R.S. Iselin in Basel

Berlin d. 6 Jul. 1770.

Mein sehr werther Herr und Freund

Ich habe drey vom März und April datirte Briefe v. Ihnen vor mir. Ich wolte sie schon von Leipzig aus, beantworten, aber da war ich, wie gewöhnlich, in einem solchen Wirbel von Geschäfften, daß ich nicht eine Feder an meine Freunde ansetzen konte. Seit meiner Zurückkunfft ist es mir eben so gegangen. Ich habe mich durch meine Geschäfte durcharbeiten müßen, die dismahl dadurch noch sind vermehret worden, daß die Leipziger Meße so spät gefallen, und ich daher zu meinen Vorbereitungen auf die Danziger Dominicsmeße, die ich durch einen von meinen Handlungsbedienten besuchen laße, weit weniger Zeit habe. Heute ist der erste Tag, an dem ich mir das Vergnügen machen kann, mit Ihnen zu plaudern.

Ich danke Ihnen vorerst, daß Sie mir alle Recensionen, um die ich Sie ersucht habe, eingesendet haben. Welch ein großer Dienst mir dadurch geschehe, werden Sie am besten aus dem anliegenden gedrukten Blatte ersehen. Ich sende anbey abermahls ein Verzeichniß einiger neuen Bücher um deren Recension ich Sie, und zwar wo möglich gegen Michael. bitte.

Ich hoffe Sie werden nun von der Bibl. alles bis zum XII[ten] Bande erhalten haben. Solte aber wider Vermuthen, etwas verlohren gegangen seyn, so bitte ich, melden Sie mir nur welche Theile Ihnen fehlen, so will ich sie Ihnen sogleich senden.

Ich habe das Exemplar Ihrer Schriften erhalten, das Sie mir gesendet haben, und danke Ihnen dafür. Ich habe sie mit Vergnügen durchgelesen, und werde sie abermals lesen, sobald mir meine Geschäffte etwas mehr Muße laßen. Sie haben eine sehr gute Wahl getroffen, ob sie gleich gegen diejenigen Schrifften die Sie weggelaßen haben, vielleicht etwas zu streng gewesen sind. Die Unterredungen Schinznach betitelt sind des Titels der Menschenfreund, den Ihnen Deutschland gibt, volkommen würdig. Darf ich nach meiner kritischen Erbsünde, die mich nicht ganz verläßt etwas tadeln, so wäre, daß Sie hin und wieder alzu schön schreiben; ich wünschte einigen Stellen, sonderl.[ich] im 2ten Th[ei]le, hin und wieder, etwas mehr Simplicität. Ich bin ein wenig erschroken, als ich im 2ten Thle S.37. fand, daß Sie meinen Gedanken über Wielands schlüpfrige Schrifften in einer Note anführen. Ich wolte ihn nicht öffentlich sagen, um Wielanden nicht zu kränken. Doch vielleicht nimmt er diese Erinnerung aus dem Munde eines Freundes wie Sie, eher an; und fast möchte es nöthig seyn, Ihm auch öffentlich Erinnerungen zu geben. Wie viel unbedeutendes ist nicht in seinen Beyträgen zur geh. Gesch. Wie viel Geschwäz, das er uns für Raisonnement, wie viel *Persiflage*, die er uns für Kenntniß des menschlichen Herzens, wie viel Gaukelsprünge seiner oft unzusammenhängenden Denkungsart, die er uns für Laune verkaufen will. Was er wider Roußeau sagt, ist noch das beste im ganzen Buche, aber wer Ihre Geschichte der Menschheit gelesen hat, wird auch so viel nicht an W.[ielands] Gedanken finden. Es scheint mir überhaupt, daß er in diesem Buche aus dem Archive des menschl. Herzens eben nicht viel geholet habe; er mag wohl die öffentlichen Zeitungen des menschl. Herzens und hin und wieder etwas *chronique scandaleuse* des menschl. Herzens gelesen haben, aber das Archiv selbst hat er noch nicht genug gebraucht.

Wieland ist ohnstreitig einer der besten deutschen Köpfe. Aber ich befürchte Riedel verdirbt ihn. R. ist ein Mann, der seichte Kenntnisse mit fadem Witz ersetzen will, und dabey beständig eine dißolute Lebensart führet. In diesen Mann setzt W. ein ungemeßenes Vertrauen, er nennt ihn selbst in einem Privatschreiben an Weiße sein ander Ich. Dis ist mir unerklärlich. Die einzige Vermuthung ist, daß sich W. von dem beständigen Weihrauch, den ihm R. anzündet, benebeln läßet. Ich habe einen Beweis davon, daß W. keinen Wiederspruch vergeben will, und dieser Beweis, ist zugleich ein Beweis, des großen Vertrauens deßen er R. würdiget. Ich hatte mich S. 51. u. folg.[ende] i[n] der Bibl. XI.1 wegen einer etwas harten Beurtheilung seines Shakespears näher erkläret, ich hatte ihm alle mögliche *Reparation d'Honneur* gemacht, mit denen glaube ich jeder andere zufrieden seyn müßte. Ich sendete ihm dis Stük, und fügte einen Brief dazu; W. antwortete mir zwar sehr höflich, aber so empfindlich, daß ich wohl merkte, daß er nicht wolle widersprochen seyn, selbst wenn er unrecht habe (denn wolte man s. Shakespear ganz scharf untersuchen, so möchte noch viel darüber zu sagen seyn) und was das ärgste war, so kam wenige Tage darauf eine Recens. dieses Stüks der Bibl. in die Erfurter gelehrte Zeitung, worin W.[ielands] Brief an mich beinahe *totidem verbis* stand. Und nun merkte ich wohl, daß Riedel, Wieland, den empfindlichen Brief eingegeben hatte, denn da R. in der Bibl. nicht ist genug gelobpriesen worden, so sucht er sich an derselben beständig zu reiben, und er sucht W. über alles was von Berlin kommt verdrüßl.[ich] zu machen, damit er ihm eigen bleibe.

Ich befürchte sehr, so lange W. fortfährt, sich von Riedeln beinahe am Gängelbande leiten zu laßen, wird er keine volkommnen Schrifften liefern, und wenn sein Genie, einmahl aufwacht, wird er uns da wir itzt Wieland den Zweiten haben, vielleicht einst künftig noch Wieland den Dritten geben müßen.

Ich danke Ihnen recht sehr, daß Sie mir die Beurtheilung des Diogenes gesendet haben. Sie ist gänzlich meinen Gedanken gemäß, so wie auch die Beurtheilung des Torso. Hr *Herder* ist itzt Reiseprediger des jungen Prinzen von Holstein-Eutin geworden, mit dem er auf Reisen gehen wird. Vermuthlich werden Sie ihn auch einmahl i[n] Basel sehen.

Gegen Hofstede sind Sie wirklich zu gelinde gewesen. Nachdem Sie mir die Erlaubniß gegeben haben, so habe ich zu dieser Recension etwas hinzugethan. Und noch ist sie mir zu gelinde, denn ich gestehe ich habe mich über die Art mit der dieser holländische Pfaff, mit den größten Männern des Alterthums umgehet, rechtschaffen geärgert. Herrn Lavaters Antwort werden Sie nun auch wohl erhalten haben. Hiemit ist hoffe ich der Streit geendigt, obgleich H. *Bonnet* in der neuen Ausgabe seines Beweiß des Ch[risten]t[um]s Moses ohne ihn zu nennen, angegriffen, und verschiedenen Sätze aus einem Privatbriefe, ohne sie richtig vorzutragen hat wiederlegen wollen, welches, dünkt mich, eben nicht fein ist. So wird doch Moses wohl [Loch; es gehen] laßen, wie es gehet. Ich umarme Sie mein bester Freund und bin von Herzen

Ihr ergebenster
Nicolai

[PS]
Dürfte ich Sie bitten, in Ihren Handschrifften, die *Nomina Propria* etwas deutlicher zu schreiben, imgleichen wenn Sie etwas corrigiren, belieben Sie es lieber an den Rand zu schreiben, als über das geschriebene zu corrigiren. Hievon kommen viele Drukfehler.

Erläuterungen zu Nr.35

- "Danziger Dominicsmeße": Seit etwa 1728 war die Nicolaische Buchhandlung am jährlich stattfindenden Dominiksmarkt in Danzig vertreten, zunächst durch Friedrich Nicolais Vater, dann durch ihn selbst oder einen "Handlungsbedienten"; vgl. Göckingk 1820, S.22.

- "im 2ten Thle S.37": Isaac Iselins vermischte Schriften. Zürich 1770. Bd.2, S.37 als Fußnote: "Herr ** hat eine Tochter; ich möchte ihn wohl fragen: Ob sie ihres Vaters Schriften lesen soll, oder nicht? sagt ein sehr vernünftiger Mann über einen unserer besten, aber schlüpfrigsten Schriftsteller; und dieser Gedanke scheint mir treffend"; vgl. Brief Nr.27.

- "in seinen Beyträgen zur geh. Gesch.": [Christoph Martin Wieland], Beyträge zur geheimen Geschichte des menschlichen Verstandes und Herzens; aus den Archiven der Natur gezogen. Leipzig 1770.

- "und fügte einen Brief dazu; W. antwortete mir zwar sehr höflich": Nicolais Brief enthält eine Entschuldigung für seine zu hart ausgefallene Rezension der Wielandschen Shakespeare-Übersetzung und eine humorvoll formulierte Aufforderung, den "Idris" fortzusetzen; Wieland reagierte sehr reserviert: Wielands Briefwechsel Bd.4 (ed. Seiffert 1979), S.89f. und S.103f.

- "Gegen Hofstede sind Sie wirklich zu gelinde gewesen": Die Frage, ob tugendhafte Heiden in den Himmel kommen können, ist bereits in der Reformationszeit diskutiert worden. Zwingli hat sie positiv beantwortet. Die neuerliche Debatte entzündete sich an Marmontels Roman "Bélisaire", gegen den Hofstede eine Streitschrift veröffentlichte, in der (so der Untertitel) "die Laster der berühmtesten Heiden angezeigt, zum Beweise, wie unbedachtsam man dieselben ihrer Tugend wegen seelig gepriesen". Gegen diese Position wiederum ist Eberhards "Neue Apologie des Sokrates", 1772 bei Nicolai erschienen, gerichtet. Die hier erwähnte ADB-Rezension zu Hofstedes Schrift (ADB 13/2) hat zwei Siglen: diejenige Iselins und diejenige Nicolais.

- "Herrn Lavaters Antwort": Antwort an den Herrn Moses Mendelssohn zu Berlin von Johann Caspar Lavater. Nebst einer Nacherinnerung von Moses Mendelssohn. Berlin und Stettin (Nicolai) 1770.

- "H. *Bonnet* in der neuen Ausgabe seines Beweiß des Ch[risten]t[um]s": Gemeint sind Bonnets "Recherches Philosophiques sur les preuves du Christianisme. Nouvelle édition, où l'on trouvera quelques Additions et des Notes...", 1770. Die Zusätze, die Nicolai hier kritisiert, sind zitiert in: Mendelssohn, Schriften zum Judentum I (ed. Rawidowicz 1930), S.LXXXVI-XCIII. Mendelssohn selbst war äußerst verärgert und brach den Kontakt zu Bonnet, den er erst ein halbes Jahr zuvor freudig aufgenommen hatte, ab.

[Nr. 36; Iselin an Nicolai]

Basel d 30ten Heum. 1770.
[erh. 25. Aug.]

Sie wollen, mein werthester und schätzbarster Herr Nicolai, daß ich die geheime Geschichte des menschlichen Verstandes recensieren soll. Aber ich bitte Sie, tragen Sie diese Anzeige einem andern auf, oder begnügen Sie sich mit derjenigen, die Sie hier beygehend finden. Ein Mann der sich so sehr ernidriget wie H. Wieland ist in meinen Augen ein sonderbares Phänomen, und ich weiß bald nicht ob man mehr seine neuesten Schriften misbilligen oder ihn bedauern soll. Einmal im Ernste mag ich seine Beyträge nicht recensieren, das will ich H. Riedel überlassen. Die paar andern Anzeigen sollen in einigen Monaten nachfolgen. Aber der Pernetti war nicht der Mann von dem ich d[en] Hn v.[an] P.[auw] widerlegt zu sehen wünschete. Leben Sie wohl, schätzbarster Herr und Freund! Meine geschwächten Nerven erlauben mir nicht einen langen Brief zu schreiben. Mir fehlt noch der erste Theil des eilften Bandes. Ich bin

Ihr gehorsamer Diener
Iselin

[PS]
Sie werden mich verbinden wenn Sie mir aufrichtig die Stellen anzeigen wo ich zu schön geschrieben habe; denn gut schreiben, schreiben was andern nützen wird und es auf eine Art schreiben wie es andern am meisten nützen kann, ist meine einzige Absicht; und nur um dise zu erreichen möchte ich angenehm schreiben, und dieses thut der nicht der allzu schön schreibet.

Kennet man in Berlin die *ephémérides du citoien* genug. Ich bitte Sie machen Sie da dise vortreffliche periodische Schrift bekannt. Sie werden sich dadurch ein wahres Verdienst um Ihre Mitbürger machen. Melden Sie mir, so bald Sie mir wider schreiben wie theuer das Getraid alsdenn bey Ihnen ist, wie theuer nemlich der C[en]tner Weizen verkaufet wird, denn ich kenne Ihre Maasse nicht, und wie theuer es in der Mitte dieses Monats gewesen ist, und wie die disjährige Erndte beschaffen gewesen ist. Könnten Sie mir die [sic] Verhältnis diser Preise gegen diejenigen bekannt machen die vor zehn und vor zwanzig Jahren gemein gewesen sind so würden Sie mich sehr verbinden. Es ist um einige Betrachtungen über die politische Wirtschaft anzustellen, daß ich dises gerne wissen möchte. Ich umarme Sie.

Erläuterungen zu Nr.36

- "Pernetti": Antoine Joseph Pernety, Dissertation sur l'Amérique et les Américains, contre les Recherches philosophiques de Mr. de P.[auw]. Berlin 1770.

- "Betrachtungen über die politische Wirtschaft": Sie fanden ihren ersten Niederschlag in Iselins Schrift "Der zweyte Palämon oder von dem Aufwande", Zürich 1770 (Abschnitt "Ueber die Theurung"). Iselins Ansichten sind bereits stark durch die französischen Physiokraten geprägt: "Weise und erleuchtete Männer haben schon lang dargethan, daß die vollkommene Freyheit des Getraidhandels das einzige Mittel sey, in fruchtbaren Zeiten den Feldbau vortheilhaft zu machen, und in unfruchtbaren den Mangel und die Theurung zu entfernen" (S.81).
  Mit diesem Brief Iselins und Nicolais Antwort darauf beginnt ihre intensive Debatte über die Getreidepolitik während der Teuerungskrise und über die Theorie der Physiokraten; hierzu ausführlich Kap.IV des darstellenden Teils.

[Nr. 37; Nicolai an Iselin]

Hrn R.S. *Iselin* in Basel.

Berlin d. 6 Nov. 1770.

Mein sehr werther Herr und Freund

Ich habe Ihr Schreiben v. 30 Jul am Ende des August bekommen. Ich hatte mir vorgenommen es in der Mich. Meße zu beantworten, aber meine viele Geschäfte, haben es mir nicht erlaubet.

Ich danke Ihnen für die Anzeige v. Hrn Wielands Beiträgen. Es ist eine große Genugthuung für mich, daß Ihre Gedanken von diesem Buche mit meinen und meines Freundes Moses Gedanken so genau übereinstimmen. Inzwischen habe ich doch nicht für gut gefunden, sie, so wie sie war drucken zu laßen. Hr. Wieland hält mich im Verdachte, daß ich ihm gehäßig sey, ich will also allen Vorwand vermeiden, zu sagen, daß eins von seinen Werken alzustrenge beurtheilet worden. Zwar wird dis vielleicht vergeblich seyn, denn Hr W. will gar nicht getadelt seyn. Ihre so volkommen richtige Beurtheilung des Diogenes hat seinem Freund Riedel kein Genüge gethan, sondern hat in den Erf.[urter] Zeitungen dem Verf. derselben mit großer Verachtung begegnet. Wieland will haben, daß jedermann sein Client seyn, und nie anders als in dem Tone der Bewunderung von ihm sprechen solle, und Riedel handelt volkommen so wie es Wieland haben will, und dafür heißt ihn auch Hr. W. sein anderes Ich. Ich bedaure Hrn. W. daß er sich von dem Autorstolze dermaßen blenden läßet, daß er die wahren Volkommenheiten, die er erlangen könte, darüber versäumet.

Verzeihen Sie daß ich in der Michaelismeße, vergeßen habe Ihnen des XI^{ten} Bds 1^{s} Stk. zu senden. Ich werde es Ihnen mit erster Gelegenheit senden. Bis dahin werden Sie es vielleicht von Hrn *Schweighauser* od *Thurneisen* erhalten können, die es wohl werden liegen haben.

Die Schrifften der Pariser Oekonomisten sind in der That hier nicht sehr bekannt. Ich erinnere mich von den *Ephemerides d'un* [sic] *citoyen* in einem franz. *Journale* eine Recension gelesen [zu haben], davon ich mich nur so viel erinnere, daß der Verf. ein patriotischer gut denk[end]er Mann ist, der das Elend seines Vaterlandes sehr zu Herzen nimmt. Die *Physiocratie par du Pont* habe ich durchlaufen. Ich habe gesehen, der Verf. hat Einsichten, und meint es mit seinem Vaterlande gut. Aber ich sehe auch ein, daß sein Werk in unseren Landen wenig intereßiren kann. Er eifert wider Mißbräuche, die bey uns nie gewesen oder längst abgeschaffet sind. Z.[um] E.[xempel] bey uns ist der Getraidehandel durch alle Provinzen frey. Er sucht Gefahren vorzukommen, in die wir nie gerathen können. Denn unsere Provinzen haben Korn genug. Der König thut seine Magazine auf sobald der Preiß zu hoch steigt, und auf allen Fall bekommen wir Korn zu Waßer aus Pohlen in Menge, die sächsischen, anhaltischen u. thüringischen Lande sind sehr kornreich u. haben keine Manufacturen, daher alle Lebensmittel daselbst äußerst wohlfeil sind (Z.E. ein großer Theil der Eyer die in Berlin gegeßen werden, werden zu Lande aus dem Anhaltischen an 20 Meilen und mehr zu Lande gebracht, und können doch, der Fracht und Accise unrechnet, im Sommer 8 à 10 gr. u. im Winter 16 bis 18 gr. verkaufft werden) Aus diesen Ländern ist die Einfuhr des Korns beständig bey uns verboten (denn unsere Industrie würde fallen wenn der Bauer sein Korn alzu wohlfeil verkaufen müßte und unser Manüfactürier in 2 Tagen so viel verdienen könte, was er braucht). Sobald gänzlicher Mangel bey uns wäre, so würden diese Länder, sich freuen, daß sie uns Zufuhre thun können. Daher ist nicht so leicht möglich, daß in den Brandenburg. Landen Hungersnoth entstände.

Viele Sachen die der V. durch weitläufige Berechnung beweisen will, sind in den Brandenburgischen Landen schon seit 30 Jahren und mehr zum Theil auf eine viel simpelere Art in Ausübung gebracht worden. Es geht den Franzosen oft so, daß sie als große Entdekungen bekannt machen, was die Deutschen lange gewußt haben. Die innere Finanz Einrichtungen des Brandenburgischen Hauses, die man dem König Friedrich Wilhelm zu danken hat, sind vortreflich. Man hat aber gar nichts davon geschrieben, theils aus Politik, theils weil überhaupt, die Deutschen von dem was sie thun, nicht so viel Werts machen. Ich will nur bey der Korn Policey stehen bleiben; diese ist vortreflich, da die französische absurd ist. Der beste Beweiß ist, daß Frankreich itzt Hungers stirbt, und daß wir ihm nicht allein Korn, sondern sogar Mehl zusenden. Vor 2 Jahren, ließ der König alle seine Magazine in Preußen nach Bourdeaux verkaufen, und füllete sie von Neuem. Izt da in Frankreich die grausamste Hungersnoth wütet, hat unsere seit 6 Monaten errichtete Getraide *Compagnie* zum auswärtigen Handel, eine Menge Getraide auf der Elbe über Hamburg nach Frankreich gesendet, und hiesige und Stettiner Kaufleute haben so viel Mehl mahlen laßen, als möglich war, um es nach Frankreich zu senden. Dis hat in der That in die schnelle Steigung der

Kornpreise Einfluß gehabt, wozu noch kam, daß Pohlen wegen der Pest gesperret worden, u. daß in diesem unglüklichem Lande ohnedis itzt viele Aecker nicht gebauet werden. Daß aber die schnelle Erhöhung der Kornpreise, bisher fast keine Erhöhung des Brodtes verursacht, ist unserer Kornpolicey zu danken, die ungefähr folgendermaßen beschaffen ist.

Ich habe offt über die Umstände nachgedacht, welche die schädliche Folgen des Despotismus mildern. Man solte denken, Monarchien müßten nothwendig, je mehr sie uneingeschränkter werden, jemehr Länder unter einen einzigen kommen, u. seine Macht vergrößern, jemehr der Luxus zunimmt, und im gleichen Verhältniße die Einfalt der Sitten abnimmt, jemehr die stehende Armeen vergrößert werden u.s.w. Monarchien müßten despotischer werden. Man findet aber das Gegentheil. Der Unterthan genießt z.E. im Brandenburgischen Staate, den man für so militarisch u. despotisch ausschreit, in manchen Stüken einer Freiheit u. einer Sicherheit des Eigenthums, darum ihn der Unterthan mancher nicht wohl regierten Freistaaten vielleicht beneiden könte. Die Ursachen sind so mancherley, daß sich davon ein besonderes Buch schreiben ließe. Eine der Ursachen warum bey uns die Regierung auf den Ackerbau so vorzüglich sorgfältig ist, ist nebst der Sorge für die Manufacturen die wir fast z.[um] Nachtheile der Handlung unterstüzen, und nebst der Sorge für die Unterhaltung einer starken Armee, hauptsächlich dieser, daß der König der größte Landeigenthümer ist. (Er ist eben so der reichste Particulier in seinem Lande, an Gelde. Wenn man nun nur einen Blick auf Frankreich hierbey zurükwirft, so ist zu erachten, wie unnütz alle französische Schrifften von der politischen Haushaltung seyn müßen). Der König hat eine Menge Domainengüter in allen Provinzen. Indem er dieser bestes besorgt, muß er nothwendig auf gewiße Weise, das beste anderer Landeigenthümer mitbesorgen. Die königl. Domainen Aemter werden v. den k. Cammern, an Amtleute verpachtet, diesen wird der wahrscheinliche Ertrag der Früchte, nach einem gewißen Preise verpachtet. Dieser ist nach der Lage der Provinzen verschieden. In der Mark Brandenburg wird der Scheffel Roken - Ein hiesiger Scheffel Roken wiegt 50 bis 55 lb. und ein Scheffel Weizen etwa 60 bis 63 lb. - , etwa zu 18 gr.[oschen] dem Amtmann angeschlagen. Man hat durch die Erfahrung gefunden, daß wenn der Marktpreiß des Roken 1 Rthl. (zu 24 gr.) ist, daß alsdenn der pachtende Amtmann, so wie der landbauende Eigenthümer Edelmann und Bauer sehr wohl bestehen kann, und daß der Manufacturier u. der Bürger in den Städten noch dabey bestehen kann. Die Regierung siehet es am liebsten, wenn der Rokenpreiß etwas unter 1 Rthl. ist. Fällt er aber unter 20 gr. oder steigt über 1 Rthl. so wird die Regierung aufmerksam. Wenn der Roken unter 20 gr. gilt, so läßt sich der König von seinen Beamten oder auch von den Unterthanen (nach Beschaffenheit der Umstände) für den marktgängigen Preis in seine Magazine liefern, erlaubt auch (wie ich unten sagen werde) stärkere Ausfuhr. Den Beckern in den Städten, wenn sie dociren, daß sie Vorräthe zu theurern Preisen gekauft noch haben, wird erlaubt, das Brodt über dem Marktpreiß auszubacken.

Da hiedurch bald der Überfluß aufhöret, so steigt das Korn bald auf den gehörigen Preiß. Die königl. Magazine sind in alle große Städte und Vestungen vertheilt. Sie haben unter K. Friedrich Wilhelm die erste Anlage bey Gelegenheit der Pest u. Hungersnoth in Preußen erhalten, man sahe dabey freilich zuerst auf den Unterhalt, und die schnelle Bewegung einer großen Armee, aber man hat nachher den großen Nutzen für das ganze Land eingesehen. Durch sie ist eine Hungersnoth unmöglich. Das ganze Land, könte allein aus denselben 1 1/2 bis 2 Jahr leben, und vermittelst derselben, ist die Regierung durchaus Meister von dem Fruchtpreise. Sobald der Roken auf 1 Rthl. 3 bis 4 gr. steiget, so verkaufft der König den Bekern das Korn unter dem Marktpreise, gemeiniglich zu 1 Rthl. als dem Mittelpreise, den die Regierung dem Lande zuträglich findet. Diese Einrichtung ist vortreflich, denn vermittelst derselben leidet die Armut und die Manufacturen nicht, durch die schnelle Erhöhung des Brodtes, und der Marktpreiß fällt doch nicht so geschwind, daß der Landmann, die billige Hofnung, von einem hohen Kornpreise Vortheil zu ziehen verlieren, u. dadurch bey guten Jahren seinen Acker vernachläßigen solte. Der Roken der zu Brantweinbrennen, zu Puder, zu Kraftmehl u. andern Dingen verbraucht wird, kann ohne Schaden des Staats eine Zeitlang theuer seyn, aber nicht das Brodtkorn.

Wir haben ein deutliches Exempel in diesem Jahre gehabt, wo der Kornpreiß so schnell gestiegen ist, daß man wenig Exempel davon haben wird, und doch in Berlin (welche Stadt auf die übrigen aus manchen Ursachen den größten Einfluß hat) der Brodtpreiß sich fast gar nicht verändert hat. Um Pfingsten kostete der Roken auf den berlinischen Märkten 16 à 17 gr., also unter dem Pachtanschlage der Beamten. Der Landmann war sehr traurig darüber, zumahl, da man die Hofnung zu einer sehr reichen Erndte hatte. Die Umstände aber änderten sich sehr schnell. Der naße Sommer verdarb unsere Erndte, und fast in ganz Europa war Klage über schlechte Erndte. Eine neuerrichtete Getraide *Compagnie* schaffte Getraide außer Landes, Pohlen lieferte wenig, und nach Frankreich ward in 4 Monaten mehr Getraide und Mehl ausgeführt, als sonst vielleicht in 2 Jahren geschieht. Dis alles zusammen machte daß der Kornpreiß schon im Sept. zu 1 Rthl. 12 bis 16 gr. also über *alterum tantum* stieg, wodurch sich viele Landeigenthümer erstaunend bereichert haben. Es ist nicht zu läugnen, daß bey einer so gar plötzlichen Veränderung, nicht manche *Individua* u. sonderlich kleine Städte in entlegenen Provinzen, die wenig Ackerbau haben, gelitten haben, weil die Veränderung alzu plötzlich war. Aber im Ganzen ist es kein Vergleich gegen andere Länder. Der Brodtpreiß in Berlin hat fast gar nicht zugenommen. Man vermuthete d. 1 Nov. (denn die Brodttaxe wird hier alle Monate verändert) ganz gewiß eine Erhöhung, aber das Brod ist so groß geblieben wie es war obgleich der Getraidepreiß nicht eben fällt. Was dis beym Anfange des Winters, in einer großen Stadt, die voller Manufacturen und voller Leute ist, die ein kärgliches Auskommen haben, für eine wichtige Sache ist, kann sich nur der vorstellen, der weiß, wie bekümmert der Arme, gegen den Winter ohnedem um sein Auskommen ist, und wie ängstlich er sich die Erhöhung des Brodtes, als noch viel stärker vorstellt, als sie ist, wenn sie erfolget. Wenn ein *Lieutenant de Police* in Paris so etwas hätte zu thun vermocht, so würde ganz Europa davon unterrichtet worden seyn. Hierin thun die Franzosen zuviel; wir Deutschen sagen von der Vorsorge unserer Obern, gar nichts, und thun darin zu wenig.

Die Sage daß hier d. 1 Nov. das Brodt würde erhöhet werden kam theils natürlich, aus dem Marktpreise, der 1 Rthl. 13 gr. ist, da das Korn den Bekern aus den Magazinen (nach der Größe des Brodtes zu urtheilen) schwerlich über 22 gr. kann verkauft worden seyn, hauptsächlich aber weil man erfuhr, daß v. 1 Nov. an die Garnison Brodt erhalten würde. (Wenn nämlich der Kornpreiß zu hoch steigt, so pflegt jedem Soldaten von seiner Löhnung alle 5 Tage 2 gr. abgezogen zu werden, dafür bekömmt er 2 Brodte, die größer sind, als er sie für 2 gr. kaufen könte. Hierdurch wird die Bedürfniß des Landes sehr vermindert. Denn nicht allein der Soldat hat sein Auskommen sondern Unterofficiere u. Officiere können gemeiniglich ihr Brodt nicht consumiren, weil sie stärkere Portionen bekommen u. verkaufen es dem armen Bürger). Der arme Mann war so sehr von der Erhöhung des Brodtes überzeugt, daß wer es erschwingen konte, sich d. 30 u. 31 October auf 10 à 12 Tage versorgte. Es half nichts, daß die Becker versicherten die Taxe werde nicht erhöhet werden, wer konnte kauffte thalerweise Brodt, so daß diese beide Tage Nachmittags kein Brodt mehr bey den Beckern zu haben war. Ich stelle mir den Zustand eines Armen recht lebhafft vor, der den 30 Oct. nicht einen halben Thaler besaß, um damit die Hofnung, noch 8 Tage wohlfeil zu zehren, zu erkaufen, welche Bekümmerniß muß in seiner Seele gewesen seyn, wenn er d. 30ten Oct gewiß glaubte, daß sein gewöhnlicher Verdienst, nicht hinreichen würde, ihn d. 1ten u. die folgende Tage, wie sonst zu sättigen, und welche Zufriedenheit sich in seine Seele ergoßen haben müße, wenn er d. 1 Nov. gewiß wußte, daß seine Furcht ungegründet gewesen. Ich sage zu wenig, wenn ich sage, daß in Berlin allein 30 000 Menschen d. 30 Oct. diese Empfindungen gehabt haben; und dis kann einem Menschenfreunde großes Vergnügen geben. Ich habe Arme gesprochen, die ihre Freude nicht bergen konten, und die mich rührten, indem sie ihre gehabte Furcht u. nunmehrige Ruhe erzählten.

Nichts zeigt die Vortreflichkeit unserer Magazinanstalten mehr, als ein Blik auf einige unserer Nachbarn. Das kornreiche Thüringen wo der Scheffel (berl. Maaßes) im Frühling 10 à 12 gr. galt hat wirkliche Hungersnoth im Sept. an einigen Orten gehabt. Es half nichts, daß aus Sachsen die Einfuhr offen war, denn da war zwar Korn, aber so theuer, daß es ein Land, welches weder Geld, noch Mittel welches zu verdienen hat, nicht bezahlen konte.

Die Einfuhr u. Ausfuhr des Getraides ist, bey uns beständig offen, u. beständig geschloßen, wie man es nehmen will. Die Preuß. Provinzen untereinander sind frey, in Absicht aufs Getraide. Die Ausfuhr außerhalb Landes, so wie auch die Einfuhr von außen, ist in so fern beständig verboten, daß ohne eine besondere Erlaubniß des *General Directorii* (welches das höchste Finanz *Colleg.* im Lande ist) kein Getraide darf ein oder ausgeführet werden. Dis scheinet beym ersten Anblike seltsam; aber hören Sie die nähere Einrichtung. Es wird bey uns alles auf *Etats* u. *Tabellen* gebracht, so ists auch mit dem Getraidevorrath. Man kennet den ohngefähren Ertrag der königl. *Domainen*güter aus den Pachtanschlägen und den Ertrag der Güter der Unterthanen, aus den *Contributions* Anschlägen, oder *Catastris*. Außerdem macht ein jeder Landrath in seinem Kreise, nach jeder Erndte ein Verzeichniß, von dem ungefähren Ertrag eines jeden *Particulier*gutes, hievon werden die *General Tabellen* jedes Kreises ans *Directorium* eingesendet, und unter jeder *Tabelle* müßen (wie dieses bey uns, unter allen solchen *Etats* u. *Tabellen* geschehen muß) die Ursachen angezeigt werden, warum gegen das vorige Jahr *plus* oder *minus* ist. Hierdurch erlangt das *General-Directorium* die genaueste Nachricht, von dem wirklichen Vorrathe der Früchte, und da man die Bedürfniße ohngefähr weis, so wird nachdem man den Zustand des Landes, und jeder Provinz insbesondere findet, in jedem einzelnen Falle, die Ausfuhr u. Einfuhr entweder erlaubt oder versaget. Hierdurch ist die Regierung in den Stand gesetzt, jeden Mangel zeitig vorherzusehen, und Mittel darüber bey zeiten zu ersinnen.

Dis ist nur ein kleines Stük unserer Einrichtungen, in diser Sache; ich kann auch nicht in einen größern *Detail* gehen, weil es theils zu weitläufig seyn würde, theils ich auch von vielen Sachen nicht genau unterrichtet bin. Es ist aber genug um einzusehen, daß sich viele Raisonnements der französischen Staatshaushalter, auf unsern Staat nicht schiken, und daß uns vieles unintereßant vorkommen muß, weil es bey uns schon lange geschehen ist, ob es gleich in Frankreich, noch unter die *pia desideria* gehört.

Damit Sie einigermaßen, von den hiesigen Kornpreisen urtheilen können, so habe ich Ihnen durch Hn *Schweighauser* in einem Pakete die Blätter der hiesigen Intelligenzzettel seit einigen Jahren gesendet, worin Getraidepreise vorkommen. Sie müßen aber mit großer Vorsicht, Schlüße daraus ziehen denn
1) So groß der Einfluß Berlins, auf die umliegenden Provinzen, selbst sogar auf Sachsen u. Anhalt ist, so kann man doch von Berlin allein, nicht einmahl auf die Mittelmark, geschweige auf Ukermark Neumark u. Pommern schließen.
2) haben Sie oben gesehen, daß die Regierung die Fruchtpreise vermittelst der Magazine, in ihrer Gewalt hat, und wenn sie auch die hohen Marktpreise, nicht herunterbringen kann oder will, daß sie dennoch das Brodt in leidlichem Preise erhält; welches doch natürlich auch auf die Marktpreise wieder Einfluß hat, denn [wenn] in Berlin die Brodpreise mit den Marktpreisen verhältnismäßig gestiegen wären, so müßte itzt wirkl. Hungersnoth anfangen.

Sie sehen leicht daß man in einem Lande, wo diese Anstalten sind, aus den bloßen Fruchtpreisen der Hauptstadt nicht das schließen kann, was vielleicht an andren Orten folget.

Verzeihen Sie meine flüchtige Anmerkungen über diese Materie. Ich weiß nicht einmahl, ob ich Ihnen in allen Dingen deutlich genug geworden bin.
Es würde Zeit und Überlegung erfordert [haben], wenn ich über Ihre Schreibart in der <u>Gesch. der Menschh</u>. u. in den <u>vermischten Schriften</u> wolte über einzelne Stellen Anmerkungen machen. Gegen die Zeit, daß [sic] Sie eine neue Auflage machen, will ich beide Werke in der Absicht durchlesen, um einige Anmerkungen beizuschreiben.

Ich sende Ihnen anbey *sub A.* ein Verzeichniß der von Ostern restirenden Recensionen. Ich erwarte sie mit Begierde, sonderlich des *Pernety Diss.* u. die *Defence de Mr. Pauw*. Sie haben sehr recht, daß *Pernety* nicht der Mann ist, der die *Recherches* hätte wiederlegen sollen. Wenn seine *Voyage aux Isles Malouines* dort zu haben ist, so zeigen Sie sie doch auch an. Die *sub B.* verzeichnete kleine Schrifften bitte ich auch anzuzeigen, wofern Sie mir nicht, wie mich fast deucht, schon eine Recens. gesendet haben.

Es ist Ihnen gewiß nicht gleichgültig, wenn ich Ihnen melde, daß der Erbprinz von Braunschweig Hrn Moses, ausdrücklich hat nach Braunschweig kommen laßen, um sich einige Tage lang mit ihm zu unterreden. Die Unterredung hat bloß v. wichtigen philos. Materien gehandelt. Z. E. von der Unsterblichkeit der Seele, von den Gründen der Sittenlehre, von der Toleranz pp. Hr. Moses ist sehr erfreut, zurükgekommen, über des Erbprinzen große Kenntniße, und über seine vortrefliche Gesinnungen. Wie glüklich fürs menschliche Geschlecht, wenn alle Regenten so gesinnet wären.

Ich lese ungern in Ihrem Briefe, daß Sie von Ihren geschwächten Nerven schreiben. Mein Gott! Warum müßen vortrefliche Seelen, schwache Körper haben! Pflegen Sie Ihre Gesundheit, die Ihrer Nation wichtig, und Ihren Freunden schätzbar ist. Ich bin mit volkommenster Hochachtung

Ihr ergebenster Diener

Fr. Nicolai

[PS]

Ich ersuche Sie anliegenden Brief an Hn Thurneisen abgeben zu laßen, u. den nach Lausanne auf die Post zu geben.

Erläuterungen zu Nr.37

- "Z.E. bey uns ist der Getraidehandel durch alle Provinzen frey": Zur "Kornpolicey" unter Friedrich d.Gr., zu seiner Ein- und Ausfuhrpolitik sowie zur friderizianischen Domänen- und Magazinwirtschaft vgl. Skalweit 1931b, S.3-145.

- "Eyer": Die Preise beziehen sich wohl jeweils auf ein Schock Eier (d.h. 60 Stück).

- "innere Finanz Einrichtungen des Brandenburgischen Hauses": König Friedrich Wilhelm (I.) hatte die Haushaltspolitik Preußens auf völlig neue Grundlagen gestellt, indem er sie zentralisierte und effektivere Strukturen schuf. Dazu gehörte die Einrichtung des sog. "Generaldirektoriums", auf das Nicolai weiter unten zu sprechen kommt. Dem Generaldirektorium, dessen Präsident der König selbst war, oblag die Verwaltung der gesamten inneren Staatswirtschaft, d.h. aller "Finanz-, Domainen-, Steuer- und Policeysachen"; vgl. Nicolai, Beschreibung (ed. Spriewald 1995), S.231ff., und Ziechmann 1985, S.339ff.

- "Intelligenzzettel": Die Berliner Getreidepreise und "Brodtaxen" 1757-1806 aus dem Berliner Intelligenzblatt sind publiziert bei Skalweit 1931b, S.647ff.

- "*Pernety Diss.* u. die *Defence de Mr. Pauw*": Auf die von Antoine Joseph Pernety geübte Kritik (vgl. zu Nr.27 und 36) antwortete Cornelius van Pauw mit der "Défense des Recherches sur les Américains par Mr. de P***". Berlin 1770. Das andere von Nicolai erwähnte Werk Pernetys ist: Journal historique d'un voyage fait aux îles Malouïnes, Berlin 1769. Keine dieser Schriften ist von Iselin rezensiert worden (vgl. Nr.48).

- "Erbprinz von Braunschweig": Mendelssohn reiste im Oktober 1770 nach Braunschweig, Wolfenbüttel und Hannover. In Braunschweig wurde er vom Erbprinzen Karl Wilhelm Ferdinand empfangen, mit dem er seit Januar im Briefwechsel über die im Streit mit Lavater aufgeworfenen Fragen stand (Mendelssohn, Schriften zum Judentum I, ed. Rawidowicz 1930, S.299-305); vgl. Altmann 1973, S.251f.

[Nr. 38; Iselin an Nicolai]

Basel den 15ten Christm. 1770.
[erh. 2. Jan. 1771]

Unter einer Mänge von Geschäften welche die dermaligen Zeiten theils veranlassen, theils erschweren habe ich die allg. Bibliothek eine Zeitlang gänzlich aus den Augen verlohren. Ihr letzteres Schreiben hat mich wider daran erinnert, und ich dachte die mir von Ihnen, werthester Freund! aufgetragenen Anzeigen von einem Tage zum andern anzufangen. Allein immer wurde ich daran verhintert, und ich sehe nun sehr wohl voraus, daß vor sechs Monaten ich nicht dazu gelangen werde. Ich bitte Sie also diese Anzeigen jemand aufzutragen, welcher mehr Musse dazu hat. Ich hoffe in der Mitte des bevorstehnden Jahres so mir Gott Leben und Gesundheit schenken wird wider etwas mehr Musse zu haben.

Mit den parisischen Oekonomisten gehet es Ihnen, wie es mir anfänglich auch gegangen ist. Ich habe die Schriften derselben durchloffen und gefunden es sey wenig darin so ich nicht schon lang vorher gewußt hätte. Aber dise Schriften wollen nicht durchloffen, sie wollen studieret seyn, und wenn man dises thut so findet man einen Schatz von grossen Wahrheiten darinn, oder vielmehr einige wenige grosse Wahrheiten die mehr als einen Schatz ausmachen, und die für den Wohlstand des menschlichen Geschlechtes unendlich wichtig, und die in vilen Gesichtspuncten neu sind, so sehr sie demjenigen ähnlich scheinen was wir schon lang gewußt haben. Sie haben wohl in Ihrem Vorrathe ein ungebundenes Exemplar meiner vermischten Schriften. Ich bitte Sie die zerschnittenen 157. und 158. Seite, mit denjenigen zu vergleichen die ich an die Stelle derselben gesetzet habe. Ich schrieb die ersten da ich dise Männer noch sehr wenig kannte, die andern da ich sie besser kennen gelehrnet hatte, und nun habe ich eine noch weit grössere Meynung v. denselben. Ich hege gegen dieselben nicht nur Hochachtung, sondern Bewunderung und Verehrung.

Ich danke Ihnen für Ihre Nachrichten über die Getraidpolicey Ihres Vaterlandes, aber erlauben Sie mir daß ich dieselbe nicht so sehr bewundernswürdig finde als Sie mir dieselbe anpreisen. Es ist Zwang dabey, und also Ungerechtigkeit. Sie hat zur Absicht daß der Handarbeiter sein Leben nicht zu leicht gewinnen soll, aber diser Handarbeiter muß zittern und beben wenn es darum zu thun ist ob der

Preis des Pfundes Brodt um einen Heller erhöhet werden soll. Dises ist ein Zeichen eines schlechten und armen Landes. Die königl. Magazinen verwahren die Unterthanen vor Hungersnoth, aber wer bezahlet die ungeheuern Kosten derselben, als die mit Abgaben desto mehr gepreßten Unterthanen. Freylich ist Frankreich in disem Gesichtspunct in unendlich schlechtern Umständen, in wahrhaftig elenden, da die von den preussischen Landen, nur minder gut sind als sie seyn könnten, und immer besser als die von Ihren benachbarten. Übrigens halte ich auch dafür daß landesherrliche Getraidmagazine noch zur Zeit wenigstens, in allen Ländern nöthig sind, aber solche [durch] die das ganze Volk anderthalbe bis zwey Jahre kann gespiesen werden, müssen einen ungeheuren Aufwand und Verlust verursachen.

Herrn Mendelssohn Reise nach Braunschweig macht dem Philosophen und dem Helden Ehre.

H. Basedow übertrifft sogar die Hoffnungen seiner feurigsten Freunde. Dieser würdige Mann und die parisischen Ekonomisten sind in meinen Augen unter allen unsern Zeitgenossen die größten Wohlthäter des menschlichen Geschlechtes.

Ich umarme Sie, mein schätzbarer Freund und verbleibe mit besondrer Hochachtung

Ihr Ergebenster
Iselin

[PS]
Ersuche die Innlage richtig zu bestellen.

Erläuterungen zu Nr.38

- "zerschnittenen 157. und 158. Seite": Offenbar war für diese Seiten der "Vermischten Schriften" (Bd.1) eine zweite Version gedruckt worden. An der genannten Stelle geht Iselin in einer langen Fußnote auf die französischen Physiokraten ein - freilich ohne sie direkt zu nennen. Er lobt ihre Wirtschaftstheorie und ihre menschenfreundlichen Absichten. Nicht alles, was sie forderten, sei aber neu. Kritik übt Iselin am physiokratischen Plädoyer für die "unumschränkte Monarchie" (Despotismus).

[Nr. 39; Nicolai an Iselin]

Hrn Rathsschreiber Iselin
in Basel

Berlin d. 23 Jun 1771.

Ich schäme mich beinahe mein werthester Herr und Freund, daß ich Ihr letzteres Schreiben so lange unbeantwortet gelaßen habe. Die täglichen Verhinderungen verursachen einen wochenlangen und endlich einen monathlangen Aufschub.

Ich erwache aus meiner Schlafsucht, bey Gelegenheit, Ihres und meines Freundes d[es] Hrn Zimmermann. Dieser vortrefliche Mann, ist seit ohngefähr 14 Tagen hier. Seine Gegenwart hat die Hochachtung, und innige Zuneigung, die ich zu ihm gehabt habe, um ein großes vermehret. Er ist wie Sie wissen seiner Gesundheit wegen hier. Gestern ist die Operation vor sich gegangen. Sie hat 1 1/4 Stunde gewähret und ist äusserst schmerzhafft gewesen. Er hat sie sehr standhafft ertragen, hat nicht geschrien und ist nicht ohnmächtig worden. Diese Nacht hat er ziemlich geschlafen, heute aber ist er noch sehr schwach und hat viel Schmerzen. Seine Wundärzte aber versichern, daß diese Schmerzen von seinem Zustande unzertrennlich sind, daß aber übrigens sein Wundfieber nur leicht sey, daß alle übrige Umstände gut beschaffen sind, daß er in keiner Lebensgefahr sey, und wahrscheinlicher Weise nicht kommen werde, daß er aus dem Grunde werde geheilet werden, und vermuthlich in 4 à 6 Wochen vielleicht noch eher werde ausgehen können. Er wohnt in dem Hause d[es] Hrn Prof. Meckels, unter deßen Aufsicht die Operation geschehen ist. Der erste k.[önigliche] Generalchirurgus Hr *Schmucker* hat sie verrichtet, u. d. Hr Generalchirurgus *Theden* u. d. Hr Regimentsfeldscheer *Prabisch* sind consultirt worden und dabey zugegen gewesen. In etwa 8 Tagen hoffe ich, werde ich diesen lieben Patienten besuchen können, und werde Ihnen nähere Nachricht alsdenn geben können. Den Tag vor der Operation hat er selbst inliegenden Brief an Sie geschrieben. Sie können nicht glauben, wie sehr ich mich freue, daß sie vorüber ist, und wir nun die Hofnung haben, diesen vortreflichen Mann ganz wiederhergestellet zu sehen.

Ich sehe Ihre Gründe ein, warum Sie vor der Hand, zur Bibl. nichts liefern können. Ich habe die Ihnen aufgetragnen Bücher andern Recensenten gegeben. Auch für dieses Sommer halbe Jahr will ich Ihnen nichts zuschreiben. Solte Ihnen aber ein neues Werk von der Schweizerischen Geschichte od. Staatsrecht aufstoßen, das etwa nicht so leicht in unsere Gegenden kommen möchte, so werde ich eine Anzeige davon, mit Dank annehmen. Auf den Winter werden Sie mir hoffentlich erlauben, daß ich Ihnen wieder aufs Neue einige Bücher vorschlage.

Hr Moses ist leider auch sehr krank. Bey einem äußerlich gesunden Ansehen, darf er nicht ein paar Seiten lesen, oder ein paar Zeilen schreiben, so bekommt er Kopfweh und Schwindel. Dis ist eine Folge des alzueifrigen Studirens, daher ist ihm vor der Hand alles Denken und Arbeiten mit dem Kopf untersagt. Er ist auf einem Landhause 1/4 Meile vor Berlin, wo ich ihn zuweilen besuche. Er hat auch d. Hrn Leibm.[edicus] *Zimmermann*, consulirt, und man hat Hofnung daß er zur gänzlichen Beßerung gelangen wird, aber es wird Zeit dazu gehören. Vielleicht wird er ein paar Jahre gar keine gelehrte Arbeiten verrichten können. Welch ein Schade dis für die gelehrte Welt ist, weiß ich am besten, da ich seine viele vortrefliche Entwürfe kenne. Bloß ein Werk, worin die schöne Wißenschafften und die Sittenlehre, aus einem *Principium* sollen hergeleitet werden, würde, wenn es nicht zu Stande käme, ein unersetzlicher Verlust seyn. Ich habe itzt schon einen großen Verlust. Ich muß ihn, aus Liebe für ihn seltener besuchen. Denn auch wenn er von Sachen die ihn intereßiren redet, so greift dis sein Gehirn alzustark an. Ich bemühe mich, wenn ich bey ihm bin von den gleichgültigsten Dingen zu reden, aber Sie können sich leicht vorstellen, daß wir ehe wir es uns beide versehen, doch uns beiden interessant werden, und aufhören müßen.

Wegen der hiesigen Getraidepolicey würden wir uns leicht vergleichen wenn wir mündlich darüber sprechen könten. Schriftlich ist es zu weitläufig u. besonders heute, schreibe ich diesen Brief, kurz vor Abgang der Post.

Um nur etwas zu sagen, so glaube ich, daß die Oeconomisten eher studiret, als durchgelaufen werden müßen. Ich gestehe auch aufrichtig daß ich ersteres nicht habe thun können, weil diese Materie, in der Lage in der ich mich befinde, nur ein Nebenwerk für mich seyn kan. So viel aber bin ich überzeugt, daß ihre Grundsätze menschenfreundlich sind. Ich wünschte daß jeder, der über diese Materie raisonniren will, oder der am Ruder sitzt, und etwas thun kann, von solchen menschenfreundlichen Grundsätzen ausgehe. Aber ich bin auch bis itzt überzeugt, daß diese Grundsätze geradezu, schwerlich irgendwo werden anzusehen [sic; anzuwenden] seyn. Es gibt Staaten denen ein offener Kornhandel und andere, denen ein eingeschränkter nützlich ist. Ich glaube der hiesige Staat, ist so wie itzt die Sachen stehen in diesem Falle. Ich müßte Ihnen eine weitläufige Erläuterung über viele hiesige Verfaßungen geben, wenn Sie meine Gründe ganz einsehen solten. Bloß in Absicht auf unsere Regierungsverfaßung nenne ich unsere Getraidepolicey überaus heilsam. Nach unserer Lage, kann es eben so schädlich seyn, wenn das Getraide alzuwohlfeil ist. Ein algemeiner Mangel der Industrie, und die gänzliche Zerrüttung des öffentlichen Wohlstandes, würde die Folge davon seyn. Sie halten dis vielleicht für ein Räthsel, aber mir ist es so deutlich, daß es keines Beweises bedarf. Sie werden sagen: Wozu Manufacturen? wozu große Kriegsheere? wozu ungeheuer große Städte? Aber liebster Freund, die Frage ist nicht sie abzuschaffen; dis ist nicht möglich. Sondern wenn sie bleiben sollen, möglichst für die Bedürfniße des Volkes zu sorgen.

Ihnen wird eine kleine Schrifft Frage von Einfuhr des Getraides Hamb. 1771 in gr 8 [=groß octav] gewiß überaus wohl gefallen (D[er] H[err] D.[oktor] Reimarus in Hamb. ist deren Verf.). Mir gefällt sie auch wohl; aber diese Grundsätze sind für Hamburg vortreflich, nur für die Brandenburgischen Staaten würden sie schädlich seyn. Eben so ists mit eben dieses Verfaßers Handlungsgrundsätzen 1767 gr 8. Sie behaupten einen uneingeschränkten Handel und sind vortreflichen [sic] geschrieben. Aber freilich Hamburg hat den größten Vortheil, wenn der Handel ganz uneingeschränkt. Aber die Brandenb. Staaten warhafftig nicht. Ich will damit nicht alle Handlungseinschränkungen vertheidigen, die wirklich existiren. Wir gehen vielleicht in manchen Dingen alzuweit. Aber kein Staat ist ohne Fehler, und die Verminderung des einen Fehlers, macht sehr offt, den andern nothwendig.

Im Jahre 1709 als der Kornhandel ganz offen war, führte Hamburg, einen reichen Vorrath von Korn aus Pohlen auf unsern eigenen Schiffen, durch unser eigenes Land, das unterdeßen darbte. Sie werden sagen, warum kauften wir selbst nicht das nöthige Korn in Pohlen. Wir hatten aber damals keine Indüstrie folglich keine Handlung, wir wußten keinen Ausweg als Hamburg, woher wir die Hüte und die Strümpfe, die wir verbrauchten verschreiben mußten. Die Hamburger lieferten dazumahl den Pohlen die Manufacturwaren die sie nöthig hatten, und tauschten dafür Pohlens rohe Waaren als Korn, Honig, Wachs, Pelze ein. Brandenburg konte also freilich auch kein Korn wohlfeiler als Hamb. in Pohlen kaufen, weil es nichts an Waren dahin zu liefern hatte.

Es leben noch Leute, die sich erinnern, daß wenn in Anfange dieses Jahrhunderts ein Hamburger Kaufmann jährlich nach Berlin kam um seine Zahlungen zu holen, er von den Berlinischen Krämern, wie ein kleiner König empfangen wurde. Izt ist es freilich ganz anders.

Das kornreiche Thüringen hat kein Geld, weil es keine Manufacturen hat, u. alle seine Producte roh ausführt. Alle umliegende Provinzen haben den Getraidhandel gesperrt, sie laßen nichts nach Thüringen. Alle hingegen wollen bey einem Miswachs aus Thüringen kaufen und können es in Thüringen über den Marktpreis bezahlen, weil wegen der Manufacturen u. Industrie der Kornpreis höher ist als in Thüringen. Dis Land müßte also Hungers sterben, wenn es nicht die Ausfuhr itzt verböte, so wie wirklich geschehen ist.

Magazine sind allerdings das sicherste Mitttel. Und ich sehe auch keine Schwierigkeit, daß man sie nicht nach und nach in allen Ländern solte einrichten können. Der Staat darf ja gar nicht das Capital zu Errichtung der Magazine aufbringen, sondern nur die jährl. Intereßen, dürfen als eine Taxe auf die Unterthanen gelegt werden. Welch eine gerechtere Ursach, könte eine Nation wohl haben, eine Nationalschuld zu machen, als um ihre Bürger vor Hungers Noth zu bewahren? Der Mann zu 8 hiesige Scheffel jährlich gerechnet, würde ein Magazin für ein Land worin 2 Millionen Menschen leben in wohlfeilen Zeiten den Scheffel à 1 Rthl. gerechnet, um diese 2.000.000 Menschen ein Jahr zu nähren etwas über 10.000.000 Thaler kosten. Diese Kosten à 5 p.[rozent] *Interesse* **500.000** Rthl. (und ist die Industrie stark so sind die Intereßen geringer). Wie leicht wird es seyn diese 500.000, als eine Taxe aufzulegen. Aber es ist die Frage, ob ein Magazin für ein Jahr nöthig ist. Die hiesige Magazine die bisher ihren Endzweck so ziemlich erreicht haben, sollen nach genauer Erkundigung nur auf 1/4 Jahr reichen. Dis ist auch vielleicht genug. Denn ein gänzlicher Kornmangel, kann doch in einem Lande, das gut cultivirt ist, und eine Abwechselung von hohen u. tiefen naßen u. troknen Gegenden hat schwerlich auf einmahl entstehen. Die Noth entstehet aber 1) aus der Besorgniß daß das Brod ganz mangeln könne; wodurch jedermann aufkaufft, den Preis erhöhet, und die Noth größer macht. 2) aus der Besorgniß daß der Vorrath eher könne aufgezehrt werden, als die Erndte kommt, oder als aus fremden Landen kann Getraide herbeygeschafft werden. Beyde Besorgniße werden nicht entstehen wenn man weiß daß Magazine auf 3 Monath da sind, wenn im Staate außer den Mag. noch auf 1 Monath

Vorrath da ist, so macht der Staat schon Anstalten, und sobald man 4 Monate Zeit hat, kann ein Land versorgt werden.

Ich könte noch sehr viel hierüber sagen. Aber ich muß schließen. Dis einzige füge ich hinzu. In Monarchien dienen Magazine zugleich zu Unterhaltung der Kriegesheere u. vielleicht zu den weitaußehenden Absichten der Monarchen. In Republiken, werden eben die Ursachen, die die Bürger abgeneigt machen, große Kriegsheere zu haben, auch sie gegen die Magazine abgeneigt machen. Sonderlich in Aristokratien, so die Regierung sehr mißtrauisch, und die Unterthanen sehr auf ihrer Hut sind, wird diese sonst so gemeinnützige Sache große Schwierigkeiten finden. *Sapienti sat*. Ich umarme Sie mein bester Freund und bin stets

Ihr ergebenster

Nicolai

[PS 1]

NB Meine Nachricht vom Gewicht des Berliner Scheffels ist nicht richtig. Die Becker haben vermuthl. ihre Ursachen gehabt, mir falsche Nachrichten zu geben. Schlagen Sie im Süßmilch 2r Thl. S.174 nach, wo Sie eine richtigere Nachricht finden.

[PS 2]

Ich habe durch Hn Imhoff 6 Carolins an Sie auszahlen laßen. Dis ist nur auf Abrechnung. Ich bin dem ohnerachtet Ihr Schuldner.

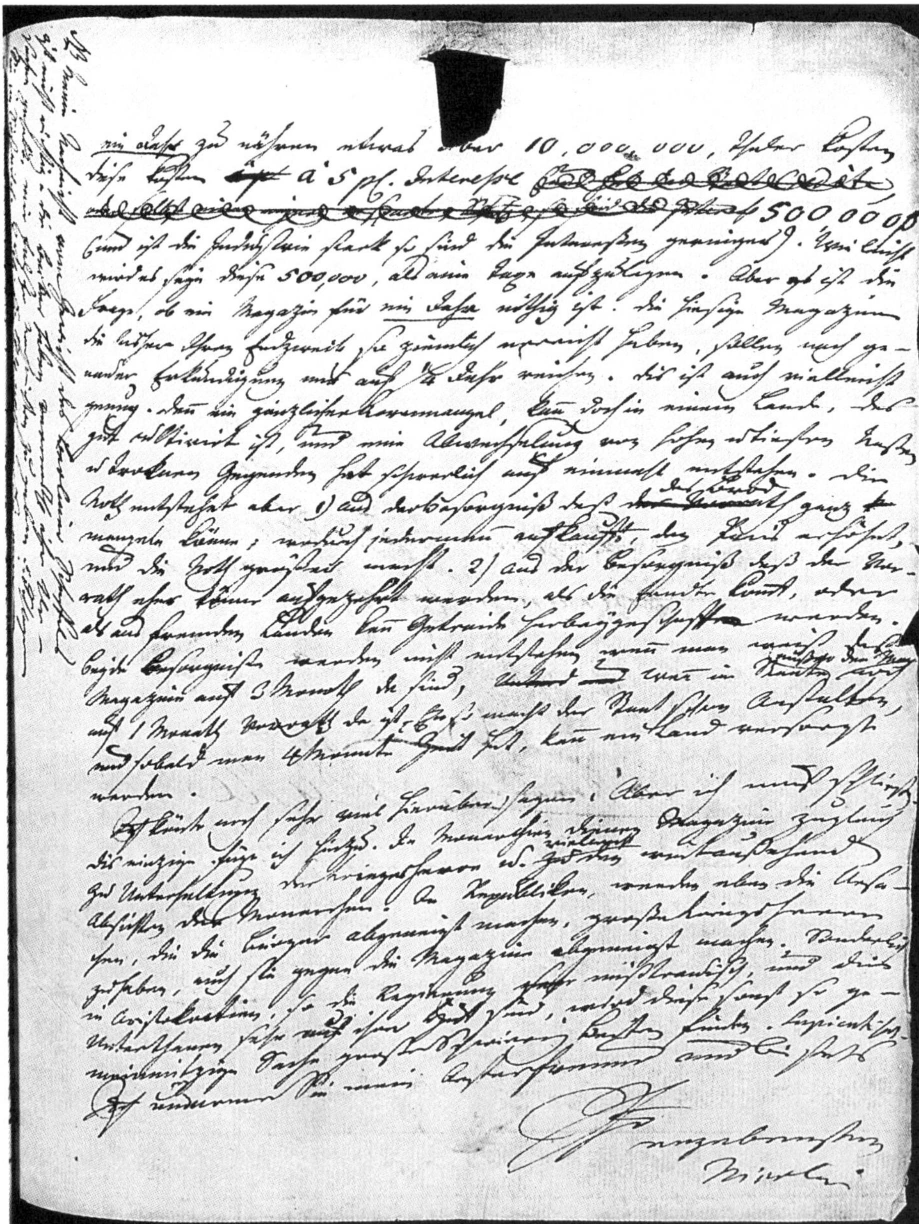

Abb.20: Nicolais Brief vom 23.6.1771 (Nr.39).

Erläuterungen zu Nr.39

- "Zimmermann. Dieser vortrefliche Mann, ist seit ohngefähr 14 Tagen hier": Zimmermann unterzog sich in Berlin einer gefährlichen und ohne Narkose vorgenommenen Operation seines Bruchleidens. Die Chirurgen Schmucker und Theden sowie der Anatomie-Professor Meckel, die an der Operation beteiligt waren, publizierten in den folgenden Jahren jeweils mehrere Werke in Nicolais Verlag. Darunter ist auch Meckels "Beschreibung der Krankheit des Herrn Leibarzt Zimmermann, und der dabey glücklich angewandten Operation und Cur". Berlin und Stettin 1772; vgl. Raabe 1983, S.68f.

- "Hr Moses ist leider auch sehr krank": Nach Nicolais Ansicht hatte Mendelssohns "strange illness" (Altmann) ihre Ursachen in zu großer geistiger Anstrengung und in den Aufregungen durch den Streit mit Lavater; vgl. Altmann 1973, S.268ff.

- "D[er] H[err] D.[oktor] Reimarus": Gemeint ist der vielseitige Hamburger Arzt Johann Albert Henrich Reimarus, Sohn des Deisten Hermann Samuel Reimarus. Zwei seiner Werke sind hier von Bedeutung: Handlungsgrundsätze zur wahren Aufnahme der Länder, und zur Beförderung der Glückseligkeit ihrer Einwohner aus der Natur und Geschichte untersucht. "Kosmopoli" 1768. - Die wichtige Frage von der freyen Aus- und Einfuhr des Getraides nach der Natur untersucht. Hamburg 1771. Die ökonomischen Schriften von J.A.H.Reimarus sind wissenschaftlich so gut wie unbearbeitet; vgl. lediglich ADBiogr. Bd.27, S.704-709; ferner: Johann Albert Henrich Reimarus, Vorträge von Heinrich Sieveking u.a. Hamburg 1930, v.a. S.13-18. Der von Reimarus vertretene Freihandel ist im folgenden immer wieder Gegenstand von Differenzen zwischen Nicolai und Iselin; vgl. Nicolais Briefe Nr.42, 45, 47, 50, 52, 56; Iselins Briefe Nr.41, 44, 53 sowie seine Rezensionen in ADB 18/2 und 19/1 (1773; siehe das Verzeichnis im Anhang).

- "diese Grundsätze sind für Hamburg vortreflich": Hamburg war die bedeutendste Handelsstadt Deutschlands (Ziechmann 1985, S.476). Es gehörte zu den Grundmotiven preußischer Wirtschaftspolitik, den eigenen Seehandel, der vor allem über Stettin lief, gegenüber der Hamburger Konkurrenz zu stärken. Die antagonististische Situation zwischen Preußen und Hamburg kommt beispielsweise im "Politischen Testament" Friedrichs d.Gr. von 1752 zum Ausdruck. Nicolai scheint von dieser Haltung geprägt zu sein. In Basel, einer Stadt, die Hamburg strukturell verwandt war, sah man die Dinge naturgemäß anders.

- "Süßmilch 2^r Thl. S.174": Johann Peter Süßmilch, Die göttliche Ordnung in den Veränderungen des menschlichen Geschlechts (...) 2.Theil. Berlin ^{3}1765, S.175(!): "Ein Berliner Scheffel wiegt im Mittel 80 bis 82 gemeine Pfund, deren 110 auf einen Centner gehen. Bey den königlichen Magazinen werden aus einem solchen Scheffel 75 Pfund Mehl gemahlen, die übrigen sind Kleye und Staubmehl. Hieraus werden 100 Pfund Brodt gebacken, so man Commißbrodt nennet, und welches der Soldat im Felde und Garnison isset, das gut und schmackhaft ist. Ein Soldat bekömmt täglich im Felde und sonst 2 Pfund Brodt, also jährlich 730 Pfund, wozu folglich meist 7 1/2, oder voll gerechnet, 8 Scheffel Rocken gehören."

[Nr. 40; Nicolai an Iselin]

Hrn Rathsschreiber Iselin
in Basel.

Berlin d. 6 Jul 1771.

Mein werthester Herr und Freund. Ich hoffe Sie werden mein letzteres Schreiben erhalten haben. Dieses schreibe ich Ihnen nur, um Ihnen von dem gläklichen Fortgang der Operation d. Hrn LM.[Leibmedicus] *Zimmermann* Nachricht zu geben. Er hat nur etwa 4 Tage ein leichtes Wundfieber gehabt. Die Schmerzen, die zwar sehr stark gewesen sind, haben sehr abgenommen, sein Übel ist gänzlich gehoben, und die ganze Sorge ist nun bloß die Wunde zuzuheilen, womit man gegen Ende dieses Monats zu Stande zu seyn hoffet, so daß er nachher würde ausgehen oder ausfahren können. Bis itzt hat er freilich alle Morgen beim Verbande, starke Schmerzen, und da er beständig auf dem Rücken liegen muß, so ist ihm diese Lage, ziemlich unbequem, aber dennoch ist er gutes Muths, des Nachts schläft er vor seine Umstände ziemlich gut. Er hat guten Appetit, und alle übrige *functiones naturales* gehen gut v. Statten. Er fängt schon an zuweilen eine halbe Stunde zu lesen. Nur das Schreiben ist noch verboten, weil er sich dazu aufrichten muß, welches ihm schädlich ist. Ich habe ihn seit 8 Tagen täglich auf ein paar Stunden besucht. Er grüßet Sie von Herzen.

Hr. Abbt hat an die Patriotische Gesellschafft in Basel eine Abhandlung: Ob es Vorurtheile gebe, welche Ehrerbietung verdienen, eingesendet. Sie findet sich unter seinen Schrifften, aber es sind nur die ersten 36 Blätter vorhanden, und das übrige fehlet. Sie würden mich ungemein verbinden, wenn Sie sie mir wolten genau copiren laßen, und sie mit der fahrenden Post sobald als mögl. zusenden wolten, denn sie soll in den neuen Theil s. Schrifften kommen, der auf d. Winter gedrukt wird. Sie führt das Motto: Ertraget euch untereinander, und die ersten Worte sind; "Nichts leichter, als verschiedene der schwersten Fragen zu beantworten, sobald man nur die Natur des Menschen. pp. Hr Zimmermann, meint, daß Abbt noch eine Abhandl. über eine andere Frage, eingesendet habe. Solte dieses seyn, so würden Sie mich sehr verbinden, wofern Sie mir dieselbe auch übersenden wolten. Ich umarme Sie von Herzen und bin stets

Ihr ergebenster Nicolai

[PS 1]
Ihrem Urtheil über die Abbtische Correspondenz, sehe ich mit einer außerordentlichen Ungeduld entgegen.

[PS 2; von der Hand Zimmermanns]
Ich empfehle mich Ihnen bestens, mein liebster Iselin, und bestätige Ihnen alles was unser lieber Freund hier gesagt hat.

J.G.Zimmermann.

Erläuterungen zu Nr.40

- "Hr. Abbt hat an die Patriotische Gesellschafft in Basel": vgl. zu Nr.18.

[Nr. 41; Iselin an Nicolai]

Basel den 13. Heum. 1771
[erh. 22. Juli]

Mit Zittern habe ich Ihren Brief erbrochen, mein werthester Herr und Freund! und mit einer unbeschreiblichen Freude habe ich ihn gelesen. Haben Sie Dank, unaussprechlichen Dank für die tröstlichen Hoffnungen die Sie mir der Gesundheit unsers lieben Zimmermanns [wegen] gegeben haben. Sie werden mich unendlich verbinden wenn Sie mir unverzüglich den fernern Erfolg der für mich und alle die den Werth unsers Freundes kennen so wichtigen Operation berichten werden. Villeicht aber ist schon ein Brief unter Weges. Der Himmel gebe daß dessen Innhalt so erfreulich sey als es derjenige hoffen machet den ich erst erhalten habe.

Ich hoffe auf den Winter wider einige Anzeigen in die Bibliothek verfertigen zu können. Nun ist das Nachdenken über die Grundsätze der Ökonomisten meine beständige Nebenbeschäftigung. Immer finde ich mehr Grund in den Hauptlehren diser Männer, und ich werde täglich mit mehr Bewunderung für ihre Einsichten erfüllet. So wie sie hat noch niemand den Grund und den Zusammenhang der Nahrungsgeschäfte entwickelt. Wenn Sie Übersetzungen die von einer oder der andern ihrer Schriften gemachet worden sind noch niemand anzuzeigen übergeben haben: so will ich sie gern übernehmen. Ich hoffe durch dise Arbeit nicht geringen Nutzen zu stiften, indem ich unsre Landsleute dadurch auf diese Männer aufmerksam machen möchte.

Ich vernehme mit Bedauern daß die Gesundheit unsers verehrungswerthen Herrn Moses nicht so gut sind [sic] als es alle Freunde der Wahrheit wünschen. Der Himmel gebe daß dieselbe bald widerhergestellet werde.

Ich werde mir die Anmerkungen welche der Recensent der neuen Auflage der G.d.M. gemachet hat, insonderheit in Rücksicht auf meine Schreibart, zu Nutz machen. Ich spühre selbst daß ich zu viel daran gekünstelt habe.

Sie haben nun Herrn Basedow wider in Berlin gehabt. O wenn es doch möglich wäre daß diser verdienstvolle Mann von allen Handlungssorgen entledigt würde. Diese müssen seine Gesundheit zerrütten; denn die Zeit so er darauf verwendet sollte seiner Ruhe gewidmet seyn. Ich bin nun sehr begierig den Erfolg der großen und preiswürdigen Unternehmung des Fürsten von Anhalt Dessau zu vernehmen.

Sie machen mich sehr begierig die Schriften des H.[errn] D.[oktor] Reimarus zu sehen. Was Sie mir davon sagen machet mich schliessen es sey diser Mann auf dem rechten Wege der ökonomischen Wahrheit. Man denket in einem grossen Theile der Schweiz über die Getraidpolicey gänzlich wie bey Ihnen. Es heißt im Bernischen diser Handel müsse eingeschränket seyn und man müsse das Getraid nicht zu wohlfeil werden lassen. Ich habe ehmals auch gedacht die Beschaffenheit eines Landes erheische andre Maximen als dieselbe eines andern, allein täglich werde ich mehr überzeuget daß was in einem Lande wahr und gut ist, es auch in einem andern seyn müsse. Ich glaube daß es nur durch die Irrthümer der Menschen und durch grobe Fehler in der Verwaltung sich also verhalte. Wenn wir die ganze menschliche Gesellschaft wie wir sollen als eine einzige Bürgerschaft ansehen: so werden wir ohne weiters allen diesen menschenfeindlichen Grundsätzen entsagen welche den Vortheil eines Volkes von demselben eines andern trennen. Wir werden annehmen daß nur die Ungerechtigkeit die Quelle aller politischen Übel ist, und daß wenn wir den scheinbaren Wohlstand ausnehmen, welcher von diser erzeuget wird, jeder Vortheil eines Volkes und eines Menschen, für alle andern ein näherer oder entfernterer Grund zur Vermehrung ihres Wohlstandes werden müsse.

Was Sie mir von Thüringen sagen daß bey dem blühendsten Landbaue dise Provinz kein Geld habe, ist für mich ein grosses Paradoxum. Es muß dises von einer sehr fehlerhaften Verwaltung herkommen, und bey einer durchgehnden Handlungsfreyheit könnte dises unmöglich statt haben. Das größte Unglück für dises Land scheinet zu seyn daß es in viele kleine Herrschaften getheilet ist, oder theils grossen Herrn gehöret mit deren Staaten es in keinem unmittelbaren Zusammenhange stehet. So sind da zwanzigerley besondre Vortheile die alle einander bekämpfen und da jedes Ländgen sich von dem andern trennet so empfindet jedes die Folgen der der Freyheit widrigen Grundsätze weit mehr, als ein grosser Staat, in dem nicht so gleich der Schaden merklich wird, der daraus entstehet daß die Gemeinschaft unterbrochen ist welche Gott und die Natur unter allen Völkern zum allgemeinen Besten gestiftet haben, und die kein Gesetzgeber jemals ungestraft, jemals so verletzet hat daß er nicht dadurch den Seinigen am ersten geschadet habe.

Die Magazine sind in der Schweiz sehr üblich, mindestens in Zürich Bern und Basel. Wenn in einem Lande wie Thüringen solche wären so würde in der wohlfeilen Zeit der Landmann sein Getraid anzubringen wissen, und wenn bey einem hohen Preise er seine Producte auswärts vortheilhaft würde verkauft haben, würde der Landesherr ihm ohne Verlust wider beyspringen können und er im Stande seyn dise Hilfe zu bezahlen.

Herr Imhof hat mir nichts von Ihrentwegen zugestellet als die Bände der Bibliothek. Ich weiß von nichts daß Sie mir schuldig sind. Sollen aber die sechs Carolinen mit Gerechtigkeit mir zugehören: so bitte ich Sie dieselben Herrn Pfarrer Elsners Hochwohlerwürden zuzustellen um solche zu seiner Zeit so zu verwenden wie ich ihn darum ersuchen werde. Ich werde Ihnen dafür sehr dankbar seyn. Ich habe die Ehre mit vollkommener Hochachtung zu verharren

dero gehorsamer Diener

I.Iselin

Erläuterungen zu Nr.41

- "Recensent der neuen Auflage der G.d.M.": ADB Anhang zu 1-12 (1771), S.434-443; auch in: Mendelssohn, Rezensionsartikel in Allgemeine deutsche Bibliothek (ed. Engel 1991), S.130-140. Die Rezension stammt aber vermutlich nicht von Mendelssohn, sondern vom Naturrechtsprofessor Samuel Simon Witte in Rostock, der in dieser Zeit die Sigle Dm. (Fraktur) hatte; vgl. Parthey 1842. Witte hat später auch Iselins "Träume" rezensiert (ADB Anhang zu 25-36/4, 1780).
  Die Besprechung ist grundsätzlich positiv, bemängelt wird jedoch der Stil: "Ueberhaupt möchten wir fast sagen, der Styl des Hrn.I. in der n.[euen] A.[usgabe] hat im Ganzen genommen, gelitten. In der a.[lten] A.[usgabe] hat derselbe mehr Würde, und eine edle Einfalt." Insbesondere werden Helvetismen, Manierismen und aus dem Französischen entlehnte Wendungen kritisch vermerkt.

- "Unternehmung des Fürsten von Anhalt Dessau": Fürst Franz berief Basedow 1771 als Ratgeber für die Verbesserung der Landschulen und Seminare nach Dessau. Basedow hatte hier aber keine amtlichen Pflichten und konnte die Zeit nutzen, sein "Elementarwerk" zu schreiben.

[Nr. 42; Nicolai an Iselin]

Hrn RS. *Iselin* in Basel

Berlin d. 23 Jul 1771.

Ich ergreife in dem Augenblick die Feder, da ich, mein werthester Herr und Freund, Ihren Brief vom 13ten dieses erhalte, um Ihnen unverzüglich, den guten Fortgang der Gesundheit, unsers vortreflichen und sehr lieben Hrn Zimmermanns zu berichten. Er ist außer aller Gefahr. Er hat nur bloß die Unbequemlichkeiten auszustehen, die bey der Heilung, einer so großen Wunde, als ihm gemacht worden, unvermeidlich sind. Bis itzt liegt er auf dem Bette worauf die Operation gemacht worden. Bey dem tägl. Verbande empfindet er gemeiniglich starke Schmerzen. Da er fast immer auf dem Rücken liegen muß, so fängt sein Rücken an, wund zu werden, und dis verursacht neue Schmerzen. Bey alledem aber, ist er vergnügt und ruhig, einige seiner Freunde besuchen ihn täglich, und ich selbst bringe täglich auch wohl 2 Stunden vor seinem Bette zu. Die übrige Zeit lieset er. Sein Gemüth ist ganz ruhig, er unterhält sich mit ungemeiner Munterkeit von allen Arten von Gegenständen, so daß ich Stunden bey ihm zugebracht habe, die ich für die angenehmsten meines Lebens schätze. Anstatt daß der Besuchende bloß kommen solte den Kranken zu trösten, weiß der Kranke dem Besuchenden, angenehm und lehrreich zu werden. Bloß die Lage in der er sich befindet, verhindert ihn zu schreiben. Wenn er sich aufrichten wolte, so würde es in seiner Wunde Schmerzen, und vielleicht Schaden verursachen, und wenn er liegt, fließt die Dinte zurück. Er hat zwar versucht mit schwarzer Kreide zu schreiben, welches aber auch beschwerlich ist.

In wenig Tagen wird man versuchen, ihn auf einen Feldstuhl zu setzen, und so wird er nach und nach, so wie die Wunde zuheilet, anfangen seine Lage mehr zu verändern und in der Stube herumzugehen. Er wird aber wohl nicht eher als gegen Ende des August ausgehen, oder ausfahren können. Er wird sich hernach noch einige Zeit hier aufhalten um seine Gesundheit vollends zu bevestigen, und Berlin kennen zu lernen.

Was unsern Streit, über die Kornpolicey betrifft, so glaube ich gern, daß Sie diese Materie viel genauer durchgedacht haben, als ich, denn bey mir hat sie nur eine gelegentliche Aufmerksamkeit erwecket. Inzwischen wenn ich mündlich mit Ihnen darüber sprechen könte, so getrauete ich mich doch noch wider die Anwendung der Grundsätze der Oekonomisten, die ich (in der Theorie) von Herzen verehre, wichtige Einwürfe zu machen. Ich verehre sie, diese Grundsätze, ich wünschte, daß alles was sie menschenfreundliches haben, den Herzen der Regenten und Minister, tief eingeprägt zu sehen, ich wünschte, daß sie sie zum Grunde ihrer Handlungen und ihrer Gesetze legten, und nur alsdenn davon abgingen, wenn es die Verfaßung des Landes, das sie regieren, nicht anders zulaßen will. Dieses aber wird oft geschehen. Die natürliche Lage der Länder macht schon eine große Abänderung. Liegt eine Provinz an der Seeküste, so werden Seefahrende, Producten oder Fabrikwaaren nach fremden Gegenden bringen wollen. Der der mitten im Lande liegt wird bloß Ackerbau treiben. Wofern der Seefahrer des Landeinwohners Producte ausführet, so wird bey diesem der Ackerbau befördert, und man denkt vielleicht lange nicht an andere Manufacturen. Wenn aber der Seefahrende, aus einer Landprovinz fast nichts ausführt, hingegen beständig beflißen ist, Waaren des Luxus einzuführen, so stehet sich zwar der Seefahrende, bey diesem freyen Handel sehr, aber der Landeinwohner muß verarmen. Wenn nun die Landprovinz die Manufacturwaaren, die zu einer Art von Nothwendigkeit geworden sind, selbst zu verfertigen anfängt, und die überflüßige Einfuhr verbietet, so schreiet der Seefahrer über Einschränkung der Handlung, aber die Landprovinz befindet sich beßer. Dis ist der Fall, zwischen Hamburg und Brandenburg. Des Hrn. Reimarus Handlungsgrundsätze, so menschenfreundlich sie scheinen, sind auf Brandenburg geradezu nicht applicable. Hamburg würde sich sehr wohl dabey befinden, aber Brandenburg müßte in 50 Jahren wieder werden, was es vor 150 Jahren war.

Es ist eine sehr schöne, sehr angenehme Idee, die ganze Menschheit als eine einzige Familie zu betrachten. Aber leider möchte dis nur eine schöne Idee seyn! Die Menschen haben sich in Eigennutz Ehrgeiz Aberglauben dermaßen verwickelt, daß sie nicht mehr eine einzige Familie sind, sondern sie nur alzusehr getrennt! Sie werden sagen, also muß der Zweck des philosophischen Gesetzgebers dahingehen, sie näher zusammenzubringen! Dis wünsche ich auch! Aber nie werden die Menschen so sehr gleichgestimmet werden, daß nicht zwischen ihnen Privat-Intereße vorwalten solte. Wenn eine Familie sich ausbreitet, wenn jeder Sohn eines einzigen Vaters, wieder ein Hausvater wird, so kann jeder, ob er gleich den andern brüderlich liebet, dennoch, wenn sein Intereße dem Intereße des andern, gerade ent[ge]genstehet jenes vorziehen.

Ich kann mich noch nicht bereden, daß die freye Ausfuhr des Korns absolut nützlich seye. Es laufen hier gar zu viele Dinge zusammen. Ich betrachte das Getraide, **1**) als ein nothwendiges Mittel zur Unterhaltung. In dieser Betrachtung muß das Korn niemals fehlen. Der Staat der noch nicht Korn genug zu seiner Unterhaltung braucht [sic], solte Weinbau und Manufacturen nicht vorzüglich begünstigen; ob ich gleich auch nicht allemahl anrathen möchte, Weinberge auszurotten, um Ackerland anzulegen. Ebendaher ist es kein Zweifel, daß der Staat, wenn absolut Mangel da ist, und keine Zufuhr möglich oder wahrscheinlich ist, die Ausfuhr verbieten müße. Hrn Reimarus Gründe wollen mich abermahl nicht überzeugen, da die Erfahrung dagegen streitet, selbst an solchen Orten, wo keine Sperrung Statt findet. Der Kornhandel in den Brandenb. Provinzen untereinander ist ganz uneingeschränkt. Als im Anfang dieses Jahres der Roggen in Magdeburg 2 Rthl. 12 gr. und in Berlin 2 Rthl. 2 gr. galt, fing der Amtmann des Amts Möckern, das zwischen Berlin und Magdeburg liegt, an, nach beiden Orten auszuführen, weil in der dortigen Gegend der Rocken nur 1 Rthl. 12 gr. galt. Seine Nachbarn, folgten ihm nach und glaubten großen Vortheil zu ziehen. Hierbey ist noch zu bemerken, daß in Magdeburg vermutlich deßwegen der Preiß höher ist, weil von dort so viel ins Reich verfahren wird. Man führt itzt von da nach Nürnberg Mehl zur Achse, und bezahlet für den Zentner 5 Rthl. Fracht. Noch vor 12 Monaten ließen unsere Leckermäuler, Kuchenmehl aus Nürnberg. [sic]
Was ist der Erfolg? Izt gilt in Magdeburg der Scheffel 2 Rthl. und in Berlin 1 Rthl. 21 gr. Hingegen in dem ganzen District um Möckern 3 Rthl. und manche Leute kaufen ihr Brodtkorn höher, als sie es verkauft haben. Warum? Den beiden großen Städten wird beständig Zufuhr zugebracht; nach Möckern aber fährt niemand, obgleich die Zufuhr nicht gesperrt ist. Mir scheint Thüringen beinahe im gleichen Falle zu seyn. Ich glaube wohl daß nach Ihrem System Thüringens Zustand Ihnen paradox scheinen muß. Aber ich begreife wohl wie es zugehet. Der Thüringer kauft Strümpfe und Schuh theuer von seinem Nachbar, dagegen gibt er sein Korn wohlfeil weg. Preußisch Litthauen, ist eine wohlhabende Provinz, an Korn, Viehzucht, Honig pp. aber Geld ist nicht was man daselbst suchen muß; auch ist sie nicht so sehr bevölkert, als preußische Provinzen, die Manufacturen haben. Dagegen kostet auch in Litthauen der Scheffel offt 8 gr. [sic; 18?] wenn er in der Mark 1 Rthl. kostet.

Doch ich komme von meiner Ausschweifung zurük. Dasjenige Getraide, was zur Unterhaltung eines Landes, nicht nothwendig ist, betrachte ich **2**) als einen

Gegenstand der Industrie, insofern es gebauet wird, und als einen Gegenstand der Handlung, insofern es verführet wird. Nun kann es viele Fälle geben, wo der Staat, eine besondere Art der Industrie mehr begünstigt, als eine andere. Bringen also die Umstände mit sich, daß auf einem Acker ein Eisenbergwerk entdeckt wird, so kann der Staat Ursach haben, den Acker eingehen zu laßen und einen Eisenhammer anzulegen, oder man kann wie bey Berlin geschehen, auf einen dürren Acker, der wenig einträgt, eine Stadt bauen, wo tausend Manufacturisten wohnen, die für den Ackermann Kleider und Strümpfe weben, dahingegen der Acker nicht 100 würde ernähret haben. Vor ohngefähr 100 Jahren da 3/4 der berlinischen Einwohner Ackerbau trieben, enthielt der Platz 14 000 Einwohner, der itzt 126 000 enthält. Die umliegenden Provinzen deren Population und Fleiß auch vermehret ist führen Korn und andere Producten hieher, die so stark im Preise gestiegen sind, als nöthig ist, den Fleiß des Ackermanns zu ermuntern. Sie empfangen Manufacturwaaren von hier; anstatt daß sie sonst ihr Korn weit wohlfeiler dem Hamburger zuführten. Hätten wir fortgefahren unsern Wohlstand bloß auf Ackerbau zu gründen, und die freye Ausfuhr nach Hamburg zu erlauben, so würde der Staat noch so schwach seyn, als er vor 100 Jahren war. Er würde 2/3 Einwohner weniger enthalten, die Künste und Wißenschafften würden nicht so weit gekommen seyn, als wie sie itzt. Ich habe gelesen, mein werthester Freund, was Sie in Ihren vermischten Schrifften, wider die Manufacturen sagen. Insbesondere ist mir die Bemerkung aufgefallen, daß die Sitten der gemeinen Manufacturarbeiter auf gewiße Weise verdorben werden. Sie ist mir sehr rührend. Doch glaube ich sie ist nicht algemein richtig, ob sie gleich eine ernsthaffte Betrachtung verdienet. Bey allem diesem Schaden, scheinet mir der Nutzen der Manufacturen doch überwiegend. Bloß der Zuwachs der Population, solte sie einem Menschenfreunde empfelen. So viele Tausende mehr, die Gott erkennen und lieben können. Nach meiner Philosophie, nach der ich behaupte, daß jeder denkende Geist sich immer weiter entwickelt und dadurch volkommner wird, thut das der Menschheit einen großen Dienst, daß [sic] zur Entwicklung vieler Geister etwas beiträgt. Und dis thun die Manufacturen. Es ist wahr, sie verursachen Luxus, und der Luxus verursacht viel Übel. Viele Künste und Wißenschafften können sich ohne Überfluß nicht ausbilden. Sie mein liebster Freund, denken sich den Menschen, bloß mit dem Ackerbau beschäfftigt, ohne Handel, folglich gastfrey uneigennützig u.s.w. aber Sie geben ihm auch die Künste und Wißenschafften, die wir bloß den großen Städten, dem Überfluße pp. zu danken haben. Wie schön wäre es, wenn Ihr System wahr wäre. Aber die Vorsicht, hat Laster und Tugend beständig wie es scheint aneinander gekennet[?], und ihr Werk, ist wie ich glaube beständig, die letztere durch das erstere zu erhöhen.

Doch genug von diesen Materien. Ihre Untersuchung vergnüget mich unendlich; aber in einer Correspondenz, werde ich zu weit geführet. Wolte Gott! ich könnte mich mit Ihnen mündlich unterhalten. Alsdenn würden wir uns näher verstehen. Aber in einem Briefe werfe ich, oft unter tausend Zerstreuungen, einzelne Gedanken hin, die mir verständlich scheinen und es Ihnen vielleicht nicht sind. Ich vergeße was ich Ihnen vorher geschrieben habe; ich komme vom einen aufs andere, und muß schließen, wenn ich noch viel zu sagen hätte, so gehet es mir heute.

Hrn Moses Gesundheit beßert sich, aber er wird schwerlich in Jahresfrist anhaltend arbeiten können.

Ich habe in der Ostermeße wirklich Hrn *Imhoff 6 Carolinen* für Sie bezahlt. Ich bitte, sie von Ihm, mit Vorzeigung dieses Briefes, abfodern zu laßen, weil er das Geld einmahl hat. Inzwischen bin ich noch, auf alle Weise Ihr Schuldner. Wenn Sie daher etwas an den hiesigen Hrn P *Elsner* zahlen wollen, so melden Sie mir es nur, es soll sogleich besorgt werden.

Leben Sie wohl, mein bester höchstschätzbarer Freund, der bey mir, durch jeden Brief, den ich von ihm empfange, neue Hochachtung erweckt. Ich bin von ganzem Herzen

Ihr ergebenster
Nicolai

[PS 1; von Nicolais Hand]
Ich empfele Ihnen Abbts Abhandl. von den Vorurtheilen bestens. Senden Sie sie mir, durch die <u>fahrende Post</u>, sobald Sie sie haben. Ihr Urtheil über Abbts Correspondenz, erwarte ich noch begierig. Meinen Brief durch Hrn *Lavaters* Einschluß haben Sie hoffentl. empfangen.

[PS 2; von Sulzers Hand]
Mein sehr werther Herr und Freund. Vor unsers lieben Zimmermanns Bette, würde ich Ihnen mehr als eine alte Schuld bezahlen, wenn ich nicht für beßer hielte Ihnen nicht blos *par remontre* zu schreiben; auf Michaelis sollen Sie das *corpus delicti*, das mich bisher vom Schreiben abgehalten hat, in ihre Gewalt

bekommen und alsdenn damit nach ihrem Belieben verfahren, ihm Verzeihung angedeyhen laßen, oder Rache daran ausüben. Ich umarme Sie von Herzen. Von unsers Freundes Wolbefinden sage ich Ihnen nichts, da Sie aus diesem Briefe selbst, alles sehen werden was ich sagen könnte.

J.G.Sulzer.

[PS 3; von der Hand Zimmermanns. Mehrere Stellen durch Siegelloch nicht mehr zu lesen]
Ich danke Ihnen, mein liebster Freund, und ihrer liebenswürdigen Gemahlin unendlich für den gütigen Anteil [den] Sie an meinem Befinden nehmen. Unser lieber Nicolai (der mir so manche meiner Stunden glückl[ich] macht) giebt Ihnen hiervon eine ausführliche [Nach]richt. Seyen Sie so gütig dieselbe an Herrn - ? - [Loch] Herrn Schmid in Brugg und Herrn Lavater in [Zürich] mitzutheilen, durch die sie alsdann auch [an] meine andern Freunde gelangen wird.
Ich umarme Sie mein liebster Freund, und - ? - [Loch] ihre Frau Gemahlin meiner zärtlichsten Hochachtung versichert zu seyn.

Tout à vous
J.G.Zimmermann

[zu Nr. 42; Quittung]

Hiemit bescheine von Herrn *Friedrich Nicolai* in Berlin die S^{ma} [=Summa] von 6 Stück Carolins per Rechnung Herrn Rath Schreiber *Iselin* in Basel empfangen zu haben. Leipzig d 7$^{\underline{ten}}$ May. 1771.

Joh. Rud. Im-Hof und Sohn

Erläuterungen zu Nr.42

- "Vor ohngefähr 100 Jahren da 3/4 der berlinischen Einwohner Ackerbau trieben, enthielt der Platz 14 000 Einwohner, der itzt 126 000 enthält": Nicolais Interesse für die Bevölkerungsentwicklung Berlins schlug sich in seiner "Beschreibung der Königlichen Residenzstädte Berlin und Potsdam" nieder (1.Aufl.1769). In ihr legte er mit großer Sorgfalt die Ergebnisse seiner historischen Untersuchungen und statistischen Berechnungen dar. Die folgenden Zahlen sind der dritten Auflage von 1786 entnommen. 1661: 6.500; 1700: 28.500; 1740: 98.000; 1755: 126.661; 1770: 133.520 (ed. Spriewald 1995, S.189ff., Übersicht S.207).

- "was Sie in Ihren vermischten Schrifften, wider die Manufacturen sagen", "Sitten der gemeinen Manufacturarbeiter": Im Abschnitt "Ueber die Bevölkerung" (Bd.2, S.350f.) schreibt Iselin: "...denn die Fabricken-Arbeiter sind immer der schlechteste und der elendeste Theil einer Nation...Ihre Denkungsart, ihre Sitten, ihre Neigungen können insgemein anders nicht als niedrig und kriechend seyn. Sie machen fast allein den wahren Pöbel aus, zu dem der Landmann selten hinuntersinket."

- [Sulzer] "*corpus delicti*": gemeint ist Sulzers "Allgemeine Theorie der schönen Künste"; vgl. zu Nr.6.

[Nr. 43; Iselin an Nicolai]

Basel den 29ten Heum. 1771
[erh. 8. Aug.]

Noch einen Brief erwarte ich von Ihnen wie ihr letzterer war, mein werthester Herr und Freund! so lebe ich gänzlich auf. Welch einen Dank sind wir nicht der Geschicklichkeit Ihrer Wundärzte schuldig daß sie uns einen solchen Arzt und was noch mehr ist einen solchen Freund gerettet haben. Ich wünsche von Herzen auch von H. Mendelssohn bald vollkommen gute Nachricht zu erhalten. Empfehlen Sie mich disen unsern würdigsten Freunden.

Ich habe schon vor einigen Jahren Ihnen den Anfang der Preisschrift v. Hn Abbt geschickt. Man hat damals das Ende in Bern nicht finden können. Ich habe indessen nochmals nach Bern deshalben geschrieben. Villeicht ist man nun glücklicher. Wenn etwas gefunden wird so soll es Ihnen unmittelbar durch die typographische Gesellschaft zugesandt werden.

Glauben Sie mir, ich habe noch nicht Zeit gehabt den Abbtischen Briefwechsel zu durchlesen. Durchblättert habe ich ihn, aber flüchtig. In meinen Augen dürfte diser fast der lehrreichste Theil von unsers sel. Freundes Schriften seyn, der nützlichste für junge Leute. Ich habe eine Stelle gefunden die mich bey der bodmerischen Zunft nicht empfehlen wird. So wie in disen Briefen H. Abbts Schreibart beurtheilet wird möchte ich die meinige beurtheilet sehen, und dises war seit zehn Jahren mein Wunsch.

Wir haben nun in unsern Gegenden wider gute Aussichten wegen dem Getraidwesen. Nur besorge ich die Menschen werden uns dieselbe durch überflüssige Fürsorge verderben.

In dem 14ten Bande der Bibliothek fehlt mir der Bogen B.b, er handelt von dem Elementarwerke. Ich danke Ihnen für die Mittheilung der neuen Bände. Auch dise habe ich noch nicht lesen können. Ich werde bald gänzlich von den Musen ferne seyn, wenn es so fortgehet. Alles was ich seit einiger Zeit thue ist alle Tage einige Augenblicke die Ephemeriden zu studiren. Es ist da gewiß mehr als was Deutsche von Franzosen erwarten und mehr als was alle die ich kenne noch bisher in der Staatswirthschaft geleistet haben. Nur Schade daß dise Leute so dunkel sind. Ich verbleibe mit vollkommener Hochachtung, mein schätzbarer Herr und Freund!

dero gehorsamer Diener

I.Iselin

Erläuterungen zu Nr.43

- "Ich habe eine Stelle gefunden die mich bey der bodmerischen Zunft nicht empfehlen wird": Sehr wahrscheinlich spielt Iselin auf folgende aufschlußreiche Passage aus einem Brief Abbts an Mendelssohn und Nicolai vom 8.11.1763 an. Abbt berichtet in diesem Schreiben über seine Reise in die Schweiz (vgl. zu Nr.1). Hinter den Sternchen verbirgt sich "Iselin in Basel", das geht aus dem Kontext eindeutig hervor: "Daß ich *** in *** gesprochen habe, erwarten sie unstreitig. Er hat, glaube ich in mir, die ganze Berlinische Gesellschaft ehren wollen. Ueberhaupt steht er sich nicht allzugut mit den übrigen Schweizern, und scheint weit mehr mit uns ähnlich zu denken. Sehr, sehr wünschte er einen Nicht-Schweizer um sich zu haben, dem er seine Arbeiten vorlegen könnte, ehe das Publicum sie sieht. Er hat mir angeboten in ** zu bleiben, Collegia dort zu lesen und mich allmählich dort feste zu machen (...)"; Thomas Abbts vermischte Werke, Bd.3 1771 (vgl. zu Nr.30), S.147. Iselins Verbundenheit mit den jungen Aufklärern in Berlin, die Abbt hier hervorstreicht, konnte insofern als Distanz zu Bodmer und seinen Anhängern aufgefaßt werden, als die Berliner mit ihrer respektlos-offenherzigen Kritik nicht nur die Leipziger Schule Gottscheds angegriffen hatten, sondern auch den Zürcher Kreis um Bodmer und Breitinger.
- "Wir haben nun in unsern Gegenden wider gute Aussichten wegen dem Getraidwesen": Iselin meint hier wohl die neue Ernte 1771, die eine - allerdings nur leichte - Entspannung der Hungerkrise brachte (vgl. im darstellenden Teil Kap.IV/1, S.95f.). Die Getreidepolitik Basels war, nachdem Iselin im September 1770 Handelsfreiheit hatte durchsetzen können, seit Januar 1771 wieder auf protektionistischem Kurs (vgl. Kap.IV/2, S.103f.).
- "die Ephemeriden": Ephémérides du citoyen; vgl. zu Nr.32.

[Nr. 44; Iselin an Nicolai]

Basel den 15 Augstm. 1771
[erh. 26. Aug.]

Ich konnte Ihren letzten Brief nicht sogleich beantworten, mein schätzbarster Herr und Freund, und es war der Tag ehe ich ihn erhielt einer von mir an Sie abgegangen. Ich erwartete deshalben nochmalige Nachricht von dem Zustande unseres theuersten Freundes, damit nicht unsere Briefe wider einander so begegnen möchten. Nun hoffe ich sey unser Freund so viel als hergestellet und ich erwarte mit Ungeduld die Versicherung daß ich mich nicht betrogen habe. Ich habe allemal so geschwind als es möglich war ihre Berichte nach Brugg und nach Zürich gesandt.

Ich sehe wohl daß wir über die Materie von der Getraidpolicey nicht so bald würden einig werden auch wenn wir mündlich mit einander redeten. Denn wenn H. Reimarus Schrift, die ich seither mit ungemeinem Vergnügen gelesen habe, Sie nicht hat überzeugen können, so würden meine Briefe dazu viel zu schwach seyn. Ich müßte über dises den Zustand der Länder welche Sie als Beyspiele anführen gar viel besser kennen um versichert zu seyn daß nicht gewiße andre Gebrechen und andre Verletzungen der Gesetze der Natur an den Fehlern Schuld seyen[8], welche Sie mein werthester Herr und Freund! der freyen Ausfuhr zuschreiben, wenn ich mich durch diese Beyspiele überzeugen lassen sollte.

Indessen erlauben Sie mir einige Anmerkungen -
Wenn wie ich darfür halte die Grundsätze der Ökonomisten wahre Gesetze der Natur sind: so kann keine Landesverfassung eine Regierung berechtigen dieselben zu verletzen und so können wir schon versichert seyn, daß aus denselben widrigen Verfügungen kein wahres Gutes fliessen könne.

Was Sie von den Verhältnissen zwischen Hamburg und den Brandenburgischen Ländern sagen gebe ich in so fern zu daß es sehr nützlich gewesen ist Manufacturen und Handelschaft in den Staaten Ihres Königs einzuführen. Ich halte

8 Marginalie Nicolais: "NB Das glaube ich auch".

aber dafür es würde möglich gewesen seyn, solche da einzuführen und sie da zu behaupten, ohne die Ausfuhr des Getraides noch die Einfuhr fremder Manufacturwaaren zu verbieten. Es ist mir im Gegentheile höchstwahrscheinlich daß ohne dise Verbote die Handelschaft ihrer Staaten und der Landbau derselben weit blühender seyn würden als sie es nun sind, und die Masse der Glückseeligkeit des ganzen menschlichen Geschlechtes würde durch eine solche den Gesetzen der Natur gemässe Beförderung der Emsigkeit ungemein vermehret worden seyn. Der Beweis hievon würde ein Buch und keinen Brief erfordern. Er ist aber in den Schriften der Ökonomisten vielfältig zu finden. Sie sehen hieraus, mein werthester Freund! daß wenn ich sage man müsse den Wohlstand eines Landes auf den Ackerbau und nicht auf Manufacturen gründen, ich weit entfernet sey die Manufacturen auszuschliessen. Ich bin im Gegentheile überzeuget daß dise unumgänglich nöthig sind und daß ohne dieselben der Landbau bald zu Grunde gehen und alle Völker bald wider Araber werden müssten. Bey der Herausgabe meiner vermischten Schriften waren meine Begriffe hierüber schon diese, aber noch etwas schwankend. In der neuen Herausgabe der Träume die villeicht eher auf französisch als auf deutsch erscheinen wird werden Sie sehen daß ich hierüber mit Ihnen gleich denke, und mein Stück über die Handelschaft in den vermischten Schriften, so schlecht es auch ist zeiget es schon. Dasjenige über die Menschheit in den Träumen so wie es nun ausgearbeitet ist, soll auch zeigen daß ich die Möglichkeit des Lasters für den Grund der Möglichkeit von der Tugend ansehe, obwohl ich glaube es hätte seyn können daß das Laster nie wirklich geworden wäre.

Über die besondern Beyspiele die Sie wegen der Schädlichkeit der unumschränkten Getraidausfuhr anführen kann ich nicht antworten, Man müßte dise Länder kennen. Es können da Fehler in der Verwaltung, Mangel der Freyheit im ganzen Handel, Unterdrückung des landwirthschaftlichen Standes, und andre Ursachen Statt haben, welche die Übel verursachen so der Getraidausfuhr zugeschrieben werden, und es verdienet erwogen zu werden ob nicht durch die Einschränkung der Ausfuhr des Getraides dise Länder noch viel mehr leiden würden. Ich mache nur eine Anmerkung über dasjenige was Sie mir von dem Schicksale des Amtes Möckern melden. Es muß eine Hinterniß von einer ganz besondern Art da im Wege stehen sonst müßte der Roggen da nicht theurer seyn als in Berlin oder in Magdeburg und noch dasjenige dazu was der Fuhrlohn kosten muß nebst der Provision des Kaufmannes, und diser Fuhrlohn etc. kann nicht weder von Berlin auf 1 Rthl. noch von Magdeburg auf 1 Rthl.

3 gg[=Groschen] kommen. Noch mehr wenn nichts die Zufuhr an disen Ort hemmete so müßte der Roggen allda wohlfeiler seyn als an einem diser Orte, weil man ohne Zweifel von weiter her als dises Amt Mückern [sic; Möckern] ligt an dise Orte Getraid bringet.[9] Ist aber diser Ort so unbeträchtlich daß man nicht dahin fahre, so werden die Leute von Mückern doch selbst an den benachbarten Orten Getraid holen können, wenn sie Geld dazu haben; haben sie aber dises nicht so kömmt der Geldmangel gewiß nicht daher weil Getraid ausgeführet worden ist, und wenn das Getraid noch da wäre, so würden diejenigen welche solches haben es ohne Geld ihren Mitbürgern zu überlassen nicht gezwungen werden, und so wäre es ungerecht sie zu zwingen es denselben wohlfeiler zu überlassen als sie es an Fremde verkaufen könnten. Wollte die Policey daß es im Lande bliebe und könnten die Verzehrer es nicht zahlen: so wäre der Gerechtigkeit gemäß daß nur den Armen das Getraid wohlfeiler gegeben würde und daß das ganze Land beytrüge den Schaden zu ersetzen den der Verkäufer leidet weil er dise gegebne Mänge seines Getraides dem Armen wohlfeiler dargibt als er es sonst anbringen könnte. Auf dise Weise wird die Last vertheilet und wird der Landmann nicht gestraft daß er Frucht gebauet hat und nicht abgeschreckt ferner zu bauen oder gereizt mit solcher zurückzuhalten. Ich bitte Sie dises zu erwegen. Sie sind ein Landwirth in einem Lande von 10 000 Familien. Sie haben tausend Malter Weizens eingeerndtet, daran Sie Mühe, Kosten, Fleiß etc gewandt haben. Der Landesherr hat viertausend arme Familien im Lande, die er das Malter Getraides will machen um 2 Rthl. kaufen, da sie es um 3 Rthl. ausser Landes verkaufen könnten. Die Ausfuhr wird verboten. Sie lösen tausend Rthl. weniger aus ihrem Getraide. Jeder reiche Einwohner so nicht Getraid bauet gewinnt hingegen am Malter 1 Rthl. Für die Armen sollen 80 000 Rthl. gewonnen werden. Viertausend bemittelte Familien gewinnen dabey auch 80 000 Rthl. Dise 160 000 Rthl. bleiben alle auf den 2000 Familien Landwirthen. Es betrifft die eine mehr die andre weniger, eine wie die andre 80 Rthl. Würden die achtzig tausend Thl so die Armen gewinnen sollen auf alle 6000 begüterte Familien ausgetheilet wie es die Gerechtigkeit will so würde eine Familie in die andre nicht gar 14 Rthl tragen und der Landwirth würde aufgemuntert werden seinen Getraidbau zu vermehren. Hier finde ich eine gerechte Austheilung, aber in dem Verbote der Ausfuhr finde ich keine Gerechtigkeit und keine Aufmunterung für den Landmann. Wenn aber eine gänzliche Freyheit Platz hätte: so würde dises niemals nöthig seyn, wie es auch sehr mühsam und

9 Marginalie Nicolais: "NB Man bringt es dahin aber nicht nach Mökern".

in vilen Rücksichten eben nicht gar vortheilhaft seyn würde, da es immer besser ist daß die Regierung sich nicht in solche Sachen mische, und sie für sich selbst immer besser gehen. Doch nehme ich hievon die Magazine aus, die ich immer nöthig finde, obwohl nur bis auf einen gewissen Punct.

Von der Abhandlung über die Vorurtheile ist das Übrige in Bern nicht mehr gefunden worden. Was vor ein paar Jahren da gefunden worden ist haben Sie bereits in Händen.
Sie werden Hn Imhoff wohl wider in Leipzig antreffen, wo Sie ihm sodann die sechs Carolins wider abfordern können, und ich bitte Sie nochmals solche alsdenn Hn Pfarrer Elsner zuzustellen. Ich werde Ihnen darfür höchst verbunden seyn.

Danken Sie in meinem Namen Hn Sulzer für sein gütiges Andenken. Ich werde villeicht nächstens Anlaß haben es selbst zu thun. Ich umarme Sie mein schätzbarster Herr und Freund und ich verharre mit vollkommener Hochachtung

Ihr Ergebenster Diener

Isaak Iselin

[Nr. 45; Nicolai an Iselin]

Hrn R.S. *Iselin* in Basel

Berlin d. 14 Sept 1771.

Ich habe mein sehr werther Herr und Freund Ihr Schreiben vom 15 Aug. richtig erhalten. Ich habe nicht gleich geantwortet, weil ich viel schreiben wolte, aber da ich sehe, daß dis sobald nicht möglich seyn möchte, so setze ich nun in Eil die Feder an, um Ihnen von dem glüklichem Fortgang der Gesundheit unsers Zimmermann, Nachricht zu geben. Seine Wunde ist beinahe zugeheilt. Er ist vor einigen Tagen mit Zittern auf die Füße getreten, den folgenden Tag ging er auf mich gelehnt im Zimmer herum, und als ich ihn gestern Nachmittag besuchen wolte, fand ich ihn nicht, denn er war die Treppe hinaufgegangen, um seine freundschaftliche Wirthin, die Frau *Professorin Meckel* zu besuchen, die ihn mit freudigem Erstaunen, in ihr Zimmer treten sahe. Sie sehen mein bester Freund, daß der Fortgang nunmehr sehr schnell ist. Wenn die Wunde völlig geschloßen seyn wird, und wenn die bisher sehr ungestüme Witterung erlauben wird, daß Er durch Arzneyen und kalte Bäder, seinen Gliedern wieder die vorige Stärke gibt (denn itzt sind s.[eine] Beine vom langen Liegen so schwach, daß sie bald unter Ihm zittern) so wird er ausgehen und ausfahren, und alsdenn völlig gesund von Berlin abreisen können. Wie großen Antheil ich an diesem glüklichen Erfolge nehme, kann ich Ihnen nicht sagen aber Sie können es sich vorstellen, wenn Sie meine Empfindung nach der Ihrigen abmeßen.

Über den Punkt, von der Getraidepolicey, muß ich abbrechen, weil ich wirklich einsehe, daß wir nicht zusammen eins werden können. Hr Reimarus hat mich nicht überzeugt, so vortreflich seine Schrift geschrieben ist. Er vertheidigt, so wie in seinen <u>Handlungsgrundsätzen</u>, mit Sätzen die auf Menschenfreundschafft gebauet scheinen, den Eigennutz der Hamburger. Er wird die Hamburger leicht überzeugen, aber schwerlich Brandenburger, Hannoveraner und Braunschweiger. Diese Staaten würden arm, und Hamburg vergleichungsweise, viel reicher werden, wenn seine Grundsätze von allen Nachbarn Hamburgs, <u>in ihrer ganzen Ausdehnung</u> befolgt würden. Diese <u>ganze uneingeschränkte Ausdehnung</u> ist eben, die mir mißfällt. Sonst sind seine Grundsätze gut; ich wünschte, jeder Regent setzte sich vor, sie so lange auszuüben, bis andere Umstände, (die sich in jedem Lande mannigfaltig meines Erachtens ereignen) eine <u>Ausnahme</u> erfodern. Eben so nehme ich zu Grundsätzen an, daß der <u>Ackerbau</u>, der Grund der Glückseligkeit jedes Staats sey und daß die freye Ausfuhr des Getraides, den Ackerbau befördere. Aber ich kann mir doch viele Fälle vorstellen, wo die freye Ausfuhr muß eingeschränkt werden, und wo dennoch der Ackerbau im guten Flore seyn kann.

Daß das Getraide offt, wenn es zu viel ausgefahren werde nicht gleich wieder vorhanden sey, beweiset meines Erachtens der Umstand des Districts um Möckern unwiedersprechlich. Sie sagen es müßen besondere Umstände, es müßen Fehler in der Verwaltung da seyn, sonst sey dieser Vorfall unbegreiflich. Freilich mein liebster Freund, wo sind nicht besondere Umstände. Allenthalben ist die Getraidpolicey, die wir in Büchern ganz abgesondert abhandeln, mit tausend Dingen vermischt, die dem Vorrath oder dem Mangel des Getraides eine ganz andere Richtung geben, als sie vor sich betrachtet, haben würden. Ferner wo sind nicht Mängel in der Verwaltung? Sie sind im Freystaate, wie in der Monarchie vorhanden. Eben um dieser beiden Ursachen willen, glaube ich das sich die Theorie nirgend ohne einige Einschränkung anwenden läßet. Das ganz vom Waßer umströmte, und zu aller Zufuhr bequeme England, schränkt, bey sich ereignendem Mangel, die Zufuhr [sic; Ausfuhr] des Getraides ein. Und so wird es mehreren Ländern gehen.

Übrigens ist meines Erachtens der Vorfall um Möckern, weder durch besondere Umstände, noch durch einen Fehler in der Verwaltung veranlaßet worden. Die Ursachen sind ganz simpel. Die Möckernschen Nachbarn waren gewohnt nach Magdeburg und Berlin zu fahren, aber nicht nach Möckern. Deswegen fuhren sie nichts dahin, theils aus Eigensinn, theils weil sie in den gedachten beiden Städten andere Geschäffte, in Möckern hingegen nichts zu thun hatten. Solten aber die Möckernschen Bauern das Getraide selbst abholen, so ist zu bedenken **1)** Wie viel eine Reise von 4 à 5 Tagen (denn ohngefähr ein Umkreiß von 10 Meilen ist durch alzustarke Ausfuhr von Getraide entblößet worden) einem Landmann kostet, da in den Schenken, das Futter für Mann und Pferd theuer ist **2)** konten dis die Landleute nicht einmahl, weil der größte Mangel in die Saatzeit fiel. **3)** ists natürlich, daß der Bauer, dem man Getraide vom Hofe abholt, mehr gemeiniglich verlangt, als wenn ers in die Stadt zu Markt führt, die Ursachen sind bekannt. Inzwischen haben, die Möckernschen Bauern freilich mit eignen Pferden Getraide von ihren Nachbarn geholt, sonst würde es ganz gefehlt haben.

Und noch eins. Ist es zu vermuthen, daß der Möckernsche Bauer das Geld, das er im December für Korn eingenommen hatte, noch wird vorräthig gehabt haben, um im März oder April anderes Getraide zu kaufen? O Nein! Wohlhabenheit bringt Aufwand (dis ist mir Luxus im guten Verstande) zuwege. Der Bauer wird sich einen neuen Rock angeschafft haben, den er eigentlich, nicht ganz nothwendig brauchte, er wird eine Rep[er]atur an seinem Hause, die er sonst selbst würde *taliter qualiter* gemacht haben, vom Zimmermanne etwas dauerhaffter haben verfertigen laßen. Er wird sich gütlich gethan haben, und die Gans, die er sonst in eine kleine benachbarte Stadt würde zu Markte getragen haben, in dem Weihnachtsfeste selbst verzehret haben.
Dieser kleine Umstand, kann auch erläutern, daß der Bauer wenn er sein Getraide alzuhoch verkauft, in einen schädlichen Luxus verfallen kann. Und in diesem Falle scheint es mir ganz richtig, daß der Staat beßer daran ist, wenn der Bauer sein Getraide zwar mittelmäßig hoch, aber nicht alzuhoch ausbringet. (Ich abstrahire hier ganz von dem Schaden, den die Manufacturen davon haben). Überhaupt wünsche ich jedem Landmann einen Überfluß von wirklichen Gütern. Ein gutes Haus, guten Acker, gute Wiesen, viel Gartenfrüchte, viel Obst, viel Viehzucht, viel Leinenzeug u.s.w., oder wie Heinrich IV. wünschte, jeden Sonntag eine alte Henne in seinem Topf. Aber viel Geld wünsche ich ihm nicht, denn sonst würde er bald ein stolzer und filziger Pachter, anstatt eines arbeitsamen Landmannes werden. Ich glaube auch hierin liegt ein Grund, warum die Macht eines Staats nicht bloß auf Ackerbau, sondern auch auf Manufacturen gestützt seyn muß. Ich glaube immer der Umlauff des Geldes müße hauptsächlich <u>in Städten</u> erhalten werden. Dis scheint paradox. Aber ich glaube es könne mit der wahren Menschenliebe eines Regenten wohl übereinkommen. Landleute, die wenig Geld haben, aber auch das Geld nicht achten, weil sie einen Überfluß von Gütern haben, die sie der Natur und ihrem eigenen Fleiße danken. Mittelmäßige Landstädte in Menge, voller nützlicher Manufacturen und mit mäßigen Geldeinkünften, die sie durch die Industrie beständig im Umtriebe erhalten. Einige Handelsstädte die die Arbeit der Landstädte ausführen. Eine große Residenzstadt, in der die Capitalisten ihr Geld angenehm verzehren, in der Manufacturen des Luxus blühen, wo der Reichthum und die Bequemlichkeit die schöne Künste und Wißenschafften begünstigt. Ein solcher Staat scheint mir mächtig und glüklich zu seyn. -- Wollen Sie die große Stadt nicht haben? Ich bin es auch zufrieden. Aber ist sie da, so muß sie nützlich seyn.

Doch ich habe wenig sagen wollen, und habe schon einen Bogen vollgeschrieben. Ich muß abbrechen. Ich sehe ohnedem, daß ich, was ich denke, in der

Kürze nicht deutlich genug ausdrücken kann. Könte ich einmahl so glüklich seyn, mich mit Ihnen mündlich zu unterhalten, so solte diese Materie, der ich oft als einem geliebten Hirngespinste nachhänge der Gegenstand des Gesprächs, manches angenehmen Nachmittags seyn. Aber auf dieses Glück auch nur zu hoffen - ist mir untersagt.

Das einzige will ich noch hinzusetzen, daß ich aus dem *Critical Review for april 1770* ein Buch habe kennen lernen, betitelt: *A Candid Enquiry into the present ruin'd State of the french Monarchy. 8* welches neben den *Ephemerides du Citoyen* wohl möchte überlegt werden. Es scheinet mir einige Ursachen zu erörtern, warum die patriotischen Absichten der Oeconomisten in Frankreich vor der Hand noch nicht sogleich können erreicht werden.

Am Ende muß ich doch auch die deutsche Bibl. nicht ganz vergeßen. Sie haben mir versprochen, wenn der Sommer zu Ende wäre, etwas, obgleich nicht viel zu machen. Ich bitte Sie nur um folgende Recensionen

Walsers Schweizergeographie [1]770.
Verzeichniß aller Werke zur schweizerischen Geschichte auf der Bibl. zu Bern. [1]770.
Pernety Diss. sur l'amerique 70.
Defense des Recherches philos. sur les Americains 70.

Sie werden insgesamt, nur eine kurze Anzeige erfodern. Ich umarme Sie, und bin stets

Ihr ergebenster
Nicolai

[PS 1]
Ich werde an Hrn P. *Elsner* (vermuthlich meinen Sie doch den, der hier in Berlin an der Böhmischen Kirche Prediger ist) 6 Carolinen zahlen. Inzwischen laßen Sie sich doch auch die auszahlen, die Hr Imhoff einmahl für Sie hat. Ich bin ja doch auf alle Weise in Ihrer Schuld. Ich bitte Sie sehr, laßen Sie mir in dieser Sache meinen Willen.

[PS 2]
Hr. Zimmermann meint, daß Ihnen die anliegende Nachricht von den Verfaßern der Litteraturbriefe, die ich Ihm mitgetheilt habe, auch angenehm seyn werde. Ich sende Ihnen daher eine Abschrifft, doch *sub Sigillo Silentii.*

[zu Nr. 45][10]

Nachricht von den Verfassern der Briefe die Neueste Litteratur betreffend

Leßing war der erste, der die Idee zu diesem Werke hergab. Er wolte auch das Meiste machen, die Schreibart die itzt so viele schal nachahmen war eigentlich die seinige. Man sehe nur die Vorrede zu Mylius Schrifften. Man solte schwören die darin befindliche Briefe wären aus den Litteraturbriefen gezogen, so ähnl. ist die Schreibart. Wir andern (Moses, und ich und hernach Abbt) nahmen nur die äußere Form, und schrieben jeder seinem eigenen Character gemäß. Moses versprach im Anfange nur die philosophischen Briefe zu machen. Ich aber verband mich zu nichts, als wenn MST [Manuskript] fehlen solte, hin und wieder zur Ausfüllung etwas zu machen; in den ersten Theilen habe ich auch wirklich nicht mehr gethan.

Leßings Zeichen sind A. E. Fll. G. L. O. Den 43 u. 44ten Brief im 2ten Theile hat er auch gemacht. Mit dem 7ten Theile hörte er auf, weil er nach Breslau ging; und machte nachher nichts als nach seiner Zurückkunft 1763 [vielmehr: 1765] im XXIIIten Theile den 332ten Brief.

Moses Zeichen sind D. K. M. P. Z. Im 133ten bis 136ten [vielmehr: 233.-236.] Briefe (über Ramlers Ausgabe von Lichtwers Fabeln) hat er sich Fll. unterzeichnet. Außerdem sind von Ihm: Die Übersetzung der hebr. Fabeln im 30ten Briefe. Fulberti Kulmii Antwort, im 192ten Briefe der kleine 258te Brief. XVI p 67 im XIXten Theil p.41 das Orakel.

Meine Zeichen sind Re. S. T. Außerdem ist von mir im 1ten Thl der 6te Brief im VIIten Thl der 121e Brief der 192te Brief ob er gleich mit K. bezeichnet von p 190-193. Im 276ten Brief das Ende von 173 bis 179. Im 287ten Briefe (XIX p 5) die Nachricht p.5-7.

Als Leßing abging würden die Briefe bald haben aufhören müßen. Aber durch einen Zufall erhielten wir Abbten. Er schickte mir seinen Todt fürs Vaterland zum Verlag. Moses und ich lasen es im MSTe durch und beschloßen gleich die-

10 Sehr fehlerhafte Abschrift von Schreiberhand. Die "Nachricht" ist auch aus einem Brief Nicolais an Herder vom 24.12.1768 bekannt, nach dem hier einige Stellen korrigiert sind; vgl. die Erläuterungen im Anschluß.

sen Verf. zu den Briefen einzuladen. Er hat auch bis ans Ende treulich ausgehalten. Er fing im IXten Thl mit dem 148ten Br. an. Er bezeichnete seine Briefe mit B. und ein einziges mahl in der Beurtheilung von Haug mit C. Außerdem ist von ihm die Nachricht des 277ten Briefes XVIII p.23 und XIX p 8 die Zweifel. Von diesen Zweifeln ist zu bemerken daß sie eigentlich eine Recension von Spaldings Bestimmung des Menschen seyn solten. Abbten ging es dazumahl wie allen Jünglingen die aufrichtig die Wahrheit suchen, er verfiel auf mancherley Zweifel. Inzwischen wolte man diese Recension des vielen Paradoxen wegen (als Recension) nicht gern einrücken. Moses der ungern sahe, daß Abbt auf allerhand Abwege verfiel (ihr damahliger Briefwechsel ist von diesen Materien voll) beantwortete in seinem nächsten Briefe Abbts Zweifel in gleicher Laune. Nachdem wir diese Stücke nochmahls durchlasen so glaubten wir daß sie auch zusammengenommen Nutzen schaffen könten wenn sie gedruckt würden. Ich machte daher die Nachricht worin ich dichtete, als ob mir diese Sachen aus Schinznach wären zugesendet worden.

Wir wolten alle gern, daß die Briefe bis zum Frieden fortgesetzet würden und wolten überhaupt gern verschiedene Bücher nachholen, die noch fehlten z.E. Basedows Philaläthie u.s.w. Aber es war schwer wieder jemand zu finden, der sich so gut als Abbt zu den ersten Verfaßern geschickt hätte.

Wir fielen auf Herrn Räsewitz, der schon in Berlin unser Freund gewesen war. Seine Zeichen sind Q und Tz. Er fing im 17 ten Thle beim 267ten Briefe an. Er konte sich die Wahrheit zu sagen, nicht ganz in die Laune der übrigen Verfasser versetzen. Er sprach bedächtiger, aber drückte sich auch weniger concis und munter aus.

Herr Grillo ist auf folgende Art, dazugekommen einen kleinen Beytrag zu den Briefen zu liefern. Er machte in den hiesigen Voßischen Zeitungen eine kleine Beurtheilung von Willamovs Ditiramben und Steinbrüchels Übersetzung des Sophocles. [Da diese] in den Briefen noch fehlten, und keiner von uns sie zu recensiren Lust hatte, so glaubten wir, er würde sie recensiren können. Als seine Sachen abgedruckt waren, so merkten wir freilich wohl, daß wir uns betrogen hatten; und daß er eher einen flüchtigen Zeitungsaufsatz, als eine ausführliche Beurtheilung machen könte. Aber es war einmahl geschehen, und man mußte es mit unterlaufen laßen.

Er hat im XX^{ten} Thl den 302 und 303 Brief im XXI^{ten} den 304 bis 310ten Brief mit ** bezeichnet und im XXII den 316ten gemacht.

Von Herrn Sulzer ist der 78te Brief unter seinem Nahmen, und der 193te Brief *** bezeichnet.
Übrigens sind in Moses Abbts und meinen Arbeiten vielfältig Stellen von einem in des andern Arbeit eingerückt oder verbeßert worden. An zwey Orten ist es angezeiget. Neml.[ich] der 203te und 205te Brief ist **Bs**. unterzeichnet weil die Hauptanlage von Abbt u. von mir vieles hinzugethan worden und der 206te **Db**, weil die Hauptanlage von Moses, nur wenig von Abbt ist.

Erläuterungen zu Nr.45

- "wie Heinrich IV. wünschte, jeden Sonntag eine alte Henne in seinem Topf": Der berühmte Ausspruch, den der französische König gegenüber dem Herzog von Savoyen gemacht haben soll: "Je veux que le dimanche chaque paysan ait sa poule au pot."

- "*A Candid Enquiry into the present ruin'd State of the french Monarchy*": Eine in London 1770 erschienene Schrift, die den Untertitel trägt: With remarks on the late despotick reduction of the interest of the national debt of France (vgl. Kataloge der British Library und der Library of Congress). Ihr Autor war nicht zu ermitteln; sie ist nicht im "Dictionary of Anonymous and Pseudonymous English Literature" (Halkett/Laing) verzeichnet.

- "Nachricht, von den Verfaßern der Litteraturbriefe": Diese Nachricht, eine kurze Geschichte der Zeitschrift "Briefe die neueste Litteratur betreffend" mit Auflösung der Siglen, hatte Nicolai knapp drei Jahre zuvor auf Drängen Herders geschrieben: vgl. Herders Briefwechsel mit Nicolai (ed. Hoffmann 1887), S.23 und S.29-32; vgl. auch Göckingk 1820, S.24-27; Gotthold Ephraim Lessing, Briefe, die neueste Literatur betreffend. Mit einer Dokumentation zur Entstehungs- und Wirkungsgeschichte hrsg. von Wolfgang Albrecht. Leipzig 1987, S.337-339; Mendelssohn, Rezensionsartikel in Briefe, die neueste Litteratur betreffend (ed. Engel 1991), S.LI f.

- "Von diesen Zweifeln ist zu bemerken": Die hier angesprochene wichtige Debatte drehte sich um Probleme der Theodizee und der Unsterblichkeit. Abbts "Zweifel" und Mendelssohns "Orakel" sind wiederabgedruckt in: Mendelssohn, Kleinere Schriften I (ed. Altmann 1981), S.7ff.; vgl. hierzu Lorenz 1994.

[Nr. 46; Iselin an Nicolai]

Basel den 5ten Weinm. 1771
[erh. Michaelis-Messe]

Mit einer lebhaften Freude vernehme ich mein werthester Herr und Freund! d. glücklichen Fortgang der Widerherstellung unsers lieben Freundes. Ich sehe mit Ungeduld der Nachricht entgegen daß dieselbe nun vollkommen sey. Sie werden ihn ohne Zweifel bald nach Empfange dises Briefes wider sehen. Sagen Sie ihm meine Frau und ich haben das Vergnügen gehabt mit Hn Kloggenbring sehr viel und mit einem unaussprechlichen Vergnügen von ihm zu reden. Diser Herr Kloggenbring habe mir ungemein wohl gefallen.

Ich zweifle auch ob wir über den Punct der Getraidpolicey können mit einander einig werden. Herrn Reimarus Handlungsgrundsätze habe ich noch nicht zu Gesichte bekommen so sehr ich gewünschet hätte sie zu sehen; villeicht aus einer Art von sehr unphilosophischer Eigenliebe, um meine Denkungsart über disen Gegenstand darin gebilliget zu finden.

Ich habe schon oft in dieser und in andern Materien gehöret den Widerspruch der Theorie und der Praxis anführen. Mir deucht keine Einwendung so geschickt alles zu verwirren wie diese. Wir dürfen nur auf die erwiesensten Grundsätze antworten: Ja dieses ist in der Theorie wahr aber in der Praxis taugt es nicht, so sind wir sogleich fertig. Ich glaube nicht daß eine gute Theorie mit der Praxis im Widerspruche stehen könne. Sobald die Theorie von der Praxis widerleget wird: so ist es ein Beweis daß die Theorie irrig und unvollkommen ist. So verhält es sich auch damit daß ein theoretischer oder praktischer Satz wohl wahr sey aber nicht ohne Einschränkung. Er ist nicht wahr wenn er nicht mit seiner Einschränkung ausgedrücket ist. Wenn also die Lehre von der Freyheit der Handelschaft in ihrer ganzen Ausdehnung schädlich und also falsch ist so müssen wir auf höhere Grundsätze zurückgehen die wahr sind und nach denen die nöthige Einschränkung bestimmet werden muß; oder wir müssen noch die Erfahrungen sammeln aus welchen erst eine wahre Theorie kann erbauet werden und wenn wir dise noch nicht haben so müssen wir gestehen daß unsre Erkenntnis in dem Stücke so den Gegenstand betrifft um den es zu thun ist noch unvollkommen sey. Dieses ist villeicht noch dermals der Fall der Lehre von der

Getraidpolicey obwohl ich darfür halte die Verfasser der Ephemeriden haben genug Erfahrungen gesammelt um den Nutzen dieser Freyheit zu zeigen. Insonderheit wenn alle Staaten oder die meisten sie einander zugestühnden. Der Fall ob sie wenn die meisten sie versageten, für einen oder wenige die sie bewilligen würden vortheilhaft seyn würde scheinet noch schwer zu entscheiden.

Die Lehre von der Nutzbarkeit der Concurrenz muß hier zu erst in ihr Licht gesetzet werden, und noch einige andre Grundsätze des allgemeinen Rechtes.

Ist ein Landesherr befugt einem Bürger eine Verringerung seiner Vortheile zu auferlegen wenn ihm solche nicht durch einen eben so großen Vortheil von dem ganzen Staate ersetzet wird. Z. E. der Staat macht mich durch eine Anstalt tausend Thaler verliehren, und der ganze Staat bestehet aus tausend so viel Portionen Eigenthumes als ich besitze - ist es gerecht daß ich allein diese tausend Thaler trage oder müssen mir nicht 999 v. d. übrigen 999 Portionen ersetzet werden, damit ich nur meinen Thaler trage.

Ist nicht jeder Bürger befugt daß er alles was er zu kaufen hat so wohlfeil kaufe als es ohne Zwang seyn kann und daß er alles was er zu verkaufen hat so theuer verkaufe als er es ohne Zwang thun kann.

Ist dieses nicht auch für das allgemeine gut?

Sollte es aber dises nicht seyn, ist der ganze Staat nicht verbunden die Anstalten so zu machen daß jeder nur so viel Verlust leide als auf ihn fallen würde wenn der ganze Verlust so dadurch entstehet auf alle Glider des Staates nach Maaßgabe ihres steuerbaren Vermögens vertheilet würde.

Wie ist diese Absicht bey den einschränkenden Verordnungen zu erreichen, und da dises beynahe unmöglich ist soll ein Landesherr es wagen auf Gerathe wohl hin einem Theile der Unterthanen Unrecht zu thun um einem andern Vortheile zu verschaffen.

Gibt es nicht bessere Mittel für den nöthigen Vorrath und für die Begünstigung der Emsigkeit zu sorgen als Zwang und Einschränkung.

Sind die Vortheile der Einschränkung grösser als die Übel welche dadurch verursachet werden.

Hier ist Stoff für ganze Bücher und nicht für Briefe allein. Die parisischen Ekonomisten haben aber wie es mir scheinet diese Fragen erschöpfet. Wenn dise werden in Deutschlande recht studieret und in Frankreich nicht mehr von dem Eigennutze einiger, mehr verlachet als bestritten werden, so werden in disen grossen Ländern wahrscheinlicher Weise alle Dinge eine bessere Gestalt bekommen.

Ohne einen verzweifelten Criminalproceß der mir auf dem Halse ligt und der mir die meisten meiner sonst freyen Stunden geraubet hat würde ich Ihnen mit diesem Briefe die verlangten Anzeigen geliefert haben. Sie sollen sie aber bald erhalten, denn ich hoffe bald dieser mir so sehr verhaßten Arbeit los zu seyn.

Von Hrn Imhof habe ich sechs Carolins erhalten für die ich Ihnen sehr verbunden bin, obgleich ich noch nicht recht weiß ob ich sie mit gutem Gewissen behalten soll. Der Herr Pastor Elsner an den ich Sie bat solche zukommen zu lassen ist derjenige so an der böhmischen Kirche in Berlin stehet. Ich bitte Sie in dem Maimonate des nächstkünftigen Jahres disem Herrn zween und einen halben Carolin auf meine Rechnung zukommen zu lassen und an ihn nun inligendes Briefgen richtig und sobald es möglich ist zu bestellen, in welchem ein Wechselbriefgen von gleicher Summe oder besser zu sagen von 60 franz. *livres* enthalten ist.

Ich habe seit einer undenklichen Zeit keine Syllbe von Herrn Basedow erhalten, und ich höre daß das Geschäft in Dessau den glücklichen Fortgang nicht hat den er sich anfänglich versprach. Was macht die Vorrede zum Chalotais für einen Eindruck. Hr Lavater hat mich verleitet einen Brief dagegen zu schreiben. Ich habe über die zur Unzeit im Agathokrator angebrachte Heterodoxie Hn Basedow ernstlich zugeschrieben. Er hat nicht nöthig die Theologen aufs neue wider sich aufzubringen. Ich umarme Sie und unsern lieben Zimmermann und verbleibe

Ganz der Ihrige
Isaak Iselin

Erläuterungen zu Nr.46

- "Vorrede zum Chalotais": Louis René de Caradeuc de la Chalotais, Essai d'éducation nationale ou Plan d'études pour la jeunesse, o.O. 1763. Zur deutschen Übersetzung (Versuch über den Kinderunterricht, Göttingen 1771) schrieb der Göttinger Professor August Ludwig Schlözer ein Vorwort, in dem er Basedows Erziehungskonzept scharf angriff.
  Lavater und Iselin erwogen daraufhin eine Fortsetzung ihres Briefwechsels zugunsten Basedows, den sie ein halbes Jahr zuvor publiziert hatten: "Einige Briefe über das Basedowsche Elementarwerk von Isaak Iselin und Joh. Casp. Lavater", Zürich 1771. Zu einer Fortsetzung kam es dann aber erst 1774 mit zwei neuen Briefen "über die Basedowsche Erziehungsmethode" in den Frankfurter Gelehrten Anzeigen (Mai 1774); alle diese Briefe auch in: Iselin, Pädagogische Schriften (ed. Göring 1882), S.243-263; vgl. auch zu Nr.47.

[Nr. 47; Nicolai an Iselin]

Hrn Rathsschreiber *Iselin*
in Basel

Berlin d. 30 Nov. 1771.

Ihren sehr angenehmen Brief vom 5 Weinmonats, habe ich richtig erhalten. Ich wolte ihn in Leipzig beantworten, aber es war unmöglich. Seit meiner Zurückkunfft, ist heute der erste Tag, da ich eine Stunde frey habe, aber auch kaum eine Stunde.

Von Leipzig aus, habe ich Ihnen, durch Einschluß d. Hrn *Imhoffs* den XI.ⁿ B. der Bibl. u. 1 Expl. von Hrn Sulzers Wörterbuch (das er Ihnen schickt) desgleichen ein klein Pk. [Paket] an die Fürstin von *Zerbst* gesendet, welches Hr Sulzer bitten läßet, ihr in eigene Hände, wo möglich ohne Vorwißen Ihres Gemahls zu geben. Es enthält, glaube ich, eine Supplik der Unterthanen.

Ich habe Ihnen *sub* A. nochmals die fehlenden Recensionen aufzeichnet, und *sub* B. habe ich einige aufs Neue verzeichnet; die Hauptsachen sind 1) die 3 Streitschrifften über die *Recherches philosophiques*, die Sie wohl zusammennehmen werden, 2) die Schrifften von den Kornpreisen pp, die Sie wohl auch zusammennehmen werden. Diese letzteren habe ich Sie zu recensiren bitten wollen, um Ihnen Gelegenheit zu geben über diese Materie Ihre Gedanken in der Bibl. zu sagen.

Ich sehe freilich, daß wir über diese Materie nicht ganz einig werden werden, und ich merke immer mehr, daß sie sich in einem freundschaftl.[ichen] Briefwechsel, in Briefen, die mehrentheils vor Abgang der Post, flüchtig geschrieben werden, nicht erschöpfen läßet. Wenn wir ja correspondiren wolte [sic], so müßte einer einen Brief, mit eben solcher Sorgfalt entwerfen, als ob er solte gedrukt werden; er müßte eine Copie behalten, und der andere müßte mit der Antwort, eben so verfahren. Es müßten aber auch die Materien festgesetzt und eingetheilt werden, damit wir nicht zu sehr ins Weite geriethen. Alsdenn könten wir vielleicht der Sache näher kommen. Doch sehe ich freilich auch ein, daß um einen zusammenhängenden Aufsatz zu machen, ich noch vieles würde lesen müßen, um alle *topicks* bey der Hand zu haben. Dazu würde mir wenigstens diesen Winter über die Zeit fehlen. Ich habe die *Ephemerides* nunmehr gesehen, und auch einige Theile durchlaufen. Aber ich sehe freilich wohl, daß diese Leute, wo nicht sehr unbestimmt, dennoch sehr dunkel schreiben, und man ein ordentliches Studium anwenden müße, um sie ganz zu verstehen, und dazu merke ich fehlet mir die Zeit.

Hr. Reimarus ist ganz der Meinung der Ephemeristen, daß der Kornhandel gänzl. ohne einige Einschränkung sein soll; ja er will nicht einmahl Magazine haben, damit dadurch die Speculationen der Kornhändler nicht gestöret würden. Das sind schöne Handlungsprincipien für Hamburg, welches wenig braucht, beständige starke Zufuhr hat, und bloß durch die Handlung, und ich darf es sagen, auf Kosten der umliegenden Brandenburgischen Lüneb.[urgischen] u. holsteinischen Lande reich wird. Was ist dem reichen Kornhändler daran gelegen, ob der Brandenb. u. Lüneburgische Bürger Mangel hat; er wünscht sogar den Mangel, denn nichts ist für den Kornhandel günstiger als der Mangel. Ich befürchte ohne Magazine, kann der ganz freye Handel in vielen Fällen sehr gefährlich werden. Der Kornhandel ist bald in den Händen einiger reichen Particüliers, die den Preiß immer höher treiben, bis endlich der gänzliche Mangel, den ausführenden Handel in einen einführenden verwandelt, wobey der Kornhändler wieder gewinnt, aber das ganze Land zu Grunde gehet. Wir haben, von den übeln Folgen, der Theorie itzt traurige Exempel. In Leipzig hat die öconomische Gesellschafft, die ephemeridischen Principien in ganz Sachsen bekannt gemacht, jedermann zum Ausführn aufgemuntert, und diese auf alle Art befördert. Sachsen hat im Jahre 1770 1 Million Dreßdner Scheffel à 2 Rthl. ausgeführt, und man hat im Anfange den Nutzen dieser Ausfuhr sehr hoch angerechnet. Aber wie stehts 1771. Böhmen ist gesperrt, das benachbarte kornreiche Thüringen hat bey gänzlich freyer Ausfuhr alles nach Nürnberg u. dgl. wo es noch theurer war gesendet. Nun hat Sachsen mit einmahl den äußersten Mangel, weil die Ernte nicht gerathen war. Es sind viele 100 Menschen im Erzgebürge Hungers gestorben. Nun muß Sachsen 1 Million Scheffel u. mehr à **5** Rthl. auswärts kaufen, und es ist ein großes Glück, daß der König von Preußen sich hat bewegen laßen, in dieser Noth, den *Transito*-Zoll in Magdeburg für 200 Last Getraide, die für Sachsen von Hamburg kommen aufgehoben hat, denn wenn der König dis nicht gethan hätte, so müßte Sachsen entweder Hungers sterben, oder das Korn zu einem noch viel höheren Preise eßen. Ist hier nicht offenbar, daß hier durch diese Theorie, bloß einige Kornhändler, bey Ausfuhr u. Einfuhr gewinnen, das Land aber an 2 Millionen Thaler verliert, und der Ackerbau schlecht befördert wird, denn in Sachsen hat der Bauer, itzt nicht das Saatkorn.

In Thüringen ists noch ärger gegangen. Der Bürgermeister *Hadelich* in Erfurt, ein Gelehrter, aber zugleich auch ein starker Kornhändler hat im Anfang dieses Jahr [sic], in den Erfurtischen Intelligenzblättern, eine Abhandlung bekannt gemacht, worin er den Nutzen der Ausfuhr des Korns behauptete, und die vielen 100 000 Rthl. berechnete, die das Land dadurch gewinnen könte. Hierauf ist alles ausgeführet, u. der Bürgermeister selbst, hat viele 1000 Lasten aufgekaufft. Hierdurch ist in dem kornreichen Thüringen, schon im Jul. der Mangel so groß gewesen, daß in Erfurt selbst, ein Aufruhr, wegen Mangel des Brodts gewesen, wobey Menschen erschlagen worden, und der Bürgermeister, ist, wie mich dünkt, nicht ohne Grund beschuldigt worden, daß er um seines Privatvortheils willen die Stadt am Brodte Mangel leiden laße. Izt kostet in dem fruchtreichen Thüringen der Dreßdner Scheffel 7 à 8 Rthl. u. viele Leute darben.
In Meklenburg wird itzt eine Hungersnoth befürchtet, wofern auf dem Landtage nicht die Ausfuhr verboten wird.

Kurz es scheint mir ausgemacht: daß die Frucht erst alsdann ein Gegenstand der auswärtigen Handlung werden kann, wenn im Lande selbst, für Vorrath gesorget ist. Sonst bereichern sich wenige reiche Kornhändler auf Kosten des Landes; alle Handwerker u. Manufacturen liegen danieder, der Arme stirbt Hungers, und selbst der Ackerbau, wird nicht befördert, weil der Bauer, bey dem geringsten Unfalle, das Brodt u. Saatkorn, dreymahl so hoch kaufen muß, als er verkauft hat, und also nichts gewinnt. Der reiche Pachter kann gewinnen aber der Bauer nicht.

Ich habe in Göttingischen Zeitungen gelesen, daß in den *Ephemerides* die Obrigkeit getadelt wird, die bey Brodmangel, ihren Vorrath den Armen wohlfeiler verkaufft, weil sie dadurch die Speculationen der Kaufleute störe. Ich weiß nicht, wie man so hartherzig urtheilen kann. - Doch genug ich verliere mich wieder in diese Materie.

Daß Hr *Zimmermann* d. 8 Nov. von hier gänzlich geheilt abgereiset ist, wird er Ihnen vermuthlich selbst gemeldet haben. Er ist auch glükl. i. Hannover angekommen. Hn Elsner habe ich gleich 2 1/2 Carolin gezahlt, denn warum solte ich bis den May warten? Inliegender Brief ist von Ihm. Ich bin immer noch Ihr

Schuldner, und Sie müßen sich nicht weigern, einige Entschädigungen für Ihre Mitarbeit an der Bibl. an[zu]nehmen, sonst darf ich es nicht wagen, Sie darum zu ersuchen. Ich bin von ganzem Herzen

Ihr ergebenster
Nicolai

[PS]
Ich begreife nicht, daß Sie Reimarus Handl. Grundsätze dort nicht haben können. Ich werde sie Ihnen, mit dem neuen Stke der Bibl. senden.
Die Vorrede zum Chalotais tut Hn Basedow immer einigen Schaden. Es thut mir Leid, daß Schlötzer der sonst ein so wakerer Mann ist, diesen Ausfall gethan hat, aber ich bedaure auch, daß Basedow so hefftig u. doch so seicht geantwortet hat. Ich hatte schon versucht Schlötzern auf gelindere Gedanken zu bringen als mir H. B. selbst alles verdarb.

Erläuterungen zu Nr.47

- "Fürstin von *Zerbst*": Friederike Auguste Sophie, geborene Prinzessin von Anhalt-Bernburg. 1764 hatte sie den Fürsten Friedrich August von Anhalt-Zerbst (vgl. zu Nr.48) geheiratet und war mit diesem 1765 nach Basel übergesiedelt, wo sie 26 Jahre lebte und engen Austausch u.a. mit Iselin und Peter Ochs pflegte. 1791 zog sie nach Jever/Ostfriesland um; vgl. Im Hof 1967, S.40 mit Anm.15, und Kriemhild Ysker, Das Leben der Fürstin Friederike Auguste Sophie von Anhalt Zerbst. In: Der Historien-Kalender auf das Jahr 1996 (Jever), S.52-69.
- "In Leipzig hat die öconomische Gesellschafft": Die Leipziger Ökonomische Sozietät war 1764 gegründet worden und gab seither eine Zeitschrift unter dem Titel "Anzeige von der Leipziger oekonomischen Societaet" heraus. Die frühen Ausgaben sind inzwischen sehr selten geworden, so daß Artikel zugunsten der physiokratischen Ideen nicht nachgewiesen werden konnten. 1772, also gegen Ende der großen Hungerkrise, heißt es sehr vorsichtig: "Ob nun fast sämmtliche Landesherren durch die verbotene Ausfuhre des Getreydes ihren Ländern Nutzen geschaffet haben? ist eine mit vielen Gründen so oft bestrittene, behauptete und widerlegte politische Frage, wannenhero man zur Zeit wohl schwerlich etwas gewisses dieserhalb bestimmen kann": Anzeige von der Leipziger oekonomischen Societaet in der Ostermesse 1772, S.47.

- "Der Bürgermeister *Hadelich* in Erfurt": Siegmund Leberecht Hadelich war Professor für Philosophie und Kameralwissenschaften an der Universität Erfurt, Mitglied der Leipziger Sozietät und Propagator der "deutschen Baumwolle". Darüberhinaus war er seit 1765 im dreijährigen Transitus Älterer Bürgermeister von Erfurt. Nach einem besonders strengen Winter stiegen die Getreidepreise in Erfurt 1771 von 24 Reichstalern pro Metze im April auf 106 Reichstaler im Juli (freundliche Mitteilung von Dr. Walter Blaha, Stadtarchiv Erfurt). Der im Juli ausbrechende Tumult richtete sich auch gegen den Bürgermeister persönlich, der offenbar Spekulationsgeschäfte mit Getreide betrieben hatte; vgl. hierzu den darstellenden Teil, Kap.IV/1, S.98f.

- "in den Erfurtischen Intelligenzblättern": Vermutlich meint Nicolai den folgenden, anonym erschienenen Aufsatz: Wohlgemeynte Gedanken über die Frage: Ob es einem Lande nützlich sey, daß man die Ausfuhre des Getraides aus demselben verbiete? in: Erfurthisches Intelligenz-Blatt, bestehend in Anfragen und Nachrichten vor das Publicum mit untermischten gemeinnützigen oeconomischen und moralischen Abhandlungen Bd.3 (1771), 11. Stück (16.3.1771), S.84-87, und 12. Stück (23.3.1771), S.93f. Der Autor, offenbar Hadelich, wendet sich entschieden gegen Getreideausfuhrsperren. Er argumentiert, durch solche Verbote nehme man den Bauern den Anreiz zur Steigerung der Produktion. Frankreich und Ungarn seien hierfür warnende Beispiele: Früher Überschußgebiete, seien diese Länder nun zu Getreideimporten gezwungen. In England hingegen hätten Ausfuhrprämien zu einer blühenden Landwirtschaft geführt. Thüringen, in dem ein Mangel an Nahrungsmitteln unmöglich sei, leide an Geldknappheit. Hier könne die Getreideausfuhr abhelfen. Alle Stände, auch die Tagelöhner, profitierten von einem erhöhten Geldumlauf. Im übrigen sei eine Teuerung nicht das Werk der Menschen, sondern Gottes gerechter Wille.

- "Ich habe in Göttingischen Zeitungen gelesen": Nicolai bezieht sich auf die Rezension der Ephémérides du citoyen 1770/12 in den Göttingischen Anzeigen von Gelehrten Sachen (vormals: Göttingische Zeitungen von Gelehrten Sachen) 8.8.1771 (94. Stück), S.806ff. Autor dieser (anonymen) Besprechung war Albrecht von Haller, der auch sonst sehr regelmäßig die monatlich erscheinenden Ephémérides angezeigt hat; vgl. Fambach 1976, S.18.
  In einem Aufsatz des 12. Stückes der Ephémérides 1770 waren die Versorgungsmaßnahmen der Republik Bern (Verkauf subventionierten Brotes an die Armen) als unstatthafte Störung der kaufmännischen Spekulation kritisiert worden. Haller hingegen nennt solche Spekulation "Kornwucher" und nimmt seine Obrigkeit in Schutz: Es sei "keine Gutthat in dieser Art grösser als dem Armen zu Brodt zu helfen, auf daß er den klebrichten Händen der Müller und Bäcker entgehe". Ohne staatliche Unterstützung könne ein Tagelöhner mit Familie die Zeit des Kornmangels nicht überstehen - auch nicht durch Mehrarbeit, wie der "hartherzige Weise" der Ephémérides ihm rate. Nicolai und Haller sind sich in dieser Hinsicht also ganz einig.

- "daß Basedow so hefftig u. doch so seicht geantwortet hat": Johann Bernhard Basedow, Documentirte Beschreibung der Schlözerischen Thaten wider das Elementarwerk, 1771. Über den Schlözer-Basedow-Streit äußert sich Nicolai auch in einem Brief an Joh.(v.)Müller vom 12.6.1772 (Nicolai, Verlegerbriefe, ed. Fabian/Spieckermann 1988, S.80): Er verteidigt darin Basedow und hebt dessen lautere Absichten hervor; im Brief an Iselin vom selben Tag (Nr.50) betont er wiederum die Verdienste Schlözers. Es wird deutlich, wie sehr Nicolai in diesem Fall auf Ausgleich bedacht war.

[Nr. 48; Iselin an Nicolai]

Basel den 17. Jäners 1772.
[erh. 12. Febr.]

Seit einigen Monaten bin ich wider sehr beschäftigt gewesen, mein schätzbarster Freund! Mit Mühe finde ich diesen Augenblick mich mit Ihnen zu unterhalten. Ich habe indessen angefangen die Anzeigen zu machen um die Sie mich ersuchet haben. Hier übersende ich Ihnen die von den verschiedenen Schriften über das Getraidwesen. Sie ist mir gar zu weitläufig ausgefallen. Sollte sie es für die Bibliothek gar zu sehr seyn so überlasse ich es Ihrem Gutbefinden unter welchem Titel es Ihnen gefallen wird sie besonders drucken zu lassen. Es wird leicht seyn einen kleinen Auszug daraus für die Bibliothek zu machen. Allenfalls könnte ich es selbst thun, wenn Sie es verlangen. Nur habe ich für acht oder vierzehn Tage eine Arbeit deren Beendigung mir sehr angelegen ist, indem sie meine Lieblingswissenschaft die Erziehung der Jugend betrifft. Alsdenn will ich mit dem Usong anfangen, und darauf die andern kleinen Anzeigen gleich fertig machen. Nur verbitte ich mir die so den Hn von Pau [sic; van Pauw] und Herrn Pernetti angehen. Ich bitte Sie dieselben jemand anders aufzutragen. Ich habe nicht für alle Zeit und zu diesen insbesondre keine Lust.

Ich danke Ihnen für die zehn sage fünfzehn Rthaler welche Sie Herrn Elsner für mich zugestellt haben. Hier ist wider ein Briefgen für diesen würdigen Geistlichen, den ich Sie bitte Ihm zuzusenden.

Ich bitte Sie Herrn Sulzer meine Danksagung abzustatten für das schöne und in jedem Verstande kostbare Werk mit dem er mich beehret hat. Das Packet habe ich der besten Fürstinn selbst überreichet. Sagen Sie mir doch, wenn Sie sie wissen, die Ursachen warum Ihr selzamer Herr sich beständig ausser seinem Lande aufhält. Er thut hier wenigstens dergleichen als ob er glaubete daß ihn keine Seele kenne. Ich kann mich aber nicht überreden daß er nicht merke daß man wisse wer er ist. Die Fürstinn wird wegen ihrer Leutseeligkeit von jedermann verehret, und die Gelassenheit mit welcher sie sich in das stille und sonderbare Leben schicket welches sie führen muß machet sie zu einem Gegenstande einer allgemeinen Bewunderung. Sie thut den Armen ungemein viel Gutes. Als sie vor sieben oder acht Monaten an den Kinderpocken darniderlag, war unsre ganze Stadt in der äussersten Bestürzung bis man sie ausser Gefahr wußte. Sie liest überaus viel und sie hat eine Fräulein von Bachof [sic; vielmehr v.Backhof] bey sich die auch eine Liebhaberinn von der Lectur ist.

Was macht Herr Basedow nun in Dessau. Ich bedaure ihn wegen seiner Antwort an Hn Schlözer. Diser Mann, ich meyne Hn Basedow, wird der Anlaß zu unendlich vielem und von vielem das Werkzeug seyn, aber sein eigenes Glück wird er nicht machen und etwas im Ganzen Gutes wird er schwerlich liefern. Er wird wahrscheinlicher Weise den Triumph nicht geniessen, den er am meisten befördert hat.[11] Andre werden in dem Sigeswagen stolz daher fahren, obgleich sie weniger zum Sige beygetragen haben werden als er, und dieses sage ich nicht nur von dem Erziehungsgeschäfte sondern noch von vielen andern Sigen über herrschende Vorurtheile. Erst spät, erst wenn die Martyrer der Wahrheit lang schon vermodert sind genießt die Welt die Früchte ihrer Thaten.

Ich habe die Abhandlung über das Getraidwesen nicht mehr durchsehn können. Ich bitte Sie deshalben die orthographischen Fehler des Abschreibers und andre nach Gutbefinden auszubessern oder ausbessern zu lassen. Die Materie ist gar nicht erschöpfet, allein ich glaube die Grundsätze seyn ziemlich vestgesetzet. Allein die Welt ist noch lange nicht reif genug gute Grundsätze zu umfassen, und die ehrlose Art, wie die Völker allerorten mit Auflagen gedrücket werden wird endlich alles zu Boden drücken.

Ich habe von Herrn Zimmermann seitdem er in Hannover ist nichts mehr gehöret. Er hat einen enthusiastischen Brief über die Unterredung die er mit Ihrem Könige gehabt hat in die Schweiz gesandt.

Herr Klotz hat seine Bahn gar zu geschwind verlassen müssen. Er hat nichts dabey verlohren weil er nun glücklich ist, und die Welt noch viel weniger.

Ich umarme Sie von Herzen. Leben Sie vergnügt.

I.Iselin

[PS]
Ich bitte auch wenn die beygehnde Anzeige der Bibliothek eingerücket wird, ein andres Zeichen dazu zu setzen als mein gewöhnliches.

---

11 Marginalie Nicolais: "Dieser Meinung bin ich auch".

Erläuterungen zu Nr.48

- "eine Arbeit deren Beendigung mir sehr angelegen ist": nicht ermittelt; Iselins Tagebuch von 1772 ist nicht erhalten.

- "Ihr selzamer Herr": Friedrich August, letzter Fürst von Anhalt-Zerbst und Bruder der Zarin Katharina II. Er regierte sein Land aus dem Exil, weil er die Nähe des mächtigen und ihm verhaßten Preußenkönigs scheute. Friedrich Augusts an Willkürherrschaft grenzender Regierungsstil und das von ihm in Zerbst eingesetzte korrupte Geheimratskollegium waren beim Volk äußerst unbeliebt; vgl. Hermann Wäschke, Anhaltische Geschichte Bd.III. Cöthen 1913, S.231-240. Mit seiner Frau (vgl. zu Nr.47) lebte Friedrich August großenteils in Basel. Iselin hatte ihn bereits 1752 in Paris kennengelernt und in sein Tagebuch notiert: "Der Prinz von Anhalt-Zerbst hat kein gar gutes Ansehn und verspricht nicht vilen Verstand" (ed. Schwarz 1919, S.121).

- "Er hat einen enthusiastischen Brief über die Unterredung die er mit Ihrem Könige gehabt hat in die Schweiz gesandt": Zimmermann hatte auf der Rückreise von Berlin nach Hannover am 27.10.1771 in Sanssouci die Gelegenheit, sich fünf Viertelstunden mit Friedrich d.Gr. zu unterhalten. Über dieses Gespräch berichtete er noch am selben Abend in einem Schreiben an seinen Vetter Johannes Schmid in Brugg, der davon Abschriften machen und diese an andere Freunde Zimmermanns in der Schweiz senden sollte; so auch an Iselin. Der Brief ist in einem schwärmerischen Ton abgefaßt: Zimmermann beschreibt sich als "trunken von Freude und unaussprechlich grossem Glücke" und sagt vom König: "le plus grand homme de mon siècle en est aussi le plus aimable!" Der Brief jetzt in Zimmermann, Mit Skalpell und Federkiel (ed. Langenbacher 1995), S.276-283.

- "Herr Klotz hat seine Bahn gar zu geschwind verlassen müssen": Klotz war am 31.12.1771 gestorben.

[Nr. 49; Iselin an Nicolai]

Basel den 15. Horn. 1772.
[erh. 2. Apr.]

Die Anzeige vom Usong hat mir nicht wenig Mühe gekostet, mein werthester Herr und Freund! Ein Werk von einem unsrer grössten Schriftsteller das seines Verfassers so wenig würdig scheinet also beurtheilen daß man ohne Umschweif die Wahrheit heraus sage, sollte einem billig nicht wenig Bedenkens verursachen. Indessen habe ich geglaubt man sey der Wahrheit mehr schuldig als dem Ansehn. Villeicht habe ich noch zu ängstlich gesuchet den Mann zu besänftigen dem ich wehe zu thun genöthigt war; denn Herr von Haller ist über die Urtheile die von seinen Schriften gefället werden viel empfindlicher als es ein Weiser seyn sollte. Finden Sie diese Anzeige zu scharf, so schmeissen Sie solche weg, die andern welche solche begleiten sind von keiner Erheblichkeit.

Ich habe seitdem Herr Zimmermann wider in Hannover zurück ist nichts von ihm gehöret. Ich hoffe er werde nun vollkommen gesund seyn.

Nun haben Sie den Feind verlohren der Ihnen so furchtbar seyn wollte.[12]
Ich muß nicht vergessen anzumerken daß ich aus Anlasse des Antimirabeau noch zwo Schriften angezeiget habe, welche zu beurtheilen ich keinen Auftrag hatte, die eine von Hn Schlettwein und die andre von Hn Springer. Sie schienen mir gar zu genau mit dem Antimirabeau verknüpfet. Ich überlasse Ihnen aber auch solche wegzulassen. Es ist hierunter kein Klotzischer Kunstgriff verborgen und ich will niemand vorsetzlich beleidigen wie er den guten Hn Reinhard. Ich beurtheile andere wie ich wünsche beurtheilet zu werden, unpartheyisch und mit der Achtung die ein Schriftsteller dem andern wenn er nicht grob seyn will soll angedeihen lassen. Ich umarme Sie und verbleibe

Ihr gehorsamster Diener
I.Iselin

In Eile *ex senatu*

---

12 Marginalie Nicolais: "näml. Klotz meint er".

Erläuterungen zu Nr.49

- "aus Anlasse des Antimirabeau": Johann Jacob Mosers "Antimirabeau", Schlettweins "moiens d'arrêter la misère publique" und Springers "Oekonomische und cameralische Tabellen" hat Iselin in ADB 18/2 (1773) besprochen; hier auch seine Rezensionen zu Wielands "goldnem Spiegel", Hallers "Usong" und zu verschiedenen Schriften über die Getreidepolitik: vgl. das Verzeichnis der Rezensionen Iselins.

- "wie er den guten Hn Reinhard": Gemeint ist der Erlanger Geschichtsprofessor Johann Paul Reinhard, der sich über die Fehde mit Klotz äußert in seinem "Sendschreiben an einen auswärtigen Freund von den bisherigen Klotzischen Zudringlichkeiten". Frankfurt und Leipzig 1770.

[Nr. 50; Nicolai an Iselin]

R.S. Iselin in Basel

Berlin d. 12 Jun 1772

Ich habe mein sehr werther Herr und Freund, sehr lange nicht an Sie geschrieben. Ich habe Ihre Briefe v. 17 Jan und 15 Hornung noch unbeantwortet vor mir liegen. Die Unterhaltung mit einem abwesenden Freunde, ist ein sehr großes Vergnügen, deßen man sich theilhaftig machen solte, so oft es möglich ist, aber um dieses Vergnügens lebhaft zu genießen, muß man auch den Geist, von Sorgen und Geschäften, die keinen Aufschub leiden, frey haben, und dis ist bey mir sehr selten der Fall.

Ich habe Ihnen durch den jungen Hrn *Imhoff* das neue Stk der Bibliothek die Beschreibung von Zimmermanns Krankheit und meines Freundes d[es] Hrn Pr.[ediger] Eberhards Neue Apologie des Sokrates gesendet. Dieses letztere Buch wird hoffentlich Ihrer Aufmerksamkeit und vermuthlich auch Ihres Beifalls, nicht unwerth seyn.

Ihnen mein werthester Freund danke ich für die übersendeten Anzeigen. Die, über die Getraideschriften habe ich um nichts verkürzet. Gutes Raisonnement, mag immer die Bibliothek vergrößern, wenn es nur mittelmäßiges nicht thut. Sie wißen zwar wohl, daß ich mit Ihnen in Absicht auf die Anwendung der ökonomischen Grundsätze, auf die Ausfuhr des Korns nicht gleicher Meinung bin. Aber die meisten unserer deutschen Finanzer haben so eingeschränkte und falsche Grundsätze von der Getraidepolizey, daß nur erst zu wünschen wäre, daß sie gute und menschenfreundliche Grundsätze hierüber hegen möchten, der Mangel in der Anwendung würde sich Zeit genug schon finden, wenn man den Zustand jedes Landes besonders erwöge, und sich nicht mit Gewalt darauf setzte, Grundsätze ohne Einschränkung anzuwenden, die nicht ohne Einschränkung, angewendet werden können. In der That haben wir [in] unsern Gegenden Beispiele, daß die uneingeschränkte Ausfuhr des Getraides ganze Länder unglüklich machen kann. H. <u>Reimarus</u> mag sagen was er will. Er spricht als ein Hamburger, und Hamburg wird blühen, wenn alle umliegende Länder ihm ihr Korn zuführen, damit der Hamburgische Kaufmann [das] Korn wohlfeil auf *Speculation* aufschütten kann, und Hamburg wird noch mehr blühen, wenn alle umliegende Länder, durch die alzustarke Ausfuhr ausgeleert, ihr eigenes Korn wieder dem Hamburger Kaufmann, mit dreifachem Wucher abkaufen müßen. Hierdurch blühet aber eine einzige Stadt unterdeßen daß ganze Länder verwüstet werden. Sachsen, das so kornreiche Sachsen, ist itzt ein sichtliches Beispiel davon. Sachsen hat im vorigen Jahre eine Summe Korn, den ökonomischen Grundsätzen zufolge, durch freye, ja stark begünstigte Einfuhr [sic; Ausfuhr] für ohngefähr 2 Millionen, außerhalb Landes verkauft. Die ökonomische Gesellschaft in Dreßden triumphirte, über das viele Geld, das ins Land gekommen war, und über die Aufmunterung die dem Ackerbau, gegeben würde. Aber was geschahe, die Erndte mißrieth, der Bauer hatte selbst weder Saat- noch Brodtkorn, durch den hohen Kornpreiß gingen alle Manufacturen zu Grunde, besonders die Spitzenklöppeleyen im Erzgebürge, wo wegen Mangel des Ackerbaues, (da der Boden alzu felsicht ist) fast alles vom Bergbau, Garnspinnen und Spitzenklöppeln lebt. Nun mußte Sachsen eben dieselbe Quantität Korn, die es vorm Jahre für 2 Millionen ausgeführt hatte, wieder mit 5 Millionen einkaufen und wenn der König von Preußen, nicht so menschlich gehandelt hätte, daß er sehr ansehnliche Quantitäten Korn sowohl auf der Elbe als auf der Oder theils ohne theils mit sehr leidlichem Zolle nach Sachsen gelaßen hätte, so wäre es viel höher zu stehen gekommen und Sachsen hätte ganz verhungern müßen. Bey dieser freyen Aus- und Einfuhr haben sich Hamburg und andere seefahrende Städte sehr herrlich befunden. Die hartherzigen Kaufleute - [13]Ich weiß wohl, es gehört auch zu den ökonomischen Principien, die Kaufleute die mit Korn handeln, nicht des Geizes zu beschuldigen, oder zu glauben, daß es möglich wäre, daß sie wirklichen Kornmangel erregten. Aber wie wenig kennt man diese Leute. Ich will nur ein Exempel anführen. Der K.[önig] v.[on] Pr.[eußen] hat, wider seine sonstige politische Principia, aus Menschlichkeit, die ihm wirklich Ehre macht, bey dem großen Elend in Sachsen, die Durchfuhr des Getraides nach Sachsen erlaubt. Hiemit waren einige Kaufleute in Stettin u. Colberg übel zufrieden, weil ihr Wucher gestört ward. Die sächsischen Commißionärs hatten nun zwar das Getraide seewärts eingebracht, aber die pommerschen Kaufleute, mietheten alle Kähne, die Korn fahren konten, für eigene Rechnung. Es war kein Kahn oder Schifsgefäß [sic] zu bekommen, bis endlich aus Mangel derselben die Sachsen den Kaufleuten, das Getraide, das anfing zu verderben, mit Verlust verkaufen mußten. Nun waren Schiffe da, die Kaufleute verkauften nun

---

13 Der folgende Abschnitt ist ein großer Einschub, den Nicolai an den Rand des Briefes geschrieben hat.

den Sachsen, die unterdeßen noch ein paar Monate gehungert hatten, das halbverdorbene Getraide, mit großem Vortheile, und brachten die Sachsen auf diese Art, um die Wirkungen der Menschenliebe, ihres eignen Landesherren. Ich gestehe ich habe mich oft geärgert, wenn Hr. Reimarus den Kornwucherern so sehr das Wort redet. Ich weiß wohl, daß man sie nicht ganz verderben, sondern ihren Weg gehen laßen muß; aber man muß das Wohl eines Staates warhafftig nicht in ihre Hand setzen. Sie laßen 1000de verhungern, um selbst reich zu werden.

["Die hartherzigen Kaufleute,..."][14] die alle Mittel anwendeten, den Kornpreis in die Höhe zu treiben, sind sehr reich dabey geworden. Sachsen aber verliehrt durch die freye Ausfuhr 3 Millionen Geld, ein[en] großen Theil seiner Industrie, und eine überaus große Menge Menschen. Das Elend übersteigt in der That allen Glauben. Im Erzgebürge sind seit Anfange dieses Jahres aller löblichen Anstalten ohngeachtet, an 23 000 Menschen, an Hunger Elend und dadurch verursachten Krankheiten gestorben. Die Übergebliebenen sehen Leichen ähnlicher als Lebenden, so daß ihr Anblick das hartherzigste Herz erweichen möchte. Ich habe einige dieser Unglüklichen, bey meiner Reise nach Sachsen gesehen, die sich bey ihrem Elende 15 bis 20 Meilen weit, bis ins Brandenburgische durch- ? -telten, die sich unter eine Regierung begaben, die gewiß kein Sachse liebt, bloß weil sie darunter Brodt zu bekommen erwarteten. Denn noch ist das Elend selbst in den Gegenden die am nächsten an die Elbe und folglich an die Zufuhr gränzen, nicht geendigt. Ich habe bey meiner Rükreise, Leuten begegnet, die gebackenes Brod drey bis vier Meilen weit auf Schiebekarren holten, weil an dem Orte ihres Aufenthalts weder Mehl noch Brod für Geld zu haben war. Ich muß gestehen, ich habe die Schädlichkeit der unbedingten freyen Ausfuhr, niemals so lebhafft eingesehen als auf dieser Reise. Obgleich die Noth in Sachsen, zum Theil mit, der schwachen Regierung zur Last zu legen ist, so ist doch gar kein Zweifel, daß wenn das ausgeführte Korn in Sachsen geblieben, und aufgeschüttet worden wäre, niemand in Sachsen, wenigstens Hungers gestorben wäre. Dahingegen ist es, (Gott weis mir stehen die Haare dabey zu Berge da ich es schreibe) im Erzgebürge so weit gekommen, daß man verzweifelt, die alten Leute erhalten zu können, und sich nun bemühet hauptsächlich Jünglingen und Kindern Brod zu geben, damit sie noch künftig dem Staate nützen können. Die Alten muß man verhungern laßen, weil man es nicht ändern kann.

---

14 Ende des Einschubes, Fortsetzung des oben begonnenen Satzes.

Doch genug von Getraidepolicey! Die Correspondenz über Geschichte dieser Art, würde kein Ende nehmen. Ich danke Ihnen auch für die Recension vom Usong, die ich auf keine Weise alzustrenge finde, und die unverändert abgedruckt wird. Ich sende Ihnen beigehend, ein neues Verzeichniß von Recensionen um die ich Sie bitte.

Den F.[ürsten] v.[on] Z.[erbst] bewegt nichts, *incognito* und von seinem Lande abgesondert zu leben, als ein Eigensinn und eine Liebe zur singulären Laune die bey Ihm, so viel ich weiß, durch keine einzige gute Eigenschafft verbessert wird. Schreiben Sie mir doch, wie er dort lebt, und was man von ihm hält. Ich habe immer geglaubt, ein kleiner Fürst, könne ein sehr glüklicher Mann seyn, er habe nicht die weitläufigen Regierungssorgen, eines großen Despoten, könne aber doch für sich alle Bequemlichkeiten einer sehr reichen Privatperson genießen, und in seinem kleinen Lande, mit weniger Mühe, sehr glükliche Menschen machen. Von allem diesem scheint der F.v.Z. gar keinen Begriff zu haben: Nachdem er sein Land in die größeste Unordnung gebracht, nachdem er eine Menge theils schädlicher theils sehr lächerlicher Anordnungen gemacht hat, verbirgt er sich vor seinen Unterthanen, will nicht wißen laßen, wo er ist. Seine Befehle, die sehr oft aufs Gelderpreßen gehen, empfängt sein Major, der allein weis wo er ist, ohne Beischrifft des Orts, und theilt sie seinen Räthen mit, regiert also despotischer als der abwesende Fürst, der durch seine Abwesenheit, seinen Unterthanen das entziehet, was ihnen sonst der schlechteste Regent zu laßen pflegt, nämlich den Verdienst, den sie von seinem Aufwande haben. Kurz er ist verächtlich, und fast befürchte ich, noch etwas schlimmers.

Der Fürst von Deßau, ist ein ganz anderer Mann. Der thut wirklich alles um sein Land gut zu regieren, und löbliche Anordnungen zu machen. Seine Bereitwilligkeit das Basedowsche Erziehungsproject zu befördern ist ein Beweis davon. Inzwischen heißt es itzt, das *Seminarium* werde vor der Hand nicht können zu Stande kommen, weil des Fürsten kleines Land durch Überschwemmungen und Hungersnoth so sehr heimgesucht worden, daß er itzt seine Einkünfte zu Dingen, die noch nothwendiger sind, anwenden muß. Hr. Basedow arbeitet indeßen fleißig fort, er hat in seiner letzten Anzeige bekannt gemacht, daß er sich auf dem Lande, ohne alle menschl. Gesellschaft, selbst ohne die Gesellschafft seiner Familie einschliessen wolle, um in Jahresfrist, das Elementarbuch fertig zu machen.

Der Vorsatz ist sehr gut, aber ich zweifle nur, daß es mögl. ist ihn auszuführen. Ein Mensch kann ohnmöglich, ohne Conferenz mit andern Menschen, ein Werk wie das Elementarbuch, in Jahresfrist, aus sich selbst herausspinnen, oder wenn ers thut, so muß es sehr unvolkommen werden. Wenn überhaupt Hr. B. hätte ein *Seminarium* von Lehrern aufrichten können, so würde er dadurch weit mehr Nutzen gestiftet haben, als selbst durch das Elementarbuch. Denn es fehlet wohl hauptsächlich an Lehrern, die Geschiklichkeit und guten Willen haben nach Basedows Idee zu informiren. Diese algemeine Ideen sind meines Erachtens auch bey B. das vorzüglichste. Die Ausführung des Elementarbuchs wird immer, obgleich sehr gemeinnützig, dennoch sehr unvolkommen bleiben. Und, nachdem Basedow das Eis gebrochen hat, so wird ein anderer künftiger Schrifftsteller, der vielleicht nicht Basedows Gaben hat, den Ruhm davon tragen, die Schulerziehung in Deutschland zu verbeßern. Hierin bin ich mit Ihnen volkommen einig.

Auch darin bin ich mit Ihnen ganz einig, daß Basedows Antwort gegen Schlötzer, seiner gar nicht würdig ist. Ich hatte mir alle mögliche Mühe gegeben, Schlötzern mit ihm zu versöhnen, aber durch diese Antwort ist alles verdorben. B. thut immer, als ob S. ein unwißender, elender, boshafter, verächtlicher Mensch wäre. Dis ist er gewiß nicht, sondern ein gelehrter und einsichtsvoller, und soweit ich ihn kenne, auch ein rechtschafner Mann. Nur ist er ein hypochondrischer Thor, der mit seinen gelbsichtigen Augen alles gelb erblickt, und wenn er vielleicht von Natur in manchen Sachen kurzsichtig ist, durch seinen Stand als ein Profeßor auf Universitäten noch kurzsichtiger gemacht worden ist.

Ich bin sehr begierig, auf das Werk, das Sie über die Erziehung schreiben wollen. Ich habe im Meß *Catal.* oder sonst irgendwo, Briefe zwischen Ihnen und Lavater über das Basedowsche Elementarwerk angekündigt gesehen. Diese habe ich noch nicht gesehen. Ists möglich, so senden Sie mir sie. H. Imhoff wird sie wohl über Leipzig zu befördern wißen. Es sind diese Meße von einem gewißen Brechter, Anmerkungen über das Basedowsche Elementarwerk zum Vorschein gekommen, die mir sehr seicht scheinen. Ists möglich, daß eben dieser Brechter Verf. der Briefe über das Mönchswesen seyn solte? Und ists wahr, daß er gestorben ist, weil er als Verf. dieser Briefe entdekt worden? So haben wenigstens Briefe aus Zürich versichert.

Herr Zimmermann meldet mir in einem kurzen Briefe, den er vor ein paar Wochen an mich wegen des Druks seiner Krankengeschichte schrieb, daß er mit Geschäften und medicinischer Correspondenz so sehr überhäuft sey, daß er selbst an seinen Herzensfreund Iselin noch nicht habe schreiben [können]. Sie sehen also, daß Er sich Ihrer wenigstens erinnert, wenn er auch nicht schreibt. Daß er sehr mit Geschäften überhäuft ist, ist mir auch von Reisenden, die ihn gesprochen haben, bestätigt worden. Übrigens ist er völlig gesund, und verrichtet seine Geschäfte ganz gemächlich. Sie werden dis auch in der Beschreibung seiner Krankheit finden. Sein Bericht von seiner Unterredung mit dem Könige, ist mir, so wie Ihnen, enthusiastisch vorgekommen. Unser lieber Freund, schien sich sogar zu verwundern, daß ich Hr. Moses u. andere seinem Enthusiasmus nicht gar völlig mit eben der Lebhaftigkeit folgen konnten. Ich habe überhaupt bemerkt, daß Republikaner, besonders Schweizer, wenn sie sich den Despoten nahen, von denselben, wenn sie etwas gutes an denselben finden, mit weit mehr Bewunderung zurükkehren, als selbst monarchische Unterthanen thun würden. Sagen Sie mir, wie dis zugehet? Die Bemerkung ist wahr, und die Ursachen können gar mancherley seyn.

Hrn Klotzens Tod bedauere ich von Herzen. Er hat ein leichtsinniges unbedachtsames Jugendleben dahin gelebt, voller Debauchen, Cabalen, Unbedachtsamkeiten u.s.w., die in hiesigen Gegenden bekannt genug sind, die ich aber wenigstens, der Nachwelt eher verbergen als sagen will. Ich erwartete von seinem reifern Alter, beßere Gesinnungen und mehr Fleiß, alsdenn hätte er seinen von der Natur empfangnen Gaben gemäß, wirklich Nutzen stiften, und seine unbedachtsame Handlungen, durch nützliche Werke auslöschen können. Ich bedaure ihn, daß er dahin gestorben ist, ehe er dis hat thun können. Die Ruhe, die ich itzt durch seinen Tod erlange, würde ich mit mehrerm Vergnügen genoßen haben, wenn er gelebt, und auf nützliche ihm rühmliche Werke seine Zeit gewendet hätte. Hätte er dis gethan, so würde ich vor seinen Cabalen eben so viel Ruhe gehabt haben, als itzt da er Tod [sic] ist.

Leben Sie wohl mein bester Freund und lieben Sie mich. Ich bin von ganzem Herzen

Ihr ergebenster
Nicolai

[PS]
Unter den Sachen, die ich Sie aufs Neue zu recensiren bitte, ist unter andern, Wielands goldener Spiegel. Er fängt nunmehr wenigstens an, von schlüpfrigem ab, und ins moralische einzulenken, in dem ersten und zweiten Theile, die ich bisher nur habe lesen können, sind meines Erachtens, viel schöne nützliche Bemerkungen enthalten. Die ganze Einkleidung, gefällt mir, nach meinem Geschmacke, zwar ganz und gar nicht, inzwischen ist es eben diese Einkleidung, welche die nützlichen Sachen, dem verwöhnten Gaume der Großen, welchen am ersten zu wünschen wäre, daß sie dis Buch erwögen, recht schmakhafft machen könnte. Sie wißen...[15]

Erläuterungen zu Nr.50

- "Beschreibung von Zimmermanns Krankheit": vgl. zu Nr.39; Johann Friedrich Meckels "Beschreibung" erschien 1772 gleichzeitig auf Latein und in deutscher Übersetzung; vgl. Raabe 1983, S.68.
- "Eberhards Neue Apologie des Sokrates": Johann August Eberhard, Neue Apologie des Sokrates, oder Untersuchung der Lehre von der Seligkeit der Heiden. Berlin und Stettin (Nicolai) 1772; vgl. zu Nr.35 und zu Nr.56.
- "Die ökonomische Gesellschaft in Dreßden": wohl ein Irrtum Nicolais; er dürfte die Leipziger Ökonomische Sozietät (vgl. zu Nr.47) meinen, die allerdings auch an anderen Orten tagte (u.a. in Dresden) und deren Aktivitäten sich auf das ganze Land Sachsen erstreckten. Die Verwechslung könnte auch daher rühren, daß die Zeitschrift der Gesellschaft in Dresden erschien.
- "Im Erzgebürge sind seit Anfange dieses Jahres (...) an 23 000 Menschen, an Hunger Elend und dadurch verursachten Krankheiten gestorben": vgl. hierzu den darstellenden Teil, Kap.IV/1, S.100.
- "Den F.[ürsten] v.[on] Z.[erbst]": vgl. zu Nr.48.
- "Der Fürst von Deßau": Leopold Friedrich Franz, Fürst von Anhalt-Dessau, der bekannte Fürst Franz.
- "Briefe zwischen Ihnen und Lavater über das Basedowsche Elementarwerk": vgl. zu Nr.46.

---

15 Der Rest ist durch den ausgerissenen Rand des Briefbogens nicht lesbar.

- "von einem gewißen Brechter, Anmerkungen über das Basedowsche Elementarwerk": Johann Jakob Brechter, Anmerkungen über das Basedowsche Elementarwerk, Zürich 1772.
- "Briefe über das Mönchswesen": Verfasser dieser aufsehenerregenden antimonastischen Schrift war Georg Michael (Frank) von La Roche; Johann Jakob Brechter war lediglich der Herausgeber: Briefe über das Mönchswesen von einem catholischen Pfarrer an einen Freund. Zürich 1771.

[Nr. 51; Iselin an Nicolai]

Basel den 3 ten Augst 1772
[erh. Michaelis-Messe]

Ich übersende Ihnen hier mein werthester Herr und Freund! die Anzeige des goldnen Spiegels, als das vornehmste aller derjenigen Werke, welche zu beurtheilen Sie mich aufgefordert haben. Diese Recension ist etwas weitläufig gerathen. Die andern die bald nachfolgen sollen, werden kürzer werden. Ich konnte der Versuchung nicht widerstehen einen ausführlichen Auszug von einem so vortrefflichen Buche zu machen und einige Anmerkungen darüber beyzufügen war auch nöthig. Wenn es Ihnen möglich ist so überlesen Sie diese Anzeige vor dem Abdrucke und urtheilen Sie ob ich zu scharf oder gar ungerecht gewesen bin. Ein Theil des ersten Bandes, der zweyte und der dritte haben mir ausnehmend schön gedeucht. Allein der vierte wo es tiefer hineingeht hat mir in dem Wesentlichen sehr seicht geschienen. Der Dichter hat die wahren Grundsätze der Staatsverwaltung nur flüchtig studiert und er hat deshalben auf so viele selzame und falsche Vorschläge verfallen müßen. Auch hat mich die Weise wie er sich selbst rühmet und wie er auf andre heruntersihet einiger Ahndung würdig geschienen; um desto mehr da sein größtes Verdienst darin bestehet andrer Gedanken zu entlehnen und solche auf seine Weise einzukleiden. Die Weise wie ich dieses ahnde gefällt mir selbst nicht recht. Ich überlasse deshalben es Ihrem Gutbefinden die Stelle am Ende von Endlich wird er zwar gern sehen etc an weg zu lassen oder zu mildern oder doch nur die allerletzten Zeilen weg zu lassen. Indessen hat es mir gedeucht die übermässige Eitelkeit des Dichters verdiene in dem Thone zu Rechte gewiesen zu werden, den sie sich so oft gegen andre erlaubete.

Hr. Wieland hat mich vor einiger Zeit auch ersuchet mich der Unterzeichnungen auf seinen neuen Agathon zu beladen. Ich habe es aber abgelehnet und ihm aufrichtig gesagt daß der Thon des Muthwillens welcher in diesem Werke herrschet der Grund von meiner Weigerung sey. Ich habe ihm in dem selbigen Briefe prophezeyt, es werde mit ihm eine Änderung vorgehen die ihn auf die wahre Mittelstrasse bringen werde. Ich wußte damals noch nichts von der seschianischen Geschichte und also war meine Prophezeyung schon zum guten Theile erfüllet. Wenn nicht die elende Zunft der Schmeichler Hn Wieland verderbet hätte so würde er villeicht niemals so weit abgewichen seyn. Indessen wird villeicht eben diese Abweichung nun für viele eine Anlockung werden Herrn W in einem [im] ernsthaften Sinne geschriebenen Werke zu lesen.

Für die mir übersandten Sachen danke ich Ihnen recht sehr, am meisten aber für Herrn Eberhards Apologie des Sokrates die ich villeicht so bald nicht würde gelesen haben und die gelesen zu haben ich es für ein wahres Glück rechne weil sie mir mehr Trost und Beruhigung in meine Seele gegossen hat als noch kein anderes neues philosophisches oder theologisches Buch. Sie hat die Wunden geheilet, die Hallers künstliche und sophistische Briefe meiner Seele beygebracht hatten. Wenn ich Zeit habe ehe dises Briefgen abgeht so will ich noch die kleine Beurtheilung beyfügen, die ich vorne an diese Apologie geschrieben habe. Noch eines fällt mir eben ein. Mir deucht Herr E. gebe sich zu viel Mühe zu zeigen daß die Heiden reine Begriffe von der höchsten Gottheit gehabt haben und daraus zu beweisen daß sie nicht verdammt sey[en]. Ich glaube sein Satz sey größtentheils richtig aber die Folge kaum. Denn wenn sie diese Begriffe nicht gehabt haben so verdienten sie noch weniger verdammt zu seyn. Übrigens scheinet mir die eigentliche Apologie des Sokrates unter der Vortrefflichkeit der übrigen Theile des Werkes zu seyn.

Ich habe niemals, so viel ich mich zu erinnern weiß gesagt daß ich ein besonderes Werk über die Erziehung schreiben wolle. Hn Brechters Briefe über das Basedowische Werk kenne ich nur durch die frankfurtischen Anzeigen. Dieser Mann ist gewiß nicht der Verfasser der Briefe über das Münchswesen. Er hat nur das Manuskript an die HH Orell übersandt, weil der Verfasser unbekannt bleiben will. Also kann H. Brechter auch nicht gestorben seyn weil er als Verfasser diser Briefe entdeckt worden ist. Man kennt in Zürich den Verfasser selbst nicht. Ob H. B. von der Übersendung Verdruß gehabt habe weiß ich nicht.

Mich freuet sehr zu vernehmen daß H. Zimmermann wohl ist.

Alle die Anzeigen die Sie auf Ihrem Restzettel verzeichnet haben sind bereits in Ihren Händen. Die einzige von Getraidmagazinen 1771 ausgenommen. Ich bitte Sie deshalben nachzusehen. Alle die das Getraidwesen angehen machen nur eine einzige aus. Die andern die Sie begehren sollen nun bald folgen. Sie werden aber gar kurz seyn.

Ich umarme Sie würdigster Freund! und ich verbleibe

Ihr ergebenster

I.Iselin

Erläuterungen zu Nr.51

- "Anzeige des goldnen Spiegels": Iselins Rezension von Christoph Martin Wielands "Der goldne Spiegel, oder die Könige von Scheschian, eine wahre Geschichte", Leipzig 1772, wurde in ADB 18/2 (1773), S.329-363, offenbar ungekürzt abgedruckt - also mit dem letzten Absatz "Endlich wird er zwar gern sehen...", S.362, in dem Iselin sich selbst zitiert und gegen Wieland verteidigt.
- "Hr. Wieland hat mich vor einiger Zeit auch ersuchet": Wieland hatte Iselin in einem Brief vom 12.5.1772 gebeten, Subskriptionen für die Neuauflage seines Agathon-Romanes zu werben. Iselin lehnte dies postwendend am 17.5.1772 ab. In seiner Antwort vergleicht er Wieland mit Voltaire und Rousseau. Er bewundere seine Werke, sehe in ihnen aber auch den "Zunder verderblicher Gesinnungen und allzuheftiger Leidenschaften": Wielands Briefwechsel Bd.4 (ed. Seiffert 1979), S.499ff. und S.507f.
- "Hallers künstliche und sophistische Briefe": gemeint ist Albrecht von Hallers orthodox gefärbtes Werk "Briefe über die wichtigsten Wahrheiten der Offenbarung". Bern 1772.

[Nr. 52; Nicolai an Iselin][16]

Hrn Rathsschreiber *Iselin*
in Basel

Berlin d. 12 Nov. 1772.

Mein sehr werther Herr und Freund

Ich habe Ihr Schreiben v. 3 Aug. nebst der Recension von dem goldnen Spiegel erhalten. Fast vermuthe ich, daß dieses *Datum* ein Drukfehler sey, denn ich erhielt dasselbe erst in einem Pakete aus Nürnberg, in der Leipziger Mich. Meße d. 13 Octobr. Der Brief war noch dazu offen, und die Felsekerische Handlung, entschuldigte sich damit, daß das Lack des *Couverts* an dieselbe, so um den Brief an mich geschlagen war, an das Lack meines Briefes dermassen angeschmolzen gewesen seye, daß bey Erbrechung des Umschlages mein Brief mit erbrochen worden. Es ist möglich, und ich muß glauben, daß es wahr sey, weil ichs nicht wiederlegen kann. Auch versicherte die Felsekerische Handlung, daß der Inhalt des Briefes nicht sey gelesen worden, welches ich muß dahin gestellt seyn lassen. Inzwischen ist der Vorfall verdrüßlich, und fast glaube ich es wäre beßer, daß Sie Ihre Pakete nicht nach Nürnberg *addressirten*, sondern *recta* an mich sendeten. Doch müßten Sie so gütig [seyn] allemahl, sobald es starke mit MST beschwerte Briefe wären, darauf zu schreiben Gedrukte Sachen, mit der fahrenden Post, weil man sonst wenn sie mit der reitenden Post kommen, ein ungeheures Porto von 3 à 4 Rthl. geben muß. Bloße doppelte Briefe von 1 à 2 Briefbogen aber, geben nicht mehr Porto auf der reitenden Post als auf der fahrenden. Ich hoffe Sie werden auf der dortigen Post nicht genöthigt werden bis Nürnberg zu frankiren, denn auf diese Art würden Sie bey unserer Correspondenz Unkosten haben die ich Ihnen auf eine oder andere Art vergüten müßte.

Sie werden sich vielleicht wundern, daß Sie in den neuesten Stücken der Bibl. näml. XVII.1.2. u. XVIII.1. die Sie hoffentl. durch Hrn *Imhoff* werden bekommen haben, Ihre vorzüglichste Recensionen noch nicht abgedrukt finden. Die

16 Von diesem wichtigen Brief ließ Nicolai eine Teilabschrift machen (ab: "Wegen des Usongs und goldnen Spiegels..."). Auf dieser notierte er: "1772. 12. Nov. Copie eines Antwortschreibens an Hn **Iselin**"; sie ist ebenfalls im Nachlaß erhalten.

Rec. von der Kornausfuhr, waren, (da ohnedis schon ältere MSTe überflüßig da waren) alzu lang, und die übrigen hatte ich copiren laßen, und meinen Freund d. Hrn Pr. Eberhard gebeten, die Copie mit der Urkunde zu vergleichen. Dieser aber war zuerst durch Geschäfte, und hernach durch eine schwere Krankheit (wovon er itzt zu genesen anfängt) davon abgehalten worden. Nunmehr aber können Sie gewiß seyn daß Ihre 3 wichtigste Recens. 1) die von der Kornausfuhr 2) v. Usong 3) v. goldnen Spiegel ohnfehlbar in XVIII.2 welches Stük aufs Neu Jahr fertig wird, sollen abgedrukt werden. Auch kleinere Recens. von Ihnen werden in dis Stük kommen. Werden Sie also nur nicht ungeduldig.

Ich sende Ihnen anbey *sub* A. das Verzeichniß der Reste, und *sub* B ein Verzeichniß der Bücher, die ich Sie aufs Neue zu recensiren, und sämtliche Recensionen vor Ostern einzusenden bitte. Die von der Kornausfuhr und den Kornpreisen werden Sie wohl zusammen, und nur kurz anzeigen, weil die vorigen Anzeigen, schon etwas lang waren. NB Sie schreiben in Ihrem letzten Briefe zwar ich hätte alle Recens. bis auf die eine v. Getraidmagazinen aber es trifft doch nicht ganz zu.

Ich bin sehr erfreut, daß Ihnen Hrn. Eberhards, eines meiner liebsten Freunde, Apologie des Sokrates, so sehr gefällt. Hr. E. dem ich Ihr Urtheil gezeigt habe, ist auch sehr vergnügt darüber. Inzwischen macht dieses Buch bey unserer Nation nicht das Aufsehen, das es billig machen sollte. Nur wenig Recensenten haben es bisher angezeigt und keiner aus dem rechten Gesichtspunkte. Diese Schrift ist alzuwenig in der gewöhnlichen Model der theologischen Schriften, als daß die Theologen recht wüßten, an welchen Ort sie sie stellen solten.

Wegen des Usongs und goldnen Spiegels, bin ich ganz volkommen Ihrer Meinung. Manches haben Sie mir aus dem Herzen geschrieben. D[er] Hr v. Haller wird böse werden, aber wer kann dafür. Hr Wieland zeigt sich im goldnen Spiegel auf eine seiner würdige Weise. Inzwischen glaube ich noch nicht eben, daß er seine Grundsätze verändert hat. Die Sache ist nur, Riedel mochte ihn durch ungebundenes Lob, zu schlüpfrigen Stellen veranlaßet, und in diesem Geschmake bestärket haben. W. hat nun Riedeln endlich verachten lernen, und der oft wiederholte Tadel, solcher Männer, die er ungezweifelt schätzen muß, hat ihn noch mehr vermocht, solche Auswüchse zurükzuhalten, zu denen ihn sonst seine Neigung treibt, wie man in dem ersten Bande des goldnen Spiegels, an der Beschreibung der Kinder der Natur siehet. Ein Reisender erzählt, W. habe ihm gesagt, die Stelle in einem gewißen Buche (in Ihren vermischten Schriften 2r Theil p.36 vermuthl.) wo ihm das *Dilemma* vorgelegt werde ob er seine Schrifften seine Tochter wolle lesen laßen oder nicht, habe ihn mehr als alles andere, von diesem Wege abgebracht. Wäre dis wahr so hätte einer meiner flüchtigen Gedanken, einen größern Nutzen gehabt, als ich mir davon hätte vorstellen können. Ich habe einmahl einige Gedanken auf das Papier geworfen von dem Nutzen des Ehelichen Lebens und der väterlichen Liebe bey Gelehrten. Dis wäre ein gutes Exempel unter vielen andern. Wäre W. ein Junggesell, so würde ihm dieser Gedanke nicht so sehr einleuchten.

Daß er itzt nach Weimar berufen worden, um auf die Erziehung des Erbprinzen die Aufsicht zu haben, wird Ihnen vermuthlich bekannt seyn. Auf den Erfolg (wofern ein Erfolg erfolgt) bin ich sehr begierig.

Ich habe Ihren Versuch über die gesellige Ordnung gelesen und mit Vergnügen gelesen. Inzwischen erlauben Sie mir mit meiner gewöhnlichen Offenherzigkeit zu sagen, daß Sie mich noch nicht bekehrt haben. Ich glaube nun das System der Ökonomisten ziemlich begriffen zu haben, zumahl da ich auch vorher Schlettweins wichtigste Angelegenheit etc gelesen hatte, aber noch bis itzt scheinet es mir weder algemein richtig, noch algemein anzuwenden. Nicht algemein richtig: Denn ich glaube nicht, daß die Menschen sich so geradezu in abgeschnittene Claßen eintheilen laßen. Hervorbringende, verzehrende, dienstbare, handelnde. Wer ein Pfund Eisen gräbt, bringt etwas hervor, wer aber daraus zuerst einen Schlüssel machte war auch ein Hervorbringer. Wer ein lb.[Pfund] Flachs bauet und wer daraus ein lb. Brabander Kanten macht, wer ein lb. Kupfer hervorgräbt, und wer auf eine Platte ein Meisterstück sticht, alle sind Hervorbringer. Der größte Theil der Menschen gehöret, allemahl in einige dieser Claßen zugleich. Sie werden sagen, daß man dieses sehr wohl weiß. Aber dennoch vergißt man es zuweilen bey der Anwendung. Sie sagen z.E. S.64 "Wie weniger der Handelsmann verhältnißweise gewinnet, desto nützlicher ist er dem Hervorbringer dem Verzehrer etc." Mich dünkt aber ein großer Landeigenthümer, der sein Korn aufschüttet oder loßschlägt, nachdem die Umstände sich ereignen, muß nicht sowohl als ein Hervorbringer sondern vielmehr als ein Handelsmann betrachtet werden. Verzehrer ist er auch. Sie werden sagen, Nein; denn man hat seine Verzehrung schon abgerechnet, es ist von dem reinen Ertrage die Rede. Hier liegt mein zweiter wichtiger Einwurf. Ich glaube, alle Berechnungen dieser Art, alle ökonomische Tafeln sind algemein falsch. Die Umstände sind allenthalben so verschieden, daß sich unmöglich etwas algemeines bestimmen läßt. Selbst die Preußischen Staaten, die einem Monarchen gehorchen, und ein gemeinschafftliches Intereße haben (daß Länder die nicht gemeinschafftlicher Regierung unterworfen sind, andere und oft entgegengesetztes Intereße haben ist ein anderer wichtiger Einwurf, wider die Grundsätze der Oeconomisten) sind so unterschieden, daß wenn ich nach der richtigsten ökonomischen Tafel, den reinen Ertrag eines preußischen Landwirths berechnen könnte, und man wolte das Resultat derselben, auf Pommern, die Mark, Schlesien oder Westphalen anwenden, so würde man die gröbsten Fehler machen. Mich dünkt das ökonomische System ist viel zu früh gemacht. Man müßte von jeder Provinz aller Länder und von jedem Districte, erst die genauen Nachrichten haben, die das Generaldirectorium zu Berlin von den preußischen Provinzen hat, man müßte erst ihre genaue Lage und Verfaßung erforschen, ehe man etwas ins algemeine schließen könte. Hr. Reimarus, der wider die Getraidesperr[e], und wider die Accise declamirt würde sehr verlegen seyn, wenn er das preußische Finanzdepartement zu verbeßern, oder vorm Jahre das Elend in Sachsen und Thüringen zu mindern, berufen werden solte, und doch die Grundsätze seiner Schriften beibehalten wolte. Die Accise (Fehler in manchem Detail abgerechnet, die man abhelfen kann) ist meines Erachtens die angemeßenste Auflage für alle monarchische Staaten. Derjenige der zu einer Kopfsteuer oder andern Auflage selbst mit votirt, bezahlt die schwerste Abgabe gern. Der aber, der bey Auflegung einer Abgabe nicht gefragt wird, gibt die am liebsten, die er fast gar nicht merkt, und die unmerklichste Abgabe ist gewiß die Accise. Was das sonderbarste ist, so ist die von den Begünstigern des ökonomischen Systems, so verschrieene Accise (wenigstens so wie die Consumtionsaccise, von Mahlen, Brauen, Brantwein brennen in den preußischen Staaten seit 1688 eingerichtet ist) nicht anders als die Abgabe von dem reinen Ertrag, den die Ökonomisten verlangen. Da nur in den Städten Accise ist, auf dem platten Lande hingegen nicht, so ißt und trinkt der Landmann und Edelmann oder große Landeigenthümer desgleichen der Pfarrer (welche beide letztere in Preuß. Staaten, wegen alles [sic] was sie sich selbst *directe* von auswärts kommen laßen als *Caffee* Gewürz etc. auch von der Handlungsaccise befreyet sind) ganz frey und ohne Abgabe, (oder mit einer so geringen, die ihn *indirecte* treffen kann, daß man sie allenfalls zu den Wirthschafftsausgaben rechnen mag). Aber von dem was er in die Städte führt, um die übrigen Stände zu nähren, wird, nicht wenn es auf den Markt kommt, sondern wenn es gemahlen, verbrauet oder ver*destillirt* wird, eine Abgabe erhoben. - Auf der andern Seite ist das Elend von Sachsen und

Thüringen größtentheils, durch die alzuschnelle Anwendung der Grundsätze von der freyen Kornausfuhr, erwachsen. Die ökonomische Gesellschafft in Dreßden, und der Bürgermeister *Hadelich* in Erfurt, haben das Elend vieler unglüklichen Leute auf ihrem Gewißen. Die ökonomische Gesellschafft hat gewiß nach guten Absichten gehandelt, aber nur die wahre Lage des Landes nicht erwogen, oder nicht gekannt, aber Hadelich hat schändlicherweise, die Grundsätze der Oekonomisten gemißbraucht, um sich als Kornhändler zu bereichern, und die Macht einer obrigkeitlichen Person, unter dem Vorwande den Landbau, und den öffentlichen Wohlstand, durch die freie Ausfuhr zu vermehren, bloß auf seinen Eigennutz gemißbraucht, und viele tausende elend gemacht. - Da man nun einsiehet, daß die algemeinen Grundsätze, die die Oekonomisten [aufgestellt haben], sich mit der Verfaßung der meisten Staaten nicht reimen laßen, so kommt man auch auf die Verbeßerung der inneren Einrichtung der Staaten. Ich habe nichts dagegen; denn es ist freilich in der Welt viel zu verbeßern. Das schlimmste ist nur, daß die Veränderung der innern Verfaßung der Staaten, nie ohne eine Revolution geschehen kann. Inzwischen soll dis nicht von thätiger Verbeßerung, und noch weniger von Verbreitung vortreflicher Grundsätze [abhalten], die ihren Nutzen haben, wenn sie auch nicht geradezu angewendet werden können. Aber nie hätte ich doch geglaubt, daß selbst mein menschenfreundlicher Iselin sich hätte von gewißen vorausgesetzten Grundsätzen so weit bringen laßen, daß er S.109 behauptet, die Majestät des Beherrschers sey *Iuris divini*. Sie folge[r]n daß die höchste Gewalt, kein Gegengewicht haben müße. Noch deutlicher erklären Sie sich hierüber in Ihrer Recension der Gedanken über die bürgerl. Freiheit. Ich bin schon ein wenig ungehalten auf Sie, daß Sie dem milzsüchtigen Brawe darin recht geben, daß die itzige Licenz der Engländer aus Freigeisterey entsprieße; aber noch mehr bin ich mit Ihnen unzufrieden, in demjenigen, was Sie von der englischen Constitution sagen. Sie sagen zuletzt gar: "Ein Holländer sey nach Berlin gekommen, um frey zu leben, und im eigentlichsten Verstande wären die Republikaner, vielleicht am wenigsten frey."

Mein liebster Freund! Ich habe so gut mein Theil Nationalstolz als ein anderer, und wenn Fremde, sonderlich Franzosen, welche einen läppischen republikanischen Haß gegen alle Könige *affichiren*, und über den Staat, deßen Bürger ich bin, und über meinen König (der große Fehler hat, weil er ein Mensch ist, aber die durch große Talente und Tugenden weit überwogen werden, denn er ist warlich ein großer Mann) ungerecht urtheilen, so kann ich die monarchische Regierungsform, und was Sie wollen, auch auf der guten Seite zeigen. Wenn die

Folgen der Fehler dieser Regierungsform, mich selbst oder meine Mitbürger drüken, so kann ich mich, wenn ich sehe, daß keine Hülfe möglich ist, und daß Aergerniß der Gesundheit schadet, auch trösten, und denn ist freilich der Trost daß in den Republiken viel Unruhen und auch viel Ungerechtigkeiten vorgehen immer am nächsten. Aber ich möchte nicht gern, daß die Sätze der Franzosen, die ihren Despotismus nicht fühlen und aus Nationalstolz behaupten, sie wären eben so frey als die Engländer, von einem deutschen Philosophen nachgesprochen würden. Und doch sind die Schweizer *quod mirum* nur alzugeneigt dazu. Zimmermann spricht eben wie Sie. Ich begreife die Ursach. Die Republikaner sehen täglich vor Augen, welchen Widerstand, die Dummheit der Bürger, den heilsamsten Verordnungen der Regierung in den Weg legt. Mich dünkt aber auch hierin ist unter Schweizer und Engländer, selbst da wo sie aus bloßem Eigensinn der Regierung wiedersprechen, ein wesentlicher Unterschied. Die Schweizer stelle ich mir vor, wiedersprechen am hefftigsten, wenn Neuerungen vor sind, bloß deshalb weil er [sic] am Alten hängt, und keine Neuerungen haben will, der Engländer aber, der die Neuerungen gar nicht fürchtet, widerspricht hauptsächlich deshalb, weil er des Königs und des Ministers Einfluß fürchtet, weil er der höchsten Gewalt eine Gegengewalt errichten will. Dis mißfällt Ihnen am meisten. Sie verlangen nur (sagen Sie in der obengedachten Recens.) einen gerechten und billigen Monarchen, der ehrerbietige Vorstellungen erlaubt u.s.w. Aber liebster Freund! Wollust macht den Körper matt und öfteres Befehlen ohne zu gehorchen, macht den Geist hart. Was wird den Monarchen bewegen, sich Vorstellungen machen zu laßen, ja, was wird ihn bewegen, auf diese Vorstellungen Acht zu haben, wenn er ganz eigenmächtig regiert, und wenn alle Unterthanen ihn nöthig haben, und keiner ihn nöthig hat [sic; vielmehr: und er keinen nötig hat]. Und wenn nun der Monarch (weil die guten Menschen immer die seltensten sind) keine Vorstellungen annehmen will, wie kann man ihn dazu vermögen, wenn seiner allein mächtigen Gewalt, gar kein Gegen[ge]wicht entgegengesetzt, oder wenn das Gegengewicht alzuklein ist, muß es nicht nach und nach von der höchsten Gewalt überwogen werden? - Überdis werden in der besten Monarchie, dadurch daß die Diener des Staats nur besoldete Diener des Monarchen sind, daß kein Bürger, als Bürger einen Antheil an der Regierung haben kann, alle die Kräfte des Geistes unausgebildet bleiben, die zur Regierung gehören. Je thätiger der Regent ist, destomehr verschwindet bey den Bürgern (die gewohnt werden daß andere alles für sie thun) der öffentliche Geist, die Liebe zum Ganzen, der Patriotismus wird, genau untersucht, nichts als Nationalstolz oder aufs höchste, Liebe gegen einen guten

Monarchen, seyn; der Bürger vergißt seine Rechte und die Rechte der Menschheit. - Er ist des Gehorchens so gewohnt, daß er zu widersprechen sich nicht getraut. Er verliert das Zutrauen zu sich selbst, und vergißt, daß er ein selbstständiger Mann ist. Ist der Monarch geschikt und thätig, so wird er in kurzem das Haupt, zu vielen tausend Aermen, die sobald der algemeine Kopf einmahl schläft, oder abwesend ist, in die Kreuz und die Quere um sich herum greifen.

Ich schreibe, mein liebster Freund, nicht aus Einbildungskraft, sondern aus Erfahrung nicht allein, meines Vaterlandes, sondern anderer Länder die ich kenne. Ich bin deshalb mit den Monarchien an sich selbst, so viel im gemeinem Leben hinlänglich ist, recht wohl zufrieden. Ich habe mich aus der Geschichte der Staaten und der Menschheit überhaupt, überzeugt, daß aus Freystaaten nothwendig unter gewißen Umständen, Monarchien entstehen müßen, und finde mich darin. Insbesondere bin ich mit der Regierung des Landes in dem ich lebe, sehr zufrieden, und ziehe es, um darin zu leben, vielen andern Ländern vor, die mir bekannt sind. Aber im algemeinen betrachtet, scheint mir immer noch die Engländische Constitution, am mehresten die Rechte der Menschheit und die Sicherheit eines jeden Bürgers zu respectiren, die näheste Gelegenheit zur Ausbildung des menschlichen Verstandes zu geben. Ich glaube nicht an die Meinung, daß in England die Freigeisterey und die Verderbniß der Sitten mehr eingerißen sey, als anderwärts, eben so wenig als ich dis von Berlin u. den Brandenburgischen Staaten glaube, wo vielmehr Pietisterey der Hauptton ist. Die ärgste Freigeisterey und theoretische Atheisterey, herrscht wie ich gewiß weiß, in Deutschland in den Oesterreichischen u. Bayrischen Staaten, und nach denselben in Frankreich, wo fast jedermann, der denket, sich nicht von der Unsterblichkeit der Seele überzeugen kann, beym *Systeme de la Nature* Trost sucht, und den *Helvetius* für den tiefsinnigsten Philosophen hält. Alle französische Gelehrte, denen ich hierüber, auf die Zähne gefühlt habe, waren darin eins. Verschiedene franz. Gelehrte, die um die deutsche Litteratur näher kennen zu lernen nach Deutschland kamen, hat es frappirt, daß unsere denkende Köpfe von der Unsterblichkeit der Seele, und dem Daseyn eines wirkenden Gottes so überzeugt scheinen, und die billigsten unter ihnen, hielten beide für tröstende Hypothesen, die man glauben, aber nicht beweisen könte. So weit sind die Engländer nicht zurük, bey denen die freyesten Köpfe eine reine natürl. Religion annehmen, als *Bolingbroke Hume Tindal Toland etc.* Auch die mehrere Zügellosigkeit, die man in ihren Sitten wahrnimmt, ist so wenig in ihrer Freigeisterey als in ihrer Constitution gegründet. Ich glaube nur, daß der Mensch der seine Rechte und seine Würde kennt eben dadurch auch, sich weniger scheut, sich sehen zu laßen, wie er ist. Glauben Sie nicht, daß es in manchem Kloster heilloser zugehet, als auf dem leichtfertigsten Maskenball in London. Der Franzose ist mehrentheils ein Höfling, der sich über alles in der Welt, scheuet wider die *Decence* zu handeln. Der Deutsche fürchtet sich vor dem Kirchenbanne, oder der Stadtklatscherey und sündigt im Stillen. Der Engländer sündigt, und gibt sich keine Mühe, es zu verheelen. Die Eroberung von Bengalen, zu einer Zeit, da durch das Papiergeld, schon eine alzustarke Circulation entstanden war, die Güter vieler Privatpersonen schnell vermehrte, mußte einen großen und schädl.[ichen] Luxus erweken.

Doch genug hievon, weil ich sonst zu weit gerathe. Auf das System der Oekonomisten zurükzukommen, so bin ich sehr begierig, auf Hrn Schlettweins versprochene Nachricht von der Einführung deßelben in den Badenschen Landen, aber es muß auch ein Nachricht von der Gegenparthey dabey seyn, sonst hilfts nichts. Noch bis itzt sehe ich noch nicht ein, wie das <u>ganze</u>, auf eins von den Ländern paßen solte, die ich kenne, und einzelne Theile davon haben sich gewiß in manchen, (auch in den preußischen Finanzeinrichtungen) schon lange gefunden. Inzwischen da man itzt freilich die Liebe zu Manufacturen zu weit treibt, da man die Manufacturen die nützl. sind von denen die zum Luxus führen, nicht genug unterscheidet, da man die Einschränkungen des Handels, die schwerlich ganz zu vermeiden sind, offenbar zu weit treibt, da man vom Handel und vom Finanzwesen an vielen Orten ganz falsche Begriffe hat, so ists meines Erachtens recht gut, daß durch das System der Oeconomisten (das weil es neu ist, und weil es aus Frankreich kommt, vielleicht an einigen deutschen Höfen, Beyfall finden kann) die Sache auf einer andern und auf einer menschenfreundlichern Seite betrachtet wird. Meine Privat Meinung ist, daß der Ackerbau keinesweges der einzige Zwek der Staatswirthschafft, sondern nur in so fern der Grund ist, das wir freylich das erste Bedürfniß die Unterhaltung <u>gewiß</u> haben müßen, ehe wir Manufacturen haben. Alles Korn das wir dem Ausländer zuführen ist bloß eine Waare, die sich den Handelsgesetzen eines jeden Landes unterwerfen muß, denn in jedem Lande werden sie anders seyn. Je weniger Einschränkungen man dabey machen muß, desto beßer ist es, aber weil man offt aus zweyen Übeln das kleinste erwählen muß, so sind Einschränkungen nicht allemahl zu vermeiden, an einem Ort weniger, am andern mehr. Derjenige Staat der so gelegen ist daß er seine nöthigste Lebensmittel aus einem andern Orte holen muß, ist allemahl sehr übel daran, wenn er nicht viele Schiffart und Handlung hat. Bey wirklichem Mangel, ist es zuweilen, wenn es sonst auch noch so schädlich wäre, nöthig die Ausfuhr zu verbieten, so wie man einen todtkranken Menschen, schwächen muß, um ihn nur beym Leben zu erhalten. Der *Speculation* der Kornhändler kann man sich nicht ganz überlaßen, denn sie bringen sehr offt, durch Wucher, eine künstliche Theurung hervor, wo sie nicht wirklich vorhanden ist; doch muß man ihnen auch keinen Preiß ihrer Waare setzen noch weniger sie nöthigen zu verkaufen. Magazine nur auf 2 à 3 Monate in den Händen einer guten Regierung, sind in einem von Schiffart nicht ganz entblößten Lande genug. Wenn die Regierung verspricht und hält, eher nicht zu verkaufen, bis z.E. der Marktpreiß 1 Rthl. 4 gr. gilt, so hat der Kaufmann *Speculation* zu machen Gelegenheit bis auf den gesetzten Preis und der Wucher darf nicht zu weit gehen. Was übrigens die vermehrte Handelschafft und den daraus entstandenen Luxus betrifft, so glaube ich das [sic] Schaden und Vortheil immer mit gleichem Schritt fortgeht, bey mehrern Bedürfnißen, kommt mehr Handel u. Luxus, aber es entwikeln sich auch viele Kräfte des Geistes, u. erscheinen viel vorher unbekannte Künste. Die große Kunst ist, *ne quid nimis*!

Ich sehe der zweite Bogen ist wieder voll. Der größte Wunsch meines Lebens wäre, bey Ihnen mein werthester Herr, ein halbes Jahr nur zuzubringen, vielleicht würden wir die Hälffte davon über diese Materien verplaudern, die uns beiden so wichtig sind. Aber schreiben will ich nicht mehr davon. Ich mache Ihnen vermuthlich lange Weile, und wir können uns doch nicht verständigen, weil wir in den *Praemissen* nicht einig sind, und wir die *facta*, die jedem von uns lebhafft vor Augen liegen, einer dem andern nicht so lebhaft machen können. Also heute zum letztenmale vom reinen Ertrage. Ich habe mir ohnedis vorgenommen diese Materie, die ich direct für mich nicht brauchen kann, vor[der]hand nicht weitläufiger zu untersuchen. Leben Sie wohl, und lieben Sie mich ferner. Seyn Sie versichert, daß ich mit unverfälschtester Hochachtung bin

Ihr ergebenster
Nicolai

Erläuterungen zu Nr.52

- "W.[ieland] hat nun Riedeln endlich verachten lernen": In einem Brief an Nicolai hatte sich Wieland bereits ein Jahr zuvor von Riedel und Klotz distanziert: Wielands Briefwechsel Bd.4 (ed. Seiffert 1979), S.411-413.

- "Beschreibung der Kinder der Natur": In den ersten Teil seines Romans "Der goldne Spiegel" hat Wieland eine kleine Sozialutopie eingefügt, die Geschichte von den sinnenfrohen und dennoch züchtigen "Kindern der Natur" (Kap.3-5). Iselin lobt in seiner ADB-Rezension: "Der größte Theil dieser Geschichte ist in dem höchsten Grade reizend, und eines der schönsten Stücke der deutschen Literatur (...)" (S.334).

- "das *Dilemma*": vgl. zu Nr.35.

- "Versuch über die gesellige Ordnung": In diesem schmalen Buch, 1772 in Basel erschienen, unternimmt es Iselin, dem deutschsprachigen Publikum die verwickelte Wirtschafts-, Gesellschafts- und Morallehre der französischen Physiokraten näher zu bringen; vgl. hierzu den darstellenden Teil, Kap.IV/2. Schlettweins "Die wichtigste Angelegenheit für das ganze Publikum" ist von Iselin in ADB 20/2 (1773) rezensiert worden: vgl. das Rezensionen-Verzeichnis im Anhang.

- "Sie sagen z.E. S.64": Es ist wohl nicht nur der hohe Abstraktionsgrad von Iselins sozio-ökonomischem Modell, woran Nicolai sich hier stört, sondern auch dessen merkwürdig ambivalentes Verhältnis zum Handel: Iselin fordert einerseits uneingeschränkte Handelsfreiheit, bezeichnet die "Kaufmannschaft" (zusammen mit den zu stark geförderten Manufakturen) aber auch als "Quelle des Elendes"; Iselin, Versuch über die gesellige Ordnung, S.66.

- "alle ökonomische Tafeln": Nicolai bezieht sich auf die von Iselin publizierte "wirthschaftliche Tafel" (Abb.17; vgl. den darstellenden Teil, Kap.IV/2, S.108f.), die ihr Vorbild in Quesnays "tableau économique" hat. Sinn dieser Modelle ist es zum einen, die (idealerweise harmonischen) Beziehungen und Abhängigkeiten der ökonomisch definierten Stände oder Klassen anschaulich vor Augen zu führen, zum anderen zu zeigen, daß der gesamte wirtschaftliche Kreislauf seine Dynamik durch die "Hervorbringung" des landwirtschaftlichen Standes erhält. Iselin legt seinem Diagramm andere Zahlenverhältnisse zugrunde als Quesnay, betont aber auch - und dies übersieht Nicolai in seiner Kritik -, daß es auf das Prinzip, nicht die absoluten Zahlen ankommt.

- "Die Accise": Indirekte Konsumsteuer, die an den Stadtgrenzen erhoben wurde. In Preußen war sie bereits im 17. Jahrhundert nach holländischem Vorbild eingeführt worden. In einem späten Aufsatz hat Nicolai die Geschichte der Akzise dargelegt und ihre positiven Wirkungen in Preußen hervorgehoben: Friedrich

Nicolai, Einführung der Akzise in Berlin (Berlinische Nachlese XXXI). In: Neue Berlinische Monatsschrift 21 (1809), S.180-191.

- "...die Majestät des Beherrschers sey *Iuris divini*. Sie folge[r]n daß die höchste Gewalt, kein Gegengewicht haben müße": Nicolai berührt hier den politischen Kern der physiokratischen Lehre. Iselin legt in seinem "Versuch" dar, die Machtbefugnisse der Herrscher beruhten nicht auf einem "chimärischen" Gesellschaftsvertrag (S.108), sondern auf göttlichem Willen. Der in der Geschichte oftmals auftretende Wunsch von Untertanen, Teilhabe an der politischen Macht zu erlangen, sei aus häufigem Machtmißbrauch zu erklären und zu entschuldigen, aber dennoch unangebracht: "wir werden alsdenn einsehen lehrnen, daß nicht die Gewalt und die Macht sondern daß die Weisheit und die Tugend die einzigen guten Gegengewichte des Ansehens und der höchsten Gewalt sind" (S.113; vgl. Iselins Rezension zu Hallers Usong in ADB 18/2, S.463). Diese Passagen können als Apologie des Absolutismus gelesen werden und wurden von Nicolai auch so verstanden. Sie sind jedenfalls antidemokratisch (Iselin polemisiert nicht nur hier gegen Rousseau) und unrepublikanisch. Denn für Republiken war ja gerade die Verteilung der Macht auf mehrere Schultern kennzeichnend, gleichviel ob sie nun eher demokratisch oder aristokratisch verfaßt waren. Anzuführen wäre Basel mit dem starken politischen Gewicht der Zünfte.
  Iselin schließt sich in seinen politischen Aussagen eng an die französischen Physiokraten an. Im Anhang zum "tableau économique" hatte Quesnay geschrieben: "Que l'autorité souveraine soit unique et supérieure à tous les individus de la société et à toutes les entreprises injustes des intérêts particuliers; (...) Le système des contreforces dans un gouvernement est une opinion funeste qui ne laisse apercevoir que la discorde entre les grands et l'accablement des petits"; Quesnay, Oeuvres (ed. Oncken 1888), S.329ff. Das war bewußt gegen Montesquieus Forderung nach einer beschränkten Monarchie und gegen die Prinzipien der englischen Verfassung gerichtet. Du Pont gab den Engländern den Rat: "Cessez d'opposer les uns aux autres des intérêts qui ne produisent qu'une guerre intestine" (zit. nach Gerteis 1987, S.89).
  Nicolai hingegen befürwortete die in England praktizierte konstitutionelle Monarchie mit parlamentarischer Mitbestimmung. Seine antiabsolutistische Haltung, die hier in seltener Weise deutlich wird, ist ein Beispiel für die sich verstärkende Politisierung der deutschen Aufklärung in den 70er Jahren des 18. Jahrhunderts und die dabei oft zu beobachtende Orientierung an England; vgl. Nicolais Brief an Iselin Nr.67, Valjavec 1951 und Hellmuth 1990.
  Einige physiokratische Forderungen, wie die nach Handels- und Gewerbefreiheit, wiesen in die Zukunft. In ihrem Eintreten für die absolute Monarchie und ihren sozialen Vorstellungen (Begünstigung der besitzenden Schichten) waren die Physiokraten hingegen äußerst konservativ. Dies ist das "Doppelgesicht des Physiokratismus" (Klippel 1984, S.217).

- "Recension der Gedanken über die bürgerl. Freiheit": Bei dem Buch handelt es ich um ein aus dem Englischen übersetztes Werk des englischen Geistlichen und Schriftstellers John Brown (1715-1766): Gedanken von der bürgerlichen Freyheit. Der Ausgelassenheit und Zweytracht der freyen Staaten entgegengesetzet, Zürich 1771 (im Original: Thoughts on civil liberty, on licentiousness and faction, Dublin/London 1765). Die Rezension Iselins konnte nicht ermittelt werden. Wie in vorliegendem Brief deutlich wird, enthielt sie Auffassungen, die den Überzeugungen Nicolais sehr zuwiderliefen. Vermutlich hat Nicolai sie deshalb nicht zum Druck gegeben.

- "daß Sie dem milzsüchtigen Brawe darin recht geben": Nicolai bezieht sich auf das Theaterstück "Der Freigeist" von Joachim Wilhelm von Brawe. Hauptperson dieser in England spielenden Tragödie ist ein junger Mann, der der "natürlichen Religion" und gleichzeitig allerlei Lastern verfällt.
  Nicolai selbst hatte 1756 Anlaß zu diesem Stück gegeben, und zwar durch ein Preisausschreiben für das beste Trauerspiel in der Ankündigung zu der von ihm herausgegebenen Zeitschrift "Bibliothek der schönen Wissenschaften und der freyen Künste". 1758 wurde es in dieser Zeitschrift publiziert. Es war das Todesjahr des damals erst 20jährigen Autors Brawe. "Der Freigeist" wurde in der Folge noch mehrfach nachgedruckt und auch erfolgreich aufgeführt.

- "Was wird den Monarchen bewegen, sich Vorstellungen machen zu laßen": Nicolai bekräftigt hier seine Ablehnung des Absolutismus und übt dabei versteckte Kritik am autokratischen Regierungsstil Friedrichs d.Gr., der sich nach der Devise "Alles für das Volk, nichts durch das Volk" richtete. Von einer entwickelten politischen Öffentlichkeit konnte im friderizianischen Preußen nicht die Rede sein. Das hatte bereits Lessing in einem berühmten Brief an Nicolai vom 25.8.1769 hervorgehoben: "Sonst sagen Sie mir von Ihrer Berlinischen Freyheit zu denken und zu schreiben ja nichts. Sie reducirt sich einzig und allein auf die Freyheit, gegen die Religion so viel Sottisen zu Markte zu bringen, als man will. (...) lassen Sie einen in Berlin auftreten, der für die Rechte der Unterthanen, der gegen Aussaugung und Despotismus seine Stimme erheben wollte, wie es itzt sogar in Frankreich und Dänemark geschieht: und Sie werden bald die Erfahrung haben, welches Land bis auf den heutigen Tag das sklavischste Land von Europa ist"; Lessing, Sämtliche Schriften Bd.17 (ed. Lachmann/Muncker 1904), S.298; vgl. Nicolais Brief an Iselin Nr.67.

- "der öffentliche Geist, die Liebe zum Ganzen, der Patriotismus": Nicolai benutzt hier einen aus dem Englischen übersetzten Begriff (public spirit), der in aufgeklärten Kreisen häufig verwendet wurde. "Was man in Engelland den öffentlichen Geist nennet" (Iselin, Briefe an Abbt, ed. Frison 1976, S.258) meint: bürgerliche Verantwortlichkeit und Orientierung am Gemeinwohl. Eine ähnliche Bedeutung hat der Begriff "Patriotismus", den Nicolai deutlich vom bloßen "Nationalstolz" unterscheidet: Patriotismus zeigt sich in gesellschaftlichem Handeln und nicht in untätiger Selbstgefälligkeit; vgl. Bödeker 1981, S.234f.

- "daß aus Freystaaten nothwendig unter gewißen Umständen, Monarchien entstehen müßen": Diese Auffassung erinnert an Montesquieu: "Si une république est petite, elle est détruite par une force étrangère; si elle est grande, elle se détruit par un vice intérieur" (De l'esprit des loix, 1748: Buch 9, Kap.1). Freistaaten seien grundsätzlich instabil und entwickelten sich deshalb, so Montesquieu, zu Monarchien. Eine Ausnahme bildeten diejenigen (kleinen) Republiken, die sich zu einer "république fédérative" zusammenschlössen. Montesquieu nennt als Beispiel hierfür ausdrücklich die Schweizer Kantone.

- "*Systeme de la Nature*": Systeme de la Nature, ou des lois du monde physique et du monde moral, 2 Bde. Paris 1770. Hinter dem Pseudonym "Mirabaud" verbarg sich als Autor Paul Henri Thiry d'Holbach. Nicolai hielt irrtümlicherweise d'Alembert und Helvétius für die Verfasser dieses Werkes. Hierüber und zu Fragen der Religion im allgemeinen hat er sich - etwa gleichzeitig mit diesem Brief an Iselin - in zwei langen Briefen an Joh.(v.)Müller geäußert: Nicolai, Verlegerbriefe (ed. Fabian/Spieckermann 1988), S.86-100 (Briefe vom 11.10.1772 und 16.3.1773). Darin wird deutlich, daß Nicolai Atheismus und Materialismus, insbesondere die Philosophie von Helvétius, als zu radikal ablehnte. Die sich aufgeklärt gebenden Berliner Neologen gingen ihm hingegen nicht weit genug. Bei ihnen sah er eine gewisse orthodoxe Verhärtung. Nicolai neigte in jener Zeit dem Deismus englischer Prägung stärker zu als Karl Aner zugeben mochte: vgl. Aner 1912, S.77f.

- "Die Eroberung von Bengalen": Die fruchtbare Landschaft im Nordosten Indiens war 1757 von Robert Clive für die Ostindische Kompanie Großbritanniens erobert worden. Zunächst regierte der Nawab (Fürst) von Bengalen nominell weiter, seit 1773 aber lagen die staatlichen Hoheitsrechte ungeteilt bei den Briten, die viel von dem Reichtum des Landes abschöpften.

- "Hrn Schlettweins versprochene Nachricht von der Einführung deßelben in den Badenschen Landen": Les moyens d'arrêter la misère publique et d'acquitter les dettes des états par Schlettwein, à Carlsrouhe 1772 (auch in deutscher Übersetzung); Iselins Rezension dieses Buches in ADB 18/2 (1773), zu der anschließenden Debatte ADB 20/2 (1773) und 22/1 (1774); vgl. zu Nr.54.

[Nr. 53; Iselin an Nicolai]

Basel den 5ten Aprillens 1773.
[erh. 16. Apr.]

Eine sehr harte Krankheit die ich zu Ende des letztern Späthjahres ausgestanden habe und die mich sehr lang fast zu jeder Arbeit untüchtig gemacht hat, hat mich verhintert die von Ihnen verlangten Recensionen auszufertigen und Ihr letzteres Schreiben zu beantworten, mein werthester Herr und Freund. Ich fange nun Gott Lob an mich zu erholen und ich will nächstens die angefangenen Anzeigen zu Ende bringen. Es würde mir nicht angenehm seyn, wenn der Innhalt meines wie ich glauben soll durch einen Zufall in Nürnberg eröffneten und allda nicht gelesenen Schreibens bekannt würde. Was geschehen ist indessen geschehen.

Die Anekdote über den Eindruck welchen Ihr sehr treffendes Dilemma bey Hrn Wieland gemacht hat, hat mir viel Vergnügen gemachet. Ich glaube immer ein wohldenkender und aufrichtiger Freund hätte bey Hrn W. manche litterarische Ausschweifung verhüten können. Ich zweifle ob seine Versetzung nach Weimar grosse Folgen haben werde. Wie ich höre so ist Hr. Riedel schon wider von Wien fort. Er soll durch seine Unbedachtsamkeit und durch seine Ausgelassenheit sich dises Schicksal zugezogen haben.

Das System der Ökonomisten muß recht studieret werden, ehe man im Stande ist es zu beurtheilen. Sie haben es gewiß noch nicht genug durchgedacht mein werthester Herr und Freund! und so wenig ein orthodoxer Theologus sich wird in Hrn Eberhards Theologie finden können, eben so wenig wird ein in den gewöhnlichen Begriffen hergekommener Cameralist sich in die Ideen der wahren wirthschaftlichen Wissenschaft finden können. Erlauben Sie mir indessen einige kurze Anmerkungen über Ihre Einwendungen. Daß nicht alle Menschen so abgetheilet seyn daß jeder nur in eine Classe gehöre habe ich S.39 angemerket. Daß es für die übrigen Stände desto besser sey wie weniger der Landwirth oder der Eigenthümer gewinnen ist auch richtig; wenn sie nur durch den zu geringen Gewinst nicht von der Hervorbringung abgeschrecket werden. Dasselbige ist von den Kaufleuten wahr. Weil aber nichts bestimmet werden kann ohne zu Ungerechtigkeiten Anlaß zu geben und ohne den nützlichen Lauf der Emsigkeit zu hemmen, so halte ich darfür daß wegen den einen so wenig als wegen den andern gesetzlich zu verordnen sey. Ich habe nun Hrn Reimarus Handlungsgrundsätze gelesen und ausser franz. Schriftstellern hat mir keiner noch so viel Vergnügen gewähret als diser. Er ist mein liebster Cameralist. Freylich sind alle ökonomischen Tafeln allgemein falsch, wenn man sie alle auf alle Länder anwenden will. Jedes verschiedene Land hat seine verschiedenen Verhältnisse und muß eine verschiedene Tafel darstellen und zwar muß diese in verschiedenen Zeitpuncten auch verschieden seyn. Die wahre Tafel wäre die von der ganzen menschlichen Gesellschaft welche zu verfertigen es unmöglich ist. Indessen ist die Tafel nur eine Idealvorstellung welche begreiflich machen soll daß die Handelschaft und die Manufacturen nicht anders bestehen können als in so ferne die Landwirthschaft blühet und daß wie mehr diese, so wie es durch das dermalige Übergewicht der Handelschaft und der Manufacturen geschiehet, zurückgehet, die Manufacturen und die Handelschaft und damit die Einkünfte der Staaten nothwendig sich vermindern müssen. Die Tafel soll gar nicht lehren wie in jedem Lande das Verhältnis der Stände durch landesherrliche Anstalten bestimmet werden soll. Dises ist unmöglich, und eben weil die Fürsten es bestimmen wollen machen sie ihre Länder unglücklich. Einige Monopolisten und Financiers gewinnen dabey indem der größere Theil der Bürger zu Grunde gerichtet und der Landesherr betrogen wird. Dieses wird endlich das Schicksal der österreichischen der preußischen und so vieler andrer Staaten seyn wo man nun alles durch die Ausschliessung der fremden Concurrenz erzwingen will.

Freylich ist die Accise die unmerklichste Abgabe. Aber wer mir mein Geld auf die unmerklichste Weise aus der Tasche in kleinen Theilen herauslocket, der nimmt mir nicht allemal am wenigsten.

Sachsens Unglück kam aus einer schlechten Verwaltung und daher weil die guten Grundsätze nicht lang vorher eingeführt gewesen waren - Hr. Reimarus hat dieses zu Ende s[eine]r Handlungsgrundsätze in einer merkwürdigen Stelle bey nahe prophezeyet - und weil die Hemmung der Fabriken durch die Zerrüttung Polens und durch die ausschliessenden Grundsätze von Österreich und Preussen fast alle Einwohner desselben verdienstlos machten. Die Zeit wird uns noch vieles lehren, und der Nachfolger Ihres Königs und der itzige Kaiser selbst werden villeicht erfahren daß indem sie und ihre Vorfahren geglaubt haben nach eigenen Einsichten die Blüthe ihrer Staaten und ihren eigenen Reichthum zu befördern, sie sich durch eigennützige Plusmacher haben hintergehen und verleiten lassen die Quellen des Wohlstandes ihrer Bürger und ihres eignen auszutrocknen, und auch andern Staaten unendliche Übel zuzufügen.

Mein System würde Ihnen gar nicht den Despotismus zu begünstigen scheinen wenn die Erläuterung[en] die ich in der Folge geben werde bey S.107 stühnden. Ich halte aber auch Engelland gar nicht für glücklich und ich stehe in der Versuchung [zu] glauben daß dieses stolze und bewunderte Land in kurzer Zeit eben so [Siegelloch] seyn dürfte als Frankreich. Der Staat in dem ich lebe hat vielleicht die [schlechte]ste Verfassung von allen bekannten Staaten und doch wollte ich mit kei[nem En]gelländer tauschen, und mit wenig andern schweizerischen Bürgern. Indessen leiden wir noch unendlich von ausschliessenden Grundsätzen. Wenn wir diesen entsagen könnten, so würden wir das glücklichste von allen Völkern seyn. Wenige meiner Mitbürger würden nicht recht wohl stehen und der Staat würde viel mehr Einkünfte haben als er zu Bestreitung seiner Bedürfnisse nöthig hat.

Was sagen Sie zu den Frankfurtischen Anzeigen? Solche satyrische Ausfälle sind wider nöthig und darum freuet mich ihre Erscheinung. Doch ist es im Grunde das Werk einer Conföderation die da sagt *nul n'aura de l'esprit que nous et nos amis*.

Ich umarme Sie und verbleibe mit vollkommener Hochachtung mein schätzbarster Herr und Freund

Ihr Ergebenster Diener
I.Iselin

Erläuterungen zu Nr.53

- "Eine sehr harte Krankheit": Ein Unterleibsleiden hatte Iselin im September/Oktober 1772 in akute Lebensgefahr gebracht; vgl. Im Hof 1995, S.20.

- "Daß nicht alle Menschen so abgetheilet seyn daß jeder nur in eine Classe gehöre habe ich S.39 angemerket": Iselin betont hier erneut den Modellcharakter seines Dreiklassenschemas (nährender Stand, Stand der Eigentümer, dienstbarer Stand). In der Realität sind die Grenzen fließend: "Ein Handwerksmann, ein Kaufmann, ein Manufacturarbeiter können Land besitzen und anbauen und also in alle drey Classen gehören" (Iselin, Versuch über die gesellige Ordnung, S.39).

- "Was sagen Sie zu den Frankfurtischen Anzeigen?": Frankfurter Gelehrte Anzeigen. Herausgeber des berühmt gewordenen Jahrgangs 1772 war Johann Heinrich Merck, der auch an der ADB mitarbeitete. Er scharte einen Kreis junger Gelehrter um sich, die die Zeitschrift zu ihrem kritischen Organ machten, unter ihnen Goethe, Herder und Schlosser; vgl. hierzu die Publikationen von Hermann Bräuning-Oktavio, vor allem die grundlegende Monographie: Herausgeber und Mitarbeiter der Frankfurter Gelehrten Anzeigen 1772. Tübingen 1966.

[Nr. 54; Iselin an Nicolai]

Basel den 7ten Mai 1773.
[erh. 6. Juni]

Ich werde morgen nach Schinznach verreisen. Mit Mühe habe ich noch die Anzeige von Hn. Schlettweins wichtigster Angelegenheit beendigen können. Dieses Werk hat mir durch den Mangel an Ordnung und an Deutlichkeit nicht wenig Mühe gemachet. Doch lohnet es sich der Mühe die man darauf verwendet. Die praktischen Versuche von der unmittelbaren Besteurung im Badischen gehen immer wohl von statten.
Ich habe letzthin vergessen Ihnen zu sagen daß der Versuch eines Schulbuches mir unendlich viel Vergnügen gemachet habe. Der Verfasser muß ein ungemein vortrefflicher Mann seyn. Ich schätze und liebe ihn wie den Verf. des Katechismus der Sittenlehre für das Landvolk. Es ist nicht möglich daß nicht die Ausübung und die beständige Verbesserung ihrer Anweisungen werde für die Menschheit unendlich nützlich werden.
Wer ist der wahre Verfasser der Schrift von der Nutzbarkeit des Predigtamtes? Dieser Mann verdienet wenigstens neben Hn Eberhard eine Bildsäule in dem Tempel der Weisheit.

Ich hatte die Anzeige von Hn. Schl.[ettweins] Werke schon vor meiner Krankheit angefangen. Daher konnte ich den Faden nicht recht wider finden. Wenn ich Zeit gehabt hätte so hätte ich den ersten Bogen umschreiben lassen. Allein es wäre zu lang gegangen. Wie ist man mit meiner neuen Sammlung zufriden.

Ich umarme Sie schätzbarer Freund und bin

Ihr Ergebenster
I.Iselin

Erläuterungen zu Nr.54

- "Ich werde morgen nach Schinznach verreisen": zur jährlich stattfindenden Versammlung der Helvetischen Gesellschaft.

- "Die praktischen Versuche von der unmittelbaren Besteurung im Badischen gehen immer wohl von statten": Markgraf Karl Friedrich von Baden versuchte seit 1769/1770, das physiokratische System in seinem Land zu erproben und schrittweise einzuführen. Mit der praktischen Durchführung war der 1763 an den Hof in Karlsruhe berufene Johann August Schlettwein, der deutsche "Hauptphysiokrat", betraut. Zunächst ersetzte man in Dietlingen die Vielzahl der direkten und indirekten Steuern durch eine einzige Steuer, die auf den "reinen Ertrag" der Ländereien erhoben wurde ("impôt unique"), und schuf Handels- und Gewerbefreiheit. Ab Dezember 1771 wurden auch Bahlingen und Teningen, zwei Dörfer am Kaiserstuhl, in das Experiment einbezogen. Die Versuche zogen sich bis etwa 1777 hin, dann gab man sie allmählich wieder auf. Karl Friedrich korrespondierte mit Du Pont und Mirabeau weiter über physiokratische Probleme. Schlettwein aber hat schon Ende 1773 um seine Entlassung gebeten; vgl. Helen P. Liebel, Enlightened Bureaucracy versus Enlightened Despotism in Baden 1750-1792. Philadelphia 1965 (=Transactions of the American Philosophical Society N.S.55/5), bes. S.47-51; Clemens Zimmermann, Reformen in der bäuerlichen Gesellschaft. Studien zum aufgeklärten Absolutismus in der Markgrafschaft Baden 1750-1790. Ostfildern 1983, bes. S.170ff. In vorliegendem Brief stützt sich Iselin auf den optimistischen Bericht, den ihm Schlettwein in einem Schreiben vom 24.4.1773 gegeben hatte (ed. Bretschneider 1908, S.154f.).

- "der Versuch eines Schulbuches": Versuch eines Schulbuchs für Kinder der Landleute, oder Unterricht für Lehrer in niedern und Landschulen. Berlin (Nicolai) 1772. Verfasser dieser anonymen Schrift war Friedrich Eberhard von Rochow.

- "Katechismus der Sittenlehre für das Landvolk": Katechismus der Sittenlehre fürs Landvolk, Frankfurt/M. 1771. Ein in erster Auflage anonym erschienenes Werk von Johann Georg Schlosser.

- "Schrift von der Nutzbarkeit des Predigtamtes": Über die Nutzbarkeit des Predigtamtes, Berlin 1772. Der Verfasser dieses Buches, das in erster Auflage anonym erschien, war Johann Joachim Spalding.

- "Wie ist man mit meiner neuen Sammlung zufriden": Isaak Iselin, Sammlung dem Nutzen und Vergnügen der Jugend geheiliget. 2. vermehrte Auflage, Basel 1773.

[Nr. 55; Iselin an Nicolai]

Liestal im Baslergebiete den 9. Brachm. 1773.
[erh. 23. Juli]

Ich habe Ihnen, mein werthester und würdigster Freund! vor einiger Zeit eine Anzeige von Herrn Schlettweins wichtigster Anligenheit übersandt. Ich zweifle nicht Sie werden solche erhalten haben. Die Anzeige von den verschiedenen neuern Schriften über die Fruchtsperre habe ich noch nicht angefangen. Sobald ich wider nach Basel kommen werde werde ich trachten dieselben zusammenzukriegen, welches schwär seyn wird weil unsre Buchhändler solche Werkgen um die unser Publicum sich nicht sonderlich bekümmert, sich nicht bald anschaffen. Auch werde ich villeicht noch hier eine, aber ganz kurze Anzeige von dem 2ten Theile der Schlettweinischen wichtigsten Anligenheit verfertigen.

Das zweyte Stück des achtzehnten Bandes von der allg. Bibliothek habe ich noch nicht erhalten; aber der erste des neunzehnten ist mir neulich zugekommen und mit demselben der vortreffliche Sebaldus. Sie könnten mich für einen Schmeichler ansehn wenn ich Ihnen alles sagte was ich bey der Lesung dises Werkes empfunden habe. Ich erwarte davon den ausgebreitetsten Nutzen, denn ich kann nicht begreifen was der Göttingische Beurtheiler damit will, wenn er sagt es werden nur Gelehrte es lesen. Ich sehe im Gegentheile voraus daß es viele Ungelehrte lesen und daß solche daraus vieles lehrnen werden, welches den Gelehrten nicht gelegen seyn wird daß es die Laien wissen. Liefern Sie uns bald würdigster Freund die Fortsetzung und das Ende davon. Ich und meine Freunde wir warten mit Ungeduld darauf. Ich wünschete daß es vor dem Maimonate in der Schweiz bekannt gewesen wäre. Ich hätte gern Herrn Lavaters Meynung mündlich [Siegelloch] vernommen. Indessen kann ich mir vorstellen er denke darüber wie über [die] Apologie des Sokrates, über die Abhandlung von der Nutzbarkeit des Predigtamtes und über andre solche Schriften die er bewundert aber nicht gutheisset. Ich habe ihn mit einem wahren Vergnügen im Mayen in Schinznach gesehen. Ich wollte daß Sie da auch bey uns gewesen wären. Ich war ganz entzückt über ihn, er schien mir zufriden mit mir zu seyn, obwohl unsre Denkungsart über sehr wichtige Gegenstände ganz verschieden ist. Er ist der liebreichste, der verträglichste, der angenehmste Mann von der Welt. Man streuet viel falsches und ungereimtes über ihn aus. Er verträgt alles mit einer großmüthigen Gedult, und ich glaube nicht daß jemand mehr als er selbst von den Versehen leidet zu denen ihn bisweilen seine feurige Begihrde Gutes zu stiften hinreisset. Man hat mir in Schinznach oder in Zürich gesagt es stehe in der Bibliothek ein Brief von H. Prof. Müller in Schafhausen darinne H. Lavaters in einem lächerlichen Gesichtpunct gedacht worden. Ich habe vergessen nachzusehen, und ich habe nun die Bibliothek nicht bey handen, auch erinnere ich mich dieser Stelle nicht. Wenn sie aber etwas anstössiges wider H. Lavater enthält so hat dieser vortreffliche Mann gewiß nicht verdienet also behandelt zu werden und so bedaure ich auch H. Müller daß er sich dieses erlaubet hat um desto mehr da ich ihn für ein hoffnungvolles und vortreffliches junges Genie ansehe. Ich habe ihn mit vielem Vergnügen in Schinznach kennen gelernet. Es kann etwas Grosses aus ihm werden wenn er nicht das Unglück erfährt das dem ehmals auch eben so hoffnungsvollen Hn Samuel Schmidt begegnet ist, durch allzufrühen Beyfall verdorben zu werden.

Sie haben gesagt, mein werthester Freund! Sie wollen einmal in die Schweiz kommen. O wenn es doch möglich wäre daß Sie auf die nächste Versammlung in Schinznach kommen könnten. Wie groß würde nicht meine Freude seyn, Sie da mit einer grossen Anzahl meiner besten Landsleute zu umarmen. Sie würden da verschiedene Männer sehen welche Sie schon hochschätzen und Sie würden an unserm Präsidenten Hrn Niklaus Emanuel Tscharner einen Mann finden dessen Bekanntschaft allein eine noch so weite Reise werth ist. Einen Mann dessen geringstes Verdienst grosse Einsichten sind, der als einen wahrhaftig tugendhaften Menschen und ein[en] höchstthätigen Weisen sich in öffentlichen Geschäften zeiget. Wenn ich eine Krone zu vergeben hätte so wüßte ich niemand der ihrer würdig wäre wie er, weil ich niemand kenne der sich so fähig und so willig gezeigt hätte Menschen glücklich zu machen, niemand der die Anlässe die er gehabt hat Proben davon zu geben so wohl genutzet hätte.

Ich habe Ihnen noch nicht für den Versuch eines Schulbuches für Kinder der Landleute gedanket. Mit dem lebhaftesten Vergnügen habe ich dises Werkgen gelesen. Wenige Bücher haben mir so viel Zufridenheit gewähret als dieses. Es ist eines von denjenigen die ich unter die wichtigsten Bedürfnisse der menschlichen Gesellschaft zähle. Ich sehe es nicht als ein Werk für den Landmann allein an. Ich halte darfür man könne es mit Nutzen, mit dem allergrößten Nutzen als eine Grundlegung auch mit Kindern andrer Stände gebrauchen. Ich lese es nun mit einem der meinigen das mit mir auf dem Lande ist und ich erwarte von dieser Lesung einen nicht geringen Nutzen. Wenn es aber nur ein Werk für den Landmann wäre so würde es mir schon unendlich schätzbar seyn, denn immer habe ich den Gedanken verabscheuet welchen Herr Wieland in dem goldnen Spiegel aufgewärmet hat, daß der Bauer nicht nöthig habe sorgfältig unterrichtet zu werden. Wenn ich Musse und Gesundheit hätte so würde ich einen Versuch wagen ob ich mit derselben glücklichen Einfalt und Faßlichkeit ein Ergänzungshauptstück dazu verfertigen könnte in welchem die Lehre der Ekonomisten in so fern sie der Landwirth zu wissen nöthig hat ausgeführet wäre.

Ich lese nun erst, denn lang konnte ich wenig als das nöthigste lesen, Sophiens Reise. Auch den Verfasser dises Werkes bewundere ich als eines der feinsten und der schönsten Genies. Mir kommen zwar viele von seinen Grundsätzen überspannt und viele seiner Charaktere übertrieben vor. Aber in vielen Stücken scheinet er mir noch erhabener und scharfsinniger als selbst der Verfasser des Grandison und der Pamela. Ich lese ihn nicht so gern als Wielanden, aber in dem sittlichen Gesichtspunct, und also im Grunde, ist er mir unendlich werther als Wieland, so wie er dermals ist. Wer ist der Verfasser diser Reise?

Ich höre daß die Herren Sulzer und Mendelssohn sehr krank seyen. Ich bedaure sie von Herzen. Versichern Sie diese würdigen Männer meiner lebhaften Theilnehmung an ihrem Zustande der für alle Freunde der Wahrheit so wichtig ist.

Was denken Sie von meiner neuen Sammlung. Ich halte sie für das Beste so ich gemacht habe. Doch wünschte ich aus dem zweyten Bändgen einige Stücke weg, die mir bey näherer Überlegung nicht mehr recht zweckmässig scheinen.

Ich habe neulich in Zürich den Patriarchen Bodmer gesprochen. Dieser Mann ist immer verehrungswürdig, immer eyfrig Gutes zu thun und zu veranlassen. Ich war höchsterfreut ihm über die Früchte seines Eyfers die seine Vaterstadt und mit derselben die ganze Schweiz geniesset, Glück zu wünschen, aber seine Noachide, mit welcher er mich beschenkt hat wider zu lesen, dazu habe ich mich noch nicht entschliessen können. Er hat mir gedruckte Briefe gezeigt darin H. Klopstock seinen Freunden ein Werk das noch *in petto* ist, anbefiehlt um ihm Unterzeichnungen zu verschaffen.

Das ist beynahe zu viel geschrieben für einen Menschen der eine Cur braucht um sich zu erholen. Doch das Vergnügen mich mit Ihnen zu unterhalten hat mich dahin gerissen. Ich umarme Sie würdigster und liebster Freund! Leben Sie wohl.

Isaak Iselin

[PS]

Sie kennen das Land welches der Schauplatz von Sophiens Reisen ist. Sind die Auftritte mit dem Pastor Groß wirkl. im Costume dises Landes oder sind sie übertrieben wie vieles andre. Im Grunde hat schon Plutarch die Gefahren der ungleichen Heurath erkannt: *de liber*[is] *educ*[andis].

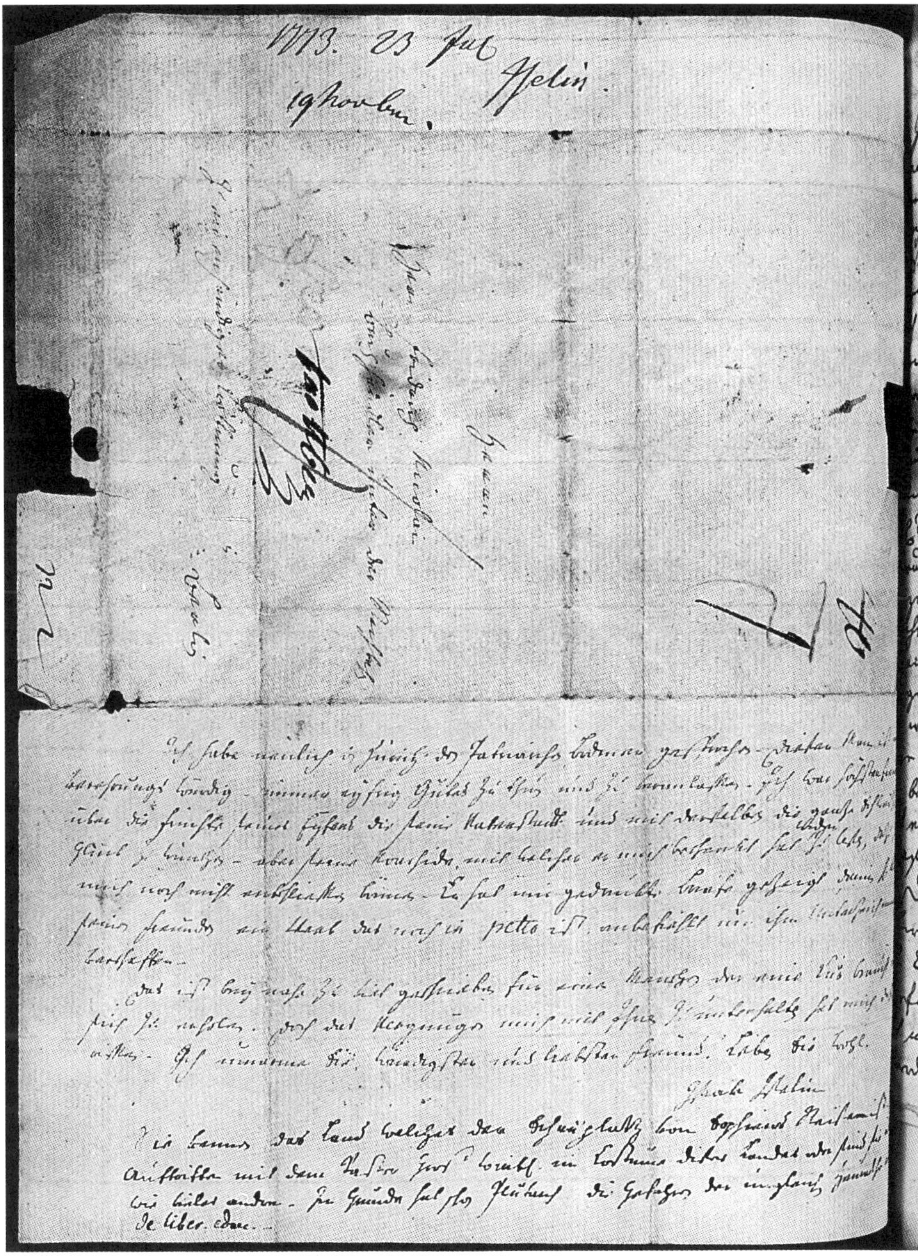

Abb.21: Iselins Brief vom 9.6.1773 (Nr.55).

Erläuterungen zu Nr.55

- "der vortreffliche Sebaldus": Über den ersten Band von Nicolais Roman "Das Leben und die Meinungen des Herrn Magister Sebaldus Nothanker" schrieb Iselin an seinen Freund Salomon Hirzel in Zürich: "Aus Anlasse der Orthodoxie [Iselin meint den Streit um das Zürcher Realregister; vgl. zu Nr.60] kömmt mir eben der ehrliche Sebaldus Nothanker in den Sinn, diesen müssen Sie lesen, mein liebster Freund! Es ist eines der angenehmsten und der lehrreichsten Werke welches in dieser Art erschienen ist, und es hat mit Sophiens Reisen [s.u.] das Verdienst gemein daß es ein wahres deutsches Original, daß es ganz national ist, daß es die deutschen Sitten vollkommen schildert" (27.9.1773; Staatsarchiv Basel-Stadt PA 98, 61, S.283); zum Sebaldus vgl. den darstellenden Teil, Kap.II/4, S.60f.

- "ich kann nicht begreifen was der Göttingische Beurtheiler damit will, wenn er sagt es werden nur Gelehrte es lesen": Iselin bezieht sich auf die anonyme Besprechung des Sebaldus Nothanker (Bd.1) in: Göttingische Anzeigen von gelehrten Sachen 15.5.1773 (58.Stück), S.498-500. Ihr Autor war ausgerechnet Abraham Gotthelf Kästner, einer der wichtigsten Mitarbeiter der ADB; vgl. Schwinger 1897, S.206; Fambach 1976, S.34; Schneider 1995, S.134ff.
  Kästner stellt fest, das Buch enthalte "im geringsten nichts Wunderbares" und werde deshalb "als Roman schwehrlich sein Glück machen". Dafür sei es voller gelehrter Anspielungen. Obwohl der Autor (also Nicolai) kritisiere, daß die deutschen Gelehrten nie für ein breiteres Publikum schrieben, habe er selbst nur den gelehrten Leser im Blick gehabt.

- "Ich war ganz entzückt über ihn": Lavater muß eine sehr einnehmende, ja charismatische Ausstrahlung im persönlichen Umgang gehabt haben. Hierfür gibt es viele Zeugnisse; vgl. etwa das Urteil Johann Heinrich Mercks, das dieser Nicolai in einem Brief vom 28.8.1774 mitteilte: "Und nun noch ein paar Worte von **Lavatern**. Kein Mensch mag wohl weniger für ihn eingenommen gewesen seyn, als ich; denn ich habe seine meisten Schriften nicht lesen und seine Art, auf Andre in der Welt einzuwirken, noch weniger goutiren können. Allein wenige Menschen habe ich gesehen, die auf mich einen so erbaulichen Eindruck gemacht hätten, wie dieser *ausserordentlich gute Mensch.* (...)" (ed. Wagner 1847, S.104).

- "in der Bibliothek ein Brief von H. Prof. Müller": Gemeint ist Johannes Müllers (anonymer) "Auszug eines Briefes aus der Schweitz" in ADB 17/1 (1772), S.313-316. Darin heißt es: "H. Lavater wartet auf Zeichen und Wunder, schreibt vom Aufschub der Buße, ein christliches Jahrbüchlein; Oden, Predigten, eine Kupferbibel, von der Physiognomik und sonst fast alle Monate was Neues. Wenn nur dies glückliche Genie nicht auf Abwege sich verirret." Auf diesen Aufsatz nimmt auch ein Brief Nicolais an Müller vom 16.3.1773 Bezug: "Sie haben wohl gethan, daß Sie sich nicht als Verf. des Briefes aus der Schweiz bekannt haben. Vorsicht kann mit der Rechtschaffenheit sehr wohl bestehen. Inzwischen, dem vortrefflichen Iselin, einem der besten Menschen, hätten Sie sich gewiß am ersten, anvertrauen können"; Nicolai, Verlegerbriefe (ed. Fabian/Spieckermann 1988), S.97.

- "Sophiens Reisen": Sophiens Reise von Memel nach Sachsen. 5 Bde. Leipzig 1769-1773. Anonym erschienenes Werk von Johann Timotheus Hermes. Der "Verfasser des Grandison und der Pamela", mit dem Hermes hier verglichen wird, war Samuel Richardson.

- "seine Noachide": Johann Jakob Bodmer, Noah. Ein Heldengedicht in 12 Gesängen. Zürich 1752. Neuauflage unter dem Titel "Noachide": Berlin 1765, verbesserte Ausgabe: Zürich 1772.

[Nr. 56; Nicolai an Iselin]

Hrn R.S. Iselin
in Basel

Berlin d. 4 Julius 1773.

Mein sehr werther Herr und Freund.

Ich habe Ihre beide Schreiben v. 5 Apr. u. 7 May vor mir. Laßen Sie mich Ihnen meine große Freude bezeugen, über Ihre Wiedergenesung. Sie sind dem Staate, Ihrer Familie, der gelehrten Welt und Ihren Freunden wieder geschenkt worden. Der Himmel gebe, daß Sie noch lange Ihren Scharfsinn und Ihre Wolthätigkeit, allen diesen zum besten anwenden können. Besonders sind Sie unserer Litteratur sehr nöthig. Wir haben so wenig gemeinnützige Gelehrten, die zugleich gründliche Einsichten haben, daß Ihr Verlust nicht würde ersetzt werden können.

Das Ende meines letztern Briefes, war: Nichts mehr vom reinen Ertrage. Es mag auch dabey bleiben. So viel sehe ich wohl aus Ihrer Beantwortung meiner Einwürfe, daß wir in der Theorie sehr einig sind, Sie mögen gleich ökonomistisch und ich unökonomistisch seyn. Aber nun schwebt mir lebhaft vor Augen, daß in dem eigentlichen System viele Trugschlüsse seyn.[17] Die abgeschnittene Eintheilung der Menschen in Stände, scheint mir unter andern viele Trugschlüße in der Anwendung zu machen. Man gestehet, daß sie in der Natur nicht so abgeschnitten wären, aber man schließet doch im Systeme, als ob sie es wären. Der der den Acker bauet, ist der Hervorbringer, die übrigen dienen nur sein hervorgebrachtes geltend zu machen. Aber wenn der Spitzenklöppler und der Kupferstecher auch sicherlich ein Hervorbringer ist [sic], so muß auch jemand da seyn, der seine Arbeit geltend macht. Ich wähle mit großem Bedachte zwey Exempel des bloßen Luxus, als des andern entgegengesetzten Seite. Aber es liegen noch viele Millionen Productionen dazwischen, z.E. auch die gelehrten, welche auch müssen geltend gemacht werden. Ein Blick auf alle diese, macht daß man merkt, die Frage sey weit schwerer zu entscheiden als die Oeconomisten meinen.

---

17 Der folgende Absatz ist ein Einschub, den Nicolai an den Rand des Briefes geschrieben hat.

[18]...und daß das System, so wie es ist, auf manches Land angewendet, so schädlich seyn würde, als selbst ein kameralistisches Monopoliensystem. Es stehet nämlich zwar bey uns, uns im System, oder in einem menschenfreundlichem Traume die *fraternité des Nations* vorzustellen, aber es ist doch sichtbar, daß in manchen Fällen, das Interesse der Engländer und Franzosen, der Hamburger und Brandenburger gerade entgegengesetzt sind. Wir stellen uns einen idealischen Staat in seiner Vollkommenheit vor, worinn keine despotische Fürsten, keine stolze Minister, keine müßige Edelleute, und große Landeigenthümer, keine Monopolien, keine Getraidsperrungen, keine falsche Proportion des Handels u. Manufacturen zum Ackerbau, kein stehendes Kriegsheer ist. Aber wie wenn ein solcher Staat existirt, wenn sogar verschiedene dieser Übel, nothwendig geworden sind, wenn ohne ein stehendes Kriegsheer der Staat seinen Nachbarn Preis gegeben werden müßte, wenn es nicht zu vermeiden ist, daß theils der Unterhalt, theils die Recrutirung dieses Heeres, dem Ackerbau nicht die ganze Ausdehnung verstatten kann, die man ihm im Ideal beylegt, wenn die Conservation des Edelmannes, als Landeigenthümers und als Officiers, in eine unentscheidbare Collision kommt. Wenn der Manufacturen freilich zu viele und nicht die rechten sind, wenn aber sobald man sie abschaffen, oder fremden Waaren ohne Auflage den freyen Eingang (ja nur Durchgang) verstatten wollte so würden 500 000 ja vielleicht 800 000 Menschen, die von ihrer Hände Arbeit leben u. an Manuf. arbeiten in 4 Wochen an den Bettelstab gebracht werden und Hungers sterben müßen, wenn dadurch dies Land nothwendig, handelnden Nachbarn an der See, in die Hände fallen müßte, die mit aller freundwilligen *fraternité des nations*, sich ihrer Vortheile bedienen würden und uns hindern würden uns der unsrigen zu bedienen. - Was kann in solchem Lande das ökonomische System helfen? Und ich behaupte, daß fast jedes Land, nicht eben gerade auf diese, sondern auf andere Arten, mit Gutem und Bösem so complicirt ist, daß die Auflösung der Frage, wie die Menschen in den verschiedenen Staaten glücklich zu machen sind, viel schwerer ist, als sie uns die Oeconomisten vorstellen.

Daß man aber die Menschen immer wieder zur Simplicität, zum Ackerbau, zum freyen Handel, zur *fraternité des Nations* zurükrufen soll, wenn sie auch nicht dazu zu bringen sind, dies habe ich niemals bezweifelt. Unser König hat sich

---

18 Ende des Einschubs; Fortsetzung des Satzes "...daß in dem eigentlichen System viele Trugschlüsse seyn".

mit größtem Eifer bemühet, die Gemeinheiten aufheben zu laßen; schon seit 3 Jahren reisen Commissarien in allen Provinzen herum, um dies unter Landesherrlicher Autorität zu bewerkstelligen. Die meisten Gemeinheiten sind auch wirklich aufgehoben. Da es an einigen Orten unmöglich fällt, die Aecker der Bauern, und ihre Gemeinweiden selbst außeinander zu setzen, so ist wenigstens positiver Befehl da, die Bauern mit dem Edelmann oder Gutsherrn außeinander zu setzen, aber auch dies ist an vielen Orten unmöglich befunden worden, und an einigen Orten, hat sich der Bauer so schlecht dabey befunden, daß er gebeten hat die Gemeinheiten wieder herzustellen. Nun zweifle ich nicht, daß die Theorie der Aufhebung der Gemeinheiten gut wäre, weil sich [sic; sie] in einer gegebenen Provinz, und unter einer Complication verschiedener Umstände unmöglich oder schädlich sind. Nur behaupte ich wieder, aus unläugbaren Thatsachen, die vor mir liegen, daß die Aufhebung der Gemeinheiten nicht allemahl mit den preiswürdigen Folgen begleitet ist, die man aus Gründen *a priori* davon rühmet, ja daß sie unter gewissen Umständen unmöglich, ja ohne Nutzen seyn kann.
Sagen Sie mir ja nicht, der Staat muß sehr verderbt seyn in welchem die Aufhebung der Gemeinheiten ihre wohlthätigen Folgen nicht mehr äußert. Ich würde Ihnen dies zugeben, aber auch behaupten, daß fast alle Staaten v.d. Ideale eines unverderbten Staates an zu rechnen ebenso sehr verderbt sind. Nur ist die Kunst, die Verbesserung von der itzigen Lage, u. nicht von dem Ideale anzufangen.

Herrn Reimarus und Hrn Büsch halte ich für einsichtsvolle und sehr verehrungswürdige Leute, nur sehen sie alle Gegenstände von der hamburgischen Seite an, die zum Theil disseits der Elbe ganz anders aussehen. Wenn man nur siehet, was Hr Büsch vom Zucker sagt, als ob unser Vortheil der einzige Schilling wäre, für den sich der Hamburger erbietet den Zucker selbst zu kochen. Hr. Büsch spricht *de bonne foi*, aber er sieht nur, wodurch Hamburg blühen würde und denkt nicht daran, wie sich die brandenb. u. hannoverschen Staaten schlechter befinden würden. Lesen Sie: Anfrage an das deutsche Publicum, wegen der Handlungsbilanz. Frft. 1773. 8[octav]. Dieser Mann sagt einige große Wahrheiten, nur ist er freilich nicht Hn Reimarus und Büsch an Gelehrsamkeit zu vergleichen, noch weniger versteht er, wie sie die Kunst, die geringsten Vorfälle zum besten seiner Meinung in ein vortheilhafftes Licht zu setzen. Er wird bitter, welches dem Verf. bey dem Leser allemahl schädlich ist; aber bey dem allen hat er doch vollkommen recht.

Doch ich falle wieder in meine alte Erbsünde. Nun nicht ein Wort weiters von diesen Sachen.

Ihr Urtheil über die Frft. a. M. Zeitung ist vollkommen richtig. Sie können die Masse zwar durcheinanderrühren aber nicht feiner machen. Der Jahrgang 1773 ist noch schlechter. Die vorigen Verf. (Schloßer, Herder, Merk, Göthe) sind abgegangen und itzt dirigirt sie *D. Bahrd* in Giessen, der ein mittelmäßiger Kopf, aber thätig ist.

Ich muß glauben, daß der Reisende Recht hat, welcher behauptete, mein Dilemma, durch Ihren Mund gesagt, habe Hrn. Wieland auf die Moralität s.[einer] Schrifften aufmerksam gemacht. Ich bin vor einigen Wochen durch Weimar gereiset wo ich Hrn. Wieland persönlich habe kennen lernen. Ein großer Theil seines Gesprächs, ging darauf, daß er wegen des moralischen Einflusses einiger seiner Schrifften, noch nicht mit sich einig wäre. Er bezeugte, daß er keine böse Absichten gehabt, wenn er aber überzeugt würde, daß s. Schrifften schlimme Folgen hätten, so wolle er so viel an ihm ist, den nachtheiligen Eindruck, den sie machen könnten, auszulöschen suchen. Er erwähnte namentlich, daß ihm öffentlich die Frage vorgelegt worden, ob s. Tochter seine Schrifften lesen sollte oder nicht. Er habe seine vorige Schrifften itzt lange nicht gelesen, habe sich auch vorgenommen, sie so lange nicht zu lesen, bis seine Tochter so alt werde, daß sie angefangen habe ihren Geist zu bilden. Seine Schrifften würden ihm alsdenn ganz fremd seyn, so daß er ihren Eindruck besser erforschen könne. Alsdenn wolle er sie sich von seiner Tochter vorlesen laßen, und den Eindruck, den sie auf ihn und auf seine Tochter machten genau erforschen. Wofern er etwas fände, das der Moralität schädlich wäre, so wolle er der erste seyn, der es verdamme, und wolle, nach Beschaffenheit der Umstände, öffentlich dawider schreiben. Es ist wahr, die Probe, die Er an seiner eignen Tochter machen will, scheint mir, aus mancherley Ursachen, immer noch etwas mißlich, inzwischen waren mir diese seine Gesinnungen sehr ehrwürdig. Ich kann überhaupt sagen, daß ich durch den persönlichen Umgang mit Hrn. W. so kurz er auch gewesen, dennoch mir verschiedenes in seinem poetischen und moralischen Charakter zu seinem Vortheile aufgeklärt habe. Sein Umgang ist voller Geist und lehrreich. Er sprach viel von sich und seinen Schriften, aber mit einer seltenen Offenherzigkeit und Freymüthigkeit.

Er lebt in Weimar in sehr großem Ansehen. Die verw.[itwete] Herzogin setzt ein vollkommenes Vertrauen in ihn. Die Prinzen lieben ihn und schätzen ihn hoch. Er liest ihnen täglich ein Collegium über Fergusons Moralphilosophie ein Collegium, das noch wohl nie einem deutschen Prinzen ist gelesen worden, und doch wäre wohl nichts nöthiger, als daß Regenten, ihre Pflichten gegen sich selbst und andere kennen lernten. Als ich in Weimar war, ward Wielands Alceste zum erstenmahle gespielt, wozu der *beau-monde* von allen benachbarten Städten und kleinen Höfen zusammen kam.

Seitdem ich von Weimar weg bin, hat mich H. W. sehr angelegentlich, durch einen dritten ersuchen laßen, und mich auch selbst in einem ausdrücklich deshalb geschriebenen Briefe ersucht, ihm (dies sind seine Worte) "den vortreflichen Verfasser der Rec. des Goldnen Spiegels in der Bibl. zu nennen und wiewohl ich glaube, setzt er hinzu, daß es mir nicht unmöglich fallen würde den ehrlichen Danischmende, und den guten Tifan, ja sogar mich selbst, hier und da, gegen ihn zu vertheidigen, so ist mir doch der belehrende Tadel dieses Unbekannten so angenehm, daß ich recht sehnlich zu wissen wünsche, wem ich ihn zu danken habe."

Ich ward durch diese Bitte in nicht geringe Verlegenheit gesetzt. Ich wollte Hrn. W. ungern diese Bitte abschlagen, aber ich erinnerte mich meiner Pflicht, daß ich Ihren Namen nicht ohne Ihre Erlaubniß entdecken könnte. Dies habe ich auch Hrn. W. geantwortet, doch aber hinzugesetzt, daß sich der Verf. der Recens. vielleicht selbst ihm entdecken, oder mir die Erlaubniß geben würde, es zu thun. Nun wird es von Ihnen abhangen, ob Sie selbst an ihn schreiben wollen, oder ob Sie wollen, daß ich ihm Ihren Namen sagen soll, oder ob Sie beides nicht wollen. Wenn Sie nicht besondere Ursachen haben, so wäre mein Rath Sie gäben Hrn. W. dieses Zeichen Ihres Vertrauens. Es scheint Riedel u. andere haben ihn mißtrauisch und dadurch verdrießlich gemacht, wenn man ihm Vertrauen zeigt, so scheint er geneigt zu seyn, von denen die ihm wohlwollen auch Tadel anzunehmen. Wofern Sie, wie ich fast glaube, schon vorher mit Ihm in Connexion gewesen sind, so würde es vielleicht nicht übel seyn, wenn Sie selbst an Ihn schrieben. Auf allen Fall, melden Sie mir bald, was Sie thun wollen, oder gethan haben, damit ich mich darnach richten könne.

Der Verf. der Schrifft vom Nutzen des Predigtamts, (von der diese Messe, eine neue vermehrte Auflage erschienen ist, ist Hr. Spalding. Diese Schrift sagt allerdings vortrefliche Sachen, und kommt in manchem Betracht zu rechter Zeit. Inzwischen mißfällt mir daran eine gewisse homiletische Weitschweifigkeit, von der sich ein Geistlicher selten loßmachen kann. Selbst der [sic] erste Periode zeigt, daß der Verf. ein Prediger ist. Außerdem ist auch ein gewißes Etwas, wo der Prediger allzusehr von seiner Würde (deren wahren Werth niemand mehr schätzen kann als ich) redet. Im gemeinen Leben, kann der Prediger nicht allemahl lehren, er muß auch lernen. Wie simpel war Sokrates, der auch ein Lehrer der practischen Tugend war.

Sollten Sie wohl glauben, daß Hr. Eberhard auch hier, seines Buches wegen verfolgt wird. Die Gemeine zu Scharlottenburg einer kleinen Stadt, nahe bey Berlin, hat sich hartnäckig geweigert, ihn zum Prediger zu haben, und hat deshalb 3 Deputationen mit Vorstellungen immediat an den König geschickt. Es ist sehr wahrscheinlich, daß der König sich hierbey seiner Macht nicht gebrauchen werde. Dies ist ein sehr böses Exempel für jeden selbstdenkenden Geistlichen, zumahl da unsere geistliche Ober Consistorialräthe Sack, Spalding, Teller, sehr sorgsam sind, sich nicht zu compromittiren, sondern die gute Sache, nur unter der Hand unterstützen.

Ich habe Ihnen von Leipzig aus, durch Einschluß d. H. Prof. Müller in Schafhausen

1 Bibl. XIX.1.

1 Leben Sebaldus 1r Thl.

1 Brief, so an mich addressiert worden

zugesendet. Ihr Urtheil von dem Sebaldus erwarte ich [mit] Verlangen. Dis Buch ist von mir, aber um desto offenherziger [Siegelloch; soll] Ihr Urtheil seyn.

Der Ursprung dieses Buchs ist ganz zufällig. Schon vor 5 [Siegelloch; Jahren] wollte ich auf Klotzen eine Satyre machen, aber eine Satyre, wie sie ein vernünftiger Mann macht, nicht wie sie ein verbrannter Kopf wie Klotz, würde gemacht haben. Ich sann mir also aus, daß ich den Sebaldus aus der Wilhelmine, wollte zu mir und Klotzen u. andern Gelehrten wollte reisen laßen, und daß er bey dieser Gelegenheit seine Meinung über verschiedene Punkte der neuesten Litteratur entdeken sollte. Klotz sank aber bald unter die Satire, und ich ließ also mein Vorhaben fahren, aber ich hatte so vielerley gedacht und gesammlet, das ich nicht aus dem Kopf loßwerden konnte. Ich gab also meinem Plan eine andere Wendung und schrieb dieses Buch. Es hat einen sehr weit ausgebreiteten Beyfall erhalten, mehr als es vielleicht verdienet. Dies blendet mir aber die Augen nicht, über die Mängel, sonderlich über die, die es nach dem einmahl angelegten Plane nothwendig haben mußte. Sagen Sie mir also Ihre Anmerkungen recht offenherzig. Ich bin von ganzem Herzen

Ihr ergebenster Diener

Fr. Nicolai

[PS 1]

Ihre Neue Saml. ist zur Bildung zarter Herzen sehr nützlich. Ich habe schon die erste Ausgabe meinen Kindern in die Hände gegeben.

[PS 2]

Hr Sulzer befindet sich noch in einem sehr mißlichen Zustande. Er wird schwerlich den Herbst überleben. Der Verlust dieses wackern Mannes würde sehr traurig seyn.

[PS 3]

Ich sende Ihnen anbey *sub A.* das Verzeichniß der restirenden und *sub B.* der auf neuen erbetenen Recensionen.

Erläuterungen zu Nr.56

- "Die meisten Gemeinheiten sind auch wirklich aufgehoben": Unter Gemeinheit (Allmende) versteht man das gemeinschaftliche Nutzungsrecht an ländlichem Grundbesitz. In Deutschland gab es im 18. Jahrhundert einen allgemeinen Prozeß der Gemeinheitsteilung, d.h. der Aufhebung solcher Rechte und Aufteilung der Ländereien.
- "Anfrage an das deutsche Publicum, wegen der Handlungsbilanz": Anfrage an das Teutsche Publicum, die Handlungsbilanz zwischen Teutschland und England betreffend. Hamburg und Frankfurt/M. 1773. Verfasser dieser anonymen Schrift war ein gewisser Seitwein, Hessen-Darmstädtischer Agent in Wien.
- "Frft.a.M. Zeitung", "*D. Bahrd* in Giessen": Frankfurter Gelehrte Anzeigen; vgl. zu Nr.53. Als Direktor des Jahrgangs 1773 nutzte Bahrdt die Zeitschrift als Plattform für seine persönlichen Fehden und provozierte damit eine Beleidigungskla-

ge gegen den Verleger, der schließlich 100 Taler Geldstrafe zahlen mußte. Bahrdt gab daraufhin seinen Posten wieder auf.
Für Bahrdt, dieses "enfant terrible" der Aufklärung, hat sich die Forschung in letzter Zeit vermehrt interessiert: Gerhard Sauder, Christoph Weiß (Hrsg.), Carl Friedrich Bahrdt (1740-1792). St.Ingbert 1992. Ludger Lütkehaus, Aufklärung über die Gegenaufklärung. Leben, Meinungen und Schicksale des "berüchtigten Dr. Bahrdt". In: Gutjahr/Kühlmann/Wucherpfennig 1993, S.159-171. Günter Hartung (Hrsg.), Außenseiter der Aufklärung. Frankfurt 1995 (Aufsätze von H.-J. Kertscher und G. Mühlpfordt); vgl. auch Nr.88 (Bahrdt als Philanthropinist in Marschlins und Heidesheim) und Nr.105 (Nachdruck der theol. Rez. der ADB).

- "Ich bin vor einigen Wochen durch Weimar gereiset wo ich Hrn. Wieland persönlich habe kennen lernen": Von der Ostermesse in Leipzig kommend reiste Nicolai über Weimar nach Berlin zurück. In Weimar hielt er sich sechs Tage, vom 22.-26. Mai auf, traf hier seine Korrespondenten Musäus und Buchholz, die Herzogin Anna Amalia, den Schauspieler Ekhof u.v.a. Den größten Eindruck machte auf ihn Wieland, den er in mehreren Briefen als geistreich, offenherzig und gewinnend beschrieben hat (vgl. Nicolai an Ramler, 19.6.1773, in: Thomas C. Starnes, Christoph Martin Wieland. Leben und Werk. Bd.1 Sigmaringen 1987, S.475). Einen sehr anschaulichen Bericht über alle diese Begegnungen, auch über die Uraufführung von Wielands "Alceste", hat Nicolais Reisebegleiter, der Berliner Buchhändler August Mylius, verfaßt. Er wurde publiziert von Eduard Berend: Nicolais Besuch in Weimar im Frühjahr 1773. In: Zeitschrift für Bücherfreunde N.F. II (1910/11), S.21-29.
Auch Wieland hat sich positiv über sein Zusammentreffen mit Nicolai geäußert. An Fr.H.Jacobi schrieb er: "Nicolai hat sich sechs Tage in Weimar aufgehalten - er ist wirklich ein feiner Mann, der von einer Seite viel Gutes hat. (...) Nicolai's Bibliothek ist ein herrliches Werk - sein Nothanker ein vortreffliches Buch." Als Jacobi, der seinen Bruder Georg im Nothanker verunglimpft sah, zutiefst empört antwortete, bekräftigte Wieland: "Alle Leute an unserem Hofe, die Nicolai's Bekanntschaft machten, Dalberg, der Graf Görz und zehn andere Leute, die viel Menschen gesehen haben, wurden noch mehr, als ich, von Nicolai eingenommen und sprachen von ihm noch günstiger, als ich. - Die deutsche Bibliothek halte ich für ein Institut, wofür man dem Herausgeber von Kaisers und Reichs wegen danken sollte, und beinahe alles, was einen Kopf in Deutschland hat, denkt wenigstens, daß es das beste Journal sey, das wir haben, und daß es viel Gutes stifte. (...) M. Sebaldus ist in meinen Augen ein sehr schätzbares Buch, und so finden es alle Leute, die ich weit und breit kenne." Wielands Briefwechsel Bd.5 (ed. Seiffert 1983), S.135 und S.157f. Vor diesem Hintergrund müssen Wielands scharfe Angriffe auf Nicolai und die ADB 1775 erstaunen: vgl. zu Nr.75.

- "mich auch selbst in einem ausdrücklich deshalb geschriebenen Briefe ersucht, ihm (...) 'den vortreflichen Verfasser der Rec. des Goldnen Spiegels in der Bibl. zu nennen": Wieland nimmt in seinem Brief vom 18.6.1773 noch einmal Bezug auf Nicolais Besuch in Weimar, äußert ein "schmerzhaftes Bedauern", von Nicolai "getrennt leben zu müssen" und fügt hinzu: "Einen Geist wie den Ihrigen kan man nicht näher kennen lernen, ohne sich seinen Umgang und seine Freundschaft zu wünschen." Dann erbittet er - so wie es Nicolai hier zitiert - den Namen des Rezensenten vom goldnen Spiegel; Wielands Briefwechsel Bd.5 (ed. Seiffert 1983), S.126.

- "Hr. Eberhard auch hier, seines Buches wegen verfolgt wird": Die Voraussetzungen und Wirkungen der "Neuen Apologie des Sokrates" hat Nicolai 1810 in seiner Gedächtnisschrift auf Eberhard dargestellt: Nicolai, Gedächtnisschriften (ed. Košenina 1995), S.153ff. Den Konflikt um die Einsetzung Eberhards als Prediger in Charlottenburg hat Nicolai jedoch schon früher und ausführlicher in den "Anekdoten von König Friedrich II." erzählt: Der Magistrat von Charlottenburg hatte im Mai Eberhard zum Pfarrer berufen, wogegen Teile der Gemeinde heftig opponierten, weil sie diesen für heterodox hielten. Sie wandten sich persönlich und in Bittschriften mehrfach an den König, der sich zunächst aus der Angelegenheit heraushalten wollte, nach langem Hin und Her jedoch zugunsten von Eberhard entschied. Im Dezember konnte dieser schließlich in sein Amt eingeführt werden; Nicolai, Anekdoten Heft 5 (1791), S.110-122. Eine literarische Spiegelung des Vorfalls ist die Episode vom Herrn F. in Nicolais Roman Sebaldus Nothanker (ed. Witte 1991, S.197f.; vgl. Schwinger 1897, S.66f.).

- "daß ich den Sebaldus aus der Wilhelmine": Einem Brauch der Zeit entsprechend hatte Nicolai den Namen seines Romanhelden einem anderen Buch entlehnt, nämlich dem erfolgreichen "prosaisch-komischen" Epos "Wilhelmine, oder der vermählte Pedant", Leipzig 1764, von Moritz August von Thümmel.

[Nr. 57; Iselin an Nicolai]

Basel den 9 ten Augstm. 1773.
[erh. 21. Aug.]

Ich bin seit wenig Tagen wider von dem Lande zurück, mein werthester Herr und Freund! Meine Gesundheit ist nicht sonderlich gebessert. Doch kann ich ohne sonderbare Mühe meinen Amtsgeschäften wider vorstehen. Viles darneben zu arbeiten ist mir nicht möglich. Indessen will ich es bald mit den mir von Ihnen aufgetragenen Recensionen wagen. Nur verbitte ich mir widerum die von dem *Mémoire géographique* die ich nicht übernehmen kann. Weil Sie es so gut finden so füge ich hier einen Brief an Hn Wieland bey. Mir deucht er hätte sich nicht darum bekümmern sollen wer sein Werk angezeiget habe. Der Versuch welchen er mit seiner Tochter vornehmen zu wollen gesagt hat, ist ein Einfall den er gewiß bey näherer Überlegung fahren lassen wird. Ich hoffe aber er werde ehe seine Tochter das versuchsfähige Alter haben wird wider gänzlich auf der besseren Bahn seyn. Sigeln Sie meinen Brief mit einem Kopfe oder mit einem andern Petschaft zu und schicken Sie ihn an seine Behörde.

Den Widerstand welchen Hrn Eberhards Einweisung zu der Stelle eines Predigers zu Charlottenburg von Seiten der Gemeine gefunden hat hätte ich nicht vermuthet. Ich muthmasse aber auch wie Sie der König werde da nicht Gewalt brauchen wollen. Auch stelle ich mir vor Hr. E. würde nicht mögen aufgedrungen seyn. Ein Mann den seine Gemeine schon vor seinem Antritte für einen Ketzer hält wie sollte der hoffen können sein Amt mit Nutzen zu verwalten. Allein ich hoffe und wünsche daß dieser Vorfall Ihren würdigen Freund dem König auf eine Art bekannt machen werde die ihm den Weg zu wichtigern Beförderungen bahnen soll.

Nothhanker kann nicht mehr Beyfall erhalten haben als er verdienet. Alles muß ihn zu einem Lieblingswerke des größten und darunter auch des bessern Theiles der deutschen Nation machen, und er wird über viele Puncte manches Aug öffnen das sonst noch lang hätte verschlossen bleiben können. Man sihet hier mit Sehnsucht der Fortsetzung entgegen.

Ich bin selbst mit meiner Sammlung ziemlich zufriden. Nur wünschete ich einige Stücke und einige Stellen von andern insonderheit aus dem zweyten Theile weg. Ich habe mich damit sehr unvorsichtig übereilet.

Ich sehe Ihre Einwendungen wider das ökonomistische System noch nicht für so stark an als sie es bey dem ersten Anblicke zu seyn scheinen. Man hat nicht nöthig die Welt umzukehren um es einzuführen. Es können in allen übrigen Reichen ungerechte Fürsten, stolze Minister, Monopolien, Getraidsperrungen - und es müssen müssige Edelleute und grosse Landeigenthümer seyn - und der Staat der nach den Grundsätzen dises Systems regieret wird, muß glücklich seyn. Wenn auch die Einführung dieses Systems Leiden verursachen wird, so werden sie nur vorübergehend seyn: höchstens ein paar Jahre dauern und in diesen villeicht so viel Schmerzhaftes wirken als die Fortführung der eingeführten Misbräuche in noch so viel Zeit verursachen wird. Hingegen wird durch sie der Staat für die Zukunft von allen disen Übeln verwahret werden, da die Fortführung des gegenwärtigen Systems die dermaligen Übel *ratione quadrata* vermehren wird. Dieses System hebt auch die stehnden Kriegsheere nicht auf, und Ihr Kupferstecher so wohl als Ihr Spitzenklöppler müssen sich darin nicht weniger wohl befinden. Ich glaube indessen diejenigen unter den Ekonomisten und unter ihren Gegnern welche es mit dem menschlichen Geschlechte wahrhaftig wohl meynen würden bald über gewisse Grundsätze einig seyn, die, wenn sie einmal angenommen werden, bald allen fernern Zaubereyen ein Ende machen würden. Allein sie würden alsdenn noch wie vorher die größte Anzahl und insonderheit die Minister, die Financiers und die Kaufleute wider sich haben.

Ich würde auch nie rathen einem Lande das System auf einmal aufzudringen. Noch lange sind unsre Staaten dazu nicht reif genug. Die Masse des Lichtes muß noch um ein beträchtliches mehr verbreitet werden ehe sie es seyn werden. Indessen ist es die schönste Pflicht die wir ausüben können an dieser Ausbreitung zu arbeiten.

Ich umarme Sie und verharre mit der hochachtungsvollsten Ergebenheit

Ihr Freund und Diener

I. Iselin

[PS]
Ich werde Ihnen durch nächste Gelegenheit Ankündigungen und Proben von des Herrn Court von Gibelin Werke über die ersten Anfänge der Menschheit oder über die älteste Geschichte des menschlichen Geschlechtes schicken. Philosophie, Sprachkunde, Geschichtkunde, Staatswissenschaft alles in der größten Vollkommenheit sollen diesem Werke einen unbeschreiblichen Werth geben. Es hat den Titel *Le monde primitif.*

Erläuterungen zu Nr.57

- "Brief an Hn Wieland": In seinem Schreiben vom 10.8.1773 gibt sich Iselin als Rezensent des goldnen Spiegels zu erkennen, versichert Wieland seiner Hochachtung, kritisiert aber auch dessen Ausflüge in die "Gärten der Epicureer"; Wielands Briefwechsel Bd.5 (ed. Seiffert 1983), S.155f. Wieland und Iselin scheinen danach nicht wieder in Kontakt getreten zu sein.
- "Herrn Court von Gibelin Werke": Gemeint ist die sprachpsychologische Untersuchung "Le monde primitif analysé et comparé avec le monde moderne", 1.Bd. Paris 1773, des französischen Linguisten Antoine Court de Gébelin; vgl. Nr.59 und 60.

[Nr. 58; Nicolai an Iselin]

[Einblattdruck **"An die sämmtlichen Herren Verfasser der allgemeinen deutschen Bibliothek"**, datiert: "Berlin, den 4ten Wintermonats 1773. Friedrich Nicolai";[19] mit handschriftlichen Zusätzen Nicolais:]

Wofern Sie einige Bücher, zum Recensiren, dort nicht auftreiben können, so will ich sie, auf erhaltene Nachricht, hier zu verschaffen suchen.

Des XVIII^{n} Bds 2^{s} Stk haben Sie doch nun bekommen?

Herr von Haller, ist seines Alfreds wegen sehr besorgt. Er hat nicht allein durch den dritten Mann seine Besorgniß, daß man ihn allzustreng behandeln möchte, gelangen laßen, sondern auch deshalb an H. *Sulzer* geschrieben.
Wir sind der Wahrheit noch mehr schuldig, als der Achtung für den Herrn von Haller. Also sagen Sie Ihr Urtheil unpartheyisch. Indessen überlaße ich Ihnen, in wie fern Sie aus Achtung für einen sonst verdienten Mann, Ihr Urtheil mildern wollen. - Seinen Recensenten, kennt er gewiß nicht.

Des Hrn Barkhausens Briefe, zeigen Sie doch bald an, Er hat mich schrifftlich darum ersucht.

Erläuterungen zu Nr.58

- "Seinen Recensenten, kennt er gewiß nicht": Haller versuchte, den ADB-Rezensenten seines "Usong" zu erraten, griff aber daneben: vgl. den darstellenden Teil, Kap.III, S.73f.

---

19 Faksimiliert in Raabe 1983, S.40f.

[Nr. 59; Nicolai an Iselin]

Berlin d. 20 Nov. 1773

Ich habe mein sehr werther Herr und Freund Ihre beide Schreiben, v. 9 Brachmonate aus Liestal und v. 9 Augustmonate aus Basel, datirt richtig empfangen. Ihr Brief an Hrn Wieland, ist auch richtig, mit einem Schreiben von mir begleitet, an ihn übersendet. An mich hat er nicht weiters geantwortet.

Schon lange habe ich Ihre beide Schreiben beantworten wollen. Aber Sie kennen die vielen Geschäfte und Zerstreuungen in denen ich lebe. Ich habe auch vorigen Sommer eine kleine Reise in das freyenwaldische Bad (sechs Meilen von hier) gethan. Wie sehr wünschte ich, daß ich diese Reise nach Schinznach hätte antreten können. Sie und so viele andere trefliche Männer, kennen zu lernen wäre eine große Wollust. Aber ich bin allzusehr an meine Handlungsgeschäfte gebunden, und kann nicht wohl zwey Monate nacheinander abwesend seyn, am wenigsten im May und Brachmonate, und um diese Zeit ist, wofern ich nicht irre, in Schinznach, die Versammlungszeit.

Ich bin sehr erfreut, daß Ihnen mein Werkchen gefällt. Männern, wie Sie, wünsche ich zu gefallen. Vieler anderer Lob, ist mir, so wie ihr Tadel, gleichgültig. Indessen hätte ich freilich sehr gewünscht Hrn Lavaters mündliches Urtheil von Ihnen wieder zu erfahren. Schwerlich kann er wohl ganz damit zufrieden seyn. Wir denken in den meisten Dingen, gar zu sehr verschieden. Ich muß gestehen, daß mir keine einzige von seinen Schriften, von seinem Schreiben an Based.[ow] an, bis auf sein Tagebuch, gefällt, ausgenommen die Physiognomik, welche meines Erachtens den Keim von wichtigen Wahrheiten enthält, und zeigt, daß er ein philosophischer Kopf sey. Mich freuet, daß Sie so viele gute Seiten an diesem Manne im persönlichen Umgange gefunden haben. Seine Hauptfehler, Fanatismus und geistlicher Stolz, haben ihn zu vielen Schritten verleitet, die seinen Charakter nicht in einem ganz vortheilhaften Lichte zeigen. Sein Versuch Moses zu bekehren, ist ein deutlicher Beweis davon, wie Sie mit mir glauben würden, wenn Sie viele kleine Umstände dieser Begebenheit so wüßten wie ich. Er glaubte, die Judenbekehrung und vielleicht das tausendjährige Reich sey nahe. Er wollte die Ehre haben, daß er diese große Revolution veranlaßen könnte, und er glaubte, Moses sey ein heimlicher Christ, und man müsse ihn nur zwingen zu reden, er möge wollen oder nicht, und also machte er sich kein Gewissen, seiner eingebildeten Revolution wegen, dieses vortreflichen Mannes ganze Gemüthsruhe, und vielleicht dessen zeitliches Glück aufs Spiel zu setzen. Sobald er auch merkte, daß Moses ein Jude bleiben wollte, so verlangte er gar nicht, daß er ferner etwas öffentlich schreiben sollte. So machte es auch Hr. Bonnet, in Privatbriefen, der sich in dieser ganzen Sache, noch viel schlechter als Lavater aufführte. Mich hier darüber zu erklären, wäre allzuweitläufig aber glauben Sie mir, ich schreibe nichts, was ich nicht gewiß weiß.

Wenn ich einmahl mehr Muße erlange, und von meinem Freunde Moses die sämtl. dahingehörige Correspondenz erhalten kann, habe ich mir fest vorgenommen, von dieser ganzen merkwürdigen Begebenheit, eine Nachricht zu schreiben, die alle *Facta* für die Nachwelt aufbehalten soll. Ich werde sehr freymüthig schreiben, aber auch kein Wort sagen, wozu ich nicht die deutlichste Beweise habe. Weil ich mich mit niemand zanken will, soll diese Nachricht bey meinem Leben nicht gedruckt werden, und ich bitte Sie auch, gegen niemand, von dem, was ich itzt schreibe, einigen Gebrauch zu machen.

Was Sie von Hrn Lavaters Charakter vortheilhaftes schreiben, laße ich mir auch zu diesem Behufe gesagt seyn. Es zeigt mir die Stärke des Fanaticismus, darin, daß er so viele gute Eigenschaften verdunkeln und einen sehr guten Menschen zu sehr mißlichen Schritten bringen kann. Es ist mir auch in Absicht der Kenntniß des Menschen lehrreich. Ich habe, in der Erfahrung oft gefunden, wie nahe die entgegenste[he]ndesten Tugenden und Laster in unserer Seele neben einander zu stehen pflegen. Aus dieser Ursach, glaubte ich auch, daß H. Lavater in seinem Tagebuche, nie ein richtiger Beobachter des Menschen werden kann. Er neigt nach einer Vollkommenheit, die die Menschen zu Nichtmenschen machen würde. Dieß macht, daß er alles aus unrichtigen Augpunkten ansiehet. Wenn ihn ein kleiner Zorn übereilt, glaubt er schon, er habe ein schlechtes Herz und bey einer kleinen Gutthat, ist er vielleicht allzufrieden mit sich selbst. *Nil admirari* und *nil timere*, sind auch für einen Menschenbeobachter, unwiederrufliche Grundsätze. Das Feuer eines Fanatikers, treibt ihn aber immer zu einem von beiden.

Über die Oekonomisten wollen wir also nun schweigen. Ich glaube freilich daß wir uns über gewisse Grundsätze leicht vereinigen würden. Es ist auch gewiß, daß es sehr weise wäre, nicht das ganze System einem Lande auf einmahl aufzudringen. Indessen wäre es denn auch nicht System mehr. Daß sich das ganze System mit einem stehenden Kriegsheere vertrage, will mir auch noch nicht einleuchten. Vielleicht mit einem stehenden Kriegsheere, so wie das Schwedische Kriegsheer unter dem vorigen Könige war, nicht viel besser als Landmiliz. Vielleicht sind Ihnen diese Gegenstände nicht so nahe, und Sie können daher nicht so in den Geist derselben eindringen. Ein Haufen wilder Pferde, ist schöner anzusehen, befindet sich für sich selbst besser, ist gesünder und muthiger, als ein gleicher Haufen zugerittner oder zum Zuge abgerichteter Pferde. Im letzten Falle werden ihnen viele Kräfte genommen, und nur die gelaßen, die ihrem Treiber nützlich sind. *Sapienti sat.*

Das Finanzsystem, ist mit einem stehenden Kriegsheere genau verbunden. Das erste hat manche Mißbräuche, aber es ist doch nicht abzusehen, wie es mit dem System bestehen könnte, ...[20]

Ich lasse mir gern gefallen, daß das *System* Mode werde, weil die menschenfreundliche Gesinnungen, worauf es gebauet ist oder scheinet, für das menschl. Geschlecht vortheilhafte Wirkungen haben können, wenn sie in den Herzen der Grossen gehegt werden. Ich glaube es geht im menschl. Leben, beständig Tugend und Laster, Vervollkommnung und Ausartung, Luxus und Verfeinerung neben einander, und die Vorsicht bedient sich vieler Mittel, um beständig das Gleichgewicht zu erhalten. Ich glaube bemerkt zu haben, daß der Handlungs- und Manufacturgeist, (dessen Mißbrauche man durch das System abhalten will) den Despotismus, seit Anfange des vorigen Jahrhunderts gemildert hat. Der Geist des Ackerbaues, konnte mit jenem verbunden, mehr als etwas, beytragen, die Kriege zu vermindern, und einmahl einen funfzigjährigen Frieden herbeyzubringen. Wenn nicht die Ambition eines einzigen -
Schon vor 12 Jahren, habe ich dieses in einer Abhandlung ausführen wollen, aber Muße und Ruhe fehlt mir.

Des Hrn *Court de Gebelin* Werk, kann ich noch nicht begreifen. Philosophische Blicke, stehen neben den ausgemachtesten Grillen, wohin auch zum Theil seine Etymologien gehören, auf die er doch so viel bauet. Die Idee der *langue primitive* führt ihn wohl zu weit. In allen Sprachen entdekt man freylich bildende und nachahmende Urtöne, aber die übrigen sind nicht allein entweder im Anfange

---

20 Das folgende ist durch den ausgerissenen Rand des Briefbogens nicht lesbar.

ganz willkührlich gewesen, oder wir können itzt nimmermehr auf die Urbedeutungen zurükkommen.
Übrigens kann dieses Werk in der Bibl. nicht angezeigt werden, weil es französisch ist.

Moses bessert sich doch kann er noch nicht gelehrte Arbeiten verrichten; Sulzer aber, nimmt nach und nach an Kräften ab, und es wäre nur zu wünschen, daß er noch lange genug lebte um sein Wörterbuch zu vollenden.

Was Sophiens Reise anbetrifft, so muß ich gestehen, daß sie mir zu weitschweifig ist. Ich habe sie daher nicht ganz durchlesen können. Es ist einem Autor an sich leichter, einen Roman in Briefen zu schreiben, als in einer fortgehenden Erzählung, aber der Anlaß zur Schwazhafftigkeit ist auch eine gefährliche Klippe an der die meisten scheitern.
Die sittliche Falte des Verf. ist löblich; doch ist sie oft zu theologisch. Ein Prediger spricht gemeiniglich als ob nur zweyerley Menschen in der Welt wären, gute und böse. Ein Kenner der Welt weiß aber allzugut, wie gemischt alles ist, und daher kann ein Prediger so selten einen guten Roman schreiben, weil er dem System zu gefallen, sehr offt die Natur verfehlen muß. - Doch ich mag über dieß Buch nicht weiter urtheilen, weil ich mich in eine ähnliche Laufbahn gewagt habe. Ich weiß ich bin ganz unpartheyisch, aber ich könnte sehr leicht partheyisch scheinen. Der Verf. will sein Buch ganz umarbeiten und es enger zusammenziehen. Dieß kann ihm vielleicht mehrern Werth geben.

Hr. v. Rochau ist ein sehr würdiger Mann. Er verbessert sein Schulbuch täglich. Ihr Lob wird ihm sehr angenehm seyn.

Ihre <u>Sammlung</u> brauche ich bey meinen Kindern mit Nutzen. Ich bin von ganzem Herzen

Ihr ergebenster Diener
Fr. Nicolai

[PS]
Anlage an H. *Schweighauser* u. *v.Mechel* bitte ich abzugeben.

Erläuterungen zu Nr.59

- "Ihr Brief an Hrn Wieland, ist auch richtig, mit einem Schreiben von mir begleitet, an ihn übersendet": Der Begleitbrief Nicolais an Wieland ist nicht erhalten.

- "keine einzige von seinen Schriften, von seinem Schreiben an Based[ow] an": [Johann Kaspar Lavater], Des Johannes Turicensis altchristliches Schreiben, betreffend die Angriffe und Schutzschrift des Elementarwerks. In: Vierteljährige Nachrichten von Basedows Elementarwerke 4.Stück (1771); Lavater ermahnt darin Basedow (nach dessen Streit mit Schlözer) zur Mäßigung. Die anderen beiden hier erwähnten Schriften Lavaters sind: Geheimes Tagebuch von einem Beobachter seiner selbst, Leipzig 1771 (2.Aufl. 1772); Von der Physiognomik, 2 Theile Leipzig 1772.

- "Wenn nicht die Ambition eines einzigen": Zwischen dem Spanischen Erbfolgekrieg (1701-1714) und dem Ersten Schlesischen Krieg (1740-1742) erlebte Preußen eine Zeit relativer Ruhe. König Friedrich Wilhelm I. ging zwar als "Soldatenkönig" in die Geschichte ein, verschonte seine Untertanen aber vor Krieg. Erst der Eroberungsdrang seines "aufgeklärten" Sohnes Friedrich zog Preußen wieder in schwere kriegerische Auseinandersetzungen, die das Land an den Rand des Untergangs brachten. Nicolai scheint hierauf anzuspielen.

[Nr. 60; Iselin an Nicolai]

Basel den 28ten Wint. 1773
[erh. 13. Dez.]

Ich übersende Ihnen hier, mein werthester und würdigster Freund einige Anzeigen. Ich habe die übrigen Schriften die noch im Rückstande sind noch nicht zu Handen bringen können. Auch erlaubet mir meine Gesundheit nicht so viele Nebenarbeiten als ich wünschete. Ich muß mich nun einmal darein schicken aus demjenigen womit ich mich gern allein beschäftigte mein Nebenwerk zu machen. Selbst nur zum Lesen habe ich sehr wenig Zeit. Die Anzeige von Engels geog. Nachrichten habe ich mir schon einmal verbeten und ich muß es wieder thun. Es fehlen mir verschiedene Kenntnisse welche zu Beurtheilung dieses Werkes nöthig sind.

Herr von Haller hat in den gött.[ingischen] Anz.[eigen] mit einer ungewöhnlichen Gelassenheit die Beurtheilung seines Usong beantwortet. Ich habe erst erfahren daß er dieses Buch in eilf Tagen verfertiget hat. Man hat sich verwundert wie der Recensent diese Eilfertigkeit habe errathen können. Nun ist Alfred auch gedruckt, und bald werden Fabius und Cato folgen.

Es scheinet Herr Wieland habe mein Schreiben nicht gar wohl aufgenommen.
Ich habe den Band der A. Bibl. worin der Anfang meiner Anzeige über das Getraidwesen sich befindet nie erhalten. Eben empfange ich den wo mein Versuch von der geselligen Ordnung mit einem viel zu grossen Beyfalle angezeigt ist. Ich mache sonst auf Recensionen meiner Schriften nicht anders Achtung als um die Fehler zu verbessern, die darinn angemerket werden. Dieses wird der Rec.[ensent] der zweyten Auflage d. G. der M. sehen wenn jemals eine dritte erscheinen wird. Ich bin ihm sehr dankbar für seinen Tadel, den ich größtentheils gegründet finde. Mich zu vertheidigen ist nie meine Gewohnheit. Doch habe ich über die Anzeige von der ges.[elligen] Ordnung einige Anmerkungen gemachet die ich gern dem Urheber derselben zur Erwegung übergeben möchte. Es wäre mir nicht lieb daß ein Mann der so gütig gegen mich denkt und dessen Einsichten ich, mehr als nur aus Dankbarkeit hochschätze, so gar falsche Begriffe von mir hegete, und daß er das Publicum glauben liesse daß ich solche

verdiene. Ich glaube wir sind beyde hier dem Publicum eine Erläuterung schuldig, der Gegenstand um den es zu thun ist ist gar zu wichtig.

Ich danke Ihnen für Hrn Barkhausens Briefe. Sie sind beym Buchbinder. Nächstens soll eine Anzeige davon gemacht werden.

Villeicht lege ich diesem Briefe einen für Hn Basedow bey der mir aus Berlin geschrieben hat.

Warum ist kein neuer Theil von Nothhanker erschienen. Darauf war man hier zu Lande begierig. Wie geht es dem würdigen Hrn Eberhard. Die Theologen von Bern haben den Theologen von Zürich über ihr Realregister zur Bibel ernstlich zugeschrieben. Es scheinet aber die Sache lege sich. Zu Ehre der Theologen.
Was sagt man bey Ihnen zu den orientalischen Allegorien des Hrn Court von Gebelin. Ich bewundre den Scharfsinn dises Mannes, ich finde viele Gründe ihm Beyfall zu geben und doch zweifle ich an der Richtigkeit seiner Muthmassungen. Es geht mir vollkommen so mit dem Lobe welches der deutsche Merkur sich selbst so freygebig ertheilet. *Dificile est credere et non credere.* Aber zu viel Glauben muß man einem doch nicht zumuthen.

Ich bitte Sie Herrn Sulzer und Herrn Mendelssohn der feurigen Wünsche zu versichern die ich für ihr Wohlseyn gen Himmel schicke. Wenn Sie Herrn Merian, Herrn Bernoulli und Herrn Decker meine werthen und würdigen Mitbürger sehen so machen Sie denselben meine Empfehlung.

Mit meiner Gesundheit gehet es noch ziemlich gut. Wenn ich nur könnte nichts denken und wacker herumlaufen so würde ich ganz gesund seyn. Ich wünsche Ihnen von Herzen die vollkommenste Gesundheit, theuerster Freund! Fahren Sie fort mich zu lieben.

I.Iselin

[PS]
Es war mir vor Abgang der Post nicht mehr möglich die Anzeige von H. Fischers Gutachten ins Reine zu setzen.[21]

---

21 Marginalie Nicolais: "NB Ob er Basedows Sachen recens. will".

Erläuterungen zu Nr.60

- "Engels geog. Nachrichten": Samuel Engel, Geographische und kritische Nachrichten und Anmerkungen über die Lage der nördlichen Gegenden von Asien und Amerika, nach den allerneuesten Reisebeschreibungen. Übers. aus dem Franz. Mietau und Leipzig 1772.

- "Herr von Haller hat in den gött.[ingischen] Anz.[eigen] mit einer ungewöhnlichen Gelassenheit die Beurtheilung seines Usong beantwortet": Iselin bezieht sich auf die Göttingischen Anzeigen von Gelehrten Sachen vom 4.9.1773 (33. Stück), S.275-278. Haller selbst hat hier zwei englische Übersetzungen des "Usong" besprochen und die Gelegenheit genutzt, sich zur ADB-Rezension seines Romans zu äußern. Er nennt diese zwar nicht ausdrücklich, geht aber deutlich auf Kritikpunkte Iselins ein, beispielsweise auf den Vorwurf, die beschriebenen Reformen Usongs seien planlos. Haller stimmt dem ihm unbekannten ADB-Rezensenten zu, daß die Bauern nicht arm sein dürften, betont aber die herausragende Bedeutung der Städte für die Gesellschaft. Grundlage wahren Reichtums seien Handel und Fabriken. Es ist dies eine Auffassung, die im Gegensatz zur physiokratischen Gesinnung Iselins steht.
  Iselin hat später auch "Alfred" und "Fabius und Cato", die anderen beiden Staatsromane Hallers für die ADB besprochen: vgl. das Verzeichnis der Rezensionen Iselins.

- "wo mein Versuch von der geselligen Ordnung mit einem viel zu grossen Beyfalle angezeigt ist": ADB 20/2 (1773), S.311-334. Darin heißt es: "Man erkennet in diesem Buche sogleich Iselin, den Philosophen und den Menschenfreund. Was die französische Physiokraten in 6 Bänden, sehr weitläufig vorgetragen haben, hat der deutsche Philosoph in einem kleinen Band zusammen gedrängt, und auf einen einzigen Grundsatz gebracht, der sich überall auf eine gewisse Ordnung bezieht. Diese Ordnung ist hier so einleuchtend und empfindbar gezeichnet, so passend auf unsern deutschen Grund und Boden naturalisirt, daß man einen heimlichen Unwillen gegen sich empfindet, den in den physiokratischen Büchern liegenden Schatz nicht schon eher entdeckt und ausgegraben zu haben." Die Rezension hat keine Verfasser-Sigle. Daß sie von Mendelssohn stammt (vgl. die entsprechende Zuschreibung in: Mendelssohn, Rezensionsartikel in Allgemeine deutsche Bibliothek, ed. Engel 1991, S.186-203) ist eher unwahrscheinlich; vgl. auch Iselins Brief Nr.65.

- "Der Rec.[ensent] der zweyten Auflage d. G. der M.": vgl. zu Nr.41.

- "Die Theologen von Bern haben den Theologen von Zürich über ihr Realregister zur Bibel ernstlich zugeschrieben": Als Anhang zur Zürcher Bibel von 1772, einer sprachlich und inhaltlich überarbeiteten und modernisierten Neufassung der älteren Zürcher Bibelübersetzung, verfaßten Johann Kaspar Lavater, Johannes

Tobler und Jakob Heß in wenigen Wochen ein kurzes biblisches Realregister. In ihm gaben diese jungen Zürcher Theologen knappe Erläuterungen zu schwer verständlichen Ausdrücken, wobei sie sich an das "Wörterbuch des Neuen Testaments zur Erklärung christlicher Lehre" anlehnten, das der Berliner Aufklärungstheologe Wilhelm Abraham Teller 1772 publiziert hatte. Das Realregister löste bei orthodoxen Kreisen in Zürich und in verschiedenen Teilen der reformierten Schweiz, besonders aber in Bern, empörte Reaktionen aus. Die Berner Zensur verbot den Verkauf der Zürcherbibel mit besagtem Register, in dem man eine Begünstigung von Heterodoxie und Sozinianismus zu erkennen glaubte. In zwei scharfen Schreiben an die Zürcher Kirche (Mai und August 1773) forderten die Berner die Rücknahme des Realwörterbuchs. Auf der Zürcher Herbstsynode (3.11.1773; Iselin scheint in vorliegendem Brief auf sie anzuspielen) wurde entschieden, einen klärenden Nachbericht zum Register zu veröffentlichen und dabei die orthodoxe Kritik zu berücksichtigen. Damit war der Streit vorerst beigelegt; vgl.zu Nr.62; Wernle Bd.1 (1923), S.569-581.

- "zu den orientalischen Allegorien": Antoine Court de Gébelin, Allégories orientales, ou le fragment de Sanchoniaton, qui contient l'histoire de Saturne suivie de celles de Mercure et d'Hercule, et de ses douze travaux, avec leur explication, pour servir à l'intelligence du génie symbolique de l'antiquité. Paris 1773.

[Nr. 61; Iselin an Nicolai]

Basel den 29ten Jäners 1774
[erh. 8. Febr.]

Hier haben Sie mein werthester und schätzbarster Freund! die Anzeigen von
Hn. Barkhausens Briefen
Hn. Scharnwebers Urtheilen
Untersuchung ob die Erziehung etc.
Socrate en délire

Die erstere dieser Anzeigen ist etwas weitläufig gerathen. Aber es hat mir gedeucht es sollten auch alle Gründe für die Einschränkung des Getraidhandels getreulich in der Bibliothek aufgezeichnet werden. Darum habe ich den Auszug vollständig gemachet. Ich konnte ihn aber nicht gar so dahin gehen lassen ohne einige Anmerkungen beyzufügen. Ich habe mich indessen eingeschränket so gut ich konnte. Ich habe müssen eine Mänge Gedanken unterdrücken die sich herbeydrängeten. Hr. B.[arkhausen] scheinet die wahren Grundsätze der politischen Wirthschaft gar nicht studieret zu haben. Er nimmt so die Materie wie ein Bürger einer Stadt der flüchtig darüber denkt was ihm und seinen Nachbarn gut seyn könte, der aber die wahren Grundsätze nach welchen das Beste der Menschheit, der Staaten, aller kleinen Gesellschaften und aller einzelnen Menschen so eng zusammenhängt nicht überdacht hat, und der sich kein Bedenken machet für einen scheinbaren gegenwärtigen Vortheil alles zu thun was ihm gut deucht ohne einzusehen daß er sich dadurch einen weit größern Nachtheil zuziehen könnte. Man müßte mit ihm auf die ersten Elemente gehen, und dieses würde er moralisieren nennen.

Die Anzeige von Alfred soll bald kommen, die andern von mir noch nicht angezeigten Schriften die mir aufgetragen sind habe ich noch nicht zu Handen bringen können.

Heute verreiset Hr Cacault von hier. Er hat immer mit einem zärtlichen Andenken von dem Vergnügen geredt, welches er in Ihrem und in so vieler andrer würdiger Männer Umgange in Berlin genossen hat. Er empfiehlt sich Ihnen auf das freundschaftlichste.

Vor einiger Zeit hat Hr Merian mir wegen H. Müller von Schafhausen geschrieben. Ich schrieb sogleich an diesen, und ich habe von ihm noch keine Antwort erhalten. Ich schliesse daraus daß er nicht mehr in Schafhausen ist. Wenn er aber auch in Genf wäre so hätte ich seine Antwort schon lang erhalten sollen. Villeicht hat er aber Ihnen geschrieben. Ich wünsche diesem gelehrten jungen Manne von Herzen eine seinen grossen Gaben angemessene Versorgung.

Ich umarme Sie würdigster Freund.

I. Iselin

Erläuterungen zu Nr.61

- "hat Hr Merian mir wegen H. Müller von Schafhausen geschrieben": Johann Bernhard Merian hatte den 22jährigen Johannes Müller beim preußischen Minister v.Zedlitz für die Direktorenstelle am Joachimsthalschen Gymnasium in Berlin empfohlen. Der von Iselin erwähnte Brief Merians enthielt offenbar die Mitteilung über den an Müller ergangenen Ruf, mit der Bitte, die Nachricht an Müller weiterzuleiten. Dieser sehnte sich jedoch nicht so sehr nach einem Amt im Schul- als vielmehr im Staatsdienst. Er zog es deshalb vor, zunächst Hauslehrer bei Tronchin in Genf zu werden und währenddessen auf eine entsprechende Anstellung zu warten. Iselin kannte er seit der Versammlung der Helvetischen Gesellschaft in Schinznach 1773, mit Nicolai stand er schon seit seiner Göttinger Studienzeit (1769-71) in Kontakt. Seither war er auch Mitarbeiter der ADB; vgl. Nr.65.

[Nr. 62; Iselin an Nicolai]

Basel den 10ten Horn. 1774.
[erh. 24. Febr.]

Hier haben Sie die Anzeige von Alfred, mein würdigster Freund! Sie hat mich nicht wenig Mühe gekostet. Ich sah mich immer zwischen zwo Klippen an denen ich befürchtete zu scheitern. Ich wollte es auf alle nur mögliche Weise ausweichen eine[m] Manne Verdruß zu machen der mir wegen seinen Jahren und wegen seinen Verdiensten verehrungswürdig ist und dessen Empfindlichkeit selbst, so wenig sie in diesem Stücke zu billigen ist mir dennoch Achtung zu verdienen scheinet, weil jeder Schmerz den man ohne Noth verursachet ein Übel ist das man verhüten soll. Auf der andern Seite wollte ich doch auch die Schwäche seines Werkes nicht verbergen. Der Name seines Verfassers könnte seinen Fehlern ein Ansehn geben das sie nicht haben sollen und die Nachwelt soll nicht glauben daß wir auf einen Namen hin für ein Meisterstück ein Werk angesehen haben, das nichts weniger ist. Ich besorge indessen dennoch es weder dem Herrn von Haller noch dem Publicum recht gemachet zu haben. Viele Leute fallen nun gar zu muthwillig über diesen Mann hin, ohne zu bedenken durch was für Verdienste er seine Schwachheiten vergütet hat.

Nun haben Sie alle von mir verlangten Recensionen bis an folgende.
Von Getraidmagazinen 1771. Das Aufschütten des Getraides 1772. Beyträge zur Berathschlagung über die Handelsgesetze 72. Briefe eines Landmannes 1772. Lichtensteins Zweifel 72. Reimarus Beantwortung der Beyträge 72. Vom Nutzen eines gesetzl. Fruchtpreises 1772. Schrebers von Getraidmagazinen. 72. Sammlung verschiedener Schreiben über den Getraidabsatz 73. Freye Urtheile über Kornmagazine 73. Widerlegung des Schlettweinischen Systems bey Schnackenburger und Untersuchung fortgesetzte der Fragen: ob es besser sey ganze Länder etc. 73.
Diese Bücher habe ich weder hier bey H. Schweighauser noch in Zürich bey d. HH. Orell gefunden.

Wenn Sie die Ihnen zugesandten Exemplare von H. Courts von Gibelin Werke nicht anbringen können so werden Sie die Güte haben mir solche mit Gelegenheit zurückzusenden.

Eine kleine Unpäßlichkeit die mich seit 3 Wochen verhindert auszugehen hat mir Zeit gegeben allerhand nachzusehen. Ich finde daß ich von der allg. Bibliothek nicht erhalten habe die ersten Stücke des dreyzehnten und des siebenzehnten Bandes und die zweyten Stücke des achtzehnten und des neunzehnten Bandes. Ich erinnere mich dabey es Ihnen wegen einiger schon gemeldet zu haben, allein Sie werden unter der Mänge Ihrer Geschäfte es vergessen haben, wie es mir auch oft gehet.

Von Hrn Müller von Schafhausen höre ich gar nichts. Hr Lavater ist gar eyfrig an der Physiognomik. Verständige Leute die seine bereits fertige Arbeit gesehen haben reden mit Bewunderung davon. Ich kann die Thätigkeit dises Mannes nicht begreifen. Man sagt Herr Schlettwein der nun wirklich in Wien ist oder der wenigstens erst kürzlich da gewesen ist werde da in Dienste treten. Herr Schlosser der Verfasser des moral. Katechismus für das Landvolk ist nun in Carlsruhe. Ich verspreche mir da unendlich viel von diesem Manne der mir durch seinen Charakter noch schätzbarer scheinet als durch seinen Geist. Wie geht es mit des verehrungswürdigen Hrn von Rochow auf seinen Gütern veranstalteten Unterrichte?

Werden wir nicht bald die Fortsetzung vom Nothhanker zu sehen bekommen. Wir möchten gar zu gerne wissen wie es diesem ehrlichen Manne und seiner Tochter gegangen ist. Wir haben gar zu einen lebhaften Antheil an dem Schicksale diser merkwürdigen Leute genommen. Ganz anders ist es uns angelegen zu wissen ob sie auch selig gestorben sind als von Alfred über dessen Heil uns H. von Haller so treuherzig beruhiget. In Zürich sind die Orthodoxen noch nicht ganz ruhig. Es scheinet noch ein kleiner Sturm bevorzustehen und einige hoffen gar das Vergnügen zu haben von ihren irrgläubigen Mitbrüdern den einen und den andern zu Ihnen und zu H. Teller schicken zu können. Wie gehet es dem würdigen Herrn Eberhard und was leben die HH. Sulzer und Moses. Gott segne und erhalte Sie mein Freund, und diese ihre vortrefflichen Freunde, und alle die es gut mit der Wahrheit und mit der Tugend meynen, und mache uns alle weise und gut,

I.I.

Erläuterungen zu Nr.62

- "Recensionen": Iselin faßte einige der hier genannten Titel zu einer Sammelbesprechung zusammen, die in ADB 24/1 (1775) erschien: vgl. das Verzeichnis der Rezensionen Iselins.

- "In Zürich sind die Orthodoxen noch nicht ganz ruhig": Der Streit um das Zürcher Realregister zur Bibel (vgl. zu Nr.60) erregte manche Gemüter noch bis zur Jahresmitte 1774, zumal der "Nachbericht", der hauptsächlich auf Lavater zurückging, kein eigentlicher Rückzieher, sondern nur eine Ergänzung war. Die Berner beklagten weiter den unheilsamen Einfluß der libertinistischen deutschen Theologie und nannten dabei u.a. Eberhard und Teller, beide enge Freunde Nicolais und Mitarbeiter der ADB. In der ADB wurde das Realwörterbuch gelobt und die "Behinderung der aufgeklärten Religionserkenntnis" durch die Orthodoxen in Bern, Zürich und anderswo scharf kritisiert. Sie beweise, daß "es in der Schweitz, was das verketzern betrift, nicht um ein Haar anders als in Deutschland gehe...": ADB Anhang zu 13-24/1 (1777), S.51-55; Sigle: Ez. (lat.) = Lüdke.

[Nr. 63; Iselin an Nicolai][22]

Basel den 21ten Aprillens 1774.
[erh. 8. Okt.]

Die Herren Ith, Stapfer und Sinner drey vortreffliche junge Geistliche von Bern, die sich durch ganz besondre Talente und durch eine seltene Gelehrsamkeit auszeichnen, sind wie es ganz natürlich ist begiehrig den Verfasser des Nothankers kennen zu lehrnen. Erlauben Sie, schätzbarster und würdigster Freund! daß ich sie durch dieses Schreiben bey Ihnen aufführe. Das übrige überlasse ich ihnen selbst. Sie werden sich durch sich selbst besser empfehlen, als ich es thun könnte und sie werden sich würdig zeigen durch Ihren Vorschub, mein schätzbarster Freund zu der Bekanntschaft der HH Mendelssohn, Rammler, Spalding, Eberhard und andrer solcher vortrefflicher Männer zu gelangen. Ich umarme Sie und verharre mit der aufrichtigsten Hochachtung

Ihr ergebenster
I.Iselin

Erläuterungen zu Nr.63

- "Die Herren Ith, Stapfer und Sinner": Johann Samuel Ith und Achilles Friedrich Sinner schrieben sich am 9. April 1774 in die Matrikel der Georg-August-Universität Göttingen ein, Johann Jakob Stapfer am 13. April. Vermutlich sandte ihnen Iselin sein Empfehlungsschreiben (datiert am 21. April) per Post; vgl. Nicolais Brief Nr.67.

---

22 Empfehlungsschreiben Iselins, das nicht durch die Post befördert, sondern persönlich überbracht wurde. Nicolai erhielt es erst am 8. Oktober in Leipzig; vgl. Nr. 67.

[Nr. 64; Nicolai an Iselin]

Hn Iselin in Basel.

Berlin d. 13 Jun 1774.

Ich bin mein bester Freund lange Ihr Briefschuldner, seit langer Zeit. Ich habe Ihre Briefe v. 28 Winterm. 1773. 29 Jan u 10 Hornung 1774 vor mir. Auch vor die übersendeten Recensionen bin ich Ihnen Dank schuldig. Ich habe nun seit dem März eine Menge Handlungsarbeiten gehabt, [bin] in Leipzig mit Arbeit überhäuft gewesen, nach der Messe bin ich noch nicht zu mir gekommen, und itzt will ich in ein paar Tagen nach dem Freyenwaldischen Bade verreisen, und kann Ihnen also nur ganz flüchtig und abgebrochen antworten.

Von Leipzig habe ich Ihnen die meisten der Bücher die Ihnen zu Recensionen fehlten, desgleichen die fehlende Stke der Bibl. durch Hrn. Schweighauser [zugesendet]. Die fehlenden Bücher kann ich noch nicht bekommen, hoffe sie aber nachzusenden.

Von der Ostermesse habe ich Ihnen durch Hrn. *Schweighauser* gleichfalls 6 *Carolinen* geschickt, die Sie hoffentl. richtig werden erhalten haben. Ich füge Ihre Rechnung bis zum XXI^{n} Bde der Bibl. bey. Ich habe das *Honorarium* bestimmen müssen, weil Sie nicht wollen, damit ich nur Buch führen kann.

Ich habe Ihre Erinnerungen dem Verf. der Recens. der Geselligen Ordnung zugesendet, aber nur ein Versprechen, daß Er selbst an Sie schreiben wolle erhalten.

In Ihrer Recension des Alfred habe ich (oder vielmehr H. *Eberhard*) verschiedenes geändert. Was ich Ihnen darüber schreiben wollte, entwarf ich auf ein paar Blätter flüchtig, um es im Briefe weiter auszuführen, weil mir aber die Zeit zu sehr fehlt, so lege ich Ihnen, die Zettelchen *in natura* bey. Entschuldigen Sie diese Unordnung durch die Noth.

Diese Grundsätze könnten, in die Bibl. eingerükt, in unsern monarchischen Gegenden, bey manchem Großen unersetzl. viel Schaden thun. Diese warten nur auf den Vorwand, daß die Liebe zur Freiheit und die Freiheit selbst eine Chimäre sey.

Sonst hält Ihre Rec. den Mittelweg meines Erachtens vollkommen, d[es] Hrn v. Hallers Empfindlichkeit zu schonen, und doch die Wahrheit zu sagen.

Von Hrn *Court de Gebelin*, denke ich vollkommen so wie Sie. Es sind sinnreiche Chimären. Die Menschen haben niemals in ihren Kenntnissen und Thorheiten so systematisch gehandelt. So, und sehr viel ärger, ist Herders älteste Urkunde beschaffen. Haben Sie etwas davon gelesen?
NB v *Gebelins* Buche habe ich Ihnen in der OM, auch etwas zurükgesendet. Ich weiß aber den Preis der behaltenen nicht.

Wo ist denn der ehrliche Cacault izt. Ich habe seit Braunschweig von ihm keinen Brief.

Von Hrn Müller habe ich aus Genf auch noch keinen Brief. Die Absicht die man hier mit ihm hatte, ist zurückgegangen, weil er in Genf schon versprochen war. Ich wünsche daß er in Genf nicht für die deutsche Litteratur möge verlohren gehen. Er hat viel Talent, und braucht nur Ausbildung.

Von Hrn. Lavaters Physiognomik verspreche ich mir viel gutes, und stehe selbst mit ihm deshalb in Correspondenz. Wenn er nur etwas weniger enthusiastisch werden wollte. Die Physiognomik muß sich auf unläugbare Thatsachen und Erfahrungen gründen. Dieß ist übrigens das Buch wodurch H. L. warhaftig nützlich werden könnte. Aus seinen Aussichten und aus seinem Tagebuche kann ich nichts machen. In dem letztern finde ich keine Kenntniß des menschl. Herzens. Dessen wahre Art sich zu betragen liegt nicht so auf der Oberfläche, und welche geringfügige Kleinigkeiten erzählt er *with complacency*.

Herr Schlettwein ist in Wien, nachdem, ich weiß nicht durch welche Ursachen, die ökonomischen Anstallten in Baden nicht haben Fortgang haben wollen. Er höfelt in s.[einem] Buche: Das Glück des deutschen Reichs durch die Conventionsthaler u. Handlung nach der Levante, den kaiserl. Hofe. Der Titel ist seltsam. Der K. in P. hat auch viel Conventionsthaler für die Levante schlagen laßen, hat dahin gehandelt. Aber es ist niemand glüklich geworden, selbst nicht einmahl die Levantische Compagnie.

Des Hrn v. Rochow Anstallten gehen langsam fort, schaffen aber auf seinen Gütern u. in der Nachbarschafft guten Nutzen. Er hat itzt [ein] Lesebuch für Landschulen im Sinne, von welchem Hofnung ist daß es in allen preußischen Landen werde eingeführt werden.

H. Eberhard ist nach Charlottenburg befördert, und seine Kirchkinder glauben nun daß [er] ein orthodoxer Mann sey, da sie seine Predigten hören.

Ich sende anbey ein gedruktes Blatt, und bin von ganzem Herzen

Ihr ergebenster Diener

Nicolai

In großer Eil!

[PS]
An die Fortsetzung des Sebaldus N. kann ich noch nicht denken. Seit vorigem Febr. habe ich Handlungsarbeiten die mir keinen Tag Zeit laßen, und vor Ende Jul. komme ich nicht nach Berlin zurück. Im Aug. habe ich wieder Correspondenz die Menge, und im *Sept.* gehen schon meine Vorbereitungen zur Lpz. Mich. Messe an die im *Oct.* ist, und die Arbeiten nach der Messe endigen sich nicht vor Anfang des *Decembers.*
Noch habe ich etwan ein halb Buch fertig, und der zweyte Thl soll 5 Bücher haben.

Ich sende Ihnen auch anbey mein Bild welches H. *Weisse* für die Bibl. der sch. Wiss. hat stechen laßen.

[zu Nr. 64]

[Einblattdruck **"An die sämmtlichen Herren Verfasser der allgemeinen deutschen Bibliothek."** Datiert: "Berlin, den 8ten Junius 1774. Friedrich Nicolai."]

[noch zu Nr. 64; Rechnung Nicolais an Iselin von dritter Hand, mit eigenh. Unterschrift Nicolais:]

Herr Iselin Raths Schreiber in Basel

Soll

1771. O.M.	Sante [sic] p[er] Hn *Imhoff 6 Carolinen*	38,-
" 30 Nov	Zahlte an Hn *P.Elsner 2 1/2 Carol.*	15,20
1774 OM	Sante p Hn. *Schweighauser 6. Carol.*	38,-
		91,20

Haben

	Zu des VI.1. 1 1/2 Bogen a 5 Rthl.	7,12
	Zu dem VIII Bd. bis XIIten Bd. a 5 Bogen	25,-
	Im Anhange u. XIII. XIV. Bd. 1 1/2 Bogen	7,12
1773	XV-XVIII Bd. 5 1/2 Bogen	27,12
1774	XIX bis XXI Bd. 3 1/2 Bogen	17,12
		85,-

Fr. Nicolai

Erläuterungen zu Nr.64

- "In Ihrer Recension des Alfred habe ich (oder vielmehr H. *Eberhard*) verschiedenes geändert": ADB 22/2 (1774), S.309-324. Diese Rezension ist ihres staatstheoretischen und politischen Inhalts wegen besonders interessant und man wüßte gerne, welche Teile aus Iselins Feder kamen und welche von Nicolai bzw. Eberhard stammen. Einige Mutmaßungen seien erlaubt:
  Die Eingriffe der Berliner scheinen nicht unerheblich zu sein und sind besonders spürbar S.313 (ab 2.Absatz) bis S.315 (einschl. 2.Absatz). Hier wird politische Mitbestimmung für das Volk gefordert. Jedes "Staatsglied" habe angeborene Rechte und solle (durch Repräsentanten) an der Regierung teilhaben. Das wirke sich nicht nur für die Nation im Ganzen, sondern für jeden einzelnen positiv aus: Der persönliche Charakter, die Denkungsart und die Fähigkeiten würden durch politische Mitwirkung gestärkt, durch Bevormundung und Teilnahmslosigkeit aber geschwächt. Die französischen Ökonomisten seien zwar in dankenswerter Weise um die Befriedigung der menschlichen Grundbedürfnisse bemüht, müßten aber doch auch einsehen, "daß der Mensch nicht von Brod allein lebe, ja daß er sein Brod und seine Ruhe, so gut als der Vogel im Bauer, ein wenig zu theuer erkaufe, wenn er sich muß, wie der, seine Flügel zerknicken lassen" (S.314). In England, wo wichtige Fragen der Politik öffentlich beratschlagt würden und die Teilnahme jedem offen stehe, zeigten sich die Vorzüge politischer Freiheit. Die politische Philosophie Englands sei führend. - Diese Passage endet mit einem für jene Zeit typischen kontrastierenden Vergleich zwischen Frankreich und England, der folgendermaßen ausfällt: In Frankreich könne man vielleicht besser das Hofhalten lernen, bürgerliche Rechte und Pflichten aber in England.
  Die demokratischen Postulate, die Kritik an den Physiokraten und das Herausheben Englands als politisches Vorbild können in dieser Form nicht von Iselin stammen, wohl aber die deutlich konservativeren Aussagen zu Beginn und in der zweiten Hälfte der Rezension: Die Macht des Fürsten sei durch die Weisheit Gottes besser bestimmt als durch menschliche Gesetze, die Stellung eines despotischen Monarchen notwendig instabil; ein allgemeines Widerstandsrecht dürfe es nicht geben; jedes Volk müsse für die Freiheit erst reif sein; das Recht, Repräsentanten zu wählen, müsse an Grundbesitz gebunden sein, das passive Wahlrecht dürfe gar nur Großgrundbesitzern zustehen etc.
  Die Rezension ist durch die Zusätze der Berliner nicht nur unzusammenhängend geworden, wie Iselin vermerkte (Nr.71), sondern widersprüchlich. Iselins leichte Verstimmung (Nr.82) ist insofern verständlich; vgl. auch Iselins Brief Nr.65 und Nicolais Brief Nr.67.

- "Herders älteste Urkunde": [J.G.Herder], Aelteste Urkunde des Menschengeschlechts. Riga Bd.1 1774 (Bd.2 1776). Auch gegenüber Herder selbst gab Nicolai seinem Unverständnis Ausdruck, und zwar gleichzeitig mit diesem Brief an Iselin (13.6.): "Einer Ihrer Freunde, hat an einen andern geschrieben, er solle nicht eher über die *Urkunde* urtheilen bis er sie *siebenmahl* gelesen hätte! War es denn nicht möglich es so einzurichten, daß sie wenigstens beym 3ten und 4ten mahle verständlich wäre! Mein liebster Freund! Sie schreiben orientalisch..." (Nicolai an Herder, ed. Hoffmann 1887, S.107f.; vgl. auch den Brief Nicolais an Lavater vom 12.6.1774, ed. Sommerfeld 1921, S.373ff.). Aus Nicolais harscher Kritik und Herders empfindlicher Reaktion wurde deutlich, daß ihre Kommunikationsebene brüchig und ihre Meinungsunterschiede unüberbrückbar geworden waren. Es bedeutete dennoch eine Enttäuschung für Nicolai, daß Herder daraufhin den Kontakt abbrach, nachdem er schon vorher seine Mitarbeit an der ADB eingestellt hatte; vgl. den darstellenden Teil, Kap.II/3, S.50ff., und Iselins Briefe Nr.65 und 66.

- "Conventionsthaler für die Levante": 1750 war in Österreich ein neues Ausmünzungssystem eingeführt und 1753 durch eine Konvention mit Bayern erweitert worden: Aus einer Kölner Mark Silber schlug man nun 20 Gulden. 1763 wurde der neue Konventionsfuß von der Mehrzahl der deutschen Fürsten übernommen. Die österreichischen Münzen entwickelten sich in der Folge zum wichtigsten Zahlungsmittel im Levantehandel. Die Ausfuhr der Taler mit dem Bild Maria Theresias war durch den zehnprozentigen Aufpreis ein lukratives Geschäft für den Staat und das beteiligte Augsburger Bankhaus.

- "Des Hrn v. Rochow Anstallten": Gemeint ist die Landschule, die Rochow 1774 auf seinem Gut Reckahn gründete; vgl. den darstellenden Teil, Kap.II/3, S.37ff.

- "anbey mein Bild": Kupferstich von Christian Gottlieb Geyser nach einer Zeichnung von Daniel Chodowiecki; Titelkupfer in: Neue Bibliothek der schönen Wissenschaften und der freyen Künste 16/1 (1774); vgl. Abb.1.

- [Zur Abrechnung]: Hieraus ergibt sich folgender Honoraransatz: Für einen Bogen, d.h. 16 Oktavdruckseiten, erhielt Iselin fünf Reichstaler; für einen halben Bogen entsprechend zwei Reichstaler und zwölf Groschen.

[Nr. 65; Iselin an Nicolai]

Basel den 21ten Heum. 1774.
[erh. 31. Juli]

Unter vielen Geschäften und Zerstreuungen übersende ich Ihnen hier ein halbes Dutzend kurze Recensionen. Die übrigen die sich auf dem Restzettel befinden würden mitgekommen seyn wenn ich der darzu nöthigen Bücher hätte habhaft werden können. Ich habe wider um solche an die HH Orell geschrieben. Insonderheit verdreußt es mich daß ich Hn Reimarus Beantwortung der Beyträge nicht habe finden können, denn der Gegenstand davon macht nun mein Lieblingsstudium aus, und je mehr ich darüber nachdenke jemehr finde ich es nöthig daß die zerstöhrenden Grundsätze bekämpfet werden, deren Befolgung Mangel und Elend über die ganze Erde ausbreitet und die wahre Quelle der Theurung gewesen ist die wir ausgestanden haben. Ohne sie würden aller Miswachs und alle Kriege dem menschlichen Geschlechte so grosse Übel nicht zugefüget haben.

Der Verf. der Recension der geselligen Ordnung hat mir nicht geschrieben. Ich habe bey einer neuen Durchlesung seiner Rec. wahrgenommen daß er mich noch sonst unrecht verstanden hat. Z.E. S.313. Ich habe nie gerechnet daß mein Landwirth auf einem Gute von 300 Jucharten 300 Menschen ernähre, sondern nur 85, oder endlich 100. Was ich S.8 im Vers[uch über die gesellige Ordnung] von 1000 Maltern sage, gehet diese Berechnung nicht an, denn ich rechne immer den Werth von 9. oder 10. Maltern Waizens auf einen Menschen, wenn die Gesellschaft blühend und ihre Mitglieder glücklich seyn sollen. Ich schreibe Ihnen dieses nur damit Sie, mein schätzbarster Freund! von meiner Denkungsart richtige Begriffe haben: denn ich möchte nicht daß Sie gedächten ich wollte die Menschen elender haben als sie nicht unter den schlechtesten Regierungen sind.

Ich mag es wohl leiden daß Hr. Eberhard an m[eine]r Rec. vom Alfred etwas geändert hat, wenn die Änderung nur in Weglassungen bestehet und wenn nichts hinzugesetzet worden ist. Doch wünschete ich mit Gelegenheit mein geändertes *Mspt*. zurück, um zu wissen was ausgethan oder beygefüget worden ist.

Ich hätte nicht befürchtet daß meine Ideen der Tyranney das Wort zu reden geschienen hätten, auch thut es das System der Ökonomisten nicht. Mirabeau hat sich machen zu Vincennes einsperren; Du Pont sind die Ephemeriden untersagt worden etc. Wenn diese Leute die Tyranney begünstigten würden sie von derselben verfolget werden. Nach uns sind Tyrannen, Schmeichler und Monarchenstürmer gleich hassenswürdig. Wir halten die Freyheit für keine Chimäre, aber wir glauben daß die meisten eine Chimäre für Freyheit ansehen, und nach mir sind die Engelländer die ersten von diesen. Falsche Begriffe von Freyheit und von Wohlstande machen dieses Volk nur so unglücklich als es irgend eines ist. Weil London und einige andre Städte reich sind glauben sie sich groß, so wie wenn man nach Berlin die brandenb. Staaten beurtheilen wollte.

Hr Lavater ist neulich hierdurch gereiset. Sie beurtheilen diesen Mann zu scharf, vortrefflicher Freund. Hr Basedow ist zu ihm nach Ems gereiset.

Ich habe das Glück des deutschen Reiches durch die Conventionsthaler und Handl. nach der Levante nicht gesehen. Nur vor dem Titel eckelt mir. Was H. Schlettwein im Badischen unternommen hat halte ich für vortrefflich. Die Weise aber wie er es betrieben hat, war es nicht. Er war zu feurig und hatte zu wenig Achtung für seine Collegen. Wenn ich an Basedow, Lavater und Schlettwein denke so sinket mir oft der Muth. Warum müssen die besten Absichten der edelsten Seelen durch Leidenschaften durch Nebenabsichten durch Fehler die ihrer unwürdig sind und die leicht zu vermeiden scheinen vereitelt werden!

Ich bin begierig auf des Hn v. Rochow Lesebuch.

Ich danke Ihnen sehr für Ihr Bild, das neben Lavater, Basedow, Zimmermann, Abbt unter meinen besten Freunden stehen wird. Könnten Sie mir ein halb Dutzend Abdrücke von dem meinigen schicken?

Wegen H. Gebelins Werk kann ich Ihnen erst Nachricht geben wenn ich solches von H. Frey haben werde. Ich habe aber nichts zurück erhalten als ein E[xem]p.[lar] von dem Prospectus und ein Exempl. von den *Allegories orientales*. Das 2te St. vom 21ten B der Bibliothek habe ich nicht erhalten, aber alle übrigen.

Mit Erstaunen habe ich H. Herders älteste Urkunde pp. durchloffen. In die grosse Bewunderung die Lavater für diesen neuen Lykophron hat kann ich mich einigermassen finden, nicht aber in den Beyfall Wielands. Dieser ist lauter Licht und Herder lauter Finsterniß. Er einmal fängt nicht beym Licht an, wenn schon seine hieroglyphische Weisheit dabey anfängt.

Ich umarme Sie und verbleibe von Herzen

Ihr ergebenster Iselin

[PS 1]
Wer hat die Predigten des Sebaldus gemacht? Sie haben mir wohl gefallen.
Hr. Cacault wird nun wohl in Engelland seyn.

Ihre Rechnung habe ich erhalten und auch 6 Carolinen durch H. Schweighauser. Ich bin also noch Ihr Schuldner von 6 Rthl 20 gg.

[PS 2]
Die Anzeige von H. Engels geographischem Werke habe ich mir schon vormals verbeten. Es fehlen mir die dazu nöthigen Kenntnisse.

[PS 3; auf Anlageblatt]
In diesem Augenblicke erhalte ich einen Brief von Hn Prof. Müller aus Genf. Dieser Brief zeiget daß derselbe für die deutsche Litteratur nicht verlohren seyn will. Er ersuchet mich Herrn Merian seine ehrerbietige Empfehlung zu machen, und ihn zu versichern daß desselben Gewogenheit ihm unendlich schätzbar sey, daß er den Ruf den Sie ihm von Hn Merian zu wegen gebracht haben nur deswegen ausgeschlagen habe damit er sich noch besser zu Stellen vorbereitete darinn er aufgefordert werden könnte der Welt zu nützen, und daß Berlin der Ort sey wo er vorzüglich wünschete zu leben um [in] des Hn Merians und so vieler andrer gelehrter Männer Umgange sich vollkommener machen zu können. Ich bitte Sie dieses Herrn Merian nebst meiner hochachtungsvollen Empfehlung wissen zu machen. Leben Sie wohl vortrefflicher Freund!

den 22. Heum. 1774.

Erläuterungen zu Nr.65

- "Mirabeau hat sich machen zu Vincennes einsperren; Du Pont sind die Ephemeriden untersagt worden etc.": Der ältere Mirabeau war im Dezember 1760 nach Veröffentlichung seiner "Théorie de l'impôt" für acht Tage in Vincennes gefangengesetzt worden. Die Ephémérides du citoyen wurden im November 1772 von der französischen Regierung unter Maupeou verboten.

- "Hr Basedow ist zu ihm nach Ems gereiset": Hier fand das berühmte Zusammentreffen zwischen Basedow, Lavater und Goethe statt ("Prophete rechts, Prophete links, Das Weltkind in der Mitten"); vgl. Fischer 1912, S.62-68; zuletzt: Ulf-Michael Schneider, Propheten der Goethezeit. Sprache, Literatur und Wirkung der Inspirierten. Göttingen 1995, S.163-169; vgl. auch Nicolais Brief Nr.67.

- "diesen neuen Lykophron": Lykophron, griechischer Gelehrter und Dichter in der ersten Hälfte des 3. Jahrhunderts, war und ist für seine kryptische Ausdrucksweise bekannt.

- "Predigten des Sebaldus": [David Christoph Seybold], Predigten des Herrn Magister Sebaldus Nothanker aus seinen Papieren gezogen, Leipzig 1774-1777.

[Nr. 66; Iselin an Nicolai]

Basel den 18ten Augstm. 1774.
[erh. 28. Aug.]

Hier haben Sie schätzbarster und würdigster Freund wider einige Anzeigen. Es sind die von Fabius u. C.[ato], von den litt. Briefen, den Beob. über die sittliche Natur und den freyen Urtheilen über die Kornmagazine. Die von der Geschichte von Indostan und von den Unters. über die Chineser werde ich vor dem Winter kaum lifern können. Sehr gern hätte ich die von den Beyträgen zur Berathschlagung über die Handlungsgrundsätze verfertiget aber ich konnte die Beantwortung des Hrn Reimarus nicht zu Handen bringen eben so wenig als die Briefe eines Landedelmannes, die Widerlegung des Schlettweinischen Systems bey Schnackenburger und die fortgesetzte Untersuchung der Frage von - [sic]

Am unangenehmsten ist mir die Anzeige von H. Diezens Beobachtungen gefallen. Wie unverdaut ist da alles! Doch scheinen mir die Absichten gut.

Ich habe neulich den Agathon wider gelesen. Ich erwartete ganz was anders. So viel Geist und Genie auch immer an diesem Werke verschwendet worden ist: so ist es in meinen Augen doch immer ein verfehltes Werk, das nichts sagt und nichts lehret, und keinen Zweck erfüllet als den zu belustigen und dieses nicht immer denn oft sind die Betrachtungen von einer tödtenden Langweiligkeit. Der neue Schluß entkräftet noch lange nicht genug die Zweydeutigkeit welche in dem ganzen Werke herrschet.

Herr Du Pont der Verfasser der Ephemeriden des Bürgers ist auf der Reise nach Polen begriffen um allda die Liebe der Menschlichkeit und der Ordnung zu predigen und mit an der Verbesserung der Erziehung zu arbeiten.

Melden Sie mir doch was H. Basedows Vermächtnis für Eindrucke machet und wie H. Herders älteste Urkunde angesehn wird. Bey diesem letzten Werke verliehre ich gar alles mein Latein. Überhaupt deucht es mir sey es unsern meisten Schriftstellern mehr um das Neue als um das Wahre zu thun. Ich umarme Sie. Leben Sie wohl, liebster und bester Freund.

I.Iselin

Erläuterungen zu Nr.66

- "einige Anzeigen": Iselins Besprechung von Hallers "Fabius und Cato" erschien in ADB 25/2 (1775), alle übrigen hier erwähnten Rezensionen erst in einem Nachtragsband 1777: vgl. das Verzeichnis im Anhang.

- "Agathon"/"Der neue Schluß": In der zweiten Fassung des "Agathon" (1773) hat Wieland vor allem die Tarent-Episode am Ende erheblich erweitert; hierzu ausführlich Erhart 1991, S.243ff.

- "Herr Du Pont (...) ist auf der Reise nach Polen begriffen": Im Oktober 1773 war Du Pont, der den Titel eines badischen Hofrats führte, nach Karlsruhe gereist, um dort mit Markgraf Karl Friedrich physiokratische Reformen zu besprechen. Auf der Rückreise nach Paris lernte er Iselin in Basel kennen. Im Frühjahr 1774 erhielt Du Pont das hoch dotierte Angebot des polnischen Fürsten Czartoryski, Erzieher seines Sohnes zu werden. Du Pont nahm an und siedelte nach Polen über. Von seinem Freund Turgot, jetzt Finanzminister unter dem neuen König Ludwig XVI., wurde er dann aber wenige Monate später schon wieder nach Paris gerufen.

- "H. Basedows Vermächtnis": J.B.Basedow, Vermächtniß für die Gewissen. Ein Lehrbuch der natürlichen und christlichen Religion. 2 Theile Dessau 1774.

[Nr. 67; Nicolai an Iselin]

Herrn Rathsschreiber *Iselin*
in Basel.

Leipzig d. 18 oct. 1774

Ich habe mein schätzbarer und würdiger Freund Ihre Schreiben vom 21 Heumonats u. 18 Augustmonats zu ihrer Zeit richtig erhalten. Hier in Leipzig erhielt ich erst [das] vom 21ten Aprill in welchem Sie mir die Herren Ith, Stapfer und Sinner empfehlen. Es sind nur die beiden letztern dieser Herren hier, weil Hr Ith, von Göttingen aus, eine andere Reise vorgenommen hat. Er wird aber seine Reisegefährten wieder in Berlin antreffen. Die andern Herren werden sich noch 14 Tage in Dreßden aufhalten. Wenn sie nach Berlin kommen, so werde ich mit Vergnügen alles thun, um denselben Ihren Aufenthalt in Berlin, nützlich und angenehm zu machen.

Folgende Bücher:

Freye Urtheile und Betrachtungen üb Anlegung der Korn Magazine 8 Gött. 1773.
Reimarus Beantwortung des Beytrags pp. 8 Hamb [1]772.
Fortgesetzte Untersuch. der Fragen pp. Göttingen 1773.
Bibl. XXI.2 (so Ihnen gefehlet hat)
6 Abdrücke Ihres Bildnisses, so gut ich sie noch habe.

habe ich Ihnen in dieser Messe durch Einschluß Hrn *Schweighausers* zugesendet. Sie haben schon lange bereit gelegen, aber es hat an guter Gelegenheit, sie zu übersenden, noch immer gefehlet. Die übrigen Ihnen zur Recension, noch fehlenden Bücher, werden, weil man sie nicht erhalten kann, unrecensirt bleiben müssen, wofern sie Ihnen der Zufall nicht etwan noch zuführt.

Mich wundert, daß der Recensent Ihrer geselligen Ordnung noch nicht an Sie geschrieben hat; ich will ihn daran erinnern. Wollen Sie wider das Misverständnis in dieser Recension, etwas in einem besondern Aufsatze erinnern, so will ich ihn in die Bibl. einrücken.

Ich wünsche mein bester Freund, daß Sie mit den Aenderungen in Ihrer Recension des Alfred, nicht ganz unzufrieden seyn mögen. Die Hauptsache war, daß Sie behauptet hatten, es wäre noch die Frage, ob England durch die Bemühungen seit hundert Jahren, die Freyheit zu erringen, glüklicher oder unglücklicher geworden sey. Dieß wäre in unsern Gegenden, recht Wasser auf die Mühle unserer französirenden Staatsminister und Politiker gewesen, welche die engländische Freiheit für Chimäre halten, und immer das schöne *Brocardicon* im Munde haben: "Wenn eine Monarchie schlecht regiert wird, so [ist] eine Republik besser, wenn sie aber gut regiert wird, die Monarchie." Da nun in einer Monarchie, bey Vestungsstrafe, (die Vestung heisse nun Bastille, Spandau, od. Munkholm) niemand sagen darf, daß sie schlecht regieret werde, so ists klar, daß alle Monarchien gut sind.

So gering der Einfluß der A.d.B. auf die Regierung seyn möge, so möchte ich doch nicht wissentlich, diese Grundsätze durch die Bibliothek bestätigen, die in den Händen schwacher oder böser Regenten und Minister (und die meisten sind leider eines von beiden) die verderblichste Anwendung leiden. Vielmehr, weil bey den meisten Regenten Ehrgeiz im Spiele ist, so hält es sie vielleicht einigermaßen zurük, wenn die Gelehrten ihrer Länder, die muthigen Vertheidiger der Freiheit in andern Ländern, ehrwürdig nennen.

Und dieß sollten die Gelehrten bey allen Gelegenheiten thun. Ich glaube wohl, daß die Oekonomisten, nicht die Tiranney begünstigen wollen, aber aus Ihrem [sic!] System, folgt der Natur des Menschen nach, eine unbeschränkte Einzelherrschaft. Wenn kein wahres Gegengewicht im Staate ist, wenn bloß Vorstellungen den Monarchen aufhalten sollen, so heißt dieß einem reißenden Strome, ein hölzernes Gatter entgegen setzen. Meaupou in Frankreich, meinte nicht übel den König ganz von dem Volke unabhängig zu machen, und es würde sehr schnell zugegangen seyn, wenn nicht die Finanzen in so sehr schlechtem Zustande gewesen wären. Er ward gestürzt, aber nicht aus Principien, sondern durch armselige Hofintriguen. Und wenn man itzt den wahren Zwek seiner Grundsätze bey Hofe kennt, so werden seine Grundsätze ganz bleiben.

Im Preußischen Staate, kan jeder Unterthan in seinen eigenen Angelegenheiten dreist und zu wiederholten mahlen unmittelbar dem Könige Vorstellungen thun. Alle Collegien sind ausdrücklich von dem Monarchen selbst angewiesen, wider alle Cabinetsordren, bey ihm selbst Vorstellungen zu thun. Glauben Sie aber, daß dadurch irgendetwas nicht geschehe, was der Monarch will?

Und wenn die Engländer durch ihr Bestreben nach Freiheit, nichts erhalten hätten, als die vielen vortreflichen Schriftsteller, die die Rechte des Menschen und des Bürgers auseinandergesetzt haben, so wäre dieß allein schon eine vortrefliche Frucht, ihres Eifers. Die Menschen laßen ihre Rechte nicht ganz unvertheidigt, wenn sie sie kennen. Es gehöret vielleicht zu dem größten Unglücke für die Menschheit, daß in Monarchien, wo eigentlich alle politische Tugenden, den Gehorsam ausgenommen, unnütz sind, wo alle Glieder des Staats, die nicht Diener des Monarchen sind, für den Staat, aus eigenem Triebe, nie das geringste thun müßen, sondern sich bloß leidentlich verhalten müssen; endlich die Unterthanen, alle ihre Rechte vergessen, und nicht achten, weil sie sie nicht ausüben können, und lange nicht ausgeübt haben.

Halten Sie dieß nicht etwa für Chimäre, noch weniger für Übertreibung. Es ist die getreue Abbildung eines Staats, den ich kenne, und in dem man sehr ruhig lebt, weil wirklich alle Straßen sicher sind. Halten Sie diesen Augpunkt fest, und sie werden den Engländern, Aufruhr und bürgerliche Kriege, die aus der Bestrebung die Freiheit zu erhalten, seit hundert Jahren, entstanden sind, keinesweges vorwerfen. Die Engländer werden antworten: *Potior visa est, periculosa libertas, quieto servitio. Salust.*

Und wie nöthig diese Bestrebung die Freiheit zu erhalten ist, zeigen die Vorfälle seit 6 Jahren, besonders itzt in Amerika. Hat man ein despotisch[er]es Ministerium gesehen, und zugleich unsinnigere Maaßregeln: den Colonien die Handlung zu sperren um sie zu unterwerfen. Und denn die weisen Männer in den Kolonien, die die vorigen Ausschweifungen des Pöbels zurükhalten, die sich durch die Gesetze Recht verschaffen wollen, die aber auch Gewalt mit Gewalt vertreiben wollen, sobald Gewalt gebraucht wird, die endlich mit unnachahmlicher Weisheit, die Sperrung der Handlung, womit der kurzsichtige Minister sie bestrafen wollen, selbst brauchen um *the Mother Country* fühlen zu laßen wie unrecht ihr Minister handele. Würden diese Männer da seyn, wenn nicht ihre Vorfahren so lange im beständigen Bestreben nach Freiheit gewesen wären.

Haben Sie gelesen: *Thoughts on the causes of the present discontents* (von Edmund Burke) *London Dodsley 1770*. Es ist ein vortrefliches Büchlein, durch das man, tief in die itzige Verfassung v. England hineinsiehet.

Es sollte mir wirklich leid thun, wenn ich Hrn Lavater zu hart beurtheilte. Aber ich muß gestehen, alles was er thut, scheint immer aus einer unbegränzten Eitelkeit zu fließen. Seine vermischte Gedanken, die er auf eine seltsame Weise, seinen Freunden alle Monate, anstatt der Briefe zuschickt, und in denen ihn die Liebe etwas Neues zu sagen, so viel ungereimtes sagen läßet. - Seine genaue Verbindung mit Herder, und die ungeheuren Lobsprüche, die sie wechseln. - Dieß sind wieder neue Beweise einer Sache, an der ich seitdem ich Lavater kenne, nicht gezweifelt habe.

Er will auch von den Sachen, die nicht in seinen Kram dienen nicht überzeugt seyn. Er hat in Ems vermieden, mit Basedow über Religieuse Angelegenheiten zu sprechen. Einst hielt ihn B. doch mit der Lebhafftigkeit, die ich an ihm kenne fest, und trieb ihn ziemlich mit Argumenten ein. Lavater, der sich in der Enge sahe, trat zwey Schritte zurück, hielt ein lautes feuriges Gebet an Jesum, und nun trat er wieder zu Basedow, drückte ihm freundlich die Hand, und sagte: "Nun lieber Bruder Bernhard, bin ich deinetwegen beruhigt."

Kann man ein solche Geschichte, wohl ohne Unwillen anhören, die ich von einem sehr glaubwürdigem Manne habe.

Überhaupt frage ich, hat Lavater jemals etwas geschrieben, das einen wahren philosophischen Kopf verräth, bloß seine Physiognomik ausgenommen. Diese suche ich auch auf alle Weise zu befördern, und habe mich deshalb mit ihm in einen Briefwechsel eingelaßen. Aber auch im Briefwechsel merke ich, daß ihn seine Enthusiasterey nicht bey der Physiognomik verläßt. Ich habe ihn deshalb treulich gewarnet. Ich wünsche daß es etwas fruchte; denn sonst bringt er die Phys. durch seine enthusiastische Anwendungen, gleich wieder in Mißcredit.

Einer von Lavaters vertrautesten Freunden, und von dessen Talenten er sich ungeheuer große Ideen hat [sic], ich aber nur sehr wenig erwarte, ist der Hartmann der (eben auch durch Lavaters Einfluß) von Tübingen nach Mietau berufen worden, der auch der Verf. des 2ten Theils der Litterarischen Briefe ist, die sie großmüthig recensirt haben, indem er wider Sie streitet, und gelind, indem er wirklich mit schlechten Waffen streitet. Dieser *Hartmann* ist auch der Verf. des Ideals einer Geschichte, in Wielands deutschem Merkur; dessen Schwäche Wieland, obgleich freilich etwas indiskret, dennoch sehr richtig gezeigt hat.

Dieser junge Mensch von etwa 23 Jahren, hat einen Band Gedichte herausgegeben, schreibt eine Geschichte der Menschheit und psychologische Briefe zugleich - Ich verspreche mir aber von allem diesem sehr wenig.

Herder sucht mit seiner Urkunde u.d.gl. Büchern Epoche zu machen, und dieß wird ihm mißlingen. Er nimmt itzt die Mine an, als ob er das Publikum verachtete, weil ihn aber das Publikum nicht lesen wird, wird er über das Publikum böse werden, und denn wird es ihn verlachen.

Sein Ausfall auf Spaldingen in den 15 Provincialblättern ist sehr unwürdig. Er will und weis nicht was.

Auch eine Philosophie der Geschichte ist der Titel eines Büchleins von ihm, das einige gute Gedanken hat, aber indem er nichts präcis ausdrükt, sagt er so viel als nichts.

Basedows Vermächtniß, gefällt bey uns im Ganzen allen gesetzten Leuten wohl. In einzelnen Dingen wird immer die ganze Welt anderer Meinung seyn, als Basedow.

Ich gestehe das ich Basedowen gar sehr Lavatern vorziehe. Der erste ist ein Enthusiast für seine subjektive Wahrheit, der auch Weib Kind und sich selbst aufopfern will. Der zweyte ist ein bedächtiger Enthusiast für neue Meinungen, die er fahren läßt, wenn er siehet, daß er damit nicht durchkommt. So hat ers mit seiner Meinung, vom Wunderthun durchs Gebet gemacht, wie auch mit verschiedenen Meinungen, mit denen er im ersten Theile seines Tagebuchs, ein Aufsehen zu machen gedachte.

Wegen der tödtenden Langweiligkeit, gewisser Betrachtungen im Agathon, haben Sie Recht. Sonst ist dieß Werk mir immer vortreflich, wegen der tiefen Kenntniß der Absprünge des menschl. Herzens.

Des Sebaldus Predigten gefallen mir nicht Recht. Sie sind gar nicht in seinem Charakter. Z.E. die Predigt v. d. Endl. der Höllenstrafen, würde er keinen Bauern gehalten haben. Es sind auch viele wirkl. Ungereimtheiten darin - Z.B. in den Predigten v. Processen u. von den Ursachen unglüklicher Ehen.

Ich umarme Sie von Herzen und bin stets
ganz der Ihrige
Nicolai

[PS]
Bey meiner Zurükkunft, von Berlin, erhalten Sie wieder neu Aufträge für die Bibl.

Erläuterungen zu Nr.67

- "das schöne *Brocardicon*": In der Rechtswissenschaft versteht man unter "Brocardicon" die aus Einzelentscheidungen abgeleitete - und überspitzte - Verallgemeinerung eines Rechtsgedankens. Die hier von Nicolai zitierte Auffassung ist tatsächlich ein (konservativer) Gemeinplatz der Zeit; vgl. den Brief Zimmermanns an Schmid über seinen Besuch bei Friedrich d.Gr. 27.10.1771 (ed. Langenbacher 1995, S.281).

- "Bastille, Spandau, od. Munkholm": Die berüchtigten Staatsgefängnisse Frankreichs, Preußens und Norwegens (das von dänischen Königen regiert wurde). In der Festung Munkholm, auf einer Insel vor Trondheim gelegen, waren (wie in der Bastille und in Spandau) vornehmlich politische Gefangene in Haft.

- "Wenn kein wahres Gegengewicht im Staate ist": vgl. zu Nr.52.

- "Meaupou in Frankreich": René Nicolas de Maupeou, seit 1768 Kanzler unter Ludwig XV., versuchte, die Macht des Königs zu steigern und die starke Adelsopposition zu brechen. 1770 beschränkte er die Rechte des Pariser Parlaments auf eine rein beratende Funktion. Diese juristisch, politisch und sozial einschneidende Maßnahme stieß in Adelskreisen auf erbitterten Widerstand, fand aber auch viel Unterstützung; Voltaire begrüßte sie. 1774 bestieg der junge Ludwig XVI. den Thron, entließ Maupeou und restituierte die alten Parlamente.

- "die Vorfälle seit 6 Jahren, besonders itzt in Amerika": Im Frühjahr 1774 beschloß das britische Parlament die "Coercive Acts" ("Intolerable Acts") als Reaktion auf die "Boston Tea Party" (1773): Der Hafen von Boston wurde (bis zur Bezahlung des Schadens) geschlossen und die politischen Rechte von Massachusetts beschnitten; gleichzeitig trat der "Quebec Act" in Kraft. Verantwortlich für die in Amerika äußerst unpopulären Maßnahmen war der britische Premierminister und Vertraute König Georgs III., Lord Frederick North, auf den Nicolai hier anspielt. Am 5.9. wurde in Philadelphia der "Erste Kontinentalkongreß" eröffnet. Er erklärte die Zwangsgesetze für ungerecht und verfassungswidrig und beschloß die Unterbindung des Handels mit dem Mutterland. Als er vorliegenden Brief schrieb (18.10.), scheint Nicolai hiervon schon gewußt zu haben. Der Kontinentalkongreß tagte noch bis zum 26.10. Wenige Monate später brach der Unabhängigkeitskrieg aus.

- "*Thoughts on the causes of the present discontents*": In der hier von Nicolai zitierten Schrift plädiert Edmund Burke für die Rechte des Volkes, für die Einhaltung der Verfassung, für ein frei gewähltes, unabhängiges und öffentlich beratschlagendes Parlament; scharf wendet er sich gegen die vom Hof ausgehenden Intrigen und zeigt die herrschenden Mißstände auf. Einen Anlaß hierzu boten die aufsehenerregenden Maßnahmen gegen den radikalen Politiker John Wilkes.

- "Seine vermischte Gedanken": Johann Kaspar Lavater, Vermischte Gedanken. Manuscript für Freunde, herausgegeben von einem unbekannten Freunde des Verfassers, Frankfurt 1774.

- "Er hat in Ems vermieden, mit Basedow über Religieuse Angelegenheiten zu sprechen": vgl. zu Nr.65. Nicolai ist hier nicht recht informiert, denn Lavater und Basedow haben in Ems ihre divergierenden religiösen Auffassungen eingehend diskutiert; vgl. Fischer 1912, S.62-68.

- "Hartmann", "indem er wider Sie streitet": Der junge Philosoph Gottlob David Hartmann hatte in seinen "Litterarischen Briefen an das Publicum" (Bd.2) Grundzüge einer neuen Geschichtsphilosophie skizziert. Diese solle man, so seine Auffassung, vor allem auf sprachhistorische Erkenntnisse bauen. Iselins "Geschichte der Menschheit" sei ein Traum, das heißt: ein Hirngespinst. In seiner Rezension (ADB Anhang zu 13-24/2, 1777; vgl. das Verzeichnis der Rezensionen) verzichtet Iselin auf eine Verteidigung. Er zitiert die kritische Passage und spendet sogar verhaltenes Lob: Hartmanns Entwurf sei vielversprechend, bedürfe aber noch der Beweise; vgl. Iselins Brief Nr.82.

- "Herder", "Urkunde", "in den 15 Provincialblättern", "Auch eine Philosophie der Geschichte": zur "Urkunde" vgl. Nr.64; An Prediger, fünfzehn Provinzialblätter, Riga 1774 ; Auch eine Philosophie der Geschichte zur Bildung der Menschheit. Beytrag zu vielen Beyträgen des Jahrhunderts, Riga 1774; vgl. den darstellenden Teil, Kap.II/3, S.50ff.

[Nr. 68; Iselin an Nicolai]

Basel den 21 ten Weinm.1774.
[erh. 9. Nov.]

Ich habe nur einen Augenblick Zeit Ihnen zu schreiben, mein würdiger und werthester Freund! Ich habe seit einigen Monaten immer geglaubt ich würde einige freye Augenblicke finden um die mir von Ihnen aufgetragenen Recensionen zu verfertigen. Allein es war mir unmöglich und ich sehe vor daß innert den nächsten sechs Monaten ich dazu keine Musse finden werde. Ich glaube es sey meine Schuldigkeit Ihnen davon Nachricht zu geben und Sie zu bitten die mir zugesagten Anzeigen jemand anders aufzutragen. Ich habe seit langem fast nicht einmal etwas lesen können, so daß ich noch nicht einmal Götzen von Berlichingen und Jerusalems Betrachtungen gelesen habe. Aber wenn der 2te Band von Nothhanker kommen wird so wird mir keine Zeit fehlen. Ich umarme Sie würdigster Freund! Leben Sie wohl. Ich bin

Ganz der Ihrige
I.Iselin

Erläuterungen zu Nr.68

- "Götzen von Berlichingen und Jerusalems Betrachtungen": [J.W.Goethe], Götz von Berlichingen, ein Schauspiel. Hamburg 1773/Frankfurt 1774; J.F.W. Jerusalem, Betrachtungen über die vornehmsten Wahrheiten der Religion. Braunschweig 1768-1779 (1774 ist Bd.2/1 erschienen).

[Nr. 69; Nicolai an Iselin]

[Einblattdruck "**An die sämmtlichen Herren Verfasser der allgemeinen deutschen Bibliothek.**" Datiert: "Berlin, den 5ten Wintermonats 1774. Friedrich Nicolai."]

[Nicolai mahnt wiederum zu zügigerer Ablieferung der Rezensionen; berichtet, daß er den Drucker wegen zu langsamer Erfüllung seiner Aufträge gewechselt hat und schreibt gegen Schluß:]
"...Wie lehrreich und wie angenehm würde es nicht für mich seyn, mit so einsichtsvollen Männern, als die Verfasser der Bibliothek sind, eine ausführliche Correspondenz zu führen. Wie sehr wünschte ich es. Da aber die nothwendigen wegen der Bibliothek zu schreibenden Briefe, schon jährlich zwischen 300 und 400 betragen, da mir außerdem noch die Führung dreyer Buchhandlungen (in Berlin, Stettin und Danzig) obliegt, so muß ich oft meinen liebsten Wünschen entsagen..."

[zu Nr.69; von Schreiberhand]
PS Ich beziehe mich auf mein an Ew. Hochedelgebohrnen aus Leipzig abgelassenes Schreiben. Die Widerlegung des neuen Systems 8.Frft. habe ich endlich auch noch erhalten, und werde es mit XXIII.1. übersenden. H. Flick in Basel drohet, mir Lüdkens Communionbuch in groben Druck nachzudrucken. Wenn Sie etwas thun können, dasselbe zu verhindern, so bitte ich sehr es zu thun.

[zu Nr.69; von Nicolais Hand]
Dieser Brief war schon geschrieben, mein werthester Freund, als ich Ihr Schreiben v. 21 Weinmonats erhielt. Ich respektire zwar die Ursachen, welche Sie anführen, warum Sie in diesem halben Jahre, nicht arbeiten können; aber alle Ihnen zugetheilte Sachen itzt andern zuzutheilen, würde, da schon sämmtliche Briefe abgegangen sind, viele Arbeit machen, und vielleicht würden, da schon die ganze Austheilung gemacht ist, die Recensenten, diese nachzuschickende Artikel auch nicht so gleich liefern. Ich will mich also lieber gedulden, bis Sie etwan im Frühjahre, einige Muße haben. Erlauben Sie mir außerdem, Ihnen vorzustellen 1) daß die Sachen die Fruchtsperre u. Handl. pp betreffend nicht wohl von jemand anders, als von Ihnen selbst, können angezeigt werden. Ich habe Ihnen auch in MM. [von der Michaelis-Messe aus] schon die meisten feh-

lenden Bücher gesendet, welche, einem andern anzuschaffen wieder viel Mühe geben würde 2) die beiden franz. Ausgaben des Goldnen Spiegels, die Gesch. v. Indostan. Untersuch. der Egypter will ich andern zutheilen. Dahingegen 3) bitte ich Sie sehr, Basedows Elementarwerk nicht abzulehnen. Ich wünschte so sehr, eine ausführliche Recension desselben, von einem einsichtsvollen unpartheyischen Manne, der doch aber auch nicht dawider eingenommen ist, und der selbst Vater ist. Der sind Sie mein bester Freund. Übrigens mag die Recension, ob ich sie gleich, Basedow zu liebe, gern bald hätte, auch anstehen, bis zum Frühlinge od. Sommer 1775. Denn da das Buch erst 1774 herausgekommen ist, so darf die Rec. erst in den XXV u. folg. Bänden erscheinen.

Leben Sie wohl. Ich umarme Sie von Herzen und schreibe dieß in Eil. Ich muß meine Correspondenz beschleunigen, wofern noch der Nothanker zur O.M. erscheinen soll.

Ich habe Ihnen auch von Leipzig Mösers patriot Phantasien zugesendet, wie gefällt Ihnen der Mann?

Erläuterungen zu Nr.69

- "Lüdkens Communionbuch": Diese Schrift über das Abendmahl war 1772 in erster, 1773 in zweiter Auflage erschienen und gehörte zu Nicolais Bestsellern. Ihr Autor, der Theologe Friedrich Germanus Lüdke, war ein Freund Nicolais und sein engster Berliner Mitarbeiter bei der Herausgabe der ADB.
- "Mösers patriot Phantasien": Justus Möser, Patriotische Phantasien. Bd.1 Berlin (Nicolai) 1775; vgl. Iselins Brief Nr.73.

[Nr. 70; Nicolai an Iselin]

Hrn R.S. *Iselin* in Basel.

Berlin d. 17 Jänner 1775.

Ich sende Ihnen, mein werther Freund, eine kleine Schrifft, durch die Leiden des jungen Werthers veranlaßt. So sehr ich den Geist und das Feuer und die Wahrheit der Charaktere, die sich in diesem Romane finden, schätze und bewundere, so sehr waren mir die hobbesischen Grundsätze, und die scheinbare Vertheidigung des Selbstmordes anstößig. Ich habe gesucht, ohne mir das Ansehn zu geben, als ob ich diese Grundsätze widerlegen wolle, sie aus einem ganz andern Augpunkte zu zeigen. Von Ihren menschenfreundlichen Gesinnungen darf ich, der guten Absicht, einigen Beyfall versprechen, nicht der Ausführung welche sehr flüchtig ist, da ich nur 3 Tage Zeit hatte.

Seitdem diese kleine Schrifft schon unter der Presse war, hat sich die schreckliche Begebenheit zugetragen, daß eine sonst verständige aber etwas hysterische Person, nachdem sie sich die Leiden Werthers vorlesen laßen, vergiftet hat, und noch vor ihrem Tode, ohne Reue gestanden hat, dieses Buch habe sie determinirt. Nähere Umstände, die man, aus Achtung gegen die Familie, nicht sagen darf, machen diese Geschichte noch rührender. Dahin führen endlich Grundsätze, mit welchen man spielt, weil man glaubt daß sie die Einbildungskraft besser kützelten, als die kalten vernünftigen Grundsätze.

Leben Sie wohl mein bester Freund lieben Sie mich, ich bin von ganzem Herzen

Ihr Nicolai

NS. Die Rec. für die Bibl. besonders von dem Elementarwerke, werden Sie wohl nicht vergessen.

Erläuterungen zu Nr.70

- "eine kleine Schrifft, durch die Leiden des jungen Werthers veranlaßt": Freuden des jungen Werthers. Leiden und Freuden Werthers des Mannes. Voran und zuletzt ein Gespräch. Berlin (Nicolai) 1775. Die beste Interpretation dieses 60-seitigen Büchleins hat Horst Möller gegeben: Möller 1974, S.121-133; vgl. auch Sommerfeld 1921, S.248ff.

[Nr. 71; Iselin an Nicolai]

Basel den 24. Horn.1775.
[erh. 6. März]

Haben Sie Dank tausendmal Dank, schätzbarster und vortrefflichster Freund, für die Freuden des jungen Werthers. Es ist ein sehr schönes Verdienst das gefährliche Buch nicht widerlegt, nicht kritisiert, denn das hätte wenig genützet, sondern verbessert zu haben. Mit einer mit einem lebhaften Widerwillen vermischten Bewunderung habe ich die Leiden des jungen W. gelesen. Ohne Sie, mein Freund! wäre dieser tragische und menschenfeindliche Muthwillen villeicht Mode geworden, um desto mehr wie ein großes Genie derjenige ist welcher das erste Beyspiel davon gegeben hat. Haben Sie noch tausendmal Dank, daß Sie im Anfange dem Übel gesteuert haben. Sonst würden wir einen Schwarm Leute bekommen haben wie widerspänstige Jungens in der Schule und Aufrührer in dem Staate groß sind weil sie alles umzukehren, wegzulaufen und so Stärke der Seele zu zeigen denken. Ich hätte zween lange Briefe von Ihnen zu beantworten, allein es ist mir unmöglich. Kaum kann ich bisweilen ein wenig lesen. Vor vierzehn Tagen hatte ich angefangen das Elementarbuch wider zu lesen, kömmt Herr von Salis von Dessau zurück, bringt mir seine Verbrüderungsverkommnis mit Hn Basedow und ersuchet mich etwas über die Philanthropinen zu schreiben. Dieses hat mir bisher alle meine wenige freye Zeit weggenommen. Nun will ich wider an die Anzeige des Elementarwerkes gehen, in ein Paar Tagen, denn ich habe Briefe aufschwellen lassen die beantwortet seyn müssen, obwohl ich es nur kurz thun kann. Ich habe nichts dagegen daß Sie meine Anzeige von Alfred geändert haben, obwohl sie dadurch etwas unzusammenhängend geworden ist. Doch hätte ich gern meinen Aufsatz zurück. Das Packet dessen Sie in Ihrem Schreiben v. 18. 8ber [18. Oktober] Meldung thun und darin Biblioth. XXI.2., freye Urtheile, Reimarus Beantw., fortges. Untersuchung und 6 Abdrücke meines Bildnisses seyn sollen, habe ich nie erhalten. Auch ich halte wie Sie unendlich mehr von Basedows Verdiensten als von Lavater, aber doch ist Lavater auch ein Mann. Hr. Flick wird Ihnen selbst geschrieben haben. Ich hätte Ihnen noch vieles zu sagen aber es kann nicht seyn. Ich umarme Sie, bester Freund

I.Iselin

Erläuterungen zu Nr.71

- "Haben Sie Dank tausendmal Dank ... für die Freuden des jungen Werthers": Iselins positive Reaktion war nur eine unter vielen. Salomon Geßner schrieb am 12.2.1775 an Nicolai: "Ich kan Ihnen nicht ausdrüken, mein theurester Freund, wie sehr Ihr "Werther" in Zürich gefallen hat. (...) Man reißt ihn einander aus der Hand. (...) Alle fandens ein wahres Meisterstük; alle empfehlen sich ihn und wir tranken alle mit den warmesten Empfindungen von Hochachtung und Bewundrung auf Ihre Gesundheit. Wie viel wahrer, gesunder Verstand, mit dem Sie das wieder zurecht stellen, was Werther verderbt hat, oder verderben könte! Wie viel Laune, wie viel des gesundesten, treffendesten Witzes (...)" (ed. Leemann-van Elck 1934, S.152f.).

- "kömmt Herr von Salis von Dessau zurück, bringt mir seine Verbrüderungsverkommnis mit Hn Basedow": Am 27.12.1774 war Basedows Philanthropin in Dessau feierlich eingeweiht worden. Kurz darauf besuchte ihn dort Ulysses von Salis, der sein Internat auf Schloß Marschlins (Graubünden) ganz nach Basedows Ideen einrichten wollte. Ihre gegenseitige Unterstützung fand Ausdruck in der Schrift "Unterschriebene Vereinigung zweyer pädagogischer Philanthropinen in Anhaltdessau und in Graubündten", Dessau 1775; vgl. Iselins Anzeige in ADB 28/1 (1776), S.236ff. In Basel verabredete v.Salis mit Iselin (beide waren seit 1744 befreundet), einen Briefwechsel zugunsten der beiden jungen Reformschulen zu veröffentlichen. Im Anhang dieser 1775 in Basel erschienenen Schrift machte Iselin den "Entwurf der Ephemeriden der Menschheit" (s.u.) bekannt. Die beiden Briefe auch in: Iselin, Pädagogische Schriften (ed. Göring 1882), S.264-291.

[Nr. 72; Nicolai an Iselin]

[Einblattdruck **"An die sämmtlichen Herren Verfasser der allgemeinen deutschen Bibliothek."**
Datiert: "Berlin, den 14ten März 1775. Friedrich Nicolai."][23]

23 Zu diesem Einblattdruck fehlt wohl der Begleitbrief.

[Nr. 73; Iselin an Nicolai]

Basel den 2ten Aprillens 1775.
[erh. 29. Mai]

Hier haben Sie schätzbarster und würdigster Freund! die Anzeige von dem Elementarwerke. Ich habe Fleiß und Nachdenken darauf verwendet und ich bin doch nicht recht damit zufrieden. Ich kann mir es selbst nicht verzeihen daß ich so viel über das geplaudert habe was hätte gemacht werden sollen und was noch gemacht werden soll und doch denke ich bisweilen ist dieses eben das was am meisten nutzen kann. Denn das Elementarwerk ist einmal nicht was es hätte seyn sollen und eines wie Hr. Basedow es versprochen hat ist eine der größten Bedürfnisse unsrer Zeit. Sind Sie mit der Anzeige nicht zufrieden so schicken Sie mir sie wider zurück, oder finden Sie daß etwas einer Änderung bedürfe, so bringen Sie es in Anmerkungen an. Ich danke Ihnen nochmals für die Freuden des jungen Werthers, die mich entzückt haben. H. Göthe ist ein andrer Werther in der Litteratur, er wird eher im gelehrten Sinne ein Selbstmörder werden, als sich der Ordnung und Regeln unterwerfen welche doch die Natur in allen ihren Werken befolget. Ich lese seit etwas Zeit wenig, ich sehe wenig zu den Gittern meines Gefängnisses hinaus, aber mir deucht ich sehe von weitem ein neues litterarisches Ungewitter, welches alles unter ob sich zu werfen drohet. So sey es. Ich lebe ganz ruhig, wie unsre kleinen schweizerischen Republiken in den Zeiten da ganz Europa im Krieg verwickelt ist. Ich bekomme bisweilen einen Streich. Ich thue als ob ich es nicht achtete und dieses versichert mir meinen Ruhestand mehr als die muthigste Vertheidigung. Ich beleidige niemand mit Vorsatz und ich bin sehr gleichgiltig gegen Beleidigungen die man mir zufügt. Wird der zweyte Band von Nothhanker bald kommen? Wer hat die Gespräche über den Werther gemacht, welche Hr. Decker verlegt hat. Ich habe sie mit vielem Vergnügen gelesen. Die patriotischen Phantasien haben mir gar nicht gefallen. Ich kenne kein Buch wo mehr Witz mit weniger Genie und mehr Scharfsinn mit weniger Gründlichkeit sich beysammen fände. Ich umarme Sie theuerster Freund! Leben Sie wohl und lieben Sie ferner

Ihren

Isaak Iselin

Erläuterungen zu Nr.73

- "die Anzeige von dem Elementarwerke": ADB 26/1 (1775), S.42-102, Iselins längste Rezension für die ADB.
- "Gespräche über den Werther": Gespräche über die Leiden des jungen Werthers. Berlin 1775. Verfasser dieser anonymen Schrift war der preußische Unteroffizier Riebe, über den ansonsten nichts bekannt ist.

[Nr. 74; Nicolai an Iselin. Einblattdruck][24]

Tit.[ulo] pl.[eno]

Ew. erhalten hierbey den zweyten Theil von Sebaldus Nothankers Leben und Meinungen. Ich ersuche Sie ergebenst, diesem Buche, als einem geringen Zeichen meiner Freundschaft, einen Platz in Ihrer Bibliothek zu gönnen. Meine, vor meiner Abreise nach der Leipziger Messe, sehr dringende und überhäufte Geschäfte, werden es entschuldigen, daß ich Sie nicht eigenhändig von den Gesinnungen der vollkomnen Hochachtung und Ergebenheit versichern kann, mit denen ich verharre

Ew.

gehorsamster Diener
Friedrich Nicolai.

Berlin, den 26ten April 1775.

---

24 Vermutlich lag diesem Einblattdruck kein persönliches Anschreiben bei.

[Nr. 75; Nicolai an Iselin]

Hrn R.S. Iselin in Basel

Berlin d. 21 Jun 1775

Mein werthester und bester Freund

Ich habe Ihre Schreiben v. 24 Hornung u. 2 Aprill, zu ihrer Zeit richtig erhalten. Meine dringenden Geschäfte, vor in und nach der Messe haben mir eher nicht als itzt zu antworten erlaubt.

Ich hoffe Sie werden das Paket vom 18 Octobr, worinn Freye Urtheile, Reimarus Beantwortung u.s.w. noch nachher erhalten haben, denn es ist doch durch den gewöhnl. Weg durch Hn Imhoff, abgesendet worden. Nicht sowohl der Werth des Pakets würde mich verdrüßen, als daß ich diese kleine Traktätchen mit Mühe zusammengebracht hatte, in der Meinung Sie sollten sie für die Bibl. anzeigen, wie sie denn *sub A.* abermahls verzeichnet sind. Wenn sie aber verlohren gegangen sind, und dort auch nicht können gefunden werden, so werden sie freylich wohl wegbleiben müssen, ohnerachtet ich es der Vollständigkeit der Bibl. wegen, gern gesehen hätte, daß sie auch angezeigt würden. Melden Sie mir doch ob das Paket noch gekommen, und ob ich noch Hofnung habe die Anzeigen zu erhalten.

Sie sollen meinen besten Dank haben, für die ausführl. und gründliche Recension des Elementarbuchs. Sie soll in XXVI.1. abgedruckt werden, weil XXV.2. wirkl. schon unter der Presse ist. Ich habe mich aber hiebey einer Unterlaßungssünde erinnert, nämlich, daß ich Basedows Agathokrator und noch verschiedene Basedowen und die Erziehung betreffende Bücher, die noch nicht recensirt sind, billig gleich, dem Recensenten des Elementarbuchs hätte auftragen sollen. Sie sind *sub B.* roth unterstrichen, und da sie von den Jahren [1]771 bis 73 sind, so müssen sie in den Anhang kommen. Thun Sie mir also die Freundschafft, mir diese Anzeigen, (dem gedrukten Schreiben zufolge) vor Ende des Augusts zu senden. Es ist mir zuviel daran gelegen, daß die Folge der Basedowschen Schrifften nicht wegbleibe. Sie werden auch (allenfalls nur den Agathokrator ausgenommen) sämmtlich nur dürfen ganz kurz angezeigt werden. Die übrigen *sub B.* angezeigten Schrifften sind sämtl. von der Beschaffenheit, daß sie auch keiner weitläufigen Anzeige bedürfen, und daß ich sie doch gern von einem Manne, wie Sie, angezeigt wissen wolte. Die Bibl. nöthigt mich, meinen Freunden beschwerlich zu fallen. Jede Messe kommen [Loch; 900?] bis 1200 neue Bücher heraus. Diese unter Recensenten zu vertheilen, macht nicht wenig Mühe, denn die guten Recensenten vermehren sich nicht so wie die neuen Bücher, und doch wünschte ich immer, Bücher von gewisser Art so angezeigt zu sehen, daß die Bibl. Ehre davon hätte.

Daß die Freuden Werthers, Ihren und so vieler anderer gesetz[ter und] rechtschaffener Männer Beyfall haben, hält mich wegen des Zorns so mancher Schrifftsteller u. Leser schadlos. Sie können nicht glauben, wie sehr ich wegen dieses kleinen und sehr flüchtigen Aufsatzes bin angefeindet [worden] und wie sehr man mich mißverstanden hat. Auch sonst sehr verständige Leute wollen sich nicht ausreden laßen, ich habe Hrn Göthen aus Eifersucht verunglimpfen, und zeigen wollen, daß ich seinen Roman besser machen könnte. Gedanken, die mir nicht in den Sinn gekommen sind. Ich war schon im Begriffe, andere Freuden und andere Leiden zu schreiben, und mich vor dem Publikum ganz ernsthaft über den Zweck meines Traktätchens zu erklären, aber meine vielen Geschäfte verhinderten mich daran.

Indessen ziehen mir die Freuden, doch, zufälligerweise einen andern und weit unangenehmern Zeitverderb zu. Hr. Wieland hat im 3ten Theile s. Merkurs dieses Jahres, bey Gelegenheit der Freuden, denen er sonst alle Gerechtigkeit wiederfahren läßet, einen unerwarteten Anfall, auf alle seine Recensenten in der ADB. (worunter Sie der vornehmste sind) und auch auf mich gethan. Ich kann dazu unmögl. stillschweigen, und so wird ein verdrießlicher Streit entstehen, bey dem ich am meisten meine Zeit bedauere. Denn sonst muß H.W. vor einem unpartheyischen Publikum gewiß den Kürzern ziehen.

Die Veranlaßung dieses Anfalls mag wohl folgendes seyn. Sie wissen: Er verlangte den Namen des Verf. der Recens. des goldnen Spiegels zu wissen, dem er großes Lob beylegte. Sie entdeckten sich. Nun zeigte sich, daß Er nur wissen wollte, mit wem er zu thun hätte, u. daß es Ihm mit dem Lobe der Recension kein Ernst gewesen, denn man schrieb mir aus Weimar und Erfurt, daß er öffentlich *pis que pendre* von der Recension [sic]. Eine häßliche *Duplicität*, von der ich einen Mann von Wielands Talenten frey wünschte. Diese Recension lag ihm also auf dem Herzen, und dazu mochte meine Anzeige des Merkurs kommen, die so billig sie im Grunde ist, doch einen Mann, der keinen Wiederspruch vertragen[25]...; er wollte also seiner Galle Luft machen, und glaubte vielleicht es desto ungehinderter thun zu können, weil sein Anfall nach einem förmlichen Lobe kam. Ich würde auch warhaftig, da ich so viele ungegründete Anklagen mit Stillschweigen übergangen habe, auch zu dieser geschwiegen haben, wenn sie nur nicht gar zu positiv gewesen wäre, z.B. daß er niemals unpartheyisch gewesen pp, und wenn ich es nicht Ihnen mein Freund, der Sie die Anzeige seiner Schrifften auf meine Bitte unternommen haben, schuldig gewesen wäre, diese Anklage nicht auf Sie sitzen zu laßen. Indessen wollte ich doch wo möglich noch den Streit vermeiden, und schrieb, auf den Rath einiger Freunde, an Ihn. Ich verlangte, freilich in determinirtem Tone, denn zu bitten fand ich keine Ursach, er möchte diese Anklage auf eine Art, die weder Ihn noch mich compromittirte, zurücknehmen, sonst, setzte ich hinzu, würde ich Beweis fodern, und den würde er nicht führen können. Er antwortete mir sehr grob und impertinent, ich antwortete Ihm, wie man einem stolzen und groben Manne antworten muß, doch so, daß mein Brief, von dem ich [eine] Kopie habe, alle Tage kann gedruckt werden. So stehet itzt die Sache. In des XXV.2. so med.[io; Mitte] Juli fertig wird, werde ich Beweis fodern; wenn nicht etwa meine determinirte Antwort seinen Stolz u. Zorn etwas hemmet, so wird er gewiß hefftig ausfahren, und er bringe denn vor was er wolle, so weiß ich, er kann nicht beweisen, was er behauptet hat, und ich werde Sie mein bester Freund, öffentlich rechtfertigen, doch ohne Sie zu nennen, wofern nicht W. die Ungerechtigkeit begehet es zu thun.

Ich bedaure nochmals meine Zeit, und daß ich einem Mann wie W. dessen Talente niemand mehr hochschätzt als ich, unangenehme Wahrheiten sagen muß, und daß man den schlechten Leuten, die sich über solche Streitigkeiten kützeln, ein Schauspiel wird. Aber was ist zu thun. Trost genug für mich, daß ich dazu gar keine Veranlaßung gegeben habe. Doch genug hievon.

Auf Ihr Urtheil über den 2ten Theil v. Sebaldus, bin ich sehr begierig. Sie haben doch durch Hn. Pfähler das gesendete Expl. erhalten? Auch Ihr Urtheil über Lavaters große Phys. möchte ich wissen. Ich finde viel Gutes drinn, wenn L. sich nur präciser ausdrückte, mehr an *facta* hielte, und nicht immer seine Einbildungskraft mit seinem Verstande davonreiten ließe! Haben Sie meine Recen-

25 Das weitere ist durch den ausgerissenen Rand des Briefbogens nicht lesbar.

sion seiner kleinen Phys. in der Bibl. XXIII.2. gelesen? Und wenn dieses ist, wie sind Sie mit dem zufrieden, was ich über diese Materie gesagt hat [sic; habe].

Ich beneide Hrn. Zimmermann, der, wie ich aus den Zeitungen sehe, im Jul. nach der Schweiz reiset, das Vergnügen Sie zu sehen und zu sprechen. Ich bin stets

Ihr

Nicolai

[PS]
Laßen Sie doch Anlage an Hrn v.Mechel abgeben, nachdem [er es seit] 2 Jahren versprochen hat, ist nun alle Hofnung verlohren, daß er etwas zur Bibl. liefert.

[zu Nr. 75]

[Einblattdruck **"An die sämmtlichen Herren Verfasser der allgemeinen deutschen Bibliothek."** Datiert: "Berlin, den 20. Junius 1775. Friedrich Nicolai."]

Erläuterungen zu Nr.75

- "Hr. Wieland hat im 3ten Theile s. Merkurs dieses Jahres": An die sehr wohlwollende Besprechung von Nicolais "Freuden" schließt sich eine Passage bitterer Polemik gegen die ADB an, deren Kernsatz ist: "Hr. N** ist nie mein Freund gewesen; in seiner Bibliothek bin ich fast immer schief angeklozt, oft muthwillig mißhandelt, und nicht ein einzigmal (das ich wüßte) durchaus unpartheyisch beurtheilt worden" (Der Teutsche Merkur vom Jahr 1775, März, S.284). Das mußte für Nicolai tatsächlich ein "unerwarteter Anfall" sein, war doch Wieland 1773 äußerst freundschaftlich gewesen (vgl. zu Nr.56: Wielands lobende Worte über Nicolai und die ADB gegenüber Jacobi). Wielands Anklage steht auch im Widerspruch zu dem Brief, mit dem er um den Namen des Rezensenten des "Goldnen Spiegels" gebeten hat. Nicolais Verdacht, Wieland habe sich in diesem Brief verstellt, liegt nahe. Eine ausführliche Darstellung des Streites mit Rückschau auf vorangegangene Reibereien, Ausblick auf die noch kommenden Fehden und Zeugnissen Dritter bei Werner 1884.

- "meine Anzeige des Merkurs": ADB 21/1 (1774), S.300-305.

- "und schrieb, auf den Rath einiger Freunde, an Ihn", "Er antwortete mir sehr grob und impertinent, ich antwortete Ihm": Nicolai an Wieland 5.5.1775, Wieland an Nicolai 8.5.1775, Nicolai an Wieland 16.5.1775: Wielands Briefwechsel Bd.5 (ed. Seiffert 1983), S.366f., S.368f., S.370f. Nicolai selbst hat diese Briefe bereits im Zusammenhang des "Bunkel"-Streits (vgl. zu Nr.116 und 117) veröffentlicht: ADB 37/1 (1779), S.306-312.
  Obgleich der Anlaß der Auseinandersetzung eher geringfügig war, so sind doch diese drei Briefe und der sich anschließende publizistische Schlagabtausch glänzende Polemik und Beispiele für die hochentwickelte Streitkultur der Aufklärung. Im Brief vom 8.5., der noch nicht die beißende Schärfe der beiden andern hat, stellt sich Nicolai schützend vor Iselin: "Sie kennen den verehrungswürdigen Mann, der in der deutschen Bibliothek Ihre wichtigsten Werke angezeigt hat, und Sie wissen, wie weit er entfernt ist, jemand hämisch oder muthwillig zu begegnen. Worin Sie Partheylichkeit zu finden vermeynen, weis ich nicht. Von Ihrem und meinem Freunde Iselin vermuthe ich sie nicht, auch nicht von den andern Recensenten, deren Rechtschaffenheit ich kenne."

- "Lavaters große Phys.", "meine Recension seiner kleinen Phys.": Mit "große Phys." sind die "Physiognomischen Fragmente" gemeint, über die Nicolai mit Lavater, aber auch mit Zimmermann intensiv korrespondierte. Nicolais Rezension des vorangegangenen Werkes "Von der Physiognomik" in: ADB 23/2 (1775), S.313-346.

[Nr. 76; Iselin an Nicolai]

[Undatiert;
erh.: 19. Juli 1775]

Hier haben Sie vortrefflicher und schätzbarer Freund die Anzeigen welche ich nur zu lange habe aussetzen müssen. Ich habe aber die Bücher welche ich hier nicht finden konnte sehr späth erhalten und meine freyen Augenblicke waren seit einiger Zeit auch sehr selten. Ich habe diese Anzeigen so kurz gemacht als es mir möglich war. Die Beyträge über die Handlungsgrundsätze hätte ich gern weitläufig beurtheilet, aber ich schränkte mich ein in der Betrachtung daß die letzten Bände des zweyten Decenniums gar zu viele Bücher in sich fassen würden. Auch hätte ich gern den Widerleger von Schlettwein in denjenigen Stücken widerlegt wo er Unrecht hat, das ist in den meisten. Allein ich erinnerte mich in Zeiten daß die allg. Bibl. kein Kampfplatz seyn soll, und ich ließ es bleiben.

Ich muß Sie nun nochmals bitten mir bis auf das neue Jahr zu verschonen. Ich sehe gar zu viele Arbeit vor mir. Wenn ich auch in meinen freyen Stunden nur lesen wollte was nöthig wäre um mir bekannt zu machen was seit ein paar Jahren am wichtigsten in dem Reiche der Gelehrsamkeit vorgefallen ist. Ich bin unbegreiflich weit zurücke und ich besorge ich werde das Versäumte nicht wider einbringen. Ich habe drey oder vier der letzten Bände der allg. Bibliothek noch kaum angesehen.

Den zweyten Band Ihres Sebaldus aber habe ich mit vielem Vergnügen gelesen. Ich danke Ihnen höchstens darfür. Geben Sie uns bald den dritten Theil. Gewähren Sie uns bald das Vergnügen alle diese ehrliche Leute glücklich zu sehen welche glücklich zu seyn verdienen und lassen Sie diese Orthodoxen gehen. Man ist ihrer überdrüssig. Sie sind gezüchtiget und gedemüthigt genug und einen Menschen den man schon einmal am Pranger gesehen hat verlangt man nicht wider da zu sehen.

In wenig Wochen hoffe ich das Vergnügen zu haben meinen lieben Zimmermann hier zu umarmen und bald nach ihm den verehrungswürdigen Sulzer. Das wird ein recht angenehmer Sommer für mich seyn. Ich habe neulich Gesnern in Schinznach gesehen, und mit ihm noch viele minder berühmte aber nicht minder schätzbare Männer. Nun wird mir auch Göthe bald zu Gesichte kommen denn er ist in der Schweiz, aber ich kann nicht sagen daß es mich gelüstet diesen Mann zu sehen. Er ist mir in der litterarischen Welt, was ein Held in der politischen, und so sehr ich einen solchen bewundere so wenig liebe ich ihn. Ein Idylle von Gesner, ein Hauptstück aus Ihrem Sebaldus oder eines aus der Fräulein Sternheim sind mir unendlich mehr werth als alle diese ungeheuern Auftritte welche ganz Deutschland nun anstaunet weil es so Mode ist, und welche jedermann rühmen muß wenn er nicht will geschimpfet seyn. Lächerlich kömmt es mir vor wie der deutsche Merkur vor diesem neuen litterarischen Eroberer Verbeugungen macht. Er schmiegt sich bald vor ihn wie die Republic Danzig vor Ihrem König.

Die neue Auflage von meinen Träumen ist nun bey Hn Schweighauser unter der Presse und bald werden zween Briefe von Salis und von mir über die Philanthropinen erscheinen und ein Entwurf von Ephemeriden der Menschheit. Ich bin nie einen Augenblick meiner Zeit sicher und doch unternehme ich immer etwas neues.

Ich umarme Sie. Machen Sie meine Empfehlung an d. HH Mendelssohn, Sulzer und Decker. Leben Sie wohl und lieben Sie immer

Ihren Ergebensten
Isaak Iselin

Erläuterungen zu Nr.76

- "Fräulein Sternheim": [Sophie von La Roche], Geschichte des Fräuleins von Sternheim. 2 Bde. Leipzig 1771. Dieser Roman gehörte zu Iselins Lieblingsbüchern. Mit dem Ehemann der Autorin, Georg Michael Frank von La Roche (dem Verfasser der "Briefe über das Mönchswesen"; vgl. zu Nr.50) stand er in freundschaftlichem Austausch.

- "wie die Republic Danzig vor Ihrem König": Danzig war seit der ersten polnischen Teilung 1772 unter starken wirtschaftlichen und politischen Druck Preußens geraten, das den Handel der Stadt durch Zollschranken einschnürte und Ansprüche auf den Hafen erhob.

- "ein Entwurf von Ephemeriden der Menschheit": Iselin entwickelt darin auf gut zehn Seiten das Profil dieser neuen, ganz auf Gemeinnützigkeit angelegten Zeitschrift, deren 1.Stück 1776 erschien; vgl. zu Nr.82.

[Nr. 77; Nicolai an Iselin]

Herrn Iselin in Basel

Berlin d. 17 Aug. 1775.

Ich danke Ihnen mein werthester Herr und Freund für die Anzeigen von den restirenden Büchern bis 1773. Ich sehe wohl ein, daß Ihre Muße itzt gering ist, aber ich muß Sie doch bitten, nur vor der Hand noch, die Schrifften, Basedows Elementarwerk und die Erziehung überhaupt betreffend besonders bis 1773 anzuzeigen. Ich würde mir sonst gar nicht zu helfen wissen, denn ich wollte gern, daß diese Schrifften, ihres wichtigen Einflusses wegen, nach einerley Principien beurtheilt würden. Es ist genug, wenn alles auch nur ganz kurz angezeigt wird, und wenn ich die Anzeigen auch nur im Oktober in Leipzig erhalte. Alles andere hat bis künftiges Jahr Zeit.

Die neue Auflage Ihrer Träume und den Entwurf der Ephemeriden erwarte ich mit Verlangen.

Es ist mir lieb, daß mein 2ter Thl. Ihnen nicht misfällt. An den 3ten Thl. habe ich, wegen vieler Handlungs- und Bibliothekgeschäffte, indem der Anhang viele Bemühung verursacht, noch gar nicht denken können. Ich weiß daher noch nicht, ob es möglich seyn möchte, ihn künftigen Winter ganz fertig zu machen, welches ich freilich sehr wünschte, weil ich zu andern Arbeiten schreiten möchte. Mit den Orthodoxen müssen Sie nun schon aushalten, denn mein Plan läßt [sich] nicht ganz abändern, auch ist diese Rotte, nicht, wie Sie mein bester Freund, zu glauben scheinen, gedämpft, vielmehr sind sie noch fast allenthalben, im Besitze der höchsten Macht und der einträglichsten Stellen.

Ich bin begierig zu erfahren, welche Unterhaltung Sie mit Hn. Göthe gehabt, und wie Er Ihnen gefallen hat. Er ist ein Mann von treflichen Talenten, aber aus Begierde sich zu sehr zu unterscheiden, wird er seinem Ruhme schaden, indem er ihn zu geschwind befördern will. --
Es könnte unglaublich scheinen, wie Lavater u. Göthe sympathiren könnten, jener mit mystisch-frommen, dieser mit hobbesisch-fatalistischen Principien, wenn man nicht oft sähe, daß die Ruhmsucht zu noch ungleichern Verbindungen Anlaß gäbe. - Lavater hat doch in s. Physiognomik, neben wenigem sehr

guten, unglaublich viel ungereimtes Geschwäz vorgebracht. Mich dünkt immer, er hätte mit viel geringern Kosten, viel mehr Nutzen stifften können, besonders wenn er präciser sich hätte ausdrücken wollen, aber wenn man präcis schreibt, kann man freilich nicht so vielen glänzenden Staub in die Augen streuen. Leben Sie wohl mein bester Freund. Ich umarme Sie von Herzen

Nicolai

N.S.
Anlage an unsern Zimmermann besorgen Sie doch. Ich kann den itzigen Ort seines Aufenthalts nicht wissen.

[PS 2]
Des XXV.Bds 2.Stk. der Bibl. ist nun fertig. In demselben steht meine Ausfoderung an Wieland. Man wird sehen, was Er nun thun wird.

Erläuterungen zu Nr.77

- "Es könnte unglaublich scheinen, wie Lavater u. Göthe sympathiren könnten": Lavater und Goethe standen seit August 1773 miteinander in Korrespondenz und lernten sich im Jahr darauf persönlich kennen (vgl. zu Nr.65). Die sehr unterschiedlichen Motive ihrer gegenseitigen Anziehung und das Scheitern ihrer Freundschaft hat Karl Pestalozzi dargelegt: Pestalozzi 1994a, passim.

[Nr. 78; Iselin an Nicolai]

Basel den 1 ten Herbstm. 1775.
[erh. 19. Sept.]

Hier haben Sie mein werthester und würdigster Freund die Anzeigen welche ich bisher habe zu Stande bringen können. Den deutschen Chalotais konnte ich nicht mehr zu handen kriegen. Sie müssen so gut seyn und den Titel ergänzen. Die Briefe eines Prinzenhofmeisters habe ich gar nie gesehen. Ich habe sie also nur obenhin angezeigt. Die Materie zu Gesprächen von der Pädagogie und die Vorschläge zu einer vollständigen Erziehung aus der Encyklopädie habe ich auch nicht bekommen können. Es wird wol jemand in Berlin die Mühe nehmen sie zu beurtheilen. Die litterarischen Briefe, die Briefe an m. Freundinn über Politik, und die Regierungsart der Britten sind auch noch nicht hier und ich kann deswegen bald nichts versprechen.

Herr Zimmermann wird Ihren Brief in Bern oder in Lausanne erhalten. Seine Erscheinung hat mir unendlich viel Vergnügen gemacht, aber ich wünschte daß er mehr Philosoph wäre. Göthen habe ich nun persönlich gesehen und bewundert aber den Geist der seine Schriften und seine Reden beseelet kann ich nicht lieben. Ich bin beynahe überzeugt daß wenn wir alle auf dem schlimmen Wege wandelten er alsdenn den guten betreten würde.[26]

Ich würde an Ihrer Stelle mich von dem selzamen Anfalle des Mercurs nicht so haben anfechten lassen. Diese Leute welche uns die Pistole auf die Brust setzen damit wir sie loben machen sich endlich vor aller Welt lächerlich.

Ich habe noch nicht Zeit gehabt die Physiognomik zu lesen.

Herr Deinet wird Ihnen den Entwurf der Ephemeriden zusenden. Ich wünsche einen fleissigen Mitarbeiter in Berlin und einige solche in Stockholm, Petersburg etc. zu finden. Wenn aus diesen Ephemeriden etwas wird, so werde ich meiner meisten andern Arbeiten entsagen müssen.

---

26 Marginalie Nicolais: "Ich auch".

Einen vorteffl. Mann habe ich neulich an dem Baron von Türkheim gefunden der mit den Herzogen v. S[achsen] Meiningen hier war. Einen wahren Freund der Tugend und der Menschheit, einen Philosophen, wie es gewiß an Höfen wenige gibt. So ein Mann würde mir über d. größten Kopf, über einen Göthe seyn, wenn er auch viel weniger Genie hätte als Türkheim.

Ich umarme Sie, liebster Freund! Empfehlen Sie mich Hn Mendelssohn und Herrn Sulzer wenn er noch bey Ihnen ist. Ich bin

Ganz der Ihrige

I. Iselin

Erläuterungen zu Nr.78

- "Göthen habe ich nun persönlich gesehen und bewundert": Jakob Keller hat wichtige Stellen aus dem Briefwechsel Iselins mit J.-R.Frey bekannt gemacht, in denen die beiden Freunde über Goethes "Leiden des jungen Werther", Nicolais "Freuden" und den Geniekult in Weimar diskutieren. Über Goethes Besuch in Basel berichtet Iselin am 10.7.1775: "J'ai vû hier et avant hier l'auteur des souffrances du jeune Werther. C'est un homme d'un commerce charmant. Tout ce qu'il dit porte l'empreinte du genie. (...) Je ne suis cependant point content de tout de l'usage qu'il fait de ses talents. Je crois que le désir de se distinguer est son premier mobile (...)." Goethe verlasse bewußt die Bahn, die zum Guten führe, und wähle den Weg des Paradoxen. Viele Anhänger ("une foule de fous") folgten ihm. Diese müßten aber schließlich doch auf den rechten Pfad zurückkehren, wie es schon den "sectateurs de J.J.Rousseau" gegangen sei (ähnlich an S.Hirzel am 4.8.1775); vgl. Keller 1885a, S.89ff.
- "der mit den Herzogen v. S[achsen] Meiningen hier war": Wir wissen leider nicht, welchen Eindruck Goethe von der Person Iselins hatte. Hingegen besitzen wir ein Zeugnis des jungen Herzogs Karl August von Sachsen-Meiningen (nicht Weimar!), der die Schweiz 1775 zusammen mit seinem Bruder Georg und dem Baron v.Türckheim besuchte. In sein Tagebuch notierte Karl August über Iselin (16. August): "Verfasser der Geschichte der Menschheit, der hier Rathsschreiber ist, welches eine ansehnliche Charge ist. Es ist ein Mann von gewissen Jahren, kränklich, dabei aber munter, gefällig, verständig, und sein Buch steht ihm auf der Stirne"; vgl. Ludwig Bechstein, Mittheilungen aus dem Leben der Herzoge zu Sachsen-Meiningen und deren Beziehung zu Männern der Wissenschaften. Halle 1856, S.134.

[Nr. 79; Nicolai an Iselin]

Hrn RS. *Iselin* in Basel

Berlin d. 7 Nov 1775

Ihren Brief v. 1 Sept. habe ich richtig erhalten, mein werthester Herr und Freund. Ich danke Ihnen sehr daß Sie die Recens. eingesendet haben. Die Bücher, welche Sie nicht erhalten können, will ich schon hier anzeigen laßen. Auch ein paar andere *Tractätchen* habe ich weggegeben. Nur die

Litterarische Briefe an das Publikum 3tr Band.

bitte ich noch anzuzeigen. Diese Anzeige ist eben nicht eilig daher werden sie [sic] Ihnen nicht beschwerlich fallen. Aufs Neue habe ich Ihnen itzt nichts zugeschrieben.

Ihre Ephemeriden habe ich den Tag meiner Abreise von Berlin nach Leipzig erhalten, und noch habe ich nichts lesen können. Wie kommt es aber, daß von diesem Buche, keine Exemplare auf der Messe gewesen sind?
Mit Hrn Wieland habe ich nun öffentlich angebunden. So wenig ich Streit suche, so konnte ich doch dieses öffentliche Hohnsprechen, nicht stillschweigend übergehen. Man hätte sonst glauben mögen, ich hätte kein gut Gewissen. Und auch Sie, mein bester Freund, zu vertheidigen, war meine Pflicht.

Was Sie von Göthe sagen, ist nur allzuwahr, die Begierde seltsam zu scheinen, hat an seiner Aufführung nicht wenig Antheil. Ich bedaure, einen so guten Kopf, und der zu Cultivirung seiner Talente, so viele Muße hat, daß er aus Begierde *original* zu seyn, den natürlichen Weg verläßet. Außerdem verbittert, wie ich schon an manchen dergleichen Leuten gemerkt habe, diese Begierde nach seltsamer Originalität das Herz. Sie wollen sich auszeichnen, sie wollen vor dem großen Haufen hervorscheinen, und jedermann [soll] ihrer Originalität lauten Beyfall zujauchzen. Weil es aber der menschlichen Natur gemäß, daß wir uns nicht gern zu denen gesellen mögen, die sich nicht zu uns gesellen, so bleiben sie bald sehr einzeln. Die Köpfe werden allenthalben über sie geschüttelt, und ihr Lob, bleibt auf den engen Zirkel ihrer eben so gesinnten Bewunderer eingeschränkt. Darüber werden sie unmuthig, glauben das übrige menschl. Geschlecht thue ihnen unrecht, und schelten auf dasselbe.

Es ist beinahe unbegreiflich, wie Lavater und Göthe zusammenstimmen können. Solche Freundschafft kan nicht anders zusammenhängen, als Sand, der wenn das darauf gefundene Wasser an der Sonne verdunstet, voneinanderfällt.

Ich habe in XXVI.1 über Göthens und seiner Genossen Pasquillen, dreist meine Meinung gesagt, die mir vielleicht auch Streit zuziehen wird. Aber einmahl mußten diese Wahrheiten doch gesagt werden. Melden Sie mir was Sie darüber denken.

Ich hoffe von Hrn Zimmermann, noch, daß Er meinen Brief beantworte. Ich hatte ihm darin über Hr Lavaters sonderbare Ausschweifungen (wegen Gasner pp) meine Meinung, ausdrücklich in der Absicht geschrieben, daß er sie Hrn Lavater sagen sollte. Dieser gute Mann, der so viel gutes stifften könnte, und in der That fast mehr Schaden stifftet, ändert sich vielleicht in etwas, wenn er von einem Freunde, erfährt, was andere Leute von ihm halten. - Wenigstens hoffe ich doch, Hr. Zimmermann werde meine Offenherzigkeit nicht übel genommen haben. Ich umarme Sie mein bester Freund von Herzen und bin ganz der Ihrige

Nicolai

[PS 1]
Hrn Sulzer haben Sie nun schon gesehen. Ich höre mit Vergnügen, daß er sich bessere.

[PS 2]
Der Herzog von Weimar hat Göthen mit sich nach Weimar genommen, wie wird sich der mit Wieland vertragen?

Erläuterungen zu Nr.79

- "Mit Hrn Wieland habe ich nun öffentlich angebunden": ADB 25/2 (1775), S.628-630. Nicolai weist Wielands Vorwürfe zurück und nimmt seine Mitarbeiter in Schutz: "Die Recensenten seiner Schrifften sind Männer, die das, was sie beurtheilten, mit Kenntniß der Sache zu beurtheilen im Stande waren. Sie haben in diesen, so wie in andern Recensionen ihre Meinung freymüthig gesagt, und zum Theil mit Gründen bestätigt. Freilich haben sie ihrem Autor so wenig hofieret als sie verlangen, daß ihnen, irgend ein Autor hofieren soll." Der gemäßigte Ton, dessen sich Nicolai in dieser Erklärung bedient, hat seinen Grund wohl in dem engagierten Vermittlungsversuch Joachim Heinrich Campes; vgl. Ludwig Geiger, Wielandiana (I. Wieland und Nicolai). In: Im neuen Reich 11/2 (1881), S.417-427; Briefe von und an J.H.Campe (ed. Schmitt 1996), S.96ff. (Nr.30-33 und 36f.).

- "Ich habe in XXVI.1 über Göthens und seiner Genossen Pasquillen, dreist meine Meinung gesagt": ADB 26/1 (1775), S.202-209. Es handelt sich um folgende drei Schriften Goethes: "Prolog zu den neuesten Offenbarungen Gottes verdeutscht durch Dr. Carl Friedrich Bahrdt", "Götter, Helden und Wieland" und "Neueröfnetes moralisch-politisches Puppenspiel", sämtlich 1774, sowie um drei weitere Satiren bzw. Streitschriften: "Prometheus, Deukalion und seine Recensenten" (von Heinrich Leopold Wagner), "Pätus und Arria, eine Künstler-Romanze" (von Johann Heinrich Merck), "Wieland und seine Abonnenten" (von Christian Gotthold Contius), sämtlich 1775. Nicolai wendet sich in seiner Rezension gegen jegliche persönliche Verunglimpfung (wobei er namentlich Wieland in Schutz nimmt!) und tadelt insbesondere das von Goethe für sich in Anspruch genommene "Faustrecht". Für den "Prolog", das "Puppenspiel" und den "Pätus" findet er aber auch einige lobende Worte.

- "Ich hoffe von Hrn Zimmermann, noch, daß er meinen Brief beantworte": In zwei langen Briefen vom 15.4. und 30.5.1775 hat Nicolai seine - ablehnende - Haltung zu den Ideen und Werken Lavaters, mit dem Zimmermann eng befreundet war, dargelegt (ed. Bodemann 1878, S.303-310).

[Nr. 80; Iselin an Nicolai]

Basel den 18. Christm. 1775.
[erh. 24. Dez.]

Ich habe, mein werthester Herr und Freund! noch nicht Zeit gehabt die litterarischen Briefe an das Publicum nur anzusehen. Ich will trachten sie nächstens zu handen zu bringen. Bis in drey Monaten wird es sich entscheiden ob ich mehr für die A.B. werde arbeiten können als seit einiger Zeit. Es ist noch ungewiß ob aus diesen Ephemeriden etwas werden wird. Ich habe dazu sehr viele Hilfe und auch bessere Musse nöthig. Ich bin auf verschiedene Auswege bedacht mir insonderheit diese letztere zu verschaffen, allein ich finde keinen von dem ich vernünftiger Weise einen wahrscheinlichen und vortheilhaften Erfolg vermuthen kann. - Es thut mir wehe zu sehen daß Sie mit Hrn Wieland in eine [Siegelloch] Fehde gerathen. Ich verlange nicht gegen ihn vertheidigt zu werden. [Loch] jedem Freunde des Wahren des Guten und des Schönen zu [Loch] meine Vertheidigung schon in meiner Anzeige des goldnen Spiegels [Loch] sey. Ist Hr. Wieland ungehalten darüber, schmählt, schimpft er über mich, so beleidigt er nur sich selbst, mich nicht. Er beraubet sich des Charakters eines bescheidenen, gelassenen und weisen Mannes, und er nimmt den von einem eiteln, unverträglichen und unweisen an.[27] Wer verliehrt dabey mehr als er selbst. Wenn Ihre Bemühung ihn in Zukunft davor bewahren kann, so lohnt es sich der Mühe daß Sie die Feder über diese Sache ansetzen sonst gewiß nicht. Dises ist alles was ich verlange daß es in diesem Streite meinetwegen gesagt werde. Und mir deucht Sie haben für sich selbst auch weiter nichts nöthig. Wozu so viel Zeit und so viel Papier unnütz verderben.

Ich habe Leute gesprochen welche Briefe v. H. Wieland gesehen haben, darin dieser mit Wärme erzählt wie viel Freundschaft er für Göthen bey s[eine]r persönlichen Bekanntschaft mit ihm gefaßt habe. Mir deucht es sey in verschiedenen dieser feurigen Freundschaften einiger Schriftsteller mehr Schein als Wirklichkeit. Eine Conföderation von Lob und Bewunderung. Herder, Göthe, Wieland etc. suchen nichts als zu glänzen, und einige Bessere lassen sich von ihnen mit in diesen Wirbel reissen. Ich habe neulich H. Herders Schrift von d. Ursa-

---

27 Marginalie Nicolais: "vortrefl."

chen des gesunkenen Geschmacks gesehen; sie scheinet mir zugleich ein Muster des schlimmen Geschmacks zu seyn.

Villeicht wird Ihnen Herr Burkard mein Schwager diesen Brief übergeben. Er weiß wie sehr ich Sie liebe und er schätzet Sie nicht weniger hoch. Ich höre daß es mit H. Sulzers Gesundheit immer besser gehe. Von H. Lavater erwarte ich immer mehr Gutes. Er muß wider zu sich selbst kommen. Ich umarme Sie. Leben Sie wohl.

[ohne Unterschrift]

Erläuterungen zu Nr.80

- "Eine Conföderation von Lob und Bewunderung": Der Freundschaftskult der jüngeren Schriftstellergeneration, der sich von demjenigen der Aufklärer in Art und Intensität markant abhob, fand sein Zentrum in Weimar. Nicolai und Iselin beobachteten die Verbrüderung der Stürmer und Dränger sehr kritisch. In ihrem Briefwechsel gewinnt die Literatenkritik gegenüber der eigentlichen Literaturkritik an Gewicht; vgl. die folgenden Briefe.
- "H. Herders Schrift von d. Ursachen des gesunkenen Geschmacks": Johann Gottfried Herder, Ursachen des gesunknen Geschmacks bey den verschiedenen Völkern, da er geblühet. Eine Abhandlung, welche den von der Königl. Academie der Wissenschaften für das Jahr 1773 gesetzten Preis erhalten hat. Berlin 1775.

[Nr. 81; Nicolai an Iselin]

Berlin d. 5 Jenner 1776.

Mein werthester Herr und Freund!

Ich habe Ihr Schreiben v. 18 Christm. v. J. durch Hrn Burkard richtig erhalten. Ich habe mich herzlich gefreuet, einen Mann kennen zu lernen, der Ihnen so nahe angehet, aber es eben so herzlich bedauert, daß ich ihn die wenige Tage über, die Er hier war, fast gar nicht habe sehen können. Die Zeit des Jahreswechsels verursacht einem Kaufmann ohnedieß mancherley Geschäffte. Nun bin ich jezt seit einiger Zeit besonders mit Geschäfften, auch mit verdrießlichen überhäufft, wegen deren ich fast keinen Tag habe können zu Hause bleiben. Dazu kommt das Karneval, welches hier im Dec. und Jan. ist. So wenig ich auch an den Lustbarkeiten eigentlich Theil nehme, so wird man doch auf so mancherley Art zerstreut, und aus dem Cirkel in welchem man gern bleiben wollte gerissen, daß ich, wie unangenehm es mir gewesen ist, Ihren Hrn Schwager nur wenige Augenblicke gesehen habe. Auch diesen Brief selbst, schreibe ich in größester Eil.

Wie sehr wünsche ich, daß Ihre Ephemeriden Fortgang haben mögen. Ich stelle mir freylich nicht vor, daß der Nutzen ganz unmittelbar seyn wird. Aber mittelbar kann ein solches Werk, einen überaus großen Nutzen stifften. Die Menschen, welche die Menschen beglücken könnten, sind freylich meist nur mit Ihrem Ehrgeiz Wollust und Habsucht beschäfftigt, und daher, wenn auch der Ruhm die Menschheit zu verbessern vor ihren Füssen liegt, wollen sie nicht einmahl die Hand ausstrecken, um darnach zu greifen, aber je mehr man sie aufmerksam machen kann, desto mehr werden sie doch möglicher Weise Menschen beglücken können, solte es auch nur erst in Jahrhunderten geschehen.

Was Sie über <u>Wieland</u> sagen, ist vortreflich. Ich werde in diesem Sinne auch nur bloß mit Ihm Streit führen. Doch vielleicht ist es gar nicht einmahl nöthig, denn bis jezt hat er noch kein Wort auf meine Ausforderung geantwortet.

Wegen Wielands Zuneigung gegen Göthe, die er auch in allen seinen Briefen ausposaunet, urtheile auch ich eben so wie Sie. Die Sache ist zu hefftig um lange dauern zu können - Und Göthe scheint auch die große Zuneigung gegen Wielanden nicht zu reciprociren - Ich habe schon, seitdem ich lebe, mehr ewige Freundschafften untergehen sehen.

Hier wird jezt ein neues Stük von Göthe: Stella ein Schauspiel für Liebende gedrukt. Ich habe es gelesen, finde es aber, weit unter seinen vorhergehenden Werken. Die Werke des Geistes, wenn sie vortreflich seyn sollen, erfordern viele Arbeit und unsere Genies wollen nicht arbeiten.

Herder hat den Beruf, als Professor der Theologie in Göttingen. Die theolog. Facultät aber, hat gegen ihn protestirt. *Quo iure* weiß ich nicht, noch auch, ob man auf die Protestation achten werde.

Leben Sie wohl mein bester Freund. Ich umarme Sie von Herzen. In großer Eil

Ihr Nicolai

[PS]
Die Anzeige der litterarischen Briefe 3r B. hat keine Eil. Sie wissen doch, daß der Verf. Prof. Hartmann in Mietau gestorben ist? Ich habe Hrn B.[urkard] auch 6 Abdrücke Ihres Bildnisses mitgegeben. So gut ich sie habe.

Erläuterungen zu Nr.81

- "Dazu kommt das Karneval": In seiner Berlin-Beschreibung erläutert Nicolai: "Das Karneval pflegt gemeiniglich in der Mitte des Decembers anzufangen, und wird den vier und zwanzigsten Jänner geschlossen. Doch leidet dieses, nach den Befehlen des Königs, Ausnahmen. Der König kommt, mit seinem Gefolge, diese Zeit über nach Berlin. Gemeiniglich pflegen die Karnavalslustbarkeiten folgendermaßen eingetheilet zu seyn: Sonntags und Donnerstags große Cour bey der Königinn. Montags, Oper. Dienstags, Redoute, oder maskirter Ball, im Opernhause. Freytags, Oper. (...) Jedes Karnaval über, werden zwey Opern aufgeführt (...). Die Redouten oder maskirten Bälle werden auch im Operhause gegeben. (...) Der Eingang wird allen anständig maskirten Personen, ohne weitere Anfrage, und unentgeltlich verstattet" (ed. Spriewald 1995, S.614f.).

- "Herder hat den Beruf, als Professor der Theologie in Göttingen": Gegnern Herders war es gelungen, Zweifel an dessen Rechtgläubigkeit zu erregen. Deshalb wurde festgelegt, daß ein Ruf an Herder erst nach einem in Göttingen abgehaltenen Kolloquium erfolgen könne. Herder, der sich zunächst dagegen gesträubt hatte, war schließlich einverstanden. Allerdings kam es zu der Befragung nicht, weil Herder vorher den Ruf als Generalsuperintendent in Weimar erhielt, diesen annahm und die Verhandlungen mit Göttingen (die sich schon seit 1773 hinzogen) abbrach; vgl. Rudolf Smend, Herder und Göttingen. In: Bückeburger Gespräche über Johann Gottfried Herder 1988; hrsg. von Brigitte Poschmann. Rinteln 1989, S.1-28; jetzt auch in: Rudolf Smend, Bibel, Theologie, Universität. Göttingen 1997, S.108-134.

[Nr. 82; Iselin an Nicolai]

Basel den 16. Märzens 1776
[erh. Ostermesse 1776]

Endlich übersende ich Ihnen, mein liebster Freund! einen Versuch von den Ephemeriden der Menschheit. Ich war lang unentschlossen, ob ich die Sache unternehmen sollte oder nicht. Nun ist einmal der erste Schritt gewagt, und es hängt von der Aufnahme des ersten Stückes ab, ob mehrere folgen werden. Ich möchte mehr Aufmerksamkeit auf wichtige Wahrheiten erregen, als daß das periodische Werkgen Gelehrten viel Neues sagen sollte. Es ist mehr für die geschrieben die nichts wissen und für diese wird ohne Zweifel Neues genug darinn seyn. Sie werden mich sehr verbinden wenn Sie geschickte Männer aufmuntern werden mir Aufsätze mitzutheilen. Es wird mir sehr lieb seyn antiökonomistische Schriften den Ephemeriden einzuverleiben. Ich wünsche nichts so sehr als belehret zu werden. H. Basedow wird villeicht auch nicht zufriden seyn daß da ein antiphilanthropinischer Brief am meisten hervorsticht. Mich wundert was er zu der Anzeige des Elementarwerkes sagen wird? Ich erinnere mich nun eben daß ich in dieser Anzeige eine Stelle vermisse die ich am liebsten gedruckt gesehen hätte. Ich weiß daß ich in der Beurtheilung des historischen Faches einen neuen Zeitpunct mit der Regierung Ludewigs des XVI anzufangen angerathen habe. Dieses habt ihr Deutschen, die ihr in einen König und in einen Kaiser verliebt seyd oder verliebt seyn müsset, mir weggestrichen. Ich bitte Sie mir solche wenigstens wider zurückzusenden, nebst der ganzen Anzeige vom Alfred, die auch gar zu sehr verändert worden ist.

Nun höre ich H. Herder sey auch in Weimar und mache da nebst H. Göthe und dem Grafen von Stollberg eine glänzende Erscheinung. Wenn diese Leute Freunde bleiben so soll es mich Wunder nehmen. Was H. Wieland dabey für eine Figur mache sagt man nicht. Auf diese Weise wäre Herder nicht Theologus in Göttingen.

Freylich wäre es gut, daß H. Lavater sich nie mit der Gaßnerischen Geschichte abgegeben hätte. Aber ich weiß nicht was ich von dem Chaos sagen soll darein alles verfällt. Ich kann unmöglich klug daraus werden. Herder, Göthe, Stollberg, Lenz, Lavater - Diese Leute sind so eins und ich kann nirgendwo den Punct finden auf dem diese Einigkeit beruhet.[28] Hunderte lassen sich in diesen Wirbel hineinreissen, ich weiß nicht wie, und was herauskommen wird das weiß ich noch weniger. Von einigen begreife ich daß alles nur ein Spiel der Einbildung für sie ist, aber Lavater, da verliehrt sich alles mein Latein.

Wie denkt man in Berlin über diese Sachen, denn da ist man kälter philosophischer. Die Akademie hat Herders Schrift über den Zerfall des Geschmacks gekrönet. Ein stärkers Beyspiel eines gesunkenen Geschmacks als diese Schrift kenne ich nicht. Der Henker möge solche Sachen lesen wo es immer Nacht ist und nur bisweilen ein schöner Blitz uns in Erstaunen setzt. Hr. Zimmermann ist auch von diesen Leuten eingenommen oder er scheinet es, denn ich glaube heimlich lacht er über die meisten.

Das dritte Stück der litterarischen Briefe ist mir noch nicht unter die Augen gekommen. Wenn das Dings nicht besser ist als das zweyte so verdient es keine sonderliche Anzeige. Ich hätte sie nicht so gelobt, denn Verstand ist doch darinn, wenn sie mich nicht widerlegt hätten.[29]

Wenn es mit H. Sulzer so fortgeht so werden wir ihn in diesem Frühjahr in Schinznach sehen.

Leben Sie wohl, bester Freund! Schicken Sie uns bald den 3ten Theil von Nothanker. Ich umarme Sie.

I.Iselin

28 Marginalie Nicolais: "Die Eitelkeit ist der Punkt".
29 Marginalie Nicolais: "Hartmann das Genie".

Erläuterungen zu Nr.82

- "Versuch von den Ephemeriden der Menschheit", "antiphilanthropinischer Brief": Iselins neue Zeitschrift "Ephemeriden der Menschheit oder Bibliothek der Sittenlehre und der Politik" erschien ab März 1776 monatlich. Im ersten Stück war "Herrn Hofrath Schlossers Schreiben an Herrn Rathschreiber Iselin über die Philanthropinen" abgedruckt. Schlossers bemerkenswerter Brief ist allgemein gehalten und nur in zweiter Linie gegen Basedows und v.Salis' Erziehungsanstalten gerichtet. In erster Linie ist er eine scharfe Kritik am politischen und geistlichen Despotismus seiner Zeit. Erziehung zum Opportunismus bereite besser auf das Leben vor als Erziehung zu Vernunft und Freiheit, so Schlossers bittere Feststellung. Die Philanthropine seien deshalb realitätsfern. Iselin wies Schlossers Angriff auf den Philanthropismus zurück und erhielt dabei energische Unterstützung von Schlettwein (vgl. zu Nr.97) und Campe (ADB 29/2, 1776, S.543-559); vgl. auch Campes Rezension Iselin'scher Erziehungsschriften in: ADB 28/1 (1776), S.82-98. Schlossers Schreiben, Iselins Antwort und Schlossers folgende Briefe über die Philanthropine - sämtlich in den Ephemeriden publiziert - sind wieder abgedruckt in: Iselin, Pädagogische Schriften (ed. Göring 1882), S.292-347; zu Schlosser vgl. v.d.Zande 1991.

- "einen neuen Zeitpunct mit der Regierung Ludewigs XVI anzufangen": In seiner Rezension zu Basedows Elementarwerk (ADB 26/1) macht Iselin Vorschläge zur Periodisierung der Geschichte. Den "Zeitraum der Dämmerung" läßt er mit Karl dem Kühnen beginnen und mit dem Tod Ludwigs XV. (1774) enden. Offenbar ist in der Rezension die Passage gestrichen worden, in der Iselin begründet, warum mit Ludwig XVI. ein neues Zeitalter der "Morgenröthe der Vernunft und der Gerechtigkeit" (S.89) angebrochen ist. Es war wohl vor allem die Politik des physiokratischen Finanzministers Turgot, die Iselin so hoffnungsfroh stimmte (vgl. Im Hof 1967, S.121f.). Die Berliner Aufklärer beurteilten diese gewiß weniger positiv, auch wenn sie nicht unbedingt in den Kaiser (Joseph II.) und den König (Friedrich II.) verliebt waren, wie Iselin mutmaßt. Tatsächlich erwies sich eine tiefgreifende Reform des französischen Ancien Régime als unmöglich; Turgot wurde schon im Mai 1776 gestürzt.

- "daß H. Lavater sich nie mit der Gaßnerischen Geschichte abgegeben hätte": vgl. den darstellenden Teil, Kap.V, S.131 mit Anm.399. Unter der eigens eingerichteten Rubrik "Teufeleyen" nahm die ADB ausführlich Stellung zu den vielen Schriften, die für und wider Gaßner erschienen waren: ADB 27/2 (1776), S.596-626 und ADB 28/1 (1776), S.278-303.

[Nr. 83; Nicolai an Iselin]

Hrn RS. Iselin in Basel

Berlin d. 11 Julius 1776.

Ich habe mein werther Freund Ihr Schreiben v. 15 März [sic; vielmehr: 16.3.] vor mir. Ich habe nicht allein die mir in Comiss. gesendeten *Exemplare* der Ephemeriden richtig erhalten, sondern Hr. Decker hat mir auch die für Ihn bestimmten Exemplarien abgegeben, da er nur eine Druckerey hat, und mit *Sortiments*büchern nicht handelt, die daher bey Ihm auch nicht gesucht werden.

Vor einigen Tagen bekomme ich mit Ihrem Schreiben v. 25 May, die mir zugedachten 12 Exemplare, des 2ten u. 3ten Stks, wovon 9 zum Verkauf sind. Aber die Exemplare davon das 1te Stk an H. *Decker* gesendet worden, habe ich nicht erhalten. Er auch nicht. Seyn Sie so gütig mir diese senden zu laßen, damit ich die Exemplare *complett* habe. Um den Debit, werde ich mir alle Mühe geben.

Ich danke Ihnen für das mir geschenkte Exemplar. Ich habe alles, mit Vergnügen gelesen, wie Sie leicht denken können. Um Ihnen meine Gedanken darüber zu sagen, so wie Sie verlangen, so glaube ich nicht, daß Sie Ihren großen Zweck der allgemeinen Verbindung unter den Menschen erreichen werden, aber Sie werden immer vielen Nutzen stifften, indem Sie Ihre Leser, auf manche gemeinnützige Wahrheit aufmerksam machen. Ich wünschte mich mündlich über vieles hieher gehöriges mit Ihnen mein bester Freund unterhalten zu können. Schrifftlich ist es zu weitläufig.

Ich habe Ihnen in der O.M. 5 Carolinen auszahlen laßen, wovon anbey die Rechnung. Auch bitte ich auf anliegende *Assignation* von Hrn *v.Mechel* 8 Rthl 4 gr in Empfang zu nehmen.

Ich habe Ihnen, Ihrem Verlangen gemäß, diesesmahl keine Recensionen zugeschrieben. Hoffe aber, daß Sie mir dieses gegen den Winter, wieder erlauben werden. Indessen restiren Sie laut A. noch eine Anzeige, die nur kurz seyn darf. Der Verf. war Prof. Hartmann in Mietau, den Lavater im ersten Theil der Physiognomik für ein Genie ausgab, u. der nun gestorben ist.

Was Sie über den jetzigen Zustand in Weimar sagen, trifft vollkommen mit meiner Meinung überein. Es ist in dieser kleinen Schale zu vieler Arrack, als daß der Punsch gut werden könte.

Sie können sich in Lavater nicht finden? Sie wissen nicht wie Herder, Göthe, Stolberg, Lenz, Lavater zusammenhalten können? Mich dünkt die Eitelkeit hält alle diese Leute zusammen. Aber wie lange? Das ist freilich eine andere Frage. Eitelkeit, Begierde Epoche zu machen ist der Hauptzug in Lavaters Charakter, diesem ist alles, selbst die Religion untergeordnet. Nachgerade möchte ich seiner vielen Gaukelspiele überdrüßig werden. Ists nicht ungereimt, wie ihn Stollberg im Musäum lobt, und welchen Charakter vom Grafen Stollberg er dafür wieder im 2ten Theil der Physiognomik macht.

Eben solch Gaukelspiel ist, Lavaters Schreiben an s. Freunde, die er zu schweigen bittet, indeß sein Herzens Pfenninger die Appellation drucken ließ; die an dem gesunden Menschenverstande, einen sehr harten Richter finden möchte.

Hr. Zimmermann geht mit diesen Herren auch viel zu weit. Fast möchte ich glauben, daß er sie eher zu sehr fürchte als sonderlich liebe. Was mich anbetrifft, ich liebe und fürchte sie nicht. Ich sehe daß sie weder den Fortgange der Wissenschaften, noch das Wohl des Menschlichen Geschlechts Nutzen schaffen wollen. Daher verachte ich sie. Göthen u. Herdern, die einzigen Leute unter der Clique, die Genie haben, bedaure ich, daß sie es so schlecht anwenden. Lavatern möchte ich (unter uns) prophezeyhen, daß er entweder noch in den dümmsten Pietismus, oder in den stumpfesten Unglauben fallen wird. Vielleicht in beide zugleich, welches das schlimmste wäre. Diese Sprünge der Einbildungskrafft können in nichts anders enden. Er sucht immer zu glänzen, immer wichtige Zwecke zu erhalten und verfehlt sie immer, dieß muß ihn endlich von seiner Bahn ganz abbringen.

Der 2te Theil der Physiognomik, ist meines Erachtens viel besser als der erste. Aber immer noch voll Lavaterischer Sprünge, immer noch voll leerer Worte, bey denen man im Anfange etwas zu empfinden glaubt, und bey näherer Untersuchung nichts denkt. Ich trauete mich wirklich auf 10 Bogen mäßigen Octavdrucks, und 10 Bogen Kupfertafeln, alles was Lavater zur Sache gehöriges gesagt hat, zu bringen.

Ich denke, wenn es mir irgend meine Geschäffte erlauben, diesen Sommer noch eine Recension der Phys. für die Bibl. zu machen. Aber ich hätte so vieles zu sagen, daß ich gar noch nicht weiß, wie ich es anfangen soll, daß es nur eine Recension, und nicht ein Buch wird.

Die Ankunfft des Großfürsten in Berlin (d 21 dieses) macht mir einen Strich in der Rechnung von meiner Arbeit. So wichtig diese Begebenheit für unsern Staat, und vielleicht für die Ruhe von Europa ist, so hindert mich doch die Unruhe, die 18 Tage lang hier seyn wird, an den mir vorgenommenen Arbeiten, daher ich wollte, diese Tage wären erst vorbey.

Ich habe das Basedowsche Philantropin mit vielem Vergnügen gesehen. Es eröfnet der künfftigen Erziehung wirklich eine vorteilhaffte Aussicht. Wenn doch nur Basedow nicht so ungestüm wäre! Wenn er doch besser bedächte was sich schickte. Was will er z.B. mit der Aufforderung an Sie im 2ten Stke des Archivs, und wie seltsam ist sie geschrieben. Basedow hält so was für herzeindringend, aber bey den meisten Lesern, macht es einen widrigen Eindruck. Sie sind der Mann der ihm dieses am besten sagen kann - Und wenn Basedow sich doch mit Erziehung junger Frauenzimmer nicht abgeben wollte! Dieß ist an sich ein schlüpfriges Ding, so wie die Welt heut zu Tage ist, und Basedow schickt sich am wenigsten dazu, da er bey allen seinen übrigen vortreflichen Eigenschafften des Verstandes u. Herzens, so wenig auf äusserlichen Anstand, bey sich selbst siehet. Überhaupt heißts bey Ihm: *qui trop embrasse mal etreint*. Ich umarme Sie mein bester Freund u. bin stets

Ihr Nicolai

[PS]
Ists mögl. so verschaffen Sie mir doch, u. senden mir nach Leipzig zur Mich Messe *Köchlin Diss de felicitate empiricorum medicastrorum, diversa a felic. veri medici Basil 19 Sept 1775*. Desgleichen wofern nachher noch etwas M. Schüppach betreffendes herausgekommen ist.

Erläuterungen zu Nr.83

- "wie ihn Stollberg im Musäum lobt, und welchen Charakter vom Grafen Stollberg er dafür wieder im 2ten Theil der Physiognomik macht": Schreiben an Herrn Matthias Claudius in Hamburg von Friedrich Leopold Graf zu Stolberg. In: Deutsches Museum 1776, S.41-49; ein enthusiastischer Brief über Lavater, der folgendermaßen eingeleitet wird: "Die heiste Thräne stürzt mir aufs Blatt, Worte fehlen mir, wenn ich von **Lavatern** sprechen will, und doch will ich von ihm stammeln, weil auch Sie ihn so innig lieben." Einen ähnlichen Ton schlägt Lavater im zweiten Band seiner Physiognomischen Fragmente (1776) an, wo er den "C[ome]s de St[olber]g" u.a. folgendermaßen charakterisiert: "Ewiger Schweber! Seher! Idealisierer! Verschönerer! - Gestalter aller seiner Ideen! Immer halbtrunkener Dichter, der sieht, was er sehen will; - nicht der trübsinnig schmachtende - nicht der hartzermalmende; - aber der hohe, edle, gewaltige!" (XXX. Fragment, S.244-247).

- "Lavaters Schreiben an s. Freunde", "sein Herzens Pfenninger die Appellation drucken ließ": Johann Kaspar Lavater, Schreiben an seine Freunde. Nebst K. Pfenningers Appellation an den Menschenverstand. Frankfurt/M. und Leipzig 1776. Pfenninger verteidigt darin Lavaters Parteinahme für den Exorzisten Gaßner und druckt auch - ohne dessen Zustimmung - einen Brief Lavaters ab, in dem dieser selbst zu der Angelegenheit Stellung bezieht; vgl. ADB 30/1 (1777). Vorher hatte Lavater seine Freunde gebeten, von gedruckten Apologien Abstand zu nehmen.

- "Recension der Phys. für die Bibl.": ADB 29/2 (1776), S.379-414 und ADB Anhang zu 25-36/2 (1779), S.1251-1281.

- "Die Ankunfft des Großfürsten in Berlin": Der junge Großfürst Paul von Rußland, Sohn Katharinas II. und späterer Zar, kam nach Berlin, um sich hier mit Prinzessin Sophia Dorothea von Württemberg zu verloben. Diese Verbindung kam auf Vermittlung Preußens zustande. Der prächtige Einzug Pauls in Berlin (20.7.), die Verlobungsfeierlichkeiten und seine Abreise sind farbig beschrieben in der Einleitung zum Briefwechsel zwischen Fr.Nicolai und Ludwig Heinrich Nicolay, dem Sekretär des Großfürsten: ed. Ischreyt 1989, S.9-14.

- "Ich habe das Basedowsche Philantropin mit vielem Vergnügen gesehen": Vom 13.-15. Mai 1776 war am Philanthropin in Dessau ein Schauexamen abgehalten worden, mit dem Basedow auf die Lehr-Erfolge seines gut einjährigen Instituts hinweisen und das Publikum um Unterstützung und Spenden bitten wollte. Zu diesem Anlaß war Nicolai neben vielen anderen Gelehrten (unter ihnen Teller, Rochow, Campe und Zollikofer) angereist. Ihre Namen sind publiziert im "Zweyten Stück des Philanthropischen Archivs", Dessau 1776, Beylage G. In dieser Zeitschrift findet sich auch ein ausführlicher Bericht über die öffentliche

"Untersuchung" der Schule (S.5-34): Mit gefühlvollem Nachdruck werden die kosmopolitischen und überkonfessionellen (jedoch betont religiösen) Erziehungsgrundsätze dargelegt und die - oft spielerischen - Lehrmethoden erläutert. Als allgemeines Ziel wird formuliert: "Denn unsre Hauptsache ist Realerkenntniß und Gesundheit der Vernunft früh zu befördern (...)". So wie Nicolai waren auch die meisten anderen Besucher von den Leistungen der Kinder in verschiedenen Fächern (Sprachen, Geschichte, Mathematik etc.) beeindruckt; vgl. Pinloche 1896, S.103-110.

- "Aufforderung an Sie im 2ten Stke des Archivs, und wie seltsam ist sie geschrieben": Im "Zweyten Stück des Philanthropischen Archivs" ist - nach dem Bericht über das Schauexamen - der "Ruf des Philanthropins an Iselin zu Basel, zum Curator" abgedruckt (S.52-64). Er ist in Form eines flehentlichen Briefes verfaßt, als dessen Schreiber, merkwürdig genug, das Institut selbst auftritt (datiert: 11.6.1776). Darin heißt es: "Wiß also, o mein Iselin! doch bisher noch nicht ganz **mein** Iselin! Ich schreibe Dir dieses in einer ernsthaften Zeit zwischen Leben und Tod! Und was hat mir diesen erbärmlichen Zustand verursacht? Mangel des Glaubens in der nahen und auch in der entfernten Weltbürgerschaft (...) Diese verfluchenswürdigen Grundsätze (o leb ich, so will ich beßre kräftig lehren), diese Grundsätze der **afterpolitischen**, **afterpatriotischen** Weisheit des 18ten Jahrhunderts, und der Mangel des Glaubens, wo Einsicht und Treue ihn foderte, haben mich und Basedow in die Crisis unsers gemeinnützigen Lebens und des gemeinschaftlichen Todes gesetzt. Weine, Iselin! Aber nicht über uns. Denn wir stürben nach ausgeübter möglichen Pflicht. Weine über das 18te Jahrhundert, welches auch Du, socratischweiser Mann, bisher nicht zur lebendigen oder gesunden Vernunft und zu wahren guten Werken bringen konntest. Aber weine nicht mit Unthätigkeit. Komm zu uns! Rett uns! Du kannst es. Und Du **kannst** auch kommen. Du **kannst**! Das **Können** geht weit, wenn das **Wollen** ihm Wege bahnt." Ein persönlicher Brief Basedows, Wolkes, Simons und Schweighäusers an Iselin vom 22.6.1776 ist abgedruckt in Basedows Ausgewählten Schriften (ed. Göring 1880, S.502).
  Iselin antwortete mit seinem "Schreiben an das Philanthropinum zu Dessau" (datiert: 19.7.1776), abgedruckt in den Ephemeriden 1776/7, S.119-122. Darin betont er, der Ruf sei ihm schmeichelhaft, er müsse ihn aber ablehnen. Er fühle sich nicht in der Lage, diese große Herausforderung anzunehmen. Stattdessen schlägt Iselin Zollikofer vor. Tatsächlich wurde schließlich Campe berufen (vgl. zu Nr.90).

- "M. Schüppach betreffendes": Micheli Schüppach (1701-1781) war als Naturarzt in Langnau (Kanton Bern) tätig. Sein Ruhm als Diagnostiker, Heiler und Wahrsager beruhte auf der Harnschau. Der Mülhauser Jean Jacques Köchlin hat diese in seiner Basler Dissertation, die Nicolai hier bestellt, untersucht. Köchlins Abhandlung, in der Schüppach letztlich als Betrüger dasteht, wurde vor allem durch die anerkennende Besprechung der Göttinger Gelehrten Anzeigen 1776 (Zugabe S.143f.) bekannt. Haller hielt nichts von Schüppach, Zimmermann machte sich über den Schüppach-Kult lustig, besuchte ihn 1775 trotzdem und war von dessen Persönlichkeit angetan. Viele andere prominente Besucher wären zu nennen: Lavater (1777) war begeistert, Herzog Karl August und Goethe (1779) urteilten abwägend; sehr skeptisch äußerten sich Leonhard Meister, Hans Caspar Hirzel und Iselin. Letzterer war 1774 bei Schüppach gewesen und hat über ihn einen kleinen Aufsatz verfaßt, der postum in den Ephemeriden 1783/2 erschien: Schüppach sei ein Empiriker und vermutlich kein Scharlatan gewesen, schreibt Iselin. An ihm zeige sich, daß Leute ohne Theorie und ohne methodische Vorbereitung immer mehr bewundert würden als echte Gelehrte und Philosophen; vgl. Marta Meyer-Salzmann, Michel Schüppach, der Wunderdoktor. Bern 1965 (SA aus Burgdorfer Jahrbuch 1965), bes. S.60-69.

[Nr. 84; Iselin an Nicolai]

Basel den 19ten Augstm. 1776
[erh. Michaelis-Messe]

Ich weiß gar wohl mein liebster Freund, daß ich den grossen Zweck der allgemeinen Verbindung unter den Menschen nicht erreichen werde. Ich bin noch kein so grosser Enthusiast um zu glauben daß dieser Endzweck von irgend jemand, geschweige denn von mir zu Ende des achtzehn[ten] Jahrhunderts sollte erreichet werden können. Aber denkende und empfindsame Menschen auf diesen Zweck aufmerksam zu machen und dazu beyzutragen daß diese Vereinigung die gewiß nach Jahrhunderten oder Jahrtausenden zu Stande kommen muß befördert werde, dieses halte ich für meine Pflicht und darzu sind die Ephemeriden bestimmt. Und wenn wir nur zween Menschen näher mit einander vereinigen, so bewirken wir schon etwas Gutes. Alles was Liebe und Friede stiftet ist unendlich kostbar. Was nicht Liebe und Wohlwollen anfacht ist mir in so fern schätzbar da es die Seele zur Empfängnis edler Gesinnungen fähig mache, und was Haß und Unwillen stiftet ist böse. In das erste dieser Fächer setze ich den guten Sebaldus. Ich hatte gestern einen köstlichen Abend da eine meiner Töchter und einer meiner Knaben mir viele schöne Stellen davon auszeichneten und mich und ihre Mutter, wenn wir sie Meister gelassen hätten, uns die ganze Nacht aufgehalten hätten um uns noch mehrere fortzulesen. Doch hätte ich gewünscht daß bey einigen satyrischen Stellen sie weniger gelächelt hätten und ich weniger hätte lächeln können. Einen Theil der Arbeiten unsrer Männer von Weimar rechne ich in das zweyte Fach, so viel Genie auch darinn seyn mag, obwohl riesenmässige Einfälle nicht allemal von Genie zeugen. In das dritte Fach... was dahin gehört schmeiß ich gleich weg und ich mag nichts davon hören.

Ich wünschte daß Sie Lavatern persönlich kennten. Sie würden ihm mehr Gerechtigkeit widerfahren lassen.

Ich denke über das philanthropinische Wesen in Dessau vollkommen wie Sie. Gutes muß dadurch gewiß gewirket werden. Aber der Ton des Archivs ist unausstehlich.

Ich habe von Hrn von Mechel für Ihre Rechnung richtig acht Rthl. 4 g. erhalten, und durch Herrn Pfähler fünf Louis d'or, auch habe ich Ihre Rechnung richtig erfunden. Das dritte Packet der litterarischen Briefe habe ich noch nicht zu Hand bekommen. Da meine Ephemeriden werden fortgesetzet werden, so wird es mir unmöglich seyn eine andre Arbeit zu übernehmen. Die Disputat.[ion] *de felicitate medicastrorum* sollen sie in meinem Packet erhalten. Sie hat wenig zu bedeuten. Sagen Sie mir, ist das Kapitel aus dem Moses wirklich aus einem englischen Buche genommen oder ist es Ihre Erfindung. Wenn ich nicht gefürchtet hätte meine Unwissenheit zu verrathen, so hätte ich es den Ephemeriden eingerückt, denn es gefällt mir unendlich.

Ich habe das Vergnügen gehabt Herrn Reich und seine vortrefliche Gattin in Basel zu sehen. Es war mir unendlich angenehm so würdige Leute kennen zu lernen. Machen Sie ihnen meine Empfehlung. Werden Sie, liebster Freund, nicht auch zu uns in die Schweiz kommen? Es fehlt mir das 2te St. vom 26ten Bande der Bibliothek. Hingegen habe ich einige andre Stücke doppelt, soll ich sie an H. Schweighauser abgeben?

Sie werden bey Herrn Prof. Eck ein Paket Ephemeriden finden. Es sind **27.** Stücke, von N.4. 5. 6. und 7. **15** von N.2. und 3., und **3** von N.1. Ein Exemplar von jedem werden Sie für sich behalten, eines Herrn Decker und eines H. Merian geben, auch eines Herrn Sulzer wenn Sie denken daß es ihm noch angenehm seyn könne. Auch wird Herr Schweighauser Ihnen für Sie und Herrn Decker ein Exemplar meiner Träume übergeben lassen und eines an H. Basedow u. H. Sulzer. Ich umarme Sie liebster bester Freund.

Leben Sie wohl.

I.Iselin

Erläuterungen zu Nr.84

- "das Kapitel aus dem Moses": Nicolais Romanheld Sebaldus Nothanker übersetzt in Holland das englische Werk "Remarks on man, manners, and things; by the Author of the Life of John Buncle". Unter den Kostproben, die er einem Verleger gibt, ist die Erzählung vom Erzvater Abraham, der einen Heiden aus seinem Haus vertreibt, dies danach aber - auf die Vorhaltungen Gottes hin - als Sünde erkennt und wiedergutmacht; angeblich eine alte Variante zum 1.Buch Mose, Kap.22. Nicolai, Sebaldus Nothanker Bd.3 (1776), ed. Witte 1991, S.358f.; vgl. Nicolais Brief Nr.87. In der vierten Auflage seines Romans (1799) erläutert Nicolai selbst in einer Anmerkung: "Dr. Amory [der Autor des "John Buncle"] soll ein Buch unter diesem Titel ["Remarks on..."] geschrieben haben, welches aber, wenn es existirt, so rar geworden ist, daß es sich selbst in großen engländischen Buchhandlungen und Bibliotheken nicht findet. Der Verfasser dieser Geschichte [sc. Nicolai] bekennet jetzt, daß die Stellen welche unten, als aus diesem Buche übersetzt, angeführt werden, von ihm selbst sind; ausgenommen das 22te Kapitel des Iten Buchs Mose welches von dem berühmten Franklin ist, der es dem Perser Sadi soll nacherzählt haben (Man s. die Berlinische Monatsschrift 1783 Oktober, S.307 [Hier wird die Geschichte nach der Urquelle wiedergegeben])".

[Nr. 85; Iselin an Nicolai]

Basel den 1. Herbstm. 1776
[erh. Michaelis-Messe]

Ich kann nun nur ein paar Zeilen schreiben, liebster Freund! Es wäre mir unendlich angenehm in meinen Ephemeriden eine gründliche und ausführliche Nachricht von den Bemühungen und Anstalten des Herrn von Rochow zu geben. Ich habe vergessen davon in meinem letzten Schreiben zu gedenken. Sollte es nicht möglich seyn daß ich von dem vortrefflichen Manne selbst, den mein Herz unaussprechlich liebet, oder von einem seiner Freunde eine solche erhielte. Sie würden mich und mein Vaterland unendlich verbinden. Ein solches Beyspiel soll auch da nützlich werden. Ich umarme Sie. Schicken Sie doch ein Exemplar von N.4 bis 7. der Ephemeriden in meinem Nahmen an H. Basedow, und ziehen Sie es von meiner Rechnung ab. Noch eins ist das Capitel des Moses wirklich aus dem englischen Buche das Sie anführen oder ist es Ihre Erfindung. Ich hätte es gern d. Ephemeriden eingerückt, aber meine Unwissenheit hielt mich ab. Leben Sie wohl.

I.Iselin

Erläuterungen zu Nr.85

- "ausführliche Nachricht von den Bemühungen und Anstalten des Herrn von Rochow": In den Ephemeriden 1777/3, S.74-85, erschien "Herrn von Rochow, Schreiben über seine Erziehungsanstalten an Herrn *** [=Iselin]." Rochow berichtet in diesem Brief (datiert: 26.11.1776) über die Anfänge seiner pädagogischen Tätigkeit im durch Überschwemmungen, Hunger und Epidemien geprägten Krisenjahr 1772, über seinen "Versuch eines Schulbuchs" (vgl. zu Nr.54) und über die Gründung seiner ersten Landschule, der rasch noch drei weitere folgten. Zu Rochows Grundsätzen gehören: Die Lehrer müssen gut besoldet, der Schulbesuch unentgeltlich sein; in möglichst kleinen Klassen sollen die Kinder zum Verstehen und Denken angeleitet werden; "Unterricht ist Unterredung", nicht stures Auswendiglernen; das Verständnis der Bibel ist die Achse, "worum sich der ganze Unterricht hier drehet"; vgl. den darstellenden Teil, Kap.II/3, S.37ff.

[Nr. 86; Iselin an Nicolai]

Hier ist wider ein Paket Ephemeriden 28.St. N.8 u. 9. Sie werden liebster Freund! damit wie mit den vorhergehnden verfahren, und mir von dem Erfolge Nachricht geben. Ich habe nun keinen Augenblick Zeit mich mit Ihnen zu unterhalten. Ich umarme sie und verbleibe

Ihr gehorsamster Diener

I.Iselin

Basel den 4. Weinm. 1776

[erh. 11. Nov. "mit der fahrenden Post"]

[Nr. 87; Nicolai an Iselin]

Hrn R.S. Iselin in Basel

[Loch; Leipzig?] d. 13. Oct. 1776.

Ich habe mein würdigster Freund, Ihre beide Schreiben v. 19 Aug u. 1 Sept beinahe zusammen erhalten. Die Ephemeriden, sind auch gekommen, und ich werde die Exemplare nach Ihrem Willen abgeben. Es hat dem *Debite* des Werkes viel Schaden gethan, daß vom 2ten Stke nicht alle Exemplare auf einmahl gekommen sind.

Ich wollte Ihr löbliches Vorhaben gern befördern. Es haben auch Buchhändler von mir Expl. verlangt, aber ich hatte nichts mehr. Es würde für Sie sehr nützlich seyn, wenn niemals in hiesigen Gegenden Explare ganz mangelten. Es könnte sonst gar ein Nachdruck geschehen. Mein Rath wäre Sie sendeten sobald es seyn könnte 50 à 100 compl. Expl. in *Commission*, durch Fuhre nach Leipzig an meine *Addresse*, mit dem Beyfügen, daß das Paket in meinem dortigen Laden soll *deponirt* werden. Es muß nicht nach Berlin gehen. H. *Weidemanns* Erben und *Reich*, haben den Schlüssel dazu. Wofern aber diese Versendung sich verziehen sollte, würde ich bitten, mir 8 cpl. Expl. *p[er] posta* nach Berlin in *Commiss*[ion] zu senden, wofern Ihnen die Kosten nicht zu hoch deuchten.

Ich befasse mich sonst mit keinen *Commissionen*, aber Ihr gemeinnütziges Werk, will ich gern, so viel an mir ist befördern.

"Ob das Kapitel von Moses, aus den *Remarks* genommen, oder meine Erfindung ist?"
Es ist eigentlich die ganze aus den sogenannten *Remarks* genommene Stelle mein Eigenthum. Ich dichte nur, der Einkleidung wegen, es sey eine Übersetzung. Nur das Kapitel qu. hat wirkl. einmahl schon vor mehrern Jahren in einem engl. Magazine gestanden, aus welchem ich es, weil es mir sehr gefiel, aber ganz frey, nach meiner Art, übersetzte.

Die häusliche Scene, wie Ihnen Ihre Kinder, meinen 3ten Thl vorlesen, ist mir schmeichelhafft, wenn es irgend etwas seyn kann. Laßen Sie den satyrischen Stellen, immer Nachsicht wiederfahren. Ich denke, im ganzen Ernste: wofern

Gott, eine Fähigkeit zur Satyre in den Menschen gelegt hat, so muß auch diese Fähigkeit, gleich allen andern geübt werden.

Über Zürich erhalten Sie einen Almanach, dessen Vorrede von mir und auch Satyre ist. Ich fange an, über das Unwesen unserer Genies ungeduldig zu werden.

Ich umarme Sie in Hofnung baldiger Antwort

Nicolai

In größter Eil!

[PS 1]
An Hrn von Rochow, schreiben Sie wegen der Nachricht von seinen Schulanstalten lieber selbst. Es kennt sie niemand besser als er selbst. Einige Nachricht davon steht in Büschings Reise von Berlin nach Rekahn.

[PS 2]
NB Von den Ephemeriden 4-7 sind anstatt 27 nur 25 gekommen.
In Ihrer vorigen patriot. Gesellschafft ward eine Preisfrage aufgegeben: Von den Mitteln ein verdorbenes Volk zu bessern. Sind darüber keine Abhdl. eingelaufen, oder sind Ihnen sonst Anmerkungen darüber bekannt. Ich habe nicht wenig darüber gedacht, bey Gelegenheit der Juden, über welche Nation ich schon längst eine Abhdl. [habe] schreiben wollen. Nun möchte ich...[30]

[Zu Nr. 87; Quittung Nicolais für Prof. Eck (bzw. Iselin)][31]

Von des Hrn Prof Eck Hochedelgeb. habe ich für Rechnung Herrn Rathsschreiber *Iselin 6 Exemplare* des ersten Stücks der Ephemeriden empfangen.

Leipziger Mich. Messe 1776

Fr. Nicolai

---

30 Das weitere ist durch den ausgerissenen Rand des Briefbogens nicht lesbar.
31 Staatsarchiv Basel-Stadt PA 98; 36, S.103.

Erläuterungen zu Nr.87

- "Ob das Kapitel von Moses, aus den *Remarks* genommen": vgl. zu Nr.84.

- "Über Zürich erhalten Sie einen Almanach": Nicolais "Feyner kleyner Almanach" ist die erste Sammlung echter deutscher Volkslieder (sie erschien noch vor derjenigen Herders). Doch hatte Nicolais nüchterne, fast wissenschaftliche Grundhaltung nichts gemein mit der schwärmerischen Begeisterung Bürgers ("Herzensausguß über Volkspoesie", 1776), die stark von Herder beeinflußt war und über die sich Nicolai in der Vorrede lustig macht. Diese Vorrede richtet sich aber nicht nur gegen die Überschätzung und Idealisierung der Volkspoesie, sondern gegen die Geniebewegung überhaupt; Herder reagierte gereizt ("eine Schüssel voll Schlamm"). So spielt auch hier ein grundsätzlicher Konflikt mit: "Nicolai points out reactionary aspects in the proclaimed progressiveness of the movement of *Sturm und Drang*; Herder sees in Nicolai a representative of a plain rationalism which is hostile to tradition and imagination" (Wetzels 1990, S.97).

- "Büschings Reise von Berlin nach Rekahn": Anton Friedrich Büsching, Beschreibung seiner Reise von Berlin über Potsdam nach Rekahn unweit Brandenburg. Leipzig und Berlin 1777.

- "In Ihrer vorigen patriot. Gesellschafft ward eine Preisfrage aufgegeben": Die 1762 publizierte Preisfrage der Patriotischen Gesellschaft in Bern (vgl. zu Nr.3) lautete wörtlich: "Durch welche Mittel können die verdorbenen Sitten eines Volkes wieder hergestellt werden? Was hat ein Gesetzgeber hierzu für einen Weg einzuschlagen?" Vgl. Im Hof 1947, S.253.

[Nr. 88; Iselin an Nicolai]

Basel den 28. Weinm. 1776
[erh. 11. Nov.]

Ich danke Ihnen, mein vortrefflicher Freund! für Ihre gütige Verwendung zu Gunsten meiner Ephemeriden. Ich werde nächstens fünfzig vollständige Exemplare zu ihrer Verfügung nach Leipzig senden. Sie sollen Ihnen da frachtfrey zukommen und Sie werden mir für jedes abgesetzte Exemplar eilf Livres franz. Geldes, oder zween und 3/4 Reichsthaler in neuen Louis d'or zu sechs Reichsthalern vergüten. Ich werde mich bestreben diese periodische Schrift so gemeinnützig zu machen als es mir möglich seyn wird. Es ist unumgänglich nöthig die Menschen über ihre Bedürfnisse besser zu belehren damit die Zahl der Betrieger und der Betrogenen immer doch um einige vermindert werde.

Ich erwarte mit Ungeduld die Züchtigung die Sie in der Vorrede des Almanachs unsern Genies zugedacht haben. Ich habe diesen Sommer verschiedene vernünftige und angesehene Männer aus Deutschland gesehen die über diese selzamen Auftritte eben so denken wie Sie und ich. Man trägt sich in diesem Augenblicke mit einer tragischen Anekdote von Göthe über die ich mich nicht verwundern würde, die ich aber nicht glaube. Man sagt der Poet sey in einem Zweykampfe erstochen worden. In diesem Weimar muß eine recht komische Wirthschaft seyn; ob sie aber nicht ein tragisches Ende nehmen werde, weiß der Himmel. Wenn dises die Früchte des Verstandes sind.

Ich bitte Sie inligendes Billet an Herrn von Rochow zu bestellen.

In Marschlinz geht es nicht gut. Das Genie Bahrdt hat dieser Anstalt im vorigen Jahre alles Zutrauen benommen. Nun fällt es unendlich schwer es wider herzustellen. Indessen richtet Bahrdt ein drittes Philanthropin auf. In Dessau, höre ich, geht es auch langsam vor sich oder gar zurück. Was sagt man bey Ihnen vom Antipope. Mir deucht doch zuletzt die Vernunft räche sich an diesen Leuten die ihrer spotten, indem sie sie verläßt. Wir wollen ihr einmal getreu verbleiben, bester Freund! bis wir einst in die zweyte Kindheit fallen, wenn wir so lang leben. Es wird alsdenn noch früh genug seyn, wenn es auch schon nicht mehr Mode seyn sollte ein Narr zu seyn, um für ein Genie gehalten zu werden. Leben Sie wohl; ich umarme Sie.

I.Iselin

Erläuterungen zu Nr.88

- "Ich bitte Sie inligendes Billet an Herrn von Rochow zu bestellen": In dem hier erwähnten, nicht erhaltenen Brief bat Iselin den Pädagogen Rochow um einen Aufsatz für die Ephemeriden (vgl. zu Nr.85). Rochow, der mit Nicolai schon seit Jahren geschäftlich und freundschaftlich verbunden war, nahm mit Iselin daraufhin eine Korrespondenz über pädagogische Fragen auf; vgl. Rochows Briefe an Nicolai (ed. Jonas 1885) und an Iselin (ed. Keller 1885).

- "das Genie Bahrdt", "ein drittes Philanthropin": Bahrdt, seit 1776 Superintendent in Dürkheim, plante die Einrichtung eines Philanthropins auf Schloß Heidesheim bei Worms. Es konnte am 1. Mai 1777 eingeweiht werden, bestand aber nur bis 1779. Über Bahrdt als Philanthropinist: Pinloche 1896, S.253-320; neuere Lit.: vgl. zu Nr.56.

- "Antipope": [Johann Georg Schlosser], Anti Pope oder Versuch über den natürlichen Menschen. Nebst einer prosaischen Übersetzung von Popes Versuch über den Menschen. Leipzig/Bern 1776; vgl. das "Schreiben an den Verfasser des Antipope" in: Ephemeriden 1776/7, S.62-73 - Iselins Apologie der Vernunft, der vernünftigen Religion und der optimistischen Weltsicht gegen Schlosser.

[Nr. 89; Iselin an Nicolai. Von Schreiberhand, mit eigenh. Zusätzen und Unterschrift Iselins]

Basel d 20 Wintermonat 1776.
[erh. 24. Jan. 1777]

P.[raemissis] **P**.[raemittendis]

Euer Hochedelgebohrnen werden hiemit 27. Exemplare des 11ten Stückes der Ephemeriden d. M. erhalten. Sie werden aus der denselben vorgesetzten Nachricht ersehn daß diese periodische Schrift in Zukunft um einen 16tel minder zu stehen kommen wird. Haben Sie die Güte mir beizeiten zu melden wie viel Exemplare Sie brauchen werden und auf welche Bedingnisse Sie dieselben zu erhalten wünschen. Ich bin mit vieler Hochachtung

Euer Hochedelgebohrnen
Gehorsamer Diener
I.Iselin

[PS 1; von Schreiberhand]
Sollte es beschwerlich fallen die Fracht von Basel aus zu übernehmen so werden Ihnen die Paqueter gegen baare Vorschuß von zehn Livres frachtfrey nach Frankfurt am Main übersandt [im folgenden von Iselins Hand:] oder gegen eilf Livres nach Leipzig. Ich umarme Sie, liebster bester Freund. Ich überlasse es Ihnen einzurichten wie Sie es am verträglichsten finden werden. Ich kenne Ihre Denkungsart und ich verlasse mich darauf. In Eile.

[PS 2; von Iselins Hand]
Es sind noch fünfzig ungeheftete Exemplare im Packete also in allen sieben und siebenzig.

[Nr. 90; Nicolai an Iselin]

[Einblattdruck **"An die sämmtlichen Herren Verfasser der allgemeinen deutschen Bibliothek"**, datiert: "Berlin, den 22. Wintermonats 1776. Friedrich Nicolai"].

[Auf dem gedruckten Blatt befinden sich noch einige Mitteilungen und eine Rechnung von Nicolais Hand:][32]

Sie sehen, daß ich Sie nicht gern ganz aus Verbindung mit der Bibl. laßen möchte. Diese beiden Anzeigen werden Ihnen wenig Mühe kosten und doch die Bibl. zieren.

Haben

in *Commission*, das Stük à 24 *Sous* franz Geld mit 20 p. Rabbat

76 OM.			
21 Ephemeriden 1r Thl à 24 S	lb	16	24
4 D[it]o gratis an *Decker Merian Moses u. F.N.*		--	--
im Jul.			
9 Do 2r u. 3r Thl		14	12
in Mich Messe			
1 Ephemeriden 1r Thl		--	24
9 Do 2r u. 3r Thl		14	12
19 Do 4-7		60	24
2 Do 1-7 für *Sulzer u. Basedow*		--	--
4 Do 2-7 für obige 4 Personen		--	--

32 Ursprünglich lag ein Zettel mit Rezensionsvorschlägen bei, der nicht erhalten ist. In dem Druck wird auch ein "**Promemoria**, wegen verschiedener die äussere Einrichtung der Bibliothek betreffender Umstände" erwähnt, das ebenfalls beigelegt werden sollte. Nicolai setzt jedoch handschriftlich hinzu: "Soll zu Ersparung des *porto* künfftig folgen". Dieses gedruckte Promemoria ist nicht im Nicolai-Iselin-Briefwechsel erhalten. Es ist aber publiziert in: Nicolai, Verlegerbriefe (ed. Fabian/Spieckermann 1988), S.108-120.

5 D^o 1^r noch v. H. *Eck* empfangen	4	--
11 Nov		
21 Ephemeriden 8. 9.	33	18
6 D^o *gratis*	--	--
Summa bis hieher lb	144	24

[zu Nr. 90; Begleitbrief]

Ich habe mein werthester Freund Ihr Schreiben v. 4 Oct mit der fahrenden Post wobey NB, nicht 28 sondern 27 Ephemeriden no 8. 9. waren, richtig erhalten, desgleichen mit der reitenden Post, Ihr Schreiben vom 28 Oct. Ich sehe nun den cpl. Expl. der Ephem. entgegen, und versichere Sie, daß ich zur Beförderung des Absatzes alles thun will.

Der *Netto* Preiß von 11 *Livres* fürs Expl. ist vermuthlich ein Irrthum. Sie schrieben mir zuerst das Stük 24 *sous* mit *20 p. Rabbat*. Ich kann nicht bloß ganze Jahrgänge berechnen, indem ich die Stücke einzeln bekommen habe und verkaufen muß. In hiesigen Gegenden, will man sich bey solchen Werken auf Subscription nicht einlaßen, sondern es wird gekaufft so wie es herauskommt. Auf Ostern werde ich Ihnen berechnen, was ich abgesetzt habe, und den Belauf bezahlen. Ich habe zu mehrerer Ordnung unten gesetzt, wie ich es notirt habe.

Ihre Monatsschrifft, nimmt, an Interesse zu, wie mich dünkt. Herr Schlosser ist in der That ein sonderbarer Mann. So viel Sophisterey mit so vieler anscheinender *bonhommie* wird man nicht leicht zusammen antreffen. Sein Antipope, macht in unsern Gegenden gar keine Sensation. Die wenigen Leute, die ihn lesen, ärgern sich, daß man so viel Witz und Verstand, zum Schaden des menschl. Geschlechts anwenden wird. In diesem Sinne, wird eine Recension davon, nächstens in die Bibl. kommen, die Ihnen vermuthlich gefallen wird.

Ich möchte niemand gern üble Absichten Schuld geben, aber fast kann ich nicht glauben, daß es diese Leute mit Religion u. Tugend gut meinen.
Es thut mir leid, daß die Philantropinen nicht fort will [sic; wollen]. Von Dessau habe ich nicht genaue Nachricht. Indessen höre ich so viel, daß Basedow immer noch das Philantropin aufgeben, und das empfangene Geld erstatten will. Dieses

letztere wird meines Erachtens niemand von ihm verlangen. Ich hoffe immer noch, H. *Campe* solle etwas gutes ausrichten. Ich habe mit Vergnügen des Hrn Zollikofers Schreiben üb. das Philantropin gelesen. Es wird eine treffliche Wirkung auf die thun, die Schlossers Trugschlüsse irre gemacht hatten. Mir ist bey dieser Gelegenheit eingefallen, daß ich, wenn Sie es der guten Sache nützlich finden, Ihnen auch einen Aufsatz über meinen Aufenthalt in Dessau zusenden könnte, wobey ich *indirecte*, verschiedene v. Schlossers Gedanken als Augenzeuge wiederlegen würde. Ich gestehe ich habe einen großen Widerwillen von mir selbst vor der Welt zu reden, wenn Sie indessen glauben, daß mein Zeugniß einiges Gewicht habe, so will ich wohl einige Tage zu Verfertigung eines solchen Aufsatzes anwenden.

Von Weimar sind die Nachrichten mancherley, und wiedersprechend. Wenigstens die von Göthens Zweykampfe ist gänzlich erdichtet. Man sagt vielmehr, er lege sich mit *Succeß* auf die Landesgeschäffte. Gott gebe daß Er was gutes ausrichten mag.

Den Almanach werden Sie nunmehr schon erhalten haben. Ich bin sehr auf Ihr Urtheil begierig. Ich umarme Sie von Herzen

Nicolai

[Nachschrift; auf Anlageblatt]

NS.
Indem ich inliegendes schließen will, erhalte ich folgende Nachricht, von einem sehr glaubwürdigen Manne, die ich Ihnen, im größten Vertrauen, und mit der Bitte, gegen niemand davon Gebrauch zu machen, sondern nur bloß für sich Nutzen, bey vorfallender Gelegenheit zu ziehen:

> "Basedow (schreibt man mir) hatte vornehmlich auf die Schweiz, den Badenschen u. Weimarschen Hof gerechnet, weil ihm von daher große Versprechungen gemacht waren, und gleichwohl ist kein Kreuzer erfolgt. Die Ursach hat sich jetzt entwikelt. Die Parthey der Genies hat ihm entgegengearbeitet und wirds noch ferner. - Diese Herren hatten eine ähnliche Unternehmung im Sinne, und hatten mit auf die verbrüderten Jugendfreunde gerechnet, von welchen sich 2 in Dessau engagirt haben, ohne diesen ihre eigentliche Absicht merken zu laßen. Sie schickten sie nach Dessau, bloß um zu schauen u. zu lernen. Und Siehe, Sim.[on] u. Schw.[eighäuser] da ihnen die Sache gefiel, machten sich, in der Unschuld ihres Herzens verbindlich. Daher der Zorn! Daher der Wunsch das dessauische Institut zu zernichten, um die Trümmer davon zu ihrem eigenem Vorhaben anzuwenden. Diese Absicht dauert noch jetzt fort. -- Es ist unglaublich, mit welcher Verachtung diese Herrn von den Wasserphilosophen u. Christusstürmern (wie sie in der Sprache der Genies genannt werden) sprechen. Spalding, Teller, Sack, Sulzer, Mendelssohn, Nicolai, Engel, Lüdke, Eberhard, Zollikofer etc. sind ihnen schwache Köpfe, ohne Genie, ohne Krafft u.s.w. die sie mit einem einzigen Hauche umblasen können, und ehe ein Jahr vergangen ist, auch wirklich umblasen wollen. Sie haben Fürsten an ihrer Spitze, schmieden Gesetzbücher, und wollen in kurzem alles was unten stand, oben kehren."

Diese Nachricht stimmt mit mehrern andern überein. Die Reise des Hrn Kaufmanns nach Dessau, scheint sie zu bestätigen. Er hat schon in Leipzig vom Philantropin sehr verächtlich gesprochen, à la *Schlosser* u. noch schlimmer. Er hat überhaupt nur Göthe Herder und Stolberg für Menschen wollen passiren laßen, hat sich gerühmt, er wolle nach Halle reisen Semlern den Kopf zu waschen, daß er sich unterstanden Lavatern wegen Gasnern anzufechten, v. Zollikofer hat er gesagt, es sey bey demselben nichts als Güte ohne Krafft, u. a. ungereimtes Zeug mehr.

Was die Revolution betrifft, die diese angebrannte Köpfe meditiren, so habe ich schon manches davon gehört, denn sie rühmen sich beständig damit. Indessen bin ich überzeugt *nascetur ridiculus mus*. Die guten Herren haben aufs ganze soviel Einfluß nicht, als sie sich einbilden. Indessen können sie freilich dem Philantropin schaden, solange Basedow durchaus ohne 30 000 Rthl. nicht arbeiten will. Hr. Schl.[osser] hat auch schon genug geschadet. Leben Sie wohl bester Freund. Dieses alles, ist nur für Sie gesagt.

[PS]
Basedow hat mir in vorigem Frühlinge selbst geklagt, daß da er Lavatern gebeten, Beyträge z.[um] Phil.[anthropin] zu sammeln und dieser ihm es auch versprochen, doch von ...[33]

---

33 Das folgende ist durch den ausgerissenen Rand des Briefbogens nicht lesbar.

An die sämmtlichen Herren Verfasser der allgemeinen deutschen Bibliothek.

Ich bin Ihnen, meine Herren, für den Eifer, mit dem Sie die zum Anhange vom XIII bis XXIVten Bande noch fehlende Recensionen bis 1773, eingesendet haben, sehr verbunden. Es ist wahr, es fehlen noch verschiedene Recensionen, durch deren Mangel dieser Theil der Bibliothek unvollständiger wird. Aber sie sind doch nicht beträchtlich, und es war nicht möglich länger darauf zu warten. Der Anhang, der mir so unsäglich viele Mühe gemacht hat, auf dessen dritte Abtheilung, wegen des Registers, so viele Leser warteten, ist nun, Gott sey dank! endlich fertig. Bis 1773 gehet er. Wir leben jetzt zu Ende 1776. Also haben wir mit diesem Nachtrage drey ganzer Jahre zugebracht.

Ich bitte Sie sämmtlich meine Herren, besonders diejenigen, die bisher so säumig gewesen sind, gütigst zu überlegen, daß wir ohne sehr große Unvollkommenheit der Bibliothek nicht wieder so weit zurückbleiben können. Die jetztlaufenden fünf Jahre, sind schon über die Hälfte vorbey. Innerhalb zwey Jahren müssen wir schon wieder für den dritten Anhang vom XXV bis XXXVIten Bande sorgen. O laßen Sie sich doch bewegen meine so oftmalige Bitte, allgemein zu erfüllen, nemlich:

In jeden halben Jahre, die Recensionen des vorigen halben Jahres, ohne einige Reste, einzusenden.

Welches Leben, welche Vollkommenheit würden Sie dadurch nicht unserm Werke geben! Wie sehr würden Sie mir, die ohnedies so saure Arbeit bey der Herausgabe der Allgemeinen deutschen Bibliothek erleichtern!

Ich lasse es an meiner Seite nicht an Beschleunigung des Abdrucks fehlen. Es sind bisher jährlich sechs Stücke gedruckt worden, und wenn nur allemahl genugsamer Vorrath von Manuscript da ist, so sollen künftig jährlich eben so viele erscheinen. Alsdenn würde der XXXVIte Band, mit welchem das Jahr 1778 beschlossen wird, bereits in der Ostermesse 1779 herauskommen, und gleich darauf der Anfang mit dem Drucke des dritten Anhangs gemacht werden können. Aber, wenn es an Vorrath von Manuscript zu fehlen aufängt, so wird der geschwinde Fortgang des Drucks gehemmet. Ich habe jetzt selbst, kaum zu den drey Stücken, XXX. 1. 2. und XXXI. 1. welche zu Ostern 1777 erscheinen sollen, Vorrath gnug. Aufs künftige werde ich gewiß Mangel haben, wenn Sie, meine Herren, nicht so gütig seyn wollen:

die restirenden Recensionen, so geschwind als möglich einzusenden.

Besonders sind noch viele Recensionen von den Jahren 1774 und 1775 zurück, die wohl vorzüglich müßten vorgenommen werden, damit sie nicht gar zu alt würden. Ich ersuche Sie, meine Herren! aufs angelegentlichste darum. Lassen Sie mich nicht eine Fehlbitte thun.

☞ Unterm 11 Jun. d. J. habe ich, wie jährlich geschiehet, denjenigen Herren Mitarbeitern, welche Bücher zum recensiren erhalten haben, ein Verzeichniß davon *sub C.* gesendet, damit Sie theils, was Sie nicht mehr gebrauchen, mit der Post oder anderer verabredeter Gelegenheit zurücksenden, theils, das was etwan schon zurückgesendet, und

[...]schreiber Iselin in Basel.

Abb.22: Einblattdruck vom 22.11.1776 (Nr.90), recto.

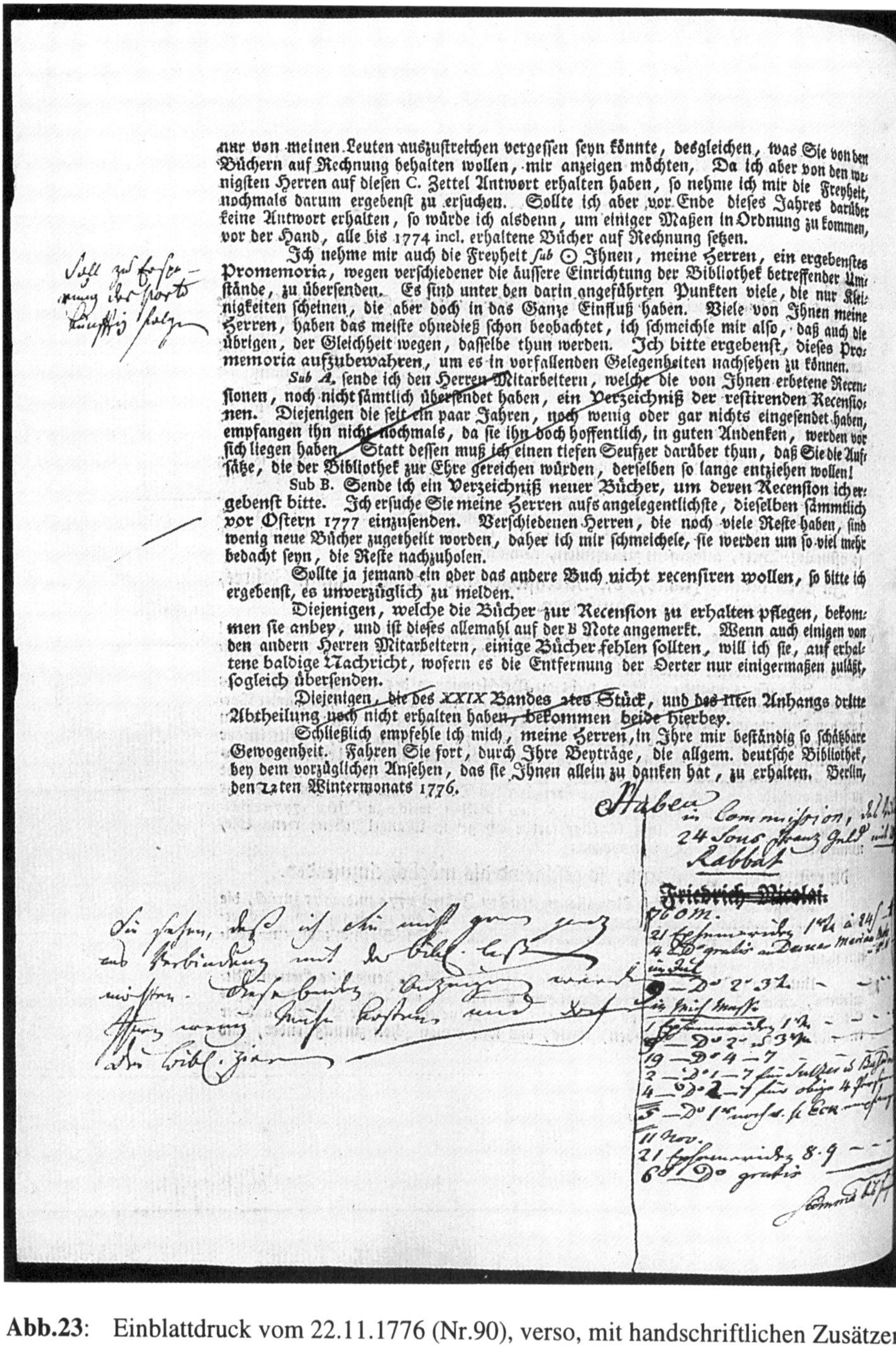
nur von meinen Leuten auszustreichen vergessen seyn könnte, desgleichen, was Sie von den Büchern auf Rechnung behalten wollen, mir anzeigen möchten. Da ich aber von den wenigsten Herren auf diesen C. Zettel Antwort erhalten habe, so nehme ich mir die Freyheit, nochmals darum ergebenst zu ersuchen. Sollte ich aber vor Ende dieses Jahres darüber keine Antwort erhalten, so würde ich alsdenn, um einiger Maßen in Ordnung zu kommen, vor der Hand, alle bis 1774 incl. erhaltene Bücher auf Rechnung setzen.

Ich nehme mir auch die Freyheit *sub* ☉ Ihnen, meine Herren, ein ergebenstes Promemoria, wegen verschiedener die äussere Einrichtung der Bibliothek betreffender Umstände, zu übersenden. Es sind unter den darin angeführten Punkten viele, die nur Kleinigkeiten scheinen, die aber doch in das Ganze Einfluß haben. Viele von Ihnen meine Herren, haben das meiste ohnedieß schon beobachtet, ich schmeichle mir also, daß auch die übrigen, der Gleichheit wegen, dasselbe thun werden. Ich bitte ergebenst, dieses Promemoria aufzubewahren, um es in vorfallenden Gelegenheiten nachsehen zu können.

Sub A. sende ich den Herren Mitarbeitern, welche die von Ihnen erbetene Recensionen, noch nicht sämtlich übersendet haben, ein Verzeichniß der restirenden Recensionen. Diejenigen die seit ein paar Jahren, noch wenig oder gar nichts eingesendet haben, empfangen ihn nicht nochmals, da sie ihn doch hoffentlich, in guten Andenken, werden vor sich liegen haben. Statt dessen muß ich einen tiefen Seufzer darüber thun, daß Sie die Aufsätze, die der Bibliothek zur Ehre gereichen würden, derselben so lange entziehen wollen!

Sub B. Sende ich ein Verzeichniß neuer Bücher, um deren Recension ich ergebenst bitte. Ich ersuche Sie meine Herren aufs angelegentlichste, dieselben sämmtlich vor Ostern 1777 einzusenden. Verschiedenen Herren, die noch viele Reste haben, sind wenig neue Bücher zugetheilt worden, daher ich mir schmeichele, sie werden um so viel mehr bedacht seyn, die Reste nachzuholen.

Sollte ja jemand ein oder das andere Buch nicht recensiren wollen, so bitte ich ergebenst, es unverzüglich zu melden.

Diejenigen, welche die Bücher zur Recension zu erhalten pflegen, bekommen sie anbey, und ist dieses allemahl auf der B Note angemerkt. Wenn auch einigen von den andern Herren Mitarbeitern, einige Bücher fehlen sollten, will ich sie, auf erhaltene baldige Nachricht, wofern es die Entfernung der Oerter nur einigermaßen zuläßt, sogleich übersenden.

Diejenigen, die des XXIX Bandes 2tes Stück, und des 11ten Anhangs dritte Abtheilung noch nicht erhalten haben, bekommen beide hierbey.

Schließlich empfehle ich mich, meine Herren, in Ihre mir beständig so schätzbare Gewogenheit. Fahren Sie fort, durch Ihre Beyträge, die allgem. deutsche Bibliothek, bey dem vorzüglichen Ansehen, das sie Ihnen allein zu danken hat, zu erhalten. Berlin, den 22ten Wintermonats 1776.

Friedrich Nicolai.

Abb.23: Einblattdruck vom 22.11.1776 (Nr.90), verso, mit handschriftlichen Zusätzen Nicolais.

Erläuterungen zu Nr.90

- [Zur Rechnung]: Nicolais Rechnung ist zwar in sich stimmig, beruht aber auf der falschen Annahme, 1 Livre entspreche 30 Sous (richtig: 1 Livre = 20 Sous). Es zeigt, wie kompliziert und verwirrend die Währungsvielfalt im 18. Jahrhundert war, daß sich hier selbst der erfahrene Kaufmann Nicolai irrt; vgl. Nr.91 und 92.

- "Der *Netto* Preiß von 11 *Livres* fürs Expl. ist vermuthlich ein Irrtum": Der Fehler liegt bei Nicolai. Durch seine verkehrte Kenntnis der französischen Währung (s.o.) glaubte er, der Jahrgangspreis sei höher als der Preis von 12 einzelnen Stücken (zu je 24 Sous). In Wahrheit aber lag er natürlich darunter: 11 Livres (= 220 Sous) gegenüber 288 Sous (= zwölf mal 24 Sous). Mit Versandkosten betrug der Preis 30 Sous für das einzelne Stück und 16 Livres für den Jahrgang; vgl. Ephemeriden 1776/1 und 1776/2.

- "Von Dessau habe ich nicht genaue Nachricht": Das Philanthropin in Dessau befand sich von Beginn an in finanziellen Schwierigkeiten. Die eingehenden Spenden entsprachen nicht entfernt den Erwartungen Basedows. Mehrfach wurde die Schließung der Schule erwogen. Mit der Übernahme der Leitung durch Joachim Heinrich Campe (s.u.), der nach der Absage Iselins berufen worden war, erlebte das Philanthropin dann allerdings einen Aufschwung; vgl. Pinloche 1896, S.97ff. und S.113-120.

- "einen Aufsatz über meinen Aufenthalt in Dessau": vgl. zu Nr.83. Nicolai scheint seinen Vorsatz, einen Augenzeugenbericht über das Schauexamen am Philanthropin zu verfassen, nicht ausgeführt zu haben. Hingegen hat der ebenfalls anwesende Rochow einen solchen für Wielands Deutschen Merkur geschrieben; er wurde im Maiheft 1776 veröffentlicht (auch in: Fertig 1991, S.75-78).

- [Nachschrift] "Nachricht, von einem sehr glaubwürdigen Manne": Dieser "sehr glaubwürdige Mann" war Joachim Heinrich Campe, Freund Nicolais und seit September 1776 Kurator des Philanthropins. Campes Brief an Nicolai, datiert am 20.11.1776, ist jetzt greifbar in: Briefe von und an J.H.Campe Bd.1 (ed. Schmitt 1996), S.137ff. Nicolai hat einige Stellen nicht ganz wörtlich zitiert und auch Campes kräftiges Fazit weggelassen: "Kurz alles ist in einer entsetzlichen Gährung, und das Philanthropin wird das erste Brandopfer seyn, welches dem Götzen Genie geschlachtet werden soll."
  Campes Furcht vor einer Verschwörung der Stürmer und Dränger gegen das Philanthropin war gewiß unbegründet (vgl. Iselins richtige Einschätzung in Brief Nr.91). Sie macht aber die klare Frontstellung des aufgeklärten Pädagogen Campe gegenüber den vom Erziehungsfieber erfaßten "Genies" deutlich. Dieser Konflikt spitzte sich schließlich im Philanthropin selbst zu; vgl. zu Nr.92 und Niedermeier 1996, passim.

- "die verbrüderten Jugendfreunde": Campe meint die Elsässer Simon, Schweighäuser und Ehrmann sowie Christoph Kaufmann aus Winterthur. Diese vier für die Pädagogik begeisterten jungen Männer hatten 1774 in Straßburg einen philanthropischen Bruderbund geschlossen. Im Januar 1776 gingen Simon und Schweighäuser in Dessau ein zweites feierliches Bündnis mit Basedow und Wolke ein; vgl. zu Nr.97 und Pinloche 1896, S.97f. Die vier Lehrer des Philanthropins nannten sich seither selbst "verbrüderte Jugendfreunde" (d.h.: verbrüderte Freunde der Jugend). Das kommt auch im Titel ihrer Zeitschrift zum Ausdruck: "Philanthropisches Archiv, mitgetheilt von verbrüderten Jugendfreunden...".

- "Die Reise des Hrn Kaufmanns nach Dessau", "Semlern den Kopf zu waschen", "v. Zollikofer hat er gesagt": Simon und Schweighäuser waren - auf Vermittlung Iselins - bereits seit Ende 1775 in Dessau, dann folgte Ehrmann. Im Sommer 1776 machte sich schließlich auch Kaufmann auf den Weg. In Karlsruhe soll er gesagt haben, er gehe nach Dessau, "um Basedows Kopf an seinem zu zerschellen und allen von oben bis unten eine Ader zu öffnen"; vgl. Kellers Edition der Briefe Kaufmanns an Iselin (1891), S.168 Anm.2, und Niedermeier 1995a, S.22-27. Johann Salomo Semler, Theologieprofessor in Halle, hatte Lavater wegen seiner Parteinahme für den Exorzisten Gaßner scharf angegriffen; vgl. Weigelt 1991, S.32f. Georg Joachim Zollikofer stammte aus St.Gallen, war Pfarrer an der reformierten Gemeinde in Leipzig, Freund Iselins und Lavaters und Vertreter einer "milden" Aufklärung. Auch er hatte Lavater dringend geraten, sich nicht für Gaßner einzusetzen.

- "Basedow hat mir in vorigem Frühlinge selbst geklagt": Über die zunehmende Entfremdung Lavaters von Basedow seit 1774/1775 vgl. Fischer 1912, S.73ff.

[Nr. 91; Iselin an Nicolai]

Basel den 9 ten Christm. 1776
[erh. 20. Dez.]

Ich danke Ihnen, vortrefflicher Freund! wegen Ihrer gütigen Verwendung für den Absatz der Ephemeriden. Ich empfehle sie Ihnen ferner. Sie werden seither von N.10. und 11. 27 Exemplare geheftet, erhalten haben und von 5. bis und mit 11. 50 Exemplare ungeheftet. Ihre Rechnung ist, obwohl ich dabey nicht sonderlich zu kurz komme nicht ganz richtig. Ich weiß nicht was die lb. [livres] sind die Sie ansetzen. Hier ist sie wie sie seyn soll.

21. Ephem. 1. St. a 24^{S}	25.L.	4.S.
9. N. 2. u. 3.	19.	16.
9. N. 2. u. 3.	19.	16.
19. N. 4. - 7.	91.	4.
5. N. 5. v. H. Eck	6.	--
21. N. 8. u. 9.	50.	8.
	212.	8.
davon ab 20 p.	42.	10.
	169.	18.

Wenn ich aber für 12 Stücke eilf Livres rechne so kommen 165$^{L.}$ heraus, oder sechs franz. Louis d'or und 7/8.

Sie werden ohne Zweifel dem Hn Hartknoch die 3 Exemplare complett schicken, die er angefangen hat. Ich bitte Sie ihm noch drey ganze Exemplare zu übermachen und mir solche von den Ihrigen abzuziehen. Ich werde die Bücher die Sie mir aufgegeben haben zu Handen zu bringen trachten und sie anzeigen. Mich würde es sehr freuen, wenn Sie etwas zu Gunsten der Philantropinen in die Ephemeriden geben wollten. Ohne Zweifel würde dieses nützlich seyn. Für den Volkslieder Allmanach danke ich Ihnen. Ich hätte den Zug wider Lavatern daraus weggewünschet. Seine Excentricitäten sollten [mehr] bedauert als belachet werden. Aber diese Genien machen es zu bunt. Indessen ist das Complott wegen d. Philanthropinen ein Traum. Ausspähen sollten die jungen Leute gewiß nichts. Ich glaube nur die Liebe zum Paradoxen hat Schlossern begeistert. Ich glaube nicht daß diese Leute an eine Stiftung gedenken. Sie wollen nur ihre

Kräfte spiegeln. Wenn sie einige Jahre werden gekämpfet haben, so werden sie von der Schaubühne verschwinden, als ob sie nie darauf gewesen wären. Aber die so das Gute im Ernste gewollt haben, werden nicht so verschwinden. Das Gute das sie gethan haben wird wenigstens bleiben. Kaufmann ist ein edelmüthiger Jüngling den die Genies verdorben haben. Man schreibt mir aus Dessau er sey bey dem Fürsten sehr angesehn und habe Basedow wider in Gunsten gebracht. Schlosser hat doch auch gute Anmerkungen gemacht. Aber sein Muthwillen geht in der That zu weit. Viel zu weit.

Wenn Sie H. Hartknoch die 3. vollständigen frischen Exemplare nicht schicken können: so melden Sie es mir daß ich sie ihm von hieraus schicke. Leben Sie wohl, bester Freund! Ich umarme Sie und die HH Sulzer, Moses, Eberhard, Merian - wie geht es mit H. Sulzers Gesundheit. Gott gebe wohl.

[ohne Unterschrift]

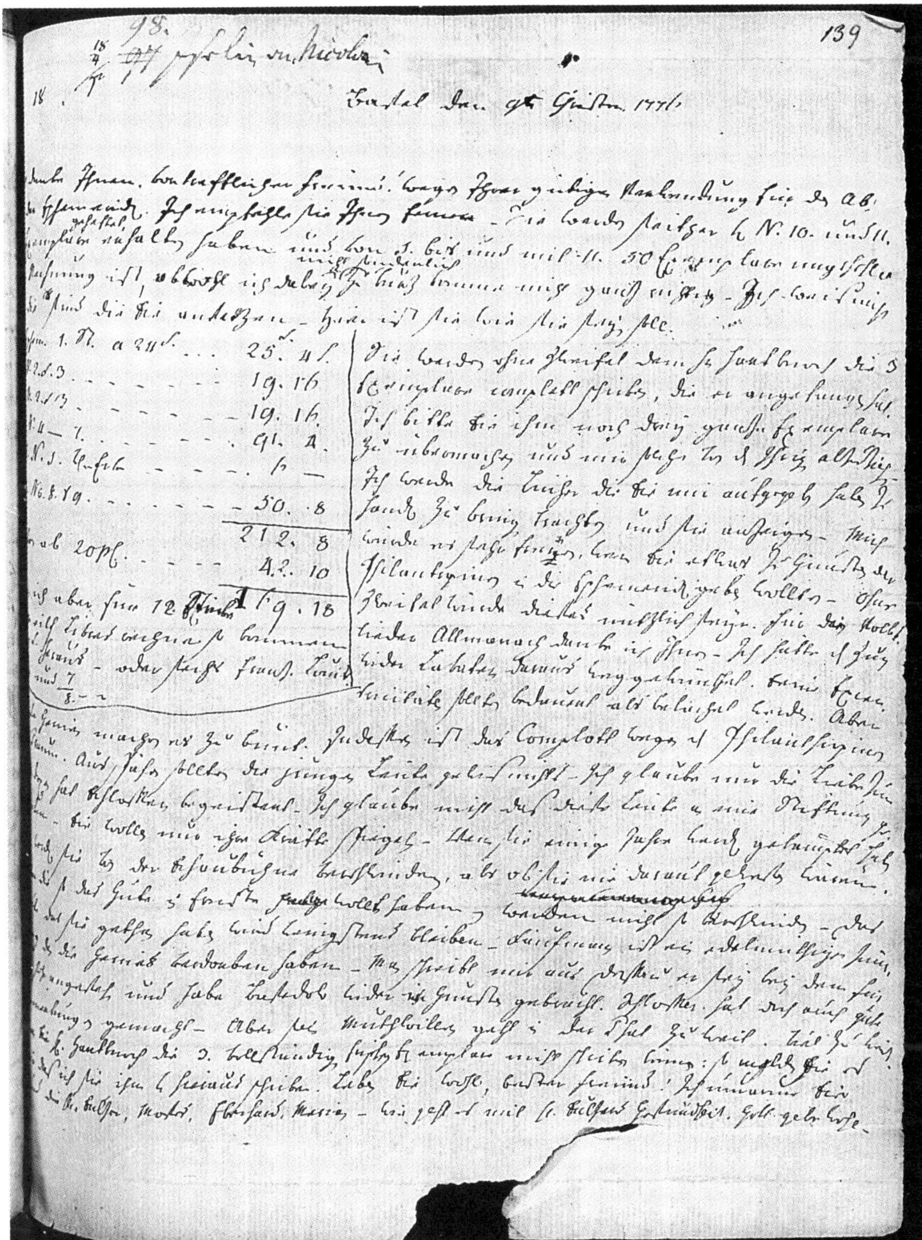

Abb.24: Iselins Brief vom 9.12.1776 (Nr.91).

Erläuterungen zu Nr.91

- [Zur Rechnung]: Iselin korrigiert hier Nicolais Irrtum (vgl. zu Nr.90), verrechnet sich aber selbst auf Position 2 und 3, so daß eine weitere Berichtigung nötig wird (Nr.92).

- "Volkslieder Allmanach", "Zug wider Lavatern": vgl. Kap.V des darstellenden Teils, S.131, und zu Nr.87; Salomon Geßner schrieb am 21.12.1776 an Nicolai: "Wie sehr hat mich Ihr Allmanach gefreut! Wie gut ists, daß ein Mann, den die Nation kennt und ehrt, es wagt, der jezigen Ungebundenheit mit Lachen ins Gesicht zusehn, da alles die Posaune ergreift, Rasereyen mit Raserey zu loben, die neuen Götzen hoch in die Wolken zustellen und jeden für einen Esel auszuschreyen, der nicht anbetet. Der Geschmak der Nation schwankt indeß hin und her. Jezt tobt sie mit den Barden; jezt zerschmelzt sie in Wonne und ist ganz zukersüßes Gefühl. Solide Wissenschaft, auch das Gefühl nur von Simetrie, Anstand und Proportion wird verlacht. (...) Von Ihnen habe ichs erwartet, daß Sie laut reden u. laut lachen und von wem hätte man es lieber wünschen könen?" (ed. Leemann-van Elck 1934), S.154.

- "Kaufmann ist ein edelmüthiger Jüngling den die Genies verdorben haben": Iselin hatte noch Ende 1775 große Erwartungen von Kaufmann gehabt und war in die Rolle eines Mentors geschlüpft: Er lud Kaufmann auf das Landgut Mayenfels ein, trat mit ihm in einen regen Briefwechsel (ed. Keller 1891) und gab ein von Kaufmann gemeinsam mit Simon, Schweighäuser und Ehrmann verfaßtes Büchlein heraus: "Philanthropische Aussichten redlicher Jünglinge ihren denkenden und fühlenden Mitmenschen zur Erwegung übergeben durch Isaak Iselin", Basel 1775.

[Nr. 92; Nicolai an Iselin]

Hrn RS. Iselin in Basel

[Loch; Berlin d. 14.] Jänner 1777[34]

Ich habe mein bester würdigster Freund Ihr Schreiben v. 9 Dec richtig erhalten. Sie und ich haben in der Rechnung geirret. Anbey ist die Rechnung völlig richtig, in franz. *Livres*, no 11 habe ich noch nicht empfangen.

Freylich treibt die Liebe zum Paradoxen die Genies am meisten. Fast aber befürchte ich der Schaden liege tiefer. Falsche Principien treiben sehr weit, wenn sie mit Eitelkeit verknüpft sind. Wenn man glaubt, es könne nicht anders seyn, als es müsse jedermann seine Kräfte brauchen, daher müsse der stärkere natürlich den Schwächern unterdrücken. Wenn man ferner so viel Eitelkeit hat, zu glauben, man sey an Einsicht und Krafft allen andern Menschen überlegen, so kann es nicht fehlen, man erlaubt sich alles gegen andere, und wenn unsere Entwürfe nicht gelingen, wie wir nach unserer hohen Einbildung geglaubt haben, so werden wir mißmuthig, und endlich wütend, und so entstehen Antipopen Provinzialbriefe und Gedeon über Schwärmerey.

In Dessau soll es noch ziemlich gehen. Fast befürchte ich nur auch Hr Campe fängt an, ein wenig vom Genie zu fühlen. Der Herzog v. Weimar mit seinem Gefolge hat den Dessauern ein wenig den Kopf von der Stelle gerückt. Indessen hoffe ich noch das beste. Ein verabschiedeter Lehrer, Mangelsdorf, hat von Basedow *pis que pendre* geschrieben. Er ist leicht für das zu erkennen was er ist, aber er wird gewiß Schaden thun.

Hrn *Hartknoch* ists jetzt nicht möglich etwas zu senden, die Schiffart gehet nicht. Die fahrende Post ist zu theuer und jenseits *Memel* gar keine. Indessen sobald eine Gelegenheit sich findet, soll er sie haben, wo nicht, zur Ostermesse.

Bey erster Muße, will ich Ihnen etwas v. Philantr. schreiben. Itzt bin ich äußerst beschäfftigt.

Ich umarme Sie

Nicolai

---

34 Das Datum ergibt sich aus der beigelegten Rechnung und dem Beantwortungsvermerk Nicolais auf Iselins Brief vom 9.12.1776 (Nr.91): "77. 14 Jan beantw."

[Anlage zu Nr. 92; von Schreiberhand, mit eigenhändiger Unterschrift Nicolais]

Berlin den 14 Jan. 1777.	**Haben**	
Herr Rathsschr. *Iselin* in Basel	***Livr.***	
21 Ephemeriden der Menschh. 1$^{\underline{s}}$	25	4
9 d^{o} 2. 3^{s}	21	12
1 d^{o} 1^{s}	1	4
9 d^{o} 2. 3^{s}	21	12
19 d^{o} 4. - 7.	91	4
5 d^{o} 1^{s} von H. Prof. Eck	6	--
21 d^{o} 8. 9.	50	8
	217	4
21 d^{o} 10	25	4
S[umm]a	242	8

davon 20 p. abgehen

Außerdem

50 Expl. 1-10 nach Lpz in Commiss.

Fr.Nicolai

Erläuterungen zu Nr.92

- "und so entstehen Antipopen Provinzialbriefe und Gedeon über Schwärmerey": Schlossers "Anti Pope" (vgl. zu Nr.88), Herders "An Prediger" (vgl. zu Nr.67). Ueber Schwärmerey, Toleranz und Predigtwesen von *Joseph Gedeon*, Uppsala 1776. Hinter dem Pseudonym Joseph Gedeon verbirgt sich vermutlich Johann Jakob Stolz, obwohl bisweilen Johann Kaspar Häfeli als Autor genannt wird (so auch von Nicolai in Nr.97).

- "Fast befürchte ich nur auch Hr Campe fängt an, ein wenig vom Genie zu fühlen": Es wird an dieser Stelle nicht klar, worauf sich Nicolais Befürchtung gründet, Campe lasse sich von den Stürmern und Drängern beeinflussen; in seinem Brief Nr.97 wird Nicolai konkreter. Es steht jedoch fest, daß zwischen dem Aufklärer Campe und den Elsässer "Genies" von Beginn an ein Gegensatz bestand, der dann zu scharfen Auseinandersetzungen im Philanthropin führte, schließlich sogar zur Flucht Campes im September 1777 und zum Abgang Simons und Schweighäusers. Streit entstand vor allem über die Organisationsstruktur der Schule und über die Gewichtung von Vernunft und Gefühl in der philanthropischen Erziehung. Diesen weltanschaulichen Konflikt hat zuletzt Niedermeier in verschiedenen Arbeiten hervorgehoben: Niedermeier 1995a, S.13-66; ders. 1995b, bes. S.96-101, und ders. 1996, passim.

- "Mangelsdorf, hat von Basedow *pis que pendre* geschrieben": Karl Ehregott Mangelsdorf, Erstes und zweytes Wort an das Publikum, den königl. Dänischen Prof. Basedow betreffend. Leipzig 1777. Mangelsdorf war durch weitreichende finanzielle Versprechungen Basedows ans Philanthropin gezogen worden, die dieser dann nicht halten konnte: Pinloche 1896, S.122.

[Nr. 93; Iselin an Nicolai]

Basel d 27 Ja. 1776
[vielmehr: 27.1.1777;
erh. 29. März 1777]

Hier liebster Nicolai, sind wider 75. Exemplare der Ephemeriden, vom 12ten Stücke. Ich empfinde sehr wohl was denselben fehlet um zu seyn, was sie seyn sollen. Aber ohne Nutzen werden sie nicht seyn.

Nun habe ich zwey neue Büchelgen gesehn, welche mir die Sinnesart der Weimarischen Schule, oder wie ich sie nennen soll, ganz aufdecken. Das Allerley, und die Gedanken von Schwärmerey, Toleranz und Predigtamt. Dise Leute wollen alles was vor ihnen gewesen ist zu Narren machen. Der Stolz und die Grobheit womit sie dieses anfangen sind in der That eckelhaft, und ihr Ton ist sehr oft geschmacklos. Ihnen insbesondere, liebster Nicolai, sind sie spinnefeind. Indessen hat mir neulich ein junger Geistlicher aus ihnen eine gute Anmerkung über Ihren Sebaldus gemacht. Kein einziger wahrhaftig und durchaus schätzbare Geistliche ist darin geschildert. Der beste ist zuletzt ein Narr.[35] Dieser beschimpfet den Stand der ehrwürdig seyn sollte und ist deshalben schädlich. Ich habe diese Anmerkung nicht ungegründet gefunden, so wie mir auch die zu beissende und zu oft widerkommende Spötterey wider die Pietisten und die Orthodoxen anstössig vorgekommen ist.[36]
Villeicht thue ich diesen Leuten unrecht; mir deucht aber sie brauchen ihre verfeinerte Herrenhuterey nur zu einem Spielwerke, um aller Augen auf sich zu ziehen und um sich einen großen Anhang zu machen. Leben Sie wohl, würdiger Freund und werden Sie nicht zu böse über einen Nebel der bald verschwinden wird.

---

35 Marginalie Nicolais: "Wer ist Sebaldus wer ist der Alkmarsche".

36 Marginalie Nicolais: "sie sind doch wahr! Die Geistl. sind gar zu sensibel, bey dem geringsten Tadel. Welcher Stand in der Menschheit ist wohl nicht, sobald man nicht *Imagination*, sondern wirkl. Welt nimmt, wo die Guten die allerwenigsten, u. die schlechten die meisten sind."

Ich bitte Sie mit Gelegenheit das Brieflein an H. Hartknoch zu versenden. Ich umarme Sie. Leben Sie im neuen Jahre wohl und lieben Sie ferner

Ihren Freund und Diener

I.Iselin

Erläuterungen zu Nr.93

- "Das Allerley, und die Gedanken von Schwärmerey, Toleranz und Predigtamt": [Johann Ehrmann und Christoph Kaufmann], Allerley gesammelt aus Reden und Handschriften grosser und kleiner Männer. Herausgegeben von einem Reisenden E.U.K. Frankfurt und Leipzig 1776. Ein zweiter Band, von Johann Kaspar Häfeli(n) und Johann Jakob Stolz, erschien 1777. Stolz war auch der Autor der Schrift "Über Schwärmerey, Toleranz und Predigtwesen" (vgl. zu Nr.92).
  Die Verfasser des "Allerley" waren allesamt Anhänger Lavaters. Zwar hatten sie viele Berührungspunkte mit der deutschen Geniebewegung und polemisierten gegen die Berliner Aufklärer, besonders gegen Nicolai. Man kann sie aber nicht eigentlich der "Weimarischen Schule" zurechnen, wie es Iselin hier tut: Die Zürcher Variante des Sturm und Drang war - durch Lavaters Einfluß - viel stärker christologisch und chiliastisch geprägt. Diese Position stieß nun in Zürich selbst wieder auf heftigen Widerstand: Hottingers "Brelocken" (vgl. zu Nr.108) sind eine scharfe Reaktion auf das "Allerley"; vgl. Pestalozzi 1982, passim.
- "Sebaldus", "Kein einziger wahrhaftig und durchaus schätzbare Geistliche ist darin geschildert": Die Marginalien zeigen Nicolais spontane Reaktion. Viele Jahre später hat Nicolai noch einmal zu den Vorwürfen Stellung genommen, die Iselin hier anführt und die Campe in einem Brief an Nicolai ganz ähnlich referiert (Briefe von und an J.H.Campe, ed. Schmitt 1996, S.127). In der Vorrede zur vierten Auflage seines Romans (1799) schreibt Nicolai: "Als dieses Buch vor sechs und zwanzig Jahren zuerst erschien, regierte in Deutschland ziemlich allgemein das Vorurtheil: der geistliche Stand müsse, um sein Ansehen zu behaupten, sich nothwendig von allen andern Ständen durch eine ungesellige Gravität absondern. Diese orthodoxe finstere Würde schien sogar vielen geistlichen Herren ein Theil der Würde der orthodoxen Religion selbst zu seyn; und weil damals ein heiliger Schauder vor jeder Neuerung in der Lehre Frömmigkeit hieß, so schien es vielen eifrigen Theologen auch schon die gottloseste und verdammlichste Neuerung, daß in diesem Buche Personen geistlichen Standes, gleich andern Menschen geschildert waren so wie sie sind. Besonders gaben sie es für Verachtung des geistlichen Standes aus, daß fast alle in dieser Geschichte vorkommende Prediger, und sogar die Hauptperson *ganz gemeine Menschen wären*. Wie arg deshalb über mich öffentlich hergefahren worden, und wie weit die heimlichen Verunglimpfungen mancher orthodoxen Herren gingen, sollte man kaum glauben."

[Nr. 94; Iselin an Nicolai]

Basel den 17 [oder 1ten] Horn. 1777.
[erh. 7. März 1777]

Es ist ein ganz besonders Ding mit diesen Genies, liebster Freund! Sie sind nun einmahl in einer Gährung der nichts gleichet. Alles brauset auf, alles schäumet, aber es wird sich doch zuletzt setzen. Gott gebe wie. Wenn nur diese Fürsten sich nicht lächerlich machen, daß lange jeder Fürst sich schämen wird, sich der Gelehrsamkeit anzunehmen. Der grosse Beyfall den diese Männer finden zeiget wie wenig der gesunde Geschmack des Wahren und des Schönen noch in Deutschlande bevestigt ist.

Sie werden aus den Ephemeriden dieses Jahres dem Hornung und dem Märzen zum Theile auch dem Jänner sehen daß ein Fürst von dem man es am wenigsten vermuthet hätte grosse Hoffnungen gibt, und daß Friederich Carl von Moser sein Ansehn an dem Darmstädtischen Hofe als ein wahrer Menschenfreund gebraucht.

Ich hoffe in der nächsten Woche die Anzeige von Schmidt [sic!; Adam Smith] über die Nationalreichthümer anzufangen.

Wenn H. Campe auch ein Genie wird, so ist in Dessau alles verlohren. Basedow war es schon zu sehr, obgleich er auf einer andern Seite dieser hassenswürdigen Vernunft so viel Gehör gab.

Soll es nicht möglich seyn daß wir in unserer Rechnung zusammentreffen. Hier ist sie wie ich glaube daß sie seyn soll. Sie berechnen 14.L. 8.S. für ein Dutzend Exemplare, da es doch 16 seyn sollen. Der Unterschied ist indessen auf keine Weise groß, doch muß Richtigkeit seyn. Ich umarme Sie.

I.Iselin

[PS; auf abgetrenntem Briefrand]
Es lohnt sich der Mühe nicht unter uns so lang zu rechnen. Ich setze Ihnen für die 202. Stücke 242L. 8S. an, und ich ziehe davon 20 p. ab. So verbleiben mir noch 194L..

Erläuterungen zu Nr.94

- "Wenn nur diese Fürsten sich nicht lächerlich machen": Diese Bemerkung dürfte sich vor allem auf den jungen Herzog Karl August von Sachsen-Weimar beziehen. Das kopfschüttelnde Befremden Iselins kommt auch in der Art zum Ausdruck, wie er die folgende Anekdote vom Weimarer Hof erzählt: "Tout s'y tutoye, le Duc [Karl August], Wieland, Goethe, Lenz, le Comte de Stolberg etc. Un homme d'un grand merite et apparemment de plus de sens, le Baron de Dahlberg, gouverneur d'Erfurt, et Chanoine de Mayence, voulant faire l'autre jour visite au Duc le trouva jouant au Colin Maillard [Blindekuh] avec les philosophes. On cessa un peu pour le saluer et on continua a jouer Colin Maillard, dont a ce qu'on dit il ne se scandalisa pas peu"; Iselin an Frey 13.5.1776 (zit. nach Keller 1885a, S.91).

- "daß ein Fürst von dem man es am wenigsten vermuthet hätte grosse Hoffnungen gibt": Gemeint ist Ludwig IX., Landgraf von Hessen-Darmstadt (1719-1790). Ludwig hatte eine starke Vorliebe für das Militärwesen, und die hierfür getätigten Ausgaben belasteten den Haushalt des Landes außerordentlich. Er war aber ansonsten auf die Wohlfahrt seiner Untertanen bedacht und unterstützte die Reformvorhaben seines ersten Ministers Friedrich Karl von Moser, mit dem Iselin seit 1764 korrespondierte. Über einige dieser Reformen berichteten die Ephemeriden 1777 in acht Stücken: die Verbesserung der kommunalen Verwaltung, des Ackerbaus und des Handels, die Aufmunterung zu Futterbau und Stallfütterung, die Gründung einer Landzeitung, die Ausbildung aller Geistlichen in der "Arzneywissenschaft" und die Verordnung gegen Glücksspiele und Lotterien; Ephemeriden 1777/1-5, 7, 10, 12.

- "Soll es nicht möglich seyn daß wir in unserer Rechnung zusammentreffen": Nicolai setzt den Preis für 12 einzelne Stücke ohne Versandkosten an, Iselin den reduzierten Jahrgangspreis mit Versandkosten; vgl. zu Nr.90. Hierdurch entstehen auch im folgenden immer wieder Unstimmigkeiten (vgl. Nr.98, 100, 101 und 104).

[Nr. 95; Iselin an Nicolai]

Basel den 11. Ap. 1777
[erh. Ostermesse 1777]

Ich übersende Ihnen hier, liebster Freund! eine Anzeige von Smiths Werke über die Nationalreichthümer. Wenn es ein ursprünglich deutsches Werk wäre so hätte es sechsmal so weitläuffig müssen angezeigt werden. Es ist von der äussersten Wichtigkeit. Ich werde eine grossen Auszug davon den Ephemeriden einrücken weil es die Elementarbegriffe der allgemeinen Wirthschaft noch besser entwickelt als das Werk des Abbee Condillac und weil es ein ganz eklektisches ein Werk von einem Manne ist, der gar zu keiner Schule geschworen hat: obwohl ich auch nicht leiden kann, daß ein Mann die Leute gar nicht nennt, die entweder seine Lehrer und Vorgänger gewesen sind, oder die mit ihm Wahrheit gesucht und gefunden haben.

Den Pharao für die Könige habe ich noch nicht zu Gesichte bekommen. Bald soll es hoffentlich geschehen, aber ich bin mit Arbeit überhäufet, und mit Zerstreuung. Schicken Sie ja H. Schweighauser alles was von H. v.Rochow kommt und was ihn angeht. Ich will trachten es in der Schweiz bekannt zu machen, weil ich es für unendlich nützlich halte.

Von den Genien habe ich eine Zeitlang nichts gehört. Diese Krankheit wird hoffentlich bald aufhören.

Ich habe eine Arbeit von ein paar Stunden vor die ich gern in das deutsche Museum einrückete. Können Sie mir dazu behilflich sein? Es ist ein Ehrengedächtnis des sel. Pastor Roques, der unsrer Stadt als franz. Prediger viel genutzt hat und auch Ehre gemacht.

Fragen Sie Hrn Reich dem mich zu empfehlen, ich Sie bitte, was er von dem gebohrnen Herrn, der sich im dritten Stücke der disjährigen Ephemeriden befindet, gedenke.

Ich umarme Sie, bester Freund! Leben Sie wohl

[ohne Unterschrift]

Erläuterungen zu Nr.95

- "Anzeige von Smiths Werke über die Nationalreichthümer": vgl. den darstellenden Teil, Kap.III, S.81ff. Der "grosse Auszug", von dem Iselin spricht, erschien in den Ephemeriden 1777/5, S.61-101.

- "Werk des Abbee Condillac": Etienne Bonnot de Condillac, Le commerce et le gouvernement, considérés rélativement l'un à l'autre. Amsterdam 1776; vgl. die ausführliche Rezension in den Ephemeriden 1777, 2.-4. und 6.-8.Stück.

- "Ehrengedächtnis des sel. Pastor Roques": Gemeint ist Pierre Roques (1685-1748), der aus einer Hugenottenfamilie stammte und als Prediger an der französischen Kirche in Basel wirkte. Roques trat durch mehrere theologische Publikationen hervor und hielt in Basel auch philosophische Vorlesungen (u.a. über naturrechtliche Fragen). Iselin gehörte der französischen Gemeinde seit seiner Kindheit an, war von Pierre Roques' vernünftigem Christentum beeinflußt und mit dessen Sohn Guillaume-Théodore befreundet; vgl. Im Hof 1947, S.513f. Ein von Iselin verfaßtes "Ehrengedächtnis" ließ sich weder in Boies "Deutschem Museum" noch an anderer Stelle nachweisen.

- "was er von dem gebohrnen Herrn...gedenke": Anonymer, vermutlich jedoch von Iselin verfaßter Aufsatz in den Ephemeriden 1777/3, S.38-44: "Der gebohrne Herr. Anmerkung über die Erziehung" (auch in: Iselin, Pädagogische Schriften, ed. Göring 1882, S.238-240). Die Rede ist von den Gefahren, die ererbter Reichtum und hoher Stand in sich bergen. Kinder wohlhabender und vornehmer Leute müßten deshalb frühzeitig lernen, daß sie nur durch eigene Tugend und eigenen Fleiß Anspruch auf eine hervorgehobene Stellung hätten. Offenbar verbirgt sich hinter dem durchreisenden "Herrn ***", von dem der Verfasser (Iselin) sagt, er habe ihn zu diesem Aufsatz angeregt, der bekannte Leipziger Verleger Philipp Erasmus Reich.

[Nr. 96; Iselin an Nicolai]

Basel den 5ten Brachm. 1777
[erh. 23. Juli]

Ich habe, werthester Freund! kürzlich einige Paketchen von Ihnen erhalten; darunter insbesondere eines von dem würdigen Herrn von Rochow, auf welches hier eine Antwort beyligt. Das Paket aber, das Herr Pfähler bringen sollte, ist mir noch nicht zugekommen, also auch Ihr Brief nicht.

Indessen übersende ich Ihnen hier wider achtzig Exemplare vom 5. und 6ten Stücke der disjährigen Ephemeriden der M. Ich hoffe mich nun bald an die Anzeige des Farao für die Könige zu machen. Mir deucht nicht, daß dieselbe gar weitläufig werden soll. Unser litterarischer Himmel wird deucht es mir immer mit mehr Gewölke umzogen. Bald müssen wir froh seyn daß uns noch einige Blitze leuchten, von Zeit zu Zeit.
Ihr Bunkel muß ein wichtiges Werk seyn. Ich habe sieben Subscribenten. Da so viele meiner Mitbürger den gleichen Auftrag haben, so hoffe ich diese werden auch das Ihrige thun. Die Namen der Meinigen habe ich auf ein besonderes Blatt gesetzt. Wenn Ihnen dieser Brief schon etwas späth zukommen wird, so hoffe ich doch meine Freunde werden das heutige Datum zu geniessen haben. Ich umarme Sie vortrefflicher Freund und verbleibe

Ganz der Ihrige
I.Iselin

[PS]
Wir verrechnen die Subscriptionsgelder v. Bunkel und v. d. Ephemeriden gegen einander.

Erläuterungen zu Nr.96

- "Ihr Bunkel muß ein wichtiges Werk seyn": [Thomas Amory], Leben, Bemerkungen und Meinungen Johann Bunkels nebst den Leben verschiedener merkwürdiger Frauenzimmer. Aus dem Engländischen übersetzt [von Raimarus von Spieren]; mit hinzugefügten Bemerkungen und Meinungen [von Friedrich Nicolai und Hermann Andreas Pistorius] und XVI. Kupferstichen von D. Chodowiecki. 4 Bände, Berlin (Nicolai) 1778. Nicolai ließ dieses Werk, das ihm eine heftige publizistische Auseinandersetzung mit Wieland eintrug (vgl. zu Nr.116 und 117), auf Subskription drucken. Dazu hatte er der ADB eine lose vierseitige Ankündigung beigegeben, in der das Buch angepriesen und Amory auf eine Stufe mit Shakespeare und Richardson gestellt wird; vgl. Alexander Košenina, Zur deutschen Übersetzung zweier Romane Thomas Amorys und der sich anschließenden Fehde zwischen Wieland und Nicolai. In: Daphnis. Zeitschrift für Mittlere Deutsche Literatur 18 (1989), S.179-198.

[Nr. 97; Nicolai an Iselin]

[Einblattdruck **"An die sämmtlichen Herren Verfasser der allgemeinen deutschen Bibliothek."** Datiert: "Berlin, den 29ten May 1777. Friedrich Nicolai." Von Nicolai handschriftlich verbessert in: 9 Jun. 1777]

[Nicolai berichtet u.a., daß sich das Erscheinen der ADB (XXX.2.) wegen "verschiedene[r] unvorhergesehene[r] Unfälle, die dem Buchdrucker zustießen" verzögert habe. Er habe sich daraufhin entschlossen, nicht - wie gewöhnlich - im sächsischen Wittenberg, sondern im kurmainzischen Erfurt drucken zu lassen. In Erfurt aber sei "gerade um diese Zeit, durch einen Befehl aus Mainz, eine Censur gesetzt worden, die vorher nie daselbst gewesen war. Noch dazu, ward der Senior des geistlichen Ministeriums zum Censor bestellt. Er mochte sich freuen, daß die ***allgemeine deutsche Bibliothek*** der erste Bissen seyn sollte, an welchem er seinen Zahn wetzen könnte, und fieng an nach Herzenslust auszustreichen." Er (Nicolai) habe aber darauf geachtet, daß ferner keine Artikel zensiert wurden, bzw. zensierte Besprechungen nicht abgedruckt wurden. "Nur die erste etwas weitläufige Recension [sei] verstümmelt worden" (vgl. Begleitbrief).

In dem Einblattdruck wird auch die Auszahlung der Honorare für Rezensionen angekündigt. Nicolai hat handschriftlich hinzugesetzt:

"Die Rechnung über Recensionen liegt anbey u. saldirt sich gerade. Auf die Rechnung der Ephemeriden habe ich aber an H. *Pfaehler* 15 Neue Louis d'or gezahlt, welche er hoffentlich richtig abgeliefert hat."

Zur gedruckten Nachschrift ("Ich nehme mir die Freyheit, einige Exemplarie [sic] der ***Nachricht von dem Leben Johann Bunkels***, welches ich auf Pränumeration drucken laße, beyzulegen...") hat Nicolai handschriftlich hinzugesetzt: "Diese habe ich Ihnen von Leipzig gesendet. Befördern Sie die Praenum. so viel möglich. Können Sie nicht diese Praenum. in den Ephemeriden ankündigen."

Eine dritte handschriftliche Notiz Nicolais lautet: "Anlage an die typogr. Gesellsch. in Bern empfehle ich Ihnen zur baldigen Absendung." Es folgt der begleitende persönliche Brief:]

Mein bester Freund! Ich habe Ihre Briefe v. 20 Wintermonats 76. 27 Jenner 77. 17 Hornung u. 11 Aprill richtig erhalten, so wie auch die nach und nach gesen-

deten Stücke der Ephemeriden. Es ist sonderbar genug, daß wir in unserer Rechnung nicht übereinstimmen. Ich habe indessen die Rechnung nochmals nachsehen laßen. Sie liegt anbey. Sie sehen daraus, auf wie viel Sie noch in meinem Buche in *Commission creditirt* stehen. Laßen Sie es unmaßgeblich eben so notiren.
Das Institut in Dessau verlangt die Exemplarien nicht weiter, v. Anfange dieses Jahres an, durch mich, weil es sie *recta* bekäme. Es ist mir dieses auch ganz lieb weil es viele Mühe macht. Aber von vorigem Jahre hat es verschiedene Stücke, auf Ihre Rechnung von mir genommen.

Wie lange hätte ich gern an Sie geschrieben mein würdigster Freund. Aber es ist mir nicht möglich gewesen. Ich werde von Geschäfften u. Correspondenz beynahe erdrückt, daher auch meine Augen leiden. Jetzt selbst schreibe ich Ihnen unter großer Zerstreuung, ich will Ihnen doch aber wenigstens etwas schreiben, ob ich gleich nicht alles schreiben kann, worüber ich mich gern mit Ihnen unterhalten möchte, und ob ich gleich nicht alles so schreiben kann, wie ich wünschte.

Ich danke Ihnen herzlich für die Recension des Schmithschen [sic!] Werks. Ich habe es auch gleich, da ich nur ein wenig hineinsehen, und es noch nicht einmahl gehörig lesen können, für ein sehr wichtiges Werk gehalten. Es ist doch immer sehr nützlich wenn diese Materien durch Raisonnement und Beyspiele erörtert werden. Denn es sind zwar fast in allen Staaten besonders in den großen, die Umstände so verwickelt, daß eine allgemeine Verbesserung nicht stattfinden kann, und daß auch die besten Theorien, nie einer allgemeinen Anwendung fähig sind; indessen tragen diese Untersuchungen nicht wenig bey, daß es in der Welt nicht schlechter sondern vielmehr etwas besser werde. In diesem Gesichtspunkte, sind mir auch Ihre Ephemeriden höchst verehrungswürdig, ob ich [sic; mir] gleich sonst, ich gestehe es Ihnen abermals, die franz. ökonomischen Grundsätze, in allen Staaten unanwendbar vorkommen. - Doch dieß ist, wie wir beide schon offt gefunden haben, keine Erörterung für einen Brief.

Über das Geniewesen oder vielmehr Unwesen hingegen denken wir völlig einerley. Es wird sich nicht lange halten. In dem nördlichen Deutschland, hat es nie so vielen Eindruck gemacht, als im südlichen, und der Wirkungskreis dieser unbändigen Menschen, ist bey weitem so stark und so weit nicht, als sie es selbst vorgeben. Einige hasenhaffte junge Leute laßen sich von ihnen den Kopf verrücken, aber kein einziger gesetzter Mann. Selbst Klopstock, den die Herren immer im Munde führen, ist wie ich zuverläßig weiß, mit der Lebensart u. den Misbräuchen die diese Leute einführen wollen, gar nicht zufrieden. Er hat im vorigen Jahre zwey Briefe an Göthen geschrieben, die ihm Ehre machen. Überdieß jemehr ich die Leute näher kennen lerne, destomehr sehe ich, daß ihr meistes Wesen, mehr in Worten als in Thaten bestehet. Ich habe z.B. den Hrn Kaufmann bey s. hies. Durchreise gesehen (um dessen und des elenden Lenz willen, Schlosser in den Ephemeriden die ganze übrige Welt verachtet) Er ist ein Jüngling von einem ofnen Kopfe, der sich auch gegen mich ganz artig bezeugt [hat], und [mit dem ich] über viele Gegenstände ganz vernünftig geredet habe; aber ich habe doch warhafftig nichts außerordentliches an ihm finden können. Er hat eigentlich nichts gründlich studirt, so daß man nicht sagen kann, was er eigentlich ist, raisonnirt aber mit seinem Mutterwiz über alles, *tant bien tant mal*. Das können aber warhafftig andere Leute auch. Tief nachgedacht hat er gewiß nicht über Objekte, sondern überläßt sich seinem Gefühle, selbst in der Physiognomik, in welcher er doch eine besondere Stärke haben soll, hat er wohl noch nicht gnug überlegt. Ich habe einige angenehme Stunden mit Ihm zugebracht, seine Meinung hie und davon zu hören, und zum Theil, ohne mich zu streiten, auch meine Meinung deutsch heraus zu sagen. Er [hat] seine eigene seltsame Terminologie, um die ich zwar nicht einen Pfifferling gebe, denn *in verbis fimus faciles*, er und diese Leute alle aber, scheinen wer weis was darinn zu setzen. Sie kann freilich dienen, manche triviale Gedanken zu bedecken. Daß er bey aller Thatkraft, davon geschwazt wird, etwas thäte od. gethan hätte, habe ich eben nicht gefunden. Er geht in der Welt herum, existirt wo es ihm gefällt, und thut, wobey es ihm wohl ist. Ein herrliches Schlaraffenleben im Grunde, wegen dessen weder Schlosser noch Lavater über diesen jungen Mann, ein solches Geschrey haben erheben dürfen.

Über Ihren Disput mit Schlossern, hat er gegen andere nicht gegen mich, sehr verächtlich gesprochen. Wäre es gegen mich geschehen, würde ich ihm derb die Meinung gesagt haben.

Überhaupt scheint es mir, liebster Freund, Sie geben diesen Leuten zu sehr nach. Was Hr. Schlettwein, in den Ephem. gesagt, ist vortreflich. Schlossers Zweifel sind bloß Sophismen er sucht nicht die Wahrheit. Seine gerühmten politischen Fragmente, scheinen mir meist triviale und grundfalsche Sachen zu enthalten unpräcis und prätiös gesagt. Sein Anti-Pope ist abscheulich. Auch diesen haben Sie nicht gnug, von der verabscheuenswürdigen unmoralischen Seite gezeigt. Diese Leute misbrauchen alle Talente die sie haben.

In XXX.2. der Bibl. werden Sie über alle die Schrifften von der Schwärmerey und über den Anti Pope zwey vortrefliche Recensionen finden, die hoffentlich auch auf das Publikum die beste Wirkung thun werden. Es würde mir lieb seyn, wenn Sie dieser beyden Recensionen, auch künfftig in den Ephem. erwähnen wollten. Schade, daß die erstere verstümmelt worden. Ich werde über diese Sache, welche mir den bittersten Verdruß gemacht vermuthlich öffentlich etwas sagen, sobald ich nur erst die Originalcensurbogen erhalten kann.

Die Genies haben in Dessau unbeschreiblichen Schaden gethan. Kaufmann hat wie es scheint, den jungen Leuten den Kopf verdreht, so daß alles von seiner vorigen *Simplicität* weggekehrt ist. Basedow hat allen Muth, aber nicht seine enthusiastischen Hofnungen verlohren. Er handelt wirklich zuweilen als ein halbverrückter Mensch. Man hat Grillen eingeführt, um den Genies zu gefallen und sonderbar zu seyn. Campe und alle Lehrer gehen in weisser Uniform mit blauen Aufschlägen und blauen Westen, kurzen Stiefeln, einem weißen Hut mit blauen Bändern und einer hohen Feder. In Dessau verachtet man sie deswegen, und außer Dessau, bleibt man auf der Gasse stehen, wenn sie kommen. Gleichwohl glauben sie etwas recht kluges gethan zu haben, und auch die Kinder müssen nun auch in Uniform gehen. Ich erstaune, wie Campe der sonst ein verständiger Mann ist, sich auch solche Alberkeiten einreden läßt. Die Weiber mischen sich auch drein. Campens Frau, eine empfindsame Seele, die aber das romantische liebt hat wohl ihren guten Antheil an der Sache. Alles will etwas sonderbares suchen. Campe sagte mir, als eine wichtige Neuigkeit unter der Hand, bey der nächsten öffentlichen Prüfung, wollten sie alle Schüler, öffentlich von der Gewalt ihrer Lehrer *emancipiren*. Die Kinder sollten nun alles thun, was sie nur immer wollten, sollten sich wenn sie wollten, schlagen raufen zanken, schimpfen, ja man wolle ihnen, heimliche Fallstricke legen, daß sie falsch handeln müßen. Nun würde man aber mit Erstaunen sehen, wie sie nach 2 Tagen kommen und selbst bitten werden sie wieder in Aufsicht zu nehmen. - Meine Vorstellungen halfen nichts, er blieb dabey dieses für eine wichtige Probe der Güte der philantropinischen Lehrart auszugeben. Kurz ich bedaure, daß die gutgemeinten Anstalten in Dessau, anfangen erstaunens zu verlieren. Dieß ist alles der Liebe zum Sonderbaren und zum Weitumfassenden zuzuschreiben. Basedow möchte gern mit seinem Philantropin die ganze Welt umgekehrt haben, und da er das nicht kann will er verzagen, und die Genies, denen er sich ehrlich in die Arme geworfen hat, haben ihn mit ihren schielenden Grundsätzen und mit ihren schwankenden Gefühlen hingeführt, wohin er selbst nicht wollte. Alles lief mit Köpfen gegen einander, zumahl da unter den jungen Lehrern Dissipation einriß. Die Ankunfft des Hrn Prof. Böckmann aus Carlsruh, soll eine guten Einfluß gehabt haben, aber ich habe noch nicht zuverläßige Nachrichten davon. - Genug ich bedaure Basedow u. seine guten Absichten, aber *qui trop embrasse mal etreint.*

Das Allerley so wie Gedeon sind verächtliche Piecen, hierin bin ich mit Ihnen einig. Sie sollen einen gewissen Häfelin in Zürich zum Verfasser haben. In hiesigen Gegenden haben sie nicht den geringsten Eindruck gemacht. Aber Sie sagen Eph. 1777 S.17 v. Allerley, weiter nichts, als daß es manchen vortrefl. Einfall enthielte. Ich kenne nichts vortrefliches darin. Falsches und unbestimmtes, so wie Sie selbst an der Stelle qu. zeigen.

Ihrem jungen Geistlichen hätte ich über den Sebaldus doch wohl antworten wollen. Der beste Geistliche darinn sollte ein Narr seyn? - Was wäre denn der alkmarische Geistliche, was wäre Hr F. (im 2ten Theile) was wäre Sebaldus selbst. Die edlen Qualitäten die er hat, sind mit einer ganz unschuldigen Thorheit verknüpft, die in seiner Art zu studiren liegt, und die niemand, kaum einmahl ihm selbst schaden. Laßt einen jeden von uns in seinen Busen greifen, und untersuchen, ob er keine schädlichere Thorheit darinn hege. Einen ganz vollkommenen Menschen schildern ist sehr leicht, aber die Beschreibung macht dem Leser lange Weile, giebt zu keiner Handlung Anlaß, und bleibt ununterrichtend weil sie der Natur nicht gemäß ist. Aber daß kein Geistlicher den Seb. aufrichtig goutirt, daran ist schuld, daß die Herren ein *genus irritabile* sind, welche verlangen, daß man nicht anders als mit dem Hute in der Hand von ihnen sprechen soll. Der geringste Tadel glauben sie, nehme ihnen etwas von ihrer Würde, und viele glauben gar der Religion geschehe dadurch Eintrag. Daß ich den Stand nicht habe schänden wollen, muß wohl jeder unbefangene Leser sehen. Aber ich habe den Stand geschildert so wie er ist, und wo ist der Stand, er sey welcher er wolle, in welchem nicht die guten die allerwenigsten und der schlechten die meisten sind; wenn man nehmlich die wirkliche Welt und nicht eine kahle Imagination schildern will. Die Beschuldigungen der Pietisten und der Orthodoxen sind wahr, daher können sie nicht ungerecht seyn. Der Spott über ihre Thorheiten ist verdient, also darf ich mich dessen nicht schämen. Mein

Tadel trift den Thoren nicht den braven Mann. Wer besonders glaubt, daß ich den Pietisten (nämlich den Wortpietisten von der Art von welcher ich rede) zuviel thue, muß diese Leute gar nicht kennen - doch genug.

Ihren Aufsatz fürs Museum senden Sie nur *recta* an H. *Boie* in Hannover ein, er wird ihn gern einrücken. Ich umarme Sie von Herzen

Ihr Nicolai

[PS]
S. u. S. Erklärung S.113 des 3ten Stücks der Ephemeriden scheint mir sehr kindisch. Die Herren machen alles wichtig was sie angeht.

Erläuterungen zu Nr.97

- [Zensur der ADB in Erfurt]: Die Streichungen des Erfurter Zensors Beßler in ADB 30/2 betrafen vor allem zwei Besprechungen: die Sammelrezension zu "Schriften von den Wundergaben" (pro und contra Lavater) und die Rezension von Schlossers "Anti-Pope". Nicolai hat den "Censurfrevel" in der Vorrede zu ADB 32/1, S.I-XII, scharf kritisiert, ihn eine "erniedrigende und verderbliche litterarische Inquisition" genannt und einige Beispiele für die "Verstümmelung" der Rezensionen angeführt. Nicolais Vorrede ist ein Plädoyer für die Freiheit der Wissenschaft und der Presse und schließt mit dem Appell: "Ein jeder Gelehrter, dem das Wohl seines Vaterlandes, die Erleuchtung seiner Zeiten, am Herzen liegt, widersetze sich daher unwissenden Censoren, wenn ihre Richtergewalt durch den Mißbrauch, den sie davon machen, in Tyranney ausartet."

- "Können Sie nicht diese Praenum. in den Ephemeriden ankündigen": Einen kurzen Ausschnitt aus Nicolais Subskriptionsangebot für den "Bunkel" veröffentlichte Iselin in den Ephemeriden 1777/8, S.99f.

- "Klopstock", "Er hat im vorigen Jahre zwey Briefe an Göthen geschrieben, die ihm Ehre machen": Klopstock an Goethe 8.5.1776, Goethe an Klopstock 21.5.1776, Klopstock an Goethe 29.5.1776. Diese Briefe sind ediert und ausführlich kommentiert in: Friedrich Gottlieb Klopstock, Briefe 1776-1782 (Bd.1: Text, Bd.2: Apparat/Kommentar); hrsg. von Helmut Riege. Berlin und New York 1982 (= F.G.Klopstock, Werke und Briefe, Abt. Briefe Bde. VII/1 u. 2).
  Klopstock äußerte sich in seinem Brief vom 21.5. besorgt über das unbändige Treiben Goethes und Herzog Karl Augusts in Weimar ("Der Herzog wird, wenn er sich ferner bis zum Krankwerden betrinkt, anstatt, wie er sagt, seinen Körper

dadurch zu stärken, erliegen und nicht lange leben"). Goethe antwortete sehr ungehalten und betonte, sich gegen die Vorwürfe nicht rechtfertigen zu wollen. In seiner scharfen Replik kündigte Klopstock daraufhin seine Freundschaft mit Goethe auf. Schon wenig später kursierten Abschriften dieses kurzen Briefwechsels. Sie stießen auf ein breites Interesse, wie überhaupt das ausschweifende, gegen die Konventionen verstoßende Leben am Hof von Weimar in ganz Deutschland diskutiert wurde.

- "Ich habe z.B. den Hrn Kaufmann bey s. hies. Durchreise gesehen": Von Ende 1776 bis Oktober 1777 unternahm Kaufmann seine ziellose und ausgedehnte "Geniereise", die ihn zunächst von Dessau über Weimar, Frankfurt, Darmstadt und Mannheim nach Ulm führte. Von dort kehrte er nach Dessau zurück, hielt sich aber nicht lange auf und zog weiter nach Berlin, wo er Mitte April seinen Winterthurer "Mitbürger" Sulzer besuchte (der aber keine hohe Meinung von ihm hatte). Neben Nicolai und anderen Gelehrten lernte er hier auch seinen späteren Gönner, den Freiherrn von Haugwitz kennen. Anschließend wandte er sich nach Königsberg, Riga und St.Petersburg; hier schiffte er sich nach Lübeck ein, verbrachte einige Zeit in Hamburg, um sich dann über Berlin (sein zweiter Aufenthalt in der preußischen Hauptstadt fällt in den September) zu Haugwitz nach Oberschlesien zu begeben. Erst danach kehrte er in seine Schweizer Heimat zurück; vgl. Werner Milch, Christoph Kaufmann. Frauenfeld 1932.

- "Über Ihren Disput mit Schlossern": Nicolai meint Schlossers Kritik an Iselins neu aufgelegten "Träumen eines Menschenfreundes" und Iselins ausführliche Rechtfertigung: Ephemeriden 1776/9-12 und 1777/2.
  Schlosser wirft Iselin in seinem rezensionsartigen Artikel vor, die Menschen zu verkennen: Der Großteil von ihnen sei egoistisch, dumm und lasterhaft. Philanthropische Ideen seien daher realitätsfern, "ein Gang über den Wolken". Schlosser macht Iselin zum Utopisten, wenn er ruft: "Ach Iselin, hätten Sie nur nicht zuviel verlangt! Wagen Sie einmahl mehr als Träume, und zeigen Sie uns das wenige das wir erreichen können" (Ephemeriden 1776/9, S.20). Demgegenüber besteht Iselin auf seinem aufklärerischen Anliegen. Ein Misanthrop könne die Welt nicht verbessern, denn Pessimismus führe zur Apathie. Er aber wolle Perspektiven zum Guten aufzeigen; vgl. auch Im Hof 1967, S.220f.

- "Was Hr. Schlettwein, in den Ephem. gesagt, ist vortreflich": Nicolai bezieht sich hier auf "Schlettweins Wunsch für die Ephemeriden der Menschheit an Herrn Iselin" in: Ephemeriden 1777/1, S.42-60. Darin beklagt Schlettwein die "schädlichen Irrthümer" in Schlossers Brief über die Philanthropine (vgl. zu Nr.82) und bringt zum Ausdruck, daß dieser besser nicht erschienen wäre. Kontroverse Debatten seien der Wahrheitsfindung nützlich, nicht aber die "Bestreitung der Evidenzen" - auch wenn sie noch so geistreich vorgetragen werde.

- "In XXX.2. der Bibl.": vgl. den Kommentar zum Anfang dieses Briefes.

- "Sie sagen Eph. 1777 S.17 v. Allerley": Iselin führt in einem Artikel über die Aufgaben seiner Zeitschrift ein kurzes Zitat aus dem "Allerley" an, von dem er sagt, daß es "manchen vortrefflichen Einfall enthält": Ephemeriden 1777/1, S.16; "Gedeon": vgl. zu Nr.92; "Allerley": vgl. zu Nr.93.

- "S. u. S. Erklärung S.113 des 3ten Stücks der Ephemeriden": Schweighäusers und Simons Erklärung an alle ihre Gönner und Freunde, sonderlich in den Gegenden des Rheinstroms über eine Stelle des dritten philanthropischen Archivs. In: Ephemeriden 1777/2 (!), S.113-123. Simon und Schweighäuser berichten über die beiden philanthropisch-pädagogischen Brüderbünde von Straßburg (den sie mit Ehrmann und Kaufmann geschlossen hatten) und Dessau (mit Basedow und Wolke); vgl. zu Nr.90. Sie betonen, daß die zweite Verbrüderung die erste nicht aufhebe.

[Nr. 98; Iselin an Nicolai]

Maienfels bey Basel den 1ten Heum. 1777.
[erh. 18. Juli]

Ich ergreife einen Augenblick den ich fast wider die Regeln der Anständigkeit einer Gesellschaft abstehle, um Ihnen ein Paar Worte zu sagen, mein werthester Freund! Ich begreife gar wohl daß Sie unter der Mänge von Briefen und Geschäften und Entwürfen fast erliegen müssen. So viel habe ich nicht wie Sie, aber ich empfinde doch daß ich für meine Gesundheit und für das Maas meiner Seelenkräfte viel zu viel habe. Nur ein Wort von Ökonomistik, obwohl wir sie mit guten Gründen aus unserm Briefwechsel verbannet haben. Ich glaube immer, wir würden auch hierüber so gleich denken, wie über das Geniewesen, wenn Sie Zeit und Musse gehabt hätten über eines so viel nachzudenken als über das andre. Aber die Wirthschaftslehre erfordert bey nahe allein die ganze Denkungskraft eines Menschen, um sie aus den Verwirrungen loszuwickeln worein der Geiz, die Ungerechtigkeit und die gelehrt scheinende Unwissenheit, sie geworfen haben; und um sie in ihrer wahren natürlichen Einfalt zu finden. Sie mein Freund sind allzusehr an das monopolistische System Ihres Königs gewöhnt um denken zu können, daß es nicht in einem Staate wie der seinige ist nöthig sey; und villeicht ist es es auch, für einen Fürsten der ein halbes Jahrhundert hindurch eine grosse Figur machen, der sich vergrößern und berühmt machen will und der glaubt seine Unterthanen seyen glücklich wenn er Staaten gewinnt. Aber man sagt sein Nachfolger habe bessere Grundsätze und man könne sich von ihm gute Aussichten für das Wohl aller Unterthanen versprechen. Dem sey wie ihm sey es wird immer gut seyn wenn man diese wichtigen Gegenstände auf allen Seiten betrachtet; und wenn man sichs nur zu einem Gesetze macht, niemand Unrecht zu thun.

Ich glaubte hier die Anzeige vom Farao für die Könige zu machen, aber es kann nicht seyn. Indessen wird sie sehr kurz ausfallen, denn das Werk verdient keine längere. Obwohl der Verfasser Witz und gute Absichten hat, so sind doch seine Schreibart unerträglich, sein ganzes Gebäu schlecht und unzusammenhängend; und der Ton der Wichtigkeit den er annimmt unausstehlich.

Was Sie mir von Dessau sagen, höre ich sehr ungern, doch wenn das Ding fallen soll, so ist es besser es falle durch Einflüße fremder Dohrheit als durch Ursachen welche die gute Sache selbst könnten machen unmöglich scheinen.[37]
Ich habe vor einiger Zeit Herrn Campe geschrieben und auch Herrn Simon daß die ewigen Widersprüche und neuen Projecte, welche aus dem Philanthropinum kommen nichts anders als nachtheilige Wirkungen haben können.[38] Die Anstalt zu Marschlins ist auch aufgehoben, größtentheils weil, wie Sie auch anmerken, *qui trop embrasse mal étreint.* Hingegen geht es in Colmar vortrefflich gut; weil Hr. Pfeffel sich vernünftig einschränket und weil er in Wien viele Lehrer sehr wohlfeil findet, da H. v. Salis alle hoch besolden mußte.
Dieser letztere hat nun noch einen Lehrer auf dem Halse der ihm sehr ungelegen ist; Herr Magister Thiele[39]; er soll in der lateinischen, griechischen und deutschen Litteratur wohl bewandert seyn, und eine gute Anlage zum Schriftsteller haben. Könnten Sie ihn nicht gebrauchen oder ihm irgendwo eine Stelle verschaffen. In der Schweiz ist der Mann nicht brauchbar, und doch thut es einem in der Seele weh einen Mann v. Gaben dem Mangel ausgesetzet zu sehen. Herr von Salis gibt ihm ein sehr gutes Zeugnis. Ich habe ihn in Schinznach gesehen, aber unter dem Drucke der Verlassenheit; da konnten seine guten Eigenschaften nicht hervorscheinen.

Wenn ich Schlossern und diese Herren sanft behandle, so ist es weil ich erstlich selber gern sanft behandelt bin - *quod tibi fieri vis* [mihi fac, quod non tibi, noli!] - zweytens weil ich immer hoffe sie können noch auf eine gute Seite geleitet werden.[40] Sie haben doch große Talente, die für das Beste der Menschheit ungemein nützlich werden könnten.[41]

Herr Pfähler wird mir die fünfzehn Louis d'or nächstens schicken. Sie mögen mir sagen was Sie wollen Ihre Rechnung ist nicht richtig. Ich will die für die gebundnen Exemplare gelten lassen. Aber für die fünfzig Exemplare in Commission [geben Sie] 720 Livres an, da es zu 12. Livres wie ich sie ihnen erlasse

---

37 Marginalie Nicolais: "Leider verwickelt sich beides untereinander. Mir thuts nur leid, daß ich jetzt in der A.D.B. keinen recht guten Beurtheiler von Erziehungsschrifften habe, welcher die Lage der Sache dem Publ. recht vorlegen könnte."
38 Marginalie Nicolais: "wie wahr".
39 Marginalie Nicolais: "Ein elender Kerl".
40 Marginalie Nicolais: "utinam! Aber ich hoffe es nicht".
41 Marginalie Nicolais: "der Menschheit, die Herren denken nur an sich".

mehr nicht ausmachen kann als sechshundert Livres. Also gehen 120 Livres ab und sind Sie mir mehr nicht schuldig als 688 L. 16. sols, welche ich Sie bitte an das Handelshaus der HH Christian Heinrich Scheel und Söhne in Berlin abzugeben um sie H. Peter de Balthasar Burkard und Comp. in Basel gut zu schreiben. Zahlen Sie es diesen HH. aber in dortigem Gelde und melden Sie mir wie viel Sie ihnen eingeliefert haben.

Ich umarme Sie und verbleibe

ganz der Ihrige

I.Iselin

[PS 1]

Ich finde noch daß Ihnen mehr zurückgebührt. Ich will sobald ich Zeit haben werde unsre Rechnung in Basel nachsehen. Zahlen Sie indessen 600 Livres oder fünf und zwanzig Louis d'or an die HH. Scheel. Ich habe bereits über diese Summe verfüget und ligt es mir daran daß sie abgeführet werde und daß die HH. Burkard und Comp. in Basel bald davon benachrichtigt werden, welches ich Sie bitte Ihnen zu sagen. Ich bitte deshalben bey Ihnen ab. Leben Sie wohl.

[PS 2]

Für Bunkel habe ich sieben Unterzeichner wie Sie wissen. Ich will dessen in den Ephemeriden Meldung thun, doch erwarte ich von dieser Meldung keine grosse Wirkung.

Erläuterungen zu Nr.98

- [Datierung] "Mayenfels bey Basel": vgl. zu Nr.141a

- "für einen Fürsten der ein halbes Jahrhundert hindurch eine grosse Figur machen, der sich vergrößern und berühmt machen will und der glaubt seine Unterthanen seyen glücklich wenn er Staaten gewinnt": Iselins Urteile über Friedrich II. von Preußen schwanken im Laufe seines Lebens zwischen Bewunderung und Ablehnung. Die äußerst kritische Einschätzung, die Iselin hier von dem Eroberer Friedrich gibt, steht im Kontrast zu der Begeisterung für den protestantischen Roi-Connétable 30 Jahre zuvor - während des Siebenjährigen Krieges: "Friedrichs Siege erfüllen die ganze Welt mit Erstaunen und Ehrfurcht und den protestantischen Teil derselben mit Freuden. (...) Die Menschheit darf sich von disem Helden versprechen, was sie seit Heinrich IIIIten von keinem erwarten dörfen" - Iselin an S.Hirzel, 30.5.1757; vgl. Im Hof 1988 (hier: S.152).
  Obwohl auch Nicolai gewiß kein vorbehaltloser Bewunderer Friedrichs war, fühlte er sich durch Iselins Spitze doch veranlaßt, seinen König in Schutz zu nehmen: Brief Nr.100.

- "Hingegen geht es in Colmar vortrefflich gut; weil Hr. Pfeffel sich vernünftig einschränket": Gottlieb Konrad Pfeffel hatte 1773 mit Genehmigung Ludwigs XV. seine "école militaire" in Colmar gegründet. Diese Schule war nach Basedows Erziehungsgrundsätzen konzipiert (ein Philanthropin mit militärischem Charakter) und bestand bis 1793. Pfeffel stand mit Iselin in freundschaftlicher Verbindung.

[Nr. 99; Iselin an Nicolai]

Basel den 25. Heum. 1777.
[erh. 13. Sept.]

Hier haben Sie, liebster Freund! eine kurze Anzeige des Farao für die Könige, und doch ist sie villeicht noch zu lang. Ich habe dieses Buchs auch in den Ephemeriden gedacht, weil es eine Classe von Lesern, die sich durch Titel blenden lassen anziehen könnte und viel verworrenes Zeugs enthält.

Ich sehe daß Sie aller Ephemeriden los geworden sind die ich Ihnen geschickt habe. Soll ich Ihnen in Zukunft an statt achtzig Exemplaren hunderte schicken?

Es ist mir unmöglich dermals mehr zu schreiben. Zudem habe ich den Kopf dermals von guten Sachen so lär, daß ich nichts zu sagen wüßte. Ich umarme Sie. Leben Sie wohl.

I.Iselin

Erläuterungen zu Nr.99

- "Anzeige des Farao für die Könige": ADB Anhang zu 25-36/4 (1780) und Ephemeriden 1777/8, S.93-95, wo von H.W.Behrischs Werk gesagt wird, in ihm sei "Hitze ohne Licht".

[Nr. 100; Nicolai an Iselin. Von Schreiberhand - viele Fehler! - mit eigenhändiger Unterschrift Nicolais]

H. Rathsschr. Iselin in Basel

Berlin d. 23. Augst. 1777.

Mein theuerster Freund,

Ihre Schreiben vom 12ten Heumonaths [vielmehr: 1.7.] und 5ten Brachmonaths habe ich richtig erhalten. Ich bin seitdem in Geschäfften nach Stettin gereist gewesen, nach meiner Zurückkunfft fand ich die Arbeit aufgesummt, und jetzt ist der erste Augenblick in welchem ich ein paar Worte mit Ihnen reden kann.

Wie gerne möchte ich mich weitläuftig mit Ihnen über die Materien unterhalten, die uns beyden so wichtig sind, aber fast kann ich nicht hoffen, etwas befriedigendes auszumachen bis einmahl möglich wird, was jetzt noch ganz unmöglich scheinet, daß ich bey Ihnen in Mayenberg [sic] 3. glückliche Sommerwochen zubringen kann.

Die Hauptsache ist nur den rechten Augenpunct zu wählen, und diesen unter allen verschiedenen Veränderungen festzuhalten. Sie gehen vom Wohl der Menschheit aus, sehen die Welt für verderbt an, und wünschen Ihre Verbeßerung durch verschiedene Mittel. Ich sehe die Welt an, so wie sie jetzt ist, und sehe aus der Geschichte daß sie vermittelst der Lage der Völker und vermittelst der Kräfte Tugenden u. Laster der Menschen, nothwendig so hat werden müßen als sie ist. Sie komt mir weder so gut noch so schlimm vor, als sie manche Leute machen. Die Erfahrung lehret mich daß Verbesserungen nur nach und nach von statten gehen können, daher halte ich wenig von Verbesserungs-Vorschlägen die *Epoche* machen sollen, und glaube, wenn sie ohne Kentniß des Localen gemacht werden, so sind sie blose *Reves d'un homme de bien.*

Der K.v.Pr. wünschet gewiß das Wohl aller seiner Unterthanen, aber aus seinem eignen Gesichtspuncte; hingegen aus Ihrem eignen Gesichtspuncte, wird nie ein Monarch, er heisse *Joseph*, *Wilhelm* oder *Ludwig*, das Wohl seiner Unterthanen ansehen können. Darum halte ich nichts von süßen theoretischen Hofnungen welche nie erfüllet werden werden *in secula seculorum.*

Darinn aber stimme ich mit Ihnen vollkommen überein, daß man so viel [als] möglich die Grundsätze die zu diesen Hofnungen führen, auseinander setzen soll. Nur sobald man sie anwenden will, muß man das *Locale* nicht aus der Acht lassen. Es [ist] schlechterdings ungereimt wenn H. Schlettwein von einem kleinen *District*, der kleinen Marggrafschaft Baden (in welchem noch darzu seine Projecte verunglückt sind) auf das Königreich Frankreich schließen will. Eben so ungeheuer ist es überhaupt von der Regierung einer Pompadour und Barry, unmittelbar auf die öconomischen Grundsätze übergehen zu wollen. Um so weit zu kommen müßten wahrhaftig viele Schritte dazwischen geschehn.

Der Verfasser des *Farao für Könige* ist ein gewißer H. Behrisch zu Dreßden, der Erbauungsstunden, *Pasquille*, und politische Schriften fürs Geld schreibt.

Daß es in Deßau seit kurzem viel besser geworden sey, wünsche ich, aber hoffe es nicht. Es ist daselbst die fremde Thorheit Hn Kaufmanns und seiner verbrüderten Jugendfreunde mit der einheimischen so verwickelt, daß sie schwer voneinander zu unterscheiden sind. Mir thut es nur leid daß [ich] jetz[t] in der A.D.B. keinen Recensenten von Erziehungsschriften habe, der die Sache aus dem richtigen Augenpuncte ansehen könte, ich selbst habe auch nicht Zeit hierüber etwas zu sagen, und muß mich begnügen, insgeheim gute Wünsche zu thun. Das beste ist daß H. Trapp Conrector in Altona ein sehr fähiger Mann, einen Ruf ans Philantropin angenommen hat.

Mit Mag. Thielen ist wohl nichts anzufangen? Er ist ein eigentl. Genie im schlimsten Verstande, voller Eigendünkel, und ohne gründliche Gelehrsamkeit.

Es ist sehr nachsichtig, daß Sie H. Schloßern und seine Genossen so gelinde behandeln. Diese Leute könten freylich, ihren Talenten nach, etwas für das Beste der Menschheit thun. Aber alle ihre Schriften enthalten Grundsätze die genugsam zeigen daß sie sich ums Wohl der Menschheit gar nicht bekümmern, sondern nur nach ihrem eignen Eigendünkel handeln. Der Verfaßer des Antipope darf die <u>Geselligkeit verfluchen</u>. Meines Erachtens ist dies in XXX.2. der Bibliothek noch nicht stark genug gerügt worden.

Die 7. Pränumerationen vom Bunkel sind Ihnen debitirt. Es ist sonderbar genug, daß wir in unserer Rechnung nicht überein treffen können. Nach anliegendem Zettelgen der mit meiner *specificen* Rechnung übereinstimmen wird, habe ich von Ihnen das 1. St von 1777. mit eingeschloßen lb. 632. 12 sou in *Commission* welches nach Abzug von 20 p. Rabbat lb. 506. 12 sou an Gelde macht. Solte diese Rechnung mit Ihrem Buche nicht übereinstimmen, so schicken Sie mir eine[n] *specificen* Auszug der Rechnung, wie sie in Ihrem Buche notirt ist, damit ich alles einzeln nachsehen laßen kann. Indeßen können Sie, mein bester Freund über die lb. 506. 12 sou jetzt nicht *disponiren* da ich die Bücher nicht verkauft sondern für Ihre Rechnung noch in *Commission* habe. Vorige Ostern habe ich Ihnen durch H. *Pfähler* ohngefähr soviel zahlen laßen, als ich verkauft hatte, und künftige Oster[messe] 1778 werde ich bezahlen, was bis dahin verkauft seyn möchte.

Ich umarme Sie von Herzen und bin ewig

Ihr ganz eigner
Fr. Nicolai

[PS]
Wegen Schwäche der Augen muß ich diesen Brief dictiren.

[zu Nr. 100; Quittung für die im Brief angesprochene Zahlung Nicolais an Iselin durch Pfähler (Ostermesse 1777)]

Fünfzehen neue Louis d'or für Rechnung Herrn Rathsschreiber Iselin in Baßel, von Herrn *Nicolai* erhalten zu haben bescheint

L.[eipzig] O.[ster] M.[esse] 1777
L. Pfähler

Erläuterungen zu Nr.100

- "blose *Reves d'un homme de bien*": wohl eine Anspielung auf Iselins "Träume eines Menschenfreundes".

- "*Joseph, Wilhelm* oder *Ludwig*": Gemeint sind vermutlich Kaiser Joseph II. (dessen Reformen in Iselins Ephemeriden eine große Aufmerksamkeit fanden), Kronprinz Friedrich Wilhelm von Preußen (den Iselin in seinem Brief an Nicolai Nr.98 positiv von Friedrich II. abhob) und Ludwig XVI. (an den sich ebenfalls große Hoffnungen Iselins knüpften; vgl. zu Nr.82).

- "wenn H. Schlettwein von einem kleinen *District*, der kleinen Marggrafschaft Baden": Nicolai bezieht sich auf den Aufsatz "Wunsch eines redlichen Mannes für Frankreich und seinen König" in: Ephemeriden 1777/6, S.1-50; gez.: Sch--n. Schlettwein beschreibt darin die physiokratischen Experimente in der südbadischen Herrschaft Röt(t)eln, hebt deren positive Wirkungen hervor und empfiehlt die Nachahmung in Frankreich. Insbesondere rät er zu einer uneingeschränkten Handels- und Gewerbefreiheit, zur Aufhebung aller Zölle und zur Ersetzung der vielen Einzelsteuern (Konsum-, Kopf-, Salzsteuer etc.) durch eine einzige Abgabe auf landwirtschaftliche Erträge (impôt unique). Diese Vorschläge sind durchaus nicht neu und Nicolai merkt mit Recht kritisch an, daß die begrenzte Einführung der Physiokratie in Baden ja keineswegs erfolgreich war; vgl. zu Nr.54. Die Schönfärberei hat ihren Grund offensichtlich darin, daß sich Schlettwein dem "edelgesinnten König Ludwig dem sechzehnden" als Berater empfehlen will.

[Nr. 101; Iselin an Nicolai]

Basel den 10 Herbstm. 1777
[erh. Michaelis-Messe 1777]

Es ist sonderbar, werthester Freund daß wir in unsern Rechnungen nicht zusammentreffen können. Die Sache bedeutet endlich nicht so viel. Ihre vorige Rechnung faßte noch die Exemplarien vom 2ten - ? - Stück 1777. in sich und belief sich mit allem auf $1274^{L.}$ $4^{S.}$ so sie bis dahin in Exemplaren von mir empfangen hatten. Hingegen hatten Sie an H. Eck und an das Philanthropin wider abgegeben für $105^{L.}$ $8^{S.}$ und mir durch Herrn Pfähler zugesandt $360^{L.}$ macht zusammen $465^{L.}$ $8^{S.}$ Hingegen setzten Sie sich noch ein Debit von $808^{L.}$ $16^{S.}$ an. Ich rechnete hievon $234^{L.}$ als Provision von $1168^{L.}$ $16.^{S.}$ ab, blieben $574^{L.}$ und da ich aus der Art wie ihre Rechnung verfaßt war, schloß Sie hätten alles verkauft bat ich Sie an die HH. Scheel $600^{L.}$ einzuhändigen weil es mir so eben kommlich gewesen wäre. Nun vernehme ich daß die Zahlung noch nicht geschehen könne und erhalte ich eine andre Rechnung von Ihnen, die aber bis auf einen Ihnen nachtheiligen Irrthum mit obiger übereinstimmet. Diese Rechnung begreift nur das 1te Stück von 1777 in sich und besagt $1098^{L.}$ Hingegen ziehen Sie davon ab obgedachte $465^{L.}$ $8^{S.}$ verbleiben $632^{L.}$ $12^{S.}$ Von diesen ziehen Sie Provision ab $126^{L.}$ 10 $^{S.}$ und setzen Sie mir zu gut an $506^{L.}$ $2^{S.}$ Allein Sie haben da vergessen Ihre Provision von $360^{L.}$ abzuziehen. Diese beträgt $72^{L.}$ also wären Sie mir mit dem ersten Stücke von 1777. nur $434.^{L.}$ $2^{S.}$ schuldig. Wir sind also in unserer Rechnung bis auf diese $72^{L.}$ einstimmig. Ich übersende Ihnen hiemit wider achtzig Exemplare des neunten Stückes. Nächstens beantworte [ich] Ihr Schreiben. Ich umarme Sie und bin mit der vollkommensten Hochachtung Ihr

Gehorsamer Diener
Isaac Iselin

Erläuterungen zu Nr.101

- "kommlich": baseldeutsch für bequem; vgl. zu Nr.6.

[Nr. 102; Nicolai an Iselin. Von Schreiberhand, mit eigenhändiger Unterschrift Nicolais]

Leipzig den 11 Octobr. 77.

Mein würdigster Freund!

Ich habe Ihre beyde Schreiben, vom 25 Heumonaths, und 10 Herbstmon. richtig erhalten; die Ursach dieses Schreibens ist, Ihnen aufs schleunigste, die unangenehme Nachricht zu melden, daß der hiesige Buchhändler Schneider, die Ephimeriten [sic] nachdrucken will, und sogar deshalb ein Chursächs. *Privileg*.[ium] genommen hat. So ungerecht dieses ist, so habe ich doch um es zu verhindern, weiter nichts thun können, als bey der Unterschrift des *Privileg*. (welche alle hier anwesende Buchhändler thun müßen) mich in Ihrem Namen *protestando* zu verwahren, daß dem Schneider das *Privileg* nicht gegeben werden könne, weil nach dem letzten Churfürstl. Mandate keine Nachdrucker, sondern nur denen die sich als rechtmäßige Verleger *qualificiren* Churfürstl. *Privilegia* gegeben werden sollen, ingleichen habe ich heute an des H. Chursächs. *Conferenz* Minister Baron v. Gutschmidt *Excel*. geschrieben, den ich kenne u. ihn als einem Kenner der Gelehrsamk.[eit] gebeten, wo mögl. die wirkl. Ausfertigung des *Privileg*. zu verhindern. Indeßen müßen Sie aufs schleunigste bey dem Churfürstl. Oberconsistorio um ein Privilegium suppliciren. Schicken Sie deshalb mit der ersten Post nach Dreßden Vollmacht an den Hn. Cammer *Procurator* Zschocke, welcher mir als ein redl.[icher] u. exquisiter Mann gerühmt worden. Sie könnten auch selbst an Hn. Schneider schreiben, und ihm die Ephimeriten in Commißion anbieten den[n] er ist sonst ein ganz solider Mann. Man hat zum Vorwand des *Privilegii* genommen, daß die Ephimeriten, außer der Meße in Chursachßen gar nicht zu haben wären.
Ich beklage recht sehr diesen verdrüßl. Zufall denn ich höre er will den ganzen Jahrgang für 31 Rthl. 8 gr. oder ohngefähr 4 *Livres* geben, ich wünsche daß der Nachdruck noch möge zu hintertreiben seyn, wie wohl es schwer fallen wird.

Ich danke Ihnen für übersendete Recensionen, unsere Rechnung scheint im Grunde wenig zu differiren, indeßen können wir den Irrthum nicht eher genau finden, als bis Sie so güthig sind, die ganze Rechnung, sowie sie in Ihrem Buche steht, ausziehen zu laßen, ich bitte Sie dieses zu thun, u. alsdenn will ich es mit meinem Buche conferiren laßen. Ich bin in größter Eil.

Ihr ergebenster Diener
Fr. Nicolai

N.S.
Wegen Schwäche der Augen habe [ich] diesen Brief dictiren müßen.

Erläuterungen zu Nr. 102

- "weil nach dem letzten Churfürstl. Mandate": Das Kursächsische Mandat vom 18.12.1773 stellte den Versuch dar, Verlagseigentum grundsätzlich zu schützen (ohne daß jeweils ein Privileg beantragt werden mußte) und das Nachdruckwesen wirkungsvoll zu bekämpfen. Daß es Lücken hatte, zeigt der vorliegende Fall; vgl. Rosenstrauch 1986, S.62ff.

[Nr. 103; Nicolai an Iselin]

Lpz. d. 21. Oct 1777.

Mein liebster Freund

Sie sehen, was mir der Minister Gutschmid schreibt, dessen Brief ich im Augenblicke erhalte. Suchen Sie doch ein solches Schreiben beym Rathe in Basel zu bewirken. Dieß wird der einzige Weg seyn, daß das Schneidersche Privilegium wieder *cassirt* werden [kann], denn es ist leider ausgefertigt u. der erste Band des Nachdruks fertig. Ich umarme Sie

Nicolai

In Eil!

Erläuterungen zu Nr.103

- "Sie sehen, was mir der Minister Gutschmid schreibt": Der Brief Gutschmids an Nicolai vom 17.10.1777 ist im Nachlaß Iselins erhalten: Staatsarchiv Basel-Stadt PA 98, 37, S.228-231. Darin heißt es: "wie ich überhaupt ein erklärter Feind des in unserm philosophischen und empfindungsreichen Zeitalter vorzüglich zur Mode gewordenen Nachdruckens bin, also werde mich meines Orts für die Sache des Herrn Iselins mit so mehrern Eyfer verwenden, da mich die Hochachtung gegen diesen, wegen seiner guten Absichten und eyfrigen Bemühungen allemal verehrungswürdigen Manne, darzu noch besonders ermuntert." Erforderlich sei aber eine Erklärung der Basler Obrigkeit, im umgekehrten Falle, das heißt bei Nachdruck sächsischer Bücher in Basel, ebenfalls einzuschreiten. Gutschmids Begründung lautet: "In den helvetischen Cantons und schutzverwandten Orten ist zu mehrnenmalen der Nachdruck von Büchern, die das unstreitige rechtmäßige Eigenthum Chursächsischer Buchhändler gewesen, nicht nur öffentlich unternommen, sondern auch von den Landesobrigkeiten begünstiget und die Rechtshülfe dagegen verweigert worden."

[Nr. 104; Iselin an Nicolai]

Basel den 24. Weinm. 1777
[erh. 13. Dez.]

Ich bin Ihnen unendlich dankbar vortrefflicher Freund! für Ihre gütige Verwendung in Rücksicht auf den Nachdruck meiner Ephemeriden. Ich habe von Ihren zween Räthen denjenigen erwählt der am wenigsten Nachwerbens und Mühe erfordert. Sobald ich meine Sache durch eine Art von Rechtshandel erobern müßte, wollte ich lieber alles aufgeben. Will H. Schneider die Commission in Leipzig übernehmen: so will ich ihm den Verkauf in ganz Sachsen, und falls Sie bester Freund nichts dagegen haben auch im Brandenburgischen gegen gute Bedingnisse und baarer Bezahlung überlassen. Macht er mir keine guten Bedingnisse: so werden die Ephemeriden mit dem Ende dieses Jahres ein Ende nehmen. Denn ich würde sie ohne Nachtheil nicht behaupten können. Dieses würde mir sehr leid seyn. So gering, unverantwortlich gering der Vortheil ist, den ich davon in Gelde ziehe, so ist mir doch das Werk unendlich angelegen, weil ich mich blende meinen Mitmenschen, dadurch wirklich recht nützlich zu seyn. Haben Sie nochmals Dank für alle Mühe die Sie sich deshalben geben. Hier ist Ihre Rechnung von 1776. Nun glaube ich entdeckt zu haben warum wir nicht übereins kommen. Sie rechnen jedes Stück einzeln zu 24^{sols}, wie das erste anfänglich verkauft wurde, allein sie sind gleich durch die dem zweyten Stücke vorgesetzte Nachricht auf 30 sols gesetzt worden. Sollten Sie durch diesen Irrthum zu Schaden gekommen seyn so rechnen Sie mir ihn an. Ich glaube Ihnen schon gesagt zu haben daß wir das ganze Ex. v. 12 St. zu 16^{L} berechnen wollen ohne fernern Abzug gingen also noch 63 L. ab.

Ich habe noch einen wichtigen Brief von Ihnen zu beantworten, allein ich weiß nicht wo ich Zeit dazu hernehmen soll. O wie sehr sehne ich mich nach Freyheit die ich nie erhalten werde. Ich umarme Sie. Lieben Sie ferner

Ganz den Ihrigen
I.Iselin

[zu Nr. 104; spezifizierte Abrechnung
über die Ephemeriden der Menschheit für 1776]

Herr Nicolai in Berlin

[Datum] [17]76.	[Stücknummern; Multiplikator]	[Stückzahl]	[Produkt]
15 Mayens	Ephem.d.M. 1tes St.	24.	24.
25.	2. und 3.tes	12.	24.
22. Augs	1tes	3.	3.
2	2. und 3tes	15.	30.
4	4.5.6. u. 7.	27.	108.
2. Weinm.	8. u. 9.	27.	54.
15.	10tes	27.	27.
	1 bis 10tes	50.	500.
26. Wint	11tes	77.	77.
21. Christm.	12.	77.	77.
von H. Prof. Eck	1tes	5.	5.
[1. Zwischensumme]			929.

Er hat jeweilen von jedem Stücke 6 unentgeltlich abgegeben	72.
an das Philanthropin in Dessau 5 Ex. von 4 bis 12	45.
an H. Prof Eck 5 Ex. von 2-10	45.
2. von 1.76.	2.
[2. Zwischensumme]	164.

Wenn von hinseitigen	929.
Stücken abgezogen werden diese	164.
bleiben	765.

Diese machen 63 3/4 ganze Ex. von 12 St.	
und diese betragen zu 16 L.	1020 L.
davon gehen ab 25 p. Cento provision	255
	765
davon empfangen 15 L d'or	360
bleiben	405

[Nr. 105; Nicolai an Iselin. Zwei Einblattdrucke mit kurzem persönlichen Begleitschreiben]

[a): Einblattdruck **"An die sämmtlichen Herren Verfasser der allgemeinen deutschen Bibliothek."** Datiert: "Berlin, den 6 ten Wintermonats 1777. Friedrich Nicolai."]

[b): Einblattdruck:]

Nachricht

Herr D. Bahrdt in Heidesheim hat, sehr unbefugter Weise, angefangen, die **theologischen Recensionen der allgemeinen deutschen Bibliothek**, nachdrucken zu lassen. Es kann mir dieses Unternehmen nichts weniger als gleichgültig seyn. Ich habe über die allgemeine deutsche Bibliothek ein Kaiserl. allergnädigstes Privilegium erhalten, und ich hoffe, wenn anders noch Recht und Gerechtigkeit gilt, es werde die Fortsetzung dieses Bahrdtischen Nachdrucks gänzlich gehemmet werden: wozu ich auch noch mehrere Maasregeln genommen habe. Ich habe zu dem Publikum das Vertrauen, es werde eine solche schändliche Unternehmung nicht begünstigen, die, wenn sie völligen Fortgang hätte, den Erfolg haben würde, daß die allgemeine deutsche Bibliothek, ein Werk, welches unsägliche Mühe und Kosten erfordert, ganz aufhören müste. Der einzige scheinbare Vortheil, den D. Bahrdt dem Publikum anbietet, ist, daß sein Nachdruck obgleich schlechter doch auch wohlfeiler ist. Ich will jeden ehrlichen Mann, der Kenntniß vom Drucke der Bücher hat, urtheilen lassen, ob die allgemeine deutsche Bibliothek, wozu so große Kosten des Drucks, der Anschaffung der Bücher, der Korrespondenz mit mehr als achtzig Verfassern und vielen andern Personen, der Versendung u.a.m. erfordert werden, theuer verkauft werde, und ob der Bahrdtische verstümmelte und schmutzige Nachdruck, mit der ächten Ausgabe verglichen werden könne. Indessen will ich, damit aller Vorwand wegfalle, daß der Bahrdtische Nachdruck eine Begünstigung verdiene, dem Publikum Gelegenheit geben, sich die allgemeine deutsche Bibliothek für einen sehr wohlfeilen Preis anzuschaffen oder sie zu kompletieren.

[Es folgen die Sonderkonditionen für einen begrenzten Zeitraum (bis Juni 1778). Auf dem Zirkular (nicht der "Nachricht") wird ebenfalls auf den Sonderverkauf der ADB hingewiesen. Hier die handschriftliche Marginalie Nicolais:] "Machen Sie dieses doch ein paarmahl in den Ephemeriden und sonst bekannt." [Das auf Pränumeration angekündigte Werk "Leben Johann Bunkels" (mit Kupferstichen von Daniel Chodowiecki) sei im Druck. Datiert: "Berlin den 6 ten Wintermonats 1777. Friedrich Nicolai."]

[zu Nr. 105; persönlicher Begleitbrief]

Mein theurester Freund.
Ich beziehe mich auf meine beide Schreiben von Leipzig, und warte auf Nachricht v. Ihnen

N.

[PS]
Das *porto* für Anlagen setzen Sie mir in Rechnung
In Eil!

Erläuterungen zu Nr.105

- [Bahrdts Nachdruck der theologischen ADB-Rezensionen]: auch in ADB 33/1 (1778), S.304-306. 1777 erschienen drei Bände unter dem Titel "Kritische Sammlungen der theologischen Literatur, aus der Allgemeinen Deutschen Bibliothek". Sie wurden am 27.2.1778 durch kaiserlichen Beschluß verboten; dennoch kamen in den folgenden Jahren weitere Bände heraus. Mit diesem und anderen Raubdrucken versuchte Bahrdt, seinem auf schwachen finanziellen Füßen stehenden Philanthropin in Heidesheim (vgl. zu Nr.88) aufzuhelfen.
- [Sonderkonditionen der ADB und Ankündigung des "Bunkel"]: Iselin machte beides bekannt in: Ephemeriden 1777/12, S.122ff.

[Nr. 106; Iselin an Nicolai]

Basel d 22. Wint. 1777
[erh. 5. Dez.]

Ihre Briefe sind schon an ihre Behörden verreiset vortrefflicher Freund! Die Anzeige von der neuen Auflage vom Usong werde ich gleich nach dem neuen Jahre machen. H. Schneider hat H. Schweighauser versprochen von dem Nachdrucke der E. abzustehn. Er klagt Sie an, Sie hätten ein einzelnes Stück um 14 gg u. den Jahrgang um 7. Rthl verkauft, und H. Eck er hätte für niemand keine Exemplare verschreiben wollen. Dieser Mangel hätte den Nachdruck nothwendig gemacht. Ich sehe mich deshalben um einen beständigen Commissionär in Leipzig um, und ich habe darüber an H. Zollikofer geschrieben. Man sagt mir wenn ich dieses nicht thue so habe ich alle Augenblicke einen neuen Nachdruck zu befürchten. Die Anzeige wegen Verkaufs der Bibliothek ist schon in der Druckerey um in dem 12ten Stücke der E. angezeigt zu werden. Kaufmann ist wider bey Haus und hat sich eine Braut gewählet. Ich umarme Sie, liebster Freund! Leben Sie wohl.

I.Iselin

[PS]
Meine Rechnung werden Sie in dem an H. Schneider eingeschlossen gewesenen Schreiben erhalten haben.

Erläuterungen zu Nr.106

- "Kaufmann ist wider bey Haus und hat sich eine Braut gewählet": Nach Rückkehr von seiner großen Geniereise (vgl. zu Nr.97) entschloß sich Kaufmann, ein einfaches Leben auf dem Lande zu führen. Im Februar 1778 heiratete er Elise Ziegler, mit der er sich bereits 1776 verlobt hatte. Sie war die Tochter des Winterthurer Obervogtes Adrian Ziegler.

[Nr. 107; Nicolai an Iselin. Von Schreiberhand, mit eigenh. Unterschrift und Zusatz von Nicolai]

Herrn Rathsschr. Iselin
in Basel

Berlin den 10 Jan. 1778

Mein theurester Freund!

Ihre Briefe von 24 Weinmonaths u. 22. Wintermonaths vorigen Jahres habe ich zu ihrer Zeit richtig erhalten; bloß meine äusserst dringende Geschäfte haben mich bisher gehindert sie zu beantworten. Ich hoffe Sie werden sich unterdessen mit Schneidern auf solche Art verglichen haben, daß die Ephemeriden nicht aufhören dürfen welches für unsere Litteratur ein sehr großer Verlust seyn würde. Ich hoffe aber dieß werde nicht geschehen. Es wird Ihnen allerdings sehr nützlich seyn in Leipzig einen *Commissionair* zu haben. Nehmen Sie dazu Herrn Schneider, der sonst im Börsen Verstande ein ganz guter Mann ist, oder Herrn Hilscher, der Herrn Schweighäusers *Commissionair* ist, oder wen Sie sonst wollen dazu. Ich will Ihnen von ganzem Herzen die bisher gehabte *Commission* abgeben; denn ich versichere Sie, daß mir nach meiner Einrichtung alle *Commissionen* Schaden bringen und daß ich diese für niemand, als für einen Freund wie Sie, würde übernommen haben.

Ich habe allerdings für die Buchhändler den Preis fürs Stück für 14 gr. machen müssen; denn ich muß den Buchhändlern 33 1/4 *p Cent rabbat* geben, werde hin und wieder betrogen, habe kleine *faux frais* u.s.w. so daß am Ende gar kein Vortheil für mich dabey ist. Ich habe unter mehrern Ursachen auch deswegen nie gerne *Commissionen* übernommen, weil ich schon aus der Erfahrung weiß daß man leicht dabey in den Verdacht des Eigennutzes kommen kann, indem man eher Schaden als Vortheil hat. Wer auf Messen hievon nicht die Erfahrung hat, kann es nicht begreifen. Daß es in Leipzig an Exemplarien gemangelt hätte, ist grundfalsch; denn nicht allein habe ich sie in der Messe allen Buchhändlern vorgezeigt, sondern der größte Vorrath der in *Commission* habenden Exemplarien ist auch zwischen der Messe in meinem Laden in Leipzig liegen geblieben. Das Unglück aber ist, daß die Leipziger Buchhändler gar keine Bücher fremder Buchhändler nehmen und verkaufen, sondern sich nur ihren Verlag von den

Buchhändlern wollen bezahlen lassen. Der Buchhandel muß würklich zu Grunde gehen, da jedermann verkaufen will u. fast niemand übrig bleibt der Geld hätte zu kaufen.

Ihre mir gesandte Rechnung stimmt weder in der Anzahl der Exemplarien noch in den Preisen mit meinem Buche, indessen ist [es] das beste daß nunmehr festgesetzt ist, ein Stück macht ein lb. oder ein Jahrgang 12 lb. ohne *Rabbat*. Es kann also nicht fehlen ich muß Ihnen so viel lb. berechnen als ich Stück empfangen habe. Um nur einmahl in Ordnung zu kommen, nehme ich laut Ihrer Berechnung an, daß ich Ihnen auf das Jahr 1776, 405 lb. schuldig bleibe, die ich Ihnen entweder mit Geld oder zurückzugebenden Stücken vergüte. Die Stücke die ich von 1777 empfangen, finden Sie auf beyliegender Rechnung auch angezeigt. Ich bitte dieses in Ihrem Buche *conform* zu notiren. In der künftigen Ostermesse werde ich alle Stücke die ich nicht abgesetzt habe Ihrem mir anzuzeigenden *Commissionair* abliefern u. Ihnen den Rest an baarem Gelde übermachen. Alsdann will ich auch die Fortsetzung der Stücke die ich für meine Handlung brauche von Ihrem *Commissionair* nehmen, so dürfen wir beide nicht weiter über diese Sache *correspondiren*. Ihnen wird überhaupt wohl seyn wenn ein ordentlicher *Commissionair* in Leipzig Ihnen die unselige *Correspondence* welche die Versendungen erfodern, künftig ersparen wird.

Leben Sie wohl mein theurester Freund. Ich wollte noch gern über vieles mit Ihnen reden; aber ich bin von Geschäften erdrükt und gar nicht Herr meiner Zeit. Das einzige will ich Ihnen sagen, daß Eberhards Apologie 2^r Thl wirklich gedrukt u. auf Ostern fertig wird. Er scheint mir fast noch wichtiger als der erste. Befördern Sie doch anliegenden Brief an H. Haller, dessen Gedichte ich habe drucken sollen; aber nicht drucken kann. [von Nicolais Hand:] Ich umarme Sie von Herzen. Wegen Augenschwäche, muß ich diktiren, und kann nicht einmahl recht überlesen

Fr. Nicolai

Erläuterungen zu Nr.107

- "Eberhards Apologie 2^r Thl": Johann August Eberhard, Neue Apologie des Sokrates (vgl. zu Nr.51), Bd.2 Berlin (Nicolai) 1778.

[Nr. 108; Iselin an Nicolai]

Basel den 4. Hornungs 1778.
[erh. 21. Febr.]

Unsere Rechnung, schätzbarster Freund ist nun so einmal in der Ordnung. Für 1776. habe ich noch 405$^{L.}$ zu gute. Für das Jahr 1777. setzen Sie an 739 Stücke; dazu kommen nun noch 74 N.11. und 74 N.12. in allem 148, macht also was mir für 1777 zukömmt 887. Stücke aus. Da ich Ihnen jeweilen 80 Stücke schicke und allemal 6 davon abgehen, würden zwelfmal 74 Stücke 888 ausmachen. Ich habe aber meine Rechnung der Ihrigen gleichgesetzet. Für den Bunkel rechne ich an 93.$^{L.}$, obwohl ich auch erst für ein Ex. den Vorschuß habe und auf die andern werde warten müssen, also hätte ich noch zu gute 1199$^{L.}$, deren Bezahlung ich in der Ostermesse werde einziehen lassen. Ich hoffe mit Herrn Schneider zu recht zu kommen, doch bin ich noch nicht mit ihm in Richtigkeit. Ich bitte Sie aber, werthester Freund, was Sie an Ephemeriden für sich und Ihre Freunde brauchen, immer unmittelbar von mir zu verschreiben. Ich werde Ihnen für die künftigen Jahre den Jahrgang wie Herrn Schneider zu acht Livres berechnen. Der gute Mann hat Ausreden für seinen Nachdruck haben müssen.

Ich erwarte mit Ungeduld Herrn Eberhards dieses lichtvollen und vortrefflichen Schriftstellers zweyten Theil. Die Genienwuth wird allmählich fallen. Bey uns und villeicht aller orten haben sie mehr gesagt daß sie Aufsehns erregeten als daß sie wirklich erreget hätten. Aber was habe ich mit diesen Sachen zu schaffen, daß ich auch müßte in den Brelocken bespützet werden?

In moderation placing all my glory,
The Torys call me Whig and Whigs a Tory

Leben Sie wohl, bester Freund. Ich wünsche daß Ihre Augen wider hergestellt seyn mögen und bin mit gewohnter Hochachtung

Ihr gehorsamer Diener
Isaak Iselin

Erläuterungen zu Nr.108

- "daß ich auch müßte in den Brelocken bespützet werden": [Johann Jakob Hottinger und Johann Rudolf Sulzer], Brelocken ans Allerley der Gross- und Kleinmänner. Leipzig 1778. Diese Schrift richtete sich gegen die von Anhängern Lavaters verfaßten zwei Bändchen "Allerley" (vgl. zu Nr.93). Iselin, von den Lavaterianern teilweise vereinnahmt, geriet zwischen die Fronten des in Zürich tobenden "geistigen Bürgerkriegs" (Pestalozzi 1982, S.42).

- "In moderation placing all my glory...": Dieses Zitat nach Alexander Pope war für Iselin so wichtig, daß er es zur Kennzeichnung seiner politischen und literarischen Stellung in seine kurze Autobiographie aufnahm, die 1782 - redigiert von Leonhard Meister - erschien; vgl. Meister, Helvetiens Berühmte Männer, S.251; Im Hof 1967, S.232, und Im Hof 1994, S.91.

[Nr. 109; Iselin an Nicolai]

Basel den 25. Horn. 1778
[erh. 4. Apr.]

Ich übersende Ihnen liebster Freund, einmal wider achtzig Exemplare E.d.M. die Sie im Preußischen und im Brandenburgischen wohl werden unterbringen können. Ich beziehe mich ledigl. auf mein letzteres [Schreiben]. Auch bitte ich Sie Herrn Cammermusicus Reichart in Berlin in meinem Namen und mit meiner Empfehlung ein Exemplar von jedem Stücke übergeben zu lassen. Also verschenken Sie 7. Ex. und berechnen 73. anstatt 74. wie vorher.[42]

Ich umarme Sie. Leben Sie wohl.

I.Iselin

Erläuterungen zu Nr.109

- "Herrn Cammermusicus Reichart": Der junge Komponist und preußische Hofkapellmeister Johann Friedrich Reichardt hatte sich im Herbst 1777 mit zwei Briefen an Iselin gewandt und ihm zwei Artikel geschickt, die Iselin sogleich in den Ephemeriden 1777/11 erscheinen ließ: "An die Jugend. Aufmunterung zum reinen und richtigen Gesang, als ein Theil der guten Erziehung in unsern Zeiten", S.32-41 (gez. "R."), und "Die Lotto durch eine Thatsache bekämpfet", S.116-124 (anonym); vgl. Wilhelm Merian, Johann Friedrich Reichardt und Isaac Iselin. In: Zeitschrift für Musikwissenschaft 1 (1919), S.698-701. Bei Merian sind die zwei Briefe Reichardts an Iselin abgedruckt; der unpublizierte Antwortbrief Iselins vom Oktober 1777 in: SBPK, Slg. Darmstädter 2g 1760 (1).

42 Marginalie Nicolais: "NB Er, an *Boehm ordre* geben, die *gratis* Expl. mir zu liefern" (in Kenntnis des eher empfangenen Briefes Nr. 110 geschrieben).

[Nr. 110; Iselin an Nicolai. Von Schreiberhand, mit eigenh. Zusatz und Unterschrift]

Herren Friderich Nikolay in Berlin

Basel den 14ten Merz 1778.
[erh. 29. März]

Hochgeehrter Herr!

Mit Gegenwärtigem habe die Ehre Ihnen zu sagen, daß ich so frey gewesen, auf *le ordre* hiesigen Herren Johannes Schweyghauser abzugeben
L 500 de france in meiner *Tratta* auf künftige Ostermeß zahlbar, ich bitte selbige zu *honoriren* und mir zu *debitiren*.

Wenn Sie die Ihnen gesandten 80 Exemplare nicht alle in Berlin u.s.w. vertreiben können so bel.[ieben] Sie die übrigen an Hrn Adam Fried. Böhm in Leipzig abzugeben, indem ich Ihm den Vertrieb der Ephem. in Leipzig unter d. Bedingniß daß niemand als er allein solche allda vertreibe[n] soll übergeben habe. Ich hoffe Sie werden die Güte gegen mich haben mir diesen Dienst zu leisten, und bin mit Hochachtung

Ihr
I.Iselin

[PS; von Iselins Hand]
Eine Unpäßlichkeit oder besser zu sagen eine Krankheit die aber bald vorübergehn verspricht nöthigt mich mich fremder Hilfe im Schreiben auch gegen Sie [Loch; liebster Freund] zu bedienen.

[zu Nr. 110 (oder Nr.111?); Zahlungsanweisung]

Basel den 17. C[hrist]m[onat] 1777.[?]
500L. args deb[it]

Herrn Friederich Nicolai Buchhändler in Berlin beliebe gegen diese meine Anweisung an die *Ordre* Herrn Johann Schweighauser zu bezahlen, die Summe von fünfhundert Livres französisch Geld, den Werth in Rechnung, d. Nachricht von

dero gehorsamem Diener
Isaak Iselin

[auf der Rückseite, von Schweighausers Hand]
Für mich zahlen Sie an Herrn Weidemann Erben und Reich in Leipzig oder deren *ordre*, den Werth in Rechnung
Basel den 20. April 1778.

Johann Schweighauser

[von Nicolais Hand:]
Ist OM 1778 bezahlt.

Erläuterungen zu Nr.110

- "Tratta": (ital.); gezogener Wechsel, das heißt: ein ausgestellter, aber noch nicht akzeptierter Wechsel.

[Nr. 111; Iselin an Nicolai]

Basel den 2. Mayens 1778.
[erh. Ostermesse]

Sie wollen sich also, vortrefflicher Freund! der Ephemeriden ganz entladen. Seys. Haben Sie Dank für die Mühe die Sie bisher damit gehabt haben. Doch wünschte ich daß Sie noch den Jahrgang 1777. ganz mit mir beendigten, sonst laufe ich Gefahr mit H. Böhme in eine etwas verworrene Rechnung zu gerathen. Die siben Stücke empfangen Sie ferner von Hn Böhme. Hr. Schneider wird nun keinen guten Grund mehr zum Nachdrucke haben. In dem achten oder neunten Stücke der Ephemeriden gedenke ich aus Anlasse einiger Ideen des Hn Linguet von den Bücherprivilegien zu handeln. Man macht allmählich alles zum Werkzeuge und Gegenstande von Räuberey; Privilegien Censur Nachdruck etc. - Was Ihnen in Wien begegnet ist sonderbar und ist es nicht. Denn die Tyranney der dortigen Censur ist bekannt. Leben Sie wohl. Ich bin

Ihr Ergebenster Diener
Isaak Iselin

Erläuterungen zu Nr.111

- "gedenke ich aus Anlasse einiger Ideen des Hn Linguet von den Bücherprivilegien zu handeln": Iselin bezieht sich vermutlich auf die folgende Schrift: Des Herrn Linguets Betrachtungen über die Rechte des Schriftstellers und seines Verlegers (hrsg. von Philipp Erasmus Reich), Leipzig 1778. Es handelt sich um die Übersetzung einer Abhandlung aus Linguets "Annales politiques, civiles et littéraires du dix-huitième siècle". Eine - sehr negative - Rezension dieser Zeitschrift erschien in: Ephemeriden 1778/6, S.54-58. Darin wird allerdings nichts über Bücherprivilegien gesagt und auch ein eigener Aufsatz Iselins zu diesem Thema läßt sich nicht nachweisen.

- "Was Ihnen in Wien begegnet ist sonderbar und ist es nicht. Denn die Tyranney der dortigen Censur ist bekannt": Iselin, dessen Werke selbst Opfer der Wiener Zensur geworden waren, bezieht sich auf das Verbot der ADB in Österreich Ende 1777. Noch im August 1777 hatte Nicolai ein auf zehn Jahre gültiges kaiserliches Privileg für die ADB erhalten (abgedruckt vor ADB 33/1, 1778). Seine

Befürchtung war nun, dieses Privileg werde zurückgezogen und der Verkauf der Zeitschrift für ganz Deutschland untersagt werden (vgl. Nr.114). Dazu kam es aber schließlich nicht.
Nicolai hat das österreichische Verbot in einer langen Vorrede zur ADB, einer wahren Philippika, scharf kritisiert: Anhang zu Bd.25-36 (datiert: 25.7.1780). Im Namen der 94 Mitarbeiter der ADB fordert Nicolai hier Rechenschaft von den Wiener Zensoren und geißelt die Gängelung der Öffentlichkeit: "Und wenn nun der Censor in Wien, ein Buch für schädlich, und daher für verwerfungswürdig; der Censor in Berlin ebendasselbe für nützlich, und daher für erlaubt erklärt, ist es denn so ganz unmöglich, einen Richter zu finden, der entscheiden könnte, welcher von beiden Recht habe? Sollte das ganze erleuchtete geehrte deutsche Publikum, dieser unstreitige Richter nicht seyn können? Man verfahre nur in der Censur mit Schriftstellern, die die besten Kräfte ihres Geistes anwenden, um ihre Zeitgenossen und die Nachkommen zu erleuchten, ferner nicht, wie mit den Gefangenen in der spanischen Inquisition, denen niemals angezeigt wird, worüber sie angeklagt sind. Man verdamme sie nicht ungehört; man lege ihnen Gründe des Urtheils vor, (...) und da Bücher und Verbote von Büchern, eine Sache des ganzen gelehrten Publikum sind, so mache man diese Gründe öffentlich bekannt. Laß sie auftreten, die Männer, die nun schon seit so vielen Jahren die Schriften unsers Lessings, Wielands, Moses Mendelssohns, Iselins, Hallers, Göthe[s], Zimmermanns, Abbts, Basedows, und wie die würdigen Schriftsteller unserer Nation alle heißen, dem ganzen deutschen aufgeklärten Publicum zur höchsten Verwunderung, öffentlich in den *Indicem librorum prohibitorum* neben die Scharteken vom Schatzgraben und Hexenbeschwörungen, und neben die schmutzigsten Sammlungen von Schandschriften, Zoten und Gotteslästerungen setzen! Laß sie auftreten, und dem ganzen erleuchteten Publikum die Gründe dieses befremdenden Verfahrens vorlegen!"
1782 hob die Wiener Zensur das Verbot einiger Werke, darunter Iselins "Vermischte Schriften" und seine "Geschichte der Menschheit", auf. Die ADB wurde jetzt "*continuantibus*" erlaubt, das heißt nur denjenigen Personen, die die Zeitschrift schon vor dem Verbot bezogen hatten; vgl. ADB 49/1 (1782), S.293ff.

[Nr. 112; Iselin an Nicolai]

[5.8.1778 (s.u.);
erh. 17. Aug.]

Ich habe Ihren Brief erhalten liebster Freund, da ich eben von einer Reise in die Schweiz zurückkam. Es war mir unmöglich seither viel zu arbeiten. Also würde ich Ihnen noch 37$^{L.}$ auf die Rechn. von 1778 schuldig seyn und Sie empfangen auf gleiche Rechnung 12 Ex. E. von 1778. Allein ich habe noch nichts von meinen 7. Ex vom Bunkel gesehn, und meine Subscribenten fragen darnach. Ich sehe aus Ihrem Catalogus daß Sie den Jahrgang der Ephemeriden auf 20 Livres ansetzen. Ich kann mir wohl vorstellen daß sie so wenig Käufer finden müssen.

Hier ist eine Anzeige von der neuesten Auflage des Usong. Wenn es möglich ist, so werde ich die von Smith etc. vor Michaelis senden. Meine Gesundheit erlaubt mir gar wenig Arbeit.

Ich werde Ihnen von St. 7. u. 8. 20 Exemplare senden. Herr Böhme wird Ihnen neunzehen von 5. u. 6. zusenden. Ich bitte Sie noch ein Exemplar an H. Spener *Associé* der Herren Haude und Spener in meinem Namen zu schenken. Sie empfangen zu diesem Ende 1-6 von 78. besonders.

Ich danke Ihnen für die pat. Phantasien und für Herrn Eberhards vortreffliches Werk. Auch Hn Nicolai Gedichte haben mir grossentheils sehr wohl gefallen. Wenn ich nur Zeit hätte zu lesen. Ich bin ein Sklave, doch denke ich Gottlob nun von Zeit zu Zeit daß meine Ketten Ketten sind.

Ich umarme Sie und verbleibe

Ihr Ergebenster
Isaak Iselin

Basel den 5. Augst. 1778.[43]

---

43 Marginalie von einem Angestellten Nicolais: "Vom 5 ten St. sind die sonst gewöhnl. 81 Ex. gesend., davon sind 19. genommen und das übrige zum *Remitt.* gelegt."

Erläuterungen zu Nr. 112

- "die pat. Phantasien", "Herrn Eberhards vortreffliches Werk", "Hn Nicolai Gedichte": Iselin bedankt sich hier für drei Bücher aus Nicolais Verlag. Nicolai, gegenüber Freunden immer sehr freigebig, hatte sie ihm offenbar von der Leipziger Ostermesse aus als Geschenk zugesandt: Justus Möser, Patriotische Phantasien. Bd.3 Berlin 1778. Johann August Eberhard, Neue Apologie des Sokrates. Bd.2 Berlin 1778. Ludwig Heinrich Nicolai [eigentlich Nicolay], Vermischte Gedichte. Bd.1 Berlin 1778.

[Nr. 113; Nicolai an Iselin]

[Einblattdruck **"An die sämmtlichen Herren Verfasser der allgemeinen deutschen Bibliothek."** Datiert: "Berlin, den 28. Herbstmonats 1778. Friedrich Nicolai.";[44] mit handschriftlichem Zusatz von Nicolais Hand:]

Obiges mein theurester Freund! gehet Sie eigentl. nicht an. Sie bekommen es nur, weil Sie alles erhalten müssen, was mit der Bibl. vorgehet.

---

44 Wieder abgedruckt in: Nicolai, Verlegerbriefe (ed. Fabian/Spieckermann 1988), S.123f.

[Nr. 114; Nicolai an Iselin]

[Einblattdruck "**An die sämmtlichen Herren Verfasser der allgemeinen deutschen Bibliothek**", datiert: "Berlin, den 10 ten Wintermonats 1778. Friedrich Nicolai."]

[Neben den üblichen organisatorischen Informationen über die ADB und der Mahnung zu größerer Eile, findet sich auch folgender Absatz:]

Noch wiederhole ich meine Bitte, bey den jetzigen Kriegesläuften, nichts einfließen zu lassen, welches gegen eine der kriegführenden Mächte, beleidigend seyn könnte. Auch bitte ich ergebenst, sich vor Ausdrücken, welche etwann den Katholischen, oder sonst in Religionssachen anstößig seyn könnten, zu hüten. Es giebt Leute, welche sich bemühen, in Wien beym Reichshofrathe, wider die Bibliothek zu arbeiten. Es ist nützlich, besonders bey den jetzigen öffentlichen Umständen, einige Vorsicht zu gebrauchen. Die Wahrheit kann doch gesagt werden, wenn man sich auch allzu starker Ausdrücke enthält.

[zum Stichwort "restirende Recensionen" hat Nicolai handschriftlich hinzugesetzt:]
fehlt noch Smiths Unters. 2^{r} Thl.

[Begleitbrief zu Nr. 114; von Schreiberhand,
mit eigenh. Zusatz und Unterschrift Nicolais:]

Ich habe Ihnen mein werthester Freund, von Leipzig ein Exemplar meiner neuen Beschreibung von Berl. und Potsdam zugesendet, ein Werk das unbeschreibliche Mühe gemacht hat, daß aber wie ich hoffe, von einer gewißen Seite, auch außer Berlin intereßant seyn soll.

Es würde mir sehr angenehm seyn, wenn Sie es in den Ephemeriden, etwas ausführlich anzeigen wollten. Wir haben hier Anstalten genug, die die Aufmerksamkeit eines Menschenfreundes verdienen, und verschiedene Anstalten, welche in den Ephemeriden als neu angezeigt wurden, existiren bey uns seit vielen Jahren. Sie können sich leicht vorstellen, daß ich für unsere Einrichtungen nicht lauter Lob verlange. Vielmehr könnte ein Tadel mancher sichtbaren Irrtümer und Mängel, von guter Würkung seyn, wenigsten[s] zu näherer Untersuchung Anlaß geben.

Ich sende Ihnen anbey eine Abschrift der Sentenz des Reichshofraths wieder den ehrlichen Bunckel. Ich wünschte auch, daß Sie mit schweizerischer Freymüthigkeit in den Ephemeriden hierüber etwas sagten. Es kommt wahrhaftig nicht darauf an, ob man mit allen Meinungen Bunckels übereinstimme. Aber es gehört zur Geschichte unsers Jahrhunderts daß der Reichshofrath auf bloße Anzeige, ohne den Gegentheil zu hören, ein Buch, welches Sulzer und Teller (in *qualitaet* obrigkeitlicher *Censoren*) des Drucks würdig geachtet haben, für gotteslästerlich zu erklären. Ich glaube es ist die Sache aller Gelehrten, sich der Bemühung der Scheinheiligen, um die Dummheit durch den weltlichen Arm zu unterstüzen, ernstlich zu widersezen. Ich selbst habe gegründete Ursache bey den jetzigen politischen Umständen stille zu schweigen. Ich habe Nachricht daß man eben dieses wegen der deutschen Biblioth. *meditirt*. Wenn der Frieden diesen Winter wie man hoft zustande komt, so habe ich schon das Versprechen, daß sich alsdenn der König der Bibliothek wieder annehmen werde, wie er schon im Anfange dieses Jahrs gethan hat. Geht aber der Krieg wie es möglich ist, fort, so wird auch der Reichshofrath gewiß weiter gehen. Es wäre ein wahres Unglück für die deutsche Litteratur, wenn das Haus Oesterreich in Deutschland mehrern Einflus bekäme.

[von Nicolais Hand:]
Leben Sie wohl mein theurester Freund. Ich umarme Sie. Und muß um meine Augen zu schonen, immer noch diktiren

Nicolai

Erläuterungen zu Nr.114

- "bey den jetzigen Kriegesläuften": Gemeint ist der Bayerische Erbfolgekrieg zwischen Österreich und Preußen. Im Januar 1778 war Kaiser Joseph II., der Ansprüche auf das Erbe des verstorbenen Kurfürsten Maximilian III. Joseph erhob, in Bayern einmarschiert. Friedrich der Große wollte den Machtzuwachs der Habsburger nicht dulden und bestritt, unterstützt von einigen anderen deutschen Fürsten, Josephs Ansprüche. Im Juli begann er den Feldzug gegen Österreich. Ohne daß es zu großen Kampfhandlungen gekommen wäre, zogen sich beide Seiten im September/Oktober 1778 zurück, verhandelten miteinander und schlossen am 13. Mai 1779 den Frieden von Teschen, der Österreich einen nur geringen Gebietszuwachs einbrachte.

- "in Wien beym Reichshofrathe": Der Reichshofrat in Wien war das oberste Aufsichtsgremium für das Bücher- und Pressewesen im Reich. Ihm unterstand als Hilfsorgan die kaiserliche Bücherkommission in Frankfurt a.M.; vgl. Ulrich Eisenhardt, Die kaiserliche Aufsicht über Buchdruck, Buchhandel und Presse im Heiligen Römischen Reich Deutscher Nation (1496-1806). Ein Beitrag zur Geschichte der Bücher- und Pressezensur. Karlsruhe 1970, S.63ff.

- "ein Exemplar meiner neuen Beschreibung von Berl. und Potsdam": Nicolais "Beschreibung der Königlichen Residenzstädte Berlin und Potsdam und aller daselbst befindlichen Merkwürdigkeiten" war 1769 in erster Auflage erschienen. Das Titelblatt der zweiten Auflage trägt die Jahreszahl 1779, die ersten Exemplare versandte Nicolai aber schon Ende 1778. Die zweite Auflage ist gegenüber der ersten stark verbessert und zu zwei Bänden erweitert worden: Sie glänzt vor allem durch ihre breite und außerordentlich zuverlässige historisch-statistische Fundierung. Für sie hatte Nicolai intensive Archivstudien betrieben und dabei sein Augenlicht stark strapaziert, so daß er in der Folgezeit viele Briefe diktieren mußte. Vgl. Nicolai, Beschreibung (ed. Spriewald 1995, S.1005ff.: Vorwort Nicolais zur zweiten Auflage) und Möller 1974, S.324ff.

- "Sentenz des Reichshofraths wieder den ehrlichen Bunckel": Schon im Mai hatte Nicolai das Verbot des von ihm verlegten Romans (vgl. zu Nr.96) vorausgesehen: "(...) wenn man in Wien jetzt einmahl im Geschmake ist zu verdammen so wird Bunkel dies Schicksal auch gewiß erfahren denn er ist ganz voller freymüthiger Theologie." - Nicolai an Gebler 9.5.1778, in: Nicolai, Verlegerbriefe (ed. Fabian/Spieckermann 1988), S.126. Dreißig Jahre später hat Nicolai die Umstände des Verbots in einem Aufsatz offengelegt: Friedrich Nicolai, Reichshofraths-Konklusum gegen Bunkels Leben (Berlinische Nachlese XXV). In: Neue Berlinische Monatsschrift 20 (1808), S.35-40. Danach hat der Reichshofrat das Buch auf Anzeige des Weihbischofs und Kaiserlichen Bücherkommissars von Scheben in Frankfurt a.M. für gottlos und gotteslästerlich erklärt, ohne es selbst zu prüfen. Die Beziehungen zwischen Österreich und Preußen waren durch den Bayerischen Erbfolgekrieg äußerst gespannt. So kam es, daß der scharfe Seitenhieb des Reichshofrats auf die Königlich-preußischen Bücherzensoren Sulzer und Teller, die den "Bunkel" gutgeheißen hatten, als Beleidigung Preußens und der Evangelischen Stände überhaupt empfunden wurde. Der preußische Minister von Hertzberg wollte den Fall vor den Reichstag in Regensburg bringen und einen Grundsatzentscheid erwirken, daß der Reichshofrat, der sich größtenteils aus katholischen Mitgliedern zusammensetzte, Bücher aus protestantischen Ländern nicht mehr zensieren oder verbieten dürfe. Friedrich der Große jedoch veranlaßte seinen Minister zu vorläufiger Zurückhaltung. Der Friede von Teschen (s.o.) verhinderte schließlich, daß "Bunkel" zu einem "wichtigen *Gravamen Corporis Evangelici*" wurde.

[Nr. 115; Iselin an Nicolai]

Basel den 23 Wint. 1778
[erh. 4. Dez.]

Hier haben Sie werthester Freund den zweyten Band von Smiths Nationalreichthümern recensiert. Dieses Buch ist gewiß eines der besten in seiner Art. Wenn es eine ursprünglich deutsche Frucht wäre: so würde es einen Auszug von mehrern Bogen in der Bibliothek verdienen. Wenn die Ephemeriden in folgendem Jahre fortgesetzt werden: so gedenke ich wenigstens vier Auszüge davon zu geben. Aber ich weiß nicht wie es gehen wird. Ich sehe daß die Erwartung eines fortgesetzten Nachdruckes und andre Umstände die Buchhändler abhalten sich mit meinen Ephemeriden zu verstehen. Also werde ich es wider diese Herren kaum aushalten können und alles aufgeben müssen. Ich gestehe es daß es mir wehe thut und daß ich diese Hoffnung nützlich zu seyn mit Bedauern zernichtet sehe. Ihre Bibliothek ist freylich ein ansehnlicher Schauplatz, aber alles was ich gern wollte kann doch da nicht gesagt werden und diese kleinen Aufsätze die Müssiggänger oder sehr beschäftigte Leute oft lesen weil sie kurz sind und historisch oder satyrisch konnten auch ihren Nutzen haben, den ich anders nicht werde bewirken können. Der Buchhandel ist eine ganz besondre Sache. Dieser Tauschhandel ist höchstverderblich und doch würde er im Grunde gut seyn, wenn er nicht den Baargeldhandel, anstatt ihn in gerechten Schranken zu halten, ganz zernichtete. Doch was räsonniere ich hier fruchtlos. Herr Böhme behauptet Sie hätten ihm die 3ten Stücke dieses Jahres nicht zurückgegeben. Das ist aber eine Sache zwischen Ihnen und ihm auszumachen. Ich muß enden. Nächstens werden St. 9. 10. u. 11. auch von hier abgehen. Ich habe die Ehre mit hochachtungsvoller Ergebenheit zu seyn

Ihr Gehorsamer Diener
I.Iselin

[PS]
Ich danke Ihnen schätzbarster Freund für die Beschreibung von Berlin und Potzdam, die ich eben erhalte.

den 27. Wint.

Erläuterungen zu Nr.115

- "Tauschhandel", "Baargeldhandel": Zwei Vertriebsformen konkurrierten in der zweiten Hälfte des 18. Jahrhunderts auf dem deutschen Buchmarkt: der althergebrachte Tauschhandel und der Nettohandel (Kontant-, Bargeldhandel). Der Tauschverkehr hatte den Vorteil, daß sich durch ihn die schwierige Umrechnung der vielen im Reich geltenden Währungen vermeiden ließ. Beim Tausch von Bogen gegen Bogen blieb allerdings der inhaltliche Wert des Buches ganz unberücksichtigt. Deswegen trieben führende Verleger, vor allem in Sachsen (u.a. Philipp Erasmus Reich) und Norddeutschland, den Nettohandel voran. Sie ließen sich jedes Buch einzeln bezahlen, was kapitalschwache Buchhändler in Schwierigkeiten brachte. Das Vordringen des Barverkehrs und der gleichzeitige Preisanstieg hatten eine stark vermehrte Nachdrucktätigkeit (vor allem - aber nicht nur - im Süden des Reiches) zur Folge.
  Eine Sonderform des Nettohandels war der Konditionshandel, bei dem die Buchhändler das Recht hatten, nicht verkaufte Exemplare an den Verleger zurückzugeben. Auf diese Weise wurden Iselins Ephemeriden vertrieben.

[Nr. 116; Iselin an Nicolai]

Basel den 29. Märzens 1779.
[erh. Ostermesse]

Ich bin Ihnen sehr dankbar, mein werthester Freund für Ihre Beschreibung von Berlin. Ich habe sie mit Vergnügen gelesen, und wenn die Ephemeriden fortgesetzt worden wären so würde ich sie mit Vergnügen angezeigt haben, denn sie enthält einen Schatz von merkwürdigen Dingen deren viele nachahmungswürdig sind, nur nicht der Monopolismus und der Handelszwang, der wenige bereichert und viele arm macht. Ich habe den Ephemeriden entsagt, weil ungerechter Nachdruck und andre Hinternisse mich nicht nur der Früchte meiner Arbeit, so ich noch gern aufgeopfert haben würde zu berauben, sondern noch in grossen Verlust zu bringen droheten. Villeicht setzt sie jemand anders fort und behalte ich immer einigen Einfluß dabey. Wenn ich sie auch nicht mit dem Anfange des Jahres aufgegeben hätte: so hätte ich es seither thun müssen, da mein Arzt mir bey Todesstrafe anhaltende Arbeit untersagt hat, denn ich habe vor einem Monate wider eine starke Krankheit ausgestanden. Nun geht es wider gut und villeicht werde ich bald wider für die Bibliothek arbeiten können.

Der Anfall des Reichshofraths auf Bunkeln ist freylich uner[-?-; Siegelloch] aber er ist in den Grundsätzen der Catholicität und auch der meisten übrigen herrschenden Kirchen. Man würde so gar keine Mühe haben ihn durch die Reichsgesetze zu rechtfertigen. Desto schlimmer, werden Sie sagen, aber die Welt ist einmal noch so. Ich wünschte indessen aus andern Gründen daß Sie niemals mit Bunkeln was zu schaffen gehabt hätten. Ich habe zwar die Streitschriften von Ihnen und von Wieland darüber nicht gelesen, so wie ich die Deductionen von Ihrem Könige und von dem Kaiser nicht lese. Aber was ich von dieser ihrem blutigen, und von der Schriftsteller unblutigen Kriegen in den Zeitungen lese, schmerzet mich für die Ehre der Menschheit, der Gerechtigkeit und der Gelehrsamkeit.

Ich habe an Herrn Schweighauser eine Anweisung von sechs und neunzig Livres für 12. Exemplare Ephemeriden von 1778 abgegeben. Ich hoffe Sie werden sie beehren. Er wird Ihnen auch ein Ex. der neuen Auflage der Geschichte der Menschheit zustellen lassen. Ich umarme Sie. Gott erhalte Sie gesund.

I.Iselin

Erläuterungen zu Nr.116

- "die Streitschriften von Ihnen und von Wieland": Um den von Nicolai in deutscher Übersetzung verlegten Roman "John Buncle" von Thomas Amory (vgl. zu Nr.96) entstand eine heftige publizistische Kontroverse zwischen Wieland und Nicolai. Wieland kritisierte in seiner mehrteiligen "Zergliederung des Buchs, genannt: Leben, Bemerkungen und Meinungen Johann Bunkels" (Teutscher Merkur; Juli, Aug., Okt., Nov., Dez. 1778) nicht nur die mangelnde ästhetische Qualität des Romans, sondern prangerte vor allem Nicolais Geschäftsgebaren an: Die großen Versprechungen in der Subskriptionswerbung für ein Buch, das sich nun als durch und durch schlecht erwiesen habe, seien Zeugnis für das hemmungslose Gewinnstreben Nicolais. Nicolai sah sich in seiner Verlegerehre verletzt und verteidigte sich gegen die "hämische Verunglimpfung" in der Schrift "Ein paar Worte betreffend Johann Bunkel und Christoph Martin Wieland", Berlin und Stettin 1779 (auch in: ADB Anhang zu 25-36/1). Wieland reagierte wiederum im Teutschen Merkur (Febr.1779): "Abgenöthigter Nachtrag zur Johann-Bunkliade". Den Schlußpunkt setzte Nicolai: "Noch ein paar Worte betreffend Johann Bunkel und Christoph Martin Wieland", Berlin und Stettin 1779 (auch in: ADB 37/1). Viele Freunde Nicolais stärkten ihm während seiner Fehde mit Wieland den Rücken: vgl. Werner 1884, S.280ff. Demgegenüber wirkt Iselins Reaktion kühl: er vergleicht den Streit mit der Auseinandersetzung zwischen Friedrich d.Gr. und Kaiser Joseph II. im Bayerischen Erbfolgekrieg (vgl. zu Nr.114), die unter dem Deckmantel juristischer Ansprüche geführt wurde, bei der es in Wirklichkeit aber um die Vormachtstellung in Deutschland ging.

[Nr. 117; Nicolai an Iselin]

Leipzig d. 26 Apr 1779

Ich habe, mein theuerster Freund Ihre angenehme Schreiben v. 30 Wint 1778 und v. 29 März d. J. richtig erhalten. Es ist mir ein wahrer Schmerz, daß die Ephemeriden aufhören sollen. Ich kann zwar die Gründe die Sie angeben nicht mißbilligen, aber es thut mir weh, daß die vielen nützlichen Sachen, welche durch dieses Werk verbreitet wurden, nun nicht ferner dadurch können verbreitet werden. Die Hofnung, daß es ein anderer fortsetzen werde, ist mir äußerst angenehm, besonders, wenn Sie auch Beyträge dazu liefern. Es giebt der unnützen Bücher so viele, daß es mich traurig macht, wenn ein der Menschlichkeit und gesunden Vernunfft nützliches Buch aufhören soll.

Ich danke Ihnen für die neue Ausgabe Ihrer Geschichte der Menschheit, die meine Sommerlektur seyn soll, sobald ich nach der Messe ein wenig Ruhe haben werde. Ich bin begierig, ob Sie die neuen Entdekungen in der Südsee mit werden gebraucht haben. Des ältern Forsters *Observations* scheinen ein für die Geschichte der M. wichtiges Werk zu seyn.

Sie haben recht, daß ich Ihnen für 12 Ephemeriden 96 lb. schulde aber Sie werden sich erinnern, daß Sie mir bey voriger Berechnung 37 lb. *rest* blieben, ich werde also an Hrn *Schweighausers Commiss* 59 lb. zahlen.

Ich hoffe, Ihre Gesundheit mein theuerster Freund, werde etwas dauerhaffter werden, wenn Sie diesen Sommer weniger Arbeit haben. Ich merke auch schon seit einiger Zeit, daß bey allzustarker Arbeit der Geist und der Körper leidet. Ich arbeite daran, mir Lufft zu schaffen, aber noch will es nicht gehen. Es ist mir eine wahre Freude, daß die Beschr. v. Berlin, die mir so viel Mühe, und wirkl. etwas Gesundheit gekostet hat, <u>Ihren</u> Beifall hat. Was den <u>Handelszwang</u> betrifft, so bin ich zwar weit entfernt, alle unsere Einrichtungen zu billigen, deren einige unsinnig andere unüberlegt sind. Aber wenn ich <u>mündlich</u> mit Ihnen die ganze Lage unsers Landes, und Nachbarn überlegen sollte, so hoffte ich noch Sie zu überzeugen, daß ein <u>gänzlich freyer Handel</u>, unser Land, ins größte Elend bringen <u>müßte</u>. Schrifftl. sich darüber einzulaßen, ists zu weitläufig.

Mein Streit mit Wieland schmerzt mich so sehr wie Sie. Aber ich war leider gezwungen ihn in seiner Blöße zu zeigen. Ich habe ihn genug geschont. Lesen Sie mein zweytes Wort, welches *indirecte* auch Sie angeht.

Leben Sie wohl mein theuerster, bleiben Sie gesund und vergessen Sie die dt. Bibl. nicht ganz. Ich umarme Sie v. Herzen

Ihr Nicolai

[PS]
Welche Sensation haben meine Zweifel wider die Zürchische Giftmischerey in der Schweiz gemacht? Es scheint man schämt sich jetzt in Zürch dieser Sache.

[zu Nr. 117]

[Einblattdruck **"An die sämmtlichen Herren Verfasser der allgemeinen deutschen Bibliothek."** Datiert: "Berlin, den 12 ten März 1779. Friedrich Nicolai."]

[Den Verfassern der ADB werden u.a. neue Sigeln zugeordnet, um die strikte Anonymität zu wahren. Iselin erhält die Zeichen *Kr.* und *Lm.*]

Erläuterungen zu Nr.117

- "die neuen Entdekungen in der Südsee", "Des ältern Forsters *Observations*": Seit den 60er Jahren des 18. Jahrhunderts wurde die Erforschung des pazifischen Raums im Wettlauf zwischen Engländern und Franzosen stark vorangetrieben. Die Entdeckung Tahitis durch Samuel Wallis (1767) und die Berichte von Bougainvilles Weltumsegelung (1766-69) lösten in Europa eine wahre Südseebegeisterung aus. Der herausragende Entdecker der Südsee war jedoch James Cook, der mit seinen drei Reisen klare wissenschaftliche Ziele verband. Auf der dreijährigen zweiten Reise (1772-75) begleiteten ihn der deutsche Naturforscher Johann Reinhold Forster und dessen Sohn Georg. Ihre naturwissenschaftlichen und ethnologischen Beobachtungen veröffentlichten die Forsters danach in mehreren Schriften. Nicolai bezieht sich auf folgendes Werk: Johann Reinhold Forster, Observations made during a voyage round the world on physical geography, natural history and ethic philosophy. London 1778.

Forster sah in den Südseeinsulanern Vertreter verschiedener Stufen der Menschheitsentwicklung. Iselin ging hierauf in der vierten Auflage seiner "Geschichte der Menschheit" (1779) ein; vgl. Im Hof 1967, S.87 mit Anm.16.

- "Mein Streit mit Wieland", "Lesen Sie mein zweytes Wort, welches *indirecte* auch Sie angeht": In seiner Streitschrift "Noch ein paar Worte betreffend Johann Bunkel und Christoph Martin Wieland" (vgl. zu Nr.116) kommt Nicolai ausführlich auf die alte Auseinandersetzung um die angebliche "Parteilichkeit" der ADB zurück (vgl. zu Nr.75 und 79) und veröffentlicht in diesem Zusammenhang seinen Briefwechsel mit Wieland vom Mai 1775. In einem seiner Briefe hatte Nicolai damals insbesondere die Rezensionen Iselins gegen Wielands Vorwürfe verteidigt.

- "meine Zweifel wider die Zürchische Giftmischerey": Friedrich Nicolai, Einige Zweifel über die Geschichte der Vergiftung des Nachtmahlweins welche zu Zürich 1776 geschehen seyn soll. Nebst einigen Anmerkungen betreffend Herrn Ulrichs und Herrn Lavaters Predigten über diesen Vorfall. Berlin und Stettin (Nicolai) 1778; auch in ADB Anhang zu 25-36/1.
  Am 12.9.1776 hatte man während des Buß- und Bettag-Gottesdienstes im Zürcher Großmünster eine Trübung des Abendmahlweines festgestellt. Eine chemische Untersuchung ergab, daß dem Wein verschiedene, z.T. giftige Substanzen beigemengt worden waren. Für den 29.9. befahl die Obrigkeit, daß in allen Zürcher Pfarrkirchen über diesen Vorfall gepredigt werde. Die Predigten von Antistes Ulrich und von Johann Kaspar Lavater wurden gedruckt. Zusammen mit einer zweiten Predigt veröffentlichte Lavater einen Bericht über die Umstände der "Nachtmahlweinvergiftung", der auch in Wielands "Teutschem Merkur" erschien. Lavaters Darstellung des Falls und die Predigten erregten in der Schweiz und im Ausland sogleich erhebliches Aufsehen; vgl. Klaus Martin Sauer, Die Predigttätigkeit Johann Kaspar Lavaters (1741-1801). Darstellung und Quellengrundlage. Zürich 1988, v.a. S.190ff.
  In seiner Rezension kritisiert Nicolai Lavaters "wütende Beredsamkeit", seine "racheathmenden Sprüche" und seine "abscheulichen Verwünschungen", äußert aber auch seine Skepsis gegenüber der Bewertung der Fakten. Niemand sei krank geworden oder gar gestorben, auf einen Täter oder ein Motiv fehle jeglicher konkrete Hinweis und von einer Vergiftung in mörderischer Absicht könne deshalb kaum die Rede sein. Darauf deuteten auch die großen Widersprüche der verschiedenen chemischen Analysen. Die Trübung des Weines und die Rückstände gingen wohl auf den Versuch des Küfers zurück, seinen schlechten oder verdorbenen Wein aufzubessern - wie dies gängige Praxis sei. Eine weitergehende Deutung des Falles als politisches Ablenkungsmanöver der Zürcher Obrigkeit gibt Nicolai in Nr.130.

[Nr. 118; Nicolai an Iselin]

[Einblattdruck "**An die sämmtlichen Herren Verfasser der allgemeinen deutschen Bibliothek.**" Datiert: "Berlin den 10 ten Brachmonats 1779. Friedrich Nicolai."][45]

[Neben den üblichen technischen Hinweisen zur ADB findet sich auch folgende Klage: "Des Bücherschreibens wird leider! immer mehr, und also muß die Bibliothek auch immer stärker anwachsen." Nicolai teilt in diesem Zusammenhang mit, daß die ADB derzeit in drei Druckereien gleichzeitig gedruckt werde und daß künftig 4 Bände (=8 Stücke) pro Jahr erscheinen müßten.
Der kurze Begleitbrief von Nicolais Hand lautet:]

Ich beziehe mich, mein theuerster Freund! auf meinen Brief aus Leipzig. Ich hoffe, Sie werden jetzt wieder in etwas für die Bibl. thätig seyn können.
In Eil!

Erläuterungen zu Nr.118

- "Des Bücherschreibens wird leider! immer mehr": Dieser Ausruf Nicolais ist eine Steigerung des alttestamentlichen Satzes "Viel Büchermachens ist kein Ende" (Prediger Salomo 12, 12). Er ist auch sonst verbreitet: Beispielsweise dient er bereits Aegidius Henning zum Motto in seinem Werk "Gepriesener Büchermacher", Frankfurt 1666.

45 Abgebildet in: Becker/Brandis/Stolzenberg 1983, Kat.79, Tafel 22.

[Nr. 119; Iselin an Nicolai]

Basel den [Lücke] Herbstm. 1779
[erh. 23. Juni 1780 (!)]

Ich weiß es Sie werden mir danken, daß ich Ihnen den Mann bekannt mache, der Ihnen dieses Briefgen überreichen wird. Es ist Herr Georg Meyer, der sich um das Erziehungswesen schon auf mancherley Arten verdient gemacht und der schon mit vielem Erfolge junge Edelleute in allerhand Wissenschaften unterrichtet hat. Er lebte seit einigen Jahren in selbst gewählter Dunkelheit in Hanau und er erwarb sich da allgemeine Hochachtung von denen wenigen die ihn kannten. Er wünscht nun eben so in der Stille in Berlin zu leben und sich durch Unterricht junger Leute ehrlich zu nähren. Ich glaube nicht daß Sie ihn jemand empfehlen werden der Ihnen nicht dafür ungemein verbindlich seyn soll. Villeicht aber werden Sie am meisten wünschen ihn als Mitarbeiter an der allg. Bibl. zu gebrauchen. Er ist im Stande Ihnen im mathematischen, pädagogischen und philosophischen Fache die größten Dienste zu leisten. Sie werden selbst urtheilen. Ich umarme Sie und bin wie immer

Ihr Ergebenster Diener
Isaak Iselin

Erläuterungen zu Nr.119

- "Es ist Herr Georg Meyer": Georg Maier bzw. Johann Georg Maier ist das Pseudonym von Leonhard Gruber, der in der Folge mehrfach Gegenstand des Briefwechsels zwischen Iselin und Nicolai ist: vgl. vor allem Nr.133, 136, 137. Über seine Person hat Gruber alias Maier in einem langen Brief an Iselin Auskunft gegeben (Staatsarchiv Basel-Stadt PA 98, 38, S.227-234). Nur wenige Fakten seien herausgegriffen: Gruber war Mönch im niederbayerischen Kloster Metten gewesen, hatte sich jedoch schon bald vom Klosterleben abgewandt. 1766-1769 war er Professor der Philosophie und Mathematik in Salzburg, ging dann nach Wien und arbeitete dort an der Reform des österreichischen Schulwesens. Heimlich trat er zum Protestantismus über, heiratete, nahm - um seine österreichische Pension nicht zu gefährden - einen falschen Namen an und zog mit seiner Frau nach Hanau. Von hier aus nahm er den Kontakt zu Iselin auf.
  Mit Iselins Unterstützung publizierte er in Basel ein pädagogisches Buch (vgl. zu Nr.125). 1780 siedelte Gruber/Maier nach Berlin um. Dort gründete er die "Maiersche Familienschule", die 1782 eröffnet und von Nicolai in der dritten Auflage seiner Berlin-Beschreibung gewürdigt wurde (ed. Spriewald 1995, S.508). Laut Nicolai erhielt diese Privatschule für sechs- bis zehnjährige Knaben öffentliches Lob von Campe und Trapp. Identität liegt ganz offenbar auch mit dem von Parthey 1842 aufgeführten "Prof. Maier in Berlin" vor, der in der ADB "Erziehungs-, Cathol.- und Wienersachen" besprach (vgl. zu Nr.145). 1787 ging Gruber/Maier zurück nach Wien, wurde Direktor der Realschulen, zog einige Jahre später nach Paris und starb dort 1810 oder 1811; vgl. Kap.II/4 des darstellenden Teils, S.59.

[Nr. 120; Iselin an Nicolai]

Basel den 29. Weinm. 1779
[erh. 16. Nov.]

Sie erhalten hier, mein schätzbarster Herr und Freund die Anzeigen von H. Füßlins Schärfgen und von des Abbee Mably Gesetzgebung. Ich hoffte Ihnen auch die übrigen liefern zu können die Sie von mir verlangen, allein es ist mir unmöglich. Die Fortsetzung der Ephemeriden läßt mir keinen Augenblick übrig. Ich habe Ihnen an H.[errn] J.[ohann] Georg Meyer einen geschickten Mitarbeiter für die Bibliothek zugewiesen und Ihnen also meinen Mann gestellt, bis ich wider werde selbst dienen können, und einen Mann der jünger, stärker fertiger ist als ich.[46] Haben Sie an diesem nicht genug, so fragen Sie ihn nach seinem Freunde Schäfer. Der schreibt auch ausnehmend gut. - Geht es Ihnen auch so, vor Mänge dessen das ich thun sollte thue ich oft nichts.[47] Leben sie wohl, ich umarme Sie. Gestern brachte man mir eine impertinente Satyre auf Zimmermann. Sein Bildnis mit den spöttischsten und höhnischsten Verzierungen gestochen. O Ihr Männer von Geist in was für Geschichten verwickelt Ihr Euch. Wie wenig Ehre macht dis den Wissenschaften bey denen die draussen sind.[48] Noch einmal

Leben Sie wohl.
I.Iselin

[PS]
Noch ein Wörtgen. Ich habe Züricher gesehen die mit Ihrer Beurtheilung der Geschichte von der Vergiftung des Nachtmalsweines gut zufriden sind. Alle aber sind es nicht.[49] Ich hatte die Sache gleich von Anfange auf die Weise an-

46 Marginalie Nicolais: "Wer ist er? Den Brief habe ich nicht erhalten. Sollten es diese Recens. seyn? Ich will die v. Mably Gesetzgeb. ganz weglaßen, machen Sie eine andre. Diese ist zu unbillig."

47 Marginalie Nicolais: "Ja! leider!"

48 Marginalie Nicolais: "wie sehr wahr! Unser Fr[eun]d Z[immermann] aber hätte nicht Veranlaßung zu so etwas geben sollen."

49 Marginalie Nicolais: "Ich wünschte daß diese meine Zweifel widerlegten; aber man hat in Zürch den Verkauf der Zweifel zu verhindern gesucht um nicht eine Widerlegung zu veranlaßen."

gesehn wie Sie. Sie ist niemals in einer richtigen Ordnung untersucht worden. Dieses ist in unsrer lieben Schweiz bey Criminalfällen gar gemein. Die Zürcherische Geschichte mit dem Nachtmalsweine und die Schicksale des Ratsherrn Valentin Meyer von Lucern sind zwey treffende Beyspiele hievon. Indessen sind dieses so vorübergehnde Übel. Ich würde doch mein Vaterland mit keinem Lande auf unserm ganzen Erdkreise vertauschen.[50]

Erläuterungen zu Nr.120

- "Die Fortsetzung der Ephemeriden": Iselin hatte die "Ephemeriden der Menschheit" mit der Dezembernummer 1778 (vorläufig) abgeschlossen, weil die allgemeine Erwartung eines erneuten Nachdrucks den Absatz verminderte und das Unternehmen sich ohnehin an der finanziellen Verlustgrenze bewegte (vgl. Nr.115 und 116). Im Laufe des Jahres 1779 entschloß sich Iselin jedoch, die Publikation fortzusetzen: Nach einjähriger Unterbrechung erschien seine Zeitschrift ab Januar 1780 wieder monatlich.

- "eine impertinente Satyre auf Zimmermann": Der Kupferstich, auf den Iselin sich hier bezieht, machte in der deutschen Gelehrtenrepublik seit August 1779 einiges Aufsehen. Er zeigt das Bildnis Zimmermanns, gerahmt von allerlei satirischen Emblemen und teils derben, teils gelehrten Anspielungen: Die Devise "Date Obolum" zielt auf Zimmermanns Eitelkeit und Ruhmsucht, denen Pusteblume und Seifenblasen als Vanitas-Symbole entgegengesetzt werden; Zimmermanns Werke flattern auf kleinen Zetteln im Wind; ihnen bläst ein feister Putto mit Segelohren und verbundenen Augen Ehre zu, hinterfangen von der "Famae postica tuba" (der hinteren Trompete des Ruhms); eine Vignette greift La Fontaine's Fabel vom "Bärendienst" auf und spielt damit möglicherweise auf Zimmermanns Angewohnheit an, ihm vertraulich zugesandte Manuskripte und Briefe von Freunden ohne deren Erlaubnis zu publizieren (z.B. Aufsätze von Lavater und von Mendelssohn zur Physiognomik). Das Bildnis selbst ist dem Zimmermann-Porträt in Lavaters "Physiognomischen Fragmenten" abgekupfert und verweist damit auf den heftigen Physiognomik-Streit, in den Zimmermann (als enger Freund Lavaters) mit dem Göttinger Professor Lichtenberg geriet. Lichtenberg polemisierte seit 1777 mehrfach öffentlich gegen Zimmermann. Auch Kästner, Lichtenbergs Kollege in Göttingen, kam 1779 mit Zimmermann in Konflikt.
  Es ist wahrscheinlich, daß der satirische Stich göttingischen Ursprungs ist, daß Lichtenberg Ideen dazu lieferte oder sogar - obwohl er jede Beteiligung abstritt -

50 Marginalie Nicolais: "*concedo*".

den Auftrag hierzu gab. Die Landesbibliothek Hannover hat der Bildsatire 1993 eine eigene Ausstellung ("Ein Stich gegen Zimmermann") gewidmet, zu der ein Begleitheft von Hans-Peter Schramm u.a. erschien; vgl. auch "Georg Christoph Lichtenberg (1742-1799). Wagnis der Aufklärung" Ausst.-Kat. (Darmstadt/ Göttingen) München 1992, S.182f.

- [Marginalie Nicolais] "wie sehr wahr! Unser Frd. Z. aber hätte nicht Veranlaßung zu so etwas geben sollen": Die Randbemerkung ist Zeugnis für die zunehmende Distanz zwischen Nicolai und Zimmermann. In physiognomischen Fragen machte Nicolai, wie auch Mendelssohn, starke Bedenken gegenüber Zimmermann geltend und neigte im Ganzen eher Lichtenberg als Lavater zu. Freilich urteilte Nicolai (noch) nicht so scharf über Zimmermann wie es Lichtenberg tat: "Wer in aller Welt hätte dencken sollen, daß so viel schlechtes in einem so Gravitätischen Kopf stecken könne?"; Lichtenberg an Nicolai, 20.1.1780, in: Georg Christoph Lichtenberg, Briefwechsel, hrsg. von Ulrich Joost und Albrecht Schöne. Bd.II München 1985, S.18.

- "die Schicksale des Ratsherrn Valentin Meyer von Lucern": Hintergrund dieser Bemerkung Iselins ist der Luzerner "Klosterhandel" 1769/70. Valentin Meyer, Mitglied des kleinen Rates und Kopf der fortschrittlich gesinnten Partei, hatte im Sommer 1769 eine (anonyme) Schrift veröffentlicht, mit der er sich gegen ein radikal klosterfeindliches (ebenfalls anonymes) Pamphlet des Zürchers Johann Heinrich Heidegger wandte, jedoch seinerseits Kritik an den Klöstern übte und zahlreiche einschneidende Maßnahmen zu deren Reform vorschlug (staatliche Aufsicht über die klösterlichen Einkünfte und Herrschaftsrechte, Steuerpflicht etc.). Heideggers und Meyers Schriften wurden sogleich verboten und öffentlich verbrannt. Dem sich anschließenden Prozeß gegen Meyer lag der grundsätzliche Konflikt zwischen den konservativen "Anhängern der gesunden Lehre" und den "Freunden der Aufklärung" zugrunde. Im März 1770 wurde Meyer auf 15 Jahre aus seiner Vaterstadt verbannt. Er ließ sich am Bodensee nieder und kehrte 1785 nach Luzern und in seine alten Ämter zurück; vgl. Hans Wicki, Staat - Kirche - Religiosität. Der Kanton Luzern zwischen barocker Tradition und Aufklärung. Luzern und Stuttgart 1990, S.109-115 und S.499.
  Iselin stand der katholischen Aufklärung positiv gegenüber, wie schon seine ADB-Rezensionen zu Werken Carlo Antonio Pilatis und Felix Balthasars zeigen (1768-70). Mit Balthasar und Meyer stand er im Briefwechsel; vgl. Im Hof 1967, S.49 mit Anm.36.

[Nr. 121; Nicolai an Iselin]

[Einblattdruck **"An die sämmtlichen Herren Verfasser der allgemeinen deutschen Bibliothek."** Datiert: "Berlin den 6 ten Wintermonats 1779. Friedrich Nicolai." Mit kurzem persönlichem Begleitbrief:]

Mein theuerster Freund

Sie vergessen doch die d. Bibl. nicht ganz, die Ihrer Hülfe so nöthig hat! Wenig aber gut! ist mir viel viel lieber als von manchen Recensenten viel und schlecht!

[Nr. 122; Nicolai an Iselin. Von Schreiberhand, mit eigenh. Unterschrift Nicolais]

Hrn Rathsschreiber *Iselin*
in Basel

Berlin d. 30. 9br.[Novembris] 79.

Ich habe mein theuerster Herr und Freund, die unter 29. Weinmonats gesendete Anzeigen richtig erhalten. Ich danke Ihnen herzlich daß da Sie von Ihren Geschäften verhindert werden vielen Antheil an der Bibliothek zu nehmen, Herr Meyer Ihr Mitgehülfe werden soll. Er scheinet indeßen noch ein junger Mann zu seyn, wie ich aus deßen entscheideten [sic] und wegwerfenden Urtheilen schließe. Er hat des Abt Mably Gesezgebung gar zu verächtlich vorgestellt. Die Gedanken des Abbts sind freylich chimärisch, aber man sollte einem Mann von deßen Verdiensten nicht so schnöde begegnen. Ich will also diese Recension lieber ungedruckt laßen und es wirdt von Ihnen abhangen ob Sie dieses Werk lieber selbst etwas genauer beurtheilen wollen, oder ob es lieber ganz unangezeigt bleiben soll.

Ich wünschte sehr daß man in Zürch meine Zweyfel die Nachtmahls-Vergiftung betreffend wiederlegen wollte. Statt deßen hat die Obrigkeit die Orellsche Handlung ersucht, sie mögte die Zweyfel nicht verkaufen, damit nicht eine Wiederlegung veranlaßt würde. Man will also die Wahrheit nicht erforschen!

Ich wünsche Ihnen herzlich Glück daß Sie die Ephemeriden einem Verleger überlaßen haben und dadurch dieses nüzliche Werk gewißer und mit weniger Mühe von Ihrer Seite wird können fortgesezt werden. Es geht mir vollkommen so wie Ihnen daß ich oft wegen allzu vieler Arbeit nichts thun kann. Ich wünschte mir daher Muße, um recht viel thun zu können. Aber dazu ist noch keine Aussicht! Ich umarme Sie von gantzem Herzen und bin ewig der

Ihrige
Fr. Nicolai

[PS]
(Ich dictire, wie gewöhnl. meiner Augen wegen)

Erläuterungen zu Nr.122

- "des Abt Mably Gesezgebung": Gabriel Bonnot de Mably, Über die Gesetzgebung oder über die Grundsätze der Gesetze. Nürnberg 1779 (im Original: De la législation, ou Principes des lois. Amsterdam/Paris 1776). Abbé Mably prangerte in diesem Werk die sozialen Ungerechtigkeiten seiner Zeit als Ursache des moralischen Verfalls an. Seine Gleichheitsforderung, die an Rousseau anknüpfte und auf die man sich dann in der Französischen Revolution in starkem Maße berief, hatte utopische Züge und kam Nicolai deshalb "chimärisch" vor. Die antiphysiokratischen Ausfälle und die Polemik gegen Handel, Eigentum und Erbrecht mußten Mablys Buch für Iselin zum "schlechten Ding" (Nr.123) machen.

[Nr. 123; Iselin an Nicolai][51]

Basel den 26 Christm. 1779

Ich habe es Ihnen, mein werthester Freund, in meinem letzten Schreiben die Ehre gehabt zu sagen, daß es mir unmöglich ist, die verlangten Anzeigen zu verfertigen. Die von H. Füßlins Schärfchen werden Sie erhalten haben. Die übrigen bitte ich Sie jemand anders zu übergeben. Wollen Sie, so will ich sie einem Manne auftragen, den ich dazu sehr geschickt halte. Doch möchten die politischen nicht in sein Fach gehören. Mablys Gesetzgebung ist ein schlechtes Ding. Ich umarme Sie. Es ist mir leid, aber es ist mir unmöglich mehr zu schreiben. Leben Sie wohl und glücklich, und lieben Sie ferner

Ihren ergebensten
I.Iselin

51 Nur in Abschrift erhalten.

Erläuterungen zu Nr.123

- "Wollen Sie, so will ich sie einem Manne auftragen, den ich dazu sehr geschickt halte. Doch möchten die politischen nicht in sein Fach gehören": Es ist nicht klar, an wen Iselin hier denkt. Möglicherweise handelt es sich um Johann Heinrich Pestalozzi, mit dem Iselin zu dieser Zeit in intensivem Briefwechsel stand, den er bereits als Mitarbeiter der Ephemeriden gewonnen hatte und den er auch in anderen publizistischen Vorhaben sehr unterstützte. Am 13.8.1779 schrieb Pestalozzi an Iselin: "Nein, ich freue mich, in Ihre Ephemeriden arbeiten zu dörffen, und wenn Sie mir zusagen, daß Sie mir Ihre ernste Urteile, worin meine Aufseze am meisten Verbesserung bedörfen, wollen zukomen lassen, so will ich und sehne mich, über villes, das wesentlich die Endzwekke Ihres Gegenstands berührt, zu schreiben; denn ja, unsere Endzwekke und Hauptvues könten nicht gleicher syn": Johann Heinrich Pestalozzi, Sämtliche Briefe Bd.3 (ed. Dejung/Stettbacher 1949), S.83f. Vielleicht stammte schon die Mably-Rezension von Pestalozzi und nicht, wie Nicolai meinte (vgl. Nr.122), von Maier/Gruber. Sie wurde aber nicht abgedruckt, und es ist auch ferner keine Mitarbeit Pestalozzis an der ADB zu belegen.
  In ADB 42/2 (1780), S.631, erschien eine Kurzrezension von Mablys Werk, die mit Iselins Kürzel Kr. (Fraktur) gezeichnet ist: Hierin werden die von Mably geforderte uneingeschränkte Gleichheit aller Menschen und die Gemeinschaft der Güter (vgl. zu Nr.122) als "Chimären" kritisiert. Eine zweite, ausführlichere Besprechung in: ADB 50/1 (1782), S.149ff. (ohne Verfasserkürzel).

[Nr. 124; Nicolai an Iselin. Von Schreiberhand, mit eigenh. Unterschrift]

Hrn Rathschreiber Iselin in Basel

Berlin d. 1. Febr. 1780.

Ich habe mein theurester Freund! Ihr Schreiben vom 26. Xbr. [Decembris] erst vor kurzer Zeit erhalten. Wenn Ihnen Ihre Muße nicht erlaubt, die erbetenen Anzeigen zu machen, so wird es mir freilich sehr angenehm sein, wenn Sie sie von einem andern Manne den Sie dazu für geschickt halten, wollen verfertigen laßen, und noch mehr würden Sie mich verbinden, wenn es möglich wäre, daß sie zur Oster-Meße eintreffen könnten.

Ich sehe nunmehr mit Verlangen der Fortsetzung Ihrer Ephemeriden entgegen, die ja mit Anfang des Jahrs erscheinen sollten. Leben Sie wohl mein theurester Freund, viele Geschäfte hindern mich mehr zu schreiben. Ich bin von ganzem Herzen ewig der

Ihrige
Fr. Nicolai

[Nr. 125; Iselin an Nicolai]

Basel den 26 Horn. 1780.[52]

Herr Mayer ist schon mit einem Briefe an Sie von mir versehen, mein schätzbarster Freund! Ich sende Ihm noch diesen zu um ihn Ihnen gelegentlich zu übergeben. Dieser vortreffliche Mann ist mir sehr angelegen, und ich hoffe Sie sollen ihn auch Ihrer Freundschaft würdig finden. Ich halte darfür Er und sein Freund Herr Schäfer sollten höchst nützliche Mitarbeiter an der allg. Bibliothek abgeben. Ich habe H. Flick pädagogische Grundsätze von H. Meyer zum Verlage übergeben, die wahrscheinlicher Weise in nächster Messe erscheinen werden. Ich bin begierig darüber das Urtheil des Recensenten Az zu wissen der im 36 B. den Entwurf zu Einrichtung deutscher Schulen angezeigt hat. Ich sehe Hn Mayer für einen der brauchbarsten Männer im Fache der Erziehung an der mit weitausgebreiteten Kenntnissen die schönsten Talente verbindet.

Ich verbleibe mit den Ihnen bekannten und Ihnen längst gewidmeten Gesinnungen

Ihr Ergebenster Diener
Isaak Iselin

52 Dieser Empfehlungsbrief trägt keinen Erhalts- oder Beantwortungsvermerk Nicolais; vermutlich wurde er zusammen mit Nr. 119 übergeben.

Erläuterungen zu Nr.125

- "Ich habe H. Flick pädagogische Grundsätze von H. Meyer zum Verlage übergeben": I.G.M. [=Johann Georg Maier, Pseudonym von Leonhard Gruber: vgl. zu Nr.119], Grundriß der nötigsten pädagogischen Kenntnisse für Väter, Lehrer und Hofmeister. Basel (J.J.Flick) 1780; Dieses Buch wurde von Iselin herausgegeben und mit einer kurzen Vorrede versehen; vgl. Nr.133 und 137.

- "das Urtheil des Recensenten Az": Iselin bezieht sich auf die große Sammelrezension zu Erziehungsschriften in ADB 36/1 (1778), S.253-278 (Fortsetzung in ADB 36/2). Besprochen werden 17 pädagogische Werke, u.a.: "1. Vorläufige Nachricht von der Einrichtung und Verbesserung des deutschen Schulwesens 2. Entwurf zur Einrichtung deutscher Schulen...". Hinter der Sigle Az. (lat.) verbirgt sich Ernst Christian Trapp. Trapp, der in Altona und am Philanthropin in Dessau (vgl. Nr.100) Lehrerfahrung gesammelt hatte, bekleidete ab 1779 an der Universität in Halle den ersten Lehrstuhl für Philosophie *und Pädagogik* in Deutschland. 1780 veröffentlichte er in Nicolais Verlag den "Versuch einer Pädagogik", einen frühen systematischen Entwurf der noch jungen Erziehungswissenschaft; vgl. Ulrich Herrmann, "Eklektik" und "Systematik" in der erziehungswissenschaftlichen Diskussion in Deutschland im ausgehenden 18. und frühen 19. Jahrhundert. In: Aufklärung 1/1 (1986), S.67ff.

[Nr. 126; Iselin an Nicolai]

Basel den 16. März. 1780
[erh. 4. Apr.]

Ihr Schreiben vom 1. Horn. ist mir erst gestern zugekommen, mein werthester Freund! Ich habe unglücklicher Weise die Note von Büchern die ich anzeigen sollte verlegt. Zu dem wird der Mann den ich Ihnen dargeben wollte, nun auf der Reise nach Berlin begriffen seyn und im Aprillmonate da ankommen. Da er ohne Beschäftigung seyn wird: so wird er Ihnen gleich an die Hand gehen können. Er wird Ihnen einen Brief von mir überbringen. Er nennt sich H. J. Georg Meyer und verdient alle Achtung. Es thut mir leid mich so ganz von der allg. Bibliothek getrennt zu sehen. Villeicht ist es nicht für lang.

Meine Gesundheit ist diesen Winter über gar gut gewesen. Ungeachtet meine Engbrüstigkeit mir sehr beschwerlich war, so war ich doch keinen einzigen Tag genöthigt meine Amtsgeschäfte auszusetzen. Ich wünsche daß auch Sie sich wohl befinden.

Ich umarme Sie und bin mit besondrer Hochachtung

Ihr gehorsamster Diener
Isaak Iselin

[Nr. 127; Nicolai an Iselin. Von Schreiberhand, mit eigenh. Unterschrift Nicolais]

Leipzig, den 25ten April 1780.

Ich habe, mein theuerster Freund, Ihr Schreiben vom 16ten Merz richtig erhalten. Ich danke Ihnen für das Geschenk Ihrer treflichen *Ephemeriden*, und freue mich sehr, daß dieses Werk nun ununterbrochenen Fortgang hat.

Ich finde von Ihnen angeführt einen Versuch über die Verbesserung der Schulen in einer republicanischen Handlungsstadt. Ich wünschte dieses Werk zu besitzen, sollte es also nicht etwan eines von den beyden seyn, welche Herr Flick zu dieser Messe gebracht hat, so bitte ich mir es gelegentlich zu übersenden. Ich sende Ihnen anbey Ihre Rechnung und habe Herrn Flick für Sie eine halbe Caroline zu Berichtigung derselben gezahlt.

Ich bedaure freylich, daß ich nun wohl auf Ihre Beyträge zur Bibliothek, werde Verzicht thun müssen. Indessen sehe ich auch wohl ein, daß es nicht zu ändern ist. H. Meyer war bey meiner Abreise noch nicht in Berlin. Leben Sie wohl mein theuerster Freund. Viele Geschäfte hindern mich, mehr zu schreiben. Vielleicht bin ich noch einmal so glücklich, mich mit Ihnen über viele wichtige Dinge, die sonst der Gegenstand unsrer Correspondenz waren, mündlich zu unterhalten, aber wenn und wie dieses geschehen werde, weiß ich noch nicht.

Ich bin von ganzem Herzen der

Ihrige
Fr. Nicolai

Erläuterungen zu Nr.127

- "Versuch über die Verbesserung der Schulen in einer republicanischen Handlungsstadt": Nach verschiedenen anderen Schweizer Städten kam 1779 auch in Basel eine größere Schulreform ins Rollen. Iselin war hierbei eine treibende Kraft und versuchte, möglichst viele seiner pädagogischen Vorstellungen zu realisieren. Zu diesem Zweck schrieb er den "Versuch eines Bürgers über die Verbesserung der öffentlichen Erziehung in einer republikanischen Handelsstadt". Er erschien Ende 1779 als selbständige Schrift und 1780 in mehreren Folgen der Ephemeriden (Wiederabdruck in: Iselin, Pädagogische Schriften, ed. Göring 1882, S.137-197); vgl. Im Hof 1967, S.157ff.

[Nr. 128; Iselin an Nicolai]

Basel den 20. Brachm. 1780
[erh. 14. Juli]

Ich danke Ihnen bester und schätzbarster Freund! für die Bibliothek, für Abbts Schriften etc. Sie überhäufen mich mit Freundschaftsbezeugungen, die ich nur schwach erwidern kann.[53] Ich hoffe H. Flick und H. Schweighauser werden für Ihr technologisches Wörterbuch sammeln. Mir ist es unmöglich. Sie glauben nicht wie ich auf einer Seite angebunden und auf einer andern zerstreut bin. Meine Gesundheit gewinnt dadurch nichts, aber doch erhalte ich sie durch eine gute Lebensordnung und durch Verwahrung wider allen Unmuth der mich oft zu befallen droht, wenn ich sehe, was ich sehe und nicht bedenke daß das Ding noch lange nicht so schlimm ist als es seyn könnte.

Herr Maier wird doch zuletzt nach Berlin kommen. Sie werden hoffe ich mehr an ihm finden, als bloß den Verfasser des Grundrisses pädagogischer Kenntnisse. Er ist eine sonderbare Erscheinung. Ich hoffe Sie werden ihn nutzen können, wo seine Fähigkeiten recht thätig werden könnten.

Hier haben Sie meinen Versuch, in dem Sie villeicht Heineccius und Spitzbart in einer Person vereinigt finden werden. Leben Sie wohl. Ich bin

Ganz der Ihrige
I.Iselin

[PS]
Von Herrn Flick habe ich Ihre halbe Carolin richtig erhalten.

---

53 Marginalie Nicolais: "Anbey lag s. Versuch über die Verbesserung der Erziehung in e. Republ. Handelsstadt".

Erläuterungen zu Nr.128

- "für Ihr technologisches Wörterbuch sammeln": Nicolai warb zu dieser Zeit Subskribenten für ein von ihm verlegtes umfangreiches Nachschlagewerk: Johann Karl Gottfried Jacobsson, Technologisches Wörterbuch oder alphabetische Erklärung aller nützlichen mechanischen Künste, Manufakturen, Fabriken und Handwerker, wie auch aller dabey vorkommenden Arbeiten, Instrumente, Werkzeuge und Kunstwörter (...). Die ersten vier Bände erschienen 1781-1784, vier Fortsetzungsbände 1793-1795.

- "Hier haben Sie meinen Versuch, in dem Sie villeicht Heineccius und Spitzbart in einer Person vereinigt finden": Iselin bringt hier seine Schrift zur Basler Schulreform (vgl. zu Nr.127) in scherzhafte Verbindung mit Johann Gottlieb Schummels "Spitzbart. Eine komi-tragische Geschichte für unser pädagogisches Jahrhundert", Leipzig 1779. Dieser Roman ist ein interessantes Beispiel für eine im aufgeklärten Geist verfaßte Satire über Fehlentwicklungen der Aufklärung selbst, namentlich gewisse Tendenzen des Philanthropismus: Die beiden Antihelden des Buches, der wunderliche Philanthropist Spitzbart und sein enthusiastischer Förderer Heineccius, scheitern mit ihren Ideen und Konzepten am Leben. Schummel parodiert auch das Dessauer Schauexamen von 1776 (vgl. zu Nr.83), an dem er selbst teilgenommen hatte. Eine Rezension des Romans findet sich in: Ephemeriden 1780/10, S.427f.

[Nr. 129; Iselin an Nicolai]

Basel den 16. Herbstm. 1780.
[erh. Michaelis-Messe]

Es ist mir bisher unmöglich gewesen eine Sylbe für Sie zu arbeiten, mein wertester Freund! Sie glauben nicht wie sehr ich durch allerhand Gegenstände beschäftigt und zerstreut bin. Mit Mühe finde ich Zeit Ihnen an frühem Morgen ehe ich in [den] Rath gehe diese zwo Zeilen zu schreiben. Nun werden Sie Herrn Maier in Berlin haben, der Ihnen für die Bibliothek manche gute Anzeige wird liefern können. Villeicht übernimmt sein noch in Hanau befindlicher Freund Herr Schäfer auch einige. Aber diese Männer wenigstens der letztere, deucht es mir, entschliessen sich nicht allemal geschwind zur Arbeit.

Leben Sie immer wohl. Ich umarme Sie

Ihr Ergebenster
I.Iselin

[Nr. 130; Nicolai an Iselin. Fragment. Von Schreiberhand, mit eigenh. Unterschrift und Zusatz Nicolais]

[ohne Ort, ohne Datum;
vermutlich Leipzig, 5.10.1780][54]

[Anfang verloren]

kann anders daraus kommen, als daß die Verhältnisse unsers gesellschaftlichen Lebens, weder mit unsrer religiösen noch politischen Erziehung übereinstimmen wollen.

Indessen, wie gesagt, wir müssen uns nicht abschrecken lassen, zu thun, was wir können, und Sie am wenigsten, mein edler Freund.

Ich lese Ihr Werk fleißig. Sie stiften dadurch ungemeinen Nutzen, wenn Sie gleich den größten Theil der Sachen nicht völlig aus dem rechten Gesichtspunct ansehen können. Sie geben Gelegenheit, daß menschenfreundliche Gedanken hin und wieder erregt werden. Ich habe oft, freylich bey verschiedenen französischen, darmstädtischen und andern Einrichtungen, die Sie loben, meine Zweifel gehabt. In der Nähe sieht vieles anders aus, als in der Ferne. Dies bemerke ich unter andern in der Nachricht, die Sie in Ihrem letzten Stücke, von unsrer vorhabenden Justitz-Verbesserung geben. Gut gemeint ist sie immer, den Erfolg müssen wir freylich erst abwarten. Wem die geheimen Veranlassungen gewisser Veränderungen bekannt sind, muß freylich lächeln, wenn er sie aus dem Gesichtspuncte, als ein dem Besten der Menschheit gewidmetes Werk betrachtet siehet. So ist es in allen Staaten. Aber freylich die Vorsehung, welche Alles nach weisen Absichten regieret, und so gar durch Blitz und Erdbeben Fruchtbarkeit schafft, weiß Alles zum Besten zu leiten. Bey der Art, wie jetzt, und vielleicht schon seit undenklichen Zeiten, die Regierung der Staaten getrieben wird, möchte man fast sagen, daß eine politische Veränderung, wenn sie nur etwas gutes an sich hat, ganz gut sey.

---

54 Das Datum ergibt sich aus den Antwortvermerken Nicolais auf Nr.119, 128 und 129.

Auch habe ich in Ihrem letzten Stücke die Unterredung des unglücklichen Wasers mit seinen Kindern, mit herzinniglicher Rührung gelesen. Auch dieser Mann ist das Opfer einer armseligen Politik geworden; denn wenn solche Ursachen nicht im Hinterhalt gewesen wären wie hätte man mit solcher unbarmherzigen Härte mit ihm verfahren können? und sich nicht einmal getraut die Ursachen dieser Härte im Urtheil zu sagen? Wenn man die Bürklischen Reden im Schlötzerischen Briefwechsel lieset und überlegt, wie grausam man mit dem Bekanntmacher derselben verfahren ist; so muß man bestätigt finden, was ich schon lange geglaubt habe, daß 1776 die alberne Geschichte von der Giftmischerey, bloß dem Volke, wie dem Wallfische eine Tonne vorgeworfen worden, um seine Aufmerksamkeit von den damaligen Bündnissen mit Frankreich und von der dabey aufgeworfenen wichtigen Frage, ob bloß der Rath, oder Rath und Volk, das Recht, Krieg, Frieden und Bündnisse zu schliessen habe, abzuziehen. Jetzt soll Wasers Schicksal ein schreckendes Beyspiel seyn, daß auf einen jeden, der diese Frage wieder aufs Tapet bringe, der Todt warte. So handeln diejenigen, die Macht haben in Republiquen, und so handeln sie in Monarchien.

Genug geschwatzt, mein theuerster Freund, von diesen wichtigen Gegenständen. Ich will nur blos noch ein Wort über die deutsche Bibliothek hinzuthun. Ich sehe es wohl ein, daß Sie bey Ihrer jetzigen Lage weiter nichts dazu liefern können. Ich will Ihnen auch künftig nichts zutheilen. Indessen wünschte ich doch, daß Sie die noch restirenden Bücher beurtheilen werden, und ich hoffe, Sie werden es thun. Besonders wünschte ich von dem Leben Wolldemars in welchem Klugheit und Thorheit so nahe beysammen gemischt sind, eine ausführliche und bündigere Recension zu haben.

Freylich thut es mir leid, daß ich Sie mein theuerster Freund bey der deutschen Bibliothek verlieren soll, ohne einen andern an Ihrer Stelle zu haben. Herr Mayer hat mir schon geschrieben, daß er schwerlich etwas dazu würde beytragen können. Sie würden mich ungemein verbinden, wenn Sie mir einen andern brauchbaren Mann vorschlagen könnten.

Ich umarme Sie von Herzen, und bin

Ihr ganz Eigner
Fr. Nicolai

[PS; von Nicolais Hand]

NB die restirenden Recensionen um die ich Sie bitte, sind:

Leben Woldemar 1r Thl 79
Stuart Abriß des gesellsch. Lebens 79.
Betracht hist u. polit üb die Kolonien 79
- " - üb die wahren Vortheile e. Staats 79
Nachricht v. der Lehrart in Silena 79.

Erläuterungen zu Nr.130

- "Nachricht, die Sie in Ihrem letzten Stücke, von unsrer vorhabenden Justitz-Verbesserung geben": Verbesserung der Gerechtigkeitspflege in den königlich preussischen Staaten. In: Ephemeriden 1780/10, S.478-502. In diesem Artikel macht der gelernte Jurist Iselin seine Leserschaft mit der tiefgreifenden Reform des Zivilprozeßrechtes in Preußen, insbesondere der Kabinettsordre Friedrichs d.Gr. vom 14.4.1780 bekannt. Diese sah als wichtigste Maßnahme die Ersetzung der Advokaten durch staatlich besoldete Assistenzräte vor. Friedrich gab dafür folgende Begründung: Die Anwälte herkömmlicher Art hätten ein persönliches Interesse an der Vervielfältigung der Prozesse, an deren Verzögerung und häufig auch an der Verdrehung der Fakten. Sie seien mitverantwortlich für die herrschende "Prozeßsucht". In Zukunft sollten Rechtsstreitigkeiten dem Richter unmittelbar von den jeweiligen Parteien vorgetragen werden. Die Richter könnten dann, unterstützt von den Assistenzräten, schnellere und gerechtere Urteile fällen. Wenn immer möglich, solle ein Vergleich angestrebt werden. Besonders diesen letzten Punkt, den "Versuch der Güte", hebt Iselin lobend hervor; vgl. Friedrich Ebel, 200 Jahre preußischer Zivilprozeß. Das Corpus Juris Fridericianum vom Jahre 1781. Berlin 1982 (=Schriftenreihe der Juristischen Gesellschaft Berlin 71).

- "die Unterredung des unglücklichen Wasers mit seinen Kindern": Der Zürcher Johann Heinrich Waser war eine der schillerndsten Persönlichkeiten des ausgehenden Ancien Régime in der Schweiz: ein umtriebiger Pfarrer, bedeutender Gelehrter, hartnäckiger Oppositioneller und intriganter Unruhestifter. Nach mehreren Konflikten mit den Gemeindevorgesetzten war er 1774 als Pfarrer abgesetzt und mit Berufsverbot belegt worden. Er trat daraufhin durch wichtige statistische, volkswirtschaftliche und mathematisch-naturwissenschaftliche Abhandlungen hervor. Gleichzeitig arbeitete er gegen die Zürcher Obrigkeit und die von

ihr vertretene Politik. Ein in Schlözers Zeitschrift "Briefwechsel meist historischen und politischen Inhalts" veröffentlichter Artikel über den Zürcher Kriegsfonds, in dem Waser Staatsgeheimnisse ausplauderte und die Regierung der Unterschlagung anklagte, war Anlaß seiner Verhaftung. Bei einer Hausdurchsuchung fand man über 100 aus Zürcher Archiven entwendete Dokumente, darunter einige für die erwarteten juristisch-politischen Auseinandersetzungen mit Österreich hochwichtige Verträge und Urkunden. In einem Prozeß wurde Waser des Landesverrats für schuldig befunden und zum Tode verurteilt; am 27.5.1780 wurde er öffentlich enthauptet; vgl. Stückelberger 1932; Rolf Graber, Der Waser-Handel. Analyse eines soziopolitischen Konflikts in der alten Eidgenossenschaft. In: Schweizerische Zeitschrift für Geschichte 30 (1980), S.321-356, und Graber 1993, S.149-165.
Iselin ließ im Oktoberheft seiner Ephemeriden von 1780 einen anonymen Bericht über die letzten Lebenstage Wasers erscheinen (S.442-464). Im Mittelpunkt steht das Gespräch Wasers mit seinen beiden Söhnen (11 und 14jährig), worin er seine Schuld eingesteht, die Knaben zu einem gottgefälligen Leben auffordert und sie zum Gehorsam gegenüber Mutter, Großvater und Obrigkeit ermahnt.

- "die Bürklischen Reden im Schlötzerischen Briefwechsel": Es war Johann Heinrich Waser, der die beiden Reden Bürklis an Schlözer gesandt hatte, zusammen mit seinem eigenen kritischen Artikel "Schweizer-Blut und Franz-Geld politisch gegeneinander abgewogen": "Vortrag Joh. Bürkli's, Stehtrichters, das französische Bündnis betreffend mit Ludwig XVI; gehalten den 26 Jun. 1777 auf löbl. Zunft zum Widder" und "Zwote Rede, über die Erläuterung des Libells" in: August Ludwig Schlözer (Hrsg.), Briefwechsel meist historischen und politischen Inhalts 6 (1780), S.151-174 und S.178-196; vgl. die folgende Erläuterung.

- "von dem damaligen Bündnisse mit Frankreich und von der dabey aufgeworfenen wichtigen Frage": Das Sold- und Defensivbündnis mit Frankreich 1777 war der letzte gemeinsame Akt der 13 Orte vor dem Untergang der alten Eidgenossenschaft. Vorausgegangen waren schwierige und langwierige innereidgenössische Verhandlungen (seit 1775), die aber geheim blieben. In Zürich wurden die Zünfte - das heißt: die Bürgerschaft - erst drei Tage vor der definitiven Vereinbarung informiert. Diesen blieb somit keine Zeit, die komplexe Materie zu durchdringen und auf die Entscheidung Einfluß zu nehmen. Die "Fait accompli"-Politik der Zürcher Standeshäupter war insofern verfassungswidrig, als im "Libell" von 1713 ein Mitspracherecht der Zünfte bei größeren Staatsaktionen festgeschrieben worden war. Protestkundgebungen in den Zünften und Unruhen waren die Folge des selbstherrlichen Vorgehens der Obrigkeit; vgl. Graber 1993, S.125-149 (mit älterer Lit.).
  Nicolais Deutung der politischen Situation in Zürich ist bemerkenswert: Die Zürcher Regenten wollen sich (wie die anderen reformierten Orte) dem Bündnis der katholischen Kantone mit Ludwig XVI. anschließen, wissen aber, daß dies in Zürich, wo es traditionell starke Widerstände gegen das Reislaufen gibt, auf Oppo-

sition stoßen wird. Sie halten die Verhandlungen deshalb geheim und nutzen die angebliche "Nachtmahlweinvergiftung" (vgl. zu Nr.117) zu einem politischen Ablenkungsmanöver. Als die Proteste nach dem Abschluß des Bündnisses heftig aufwallen und auch Jahre später noch virulent sind, statuiert man ein Exempel: Man desavouiert den entschiedenen Solddienstgegner und Querulanten Waser (verdächtigt ihn u.a. auch der Vergiftung des Abendmahlweins; vgl. Stückelberger 1932, S.48 und S.105) und richtet ihn öffentlich hin. Freilich scheint Waser weitergehende konspirative Absichten gehabt zu haben, die Nicolai nicht bekannt waren (Wasers Delikte hatte man im Urteilsspruch, wie Nicolai selbst bemängelt, nur flüchtig angedeutet) und die bis heute nicht völlig geklärt sind.

- "Leben Wolldemars": [Friedrich Heinrich Jacobi], Woldemar. Eine Seltenheit aus der Naturgeschichte. 1.Theil Flensburg und Leipzig 1779.

[Nr. 131; Nicolai an Iselin. Von Schreiberhand (einschl. Unterschrift)]

Berlin den 16. 9br [Novembris] 1780.

Insonders hochzuehrender Herr,

Der Herr Baron Diede von Fürstenstein zu Ziegenberg in der Wetterau, hat von mir, Ihre Ephemeriden der Menschheit complet empfangen, die Stücke N. 6-10 von dem Jahre 1776. ausgenommen, die mir H. Böhme aller angewandten Mühe, ohngeachtet, nicht geben will, oder wie er sagt, nicht geben kann. Da mir viel daran liegt diesen Herrn zu befriedigen, so bitte ich Ew Hochedelg. diese Stücke 6.-10. vom J. 1776. an Herrn B. Diede mit einem bloßen Couvert von dort aus abgehen zu lassen. Oder aber wenn Sie die Stücke wirkl. nicht dort hätten, mir eine Anweisung an Herrn Böhme zu senden, damit er mir diese Stücke lasse. Das erste wäre mir aber ungleich angenehmer, weil ich doch erst die Stücke mit der Post so weit zurücksenden muß. Ich bin mit aller Hochachtung

Ew Hochedel.
ergebenster Diener
Fried. Nicolai

[Nr. 132; Iselin an Nicolai]

Basel den 5. Jäners 1781
[erh. 23. Jan.]

Morgen wird, mein werthester und schätzbarster Freund das Packet an den Baron Diede mit 6 bis 10. Eph. 1776 abgehn.

Ich bin sehr begierig zu vernehmen ob Herr Meyer in Berlin ist, und wie es ihm da geht. Ich wünsche gut, denn ich glaube er verdiene es.

Die Zeit wo Politik, Theologie und Erziehung mit einander übereinstimmten ist glaub ich niemals gewesen, oder sie waren alle zur Unterdrückung gestimmt, und da konnte weder im Ganzen noch im Einzelnen was Gutes herauskommen. Ich glaube wir haben im Ganzen und im Einzelnen seit nur dreyßig Jahren unendlich viel gewonnen.[55] Freylich leidet mancher bey der itzigen Gährung die im wirthschaftlichen, im politischen und im moralischen sich zeigt, aber daß er mehr leide als er ohne sie würde gelitten haben das glaube ich nicht.

Ich lobe oft Sachen von denen ich nicht die lobenswürdigsten Triebfedern muthmassen kann. Ich habe einige Briefe aus den Annalen von Linguet schon einige Monate lang in Bereitschaft, die Ihnen dieses beweisen können, allein ich habe sie noch nicht in die Eph[emeriden] einrücken können. Villeicht kommen sie in das fünfte Heft.[56] Das elektrische Feuer ist zur Befruchtung der Erde unumgängl., wenn schon bisweilen ein Strahl ein Haus anzündet, dafür muß man Ableiter erfinden.

Sie schreiben der Regierung in Zürich viel zu tiefe Politik zu. Die Nachtmalvergiftung ist, glaube ich eine zufällige Geschichte, die der Eyfer zu dem gemacht

55 Marginalie Nicolais: "Ich auch, aber nur im *Detail* nicht im Ganzen".

56 Marginalie Nicolais: "über den Proceß des Müllers Arnold. Es wäre am klügsten nichts davon zu sagen. Linguet ist ein elender Kerl".

hat, so sie nicht war.[57] Waser hätte nicht zum Tode verurtheilt werden sollen, aber ich glaube er war ein schlechter Mann.[58]

Ich habe noch keines von den Büchern lesen können, deren Anzeige ich Ihnen machen soll. Urtheilen Sie, welch ein Sklave ich bin.

Ich umarme Sie.

I.Iselin

Erläuterungen zu Nr.132

- "einige Briefe aus den Annalen von Linguet": Auf welche Briefe in Linguets Zeitschrift "Annales politiques, civiles et littéraires" sich Iselin bezieht, ist nicht klar. Nicolai geht davon aus, daß die Debatte über den Fall Arnold (s.u.) gemeint ist; das aber ist eine reine Vermutung. In den Ephemeriden des Jahres 1781 finden sich keine aus den "Annales" übernommenen Briefe.

- [Marginalie] "Proceß des Müllers Arnold": Der Rechtsstreit des Müllers Arnold mit seinem Grundherrn, dessen Beginn in das Jahr 1771 fiel und der sich dann jahrelang hinzog, erregte durch das Eingreifen Friedrichs d.Gr. (1779/80) europäisches Aufsehen. Arnold hatte den Prozeß in mehreren Instanzen verloren und war nach geltenden Gesetzen im Unrecht. In einer Supplik an den König stellte er sich jedoch als Opfer adliger Willkür dar. Friedrich verdächtigte daraufhin die Justiz der Rechtsbeugung und verurteilte am 1.1.1780 sechs Richter zu einem Jahr Festungshaft und zu finanzieller Entschädigung Arnolds. Außerdem entließ er den Großkanzler und restituierte Arnold in seiner Mühle.
  In der dadurch ausgelösten Debatte wurde heftig um die Prinzipien aufgeklärter Politik gerungen. Die einen hielten am Idealbild des aufgeklärten Absolutismus fest: Der Herrscher ist gemäß dieser Auffassung souverän, auch gegenüber den Gesetzen und der Justiz. Durch "Machtsprüche" darf und muß er eingreifen, sobald er Ungerechtigkeiten bemerkt. Andere setzten dem das Modell des bürgerlich-aufgeklärten Rechtsstaates entgegen, wonach die "plenitudo potestatis" des Monarchen durch das geltende Recht begrenzt ist und sich nicht auf die rechtsprechenden Organe erstreckt.
  Schon im Januar 1780 berichtete Linguet in seinen "Annales" über das Eingreifen Friedrichs und kommentierte es wohlwollend. Nicolai bezieht sich mit seiner

57 Marginalie Nicolais: "Freilich zufällig aber der Rath brauchte sie".

58 Marginalie Nicolais: "Eben so urtheile ich auch von Wasern, doch war er ein trefl. Kopf".

harschen Kritik wohl auf diesen Artikel (vgl. auch Nr.133); die später erschienenen kannte er möglicherweise nicht. Denn im folgenden ließ Linguet, recht ausgewogen, beide Seiten zu Wort kommen: In der Juniausgabe druckte er einen Brief aus Berlin ab, in dem das Verhalten Friedrichs scharf kritisiert wird. Nicht weniger scharf formuliert war der im Augustheft publizierte Antwortbrief (ebenfalls aus Berlin), der nun allerdings für Friedrich Partei ergriff. Linguet betonte in einem Zusatz, in dieser Sache ganz neutral zu sein; vgl. Handwörterbuch zur deutschen Rechtsgeschichte, Bd.3 Berlin 1984, Col. 726ff., und Malte Diesselhorst, Die Prozesse des Müllers Arnold und das Eingreifen Friedrichs des Großen, Göttingen 1984.

- "dafür muß man Ableiter erfinden": Der Blitzableiter war eines der großen Themen der Zeit. Nicolai verlegte 1781 eine Schrift, die dessen Nützlichkeit propagierte (vgl. Raabe 1983, S.107f.); die Ephemeriden berichteten mehrfach über Schwierigkeiten und Fortschritte bei seiner Verbreitung: 1781/1, S.60 (Widerstand der ländlichen Bevölkerung im Elsaß gegen den Blitzableiter); 1781/7, S.96f. (Blitzableiter in Berlin); 1781/8, S.207f. (Installation eines Blitzableiters auf der Münchner Kapuzinerkirche: Auch Mönche arbeiten gegen Vorurteile und Aberglauben).

[Nr. 133; Nicolai an Iselin. Von Schreiberhand, mit eigenh. Unterschrift Nicolais]

Berlin d. 1 *Febr.* 1781.

Ich habe, mein theuerster Freund, Ihr Schreiben vom 5. Jenner richtig erhalten, und danke Ihnen, daß Sie die verlangten Stücke der Ephemeriden an Hrn *von Diede* geschickt haben.

Herr Mayer befindet sich in Berlin sehr wohl. Durch eine kleine Schüchternheit, daß er mir weder von Nrbg [=Nürnberg] aus, noch in Leipzig seine rechten Absichten sagte, ist er mit mir viel weniger in Gesellschaft, und auf gewisse Weise ist ein grosser Theil der Annehmlichkeit, die er diesen Winter hier hätte geniessen können, verloren. Ich hatte die Absicht, daß er den Winter über, oder einen Theil desselben in dem Hause einer sehr wackern Dame, eine *chambre garnie* nehmen sollte. Dieß war nicht allein ganz in meiner Nachbarschaft, sondern auch in der Mitte der Stadt, und er wäre selbst, durch die Besitzerin des Hauses in verschiedene Connexionen gekommen, die ihm sehr nützlich gewesen wären. Ich bat ihn sehr, da ich bey seiner hiesigen Ankunft noch in Leipzig war, bey meiner Frau anzusprechen, der ich deshalb geschrieben hatte. Statt dessen, aus Besorgnis nicht zu *incommodiren*, oder sonst, hatte er sich durch einen Reisegefährten eine Wohnung aussuchen lassen, die von mir, in der Mitte der Stadt, eine halbe Viertelmeile entlegen, und zu gleicher Zeit so schlecht ist, daß er fast keinen Besuch annehmen kann. Dieser Umstand, so klein er ist, hat grossen Einfluß. Es wird ihm, und besonders ihr im Winter beschwerlich andere zu sehen. Er muß verschiedene Bequemlichkeiten entbehren, und also kann ihm Berlin besonders im Winter, nicht so gut gefallen, als unter andern Umständen. Indessen scheint er doch sehr vergnügl. Wenn nur, wie ich hoffe, seine Einkünfte hinreichen, hier auf eine angenehme Art zu leben, so wird sich, wenn er gegen Ostern eine andere Wohnung bekommt, auch vieles ändern. Daß er mit einer Erziehungsanstalt hier einige Sensation machen soll, glaube ich schwerlich. Seine Einsichten, und folglich auch seine Absichten sind nach den Ländern, wo er gewesen ist, kalkulirt. Hier ist aber alles ganz anders. Dazu kommt, daß, unter uns gesagt, sein Buch hier gar keinen Beifall gefunden hat. Es ist in der That auch ein wenig allzuflüchtig, und obenhin geschrieben. Er ist übrigens wirklich ein sehr wackerer Mann, der gewinnt, jemehr man ihn kennen lernt. Es würde mir sehr angenehm gewesen seyn, wenn ich durch den kleinen Umstand einer nähern Wohnung öfter seine Gesellschaft geniessen könnte.

Ich gebe Ihnen recht, mein theurer Freund, daß wir im politischen, moralischen, und theologischen Fach seit 30 Jahren im einzelnen sehr viel weiter gekommen sind. Uebrigens sind aber meine Erwartungen nicht so warm wie die Ihrigen, obgleich eben so fest. Im ganzen sind wir, meines Erachtens nicht viel weiter gekommen. Ich glaube aber auch, es soll, und muß so seyn. Die Masse der Kräfte, der Erkenntnisse, und des Glückes, sind relativ, und meines Erachtens auf dem Erdboden beständig fast gleich. Wir müssen arbeiten, als wenn wir viel thun wollten, und wenn wir wenig nur thun können, erkennen, daß dieses wenige viel ist. Wer dieß nicht lernt, wird im Kurzen am menschlichen Geschlechte desperiren, wie Basedow, oder glauben, es sinke, und könne nur durch Wunder gehoben werden, wie Lavater meint.

Wegen Waser bin ich vollkommen Ihrer Meinung. Was der gute Hirzel in den Ephemeriden wider Johann Müllern sagt, ist im Grunde nur Gewäsche. Müller ist, wie Sie wissen, jetzt hier, und wünschte eine Stelle bey der Akademie. Ich wünschte sie ihm auch, aber *non cuivis licet adire Corinthum.* Er ist ein treflicher junger Mann, und es wäre schade, wenn er wieder nach Genf zurückgehen müßte, weil er da für die deutsche Litteratur verloren seyn würde.

Ich wünschte nicht, daß Sie in den Ephemeriden etwas über die Arnoldsche Geschichte sagten, am wenigsten aus Linguet, welcher der einfältigste, unwissendste Schwätzer ist, und den eigentlichen Verlauf der Sache gar nicht weiß. Ich habe einige Hofnung, mein liebster Freund, daß ich diesen Sommer in Ihre Gegend kommen und zwey oder drey Tage in Ihre[r] Gesellschaft werde zubringen können. Ein heisser Wunsch, dessen Erfüllung ich schon vor vielen Jahren gewünscht habe! Alsdenn hoffe ich mit Ihnen über diese, und andere die Menschheit betreffende Geschichte viel zu reden.

Leben Sie wohl, mein theuerster Freund. Ich bin ewig

der Ihrige

Fr. Nicolai

Erläuterungen zu Nr.133

- "Herr Mayer befindet sich in Berlin sehr wohl": Diese Aussage wird durch einen Brief Maiers/Grubers (vgl. zu Nr.119) an Iselin vom 8.12.1780 bestätigt, in dem es unter anderem heißt: "Ich bin nun seit einigen Wochen hier, und finde Berlin sehr prächtig und geschmackvoll gebauet. Ich habe auf meinen Reisen keine schönere Stadt gesehen" (Staatsarchiv Basel-Stadt PA 98, 38, S.251-253). Nicolai ist in diesem Brief lediglich erwähnt.

- "Was der gute Hirzel in den Ephemeriden wider Johann Müllern sagt": Johannes Müller hatte 1780 den 1. Band seiner berühmten "Geschichte der Schweizer" veröffentlicht. Die Einleitung zum 3. Kapitel enthält eine kritische Anspielung auf die Hinrichtung Wasers. Der mit Iselin befreundete Zürcher Ratsherr Salomon Hirzel reagierte darauf mit einem scharf formulierten öffentlichen Brief (Ephemeriden 1781/1, S.3-14). Darin wirft er Müller mangelnde Kenntnis der Sachlage, Verdrehung der Fakten und Verleumdung Zürichs vor. Die Stellungnahmen Müllers und Hirzels sind Beispiele für den überaus großen publizistischen Nachhall des "Waser-Handels"; vgl. Stückelberger 1932, S.116ff.

[Nr. 134; Iselin an Nicolai]

Basel den 8 März 1781
[erh. 3. Apr.]

Sie erhalten hier, mein werthester und schätzbarster Freund ein Manuscript das ich auf Ersuchen seines mir unbekannten Verfassers Ihnen zusenden soll. Sollte er Ihnen auch unbekannt seyn und Sie das Manuscript nicht gebrauchen wollen, so bitte ich Sie mir es zurück zu senden. Ich möchte einige Stellen davon den Ephemeriden einrücken. Wenn es nicht so weitläufig, so abstract und so trocken wäre, so würde es wahrscheinlicher Weise den Preis erhalten haben. Mir scheinen die Grundideen davon vortrefflich.

Was lebt Herr J.G. Meyer. Ich wünsche sehnlich daß es ihm recht wohl gehe und daß er wo nicht ein seiner würdiges doch ein seinen Wünschen entsprechendes Schicksal in Ihrer Stadt finde. Hat er schon für Ihre Bibliothek gearbeitet?

Was sagt man bey Ihnen zu dem Werkgen *de la litterature allemande*. So ungerecht es in vielen Gesichtspuncten ist, und in manchem scheint: so wird es doch Gutes wirken.[59] Es sind kostbare Winke darin, die andre auch geben konnten, die aber von einem Throne herunter viel mehr Gewicht haben.
Ich muß enden, weil Arbeit auf mich zu dränget. Leben sie wohl. Ich umarme Sie

Isaak Iselin

---

59 Marginalie Nicolais: "Schwerl.[ich]! Hier ist es schon vergessen".

Erläuterungen zu Nr.134

- "Was sagt man bey Ihnen zu dem Werkgen *de la litterature allemande*": Gemeint ist eine Schrift Friedrichs d.Gr. Sie erschien anonym, ihr Autor stand gleichwohl außer Frage: De la littérature allemande, des défauts qu'on peut lui reprocher, quelles en sont les causes, et par quels moyens on peut les corriger, Berlin 1780. Friedrichs harsches Urteil über die deutsche Literatur lag - zumindest teilweise - darin begründet, daß er diese nur sehr unvollständig kannte. Iselin kritisiert das in seiner Rezension (Ephemeriden 1781/5, S.548-561), hebt andererseits Friedrichs Grundriß einer Philosophie- und Weltgeschichte positiv hervor. In einem Brief an Frey schreibt er: "...n'est pas précisément un ouvrage bien merveilleux, aussi peu que son éloge de Voltaire. Ces ouvrages et sa campagne de 1778 preuvent qu'en approchant des soixante et dix ans on ecrit et on ne combat plus comme à celui de 30" (zit. nach Im Hof 1988, S.155). Zu Nicolais Reaktion vgl. Nr.136.

[Nr. 135; Iselin an Nicolai]

Basel den 22. März 1780 [sic; vielmehr 1781]
[erh. 7. Mai]

Sie erhalten hier, mein lieber schätzbarer Freund das Manuscript von dem ich Ihnen letzthin gesagt habe; sollte es Ihnen unrecht kommen: so schicken Sie mir es wider zurück. Es enthält gar viel Gutes, das man nicht muß umkommen lassen, und wenn sein Verfasser seine Trockenheit verbessert und ihm hin und wieder einen Firnis anstreicht: so wird es Gutes wirken.

Einem meiner Freunde fehlen von der allg. Bibliothek folgende Stücke. B.X.1. und 2. B.XXV.1. und 2. B.XXXIIII.2. B.XXXVIII.2. und vom 2ten Stücke des 14. Bandes der Bogen B.B. Ich bitte Sie mir solche mit Gelegenheit zuzuschicken und zu melden was sie kosten. Ich werde Ihnen den Werth in Gelde oder in Ephemeriden von meinen Jahrgängen nach Belieben dafür zusenden.

Was macht Herr Meyer? Ist er schon in seinen neuen Beruf eingerichtet. Ich wünsche von Herzen, daß es ihm recht wohl gehe.

Was sagen Ihre Poeten zu den militarischen Complimenten die ihnen im Aufsatze *sur* [sic] *la litterature allemande* gemacht werden: Mir haben die Anweisungen an die Herrn Professoren größtentheils sehr wohl gefallen.

Ich umarme Sie würdiger Freund. Lieben Sie ferner

den Ihrigen

Isaak Iselin

[Nr. 136; Nicolai an Iselin]

[Einblattdruck "**An die sämtlichen Herren Verfasser der allgemeinen deutschen Bibliothek**", datiert: "Berlin den 17. Aprill 1781. Friedrich Nicolai."][60]

[Nicolai kündigt unter anderem seine große Reise durch Deutschland, Österreich und die Schweiz an:]

(...) Ich bitte daher die sämmtlichen Herren Mitarbeiter gehorsamst: *die restirenden Recensionen so schleunig als möglich einzusenden.* Ich wünschte, daß diese Bitte, besonders jetzt sehr bald möchte erhört werden. Ich werde von der Leipziger Ostermesse aus, eine Reise vornehmen, weshalb ich einige Monathe werde abwesend seyn müssen. Unter mehrern Sorgen liegt mir besonders am Herzen, daß die A.d.Bibliothek in meiner Abwesenheit, in eben der Ordnung und wie bisher ununterbrochenen Fortgang habe. (...) Auf meine Bitte hat mein würdiger Freund, Herr **F**.[riedrich] **G**.[ermanus] **Lüdke**, Prediger an der Nicolaikirche in Berlin, die ganze Besorgung der Sammlung des Manuscripts und der Herausgabe der A.d.Bibliothek übernommen. (...)

[zur Pränumeration zeigt Nicolai folgende Werke seines Verlages an: "des Herrn K.K.Hermes Predigten über die evangel. Texte", "des Hrn. Prof.Klügel Encyklopädie", "des Herrn Astronom Bode neue Weltkarte" und "Jacobssons Technologisches Wörterbuch".
Handschriftlich für Iselin hinzugesetzt:]

In der OM zahle ich d. H. *Flick* 1/2 Caroline

60 Faksimiliert in: Nicolai, Verlegerbriefe (ed. Fabian/Spieckermann 1988), S.109.

[Nicolais Begleitbrief an Iselin; von Schreiberhand, mit eigenh. Unterschrift Nicolais:]

Ich habe, mein theuerster Freund Ihr Schreiben vom 8. Merz, den 3. dieses richtig erhalten. Aber das MS. von dem Sie schreiben, war nicht dabey, und ich habe auch nachher nichts erhalten. Im Briefe war nichts als die gedruckte Ankündigung des Volkslehrers. Glauben Sie wohl, daß dieses Werk Wirkung thun könne? Mir scheint das erste Stück allzu tändelnd geschrieben, anstatt daß es treuherzig seyn sollte, und schon die Vorrede kann der gemeine Mann nicht verstehen, geschweige das andere.

Herr Mayer befindet sich hier recht wohl. Aber er privatisiret bloß, und lebt von seinen Mitteln. Er scheint nicht geneigt zu seyn, ein Institut anzulegen, und aufrichtig zu reden, so glaube ich auch nicht, daß es eben Fortgang haben würde. Die hiesigen Sitten, Gewohnheiten, Kenntnisse, u.s.w. sind von denen, an den Orten wo er gewesen ist, alzuweit verschieden. Es läßt sich alles dieses besser empfinden, als beschreiben. Er ist sonst wirklich ein sehr braver Mann, aber nur allzu schüchtern, als daß er im Laufe der Welt wirksam seyn könnte. So ist auch seine Frau. Uebrigens lebt er recht herzlich vergnügt, soviel ich sehn kann. An der Bibliothek zu arbeiten, scheint er nicht Neigung zu haben.

Ich sehe aus mehrern Briefen daß das Werkchen D.l.L.A. [=De la Littérature Allemande] auswärts vielmehr Sensation gemacht hat als hier. Hier sind sie [sic] wirklich schon ganz vergessen, und ich glaube selbst der Verfasser denkt nicht mehr daran. Hier hat man sich niemals eine Wirkung davon versprochen. Die Erinnerungen des Verf. über diese Materie sind hier längst bekannt, und dennoch ist jedermann beständig seinen Weg gegangen, welches auch ganz recht ist. Auswärts macht man sich von der hiesigen Verfassung ganz falsche Begriffe. Wenn man die hiesige Lage recht kennt, so siehet man daß dergl. Aufsätze eigentlich nichts würken können, und vielleicht auch nichts würken sollen.

Ich hoffe mein theuerster Freund auf meiner Reise ungefähr den 18. oder 22. August bey Ihnen zu seyn, um wenigstens ein paar Tage, da es mir das Schicksal nicht länger erlaubt, Ihren lehrreichen Umgang zu geniessen. Ich umarme Sie bis dahin herzlich in Gedanken.

Fr. Nicolai

Erläuterungen zu Nr.136

- "eine Reise": Am 19. Mai 1781 brach Nicolai von Leipzig aus zu seiner großen Reise auf, die ihn während eines halben Jahres durch weite Teile Deutschlands, Österreichs und der Schweiz führen sollte. Er wurde begleitet von seinem ältesten Sohn Samuel Friedrich (*1762), der soeben in das väterliche Geschäft eingetreten war. Ihre Route führte sie über Bamberg, Nürnberg und Regensburg nach Wien, von wo aus sie einen Abstecher nach Preßburg machten. Anschließend reisten sie nach München und Augsburg. Über Ulm, Stuttgart und Tübingen kamen sie in die Schweiz (vgl. zu Nr.139). Den Rückweg nahmen sie über Colmar, Straßburg, Karlsruhe, Speyer, Frankfurt, Göttingen, Hannover, Osnabrück, Braunschweig und Magdeburg. Am 17. November trafen Vater und Sohn wieder in Berlin ein.
  Nicolai verband mit seiner Reise klare Ziele: Einerseits wollte er die Kontakte zu seinen zahlreichen Freunden und Bekannten pflegen (nahezu an jeder bedeutenden Reisestation wohnten Korrespondenten Nicolais), neue Verbindungen anknüpfen und seinen Sohn bei Geschäftspartnern einführen. Andererseits beabsichtigte er, sich durch eigene Erfahrung und lebendige Anschauung möglichst umfassend über die wirtschaftlichen, politischen, sozialen, kulturellen, religiösen und geistigen Zustände im deutschen Sprachgebiet zu informieren. Die Reise war somit ein Akt der Selbstaufklärung. Daß Nicolai die reisend gewonnenen Erkenntnisse auch für das allgemeine Wohl nutzbar zu machen suchte, lag in der Konsequenz seines Denkens. So entstand (auf Drängen von Freunden, wie Nicolai betonte) die zwölfbändige und dennoch Fragment gebliebene Reisebeschreibung: vgl. zu Nr.145.
  Das Jahr 1781, durch den Tod Lessings und das Erscheinen von Kants "Kritik der reinen Vernunft" eine Zäsur in der Geschichte der deutschen Aufklärung, kann zugleich als Höhe- und Wendepunkt in Nicolais Leben und Wirken gedeutet werden: vgl. Möller 1974, S.31 und S.80; Raabe 1991, S.201f.

- "Ankündigung des Volkslehrers": Sie ist auch in den Ephemeriden 1781/4, S.509-512, abgedruckt: Ankündigung einer neuen Monatsschrift, die *der Volkslehrer* heissen soll. Diese Zeitschrift wurde - wie die Ephemeriden - von Weygand in Leipzig verlegt und ist ein Beispiel für das vermehrte Bemühen in Deutschland, die Volksaufklärung voranzutreiben. Sie enthielt praktische Anleitungen für Landwirtschaft, Haushalt und Glauben und sollte von den Bauern selbst gelesen werden. Ihr Ton war teils schulmeisterlich, teils einfältig-naiv.

- "Ich hoffe mein theuerster Freund auf meiner Reise ungefähr den 18. oder 22. August bey Ihnen zu seyn": Nicolai bereitete seine Reise sehr sorgfältig vor. Aufgrund umfangreicher Lektüre und eingehender Erkundigungen entwarf er das Programm. Danach legte er, noch in Berlin, den Zeitplan fest. Diesen hielten er und sein Sohn recht genau ein, wie man an dieser Bemerkung nachprüfen kann: Denn tatsächlich trafen die Nicolais am Abend des 17. August in Basel ein; vgl. Nr.141a.

[Nr. 137; Iselin an Nicolai][61]

Basel den 10. Mayens 1781
[erh.: (von Schreiberhand:) OM den 24 May
(von Nicolais Hand:) d. 9 Jul in München empf.]

Ich hoffe mein theuerster Freund, Herr Mayer werde allmählich sich in Berlin in eine Lage versetzen die seinen Umständen und seinem Geschmacke angemessen seyn wird. Seine Ansprüche sind sehr bescheiden und er wird sie desto eher behaupten können. Freylich ist sein letztes Buch nicht wohl gerathen. Ich habe in Betrachtung seiner Umstände, um ihn dem Verleger nachdrücklich zu empfehlen, mich als Herausgeber genannt. Es war dem guten Manne damals um zwelf Louis d'or zu thun und nicht um Ruhm. Wenn er schon bey seiner dermaligen Dunkelheit nicht sagen konnte, wie der große Corneille, *je suis soul de gloire*, so konnte er doch wie dieser sagen *je suis affamé d'argent*. In einigen Jahren würde er villeicht zwelf Louis d'or geben das Buch nicht geschrieben zu haben. Und wenn es mir so leicht wäre zwelf Louis d'or hinzugeben als eine Vorrede von vier Seiten zu schreiben, so hätte ich sie villeicht auch lieber gegeben indessen hat das Buch doch sein Gutes und ich habe gedacht H. Flick würde damals eher etwas schlechters als etwas bessers verlegen.

Ich weiß nicht was es mit der beständig gleichen Masse der physischen Kräfte in der Welt für eine Bewandtnis habe, ob sie eine metaphysische Grille oder eine Wahrheit ist das ist über meinen Horizont. Aber an Ihre beständige Gleichheit der moralischen Kräfte glaube ich nicht. Ich glaube Licht und Wohlwollen nehmen täglich zu und damit auch der Wohlstand des menschlichen Geschlechtes, und der ganzen Geisterwelt. Die Sonne ist noch weit im Osten. Noch haben wir kaum Morgendämmerung.

Haben Sie den Geschichtschreiber Müller noch bey Ihnen. Mir deucht dieser Mann würde der Akademie Ehre machen und eine Zierde davon seyn.

Linguet ist in meinen Augen nicht so verächtlich als in den Ihrigen. Ich schätze ihn nicht hoch, aber seine Einsichten sind nicht klein, und nur seine Leiden-

---

61 SBPK, Nachlaß Nicolai I, 88.

schaften führen ihn meistens irre. Er würde villeicht schreiben und lehren wie Turgot und wie Beaudeau [sic; Baudeau], wenn er sie nicht hassete. Er hat gutes gewirkt indem er manchen Götzen umgestürzt hat. Ich umarme Sie, und freue mich sehr darauf Sie in der Schweiz zu sehn.

[ohne Unterschrift]

Erläuterungen zu Nr.137

- "Haben Sie den Geschichtschreiber Müller noch bey Ihnen": Johannes Müller hielt sich zu dieser Zeit in Berlin auf, weil er sich die Berufung an die dortige Akademie, der bereits einige Schweizer angehörten, erhoffte. Schon der erste Band von Müllers Schweizergeschichte (1780) enthielt Passagen, mit denen er sich dem Preußenkönig empfehlen wollte. Im besonderen dienten die 1781 veröffentlichten "Essais historiques" diesem Zweck. Friedrich d.Gr. gewährte Müller zwar eine Audienz, eine Anstellung aber kam nicht zustande.

[Nr. 138; Nicolai an Iselin. Von Schreiberhand, mit eigenh. Unterschrift Nicolais]

Hrn Rathsschreiber Iselin in Basel

Leipzig d. 10. May 1781

Ich habe, mein theuerster Freund, Ihr Schreiben vom 22. Merz mit dem MS. erst vorgestern hier erhalten. Ich bedaure, daß ich Ihnen dieses durch Hrn *Flick* zurückschicken muß. Zur Michaelmesse läßt sich nichts neues drucken, weil kaum 30 Buchhändler die Messe besuchen. Bis zur OM. wird Ihr Freund nicht warten wollen.

Die verlangten Stcke der Bibl. sind Ihnen auch durch Hrn *Flick* gesendet. Ich habe sie anstatt der 1/2 Caroline gerechnet, die ich Ihnen sonst hätte zahlen müssen. Eigentlich betragen sie etwas mehr. Hr Maier ist wie gewöhnlich immer vergnügt. Ob er wohl freilich in einiger Verlegenheit ist, da er eine von seinen beiden Pensionen verliert. Indessen meint er doch, daß er werde auskommen können. Bey unserer persönlichen Zusammenkunft im künftigen August, auf die ich mich von ganzem Herzen freue, werde ich mich über dieses und vieles andere, weitläufiger unterhalten.

Ich umarme Sie indessen von Herzen

der Ihrige
Fr. Nicolai

In größter Eil.

[Nr. 139; Nicolai an Iselin; eigenhändig]

Bern d. 11 Aug. 1781.

Mein theuerster Freund.

Ich sende Ihnen anbey was mir, v. Berlin aus, für Sie zugesendet worden. Ich darf es - ? - erst Ihrer fr[eun]dsch.[aftlichen] Besorgung empfehlen.

Seit gestern Abend bin ich hier. Morgen früh reise ich nach dem Grindelwald, und vielleicht ins Haslithal. Von hier denke ich durch die *Pierre pertuis* nach Basel zu reisen, welche Reise 2 Tage erfodern wird.

Wofern ich wie ich glaube nur bis ins Grindelwald gehe, so denke ich Sonnabends d. 18ten in Basel anzukommen; sollte ich aber noch nach dem Haslithal gehen, so würde ich 2 Tage später kommen.

Ich freue mich unendlich auf das Vergnügen Sie zu sehen, und mich mit Ihnen zu unterhalten. Leider wird mein Aufenthalt nur kurz v. etwan 3 Tagen seyn können. Aber in dieser Zeit hoffe ich so viel von Ihnen zu genießen, als in der kurzen Zeit möglich ist.

Leben Sie wohl mein theuerster Freund. Ich hoffe nächstens Ihnen mündlich zu sagen wie sehr ich Sie verehre und bin stets

Ihr

ergebenster Diener

Fr. Nicolai

NS.

Ich möchte gern v. Basel nach Colmar und von da nach Freiburg im Breisgau, und besonders nach Emmendingen zu Hrn Schloßer. Nun wäre 1) die Frage, ob Hr Schlosser zu Hause wäre 2) Ob bey Breysach eine Brücke oder Fähre üb den Rhein [ist] oder ob ich v. Colmar nach Basel zurük müßte welches letztere mich sehr aufhalten würde. 3) Ob es schicklicher sey erst nach Colmar, und v. da über Emmendingen nach Strasburg, oder v. Basel nach Emmendingen und v. da über Colmar nach Strasburg zu reisen? Wollten Sie wohl so gütig seyn *ad 2 u 3* zu meinem Besten zu überlegen, und *ad 1* an Hrn *Schlosser* zu schreiben, ob er

d. 24 bis 26 zu Hause seyn möchte, als in welchen Tagen ich ohngefähr bey ihm eintreffen möchte. Ich werde nur 1/2 oder ganzen Tag bey Ihm bleiben können. Verzeihen Sie die verursachte Bemühung. Ich glaube, diese Vorsicht nöthig zu haben, denn wofern Hr *Schlosser* nicht da wäre reisete ich nicht dahin. Gegen meine Ankunfft in Basel, kann Antwort da seyn.

Erläuterungen zu Nr.139

- "Seit gestern bin ich hier": Von Schaffhausen aus waren Nicolai und sein Sohn Ende Juli zunächst nach St. Gallen und Appenzell gereist; sie gelangten dann über Winterthur nach Zürich, wo sie sich vom 31. Juli bis zum 8. August aufhielten. Von hier aus ging es weiter nach Bern. Bei einem Ausflug nach Grindelwald erhielten sie einen Eindruck von der Berg- und Gletscherwelt des Berner Oberlandes. Der Weg von Bern nach Basel führte durch das berühmte Felsentor (pierre pertuis) bei Biel. Eine lateinische Inschrifttafel wies diesen künstlichen Durchgang als Werk der Römer aus, für die der Paß eine wichtige Verbindung zwischen Aventicum und Augusta Raurica gewesen war.

- "und besonders nach Emmendingen zu Hrn Schloßer": Nicolai suchte auf seiner Reise nicht bloß den Austausch mit Gesinnungsfreunden. Sein Wunsch, Schlosser in Emmendingen zu besuchen, ist hierfür ein Beispiel. Denn Schlosser war durchaus kein Verfechter der Aufklärung, jedenfalls nicht im Sinne Iselins oder Nicolais (vgl. zu Nr.97). Aus Anlaß des Cagliostro-Streites Ende der achtziger Jahre verschärfte sich Schlossers Opposition zur Berliner Aufklärung. Verächtlich nannte er sie "Nicolais Clubb"; vgl. z.B. die Briefe Schlossers an Ludwig Heinrich Nicolay in: Die beiden Nicolai, ed. Ischreyt 1989, S.260 und S.268.

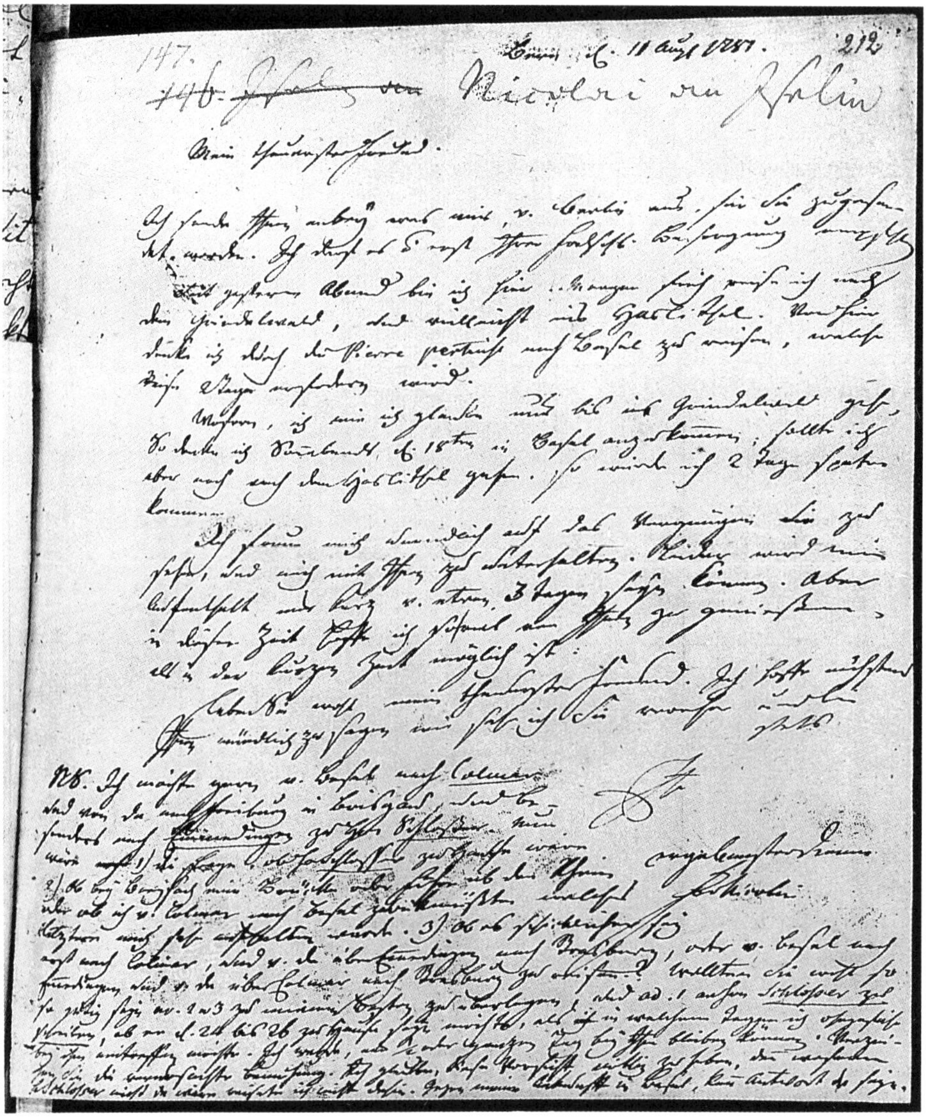

Abb.25: Nicolais Brief vom 11.8.1781 (Nr.139).

[Nr. 140; Nicolai an Iselin]

Ich muß Sie um Verzeihung bitten mein theuerster Freund, daß ich den Montag abend nicht Ihr Gast seyn kann. Hr *Flick* hat mich u. m. Sohn zu einer Hochzeit gebeten, welches dieser angenommen hatte in der Meinung es sey Sonntags. Ich darf es Hrn *Flick* nicht abschlagen, aus Ursachen die Sie leicht einsehen werden.

Wollen Sie mich aber den Dienstag als den Abend meiner Abreise des Abends haben, so will ich die ganze Empfindung eines in Ihrer Gesellschafft verbrachten glüklichen Abends mit auf die Reise nehmen.

Morgen Nachmittag um 3 Uhr komme ich zu Ihnen, bis etwan um 7, da ich zu Hrn *Schweighauser* gehen muß. Wie viel habe ich nicht mit Ihnen zu reden. Wenn doch die Minuten Stunden wären.

Was meine Bitte wegen des Wechsels anbetrifft so habe ich überlegt, daß ich 40 Schildlouis d'or brauchen möchte. Sie würden mich verbinden, wenn Sie einen Bankier davon präveniren wollte[n]. Ich kann dafür einen Wechsel auf Amsterdam oder auf Hamburg geben; und bitte den Bankier mir nur auszurechnen, wie hoch ich nach hiesigem *Cours* den Wechsel ausstellen soll.

B.[asel] d.[en] 17 Aug 1781.[62]
Fr. Nicolai

---

62 Vermutlich hat sich Nicolai hier im Datum geirrt. Wohl am Samstag (18.8.) geschrieben.

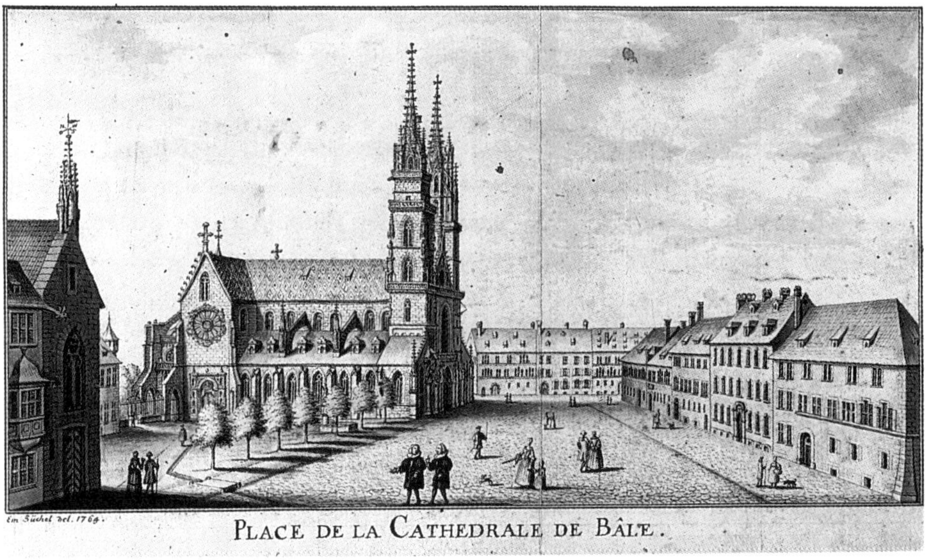

Abb.26: Der Münsterplatz in Basel. Lavierte Federzeichnung von Emanuel Büchel, 1764. Der Reischacherhof, ab 1765 Iselins Amtswohnung, ist das dritte Haus von rechts.

Erläuterungen zu Nr.140

- "40 Schildlouis d'or": In seiner Berlin-Beschreibung hat sich Nicolai auch mit dem "Werthe der gangbaren Münzen" befaßt. Im Abschnitt über die Goldmünzen heißt es: "Karolinen, Schildluisd'or und Guineen siehet man selten, sie gelten etwas über sechs Thaler" (ed. Spriewald 1995, S.325).

[Nr. 141a; Aus Iselins Tagebuch][63]

Freytags den 17ten Augstm. 1781

(...) Zu 3. Königen H. Nicolai besucht, der eben angekommen war. Ich blieb lang bey ihm, er kam hernach samt seinem Sohne zu mir, aß bey mir zu Nacht und blieb wegen einem Ungewitter bis ein Uhr.

[auch am Sonnabend trafen sich Iselin und Nicolai]

Sonntags den 19. Augstm. 1781

(...) H. Nicolai den ganzen Abend von vier bis fast achte bey mir. Mit welch einer Fertigkeit der Mann redt, und von wie vielerley Sachen.

Montags den 20.

(...) Mit H. Nicolai nach Maienfels gefahren. Was dieser Mann mich für Sachen gelehrt hat.

Dienstags den 21. Augstm.

[Iselin suchte morgens "gedruckte Sachen" für Nicolai zusammen]

(...) H. Nicolai hier - wir plauderten wacker miteinander - wie viel ich von dem Manne gelernt habe. Abends kamen auch sein Sohn und H. Preiswerk. Wir setzten uns um sieben ungefähr zu Tische und H. Nicolai verreisete gleich nach achte.

63 Staatsarchiv Basel-Stadt PA 98; 15 (Tagebuch 1778-1781), S.441-443.

Abb.27: Nicolais Quartier in Basel vom 17. bis 21.8.1781: Der Gasthof "Zu den Drei Königen". Im Vordergrund die Basler "Häupterkutsche". Radierung von Jeremias Burckhardt, 1793.

Erläuterungen zu Nr.141a

Die unter den Nummern 141a bis 141d zusammengetragenen Dokumente sollen einiges Licht auf den Aufenthalt Nicolais in Basel und seine Begegnung mit Iselin werfen.

- "Zu 3. Königen", "er kam hernach samt seinem Sohne zu mir": Nicolai logierte mit seinem Sohn in dem noch heute bestehenden Gasthof "Zu den drei Königen" am Rheinufer (Abb.27). Iselins Amtswohnung war seit 1765 der am Münsterplatz gelegene Reischacherhof (Abb.26).

- "Mit H. Nicolai nach Maienfels gefahren": Der "Maienfels" oberhalb von Pratteln bei Basel war der Landsitz von Iselins Schwiegereltern (vgl. Im Hof 1960, Abb.VII). Nicolai war der Ort schon seit längerem ein Begriff, hatte er sich doch 1777 gewünscht, hier "3. glückliche Sommerwochen" mit Iselin zu verbringen

(Nr.100). Vermutlich erinnerte er sich dabei an die 1759 verfaßte und an Salomon Hirzel gerichtete Vorrede Iselins zu seinem Büchlein "Versuch über die Gesezgebung" (vgl. zu Nr.2), die Iselin in veränderter Form auch in seine "Vermischten Schriften" (1770) aufnahm. Iselin hatte hierin Haus und Umgebung als eine wahre Idylle ausgemalt: "Der Ort meines izigen Aufenthaltes ist nicht auf der Spize eines hohen Berges, wie Sie sich denselbigen vorstellen, mein theuerster und schäzbarer Freund. Er ist indessen nicht minder angenehm. Ein anmuthiges und wolgelegenes Landhaus, auf einem lieblichen und fruchtbaren Hügel - An dessen Fusse wohnet ein glükliches Volk, in dem Schoos des Friedens und der Freyheit, in einem wolgebauten Dorfe, welches die vortrefflichsten Aeker, Wiesen und Weingärten umringen. Von dar dähnet sich ein mit allen Abwechselungen der Natur ausgeziertes Thal bald in weitern bald in engern Schranken aus. Mitten durch dasselbe fliesset majestätisch, sanft und lauter, ein Bild der edeln Tugend, der mit dem meisten Wasser Helvetiens bereicherte Rhein (...)" (nach der Erstfassung 1759).

- "H. Nicolai verreisete gleich nach achte": Nicolai hatte sich für die Reise eine eigene Kutsche bauen lassen. Dadurch waren er und sein Sohn unabhängig von den Routen und den Abfahrtszeiten der fahrenden Post. Der Reisewagen war so konstruiert, daß man darin - mehr oder weniger bequem - schlafen konnte: Die Nicolais fuhren, wie auch Iselins Notiz belegt, häufig am Abend oder in der Nacht. Sie sparten auf diese Weise Zeit und das Geld für Gasthofübernachtungen. Außerdem ließ es sich dadurch vermeiden, in der Hitze der Hochsommertage zu reisen.

[Nr. 141b; Stammbucheintrag Iselins für Samuel Friedrich Nicolai][64]

Peragit tranquilla potestas
Quod violenta nequit.

Basiliae d. 17. Aug. 1781

Isaac Iselin

Erläuterungen zu Nr.141b

Iselins Eintrag ist einem Panegyrikus des spätrömischen Dichters Claudian entnommen; vgl. Walther Bd.3 (1965), S.792. Paul Raabe hat auf den Quellenwert der Stammbücher hingewiesen, die Samuel Friedrich Nicolai auf der großen Reise mitgeführt hat: Raabe 1991, passim. In das zweite Stammbuch (SBPK Nachl. Nicolai II, 5) haben sich, neben Iselin, noch folgende Basler Persönlichkeiten eingetragen: Der Mathematiker Johann (II.) Bernoulli und sein Sohn Jacob (II.) Bernoulli (S.9 und S.13; 18.8.1781); der junge Bernoulli war seit 1780 enger Mitarbeiter an Iselins Ephemeriden. Ferner: der Rechtsprofessor, Altertums- und Naturkundler Johann Jacob d'Annone (S.11; 19.8.1781); der Verleger, Drucker und Buchhändler Johannes Schweighauser (S.15; 19.8.1781); der Pfarrer und Übersetzer Simon Grynaeus (S.17; 20.8.1781); Schultheiß Emanuel Wolleb, ein Freund Iselins (S.19; 20.8.1781); der Professor der Geschichte Jakob Meyer (S.21; 20.8.1781) und der Schriftgießer Wilhelm Haas, der eine der modernsten Druckereien Europas führte (S.22; 21.8.1781).

64 SBPK, Nachlaß Nicolai II, 5; S.8.

[Nr. 141c; Eintrag Nicolais in das Fremdenbuch der Universitätsbibliothek Basel][65]

Fr. Nicolai Buchhändler aus Berlin d. 20 Aug. 1781

Erläuterungen zu Nr.141c

Die Universitätsbibliothek war seit 1671 zusammen mit der öffentlichen Kunstsammlung der Universität im "Haus zur Mücke" am Münsterplatz untergebracht. Besonders die Kunstwerke, darunter die berühmten Holbeinbilder aus dem Amerbachkabinett, zogen viele Gäste an. Auch für Nicolai dürften die Gemälde - und weniger die Bücherschätze - der vorrangige Besuchsgrund gewesen sein; vgl. Max Burckhardt, Europäische Notabilitäten auf der Durchreise in Basel. Ein Einblick in das alte Gästebuch der Basler Universitätsbibliothek. In: Basler Zeitschrift für Geschichte und Altertumskunde 71 (1971), S.203-250.

65 Universitätsbibliothek Basel Mscr. AN II 30, fol.260^{v}.

[Nr. 141d; Iselin an Jean-Rodolphe Frey][66]

Bale le 6 de Sept. 1781
(...) J'ai vu dernierement le libraire Nicolai. Il n'est guère possible de trouver un homme d'un commerce plus interessant. Je le placerois a coté de Zimmermann et de La Roche. (...)

Erläuterungen zu Nr.141d

Der aus Basel stammende und in französischen Diensten stehende Offizier Jean-Rodolphe Frey war seit Jugendtagen der wohl vertrauteste Freund Iselins. Die Aussage über Nicolai, es sei kaum möglich, einen Mann von interessanterem Umgang ("commerce") zu finden, ist daher gewiß ehrlich gemeint und von besonderem Gewicht.

66 Staatsarchiv Basel-Stadt PA 98; 56, S.310.

[Nr. 142; Liste von Iselins Hand]

Freyburg im Breisgau
Herr Regierungsrath von Greiffeneck
Herr Prof. Bob

Emmendingen
H. Bauinspector Meerwein H. Schlettweins Schwager

Colmar
Herr Hofrath Metzger

Straßburg
Herr Fünfzehner von Türkheim; Freund von D. Lavater
Herr Prof. Blessig

Speyer
Herr Domherr von Beroldingen Cammerpräsident

Carlsruh
Herr Hofrath Molter
Herr Prof. Titel

Frankfurt am Mayn
Herr Geheimderath von Schmidt von Rossan

Idstein bey Frkt. am Mayn
H. Amtmann Langsdorf
H. von Kruse Nassau Usingischer Regierungspräsident

Fuld.
Herr Hofcanzler von Kaiser

Erläuterungen zu Nr. 142

Die Städtenamen auf dieser Liste - Iselin gab sie Nicolai vermutlich in Basel mit auf den Weg - markieren Nicolais weitere Reiseroute nach Norden. Bei den genannten Personen läßt sich nicht in jedem Fall sagen, in welcher Beziehung Iselin zu ihnen stand. Mit einigen unterhielt er nachweislich einen Briefwechsel oder kannte sie sogar persönlich (Bob, Meerwein, v.Türckheim, v.Beroldingen, Molter, v.Kaiser); vgl. das kommentierte Personenregister im Anhang.

[Nr. 143; Iselin an Nicolai][67]

Hier, theuerster Freund, die zwey Hefte die Sie bey mir haben ligen lassen und die Ihnen villeicht nicht ganz gleichgiltig sind. Ich hoffe Sie werden glücklich gereiset und bey Empfange dieses Päckgens bey Herrn Schlosser angekommen seyn, und nun mit vollen Zügen das Vergnügen seines Umganges geniessen. Machen Sie ihm und Ihrem Herrn Sohne meine Empfehlung. Schicken Sie mir die Adresse des Commandanten von Ofen der einen Gouverneur für seine Kinder begehrt, und lieben Sie immer

Ganz den Ihrigen
Isaak Iselin

den 22. Augst. 1781.[68]

Erläuterungen zu Nr.143

- "Schicken Sie mir die Adresse des Commandanten von Ofen": Nicolai hatte von Wien aus eine "kleine Nebenreise nach Ungarn" gemacht, war aber nicht bis Ofen gekommen (Ofen ist der deutsche Name für Buda, den westlichen Teil des heutigen Budapest). Daß ein dortiger hoher k.k. Offizier einen Hauslehrer für seine Kinder suchte, hatte ihm wohl sein Freund Bretschneider gemeldet (vgl. zu Nr.144). Wem Iselin diese Stellung vermitteln wollte, ist nicht bekannt.

---

67 SBPK, Nachlaß Nicolai I, 88.

68 Vermerk Nicolais: "in Emmendingen empf."

[Nr. 144; Nicolai an Iselin]

Emmendingen d. 23 Aug. 1781.

Ich danke Ihnen liebster Freund für das Vergnügen, das ich in Ihrem Umgange gehabt habe. Hier genieße ich eben das Vergnügen bey Hrn *Schlosser*, u reise heute Abend nach Colmar.

Danke für die 2 Stücke. Ein reicher ungenannter [durchgestrichen: kaiserl. General] in Ungarn verlangt einen Hofmeister für s. Kinder. Nähere Nachricht ist einzuziehen, beym Hrn v. *Bretschneider* Kaiserl. Königl. Rath und Bibliothekar der Universität zu *Ofen* in Ungarn. Dieß ist die Nachricht die Sie verlangen.

Leben Sie mit Ihrer ganzen glücklichen Familie recht wohl und lieben Sie mich, so wie ich stets von Herzen bin

der Ihrige
Fr. Nicolai

in Eil!

Erläuterungen zu Nr.144

- "reise heute Abend nach Colmar": Den nächsten Tag (Freitag, 24.8.) verbrachte Nicolai von morgens neun Uhr bis zum Abend bei dem blinden Dichter und Pädagogen Pfeffel; vgl. zu Nr.98 und: Gottlieb Konrad Pfeffel's Fremdenbuch. Mit biographischen und culturgeschichtlichen Erläuterungen hrsg. von H. Pfannenschmid. Colmar 1892, S.207.

- "beym Hrn v. *Bretschneider*": Heinrich Gottfried von Bretschneider war seit 1767 mit Nicolai bekannt und gehörte später zu dessen treuesten auswärtigen Freunden; er war Mitarbeiter der ADB und ein wichtiger Informant für Nicolais Reisebeschreibung. Einige seiner Briefe an Nicolai aus den Jahren 1773 bis 1808 sind ausschnittweise publiziert in: Leopold Friedrich Günther von Göckingk (Hrsg.), Reise des Herrn von Bretschneider nach London und Paris nebst Auszügen aus seinen Briefen an Herrn Friedrich Nicolai. Berlin und Stettin 1817.

[Nr. 145; Nicolai an Iselin]

Hrn R.S. Iselin in Basel

Berlin d. 3 Dec 1781.

Ich bin nun, mein theuerster Freund, seit 14 Tagen zu Hause, und denke nun auf das große Gemählde meiner Reise zurück. Es ist wie ein Traum, so viele vortrefliche Männer gesehen zu haben, so viel Städte, so viel merkwürdige Gegenstände der Natur erblickt zu haben. Doch das Ganze dises süßen Traums schwebt immer vor mir, und so wie ich mich der einzelnen Theile erinnere, so wird auch dabey alles in mir lebhafft. So geht es mir besonders, mein theuerster Freund, wenn ich mich der glücklichen Tage erinnere, die ich in Ihrer Gesellschafft zugebracht habe. Könnte ich sie noch einmahl zurückbringen! Könnte ich Hofnung haben Sie wiederholt zu sehen! Doch dieß ist vergeblich. Ich muß mich mit dem Andenken vergnügen.

Mich dünkt, ich hätte Ihnen gesagt, daß ich die Geburts- und Sterbelisten seit 10 oder 20 Jahren von Basel gern haben wollte. Sind sie irgendwo, vielleicht in Ihren Ephemeriden gedruckt, so bitte ich Sie, mir es anzuzeigen, wo nicht, sie mir zu verschaffen. Wäre auch nicht eine Nachricht von der eigentlichen Beschaffenheit des Baseler Handels zu haben. Geschieht er bloß mit Baselschen Manufakturwaaren, oder auch mit fremden, und mit welchen, und auf welche Art. Es wird Ihnen, mein theuerster Freund, vielleicht nicht schwer werden, von einem dortigen einsichtsvollen Kaufmann, vielleicht von Ihren Herrn Schwiegersöhnen, denen ich mich bestens empfele, eine Beantwortung, oder einen Aufsatz zu erlangen.

Wenn Sie mir diese Nachrichten bald, und wenigstens noch vor Ende des Jahres mittheilen wollen, so werden Sie mich ungemein verbinden. Sobald ich meine aufgesummte Correspondenz werde abgethan haben, so wird meine erste Arbeit seyn, meine bey der Reise gesammleten Papiere in Ordnung zu bringen, und alsdenn möchte ich meine Einbildungskrafft gern nochmals den vollständigsten und ruhigen Blick auf jeden Ort, wo ich gewesen bin, thun laßen.

Ich empfele mich Ihrem ganzen Hause, und allen den Freunden, die sich bey Ihnen meiner erinnern. Ich bin von ganzem Herzen

ewig der Ihrige

Friedrich Nicolai

[PS 1]

Mein Sohn empfiehlt sich Ihnen, Ihrer Frau Gemalin u. Familie gehorsamst.

[PS 2]

Eben bekomme ich das XI^{te} Stük Ihrer Ephemeriden. Sie haben darinn die Schilderungen Wiens angezeigt. Habe ich Ihnen aber nicht erzählt, daß dieß Buch gleich *confiscirt*, der Verf. zu e. verstümmelten Edition gezwungen worden. S. davon d. Bibl. XLVIII. 1. Stk. Es ist in Wien mehr Schein als That.

Erläuterungen zu Nr.145

- "die Geburts- und Sterbelisten": Schon während seiner großen Reise (vgl. zu Nr.136) hatte Nicolai an jedem besuchten Ort statistisches Material gesammelt, das er nach seiner Rückkehr noch zu ergänzen suchte. Es fand dann teilweise Verwendung in seiner berühmten "Beschreibung einer Reise durch Deutschland und die Schweiz im Jahre 1781. Nebst Bemerkungen über Gelehrsamkeit, Industrie, Religion und Sitten", Berlin und Stettin 1783-1796. Obwohl das Werk schließlich 12 Bände umfaßte, blieb es unvollendet; die Schweiz und die nachfolgenden Reisestationen wurden nicht mehr behandelt.
  Nicolais Reisebeschreibung ist wegen ihrer ausufernden Weitschweifigkeit und ihrer faktenschweren Trockenheit oft kritisiert worden. Goethe spottete: "Manches Seelenregister enthalten die Bände, doch wahrlich / Was die Seele betrifft, diese vermißt man durchaus". Daran ist richtig, daß Nicolai nicht die Regungen einer empfindsamen Seele geschildert hat, eine Seele besitzt sein Werk gleichwohl: den Willen zur Aufklärung. Seine Akribie scheint an manchen Stellen übertrieben, aber die Fülle der Daten ist niemals Selbstzweck. Denn durch die Verbreitung von Kenntnissen und durch kritisches Raisonnement hoffte Nicolai, den Austausch der deutschsprachigen Regionen zu fördern, festgefahrene Traditionalismen zu durchbrechen und dadurch praktischen Nutzen zu schaffen; vgl. Möller 1974, S.99-120; Jäger 1982; Martens 1983; Bürgi 1989; Raabe 1991.

- "vielleicht von Ihren Herrn Schwiegersöhnen": Zwei Töchter Iselins waren mit Basler Kaufleuten verheiratet: Helena mit Nicolaus Iselin (aus einem anderen Zweig der Familie), Anna Maria mit Nicolaus Preiswerk; vgl. Im Hof 1960, S.62f.

- "die Schilderungen Wiens": Nach dem Tode Maria Theresias 1780, hatte Joseph II. die Alleinregierung in Österreich übernommen. Zu seinen ersten Maßnahmen gehörte eine gewisse Lockerung der Pressezensur. Dies löste eine enorme Publikationswelle aus. Größeres Aufsehen erregte dabei die anonyme Schrift "Beyträge zur Schilderung Wiens", Wien 1781, die man Joseph Maria Weissegger zugeschrieben hat (Deutsches Anonymen-Lexikon). Die in Briefform abgefaßten "Beyträge" üben auf satirische Weise Kritik an der katholischen Kirche in Österreich. Attackiert werden Bigotterie und Vorurteile, die "maschinenmäßig" abgehaltenen Messen, die Schädlichkeit der Klöster, abergläubische und unsinnige Religionsbräuche (der Glaube an die Wunderkraft von Weihwasser und Gnadenbildern, die Wallfahrten, die übertriebene Heiligenverehrung, das Ablaßwesen etc.). Die Ephemeriden haben dieses Werk als "eine der ersten Früchte der in Wien eingeführten Freiheit zu schreiben und zu drucken" gelobt (Ephemeriden 1781/11, S.529-540). Unerwähnt bleibt hierbei, daß die erste Auflage beschlagnahmt wurde und der Autor eine deutlich gemilderte zweite Fassung anfertigen mußte. Darauf wird in der Rezension der ADB kritisch hingewiesen (ADB 48/1, 1781, S.264ff.). Ihr Autor war Leonhard Gruber alias Georg Maier (Sigle *Rgm.*), der zum Protestantismus konvertierte Mönch, der einige Zeit in Wien gelebt hatte (vgl. zu Nr.119). In seiner Besprechung ist eine antikatholische Tendenz unverkennbar.

[Nr. 146; Iselin an Nicolai][69]

Basel den 15. dm. 1781
[erh. 26. Dez.]

Mich freut es herzlich zu vernehmen, daß Sie theuerster Freund! wider glücklich bei Hause angekommen sind. Immer wird mir das Andenken der paar Tage theuer seyn, die Sie uns geschenkt haben. Mein ganzes Haus empfiehlt sich Ihnen und Ihrem H. Sohne. Es war neulich grosse Freude da, als jemand der Meinigen aus der Zeitung erzählte Herr Nicolai wäre in dem Gefolge des Großfürsten, und als man sich die Hoffnung machte er würde auch wider in dise Gegenden kommen. Allein meine Gelehrsamkeit machte dise Freude bald zu nichte, obwohl nicht ohne Misvergnügen.

Sie werden in dem allerersten Hefte der Ephemeriden von 1776 die hiesigen Sterb- und Geburtsverzeichnisse von 50 Jahren her finden. In den 2 letzten Jahrgängen 1780 und 1781 werden Sie vollständige Bevölkerungstabellen von unsrer Stadt und von unsrer Landschaft antreffen.

Freylich sind nicht nur die hiesigen Manüfacturwaaren die Gegenstände unsrer Handelschaft. Es wird von unsern Kaufleuten ein beträchtlicher Handel mit auswärtigen Producten und Waaren getrieben. Es sind verschiedne grosse und andre kleinere Häuser die Specereywaaren aus F[ran]kreich, Holland, Engelland, Norden kommen lassen und solche in die Schweiz, in Schwabenland, in Österreich, ins Elsaß, in Italien etc verkaufen. Andre thun das gleiche mit ostindischen Waaren; andre mit Wollen und Baumwollen, die sie aus der Levante, aus Ungarn, aus Polen, aus Böhmen etc. kommen lassen, andre treiben nach Italien und sonsten einen grossen Handel mit englischen und andern wollenen Tuchen. Noch andre versenden Leinwand und andre schweizerische Waaren in auswärtige Länder und selbst ausserhalb Europa. Rodney hat auf St. Eustache mehr als eine Kiste mitgestohlen, die hiesigen Kaufleuten zuständig war. Alle Waaren die hiesige Kaufleute fortsenden es seyen nun fremde Producte und

---

69 SBPK, Nachlaß Nicolai I, 88. Dieser Brief wurde von Ulrich Im Hof ausschnittweise publiziert in: Basler Zeitschrift für Geschichte und Altertumskunde 64 (1964), S.257-259. Die hier gegebene Transkription weicht an einigen Stellen von derjenigen Im Hofs ab.

Manufacturwaaren oder hiesige Manufacturwaaren und Producte, letztere (die hiesigen Producte) sind sehr unbedeutend, bezahlen ein halben Procento Ausgangszoll und dieser wirft dermals im Jahre wenigstens fünfzig tausend Gulden ab. Aber unsre Kaufleute machen auch Speculationen auswärts mit Waaren, die sie nie nach Basel kommen lassen und die also hier nie verzollt werden. Verlangen Sie mehrere Erläuterungen so stehen sie zu Diensten. Ich bin seit einiger Zeit krank und ich kann wenig arbeiten. Ich besorgte eine gefährliche Krankheit, aber mir deucht alle Gefahr sey nun Gott Lob vorbey. Leben sie wohl. Ich umarme Sie. Lieben sie ferner den Ihrigsten

Isaak Iselin

[PS]
Sie fragen auch theuerster Freund, auf was für eine Art unsre Kaufleute ihren Handel treiben. Es geschiht theils activ, theils passiv. Activ: sie schicken ihre Waaren an auswärtige Häuser um sie für ihre Rechnung zu verkaufen. So waren die zu St. Eustache von Rodney weggenommenen, oder sie schicken sie auf Messen und verkaufen sie da oder lassen sie da verkaufen. Passiv: sie versenden an Auswärtige die Waaren, welche diese von ihnen verschreiben; oder es kommen Fremde hieher und kaufen die Waaren auf dem Platze.

Noch haben hiesige Capitalisten Gelder in Zürich, in Genf, in Mühlhausen, auch in Frankreich und in Engelland angelegt, und gibt es derer die Antheil an Ausrüstungen von Schiffen (*armements*) in den Seehäfen nehmen.

Für eine Stadt von 15 000 Einwohnern ist, deucht es mir, schon ziemlich viel Betriebsamkeit da.

Ferner haben wir viele Bürger in französischen und andern Seehäfen die da theils grosse theils nicht unbeträchtliche Häuser haben. Auch diese bringen oft einen Theil ihres Geldes oder alles wider mit ins Vaterland, und treiben von da auswärtigen Handel fort. Ein Bruder ihres ehmaligen Geheimden Rathes Fäsch hat so eine Pflanzung in Surinam, dessen Schwager J.J. Thurneisen hat eine sehr beträchtliche in Grenada. *Impiger extremos currit mercator ad Indos.*

Ich bin überzeugt, daß, wenn wir den Verstand hätten Bürger anzunehmen, oder Fremden zu erlauben sich hier niederzulassen und hier Handelschaft und Künste zu treiben, wir bald Genf übertreffen würden. Das Herz blutet mir, wenn ich an die elenden Scenen gedenke... Seit mehr als zwanzig Jahren arbeite ich, aber, wozu will ich *infandum renovare dolorem.*[70]

Erläuterungen zu Nr.146

- "Herr Nicolai wäre in dem Gefolge des Großfürsten": Im September 1781 war Großfürst Paul von Rußland mit seiner Frau zu einer einjährigen großen Reise aufgebrochen. In ihrem etwa 15köpfigen Gefolge war nicht Friedrich Nicolai, sondern sein Namensvetter und Brieffreund Ludwig Heinrich Nicolay, der Sekretär des Großfürsten (vgl. zu Nr.83). Die Reisegesellschaft blieb bis in den Dezember in Wien. Ihre Route führte sie dann durch Italien, die Schweiz, Frankreich und einige deutsche Länder; vgl. Briefwechsel Nicolai-Nicolay (ed. Ischreyt 1989), S.117ff.

- "Gegenstände unsrer Handelschaft": Einen kurzen, aber gründlichen Überblick über die Geschichte der Basler Wirtschaft im 18. Jahrhundert, insbesondere über den regen Handel, gibt Niklaus Röthlin, Die Basler Handelspolitik und deren Träger in der zweiten Hälfte des 17. und im 18. Jahrhundert. Basel 1986, bes. S.26-46. Iselins skizzenhafte Darstellung wird hier bestätigt, vertieft und konkretisiert.

- "Rodney hat auf St. Eustache": Im Krieg mit Holland hatte der englische Admiral Rodney am 3.2.1781 die reiche Antilleninsel St. Eustatius (St. Eustache), ein Zentrum des Schmuggels, erobert und dort Handelswaren im Wert von zwei bis drei Millionen Pfund Sterling beschlagnahmt. Die Leidtragenden waren nicht bloß feindliche, sondern auch neutrale und sogar englische Kaufleute. Rodney mußte sich dafür in langwierigen und kostspieligen Prozessen verantworten.

- "Ich bin seit einiger Zeit krank": Bereits im Oktober hatte sich Iselins Gesundheitszustand deutlich verschlechtert; Iselin litt an einer "Brustwassersucht" (Pleura-Erguß). Anfang Dezember mußte er seine Amtstätigkeit niederlegen und konnte sie bis zu seinem Tod auch nicht wiederaufnehmen; vgl. Im Hof 1967, S.18, und Im Hof 1995, S.21ff.

- "Ein Bruder ihres ehmaligen Geheimden Rathes Fäsch hat so eine Pflanzung in Surinam", "J.J.Thurneisen hat eine sehr beträchtliche in Grenada": Schon seit der ersten Hälfte des 18. Jahrhunderts waren mehrere Mitglieder der Basler Familie Faesch in Amsterdam tätig. Sie standen im holländischen Kriegs- oder Verwaltungsdienst und betätigten sich als Kaufleute. Johann Rudolf Faesch war preußi-

---

70 Marginalie Nicolais: "NB Bleibt wegen Baselschen Nachr.[ichten] liegen".

scher Agent in Amsterdam, sein Bruder Johann Jakob Faesch (1732-1796) Kaufmann und Reeder. Letzterer trieb regen Handel mit Westindien (Export von Textilien, Import verschiedener Kolonialwaren). Durch Heirat wurde er Miteigentümer mehrerer Plantagen im niederländischen Surinam. 1771 zog er von Amsterdam in seine Heimatstadt Basel, führte von hier aus seine überseeischen Geschäfte weiter und bekleidete mehrere politische Ämter; vgl. Walter Bodmer, Schweizer Tropenkaufleute und Plantagenbesitzer in Niederländisch-Westindien im 18. und zu Beginn des 19. Jahrhunderts. In: Acta Tropica 3 (1946), S.289-321. Johann Jakob Thurneysen (1729-1784) war einer der großen Basler Seidenbandfabrikanten und kaufte 1771, zusammen mit dem Neuenburger Jacques-Louis Pourtalès, mehrere Zuckerplantagen und eine Kaffeeplantage auf der englischen Karibikinsel Grenada. Diese Plantagen, auf denen mehrere hundert Sklaven arbeiteten, warfen in den 70er und 80er Jahren erhebliche Gewinne ab; vgl. Niklaus Röthlin, Koloniale Erfahrungen im letzten Drittel des 18. Jahrhunderts. Die Plantagen der Firmen Thurneysen aus Basel und Pourtalès aus Neuenburg auf der westindischen Insel Grenada. In: Basler Zeitschrift für Geschichte und Altertumskunde 91 (1991), S.129-146.

- "*Impiger extremos currit mercator ad Indos*": nach Horaz, Ep.1, 1, 45; vgl. Walther Bd.2 (1964), S.419.

- "wenn wir den Verstand hätten Bürger anzunehmen": Die Liberalisierung des restriktiven Basler Bürgerrechts war ein altes Desiderat Iselins. Bereits 1757/58 hatte er sich mit reformerischem Elan für die Aufnahme neuer Bürger eingesetzt und zu diesem Zweck die Streitschrift "Freimühtige Gedanken über die Entvölkerung unserer Vaterstadt" veröffentlicht. Eine lebhafte politische Debatte war damals die Folge gewesen, Iselin hatte dabei auch manche Unterstützung erfahren; ein dauerhafter Erfolg aber blieb ihm versagt. Weitere Anläufe Iselins 1761/62 und 1770 verliefen ebenfalls im Sand. Seinen letzten Vorstoß unternahm er 1779/80, wiederum begleitet von einer Abhandlung: "Ueber die Annahme von Bürgern in republikanischen Handelsstädten" (Ephemeriden 1780/2, S.129-164). Hierin argumentierte Iselin auf verschiedenen Ebenen - historisch, theoretisch, exemplarisch - für die Öffnung des Bürgerrechts; er versuchte zu zeigen, daß wirtschaftliches Wachstum und Bevölkerungsanstieg in einem Wechselverhältnis stünden und daß die Behinderung des Fortschritts Rückschritt bedeute. Der Zuzug neuer Bürger sei ein Gewinn für Handel und Gewerbe sowie für das geistig-kulturelle Leben der Stadt. Doch auch diesmal blieb die Sperre grundsätzlich erhalten. Iselins wiederholtes Scheitern in dieser Frage gehört zu den großen Mißerfolgen und Enttäuschungen seines Wirkens als politischer Beamter Basels; vgl. Im Hof 1947, S.181-186, und ders. 1967, S.26f.

[Nr. 147; Iselin an Nicolai][71]

Der Thiergarten in Berlin. An Herrn Nikolai.

Sie erinnern sich, oder Sie erinnern sich vielleicht nicht mehr, wie an einem der schönen Abende, welche Sie mir während Ihrem hiesigen Aufenthalte geschenket haben, wir von den Bildsäulen geredt haben, welche patriotischer Eifer den Weltweisen zugedacht hat, die Berlin am meisten Ehre gemacht haben; und wie Sie mir erzählten, daß die Stimmen über den vierten noch getheilt wären, der Leibnizen, Lambert und Sulzern zugesellt werden könte. Ich träume mich oft in solche angenehme Auftritte meines vergangenen Lebens zurück. Neulich erinnerte ich mir so dieser angenehmen Abende des lezten Sommers, und einsmals fand ich mich mitten in Berlin, ohne vom Thorschreiber und von Zollbedienten durchsucht worden zu seyn; so wie man im Traume in Ihres Königs Staaten reiset. Ich eilete in Ihre Arme und von Ihnen begleitet in den Thiergarten, um da den Ruhm Ihrer Philosophen verewigt zu sehn. Mit bewunderungsvoller Ehrfurcht für Leibniz, mit tiefer Hochachtung für Lambert, und zärtlicher Verehrung für Sulzer sah ich ihre Bildnisse. Ich sah mich nach der vierten Ecke um, fand sie noch leer, und fragte, ich weis selbst nicht warum, konte nicht Maupertuis hier stehn? Schnell antwortete ein Mann, den ich sogleich für einen Schüler A.G.Baumgartens erkante: Ist denn Maupertuis ein Philosoph gewesen? Ich dachte an Eulern, der für Berlin abgestorben ist und eine seiner größten Zierden war. Aber ich dachte, das würde man mir als Parteilichkeit für einen Mitbürger auslegen; man würde mir sagen: wenn die Schweizer ihren grossen Männern Ehrengedächtnisse aufrichten wollen, so mögen sie es selber thun, und ich würde mich schämen, daß sie es nicht thun. Ich schlug meine Augen erröthend nieder, und als ich sie wieder aufhub, stand ihr Freund Moses Mendelssohn vor uns, und ich rief aus:

Tres sunt effigie borussae[72] *gloria gentis,*
Iste sed in proprio corpore quartus adest!

---

71 Dieser briefartige Aufsatz liegt gedruckt vor in: Ephemeriden 1782/2, S.84-86. Eine Ausfertigung als eigentlicher Brief hat es davon nicht gegeben.

72 Indessen ist der erste von Geburt ein Hannoveraner, die zween andern sind Schweizer, und der vierte würde gar ein Israelit seyn [Anmerkung Iselins].

Erläuterungen zu Nr.147

- "wir von den Bildsäulen geredt haben": Das Projekt eines Philosophendenkmals für Leibniz, Lambert und Sulzer im Berliner Tiergarten wurde erstmals veröffentlicht in den Ephemeriden 1781/1, S.68-70. Zu den Initianten gehörte Moses Mendelssohn; vgl. zu Nr.148 und Mendelssohn, Dokumente I (ed. Albrecht 1995), S.201-219.

- "ein Mann, den ich sogleich für einen Schüler A.G.Baumgartens erkante": Gemeint ist Nicolai, der während seiner Buchhändlerlehre in Frankfurt an der Oder (1749-52) jedoch nicht eigentlich Schüler, sondern lediglich Zaungast Baumgartens gewesen ist. Er hat darüber 1799 selbst berichtet: "Damals lehrte zu Frankfurt Alexander Gottlieb Baumgarten die Philosophie, und hieß ein weltberühmter Mann. Ich beneidete die Studenten welche das Glück hatten ihn zu hören, und wenn ich konnte schlich ich mich vor die verschloßne Thür um einige Worte aufzufangen (...). Ich machte Bekanntschaft mit verschiedenen fleißigen Zuhörern dieses berühmten Lehrers der Philosophie; unter ihnen war Patzke welcher nachher als Prediger in Magdeburg gestorben ist. Der lieh mir seine nachgeschriebenen Hefte von Baumgartens Vorlesungen über die Logik und Metaphysik, hernach auch über die Aesthetik." (Nicolai, Ueber meine gelehrte Bildung, S.26f.; ed. Košenina 1995, S.455f.).

[Nr. 148; Nicolai an Iselin. Von der Hand Samuel Fr. Nicolais][73]

Hn. Rathsschreiber *Iselin* in Basel

Berlin den 13 *Febr.* 1782

Ich habe, mein theuerster Freund, Ihr Schreiben vom 15. Dec. seiner Zeit richtig erhalten. Ich danke Ihnen auf das verbindlichste für die Nachrichten die Sie mir in diesem Schreiben übersendet haben. Auch danke ich Ihnen, daß Sie meinen Aufenthalt in Basel durch Ihre Ephemeriden haben verewigen wollen. Wenn unser Freund Moses nicht noch lebend wäre, so wäre Ihr Vorschlag gut, ob ihn gleich der Haß wider die Juden nicht würde haben ausführen lassen. Indessen hoffe ich unser Freund wird noch lange leben, und das kann er immer des Monuments wegen, das wohl in den nächsten Jahren nicht zu Stande kommen wird, da man gar nichts mehr davon hört.

Ich hätte sehr gewünscht, daß die Vermuthung Ihrer liebenswürdigen Familie, der ich mich u. meinen Sohn herzlich empfehle, wahr gewesen wäre. Wär ich mit dem Großfürsten gereiset, so wär ich auch wohl nach Basel gekommen.

Ich höre daß Madame Sarrasin in Strasburg völlig curiret worden, und ein ganz neues Leben empfangen hat. Es ist sehr gut, wenn Charlatans die Aufsehen machen wollen, reiche Patientinnen haben.

Ich muß mich zu diesem Briefe meines Sohnes Hand und Unterschrift bedienen. Ich habe vor 14 Tagen durch einen unglücklichen Fall einen Knochen der rechten Hand zerbrochen. Doch sind die Umstände Gottlob so, daß ich außer der Zeitversäumniß, da ich einige Wochen nicht werde schreiben können, hoffentlich weiter keine üble Folgen haben werde.

---

73 Staatsarchiv Basel-Stadt PA 98; 36, S.104.

Ich hoffe, mein theuerster Freund, Ihre Gesundheit werde auch gut seyn, wenigstens gehts nun gegen den Frühling, der allen Schwächlichen neuen Muth u. neue Kraft giebt.
Ich bin von ganzem Herzen

ewig der Ihrige
Fr. Nicolai.

Erläuterungen zu Nr.148

- "Wenn unser Freund Moses nicht noch lebend wäre, so wäre Ihr Vorschlag gut": Mendelssohn starb am 4.1.1786. Sein Tod scheint dem Denkmalsprojekt einen neuen Schub gegeben zu haben. Denn sechs Wochen später, am 17.2.1786, verfaßten sechs prominente Berliner - Engel, Nicolai, Biester, Herz, Friedländer und Itzig - einen diesbezüglichen öffentlichen Aufruf, der u.a. in der ADB veröffentlicht wurde: ADB 67/2, S.616, und 69/2, S.623f. Darin warben sie einerseits um Spenden für das Denkmal, teilten andererseits einen Entschluß mit, der überraschenderweise dem vier Jahre zuvor gemachten Vorschlag Iselins entsprach, nämlich "die vierte Seite mit dem Brustbilde des verstorbenen Weltweisen Moses Mendelssohn auszufüllen." Mendelssohn, dessen Ernennung zum Akademiemitglied 1771 an den antijüdischen Ressentiments Friedrichs d.Gr. gescheitert war, wäre auf diese Weise postum und für jedermann sichtbar den Akademikern Leibniz, Lambert und Sulzer an die Seite gestellt worden. Noch bis 1794 bemühte man sich um die Finanzierung des Denkmals, für das Carl Gotthard Langhans einen Entwurf zeichnete. Als die erforderliche Summe in diesem Jahr noch immer nicht beisammen war, gab man den Plan auf.

- "Ich höre daß Madame Sarrasin in Strasburg völlig curiret worden": Nicolai bezieht sich auf die Heilung Gertrud Sarasins durch den berühmt-berüchtigten Grafen Cagliostro; vgl. den darstellenden Teil, Kap.V, S.132ff. Schon seit einigen Jahren litt Gertrud Sarasin, die Frau des Basler Seidenbandfabrikanten Jakob Sarasin, an einer rätselhaften und, wie es scheint, stark psychisch bedingten Krankheit. Die Symptome waren Schmerzen, Krämpfe und hysterische Anfälle. Auf Vermittlung Lavaters wandten sich die Sarasins Ende Januar 1781 an den damals in Straßburg weilenden Wunderheiler Cagliostro. Im April begann Cagliostro mit seiner Behandlung, die sich bis September 1782 hinzog. Während dieser anderthalb Jahre lebten Gertrud und Jakob Sarasin in Straßburg und hatten fast täglich Umgang mit Cagliostro. Zur Erledigung seiner Geschäfte begab sich Jakob Sarasin aber mehrfach nach Basel. Am Nachmittag des 18. August 1781 empfing er hier, bei einem dieser kurzen Aufenthalte, Vater und Sohn Nicolai

(Tagebuch Jakob Sarasins 1781: Staatsarchiv Basel-Stadt PA 212, F9). Über die Behandlungsfortschritte könnte Nicolai durch einen Bericht Sarasins erfahren haben, der vom Journal de Paris am 31.12.1781 veröffentlicht wurde; vgl. Emil Schaubs ausführliche Darstellung in: Geschichte der Familie Sarasin in Basel. Bd.1 Basel 1914, S.207-244.

- "Ich hoffe, mein theuerster Freund, Ihre Gesundheit werde auch gut seyn": Dieser Wunsch blieb unerfüllt, denn Iselins Krankheit (vgl. zu Nr.146) verschlechterte sich in der ersten Hälfte des Jahres 1782 deutlich, so daß er seine Korrespondenz nicht weiterführen konnte. Nicht unerwartet starb er am 15.7.1782, betrauert von seiner großen Familie und vielen Freunden. Nicolai machte Iselins Tod mit einem kurzen Nachruf in der ADB bekannt: "Am 15ten Juli verschied zu Basel an einer Brustwassersucht in seinem 60ten [vielmehr: 55ten] Jahre Herr Isaac Iselin, Doctor der Rechte und Rathsschreiber der Republik Basel, Verfasser des klassischen Werks über die Geschichte der Menschheit und andrer gemeinnütziger Schriften, wie auch Herausgeber der Ephemeriden der Menschheit; ein Philosoph und Menschenfreund, dergleichen es unter dem zahllosen Haufen der Sterblichen sehr wenige giebt! Er hat vom Anfange der allg. deutschen Bibliothek an, an derselben thätigen Antheil genommen, und viele sehr vorzügliche Recensionen geliefert; bis ihn seit zwey Jahren seine zunehmende Schwächlichkeit an dieser Arbeit hinderte"; ADB 51/2 (1782), S.622.

Anhang

Tabellarische Lebensläufe

Isaak Iselin

1728 Isaak Iselin kommt am 7. März in Basel als einziges Kind des Kaufmanns Christoph Iselin und seiner Frau Anna Maria geb. Burckhardt zur Welt. Die Ehe wird wenig später geschieden. Isaak wächst bei der Mutter auf. Den Vater, der 1748 in Berlin stirbt, hat er nie kennengelernt.

1742-1745 Iselin studiert, nach Besuch des Gymnasiums, an der Philosophischen Fakultät der Universität Basel und erlangt den Grad eines Magister Artium.

1745-1747 Studium an der Juristischen Fakultät. Gründung einer literarischen Gesellschaft. Beginn seiner lebenslangen Freundschaft mit Jean-Rodolphe Frey.

1747/1748 Studienjahr an der Universität Göttingen. Iselin hört neben juristischen auch philosophische und theologische Vorlesungen. Kontakt zu Albrecht von Haller, Freundschaft mit Johann Georg Zimmermann. Rückkehr nach Basel.

1751 Iselin schließt sein Studium mit einer Dissertation über das Schweizer Staatsrecht ab. Den Doktortitel, für den eine hohe Gebühr zu entrichten ist, erwirbt er erst 1755.

Friedrich Nicolai

1733 Christoph *Friedrich* Nicolai kommt am 18. März als jüngster Sohn des Buchhändlers Christoph Gottlieb Nicolai und seiner Frau Maria Justina geb. Zimmermann in Berlin zur Welt. Die Mutter stirbt schon 1738.

1746 Nicolai besucht das Joachimsthalsche Gymnasium in Berlin.

1748 Wechsel auf die Lateinschule des pietistischen Waisenhauses in Halle, wo sich Nicolai nicht wohl fühlt. Er treibt private Studien in antiker Literatur.

1748/1749 Besuch der Heckerschen Realschule in Berlin.

1749-1752 Buchhandelslehre in Frankfurt/Oder. Nicolai intensiviert seine autodidaktischen Studien: Er lernt Englisch und vervollkommnet seine Griechisch-Kenntnisse. Daneben eignet er sich eine große literarische und philosophische Bildung an.

1752	Von März bis Juli unternimmt Iselin eine Bildungsreise nach Paris, wo er gelehrte Studien treibt, ein elegantes Leben führt und, neben anderen, Rousseau und Buffon kennenlernt.	1752	Rückkehr nach Berlin. Kurze Zeit später verstirbt der Vater. Der älteste Bruder Gottfried Wilhelm leitet nun die väterliche Buchhandlung, in der Friedrich als Gehilfe arbeitet.
		1753	Nicolai veröffentlicht seine erste gelehrte Abhandlung: "Untersuchung ob Milton sein Verlohrnes Paradies aus neuern lateinischen Schriftstellern ausgeschrieben habe".
1754	Nachdem seine Kandidatur für den Lehrstuhl der Geschichte gescheitert ist, gibt Iselin seine Ambitionen auf eine akademische Karriere auf und wendet sich der Politik zu: In der Hausgenossenzunft wird er zum "Sechser" gewählt und dadurch Mitglied des Großen Rates.		
1755	Iselin veröffentlicht sein Buch "Filosofische und Patriotische Träume eines Menschenfreundes".	1755	"Briefe über den itzigen Zustand der schönen Wissenschaften in Deutschland". Durch dieses Buch, eine Kritik der literarischen Positionen Gottscheds einerseits, Bodmers und Breitingers andererseits, wird Lessing auf Nicolai aufmerksam und sucht dessen Bekanntschaft. Kurze Zeit später lernt Nicolai, durch Vermittlung Lessings, auch Moses Mendelssohn kennen. Es entwickelt sich eine enge Dreierfreundschaft.
1756	Wahl zum Ratsschreiber; Iselin bekleidet dieses Amt, eines der höchsten der Republik Basel, bis zu seinem Tod. Heirat mit Helena Forcart.	1756	Nicolai wird von Lessing in den Berliner Montagsclub eingeführt. Beginn des Siebenjährigen Krieges.
1757	Geburt der Tochter Helena; weitere Kinder Iselins sind Anna Maria (*1758), Salomea (*1761), Elisabeth (*1762), Dietrich (*1763), Susanna (*1766), Isaak (*1767), Valeria (*1772) und Esther (*1778). Iselin reist als Gesandter zur Tagsatzung nach	1757	Nicolai begründet die Zeitschrift "Bibliothek der schönen Wissenschaften und der freyen Künste", an der vor allem Mendelssohn intensiv mitarbeitet. Der erste Teil enthält Nicolais "Abhandlung vom Trauerspiele". Nach einer gerichtlichen Auseinandersetzung zwi-

Frauenfeld (wie auch 1764 und 1778). Amtliche Delegationen und private Reisen führen ihn in späteren Jahren ins Tessin, nach Solothurn, Freiburg i.Br., Zürich, Schaffhausen, Bern und Pruntrut.

1758 Iselin setzt sich für die Liberalisierung des Basler Bürgerrechts ein. Schwere Erkrankung; Iselin muß seine Amtsgeschäfte von November 1758 bis März 1760 ruhenlassen.

1760 Iselin an der Reform des Basler Schulwesens beteiligt. Er publiziert den "Versuch über die Gesezgebung" und "Philosophische und Politische Versuche".

1761 In Schinznach (Aargau) tritt zum ersten Mal die "Helvetische Gesellschaft" zusammen, deren Mitbegründer Iselin ist. Ihre Ziele sind ein freies, tolerantes, weltoffenes und soziales Denken und die Überbrückung der konfessionellen Gegensätze in der Schweiz.

1764 Die "Geschichte der Menschheit", Iselins Hauptwerk, erscheint in erster Auflage.

schen den Erben zieht sich Nicolai aus der Buchhandlung zurück und überläßt die Geschäfte seinem ältesten Bruder Gottfried Wilhelm.

1758 Tod Gottfried Wilhelm Nicolais. Friedrich übernimmt – alleinverantwortlich – die Geschäfte. Zu seinen neuen Pflichten gehört u.a. der Besuch der Leipziger Buchmessen (zweimal jährlich).

1759 Nicolai übergibt die "Bibliothek der schönen Wissenschaften" an Christian Felix Weisse und wendet sich der Herausgabe einer neuen Zeitschrift zu: "Briefe, die neueste Litteratur betreffend", die bis 1765 erscheint und deren wichtigste Mitarbeiter Lessing, Mendelssohn und später Abbt sind.

1760 Heirat mit Elisabeth Macaria Schaarschmidt. Die erste biographische Schrift Nicolais, das "Ehrengedächtniß Herrn Ewald Christian von Kleist" erscheint. Weitere widmet er in späteren Jahren Abbt, Mendelssohn, Möser, Ramler, Engel, Teller und Eberhard.

1762 Geburt des Sohnes Samuel Friedrich. Weitere Kinder Nicolais sind: Wilhelmine (*1767), Carl August (*1769), David (*1773) und Charlotte Macaria (*1775). Von den insgesamt acht Kindern Nicolais (drei sterben bereits als Kinder) überlebt keines den Vater.

1765	Iselin bezieht mit seiner Familie den Reischacherhof am Basler Münsterplatz, wo er bis zu seinem Tod wohnt.	1765	Nicolai begründet seine große Rezensionszeitschrift "Allgemeine Deutsche Bibliothek", die er (mit einer siebenjährigen Unterbrechung ab 1793) bis 1806 herausgibt.
1767	Beginn des Briefwechsels mit Nicolai; Iselin wird Mitarbeiter der Rezensionszeitschrift "Allgemeine Deutsche Bibliothek".		
1768	Iselin setzt sich zusammen mit Lavater für Basedows "Elementarwerk" ein und veröffentlicht ein Lesebuch für Kinder.	1769	Die "Beschreibung der königlichen Residenzstädte Berlin und Potsdam" erscheint in erster Auflage.
1770	"Isaac Iselins vermischte Schriften" erscheinen in zwei Bänden.	1769/1770	Lavater-Mendelssohn-Streit, in den auch Nicolai als enger Freund Mendelssohns involviert ist.
1770-1772	Versorgungskrise, europäische Hungersnot.		
1772	Iselin publiziert den "Versuch über die gesellige Ordnung", sein Bekenntnis zur Physiokratie. Schwere Erkrankung (September bis Dezember).	1773	Nicolai veröffentlicht den ersten Band seines Romanes "Das Leben und die Meinungen des Herrn Magister Sebaldus Nothanker" (Bd.2: 1775, Bd.3: 1776). Nach der Leipziger Ostermesse reist Nicolai nach Weimar, wo er u.a. Wieland kennenlernt.
		1774	Zerwürfnis mit Herder.
		1775	Die "Freuden des jungen Werthers", Nicolais Parodie auf das Werther-Fieber, erscheinen. Auseinandersetzung mit Wieland über die ADB.
1776	Iselin gibt eine neue Monatsschrift heraus, die "Ephemeriden der Menschheit", in der Abhandlungen und Rezensionen zu pädagogischen, politischen, ökonomischen, philosophischen und sozialen Fragen	1776	Nicolai besucht das Schauexamen des Philanthropins in Dessau.

	publiziert werden. Er redigiert diese Zeitschrift (mit einer Unterbrechung 1779) bis zu seinem Tod. Den Ruf als Kurator des Philanthropins in Dessau, den Iselin im Juli erhält, lehnt er ab.		
1777	Iselin gründet die noch heute bestehende "Gesellschaft zur Aufmunterung und Beförderung des Guten und Gemeinnützigen", die Basler Sektion der "Helvetischen Gesellschaft". In Leipzig werden die "Ephemeriden" illegal nachgedruckt.	1777	Nicolai publiziert den ersten Band der Volksliedersammlung "Eyn feyner kleyner Almanach" (Bd.2 1778); in der satirischen Vorrede wendet sich Nicolai gegen die Volkstümelei Herders und Bürgers. Die ADB wird an ihrem Druckort Erfurt zensiert und in Österreich verboten.
		1778	Bayerischer Erbfolgekrieg.
1779	Erneute Bemühungen um die Reform des Basler Schulwesens und die Liberalisierung des Bürgerrechts.	1778/1779	Auseinandersetzungen um den Roman "Johann Bunkel" von Thomas Amory: Die von Nicolai verlegte Übersetzung wird vom Reichshofrat verboten und zum Anlaß einer Fehde zwischen Wieland und Nicolai.
1780	Iselin gibt den Roman "Lienhard und Gertrud" von Johann Heinrich Pestalozzi heraus, mit dem er seit 1777 in Verbindung steht.	1781	Nicolai unternimmt seine sechsmonatige Reise durch Deutschland, Österreich und die Schweiz; vom 17.-21. August hält er sich in Basel auf, wo er Iselin persönlich kennenlernt.
1782	Nach gut siebenmonatiger schwerer Krankheit stirbt Isaak Iselin am 15. Juli in Basel.	1782	Untersuchungen zur Geschichte des Templerordens und der Freimaurerei. Vorbereitung der großen Reisebeschreibung, die 1783-1796 in zwölf Bänden erscheint. Nicolai veröffentlicht in den folgenden Jahrzehnten eine Fülle weiterer literarkritischer, satirischer, philosophischer und historischer Schriften. Private Unglücksfälle und zahlreiche literarische Fehden überschatten sein Alter. Er stirbt am 6. Januar 1811 in Berlin.

Rezensionen und Artikel Iselins in der Allgemeinen Deutschen Bibliothek (ADB)

Bei anonym erschienenen Schriften sind die Autorennamen - sofern sie zu ermitteln waren - in eckige Klammern gesetzt. Die Titel sind teilweise abgekürzt. Die Verfasser-Siglen der Rezensionen stehen im Original meist als Frakturtypen; lateinische Typen werden hier kursiv wiedergegeben.

Ebenfalls in eckigen Klammern stehen die Belege aus dem Briefwechsel Iselins mit Nicolai (nach Briefnummern).

1767

- "Auszug eines Briefes aus der Schweiz" [von **Iselin**]. In: ADB 4/2 (1767), S.325-327 [vgl.Nr.2, 4].

1768

- [**Christoph Martin Wieland**] Geschichte des Agathon: *quid virtus et quid sapientia possit vtile proposuit nobis exemplar.* Zween Bände. Frankfurt und Leipzig. Erster Theil 1766. Zweyter Theil 1767. In: ADB 6/1 (1768), S.190-211; gez.: *Q.* [vgl.Nr.10, 11, 14, 21, 23, 27, 66].
- [**Carlo Antonio Pilati**] *Di vna riforma d'Italia ossia dei mezzi di riformare i piu cattiui costumi e le piu perniciose leggi d'Italia.* Villa Franca 1767. In: ADB 6/2 (1768), S.142-162; gez.: *Q.* [vgl.Nr.6, 7, 8, 9, 12, 18, 19].
- Das Bild eines wahren Patrioten, in einem Denkmale Herrn Hans Blovers von Wartensee von **D. Hans C. Hirzel**, ersten Stadtarzt und des Gr. Raths in Zürich. 1767. In: ADB 6/2 (1768), S.165-169; gez.: *Q.*

1769

- Schreiben an die Helvetische Gesellschaft, die sich jährlich in Schinznach versammelt, über Herrn Professor Basedows Vorschläge, zur Verbesserung des Unterrichts der Jugend. In: ADB 9/2 (1769), S.296-303; gez.: **Isaak Iselin** [vgl.Nr.27, 30].
- **B.[aptist] von Salis**, Mitstifters der Akademie der beyden Sprachen, kleine Schriften. Zürich und Chur 1766. In: ADB 10/2 (1769), S.191-194; gez.: K.
- [**Carlo Antonio Pilati**] Reflexionen eines Italieners über die Kirche überhaupt, über die regulare und seculare Geistlichkeit, über die Bischöffe und römischen

Päbste und über die kirchlichen Rechtsame der Fürsten. Aus dem Italienischen übersezt. Freyburg 1768. In: ADB 10/2 (1769), S.210f; gez.: K. [vgl.Nr.19, 21].

1770

- Versuch über die Geschichte der bürgerlichen Gesellschaft von **Adam Ferguson**, Prof. der Sittenlehre auf der Universität zu Edenburg, aus dem Engl. übersetzt. Leipzig 1768. In: ADB 11/1 (1770), S.153-168; gez.: K. [vgl.Nr.19, 21, 22, 31, 33].
- [**Felix Balthasar**] *De Helvetiorum juribus circa sacra*, das ist kurzer historischer Entwurf der Freyheiten und der Gerichtsbarkeiten der Eydsgenossen, in sogenannten geistlichen Dingen. Zürich 1768. In: ADB 11/1 (1770), S.199f.; gez.: K.
- [**Johann Kaspar Lavater**] Schweitzerlieder. Von einem Mitgliede der helvetischen Gesellschaft zu Schinznach. Bern 1767. In: ADB 11/2 (1770), S.245-250; gez.: Mr. [vgl.Nr.8, 9, 10].
- [**Johann Joachim Spalding**] Die Bestimmung des Menschen, von neuem verbesserte und vermehrte Auflage mit einigen Zusätzen. Leipzig 1768. In: ADB 11/2 (1770), S.261f.; gez.: K. [vgl.Nr.19, 21, 23, 25].
- Versuch über den Luxus. Oder Gedanken von Anwendung der Reichthümer. Königsberg 1767. In: ADB 11/2 (1770), S.358-360 [vgl.Nr.21].

  Belisar, von dem Hrn. von **Marmontel**, aus dem Französischen übersetzt. Leipzig 1767. ibidem, S.360 [vgl.Nr.20, 21, 25, 26, 27, 30].

  [**Jean-Henri Marchand**] Hilär von einem Metaphysiker, nebst der Censur der Sorbonne und den übrigen den Belisär des Hrn Marmontel betreffenden Stücken. Aus dem Französischen übersetzet. Leipzig 1768. ibidem, S.361f. [vgl.Nr.21].

  gez.: K.

- Des Hn. **Thomas Abbt** Gedanken von der Einrichtung der ersten Studien eines jungen Herrn vom Stande. Leipzig und Berlin 1767. In: ADB 12/1 (1770), S.73-79; gez.: K. [vgl.Nr.21, 23, 24, 25].
- *Recherches philosophiques sur les Americains, ou Memoires interessants pour servir a l'histoire de l'espèce humaine par* **M. de P.[auw]**. Berlin 1768 [und die deutsche Übersetzung Berlin 1769]. In: ADB 12/1 (1770), S.114-139; gez.: K. [vgl.Nr.25, 26, 27, 28, 29, 30].
- Kritische Prüfung der Geschichte von Ausrottung des Zäringischen Stammes durch Vergiftung zweyer Söhne Berchtolds V. von **Gottlieb Walther**. Bern 1765. In: ADB 12/1 (1770), S.343f.; gez.: K. [vgl.Nr.21].
- **Thomas Abbts** vermischte Werke. Erster Theil, welcher die Abhandlung vom Verdienste enthält. Berlin und Stettin 1768. In: ADB 12/2 (1770), S.32-43; gez.: Kg. [vgl.Nr.21, 23, 24, 25].

- [**Emanuel Wolleb**] Verschiedene kleine Schriften über philosophische und politische Gegenstände. Basel 1769. In: ADB 12/2 (1770), S.379-382; gez.: K. [vgl.Nr.32].
- [**Christoph Martin Wieland**] Sokrates mainomenos oder die Dialogen des Diogenes von Sinope, aus einer alten Handschrift. Leipzig 1770. In: ADB 13/2 (1770), S.601-606; gez.: G. [vgl.Nr.31, 33, 34, 35].
- Des Herrn Marmontels herausgegebener Belisar, beurtheilt und die Laster der berühmtesten Heiden angezeigt, zum Beweise, wie unbedachtsam man dieselben ihrer Tugenden wegen seelig gepriesen, von dem Herrn **Peter Hofstede**, Prediger zu Rotterdam, aus dem holländischen übersetzt. Leipzig 1769. In: ADB 13/2 (1770), S.606-610; gez. G.Gr. (G.=Iselin; Gr.=Nicolai) [vgl.Nr.27, 31, 33, 35].

1771

- Gedanken eines Afrikaners über das Gesetz der Natur, als ein Anhang zu dem Werke des Hn. Pilati, von der Würklichkeit des natürlichen Gesetzes aus dem Wälschen übersetzt, von W.[ilhelm] H.[einrich] W.[inning] Zürich und Chur 1767. In: ADB Anhang zu 1-12 (1771), S.554f.; gez.: K. [vgl.Nr.8].
- [**Johann Gottfried Herder**] Über Thomas Abbts Schriften; der Torso von einem Denkmal, an seinem Grabe errichtet. 1768. In: ADB Anhang zu 1-12 (1771), S.626-630; gez.: K. [vgl.Nr.25, 26, 29, 30, 32, 35].
- [**David La Roche**] Dramatische und andere Gedichte von ***. Zürich 1768. In: ADB Anhang zu 1-12 (1771), S.630f.; gez. K. [vgl.Nr.22].
- **Gottlieb Walthers** Versuch zur Erläuterung der Geschichte des Vaterländischen Rechtes. Bern 1765. In: ADB Anhang zu 1-12/2 (1771), S.743; gez.: K. [vgl.Nr.25, 29, 30].
- **Beat Rudolph Tscharners** Historie der Stadt Bern. Zween Theile, 1765/66. In: ADB Anhang zu 1-12/2 (1771), S.757 [vgl.Nr.20, 25, 29, 30].

  J.[ohann] C.[onrad] Fäsi Entwurf der Helvet. Eidsgenoßschaft. ibidem, S.757f. [vgl.Nr.20, 29, 30, 38].

  Gottlieb Emanuel Hallers Versuche eines kritischen Verzeichnisses aller Schriften, welche die Schweiz angehn. Bern 1759-1767. ibidem, S.758 [vgl.Nr.4, 5, 6, 7, 8].

  [**Vincenz Bernhard Tscharner**] Historie der Eidsgenossen. Dritter Theil. Von dem Bunde der zehen Cantone in 1481 bis zu dem Borromäischen Bunde in 1586. 1768. ibidem, S.758-761 [vgl.Nr.20, 21].

  gez.: K.

- [**Christian Cay Lorenz Hirschfeld**] Briefe über die vornehmsten Merkwürdigkeiten der Schweitz, zum Nutzen junger Reisenden. Erster Band. Leipzig 1769. In: ADB 14/2 (1771), S.596-599.

Gottlieb Emanuel Hallers sechster Versuch eines kritischen Verzeichnisses aller Schriften, welche die Schweitz betreffen. Bern 1770. ibidem, S.599.

Johann Caspar Ulrichs Sammlung Jüdischer Geschichte, welche sich mit diesem Volke in dem 13ten und folgenden Jahrhunderten bis auf 1760 in der Schweitz von Zeit zu Zeit zugetragen. Basel 1769. ibidem, S.599f. [vgl.Nr.32].

gez.: *Bm.*

1773

- [**Christoph Martin Wieland**] Der goldne Spiegel, oder die Könige von Scheschian, eine wahre Geschichte. Aus dem Scheschianischen übersetzt. Vier Theile. Leipzig 1772. In: ADB 18/2 (1773), S.329-363; gez.: Rh. [vgl.Nr.50, 51, 52, 55, 56, 75, 80].
- [**Johann Albert Henrich Reimarus**] Die wichtige Frage von der freyen Aus- und Einfuhr des Getraides nach der Natur untersucht. Hamburg 1771.

  [**Johann Ludwig Friedrich Scharnweber**] Beurtheilung der wichtigen Fragen von einem gesetzlichen Getraidepreiße, und von dem freyen Getraidhandel. Göttingen 1771.

  [**Christian Hiskias Heinrich Fischer**] Anmerkung über die dermalige Fruchtsperre [in] Deutschland, 1771.

  Die Kunst ohne Miswachs theure Zeiten zu machen, nebst den bewährtesteten Mitteln darwider. In einem Sendschreiben. Frankfurt und Leipzig 1771.

  In: ADB 18/2 (1773), S.363-393; Fortsetzung in: ADB 19/1 (1773), S.3-24; gez.: *Px.* [vgl.Nr.47, 48, 49, 50, 52, 60].
- [**Albrecht von Haller**] Usong, eine morgenländische Geschichte, in vier Büchern. Bern 1771. In: ADB 18/2 (1773), S.451-469; gez.: *Mx.* [vgl.Nr.48, 49, 50, 52, 60].
- [**Johann Jacob Moser**] Antimirabeau: oder unparteyische Anmerkungen über des Herrn Marquis von Mirabeau natürliche Regierungsform, besonders in Absicht und Anwendung auf deutsche Lande. Frankfurth und Leipzig 1771. In: ADB 18/2 (1773), S.606f. [vgl.Nr.49].

  Les moiens d'arréter la misére publique et d'acquitter les dettes des états par **Schlettwein.** à Carlsrouhe 1772. ibidem, S.607-609 [vgl.Nr.49].

  [**Johann Christoph Erich Springer**] Oekonomische und cameralische Tabellen, mit Anmerkungen und einem Vorberichte von dem Schicksale der Cameralwissenschaft bey den französischen und deutschen Gelehrten. Frankf. und Leipz. 1772. ibidem, S.609f. [vgl.Nr.49].

  gez.: *Bm.*
- Die wichtigste Angelegenheit für das ganze Publikum: oder die natürliche Ordnung in der Politik überhaupt, besonders aber die allgemeine Freyheit im Handel und

Wandel: die ungestöhrte Ein- und Ausfuhr des Getraides; die Ordnung der Vollkommenheit in der Cultur der Ländereyen und in dem Verbrauche der Waaren: die zur Wohlfahrt der Staaten einzuführende einzige Auflage auf den reinen Ertrag der Grundstücke, und die damit zu verbindende Einrichtung des Frohnwesens auseinander gesetzet von **J.[ohann] A.[ugust] Schlettwein**. Carlsruh 1772. [vgl.Nr.54].

Deutsche Anmerkungen über die französische Schrift: *Les moiens d'arrêter la misère publique* etc.

Johann August Schlettweins Erläuterung und Vertheydigung der natürlichen Ordnung in der Politik, in einem Schreiben an den Verfasser der deutschen Anmerkungen. Carlsruhe 1772.

Briefe eines Deutschen über öffentliche Gegenstände des Vaterlandes. Erste Lieferung von der Fruchtsperre. Erfurt 1772.

In: ADB 20/2 (1773), S.445-463; gez.: Pl. [vgl.Nr.(52), 54, (55), 76].

- **Gabriel Walsers** kurzgefaßte Schweitzergeographie; samt den Merkwürdigkeiten in den Alpen und hohen Bergen. Zürich 1770. In: ADB 20/2 (1773), S.613 [vgl.Nr.45].

  [**Johann Rudolph Sinner**] Verzeichniß aller geschriebenen Werke, welche die schweizerische Geschichte angehen, und auf der öffentlichen Bibliotheck in Bern befindlich sind. Bern 1769. ibidem, S.613 [vgl.Nr.45].

  gez.: *E.*

1774

- Die wichtigste Angelegenheit für das ganze Publikum! oder die natürliche Ordnung in der Politik. Zweyter Theil; besonders 1) die Abschaffung der Naturalfrohndienste und Einführung eines Frohngeldes. 2) Die wirthschaftliche Ordnung zur Aufrechterhaltung der Länder und zum wahren Besten eines jeden Menschen aus den Grundsätzen der Gerechtigkeit und des Wohlthuns, auseinander gesetzet von **J.[ohann] A.[ugust] Schlettwein**. Carlsruhe 1773. In: ADB 21/2 (1774), S.426-440; gez.: Pl. [vgl.Nr.54, 55].
- Briefe über die Policey des Kornhandels herausgegeben von **H.[einrich] L.[udwig] W.[illibald] Barkhausen**. Lemgo 1773. In: ADB 22/1 (1774), S.143-155 [vgl.Nr.58, 60, 61].

  [**Johann Ludwig Friedrich Scharnweber**] Freye Urtheile und Betrachtungen über Anlegung beträchtlicher Kornmagazine. Göttingen 1773. ibidem, S.155f. [vgl.Nr.61, 62, 66, 67].

  gez.: Pl.

- Präliminarartikel zu einem ewigen Frieden zwischen dem französischen *Auteur* der *moiens d'arrêter la misère* etc und seinem deutschen Anmerkungenmacher von Letzterm. 1773.

Dem possierlichen Anmerkungen- und Friedenspräliminarienmacher schreibt zum Zeitvertreib ein mitleidiger Mediateur. Dietlingen 1773.

In: ADB 22/1 (1774), S.278; gez.: Pl.

- [**Otto Frhr.v.Münchhausen**] Der freye Kornhandel, als das beste Mittel, um Mangel und Theurung zu verhüten. Hannover 1773. In: ADB 22/1 (1774), S.279f.; gez.: *E.*
- Wahres Mittel, eine Fruchttheurung auf ewig von einem Staate abzuhalten, in einer Rede untersuchet und bestimmet von **Johann Philipp Breidenstein**. Frkf. und Leipzig 1773. In: ADB 22/1 (1774), S.280f.; gez.: *E.*
- **C.[hristian] H.[iskias] H.[einrich] Fischers** Gedanken über das Reichsgutachten vom 3ten Februar 1770, die Getraidsperre betreffend. Frankfurt am Mayn 1773. In: ADB 22/1 (1774), S.281-283; gez.: Pl. [vgl.Nr.60].
- Alfred, König der Angelsachsen, von **Albrecht von Haller**. Göttingen und Bern [o.J.]. In: ADB 22/2 (1774), S.309-324; gez.: B. [vgl.Nr.58, 60, 61, 62, 64, 65, 67, 71, 82].

1775

- Untersuchung ob die Erziehung für das erste Grundgesetz aller Staaten angenommen werden könne? Prag 1771. In: ADB 23/2 (1775), S.590-593; gez.: Pl. [vgl.Nr.61].
- Socrate en delvie [sic], ou Dialogues de Diogene de Synope, traduits de l'allemand de M. **Wieland**. A Dresde. In: ADB 24/1 (1775), S.104; gez.: Pl. [vgl.Nr.61].
- [**Daniel Gottfried Schreber**] Von Getraidemagazinen, von Lebensmitteln und von dem Unterhalte des Volkes. Frankfurt am Mayn 1771. In: ADB 24/1 (1775), S.258.

  Sammlung verschiedener Schriften, welche über die Recht- und Unrechtmäßigkeit des sogenannten Getraidabsatzes oder der Abgabe eines Theiles von durchgeführt werdendem Getraide gewechselt worden. Coburg 1772. ibidem, S.258f.

  Ein Vorschlag zu Anlegung eines öffentlichen Getraidmagazins zu jedermanns Vortheil und niemands Nachtheil: herausgegeben von **Daniel Gottfried Schreber**. Leipzig 1772. ibidem, S.259.

  Von dem Nutzen eines gesetzlichen Fruchtpreises. Leipzig 1771. ibidem, S.260.

  Das Aufschütten des Getraides nach der Politick und Moral beurtheilt von einem schlesischen Patrioten. Breslau 1772. ibidem, S.260.

  [**Georg Rudolph Lichtenstein**] Zweifel und Bedenken bey der wichtigen Frage von der freyen Aus- und Einfuhr des Getraides. Braunschweig 1772. ibidem, S.260-263.

  gez.: Pl. [vgl.Nr.62].

- [**Albrecht von Haller**] Fabius und Cato, ein Stück der römischen Geschichte. Bern und Göttingen 1774. In: ADB 25/2 (1775), S.313-327; gez.: *E.* (die Sigle ist in einem Nachtragsband nachgeliefert). [vgl.Nr.60, 66].
- [**Johann Bernhard Basedow**] Das Elementarwerk; ein geordneter Vorrath aller nöthigen Erkenntnis. Zum Unterrichte der Jugend vom Anfang bis ins akademische Alter, zur Belehrung der Eltern, Schullehrer und Hofmeister, zum Nutzen eines jeden Lesers die Erkenntnis zu vervollkommnen. In Verbindung mit einer Sammlung von Kupferstichen und mit französischer und lateinischer Übersetzung dieses Werkes. 4 Bände. Dessau 1774. In: ADB 26/1 (1775), S.42-102; gez.: Pl. [vgl.Nr.69, 70, 71, 73, 75, 82].
- [**August Siegfried von Goué**] Gedanken von Monarchie und Republic. Erster Theil. Braunschweig und Wolfenbüttel 1775. In: ADB 27/1 (1775), S.158-160; gez.: *E.*
- Gesammelte Briefe über die Basedowische Erziehungsmethode. Offenbach 1775. In: ADB 27/1 (1775), S.266f.; gez.: Pl.
- Die Wirthschaft eines philosophischen Bauers, entworfen von **H.[ans] C.[aspar] Hirzel**. Neue vermehrte Auflage. Zürich 1774. In: ADB 27/1 (1775), S.301f.

  [**Hans Caspar Hirzel**] Der philosophische Kaufmann, von dem Verfasser des philosophischen Bauers. Zürich 1775. ibidem, S.303.

  [**Hans Caspar Hirzel**] Das Bild eines wahren Patrioten, von dem Verfasser des philosophischen Bauers. Zweyte Auflage. Zürich 1775. ibidem, S.303.

  gez.: *E.*

1776

- Das in Dessau errichtete Philanthropinum: eine Schule der Menschenfreundschaft und guter Kenntnisse für Lernende und junge Lehrer, Arme und Reiche, von **Johann Bernhard Basedow**. Leipzig 1774. In: ADB 28/1 (1776), S.236-239.

  Rede für das pädagogische Philanthropinum in Dessau, von **J. Bernhard Basedow**. Leipzig 1775. ibidem, S.239f.

  [**Johann Bernhard Basedow** und **Ulysses von Salis**] Unterschriebene Vereinigung zweyer pädagogischer Philanthropinen in Anhaltdessau und in Graubünden. Dessau 1775. ibidem, S.240.

  gez.: Pl.
- *Cosmopolitis nonnulla, legenda, cogitanda, agenda, de coepto Dessaviae-Anhaltinae Philanthropio,* a M. J.B. **Basedovio**. Lipsiae 1775. In: ADB 28/1 (1776), S.240.

  Für Cosmopoliten etwas zu lesen, zu denken und zu thun (...) von **J.[ohann] B.[ernhard] Basedow**. Leipzig 1775. ibidem, S.240f.

An statt eines nach der Würde der Stände eingerichteten Schreibens an Cosmopoliten [o.O., o.J.]. ibidem, S.241.

gez.: Pl.

1777

- Widerlegung des sogenannten neuen Systems der natürlichen Ordnung in der Politik, wie es neuerlich in Deutschland gelehret wird, nebst einer Zurechtweisung und Entschuldigung. Frankfurt und Leipzig 1772. In: ADB Anhang zu 13-24/2 (1777), S.901f. [vgl.Nr.69, 76].

  [**Johann Ludwig Friedrich Scharnweber**] Fortgesetzte Untersuchung der Frage, ob es besser sey, ganze Länder durch Anlegung und beständige Unterhaltung obrigkeitlicher Magazine zu versorgen, oder ob es rathsamer sey, des Endes den freyen Kornhandel uneingeschränkt zu verstatten und zu begünstigen. Göttingen 1773. ibidem, S.902-904 [vgl.Nr.67, 69, 71, 75, 76].

  [**Johann Ludwig Friedrich Scharnweber**] Freye Urtheile und Betrachtungen über Anlegung beträchtlicher Kornmagazine. Göttingen o.J. ibidem, S.904 [vgl.Nr.61, 66, 71, 75].

  gez.: Pl.

- [**August Heinrich Faul**] Beytrag zur Berathschlagung über die Handlungsgrundsätze. Cosmopolis [Rostock] 1771 [vgl.Nr.76].

  Beantwortung des Beytrages zur Berathschlagung über die Handlungsgrundsätze nach der Natur und Geschichte erörtert von **J.[ohann] A.[lbert] H.[enrich] Reimarus**. Hamburg 1772. [vgl.Nr.67, 71, 75].

  In: ADB Anhang zu 13-24/2 (1777), S.922 f.; gez.: Pl.

- [**Gottlob David Hartmann**] Litterarische Briefe an das Publikum. Zweytes Paquet. Altenburg 1774. In: ADB Anhang zu 13-24/2 (1777), S.937f. [vgl.Nr.66, 67].

  Beobachtungen über der [sic] sittlichen Natur des Menschen von **H.[einrich] F.[riedrich] Diez**. Halle 1774. ibidem, S.939 [vgl.Nr.66].

  gez.: Pl.

- Leipziger Wochenblatt für Kinder. Erstes bis neuntes Bändchen. Leipzig 1773-1775. In: ADB Anhang zu 13-24/3 (1777), S.1348f.

  Agathokrator oder von Erziehung künftiger Regenten, von **Joh. B. Basedow** 1771. ibidem, S.1349.

  [**Johann Eustachius von Schlitz, gen. Graf Görz**] Briefe eines Prinzenhofmeisters, über Basedows Prinzenerziehung, und hauptsächlich über dessen Agathokrator. Heilbronn (Weimar) 1771. ibidem, S.1349-1351.

  Ludwig Renatus de Caradeuc de la Chalotais Versuch über den Kinderunterricht; aus dem Französischen übersetzt; mit Anmerkungen und einer Vorrede [von **August Ludwig Schlözer**], die Unbrauchbarkeit und Schädlichkeit der Basedowschen Erziehungsprojecte betreffend. Göttingen 1771. ibidem, S.1351.

Documentirte Beschreibung der Schlötzerischen Thaten wider das Elementarwerk, von **J.[ohann] B.[ernhard] Basedow**. 1771. ibidem, S.1351f.

Vierteljährige Nachrichten von Basedows Elementarwerke und von andern Bemühungen, die Erziehung und das Schulwesen zu verbessern. 1.-6. Stück. 1771-1773. ibidem, S.1352.

J.[ohann] J.[acob] Brechters Anmerkungen über das Basedowsche Elementarwerk. 2 Stücke Zürich 1772. ibidem, S.1352-1355.

Joh. Jacob Brechters Briefe über den Aemil des Herrn Rousseau. Zürich 1773. ibidem, S.1355f.

gez.: Pl. [vgl.Nr.75, 77, 78].

- Untersuchung der Natur und Ursachen von Nationalreichthümern von **Adam Smith**, B.R.D. aus dem Englischen übersetzt. Leipzig 1776. Erster Theil. Leipzig [o.J.]. In: ADB 31/2 (1777), S.586-589; gez.: *Px.* [vgl.Nr.94, 95, 97].

1779

- Untersuchung der Natur und Ursachen, von Nationalreichthümern von **Adam Smith**, B.R.D. aus dem Englischen. Zweyter Band. Leipzig [o.J.]. In: ADB 38/1 (1779), S.297-303; gez.: Kr. [vgl.Nr.112, 114, 115].
- **Albrechts von Haller** Usong, neueste verbesserte Auflage. Bern 1778. In: ADB Anhang zu 25-36/2 (1779), S.900 f.; gez.: Pl. [vgl.Nr.106, 112].

1780

- [**Heinrich Wolfgang Behrisch**] Farao für die Könige. Drey Bände. Leipzig 1776/77. In: ADB Anhang zu 25-36/4 (1780), S.2488-2490; gez.: Pl. [vgl.Nr.95, 96, 98, 99, 100].
- Ein Schärfgen auf den Altar des Vaterlandes geleget, von **H.[ans] H.[einrich] Füßlin**, Zürich 1778.

  [Johann Jacob] Stolzens Bemerkungen über Herrn Füßlins Schärfgen in Zürich. In: ADB 41/2 (1780), S.628-632; gez.: Kr. [vgl.Nr.120, 123].
- Herrn Abt **Mably** über die Gesetzgebung oder über die Grundsätze der Gesetze. 2 Theile aus dem Franz. Nürnberg 1779. In: ADB 42/2 (1780), S.631; gez.: Kr. [vgl.Nr.120, 122, 123].

Quellen- und Literaturverzeichnis

I) Ungedruckte Quellen

1) Staatsbibliothek Preußischer Kulturbesitz Berlin

- Der Nicolai-Iselin-Briefwechsel. Nachlaß Nicolai I, 86 + 88
- Der Briefwechsel Friedrich Nicolai - Johann Kaspar Lavater. Nachlaß Nicolai I, 44 (nur teilweise publiziert von Sommerfeld 1921)
- Der Briefwechsel Friedrich Nicolai - Johann Georg Zimmermann (1765-1788): Nachlaß Nicolai I, 84: 58 Briefe; ergänzt um die Briefe in der Landesbibliothek Hannover. Transkription von Sigrid Habersaat, M.A. (Berlin)
- Stammbuch Samuel Friedrich Nicolai: Nachlaß Nicolai II, 5

2) Universitätsbibliothek Basel

- Brief Iselins an Nicolai vom 3.2.1767: Autogr.-Slg. Geigy-Hgb. Nr.262
- Fremdenbuch der Universitätsbibliothek: Mscr. AN II 30

3) Staatsarchiv Basel-Stadt; (Iselinarchiv: Privatarchiv 98)

- Tagebuch Iselins 1767-1770: PA 98, 13
- Tagebuch Iselins 1778-1781: PA 98, 15
- Quittung Nicolais für Iselin 1776 und Brief Nicolais an Iselin vom 13.2.1782: PA 98, 36
- Brief des sächsischen Ministers v.Gutschmid an Iselin 1777: PA 98, 37
- Briefe von Johann Georg Maier (=Leonhard Gruber) an Iselin 1779f.: PA 98, 38
- Briefwechsel Iselins mit Johann Kaspar Lavater: PA 98, 46
- Briefwechsel Iselins mit Jean-Rodolphe Frey: PA 98, 55 und 56
- Anonymer Brief an Iselin aus Zürich (in Abschrift Iselins) vom 29.6.1768: PA 98, 60
- Briefwechsel Iselins mit Salomon Hirzel: PA 98, 61
- Tagebuch Jakob Sarasins 1781: PA 212 F9

II) Gedruckte Quellen und abgekürzt zitierte Literatur

Abbt, Thomas: Vom Verdienste (=Thomas Abbt, Vermischte Werke Bd.1). Berlin und Stettin 2.Aufl. 1768.

Abel, Wilhelm: Massenarmut und Hungerkrisen im vorindustriellen Deutschland. Göttingen 3.Aufl. 1986.

Albrecht, Michael: Moses Mendelssohn. Das Lebenswerk eines jüdischen Denkers der deutschen Aufklärung. Weinheim 1986.

Albrecht, Peter und Ernst Hinrichs (Hrsg.): Das niedere Schulwesen im Übergang vom 18. zum 19. Jahrhundert. Tübingen 1995.

Albrecht, Wolfgang: Deutsche Spätaufklärung - Ein interdisziplinärer Forschungsbericht bis 1985. Halle 1987.

Allgemeine Deutsche Biographie (abgekürzt: ADBiogr.) 1.Aufl. 1875-1912 (56 Bde.); ND Berlin 1967-1971.

Alt, Peter-André: Aufklärung (Lehrbuch Germanistik). Stuttgart 1996.

Altmann, Alexander: Moses Mendelssohn. A biographical study. London 1973.

Aner, Karl: Der Aufklärer Friedrich Nicolai. Gießen 1912.

Awerbuch, Marianne und Stefi Jersch-Wenzel (Hrsg.): Bild und Selbstbild der Juden Berlins zwischen Aufklärung und Romantik. Berlin 1992.

Awerbuch, Marianne: Moses Mendelssohns Judentum. In: dies./Jersch-Wenzel 1992, S.21-41.

Barner, Wilfried: Gelehrte Freundschaft im 18. Jahrhundert. Zu ihren traditionalen Voraussetzungen. In: Mauser/Becker-Cantarino 1991, S.23-45.

Batscha, Zwi: Thomas Abbts politische Philosophie. In: ders., "Despotismus von jeder Art reizt nur zur Widersetzlichkeit". Die Französische Revolution in der deutschen Popularphilosophie. Frankfurt/M. 1989, S.126-168.

Becker, Peter Jörg/Tilo Brandis/Ingeborg Stolzenberg (Hrsg.): Friedrich Nicolai. Leben und Werk. Ausstellung zum 250. Geburtstag. Staatsbibl. Preuß. Kulturbesitz Berlin 1983.

Becker-Cantarino, Barbara: "Belloisens Lebenslauf". Zu Dichtung und Autobiographie bei Anna Louisa Karsch. In: Gutjahr/Kühlmann/Wucherpfennig 1993, S.13-22.

Berghahn, Klaus L.: Maßlose Kritik. Friedrich Nicolai als Kritiker und Opfer der Weimarer Klassiker. In: Zeitschrift für Germanistik, Leipzig, 8 (1987) H.1, S.50-60.

Blaich, Fritz: Physiokratie. In: Handwörterbuch der Wirtschaftswissenschaft. Bd.6 (1981), S.84-89.

Blaich, Fritz: Der Beitrag der deutschen Physiokraten für die Entwicklung der Wirtschaftswissenschaft von der Kameralistik zur Nationalökonomie. In: Harald Scherf (Hrsg.), Studien zur Entwicklung der ökonomischen Theorie III. Berlin 1983, S.9-36.

Blaug, Mark (Hrsg.): François Quesnay (1694-1774). 2 Bde. Aldershot 1991.

Bödeker, Hans Erich: Thomas Abbt: Patriot, Bürger und bürgerliches Bewußtsein. In: Vierhaus 1981, S.221-253.

Bödeker, Hans Erich und Ulrich Herrmann (Hrsg.): Aufklärung als Politisierung - Politisierung der Aufklärung. Hamburg 1987 (zit.: Bödeker/Herrmann 1987).

Bödeker, Hans Erich: Aufklärung als Kommunikationsprozeß. In: Aufklärung 2/2 (1987), S.87-111 (zit.: Bödeker 1987a).

Bödeker, Hans Erich: Lessings Briefwechsel. In: ders. und Ulrich Herrmann (Hrsg.), Über den Prozeß der Aufklärung in Deutschland im 18. Jahrhundert. Personen, Institutionen und Medien. Göttingen 1987, S.113-138 (zit.: Bödeker 1987b).

Bödeker, Hans Erich: Prozesse und Strukturen politischer Bewußtseinsbildung der deutschen Aufklärung. In: Bödeker/Herrmann 1987, S.10-31 (zit.: Bödeker 1987c).

Bödeker, Hans Erich: Thomas Abbt (1738-1766). In: Aufklärung 4/2 (1989), S.103-105.

Bodemann 1878: siehe unter Nicolai, Briefe.

Böning, Holger: Die Entdeckung des niederen Schulwesens in der deutschen Aufklärung. In: P.Albrecht/Hinrichs 1995, S.75-108.

Bräker, Ulrich: Lebensgeschichte und natürliche Ebenteuer des Armen Mannes im Tockenburg; hrsg. von Werner Günther. Stuttgart 1965.

Bräker, Ulrich; Das kleine Tagebuch des Ulrich Bräker aus den Krisenjahren 1768-1772; hrsg. von Samuel Voellmy. Basel 1941.

Brandt, Karl: Geschichte der deutschen Volkswirtschaftslehre. Bd.1 (Von der Scholastik bis zur klassischen Nationalökonomie). Freiburg i.Br. 1992.

Braun, Rudolf: Das ausgehende Ancien Régime in der Schweiz. Aufriß einer Sozial- und Wirtschaftsgeschichte des 18. Jahrhunderts. Göttingen 1984.

Braunreuther, Kurt: Über die Bedeutung der physiokratischen Bewegung in Deutschland in der zweiten Hälfte des 18. Jahrhunderts. Ein geschichtlich-politökonomischer Beitrag zur "Sturm und Drang"-Zeit. In: Wissenschaftliche Zeitschrift der Humboldt-Universität zu Berlin. Gesellschafts- und sprachwissenschaftliche Reihe. V (1955/56) Nr.1, S.15-64.

Brender, Irmela: Christoph Martin Wieland. Reinbek 1990.

Brühlmeier, Daniel: Isaak Iselin and the Call for Civic Virtue, a Model of Swiss Republicanism. In: Timothy O'Hagan (Hrsg.), Revolution and Enlightenment in Europe. Aberdeen 1991, S.69-79.

Burckhardt, Paul: Geschichte der Stadt Basel von der Zeit der Reformation bis zur Gegenwart. Basel 1942.

Bürger, Peter und Gerhard Leithäuser: Die Theorie der Physiokraten. Zum Problem der gesellschaftlichen Funktion wissenschaftlicher Theorien. In: Wolfenbütteler Studien zur Aufklärung III (1976), S.355-375.

Bürgi, Andreas: Weltvermesser. Die Wandlung des Reiseberichts in der Spätaufklärung. Bonn 1989.

Bürgin, Alfred: Zur Soziogenese der politischen Ökonomie. Wirtschaftsgeschichtliche und dogmenhistorische Betrachtungen. Marburg 1993.

Campe, Joachim Heinrich: Briefe von und an Joachim Heinrich Campe; hrsg., eingeleitet und kommentiert von Hanno Schmitt (= Wolfenbütteler Forschungen 71). Bd.1 (Briefe von 1766-1788) Wiesbaden 1996.

Cassirer, Ernst: Die Philosophie der Aufklärung. Tübingen 1932.

Darnton, Robert: The Kiss of Lamourette. Reflections in Cultural History. New York, London 1990 (zit.: Darnton 1990a).

Darnton, Robert: The Forgotten Middlemen of Literature. In: ders. 1990a, S.135-153 (zit. Darnton 1990b).

Darnton, Robert: Intellectual and Cultural History. In: ders. 1990a, S.191-218 (zit.: Darnton 1990c).

Darnton, Robert: The Social History of Ideas. In: ders. 1990a, S.219-252 (zit.: Darnton 1990d).

Daunicht, Richard: Lessing im Gespräch. Berichte und Urteile von Freunden und Zeitgenossen. München 1971.

Deutsches Anonymen-Lexikon, bearbeitet von Michael Holzmann und Hanns Bohatta. 7 Bde. Weimar 1902-1928.

Dülmen, Richard van: Die Gesellschaft der Aufklärer. Zur bürgerlichen Emanzipation und aufklärerischen Kultur in Deutschland. Frankfurt/M. 1986.

Ebrecht, Angelika/Regina Nörtemann/Herta Schwarz (Hrsg.): Brieftheorie des 18. Jahrhunderts. Texte, Kommentare, Essays. Stuttgart 1990.

Engel, Eva J.: Vivida vis animi: Der Nicolai der frühen Jahre (1753-1759). In: Fabian 1983, S.9-57.

Engel, Eva J.: Lessing, Mendelssohn, Friedrich II. Das Jahr 1771. In: Bruno Strauß, Moses Mendelssohn in Potsdam. Berlin 1994, S.47-84 (zit. Engel 1994a).

Engel, Eva J.: Moses Mendelssohns Briefwechsel mit Lessing, Abbt und Iselin (=Texte zur Philosophie; hrsg. von Helmut Seidel, Heft 1). Leipzig 1994 (zit. Engel 1994b).

Engel, Eva J.: Lavater, Mendelssohn, Lichtenberg. In: dies., "Gedanck und Empfindung". Ausgewählte Schriften. Stuttgart 1994, S.125-140 (zit. Engel 1994c).

Erhart, Walter: Entzweiung und Selbstaufklärung. Christoph Martin Wielands "Agathon"-Projekt. Tübingen 1991.

Erne, Emil: Die schweizerischen Sozietäten: lexikalische Darstellung der Reformgesellschaften des 18. Jahrhunderts in der Schweiz. Zürich 1988.

Fabian, Bernhard (Hrsg.): Friedrich Nicolai 1733-1811. Essays zum 250. Geburtstag. Berlin 1983.

Fambach, Oscar: Die Mitarbeiter der Göttingischen Gelehrten Anzeigen 1769-1836. Nach dem mit den Beischriften des Jeremias David Reuß versehenen Exemplar der Universitätsbibliothek Tübingen. Tübingen 1976.

Ferguson, Adam: Versuch über die Geschichte der bürgerlichen Gesellschaft; hrsg. und eingeleitet von Zwi Batscha und Hans Medick. Frankfurt/M. 1988.

Fertig, Ludwig (Hrsg.): Bildungsgang und Lebensplan. Briefe über Erziehung von 1750 bis 1900. Darmstadt 1991.

Fischer, Friedrich: Basedow und Lavater in ihren persönlichen und literarischen Beziehungen zueinander auf Grund ihres unveröffentlichten Briefwechsels und Tagebuch-Aufzeichnungen Lavaters. Straßburg 1912.

Fontius, Martin: Tendenzen der Literaturkritik in Frankreich und Deutschland im 18. Jahrhundert. In: Jüttner/Schlobach 1992, S.127-140.

Fontius, Martin und Helmut Holzhey (Hrsg.): Schweizer im Berlin des 18. Jahrhunderts. Berlin 1996.

Förster, Wolfgang (Hrsg.): Aufklärung in Berlin. Berlin 1989.

Freimark, Peter/Franklin Kopitzsch/Helga Slessarev (Hrsg.): Lessing und die Toleranz. München 1986.

Friedrich II. (d.Gr.) von Preußen: Das Politische Testament von 1752; hrsg. von Eckhard Most. Stuttgart 1974.

Frison 1976: siehe unter Iselin, Briefe.

Gay, Peter: The Enlightenment. An Interpretation. 2 Bde. New York 1966-69.

Gellert, Christian Fürchtegott: Briefe, nebst einer praktischen Abhandlung von dem guten Geschmacke in Briefen. Leipzig 1751.

Gericke, Wolfgang: Theologie und Kirche im Zeitalter der Aufklärung. Berlin 1989.

Gerteis, Klaus: Physiokratismus und aufgeklärte Reformpolitik. In: Aufklärung 2/1 (1987), S.75-94.

Gerteis, Klaus: Das "Postkutschenzeitalter". Bedingungen der Kommunikation im 18. Jahrhundert. In: Aufklärung 4/1 (1989), S.55-78 (zit.:1989a).

Gerteis, Klaus: Johann August Schlettwein (1731-1802). In: Aufklärung 4/1 (1989), S.105-107 (zit.:1989b).

Gerth, Hans H.: Bürgerliche Intelligenz um 1800. Zur Soziologie des deutschen Frühliberalismus; hrsg. von Ulrich Herrmann. Göttingen 1976.

Göckingk, Leopold Friedrich Günther von: Friedrich Nicolai's Leben und literarischer Nachlaß. Berlin 1820 (Reprint Hildesheim 1997).

Gömmel, Rainer und Rainer Klump: Merkantilisten und Physiokraten in Frankreich. Darmstadt 1994.

Göpfert, Herbert G.: Bemerkungen über Buchhändler und Buchhandel zur Zeit der Aufklärung in Deutschland. In: Wolfenbütteler Studien zur Aufklärung Bd.I (1974), S.69-83.

Göring 1880 (Basedows Ausgewählte Schriften): siehe unter Iselin, Briefe.

Graber, Rolf: Bürgerliche Öffentlichkeit und spätabsolutistischer Staat. Sozietätenbewegung und Konfliktkonjunktur in Zürich 1746-1780. Zürich 1993.

Gründer, Karlfried und Nathan Rotenstreich (Hrsg.), Aufklärung und Haskala in jüdischer und nichtjüdischer Sicht. Heidelberg 1990.

Gründer, Karlfried: Aufklärung und Surrogate. In: Gründer/Rotenstreich 1990, S.101-122.

Guggenheim, Willy (Hrsg.): Juden in der Schweiz. Glaube, Geschichte, Gegenwart. Zürich o.J.(1982).

Guggisberg, Hans R.: Religiöse Toleranz. Dokumente zur Geschichte einer Forderung. Stuttgart-Bad Cannstatt 1984.

Guggisberg, Hans R.: Agrarwissenschaftliche Kontakte zwischen der Schweiz und Spanien im Zeitalter der Aufklärung. Der Graf von Campomanes, die ökonomischen Gesellschaften und Isaak Iselins "Ephemeriden der Menschheit". In: Schweizerische Zeitschrift für Geschichte 36 (1986), S.1-17.

Gutjahr, Ortrud/Wilhelm Kühlmann/Wolf Wucherpfennig (Hrsg.): Gesellige Vernunft. Zur Kultur der literarischen Aufklärung (FS W.Mauser). Würzburg 1993.

Habermas, Jürgen: Heinrich Heine und die Rolle des Intellektuellen in Deutschland. In: Merkur 40 (1986), S.453-468.

Habermas, Jürgen: Strukturwandel der Öffentlichkeit. Untersuchungen zu einer Kategorie der bürgerlichen Gesellschaft. (1.Aufl. 1962) Mit einem Vorwort zur Neuauflage. Frankfurt/M. 1990.

Haller, Albrecht von: Die Alpen und andere Gedichte; hrsg. von Adalbert Elschenbroich. Stuttgart 1965.

Häufle, Heinrich: Aufklärung und Ökonomie. Zur Position der Physiokraten im siècle des Lumières. München 1978.

Hellmuth, Eckhart: Towards a Comparative Study of Political Culture. The cases of late Eighteenth Century England and Germany. In: ders. (Hrsg.), The transformation of political Culture. England and Germany in the late Eighteenth Century. Oxford 1990, S.1-36.

Herder, Johann Gottfried: Briefe; hrsg. von Wilhelm Dobbek und Günter Arnold. Bd.1(1763-1771) Weimar 1977; Bd.2(1771-1773) Weimar 1977; Bd.3(1773-1776) Weimar 1978.

Herrmann, Ulrich (Hrsg.): "Das pädagogische Jahrhundert". Volksaufklärung und Erziehung zur Armut im 18. Jahrhundert in Deutschland. Weinheim und Basel 1981.

Herrmann, Ulrich: Aufklärung als pädagogischer Prozeß. Konzeptionen, Hoffnungen und Desillusionierungen im pädagogischen Denken der Spätaufklärung in Deutschland. In: Aufklärung 2/2 (1987), S.35-55 (zit.: Herrmann 1987a).

Herrmann, Ulrich: Erziehung und Unterricht als Politicum. Kontroversen über erhoffte und befürchtete Wechselwirkungen von Politik und Pädagogik im ausgehenden 18. Jahrhundert in Deutschland. In: Bödeker/Herrmann 1987, S.53-71 (zit.: Herrmann 1987b).

Herrmann, Ulrich: Die Pädagogik der Philanthropen. In: ders., Aufklärung und Erziehung. Weinheim 1993, S.99ff.

Hinrichs, Ernst: Produit Net, Propriétaire, Cultivateur. Aspekte des sozialen Wandels bei den Physiokraten und Turgot. In: FS für Hermann Heimpel. Bd.1 Göttingen 1971, S.473-510.

Hinske, Norbert: Mendelssohns Beantwortung der Frage: Was ist Aufklärung? oder Über die Aktualität Mendelssohns. In: ders. (Hrsg.), Ich handle mit Vernunft. Moses Mendelssohn und die europäische Aufklärung. Hamburg 1981, S.85-117.

Hinske, Norbert: Die Aufklärung und die Schwärmer - Sinn und Funktionen einer Kampfidee. In: Aufklärung 3/1 (1988), S.3-6.

Hinske, Norbert: Die tragenden Grundideen der deutschen Aufklärung. Versuch einer Typologie. In: Gründer/Rotenstreich 1990, S.67-100.

Hoffmann 1887: siehe unter Nicolai, Briefe.

Holzhey, Helmut: Popularphilosophie. In: Historisches Wörterbuch der Philosophie; hrsg. von Karlfried Gründer. Bd.7 Basel 1989, col.1093-1100.

Holzhey, Helmut und Simone Zurbuchen: Die Schweiz zwischen deutscher und französischer Aufklärung. In: Schneiders 1993, S.303-318.

Im Hof, Ulrich: Isaak Iselin. Sein Leben und die Entwicklung seines Denkens bis zur Abfassung der "Geschichte der Menschheit" von 1764. 2 Bde. Basel 1947.

Im Hof, Ulrich: Isaak Iselin 1728-1782 (=138. Neujahrsblatt; hrsg. von der Gesellschaft zur Beförderung des Guten und Gemeinnützigen). Basel 1960.

Im Hof, Ulrich: Isaak Iselin über Basels Handelsbeziehungen. In: Basler Zeitschrift für Geschichte und Altertumskunde 64 (1964), S.257-259.

Im Hof, Ulrich: Isaak Iselin und die Spätaufklärung. Bern 1967.

Im Hof, Ulrich: Aufklärung in der Schweiz. Bern 1970.

Im Hof, Ulrich: Isaak Iselin: Kritische Beschreibung der Schweiz (1780). In: Basler Zeitschrift für Geschichte und Altertumskunde 71 (1971), S.121-144.

Im Hof, Ulrich: Das gesellige Jahrhundert. Gesellschaft und Gesellschaften im Zeitalter der Aufklärung. München 1982.

Im Hof, Ulrich und François de Capitani: Die Helvetische Gesellschaft. Spätaufklärung und Vorrevolution in der Schweiz. 2 Bde. Frauenfeld und Stuttgart 1983.

Im Hof, Ulrich: Friedrich II. im Urteil Isaak Iselins. In: Jürgen Ziechmann (Hrsg.), Fridericianische Miniaturen 1. Bremen 1988, S.147-229.

Im Hof, Ulrich: Die Grund- und Menschenrechte bei Isaak Iselin im Zusammenhang mit der Schweizer Aufklärung. In: Meinrad Schaab (Hrsg.), Oberrheinische Aspekte des Zeitalters der Französischen Revolution. Stuttgart 1990, S.29-40.

Im Hof, Ulrich: Basel in Iselins "Ephemeriden". In: Basler Zeitschrift für Geschichte und Altertumskunde 91 (1991), S.147-158.

Im Hof, Ulrich: Das Europa der Aufklärung. München 1993.

Im Hof, Ulrich: Mendelssohn und Iselin. In: Michael Albrecht (Hrsg.), Moses Mendelssohn und die Kreise seiner Wirksamkeit. Tübingen 1994, S.61-92.

Im Hof, Ulrich: Isaak Iselins Krankengeschichte. In: Helmut Holzhey und Urs Boschung (Hrsg.), Gesundheit und Krankheit im 18. Jahrhundert (=Clio Medica 31). Amsterdam 1995, S.19-23.

Ischreyt 1989: siehe unter Nicolai, Briefe.

Iselin, Isaak: Rezensionen für die Allgemeine Deutsche Bibliothek (1767-1780); vgl. die dem Quellen- und Literaturverzeichnis vorangehende Liste.

Iselin, Isaak: Versuch über die gesellige Ordnung. (Basel 1772) Reprint Hildesheim 1969.

[Iselin, Isaak:] Träume eines Menschenfreundes. 2 Bde. Basel 1776.

[Iselin, Isaak (Hrsg.)]: Ephemeriden der Menschheit oder Bibliothek der Sittenlehre und der Politik. Basel 1776-1778, Leipzig 1780-1782.

Iselin, Isaak: Pädagogische Schriften, nebst seinem pädagogischen Briefwechsel mit Joh.Casp.Lavater, Ulysses von Salis und J.G.Schlosser; hrsg. von Hugo Göring. Langensalza 1882.

Iselin, Isaak: Pariser Tagebuch 1752; bearbeitet durch Ferdinand Schwarz. Basel 1919.

Iselin, Isaak: **Publizierte Briefe an und von Iselin**, Auswahl (vgl. auch die Editionen der Briefe bzw. Briefwechsel Campes, Mendelssohns, Pestalozzis und Wielands):

Hugo Göring (Hrsg.), J.B. Basedow's Ausgewählte Schriften. Langensalza 1880 [11 Briefe an Iselin: von Basedow, Wolke und Simon].

Sechs Rochow-Briefe [an Iselin]. Von J. Keller. In: Pädagogische Blätter (Gotha) 14 (1885), S.475-484.

Noch einiges von und über den Apostel der Geniezeit, Christof Kaufmann von Winterthur. Von Jakob Keller [9 Briefe Kaufmanns an Iselin 1775/76]. In: Zürcher Taschenbuch 1891, S.148-174.

Ein Stück Lavater. Aus seinen Briefen an Isaak Iselin, während der Jahre 1768 und 1769. Von J. Keller. In: Kirchenblatt für die reformierte Schweiz 7 (1892), S.147ff.

Briefe Schlettweins an Iselin. In: Karl Konrad Bretschneider, Isaak Iselin. Ein Schweizer Physiokrat des XVIII. Jahrhunderts. Diss. Bern 1908, S.154-169.

Briefwechsel des Basler Ratschreibers Isaak Iselin mit dem Luzerner Ratsherrn Felix Balthasar; hrsg. von Ferdinand Schwarz. In: Basler Zeitschrift für Geschichte und Altertumskunde 24 (1925), S.1-311 [192 Briefe von 1758-1782].

Salomon Geßners Beziehungen zu Zeitgenossen. Mit 28 ungedruckten Briefen an S. Geßner; hrsg. von P.Leemann-van Elck in: Zürcher Taschenbuch auf das Jahr 1931 (Bd.51) [Zwei Briefe Iselins: S.149-152].

Isaak Iselin: Zehn Briefe an Thomas Abbt; hrsg. von Louis Frison. In: Recherches Germaniques 6 (1976), S.250-268.

Jäger, Hans-Wolf: Der reisende Enzyklopäd und seine Kritiker. Friedrich Nicolais "Beschreibung einer Reise durch Deutschland und die Schweiz im Jahre 1781". In: Jahrbuch der Deutschen Schillergesellschaft 26 (1982), S.104-124.

Jaumann, Herbert/Sven-Aage Jørgensen/John Mc Carthy/Horst Thomé: Wieland. Epoche-Werk-Wirkung. München 1994.

Jonas 1885: siehe unter Nicolai, Briefe.

Joost, Ulrich: Lichtenberg - der Briefschreiber (= Lichtenberg-Studien V). Göttingen 1990.

Jüttner, Siegfried und Jochen Schlobach (Hrsg.): Europäische Aufklärung(en): Einheit und nationale Vielfalt. Hamburg 1992.

Kant, Immanuel: Schriften zur Anthropologie, Geschichtsphilosophie, Politik und Pädagogik 1 (=Werkausgabe Bd.11); hrsg. von Wilhelm Weischedel. Frankfurt/M. 1968 u.ö.

Keck, Rudolf W.: Die Armeleutebildung in den Bildungsvorstellungen und Schulplänen der Philanthropen. In: P.Albrecht/Hinrichs 1995, S.49-74.

Keller 1885, 1891, 1892: siehe unter Iselin, Briefe.

Keller, Jakob: Goethe im Kreise Isaak Iselins. In: Goethe-Jahrbuch 6 (1885), S.84-94 (zit. Keller 1885a).

Keller, Jakob: Isaak Iselins Verdienste um die Verbreitung der Basedowschen Pädagogik in der Schweiz. In: Pädagogische Blätter für Lehrerbildung und Lehrerbildungsanstalten 14 (1885), S.201-222 und S.297-314 (zit. Keller 1885b).

Kiefer, Klaus (Hrsg.): Cagliostro. Dokumente zu Aufklärung und Okkultismus. München 1991.

Kiesel, Helmuth und Paul Münch: Gesellschaft und Literatur im 18. Jahrhundert. Voraussetzungen und Entstehung des literarischen Marktes in Deutschland. München 1977.

Klingenberg, Anneliese: *Produktiv* and *unproduktiv* - a mistake in translation? Adam Smith and German literature and literary theory after 1776. In: Transactions of the Eighth International Congress on the Enlightenment. Oxford 1992, S.682-686.

Klippel, Diethelm: Der Einfluß der Physiokraten auf die Entwicklung der liberalen politischen Theorie in Deutschland. In: Der Staat 23 (1984), S.205-226.

Klippel, Diethelm: Politische Theorien im Deutschland des 18. Jahrhunderts. In: Aufklärung 2/2 (1987), S.57-88.

Knudsen, Jonathan B.: Friedrich Nicolai's "wirkliche Welt": On Common Sense in the German Enlightenment. In: Mentalitäten und Lebensverhältnisse: Beispiele aus der Sozialgeschichte der Neuzeit (FS Rudolf Vierhaus). Göttingen 1982, S.77-91.

Knudsen, Jonathan B.: Justus Möser and the German Enlightenment. Cambridge 1986.

Kocka, Jürgen: Geschichte und Aufklärung. Aufsätze. Göttingen 1989.

Kopitzsch, Franklin: Grundzüge einer Sozialgeschichte der Aufklärung in Hamburg und Altona. Hamburg 1982.

Koselleck, Reinhart: Kritik und Krise. Eine Studie zur Pathogenese der bürgerlichen Welt. (1.Aufl. 1959) Frankfurt/M. 7. Aufl. 1992.

Koselleck, Reinhart: Einleitung. In: ders. u.a. (Hrsg.), Geschichtliche Grundbegriffe. Bd.1 Stuttgart 1972, S.XIII-XXVII.

Kossok, Manfred: Historische Bedingungen der europäischen Aufklärung(en). In: Jüttner/Schlobach 1992, S.39-53.

La Vopa, Anthony J.: Conceiving a Public: Ideas and Society in Eighteenth-Century Europe. In: Journal of Modern History 64 (1992), S.79-116.

Laan, James M. van der: Nicolai's Concept of the Review Journal. In: Herbert Rowland und Karl J. Fink (Hrsg.), The Eighteenth Century German Book Review. Heidelberg 1995, S.95-111.

Langer, Curt: Die Hungerjahre 1771 und 1772 nach zeitgenössischen Quellen. In: Sächsische Heimatblätter 9 (1963), S.360-367.

Lavater, Johann Kaspar: Rede bey der Taufe zweyer berlinischen Israeliten so durch Veranlassung der Lavater und Mendelsohnschen Streitschriften zum wahren Christenthum übergetreten. In: Herrn Carl Bonnets philosophische Untersuchung der Beweise für das Christenthum (...) Aus dem Franz. übers. und mit Anmerkungen hrsg. von Johann Caspar Lavater. Nebst dessen Rede bey der Taufe zweyer Israeliten. Güstrow 1773.

Lavater, Johann Kaspar: Zueignungsschreiben an Moses Mendelssohn (1769) und Antwort an den Herrn Moses Mendelssohn (1770). In: Moses Mendelssohn, Schriften zum Judentum I; bearbeitet von Simon Rawidowicz. Berlin 1930, S.3 und S.25-37.

Lavater, Johann Kaspar: Physiognomische Fragmente zur Beförderung der Menschenkenntnis und Menschenliebe. Eine Auswahl; hrsg. von Christoph Siegrist. Stuttgart 1984.

Leemann-van Elck 1934: siehe unter Nicolai, Briefe.

Leschinsky, Achim: Das Konzept einer rationalen Elementarbildung - Die Pädagogik Rochows. In: Herrmann 1981, S.169-193.

Lessing, Gotthold Ephraim: Sämtliche Schriften; hrsg. von Karl Lachmann und Franz Muncker. Bd.17 [Briefe]. Leipzig 1904.

Leupold, Annemarie: Isaac Iselin und die physiokratische Lehre. Eine Studie zur Physiokratie in Basel. Diss. Basel 1943.

Lorenz, Stefan: Skeptizismus und natürliche Religion. Thomas Abbt und Moses Mendelssohn in ihrer Debatte über Johann Joachim Spaldings Bestimmung des Menschen. In: Michael Albrecht, Eva J. Engel, Norbert Hinske (Hrsg.), Moses Mendelssohn und die Kreise seiner Wirksamkeit. Tübingen 1994, S.113-133.

Lukács, Georg: Größe und Grenzen der deutschen Aufklärung. In: Peter Pütz (Hrsg.), Erforschung der deutschen Aufklärung. Königstein 1980, S.114-123.

Luserke, Matthias: Funktion und Wirkung von Literatur im 18. Jahrhundert. Versuch einer diskursanalytischen Lektüre des Trauerspielbriefwechsels zwischen Lessing, Mendelssohn und Nicolai. In: Das achtzehnte Jahrhundert 17/1 (1993), S.15-27.

Lüthy, Herbert: François Quesnay und die Idee der Volkswirtschaft (=ETH. Kultur- und Staatswissenschaftliche Schriften 106). Zürich 1959.

Martens, Wolfgang: Die Geburt des Journalisten in der Aufklärung. In: Wolfenbütteler Studien zur Aufklärung Bd.I (1974), S.84-98.

Martens, Wolfgang: Ein Bürger auf Reisen. In: Fabian 1983, S.99-123.

Mattmüller, Markus: Die Hungersnot der Jahre 1770/71 in der Basler Landschaft. In: Nicolai Bernard und Quirinus Reichen (Hrsg.), Gesellschaft und Gesellschaften (FS zum 65. Geb. von Ulrich Im Hof). Bern 1982, S.271-291.

Maurach 1996: siehe unter Nicolai, Briefe.

Mauser, Wolfram und Barbara Becker-Cantarino (Hrsg.): Frauenfreundschaft - Männerfreundschaft. Literarische Diskurse im 18. Jahrhundert. Tübingen 1991.

Mauser, Wolfram und Günter Saße (Hrsg.): Streitkultur. Strategien des Überzeugens im Werk Lessings. Tübingen 1993.

Medick, Hans: "Hungerkrisen" in der historischen Forschung. Beispiele aus Mitteleuropa vom 17.-19. Jahrhundert. In: Sozialwissenschaftliche Informationen für Unterricht und Studium 14 (1985), S.95-103.

Meister, Leonhard: Helvetiens Berühmte Männer in Bildnissen dargestellt von Heinrich Pfenninger, Mahler, nebst kurzen biographischen Nachrichten von Leonhard Meister. Bd.1 Zürich und Winterthur 1782.

Mendelssohn, Moses: Rezensionsartikel in Briefe, die neueste Litteratur betreffend (1759-1765) (=Gesammelte Schriften. Jubiläumsausgabe Bd.5,1), bearbeitet von Eva J. Engel. Stuttgart 1991.

Mendelssohn, Moses: Rezensionsartikel in Allgemeine deutsche Bibliothek (1765-1784), Literarische Fragmente (=Gesammelte Schriften. Jubiläumsausgabe Bd.5,2), bearbeitet von Eva J. Engel. Stuttgart 1991.

Mendelssohn, Moses: Kleinere Schriften I (=Gesammelte Schriften. Jubiläumsausgabe Bd.6,1), bearbeitet von Alexander Altmann. Stuttgart 1981.

Mendelssohn, Moses: Schriften zum Judentum I (=Gesammelte Schriften. Jubiläumsausgabe Bd.7), bearbeitet von Simon Rawidowicz. Berlin 1930.

Mendelssohn, Moses: Briefwechsel I und II,1 (=Gesammelte Schriften. Jubiläumsausgabe Bd.11 und 12,1), bearbeitet von Bruno Strauss und Alexander Altmann. Stuttgart 1974 und 1976.

Mendelssohn, Moses: Dokumente I (=Gesammelte Schriften. Jubiläumsausgabe Bd.22), bearbeitet von Michael Albrecht. Stuttgart 1995.

Mettler, Heinrich: Lessings unabdingbares Bedürfnis, mit Freunden zu disputieren. In: Schulz 1985, S.15-32.

Mieck, Ilja (Hrsg.): Europäische Wirtschafts- und Sozialgeschichte von der Mitte des 17. Jahrhunderts bis zur Mitte des 19. Jahrhunderts (=Handbuch der europäischen Wirtschafts- und Sozialgeschichte Bd.4). Stuttgart 1993.

Möller, Horst: Aufklärung in Preußen. Der Verleger, Publizist und Geschichtsschreiber Friedrich Nicolai. Berlin 1974.

Möller, Horst: Friedrich Christoph Nicolai - Rehabilitation durch Edition? in: Hans-Gert Roloff (Hrsg.), Werkstattgespräch "Berliner Ausgaben". Bern u.a. 1981, S.105-112.

Möller, Horst: Vernunft und Kritik. Deutsche Aufklärung im 17. und 18. Jahrhundert. Frankfurt/M. 1986.

Möller, Horst: Über die bürgerliche Verbesserung der Juden. Christian Wilhelm Dohm und seine Gegner. In: Awerbuch/Jersch-Wenzel 1992, S.59-79.

Möller, Horst: Aufklärung und Adel. In: Elisabeth Fehrenbach (Hrsg.), Adel und Bürgertum in Deutschland (1770-1848). München 1994, S.1-9.

Neubert, Verena: Die Nicolaische Porträtsammlung - ein Bestand im Landesarchiv Berlin. In: Berlin in Geschichte und Gegenwart. Jahrbuch des Landesarchivs Berlin 1992, S.455-468.

Neue Deutsche Biographie (abgekürzt: NDBiogr.) Berlin 1953ff.

[Nicolai, Friedrich (Hrsg.)]: Allgemeine Deutsche Bibliothek (abgekürzt: ADB) und Neue Allgemeine Deutsche Bibliothek (NADB); 256 Bde. Berlin und Stettin (von 1793-1800 Kiel) 1765-1806.

[Nicolai, Friedrich]: Eyn feyner kleyner Almanach vol schönerr echterr liblicherr Volckslieder, lustigerr Reyen vnndt kleglicherr Mordgeschichte (...) Bd.1 Berlynn vnndt Stettynn 1777.

Nicolai, Friedrich: Anekdoten von König Friedrich II. von Preussen, und von einigen Personen, die um Ihn waren. Heft 1-6. Berlin und Stettin 1788-1792.

Nicolai, Friedrich: Ueber meine gelehrte Bildung, über meine Kenntniß der kritischen Philosophie und meine Schriften dieselbe betreffend, und über die Herren Kant, J.B.Erhard und Fichte. Eine Beylage zu den neun Gesprächen zwischen Christian Wolf und einem Kantianer. Berlin und Stettin 1799 (jetzt auch in: Nicolai, Gedächtnisschriften und philosophische Abhandlungen, ed. Košenina 1995; s.u.).

Nicolai, Friedrich: "Kritik ist überall, zumal in Deutschland, nötig". Satiren und Schriften zur Literatur; hrsg. von Wolfgang Albrecht. München 1987.

Nicolai, Friedrich: Vorrede zu "Drei Lustspiele wider Schwärmerei und Aberglauben" [von Katharina II.] Berlin 1788. In: Kiefer 1991, S.144-148.

Nicolai, Friedrich: Das Leben und die Meinungen des Herrn Magister Sebaldus Nothanker (3 Bde., Berlin und Stettin 1773-1776). Kritische Ausgabe hrsg. von Bernd Witte. Stuttgart 1991.

Nicolai, Friedrich: Sämtliche Werke. Briefe. Dokumente. Kritische Ausgabe mit Kommentar; hrsg. von P.M.Mitchell, Hans-Gert Roloff, Erhard Weidl. Bisher erschienen: Bde. 3, 4, 6, 8/1 und 8/2. Bern, Berlin etc. 1991ff.

Nicolai, Friedrich: Gedächtnisschriften und philosophische Abhandlungen (=Sämtliche Werke, Briefe, Dokumente Bd.6). Erster Teil: Text, bearbeitet von Alexander Košenina. Bern, Berlin etc. 1995.

Nicolai, Friedrich: Beschreibung der Königlichen Residenzstädte Berlin und Potsdam (=Sämtliche Werke, Briefe, Dokumente Bde. 8/1 und 8/2), bearbeitet von Ingeborg Spriewald. Bern, Berlin etc. 1995.

Nicolai, Friedrich: **Publizierte Briefe an und von Nicolai**, Auswahl (vgl. die Editionen der Briefe bzw. Briefwechsel Campes, Herders, Lessings, Mendelssohns und Wielands):

Briefe aus dem Freundeskreise von Goethe, Herder, Höpfner und Merck; hrsg. von Karl Wagner. Leipzig 1847 [14 Briefe von Merck an Nicolai und 16 von Nicolai an Höpfner].

Johann Georg Zimmermann. Sein Leben und bisher ungedruckte Briefe an denselben. Von Eduard Bodemann. Hannover 1878 [Zehn Briefe Nicolais und drei Briefe Zimmermanns S.292-312].

Litterarische Korrespondenz des Pädagogen Friedrich Eberhard von Rochow mit seinen Freunden; hrsg. von Fritz Jonas. Berlin 1885 [enthält 60 Briefe Rochows an Nicolai].

Herder's Briefwechsel mit Nicolai. Im Originaltext hrsg. von Otto Hoffmann. Berlin 1887.

Martin Sommerfeld, Friedrich Nicolai und der Sturm und Drang. Ein Beitrag zur Geschichte der deutschen Aufklärung. Mit einem Anhang: Briefe aus Nicolais Nachlaß [von und/oder an Boie, Uz, Höpfner, Schlözer, Eberhard und Lavater]. Halle/Saale 1921.

Salomon Geßners Briefe an Friedrich Nicolai; hrsg. von P.Leemann-van Elck in: Zürcher Taschenbuch auf das Jahr 1934 (Bd.54), S.132-161 [mit einem Brief Nicolais an Geßner; ein Brief Nicolais an Geßner bereits in: Zürcher Taschenbuch auf das Jahr 1931, Bd.51, S.161-166].

Christian Garve im Briefwechsel mit Friedrich Nicolai und Elisa von der Recke; hrsg. von Günter Schulz. In: Wolfenbütteler Studien zur Aufklärung I (1974), S.222-305.

Friedrich Nicolai: Verlegerbriefe; hrsg. von Bernhard Fabian und Marie-Luise Spieckermann. Berlin 1988.

Die beiden Nicolai. Briefwechsel zwischen Ludwig Heinrich Nicolay in St. Petersburg und Friedrich Nicolai in Berlin (1776-1811); hrsg. von Heinz Ischreyt. Lüneburg 1989.

Justus Möser, Briefwechsel. Neu bearbeitet von William F.Sheldon u.a. Hannover 1992 [zwei Briefe Nicolais an Möser und 46 Briefe Mösers an Nicolai aus den Jahren 1764-1792].

Der Briefwechsel zwischen Friedrich Nicolai und Carl August Böttiger; hrsg. von Bernd Maurach. Bern etc. 1996.

Niedermeier, Michael: Das Gartenreich Dessau-Wörlitz als kulturelles und literarisches Zentrum um 1780 (= Dessau-Wörlitz-Beiträge VI; Zwischen Wörlitz und Mosigkau H.44). Dessau 1995 (zit.: Niedermeier 1995a).

Niedermeier, Michael: Mitteldeutsche Aufklärer und elsässische "Genies" im Kampf um das pädagogische Musterinstitut des Philanthropismus in Dessau. In: Lenz-Jahrbuch. Sturm-und-Drang-Studien 5 (1995), S.92-117 (zit.: Niedermeier 1995b).

Niedermeier, Michael: Campe als Direktor des Dessauer Philanthropins. In: Hanno Schmitt (Hrsg.), Visionäre Lebensklugheit: Joachim Heinrich Campe in seiner Zeit (1746-1818). Wiesbaden 1996, S.45-65.

Ochs, Peter: Geschichte der Stadt und Landschaft Basel. Bd.7 Basel 1821.

Ohage, August: "Wir sind doch am Ende nichts weiter als eine Secte von Juden". Die Kontroverse Lavater, Mendelssohn und Lichtenberg. In: Georg Christoph Lichtenberg (1742-1799). Wagnis der Aufklärung. Ausst.-Kat. München 1992, S.167-174.

Ost, Günther: Friedrich Nicolais Allgemeine Deutsche Bibliothek. Berlin 1928.

Oz-Salzberger, Fania: Isaak Iselin: The Rejection of Conflict. In: dies., Translating the Enlightenment. Scottish Civic Discourse in Eighteenth-Century Germany. Oxford 1995, S.169-189.

Parthey, Gustav: Die Mitarbeiter an Friedrich Nicolais Allgemeiner Deutscher Bibliothek nach ihren Namen und Zeichen in zwei Registern geordnet. Ein Beitrag zur deutschen Literaturgeschichte. Berlin 1842.

Pestalozzi, Johann Heinrich: Sämtliche Briefe. Bd.3 (Briefe aus den Jahren 1767-1797), bearbeitet von Emanuel Dejung und Hans Stettbacher. Zürich 1949.

Pestalozzi, Karl: Lavaters Utopie. In: Helmut Arntzen, Bernd Balzer, Karl Pestalozzi, Rainer Wagner (Hrsg.), Literaturwissenschaft und Geschichtsphilosophie (FS W.Emrich). Berlin 1975, S.283-301.

Pestalozzi, Karl: Der Einfluß der Literatur Deutschlands auf die "Vorromantik" in der Schweiz. In: Ernest Giddey (Hrsg.), Préromantisme en Suisse? Fribourg 1982, S.37-52.

Pestalozzi, Karl: Zum Lavater-Porträt in Goethes "Dichtung und Wahrheit". In: Wolfgang Wittkowski (Hrsg.), Goethe im Kontext. Tübingen 1984, S.283-299.

Pestalozzi, Karl und Horst Weigelt (Hrsg.): Das Antlitz Gottes im Antlitz des Menschen. Zugänge zu Johann Kaspar Lavater. Göttingen 1994.

Pestalozzi, Karl: Lavaters Hoffnung auf Goethe. In: Pestalozzi/Weigelt 1994, S.260-279 (zit.: Pestalozzi 1994a).

Pinloche, Auguste: Geschichte des Philanthropinismus. Leipzig 1896.

Quesnay, François: Oeuvres économiques et philosophiques; hrsg. von Auguste Oncken. Paris und Frankfurt/M. 1888.

Raabe, Paul: Die Zeitschrift als Medium der Aufklärung. In: Wolfenbütteler Studien zur Aufklärung Bd.I (1974), S.99-136.

Raabe, Paul: Friedrich Nicolai. Die Verlagswerke eines preußischen Buchhändlers der Aufklärung 1759-1811. Wolfenbüttel 1983.

Raabe, Paul: Friedrich Nicolais unbeschriebene Reise von der Schweiz nach Norddeutschland im Jahre 1781. In: Wolfgang Griep (Hrsg.), Sehen und Beschreiben. Europäische Reisen im 18. und frühen 19. Jahrhundert (= Eutiner Forschungen 1). Heide 1991, S.197-212.

Reich-Ranicki, Marcel: Friedrich Nicolai. Der Gründer unseres literarischen Lebens. In: ders., Die Anwälte der Literatur. Stuttgart 1994, S.32-52.

Ribbe, Wolfgang: Der wirtschaftliche und politische Status der Juden in Brandenburg-Preußen im Zeitalter des Merkantilismus. In: Awerbuch/Jersch-Wenzel 1992, S.1-19.

Rosenstrauch, Hazel: Buchhandelsmanufaktur und Aufklärung. Die Reformen des Buchhändlers und Verlegers Ph.E.Reich (1717-1787). Sozialgeschichtliche Studie zur Entwicklung des literarischen Marktes. Frankfurt/M. 1986.

Rosenstrauch, Hazel: Leipzig als "Centralplatz" des deutschen Buchhandels. In: Wolfgang Martens (Hrsg.), Leipzig. Aufklärung und Bürgerlichkeit. Heidelberg 1990, S.103-124.

Schlenke, Manfred (Hrsg.): Preußische Geschichte. Eine Bilanz in Daten und Deutungen. Freiburg 2.Aufl. 1991.

Schmitt, Hanno: Friedrich Nicolai als Parteigänger des Philanthropismus. In: Peter Drewek u.a.(Hrsg.), Ambivalenzen der Pädagogik. Zur Bildungsgeschichte der Aufklärung und des 20. Jahrhunderts (FS Harald Scholz). Weinheim 1995, S.73-84.

Schneider, Ute: Friedrich Nicolais Allgemeine Deutsche Bibliothek als Integrationsmedium der Gelehrtenrepublik. Wiesbaden 1995.

Schneiders, Werner: Aufklärung und Vorurteilskritik. Studien zur Geschichte der Vorurteilstheorie. Stuttgart 1983.

Schneiders, Werner: Aufklärungsphilosophien. In: Jüttner/Schlobach 1992, S.1-25.

Schneiders, Werner (Hrsg.): Aufklärung als Mission, La mission des Lumières. Marburg 1993.

Schneiders, Werner (Hrsg.): Lexikon der Aufklärung. Deutschland und Europa. München 1995.

Schoeps, Julius H.: Moses Mendelssohn. Frankfurt/M. 2.Aufl. 1989.

Schulz 1974: siehe unter Nicolai, Briefe.

Schulz, Günter (Hrsg.): Lessing und der Kreis seiner Freunde. Heidelberg 1985.

Schwinger, Richard: Friedrich Nicolais Roman "Sebaldus Nothanker". Ein Beitrag zur Geschichte der Aufklärung (=Litterarhistorische Forschungen H.2). Weimar 1897.

Selwyn, Pamela E.: Der Philosoph im Comptoir. Der Verlagsbuchhändler Friedrich Nicolai. In: Börsenblatt für den deutschen Buchhandel (Leipzig) 48 (1990), Beiheft 5, S.37-42.

Selwyn, Pamela Eve: Philosophy in the Comptoir: The Berlin bookseller-publisher Friedrich Nicolai, 1733-1811. Diss. Princeton 1992.

Sichelschmidt, Gustav: Friedrich Nicolai. Geschichte seines Lebens. Herford 1971.

Siegrist, Christoph: Aufklärung und Sturm und Drang: Gegeneinander oder Nebeneinander? In: Walter Hinck (Hrsg.), Sturm und Drang. Ein literaturwissenschaftliches Studienbuch. Kronberg 1978, S.1-13.

Simon, Christian: Vorromantische Elemente im Diskurs über Staat und Gesellschaft. In: Ernest Giddey (Hrsg.), Préromantisme en Suisse? Fribourg 1982, S.239-262.

Simon, Christian: Toleranz in der schweizerischen Spätaufklärung. Von Isaak Iselin zu Peter Ochs und zum helvetischen Staat. In: Michael Erbe u.a. (Hrsg.), Querdenken. Dissens und Toleranz im Wandel der Geschichte (FS H.R.Guggisberg). Mannheim 1996, S.511-525.

Skalweit, August: Höhe und Verfall der Fridericianischen Getreidehandelspolitik (Kieler Universitätsreden 13). Kiel 1931 (zit.: Skalweit 1931a).

Skalweit, August: Die Getreidehandelspolitik und Kriegsmagazinverwaltung Preußens 1756-1806 (=Acta Borussica. Denkmäler der Preußischen Staatsverwaltung im 18. Jahrhundert; Getreidehandelspolitik Bd.4). Berlin 1931 (zit.: Skalweit 1931b).

Smith, Adam: Der Wohlstand der Nationen. Eine Untersuchung seiner Natur und seiner Ursachen; hrsg. von Horst Claus Recktenwald. München 1978.

Sommerfeld, Martin: Friedrich Nicolai und der Sturm und Drang. Ein Beitrag zur Geschichte der deutschen Aufklärung. Halle 1921.

Sousa de Almeida, Teresa: Pour une théorie de la lettre au dix-huitième siècle. In: Transactions of the Eighth International Congress on the Enlightenment. Oxford 1992, S.863-866.

Steinhausen, Georg: Geschichte des deutschen Briefes. Bd.2 Berlin 1891.

Stolz, Peter: Basler Wirtschaft in vor- und frühindustrieller Zeit. Ökonomische Theorie und Wirtschaftsgeschichte im Dialog. Zürich 1977.

Streminger, Gerhard: Adam Smith. Reinbek 1989.

Stückelberger, Hans Martin: Johann Heinrich Waser. Diss. Zürich 1932.

Stuke, Horst: Aufklärung. In: Otto Brunner/Werner Conze/Reinhart Koselleck (Hrsg.), Geschichtliche Grundbegriffe. Bd.1 Stuttgart 1972, S.243ff.

Terras, Rita: Wieland und Riedel. In: Hansjörg Schelle (Hrsg.), Christoph Martin Wieland. Nordamerikanische Forschungsbeiträge zur 250. Wiederkehr seines Geburtstages 1983. Tübingen 1984, S.93-114.

Tribe, Keith: Governing Economy. The Reformation of German Economic Discourse 1750-1840. Cambridge 1988.

Troeltsch, Ernst: Aufklärung. In: Realencyclopädie für protestantische Theologie und Kirche. Bd.2 Leipzig 1897, S.225-241.

Valjavec, Fritz: Die Entstehung der politischen Strömungen in Deutschland 1770-1815. München 1951.

Valjavec, Fritz: Geschichte der abendländischen Aufklärung. Wien 1961.

Venturi, Franco: L'Italia fuori d'Italia. In: Storia d'Italia. (a cura di Ruggiero Romano et al.) Volume terzo. Torino 1973, S.987-1481.

Vierhaus, Rudolf (Hrsg.): Bürger und Bürgerlichkeit im Zeitalter der Aufklärung. Heidelberg 1981.

Vierhaus, Rudolf: Aufklärung als Prozeß - der Prozeß der Aufklärung. In: Aufklärung 2/2 (1987), S.3-7 (zit.: Vierhaus 1987a).

Vierhaus, Rudolf: Deutschland im 18. Jahrhundert. Politische Verfassung, soziales Gefüge, geistige Bewegungen. Göttingen 1987 (zit.: Vierhaus 1987b).

Vierhaus, Rudolf: Montesquieu in Deutschland. Zur Geschichte seiner Wirkung als politischer Schriftsteller im 18. Jahrhundert. In: ders. 1987b, S.9-37 (zit.: Vierhaus 1987c).

Vierhaus, Rudolf: Aufklärung als Lernprozeß. In: ders. 1987b, S.84-95 (zit.: Vierhaus 1987d).

Vierhaus, Rudolf: Christian Wilhelm Dohm - Ein politischer Schriftsteller der deutschen Aufklärung. In: ders. 1987b, S.143-156 (zit.: Vierhaus 1987e).

Vierhaus, Rudolf: Umrisse einer Sozialgeschichte der Gebildeten in Deutschland. In: ders. 1987b, S.167-182 (zit.: Vierhaus 1987f).

Vierhaus, Rudolf: Aufklärung als Emanzipation? in: Gründer/Rotenstreich 1990, S.161-171.

Vierhaus, Rudolf: Was war Aufklärung? (=Kleine Schriften zur Aufklärung 7). Göttingen 1995.

Wagner 1847: siehe unter Nicolai, Briefe.

Walther, Hans (Hrsg.): Proverbia Sententiaeque Latinitatis Medii Aevi. 9 Bde. Göttingen 1963-1986.

Wehler, Hans Ulrich: Deutsche Gesellschaftsgeschichte. Bd.1 (1700-1815) München 1987.

Weidl, Erhard: Vorüberlegungen zur Erschließung der Nicolaischen Korrespondenz. Ein Werkstattbericht. In: Jahrbuch für internationale Germanistik XXI (1989), S.154-178.

Weigelt, Horst: Johann Kaspar Lavater. Leben, Werk und Wirkung. Göttingen 1991.

Werner, Richard Maria: Wieland und Nicolai. In: Otto Sievers (Hrsg.), Akademische Blätter. Beiträge zur Litteraturwissenschaft. Braunschweig 1884, S.267-290.

Wernle, Paul: Der schweizerische Protestantismus im 18. Jahrhundert. 3 Bde. Tübingen 1922-1925.

Wetzels, Walter D.: The Herder-Nicolai Controversy. In: Wulf Koepke (Hrsg.), Johann Gottfried Herder. Language, History and the Enlightenment. Columbia (SC) 1990, S.87-97.

Wielands Gesammelte Schriften; hrsg. von der Deutschen Kommission der Königlich Preußischen Akademie der Wissenschaften etc. Berlin 1909ff.

Wieland, Christoph Martin: Briefwechsel; hrsg. von Hans Werner Seiffert et al. Bd.1 (1750-1760) Berlin 1963; Bd.2 (Anm. zu Bd.1) Berlin 1968; Bd.3 (1760-1769) Berlin 1975; Bd.4 (1769-1772) Berlin 1979; Bd.5 (1772-1777) Berlin 1983; Bd.6/1-3 (Nachträge zu Bd.1-5; Anmerkungen und Register zu Bd.3-5), bearbeitet von Siegfried Scheibe, Berlin 1995.

Winkel, Harald: Adam Smith und die deutsche Nationalökonomie 1776-1820. Zur Rezeption der englischen Klassik. In: Harald Scherf (Hrsg.), Studien zur Entwicklung der ökonomischen Theorie V. Berlin 1986, S.81-109.

Würgler, Andreas: Politische Öffentlichkeit in der Schweiz im 18. Jahrhundert. In: Schweizerische Zeitschrift für Geschichte 46 (1996) H.1, S.26-42.

Zande, Johan van der: Johann Georg Schlosser (1739-1799). In: Aufklärung 6/1 (1991), S.125-127.

Ziechmann, Jürgen: Panorama der Fridericianischen Zeit. Friedrich der Große und seine Zeit. Ein Handbuch. Bremen 1985.

Zimmermann, Clemens: "Noth" und "Theuerung" im badischen Unterland. Reformkurs und Krisenmanagement unter dem aufgeklärten Absolutismus. In: Aufklärung 2/1 (1987), S.95-119.

Zimmermann, Johann Georg: Mit Skalpell und Federkiel - ein Lesebuch; hrsg. von Andreas Langenbacher. Bern 1995.

Abbildungsverzeichnis

- **Abb.11,** S.36: Johann Bernhard Basedow. Radierung von Daniel Chodowiecki (del. et sc.); aus: ADB 21/1 (1774). UB Basel.
- **Abb.12,** S.46: Johann August Eberhard. Radierung von Daniel Chodowiecki, 1778; aus Nicolais Porträtsammlung (auch in: ADB 37/1, 1779). Landesarchiv Berlin.
- **Abb.13,** S.48: Diskursdiagramm 2.
- **Abb.14,** S.50: Johann Gottfried Herder. Kupferstich von Johann Heinrich Lips, um 1774; aus: Johann Kaspar Lavater, Physiognomische Fragmente. Bd.3 Leipzig und Winterthur 1777, nach S.262. Nieders. Staats- und Universitätsbibl. Göttingen.
- **Abb.15,** S.52: Johann Wolfgang Goethe. Radierung von Daniel Chodowiecki nach einer Zeichnung von Georg Melchior Kraus, 1776; aus: ADB 29/1 (1776). UB Basel.
- **Abb.16,** S.96: Entwicklung der Weizenpreise in Berlin und Basel 1766-1775.
- **Abb.17,** S.107: Wirtschaftliche Tafel (Ausschnitt); aus: Isaak Iselin, Versuch über die gesellige Ordnung. Basel 1772. Klapptafel am Ende des Buches. Universitäts- und Landesbibl. Düsseldorf.
- **Abb.18,** S.122: Johann Kaspar Lavater. Geschnittene Silhouette nach rechts auf radierter Rahmung; aus Nicolais Silhouettensammlung. Goethe-Museum Düsseldorf. Foto: Walter Klein, Düsseldorf.
- **Abb.19,** S.123: Moses Mendelssohn. Geschnittene Silhouette nach links auf radierter Rahmung; aus Nicolais Silhouettensammlung. Goethe-Museum Düsseldorf. Foto: Walter Klein, Düsseldorf.
- **Abb.20,** S.260: Nicolais Brief vom 23.6.1771 (Nr.39). Staatsbibliothek zu Berlin, Preußischer Kulturbesitz; Nachlaß Nicolai I, 86; fol.90r.
- **Abb.21,** S.337: Iselins Brief vom 9.6.1773 (Nr.55). Staatsbibliothek zu Berlin, Preußischer Kulturbesitz; Nachlaß Nicolai I, 86; fol.153v.
- **Abb.22/23,** S.443f.: Einblattdruck "An die sämmtlichen Herren Verfasser der allgemeinen deutschen Bibliothek" vom 22.11.1776 (Nr.90), mit handschriftlichen Zusätzen Nicolais. Staatsbibliothek zu Berlin, Preußischer Kulturbesitz; Nachlaß Nicolai I, 86; fol.245r+v.
- **Abb.24,** S.449: Iselins Brief vom 9.12.1776 (Nr.91). Staatsbibliothek zu Berlin, Preußischer Kulturbesitz; Nachlaß Nicolai I, 86; fol.248r.
- **Abb.25,** S.554: Nicolais Brief vom 11.8.1781 (Nr.139). Staatsbibliothek zu Berlin, Preußischer Kulturbesitz; Nachlaß Nicolai I, 86; fol.360r.

- **Abb.26,** S.556: Der Münsterplatz in Basel. Lavierte Federzeichnung von Emanuel Büchel, 1764. UB Basel (VB Mscr. Q. 37a, II).
- **Abb.27,** S.558: Gasthof zu den Drei Königen in Basel mit der "Häupterkutsche". Radierung von Jeremias Burckhardt, 1793. Staatsarchiv Basel-Stadt, Bildersammlung Visch. C 26.

Personenregister

Lebensdaten und eine kurze Charakterisierung werden lediglich bei denjenigen Personen gegeben, die in den Briefen Nicolais und Iselins erwähnt sind oder deren Werke Iselin für die ADB rezensiert hat. Die Zahlen beziehen sich auf Seiten; dabei weisen *kursive* Zahlen auf Erwähnungen im darstellenden Teil, im Stellenkommentar oder im Anhang hin.

Verzeichnis der im Briefwechsel erwähnten Werke Iselins und Nicolais

Die Nachweise beziehen sich auf Briefnummern; ohne die Zeitschriften "Briefe die neueste Litteratur betreffend", "Allgemeine Deutsche Bibliothek"(Nicolai) und "Ephemeriden der Menschheit"(Iselin).

Isaak Iselin

- Philosophische und Patriotische Träume eines Menschenfreundes. [1]Freiburg (Basel) 1755; [2]Zürich 1758; [3]Zürich 1762.

  [vgl. Nr. 2, 13, 18, 19, 20, 21, 24]

  4. stark veränderte und erweiterte Auflage unter dem Titel: Vermischte Schriften. Zürich 1770.

  [vgl. Nr. 29, 30, 32, 34, 35, 37, 38, 42, 44, 52]

  5. wiederum stark veränderte Auflage unter dem Titel: Träume eines Menschenfreundes. Basel 1776.

  [vgl. Nr. 76, 77, 84]

- Versuch über die Gesezgebung, von dem Verfasser der Philosophischen Träume. Zürich 1760.

  [vgl. Nr. 2, 32]

- Philosophische und Politische Versuche. [1]Zürich 1760; [2]Zürich 1767.

  [vgl. Nr. 2, 24, 32]

- Geschichte der Menschheit

  1.Aufl. ("Philosophische Muthmaßungen über die Geschichte der Menschheit") Frankfurt und Leipzig 1764;

  2.Aufl. ("Isaak Iselin über die Geschichte der Menschheit") Zürich 1768. 3.Aufl. Zürich 1777. 4.Aufl. Basel 1779.

  [vgl. Nr. 2, 4, 5, 6, 8, 9, 15, 16, 17, 19, 24, 25, 35, 37, 41, 60, 116, 117]

- Sammlung dem Nutzen und Vergnügen der Jugend geheiliget. [1]Basel 1768; [2]Basel 1773.

  [vgl. Nr. 18, 19, 20, 21, 54, 55, 56, 57, 59]

- Einige Briefe über das Basedowsche Elementarwerk von Isaak Iselin und Joh. Casp. Lavater. Zürich 1771.

  [vgl. Nr. 46, 50]

- Versuch über die gesellige Ordnung. Basel 1772.
  [vgl. Nr. 52, 53, 60, 64, 65, 67]
- Isaak Iselins Schreiben an Herrn Ulysses von Salis von Marschlins über die Philanthropinen in Dessau und Graubündten. Nebst der Antwort des Herrn von Salis. Und einem Entwurfe der Ephemeriden der Menschheit, Basel 1775.
  [vgl. Nr. 71, 76]
- Versuch eines Bürgers über die Verbesserung der öffentlichen Erziehung in einer republikanischen Handelsstadt. Basel 1779.
  [vgl. Nr. 127, 128]

Friedrich Nicolai

- Ehrengedächtniß Herrn Thomas Abbt. An Herrn D. Johann George Zimmermann von Friedrich Nicolai. Berlin und Stettin 1767.
  [vgl. Nr. 1, 4, 6, 7, 8, 9]
- Das Leben und die Meinungen des Herrn Magister Sebaldus Nothanker. Berlin und Stettin 1.Bd.1773, 2.Bd.1775, 3.Bd.1776.
  [vgl. Nr. 55, 56, 57, 60, 62, 63, 64, 65, 67, 68, 69, 73, 74, 75, 76, 77, 82, 84, 87, 93, 97]
- Freuden des jungen Werthers, Leiden und Freuden Werthers des Mannes. Voran und zuletzt ein Gespräch. Berlin 1775.
  [vgl. Nr. 70, 71, 73, 75]
- Eyn feyner kleyner Almanach vol schönerr echterr liblicherr Volckslieder, lustigerr Reyen vnndt kleglicherr Mordgeschichte, gesungen von Gabriel Wunderlich weyl. Benkelsengernn zu Dessaw, herausgegeben von Daniel Seuberlich, Schusternn tzu Ritzmück ann der Elbe. Berlin und Stettin 1.Bd.1777, 2.Bd.1778.
  [vgl. Nr. 87, 88, 90, 91]
- Einige Zweifel über die Geschichte der Vergiftung des Nachtmahlweins welche zu Zürich 1776 geschehen seyn soll. Nebst einigen Anmerkungen betreffend Herrn Ulrichs und Herrn Lavaters Predigten über diesen Vorfall. Berlin und Stettin 1778. (auch in ADB, Anhang zu 25-36/1. 1779. S.637ff.)
  [vgl. Nr. 117, 120, 122, 130, 132]
- Beschreibung der Königlichen Residenzstädte Berlin und Potsdam und aller daselbst befindlicher Merkwürdigkeiten. (2 Bde.) Berlin 1779 (2. Auflage, erheblich erweitert gegenüber der Erstauflage 1769).
  [vgl. Nr. 114, 115, 116, 117]

Fabeln von Abraham Emanuel Fröhlich

mit Zeichnungen von Martin Disteli
Herausgegeben von Hellmut Thomke und Silvia Serena Tschopp

Schweizer Texte – Neue Folge – Band 1
1994. 143 Seiten, 10 Zeichnungen, gebunden Fr. 38.– / DM 43.– / öS 336.–
ISBN 3-258-04748-0

Kein einig Volk

Fünf schweizerische Zeitstücke 1933–1945
Herausgegeben von Ursula Käser-Leisibach und Martin Stern

Schweizer Texte – Neue Folge – Band 2
1993. 555 Seiten, 10 Abbildungen, gebunden Fr. 44.– / DM 49.– / öS 382.–
ISBN 3-258-04827-4

Francisca Stoecklin

Lyrik und Prosa
Herausgegeben von Beatrice Mall-Grob

Schweizer Texte – Neue Folge – Band 3
1994. 230 Seiten, 12 Abbildungen, gebunden Fr. 28.– / DM 31.– / öS 242.–
ISBN 3-258-04997-1

Eduard Korrodi

Ausgewählte Feuilletons
Herausgegeben von Helen Münch-Küng

Schweizer Texte – Neue Folge – Band 4
1995. 334 Seiten, 13 Abbildungen, gebunden Fr. 42.– / DM 47.– / öS 367.–
ISBN 3-258-05030-9

Johann Georg Zimmermann

Mit Skalpell und Federkiel
Herausgegeben von Andreas Langenbacher

Schweizer Texte – Neue Folge – Band 5
1995. 520 Seiten, 33 Abbildungen, gebunden Fr. 58.– / DM 65.– / öS 475.–
ISBN 3-258-05132-1

Verlag Paul Haupt Bern · Stuttgart · Wien

Marianne Ehrmann: Amalie

Eine wahre Geschichte in Briefen
Herausgegeben von Maya Widmer und Doris Stump

Schweizer Texte – Neue Folge – Band 6
1995. 531 Seiten, 4 Abbildungen, gebunden Fr. 58.– / DM 65.– / öS 475.–
ISBN 3-258-05152-6

Johannes Scherr: Rosi Zurflüh

Eine Geschichte aus den Alpen
Herausgegeben von Hans Amstutz

Schweizer Texte – Neue Folge – Band 7
1995. 234 Seiten, gebunden Fr. 38.– / DM 43.– / öS 336.–
ISBN 3-258-05173-9

Silvia Andrea: Violanta Prerosti

Geschichtlicher Roman
Herausgegeben von Maya Widmer

Schweizer Texte – Neue Folge – Band 8
1996. VI + 286 Seiten, 8 Abbildungen, gebunden Fr. 38.– / DM 43.– / öS 314.–
ISBN 3-258-05472-X

Elisabeth Aman: Das Vermächtnis

Roman
Herausgegeben von Elsbeth Pulver

Schweizer Texte – Neue Folge – Band 9
1997. etwa 640 Seiten, etwa 12 Abbildungen, gebunden Fr. 48.– / DM 54.– / öS 394.–
ISBN 3-258-05644-7
(Erscheint voraussichtlich im Herbst 1997)

Verlag Paul Haupt Bern · Stuttgart · Wien